土田純子 著

東アジアと百済土器

同成社

目　次

序　*1*

第1章　百済土器編年研究の目的と方法……………………………………………*7*
　1. 百済土器編年研究へのアプローチ：方法と観点　*9*
　2. 本書の骨子　*29*

第2章　百済土器編年研究の現況と問題点………………………………………*37*
　1. 研究現況と動向　*37*
　2. 問題の所在　*43*
　3. 東アジアの事例から見た伝世の意義　*46*
　4. 百済出土中国陶磁器における伝世論の検討　*50*

第3章　百済土器の主要年代決定資料……………………………………………*61*
　第1節　中国陶磁器と共伴した百済土器　*62*
　　1. 漢城期出土中国陶磁器　*62*
　　2. 熊津期・泗沘期出土中国陶磁器　*76*
　　3. 中国陶磁器と共伴した百済土器の時間的位置と変遷　*81*

　第2節　倭（系）遺物と共伴した百済土器　*90*
　　1. 日本出土百済（系）土器　*90*
　　2. 百済出土倭（系）遺物　*127*
　　3. 倭（系）遺物と共伴した百済土器の時間的位置と変遷　*146*

　第3節　新羅・加耶（系）遺物と共伴した百済土器　*157*
　　1. 百済出土新羅・加耶（系）土器 1—漢城期・熊津期　*158*
　　2. 百済出土新羅・加耶（系）土器 2—泗沘期　*198*
　　3. 新羅・加耶出土百済・馬韓（系）土器　*202*
　　4. 新羅・加耶（系）土器と共伴した百済土器の時間的位置と変遷　*216*

　第4節　百済における外来（系）遺物の様相と併行関係　*231*
　　1. 地域別に見た漢城期・熊津期出土外来（系）遺物　*231*

2. 地域別に見た泗沘期出土外来（系）遺物　233

3. 漢城期・熊津期百済の古墳と周辺国との併行関係　233

第4章　百済土器の成立と展開……………………………………………………237

第1節　煮炊器　237

1. 深鉢形土器　237
2. 長卵形土器　242
3. 甑　244

第2節　漢城様式百済土器　255

1. 直口広肩壺　255
2. 直口短頸壺　257
3. 高杯　263
4. 三足土器　269
5. 杯身　279
6. 短頸瓶　285
7. 広口長頸壺　292

第3節　泗沘様式百済土器　303

1. 主要器種の成立と変遷　303
2. 泗沘様式土器の成立背景　313

第5章　考古資料から見た漢城期百済の領域拡大過程……………………325

1. 研究史の分析から導出される研究目的と方法　325
2. 煮炊器のタタキメから見た百済文化の受容　330
3. 仮説の提示　333
4. 百済の領域拡大過程の変遷とその背景　334
5. 漢城期百済の領域と支配方式　343
6. 装身具から見た百済と地方との関係　348

終章　本書の総括と百済土器編年の意義……………………………………357

引用文献　365

初出一覧　407

あとがき　409

東アジアと百済土器

序

　本書は主に百済土器の編年樹立を試みたものであり、『日本書紀』や『三国史記』に描かれている百済と倭（日本）の政治的関係などを直接論じたものではない。倭と関係がない題材だという印象を持たれるかもしれないが、百済土器が古墳時代・飛鳥時代の倭人社会の生活に多大な影響を与えたことは、多くの研究成果で明らかとなっている。

　たとえば、現在どの家庭でも一般的に行われている蒸すという調理法は、古墳時代中期になって盛行するようになるが、これは朝鮮半島出身の渡来人からもたらされた新しい調理用具によるものであった（亀田 2003）。蒸し器は、水を入れて蒸気を発生させるための湯沸し用水槽と食材を入れた身に分けられるが、古墳時代に導入された蒸し器は、水槽部分が長卵形土器（長胴甕）、身部分が甑に該当した。そしてこれらの蒸し器は丸底である長卵形土器が取り付けられるカマドが必要なのだが、これもまた朝鮮半島からの渡来人と関わりが深いものである。地床炉より燃料の抑制、温度の維持に適するカマドの登場や（禹在柄 2005、韓志仙 2009）、新しい調理方法は、短期間のうちに東日本まで導入された（外山 2011）。

　このような生活習慣の変化の契機となった渡来人の故地または影響については、百済、新羅、加耶など多様であるが、5世紀前葉から畿内で急増する渡来人の主力は、百済（系）（馬韓を含む）であったと考えられる（権五栄 2007）。彼らによってもたらされた新たな煮炊器は、在地の土器製作者によって積極的に受容されると同時に、在地の製作技術を取り入れる渡来系土器製作者も想定できる（中久保 2009）。両集団の相互交流により新来の煮炊器が定着し始め、主体を占めるようになると中久保は指摘する。このことは朝鮮半島から渡来した集団も日本列島に根付いていった様相として捉えることができ（田中清 1999）、その後土師器として展開していった（亀田 2003）。

　百済土器の影響は軟質土器にとどまらない。須恵器もその一例である。日本最大の須恵器生産遺跡である大阪陶邑窯跡群のうち、大庭寺遺跡のTG231・232号窯は、最も古い時期の窯の1つとされる。TG231・232号窯出土品は、その大部分が加耶土器に系譜をたどれるが、一部百済土器・栄山江流域の土器の影響も見られるという（酒井 2013：9）。続くON231号窯の系譜は上代窯跡と類似する（酒井 2002：79）。次のTK73号窯、続くTK216号窯になると、百済土器・栄山江流域の土器が主体を占めることから、倭の須恵器は初現期の加耶から百済・栄山江流域の系譜に順次変遷したという流れを把握できる（酒井 2013：10・14）。このような5世紀前葉からの百済（系）渡来人の移入については、高句麗の南侵と関連づける見解が示されている（酒井 2002：101、権五栄 2007）。

　その中でも特に百済（系）渡来人によりもたらされた杯身は、5世紀前葉から7世紀中頃前後（飛鳥Ⅱ）まで須恵器の主要器種の1つとなり、時間の経過と共に現れる変化が他の器種より顕著であったため、時間のものさしとして利用されてきた。百済と日本の杯身は製作技法などで相違が見られるが、時間が下るにつれておおよそ器高が低くなる傾向にあることは興味深い。

　また国家の支配強化と共に文書行政の普遍化などで文字生活に比重が置かれるようになると、硯が登場する。硯は中国で発明された文房具で、前漢時代に遡るという。一方、朝鮮半島では紀元1世

紀頃の楽浪地域の平壌石巌里6号墳や194号墳から板状の硯が(国立中央博物館 2001：74)、紀元前1世紀頃に築造されたと推定される昌原茶戸里1号墳から筆が出土している(李健茂 1992)。その後三国ではいち早く百済のソウル夢村土城で東晋(317年～420年)の青磁硯が確認できるが、百済・新羅で定形硯が出現・普及する時期は7世紀初～前半と考えられる(山本 2006：323)。

　日本で定形硯が確実に使用され始める時期は、7世紀前半とされ(杉本 1987)、日本の硯の理解に大陸の硯の状況を知ることが重要という認識は研究者の間で共通している(石井 1980、吉田 1985、千田 1995)。百済硯との類似性が指摘できる硯は、脚部に陽刻文様をもつ獣脚硯と称される福岡御供田遺跡出土品、奈良石神遺跡出土品、奈良藤原京出土品などが挙げられる(千田 1995)。ただし、これらの影響は平城宮・平城京以前までだったと想定されるため(白井 2004)、百済(系)硯の製作・使用期間はさほど長くなかったことがわかる。しかし、百済の硯が初期における日本の文字使用の本格的な普及の一端を担っていたことは間違いないだろう。

　その他百済・馬韓の影響で製作されたものに、鍋、平底の鉢(深鉢と浅鉢)、U字形カマド枠、煙突形土製品、両耳付壺、小形壺、短頸瓶、把手付杯などがあるが、鍋以外は日本列島に根付かなかった器種と理解される。

　百済土器は当時の日本での生活様式を変えただけでなく、その一部は形と材質を変えて現在まで使用されている。そのため、百済土器の研究は日本人の生活史を考察する上で避けて通ることができない重要なテーマである。

　本書で扱う百済土器の編年樹立が、百済と隣接諸国の歴史解明の有効な指標になることは、日本列島広域のみならず朝鮮半島にまで分布する須恵器の展開により導出される歴史認識からも推察可能である。つまり、百済の土器編年を確立することは、朝鮮半島南部での百済の領域過程を明らかにするために不可欠の作業といえる。それは同時に、栄山江流域を中心とした全羅道で展開した倭人の活動形態の変化と深く関係している。

　栄山江流域での百済文化の影響は、肩部が発達した平底直口壺などが新たに登場する4世紀後半からのようである(徐賢珠 2012a)。徐賢珠によると5世紀前・中葉になるとより広範囲の地域で器種の増加が見られ、5世紀後葉～6世紀前葉には百済を象徴する高杯や三足土器が出現するという。この時期に大型甕棺墓造営中心地域を除外した地域は、百済による間接支配が強化され直接支配に近かったものと解釈されている(徐賢珠 2012a)。これは475年高句麗による漢城(現ソウル特別市)陥落後、熊津(現忠清南道公州市)に遷都した百済が、栄山江流域に対して本格的な領域化を図った結果と思われる。

　このように百済の栄山江流域に対する支配が強化された5世紀後葉～6世紀前葉、同地域には倭(系)・加耶(系)・新羅(系)の考古資料が増加する。これは百済の南遷により栄山江流域の中心勢力である羅州潘南面古墳群営集団の求心力が低下したため、地域の他勢力は百済、倭、加耶などとの連帯をこぞって模索した結果と解釈できる(朴淳発 2000a)。

　一方、栄山江流域における倭(系)の考古資料としては、前方後円墳やいわゆる倭系古墳、土器(土師器・須恵器)、埴輪(円筒形土製品)、武具(甲冑・鉄鏃)などが一般的に知られる。特に2011年と2015年3・4月に霊岩泰澗里チャラボン(자라봉)前方後円墳(李暎澈ほか 2015、大韓文化財研究院 2015a)、2013年に潭陽聲月里月田前方後円墳(領海文化遺産研究院 2013)、2015年5月に高敞七岩里前方後円墳の調査が行われ(大韓文化財研究院 2015b)、また地表調査で七岩里前方後

円墳から東へ約1km離れた丘陵上に新たに前方後円墳が1基あることがわかった。これで朝鮮半島での前方後円墳は総16基となり、その数はさらに増える可能性が高い。

近年の新出倭（系）考古資料から我々は、古代日朝関係を新たな視点で再検討する必要に迫られている。そのためには普遍的に出土する百済土器に対する理解が不可欠であることはいうまでもない。たとえば高敞七岩里前方後円墳の石室調査で出土した杯身が5世紀後葉に比定できるため、七岩里は他の前方後円墳の中でも最も早い段階に築造された最北限の古墳になる。反対に倭系古墳の埋葬施設内部で百済土器はもちろん土器類が副葬されないことは、一般的に土器を副葬する朝鮮半島諸国とは異なり、倭との関連性を指摘できる。このように倭と関連する墓制でありながら、両者に生じた差は被葬者の出自や活動の違いにあったのかもしれない。

これら倭（系）考古資料は、全羅道以北でも確認できる。たとえば、漢城期百済の都城（風納土城・夢村土城）からは埴輪片と須恵器が、倭の石槨墓の構造と類似する天安道林里古墳群3号墓からは倭（系）甲冑と鉄鏃が、清州新鳳洞古墳群B地区1号土壙墓からは須恵器と倭（系）鉄鏃が出土している。また、燕岐羅城里遺跡C地点KM-004木棺墓からは、新羅もしくは倭からもたらされたと考えられる帯金具、日本が原産地である杉で作られた倭製木製鞘が見つかっている（李弘鍾ほか 2015a）。この遺跡からは倭だけでなく、百済、新羅、加耶の遺物が出土していることと、遺跡が道路網、溝で区画された建物、掘立柱建物、竪穴式住居などの生活空間、窯跡などの生産空間、祭祀空間、墓域などで構成され、漢城期の一般的な集落跡とは異なる都市という概念を備えた様相を見せていることから、羅城里集団は百済を始め外部の多様な交易を通して急成長を遂げた物流拠点都市であった可能性が高い（李弘鍾ほか 2014・2015a）。

漢城期における倭（系）遺物は、百済中央よりむしろ地方で多い。このことは中国陶磁器の出土量が都城で突出する様相と異なる。奈良石上神宮の七支刀銘文や文献史料から、百済中央と倭王権が強い紐帯感を結んでいたことは周知の通りである。ただその窓口は中国外交のように百済が独占したものではなかったようだ。百済と倭は、百済中央と倭王権だけの一元的交渉でなく、お互いの地方有力者集団が独自のルートで関係を形成した多元的交渉であったと解釈できる。

このことは日本列島内の状況でも同様なことがいえる。列島内出土の朝鮮半島（系）文物の推移について、朴天秀は列島で出土する朝鮮半島（系）文物の流入が、時期によって異なることを指摘している。3世紀後半から4世紀は金官加耶（系）文物が主体であり、4世紀から5世紀前半には新羅（系）文物が倭王権の中心地に認められるようになる。5世紀後半から6世紀は大加耶（系）と百済（系）文物が広範囲に出土するという。なかでも北陸地域と、中部・関東地域に大加耶（系）の冠や耳飾などが多く分布することに注目して、倭王権とは別に独自に朝鮮半島に渡った集団がいたという（朴天秀 2011：99-102）。高田（2013）もまた倭王権からの配布よりも、独自の渡海ルートがあったと考えたいとする。

その中でも特に4世紀末から5世紀中頃、日本列島における朝鮮半島（系）文物の出土地が拡散傾向にあり、同時にこれは百済が南へ積極的な領域拡大を図った時期と、倭（系）遺物と遺構が百済・馬韓地域に登場し始める時期と符合する。このことは何を物語っているのだろうか。少なくとも百済中央と倭王権主体の交渉だけで起きた現象ではないだろう。相互の地方も巻き込んだ多元的様相の結果と理解できる。

このような解釈は多様な考古資料の分析を通じて、百済での領域拡大過程の時期と支配方式を考

察してこそ、より説得力が得られると考える。百済と倭の交渉を詳細に検討するためにも、百済での土器編年の確立が不可欠であり、この土器編年を活用することで、百済と倭の動態を詳細に把握し、文献史料と連動させた歴史像を描くことが可能になる。

註
（1）古墳時代から続いて製作された、立ち上がりと受け部を持つ蓋杯は飛鳥Ⅱ以降ほぼ消滅する（西 1978）。その飛鳥Ⅱの年代については、640年～660年（林部 1999）、655年前後～660年代中頃から後半（白石 2012）、640年代の前半～中頃から660年代（重見 2014）、640年代後半～650年代（小田弘 2014）などが提示されている。
（2）石巌里の時期については、高久の論著（1995）を参考にした。
（3）茶戸里の筆について山本（2006：270）は、漆塗りや絵、化粧などに使われた毛筆である可能性も排除できないとする。
（4）高句麗でも集安東台子遺跡や平壌安鶴宮跡などで出土しているが（耿鉄華ほか 1984、金日成総合大学出版社 1973：255、社会科学院考古学研究所 2009：150-152）、時期比定ができる共伴遺物の情報が欠落しているため、詳細は不明である。
（5）山本（2006：284）が陽刻蓮弁文様多足硯と称するものに相当する。新羅には陽刻蓮弁文を有する硯はなく、中国と百済に見られるという（山本 2006：264-266・311）。
（6）韓国ではカマド枠、カマド装飾、竈額板飾（朴淳発 2006：85）など研究者によって多様な名称が使用されている。
（7）韓国では土製煙筒と呼ばれる。
（8）韓国では短頸瓶の他に瓶形土器とも呼ばれる。日本では徳利形平底壺とも称される（田中秀 1993）。
（9）ここで使用する倭系古墳とは、前方後円墳とは別に外表施設、埋葬施設、副葬品などで倭系の要素が色濃く見られる古墳を指す。高興野幕古墳、同吉頭里雁洞古墳、海南外島1・2号墳、新安ベノルリ（배널리）3号墳などがそれにあたる（高田 2014）。
（10）研究者によって円筒形土器、埴輪形土製品、墳丘樹立土器、墳周土器など呼び方が異なる。また咸平金山里方台形古墳では動物埴輪（鶏と馬）が出土している（文安植ほか 2015）。
（11）潭陽聲月里月田古墳におけるトレンチ調査では、葺石と周溝が確認されている。前方部に横穴式石室があることから、円墳または方墳が2基並んだ（もしくは接した）もので、前方後円墳ではない可能性も指摘されている。
（12）大韓文化財研究院による地元住民に対する聞きとりで、高敞七岩里にはもう1基前方後円墳が存在していたが、開発で消失してしまったという。これが事実とすれば、七岩里には総3基の前方後円墳が1km圏内に築造されていたことになる。これは少なくとも3世代にわたりこの地で倭の影響が持続したことを反映するものである。高敞に前方後円墳や倭系遺物が集中する理由を改めて熟考する契機となると思われる。
（13）前方後円墳は北から高敞七岩里2基、霊光月山里月桂古墳、潭陽古城里月城山古墳、潭陽聲月里月田古墳、光州月桂洞1、2号墳、咸平禮徳里新德古墳、咸平長年里長鼓山古墳、光州明花洞古墳、光州堯基洞造山古墳、咸平馬山里杓山古墳、霊岩泰澗里チャラボン古墳、唐津永波里古墳、海南龍頭里古墳、海南方山里長鼓峰（長鼓山）古墳の総16基になる。

朴天秀（2006・2011）は光州雙岩洞古墳を前方後円墳と位置づけているが、版築した墳丘を一部確認しただけにすぎない（林永珍ほか 1994）。氏が雙岩洞古墳を前方後円墳とする根拠に筆者は接触できなかったため、詳細はわからない。推測の域を出ないが、この古墳は光州月桂洞1、2号墳からわずか300mの距離に位置すること、腰石を使用した北部九州の横穴式石室であることなどが前方後円墳とした根拠だったのかもしれない。

潭陽古城里月城山古墳は前方部の大部分が削平されているなど、研究者によっては上記した前方後円墳の一部を疑問視する場合もあることを明記しておく。
(14) 帯金具には龍文様が透彫されている。これは百済地域で初めて発見されたもので、これと類似したものは新羅や日本で確認されている（李弘鍾ほか 2015）。

第1章　百済土器編年研究の目的と方法

　遺跡の性格に関わらず、普遍的で出土数も多い考古遺物に、土器が挙げられる。土器の器形・文様・胎土・製作技法・焼成温度などが時間を反映するという認識のもと、考古学の編年には土器が重要な位置を占めるようになった。

　本研究の目的は、百済領域で製作された土器の個性（特性）と時間性を明らかにし、東アジア的視点で組み立てた編年を基に百済の領域がどのように拡大していくかを解明することにある。これは考古学が志向すべき社会・経済・文化に対する理解を深めるための、基礎的作業ということができる。まず、本書で扱う百済土器をはっきりイメージさせるため、百済の歴史について若干の説明を行うことにする。

　『三国史記』百済本紀によれば、百済の始祖は温祚王（在位：紀元前18年〜紀元後28年）である。彼の父は高句麗の始祖東明聖王で、名を鄒牟もしくは朱蒙という。朱蒙には3人の息子がいたが、一子は孺留（後の高句麗第2代王の瑠璃明王）、二子は沸流、三子は百済の始祖温祚である。朱蒙がかつて扶餘にいた時の子孺留が朱蒙の下にきて太子となったため、沸流と温祚は太子に受けいれられないことを恐れ、十人の家臣と大勢の民と共に南に下った。漢山に至った沸流と温祚は、都邑の決定において別行動をとる。沸流は弥鄒忽へ、温祚は漢水の南に位置する慰禮城に都邑を定めた。これが前漢の鴻嘉三年（紀元前18年）のことであり、十人の家臣を補佐としたため十済と称した。沸流が没すると、彼の家臣や民は慰禮城に属した。その後、彼らが快く帰属したことから、国号を百済と改めた。その世系は、高句麗と同じ扶餘の出自であるため、扶餘を姓氏とした。以上が百済成立時の内容を叙述した文献の内容である。

　ところで彼らが定着した地域には、すでに在地の勢力が存在していたことが『三国志』魏志東夷伝韓条に記載されている。それによるとその政治体は54の小さな国々が集まった馬韓諸国で、百済は馬韓54か国のうちの伯済が成長・発展した国家と理解されている。

　百済は当初馬韓の政治的影響下に置かれていたが、次第に領域を拡大する。その最大の功績者で、征服君主と称される第13代王近肖古王（在位：346年〜375年）は、活発な領土拡大活動だけでなく、都城の整備、対外関係などを発展させるなど多方面にわたり業績を残した。

　4世紀後葉以後次第に強まる高句麗の反撃により百済は守勢にまわる。475年高句麗の攻撃を受け、王都漢城（現ソウル特別市）が陥落し、熊津（現忠清南道公州市）に遷都する。熊津は聖王が538年泗沘（現忠清南道扶餘郡）に遷都するまでの約60年間都として機能した。だが国家非常時の緊急避難所として選ばれた熊津は、空間が狭く洪水などの自然災害に脆弱な場所であった。この間高句麗の侵略に対処し国の安定を図り、中国との対外交渉を通じ先進文物を受け百済文化を中興した第25代王武寧王（在位：501年〜523年）は、仁慈寛厚な聖君と評価されるほどの業績を残した王

とされる（国立公州博物館 2001）。彼の対外交渉の結果は、武寧王陵（宋山里古墳群 7 号墳）から出土した多くの中国品、日本に自生するというコウヤマキで作られた棺材、中国南朝の墓制を受け継いで築造された墓構造（塼築墓）などからも垣間見ることができる。

　泗沘は第 26 代王聖王（在位：523 年～554 年）から 660 年新羅と唐の連合軍によって陥落した第 31 代王義慈王（在位：641 年～660 年）までの都で、この敗戦により百済は滅亡する。この時代の特徴は扶餘定林寺跡、扶餘陵山里寺跡、扶餘王興寺跡、益山弥勒寺跡、益山帝釈寺跡などの建立から、王権神聖視の高揚と正当性（趙景徹 2014）、護国、改革政策を推進する過程における思想の基盤（吉基泰 2006）として仏教が盛行する。これと関連して陵山里寺跡から発見された金銅大香炉は、百済工芸技術の白眉として、考古学、美術史、歴史学など多方面で研究が行われている。また 583 年日本で最初に造営された飛鳥寺は、百済の技術を駆使して造られたもので、古代東アジア仏教文化伝道師としての百済の姿を垣間見ることができる。

　百済最後の都城が建設された扶餘地域は、先住民がほぼいなかった未開発地域であったため、新都市建設のための基盤造成には多くの労力を消耗したが、一方では理想的な都城の姿を忠実に実現する機会でもあった（朴淳発 2013a）。泗沘都城は、朝鮮半島古代国家の中でも最初に都城の都市空間全体を外郭城壁で囲った革新的な計画都市であった。この都城内部は道路網により体系的な空間分割が行われたが、これもやはり朝鮮半島古代国家都城で最初に採択された（朴淳発 2013b）。

　以上概略的ではあるが百済は、開放的でありながら個性ある国際的な文化水準を持ち、東アジア共有文化圏を形成する上で多大な寄与を果たしたと理解されている（梁起錫 2009）。特に仏教をはじめとする中国の先進文物を積極的に受容し、日本列島に伝達する東アジア文化伝播のハブ軸の役割をも果たした。百済が日本に及ぼした膨大な文化的影響の記憶は、当時はもちろん以後長期間にわたり百済文化を日本古代文化の原型として見なす歴史的イメージとして残っている。

　一方、文献の記述に注視すると、百済は紀元前 18 年から 660 年の約 700 年存続した国家であることになる。しかし『三国史記』百済本紀初期の記事が中国側の史料とは少なからず一致しない部分を含んでいるため、大日本帝国時代からその史料的価値についての論争が継続的に行われていた（朴淳発 2001a：26）。現在少なくとも『三国史記』百済本紀初期の紀年を、文面のまま受け取ることができないというのが文献史学界でも主流を占めている。では、考古学では百済の成立時期、つまり百済の国家成立時期についてどのように考えているのだろうか。

　百済考古学では城郭の出現、大規模墳墓群の出現と特定地域の集中様相、そして特定土器様式の形成およびその空間的分布様相などの 3 つの現象が、国家段階の政治体の成立に出現する考古学的証拠であると見ている（朴淳発 2001a：39-46）。具体的に説明すると、1 つ目は、国家段階の中心集落が城壁を兼ね備えた姿に転換する現象である。これはソウル夢村土城やソウル風納土城を例として挙げられる。これは百済だけでなく高句麗と新羅の中心地で共通的に出現し、時間的差異はあるが、中国大陸でも同一の現象が見られる。このように政治体の中心集落が城壁集落に変換することは、東アジア古代国家成立期の普遍的な現象である。2 つ目は城壁集落周辺に大規模墳墓群が出現することである。これは政治エリート集団の集中を反映するソウル石村洞・可楽洞古墳群を例として挙げることができる。これもやはり朝鮮半島古代国家成立期の共通的な特徴の 1 つである。3 つ目は土器などの物質文化領域で新しい様式が形成され、次第に空間的拡散として現れる現象である。これもやはり重要な特徴といえる。百済考古学ではこれら 3 つの現象が現れる時期を、紀元後 3 世

紀後葉とし、百済の国家形成時期とする。つまり百済は、3世紀後葉から660年まで約400年続いた国家という時間軸を付与できる。

　本書で研究する百済土器は、上記のとおり城郭と大規模墳墓群の出現同様、百済国家形成を論じる上で重要な指標の中の1つである。それだけでなく城郭と大規模墳墓群の出現時期を決める根拠も土器によって行われている。つまり土器は百済の時間軸を設定する最も重要な考古資料なのである。

1．百済土器編年研究へのアプローチ：方法と観点

(1) 定　義

　百済土器とは朝鮮半島三国時代に百済人が製作・使用した土器をいう。百済人が属した百済とは歴史的な政治体名だが、その政治・社会的発展段階は、国家水準を意味する。つまり、百済土器とは国家段階の百済において製作・使用された土器を意味する（朴淳発 2006：27）。

　そのため百済土器の製作・使用期間は、百済の国家成立および終焉と関連している。百済の国家成立については前述したとおり、国家段階を示す3つの考古学的指標が一致する紀元後3世紀後葉頃である。この時期は中国陶磁器やそれを模倣した器種によって比定されている。一方、2011年度に実施されたソウル風納土城東城壁発掘調査で、城壁の初築段階である地釘工事区間（第1段階）と盛土工事区間（第2段階）で採取された木材・木炭試料の炭素14年代測定値についてウィグルマッチングを行った結果、前者は紀元後250年～320年（確率68％）、後者は紀元後310年～370年（確率68％）であった（国立文化財研究所 2014：220）。初築城壁である地釘工事と盛土工事は工程上の前後関係であるため、地釘工事を含めた風納土城の初築城壁は統計学的に3世紀中・後葉から4世紀前葉のある時期に着工したものと推測できる（国立文化財研究所 2014：221）。そしてこの結果から百済土器の成立ひいては百済国家成立が、既往の年代観とほぼ符号することが理化学的方法により証明された。

　百済土器は百済の滅亡と運命を共にしたと一般的に考えられている。これは475年高句麗が漢城を含めた錦江以北を占領下に置いた後も、百済土器はその地域で存続したのかという問題にも直結している。これに関して朴淳発（2001a：124-125）は、実用土器の場合、高句麗占領後も存続し高句麗土器と共に使用された可能性も排除できないが、百済を象徴し、百済の領域内で出土する三足土器や器台のような政治的象徴性が高い器種が、高句麗占領後も使用され続けた可能性はほぼないとする。たしかに今のところこれらの地域で漢城期以後、後続する高杯や三足土器の型式はないに等しい。高句麗占領後の百済人は少なくとも百済を象徴する土器を製作しなかったと推測できるが、これは占領地域で百済遺跡が発見されていないことと関連がある。一方、高句麗の遺跡は熊津へ南下するための道とその要所を押さえた場所にあることが多い。このことは高句麗の支配が面的なものではなく線的に行われた間接支配を証明するものであろう（沈光注 2008）。となると広大な旧百済領域には人が住んでいなかったことになる。これらの問題は百済土器の定義とは直接関連がないためこれ以上言及しないが、このような現象が起きる原因について熟考する必要がある。ともかく祭祀土器とされる三足土器や器台、主に王宮跡で出土する鍔付土器などの階層的象徴性が高い百済土器が、百済滅亡後の統一新羅時代の遺跡から出土しないことは発掘成果から明白である。以上の

ことから百済土器は、3世紀後葉から660年まで存続した土器であるといえる。

　ソウル風納土城慶堂地区に対する調査成果によると、百済土器出現期の器種構成に高杯、三足土器、つまみが付いた蓋は含まれなかったことが確実視されている（権五栄 2011）。つまり百済土器の全器種は、当初から完備されていなかったのである。これはソウル風納土城東城壁発掘調査でも同様な結果が出されている（国立文化財研究所 2014）。城壁初築段階からは百済土器が発見されなかったが、2次増築城壁活用当時の内部旧地表面からは、有蓋高杯、つまみが付いた蓋などが出土した。このように百済土器の主要器種がそろった時期は、百済土器が最初に漢江下流域に出現した時点より遅かったのである。

　百済の国家成立期に登場した器種の中には、表面を固い道具などで磨いて光沢を出し、焼成時に炭素を吸着させた"黒色磨研土器"がある（朴淳発 2006：57）。この製作意図については、高句麗土器や楽浪土器に起源を置いた見解（金元龍 1986：175）、当時貴重だった漆器の材質感を土器に置き換えたとする見解（朴淳発 2001a：111）、百済の生産品でなく外部から流入したものとする見解（李南奭 2001）などがある。

　これと関連し新出した器種を技術的類型の観点から見ると、黒色磨研土器、灰色軟質土器、灰青色硬質土器の3つに分類できる（朴淳発 2001a：104）。この中で灰色軟質土器は、原三国時代の灰黒色無文様土器と同じ技術が適用されているが、黒色磨研土器と灰青色硬質土器は百済土器で新しく登場した類型である。灰青色硬質土器は灰色軟質土器の後続類型として、時間の経過と共にその比重は大きくなっていく。

　百済土器が分布する朝鮮半島中西部の各器種における型式の母集団中、漢城地域を中核とし複数発見される土器型式の多重配列組合を、"百済土器の漢城複合"と表現する（金成南 2004）。そしてこの"漢城複合"を構成する型式の土器の中で新しく出現し以後周辺地域に拡散し、かつ漢城複合の地理範囲内で固有の型式の土器だけを包括して"漢城様式土器"と称する（金成南 2004）。この漢城様式土器は直口広肩壺、直口短頸壺、高杯、三足土器、蓋杯、短頸瓶、広口長頸壺などが主流をなす。漢城様式百済土器の基本構成は、熊津期・泗沘期まで継続するが、新しい器種が高句麗土器の影響を受け泗沘期に出現する。これは漢城様式土器と異なるため"泗沘様式土器"と呼ばれている（朴淳発 2005a）。

　最後に百済土器と馬韓土器について言及する必要がある。馬韓とは前述したとおり、三国時代以前の原三国時代に朝鮮半島中西部と西南部に展開していた諸小国の政治連合体で、百済もその小国のうちの1つだったとされる。百済が国家として成立する以前の馬韓（もしくは原三国時代）では多少の地域差はあれ、両耳付土器（黄春任 2009、박영재 2016）、二重口縁土器（徐賢珠 2001）、鳥形土器、丸底短頸壺などが馬韓と関連する土器として認識されている（金鍾萬 2008a）。また、甑、煮炊器（鉢、長卵形土器）（朴淳発 2006：37-47）、肩部押捺文土器（趙成淑 2005）もすでにこの時期に見られる。これらの土器は百済が国家として成立し、次第に馬韓諸国を統合していく過程で消滅する器種もあれば、百済が滅亡するまで存続する器種もある。そのため狭義における百済土器は、馬韓土器（原三国時代以来の土器）とは異なる器種が百済の国家成立またはその後に出現し、かつ百済の領域拡大と共に拡散することが前提となる。一方、広義の百済土器とは、原三国時代以来の器種と新出の百済土器が共存し、これらが百済の領域拡大と共に拡散することをいう。その上にある最広義の百済土器は、百済の領域下または領域化過程で製作された器種全般をいう。たとえば4

世紀前半、楽浪があった北西部地域からの移住者によって伝えられ（金鍾萬 2008a）、百済および馬韓文化圏に関係なく共存する鳥足文土器や、今のところ燕岐（現世宗特別自治市）[30]と公州でしか出土しない蕨手状の耳を持った壺、天安と清州に分布率が高い把手付杯などがこれに含まれるだろう。

　本書で扱う百済土器とは、基本的に広義に該当するものを指すが、一部最広義にあたる器種についても百済土器の範疇に置いて論旨を展開する。

(2) 検討対象の時空間的範囲

　本書で扱う時間的範囲は、馬韓（原三国時代）の土器とは異なる新しい器種が漢江下流域に出現した時点から、百済が新羅と唐の連合軍により滅亡する660年までである。前述したように百済土器の出現時期については、3世紀後葉とする見解が大勢だが、4世紀以後とする意見も提起されている。百済土器の初現についてはこの研究で明らかにすべき問題であるため、ここでは制限を設けず、従来の土器と異なる新しい器種の時期を上限とする。

　また百済考古学では『三国史記』に記載されている漢城陥落と熊津遷都（475年）、泗沘遷都（538年）、滅亡（660年）などを考古資料の大きな画期と対比させている。本書でも百済の2度にわたる遷都による時代区分（漢城期、熊津期、泗沘期）を適用する。

　百済は、中国史において西晋から唐初期、日本史において古墳時代から飛鳥時代中期、朝鮮史において新羅、高句麗、加耶諸国が割拠していた時期に該当する（図1）[31]。本書の各地域史における検討では、各国の時代区分または表記を使用するが、基本的には西暦表記にする。[32]

　本書で扱う遺物の空間的分布は百済出土土器を中心に、西は中国重慶市と南は中国広東省出土陶磁器、東は日本の千葉県出土百済（系）土器、北は中国遼寧省桓仁満族自治県出土高句麗土器の東アジアにわたる（図2）。したがって、遺物が出土した遺跡名の表示は原則として各地域の表記に従い、中国は広域自治体である省と日本は広域的地方公共団体名である都道府県を記す。記名する韓国の行政区域は、広域自治体（特別市、広域市、道、特別自治道、特別自治市）（図3）[33]とその次に置かれる基礎自治体（市、区、郡）からなる。ここでは基本的に発掘報告書の遺跡名に記載される自治体名（道と区を除く）[34]から表記するが、遺物の分布が広範囲にわたったり、位置関係を確認したい場合などは必ずしもそうでない。また現在の国名は中国（中華人民共和国）、北朝鮮（朝鮮民主主義人民共和国）、韓国（大韓民国）、日本（日本国）など略称表記する。

　百済土器の空間的分布は、朝鮮半島中西部に展開した百済の領域とある程度符合する。[35]しかし高句麗、新羅との関係の中で百済の国境は刻々と変化した。その状況における百済の最北境は、黄海北道礼成江上流地域と推定される（姜鍾元 2012：62）。ソウル大学校博物館所蔵の黄海北道黄州郡土城里出土百済土器数点は、百済の領域または影響力が黄海道一帯まで及んでいたことがわかる資料である（崔鍾澤 1990）。[36]

　東境の北（北東）は江原道の華川原川里遺跡（濊貊文化財研究院 2013）[37]から北漢江上流域、東は江原道原州法泉里古墳群（宋義政ほか 2000）や忠清北道忠州塔坪里遺跡（国立中原文化財研究所 2012・2013、中央文化財研究院 2013）から南漢江中流、東境の南（南東）は全羅北道鎮安臥亭遺跡（郭長根ほか 2001）や全羅北道長水東村里古墳群（郭長根ほか 2005）から小白山脈以西となる。また南境は全羅北道高敞鳳徳里古墳群（馬韓・百済文化研究所 2012a・2016）から舟津川流域もしくは蘆嶺山脈の西端になる。

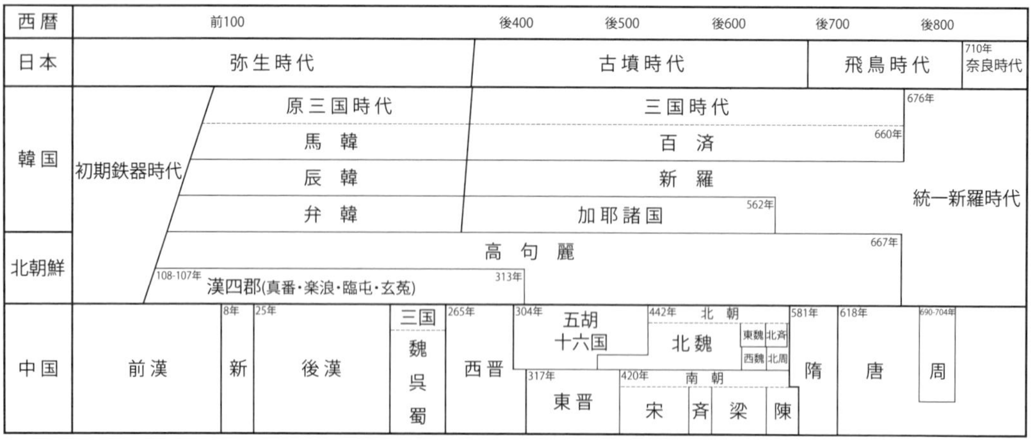

図1 各国における時代区分

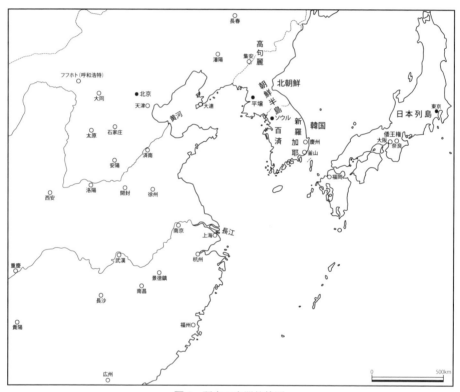

図2 研究の空間的範囲

　南北分断の状況により本書で扱う百済土器の北境は、自動的に臨津江中流域と北漢江上流域となる（図4）。東境は前述した土器の分布様相で、小白山脈と南漢江中流になろう。太白山（標高：1,567 m）から智異山（標高：1,915 m）にいたる小白山脈は、百済と新羅・加耶の自然的国境となっている。南境は蘆嶺山脈以北になる。蘆嶺山脈以南には栄山江水系が形成されているが、この流域は馬韓諸国の中でも最も遅く百済に編入した場所である。そのため栄山江流域から出土する考古資料の一部は、百済や加耶など周辺の影響を受けた独特な特徴を帯びているため（徐賢珠 2006）、本

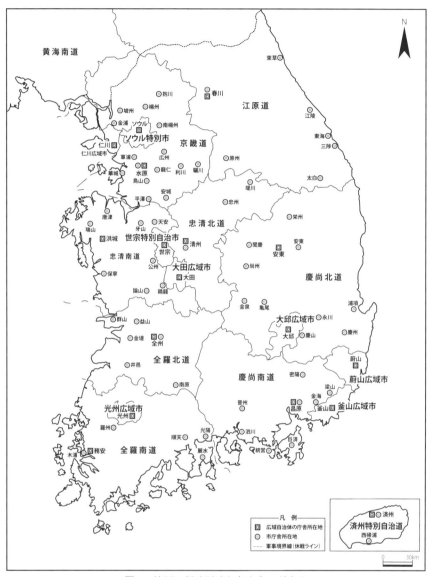

図3　韓国の行政区域と各庁舎の所在地

書では蘆嶺山脈以南の栄山江流域は除外する。
(42)

(3) 年代法

　考古学における年代法は、相対年代法、交差年代法、暦年代法に大別できる。相対年代とは、あ
(43)
る考古資料が別の考古資料よりも古いか新しいかという相対的な位置づけである（武末 2003）。具
体的には新旧の関係がわかる事例を中心に、層位学的方法や遺物の材質・形状・装飾などの諸特徴
から分類した型式学的方法で行われる。そして、ここから得られた新旧（年代的）序列を編年とい
う。この編年研究は各型式の資料を充実させ、普遍性を保証するものでなくてはならない（西川
2003）。

　交差年代法は他地域の層から発見される遺物を比較し、両地域間の関係つまり同時性を確認する

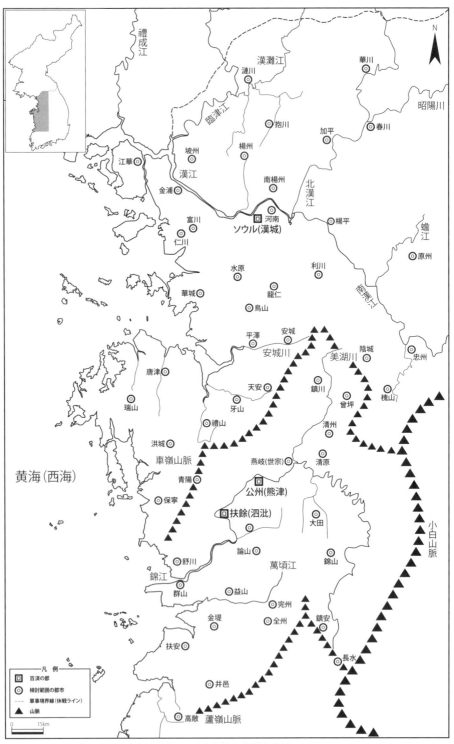

図 4 百済土器の空間的範囲

方法である（崔盛洛 1989）。具体的には、分析対象地域・遺跡の年代決定を行うため、暦年代資料などで年代が判明した地域の編年を利用することで、20世紀初頭までヨーロッパ先史時代の年代を比定する際、すでに暦年代が判明しているエジプトの編年を適用する方法が使われた（崔盛洛 2005：169、Brian M. Fagan 2002：143）。一方、田中琢（1978）や武末（2003）による交差年代法の解釈は、「A地域のⅠ期の型式の遺物がB地域のⅡ期の一括遺物にも含まれ、B地域のⅡ期の型式の遺物もA地域のⅠ期の一括遺物の遺物にある。」という関係の成立が肝要であると説く。具体的に武末は、弥生時代の土器や甕棺に共伴する中国鏡から暦年代を付与する作業を交差年代決定法とする表記について、誤解を招く表現だと指摘している。日本出土の中国鏡は中国での類例（推定紀年）によって、暦年代を決定しているだけであり、もしもそれを交差年代を決定する資料として用いるならば、中国鏡と共伴する列島製の考古資料が、中国大陸でもその中国鏡が所属する時期の考古資料の中に見出されてはじめて完結すると詳説する。

　韓国考古学では西欧における交差年代法の趣旨を受け入れ、用語を使用している（国立文化財研究所 2001a：104、崔盛洛 2005：170）。本書でも前者の解釈を交差年代法とするが、一地域の編年または暦年代資料を、安易に分析地域・遺跡の編年に連結させようとする研究への武末の危惧（警鐘）を肝に銘じる必要があろう。

　上記の相対年代法は前後関係が判明したにすぎず、明確な年代を知る上で暦年代法が必要になってくる。暦年代法には各種理化学的方法、紀年銘資料、紀年銘資料と共伴したり同じ層から出土する遺物が含まれる（斎藤忠 1998）。

　この他日中韓の歴史時代において暦年代比定の主流となっている方法として、史料対比年代法がある（白井 2006）。これは文字で書かれた歴史記録の流れの中に考古資料を位置づけるものである。実際百済考古学でも前述したように『三国史記』に記載されている2回の遷都などを考古資料の大きな画期と対比させている。

　以上考古学における時間軸の設定では、まず相対年代法により相対編年を構築し、次に交差年代を定めて、最後に暦年代を検討し付与するよう努めなくてはならない（武末 2003）。本書でも基本的には以上の手法で百済土器の編年を行うことを目指している。

（4）土器分類体系

　本書で実施する土器分類体系は、表1の概念を基礎にしている[44]。この分類体系は遺物複合体に対する事前知識が乏しい際に実施されるものの中で、比較的容易に系統的範疇を認識できる（金元龍ほか 1988）。そして、上位分類段階から下位分類段階にいくに従い、次第に同一系統の情報が拡大・細分される。

　土器の分類体系で最下位に位置する属性（Attribute units）は、遺物の特徴を表す最小単位で、形態的属性、視覚的属性[45]、技術的属性[46]、計測的属性に区分できる。計測的属性以外は、基本的に数値化できない属性で、これらを非計測的属性ともいう。形態的属性は、胴部形態など全体的な土器の3次元的形態と共に、口縁部など土器の構成部分が持つ形態（形状）を意味する（崔盛洛 2005：142）。視覚的属性は土器の色、装飾、文様など目につく描写的な特徴を、技術的属性は土器製作に使用する原料（材料）の特徴と土器製作過程で反映されるすべての特徴を持つ（崔盛洛 2005：142）。計測的属性は口径や底径など土器を数値で表すことができ、統計処理時の基本資料となる。

表1 土器の分類体系

分類基準		事例
遺物複合体		
土器		
共通した類、技術類型の組み合わせ		百済土器、高句麗土器など
類型	様式類型：器種の構成が共通する類の組み合わせ	漢城様式、泗沘様式など
	技術類型：多くの器種に共通して現れる技術的属性の組み合わせ	硬質無文土器、打捺文土器など
類	機能範疇を共有する器種の組み合わせ	壺類(貯蔵)、碗・杯類(食膳具)など
器種	機能を反映する形態	高杯、三足土器、瓶形土器など
亜器種	同一機能上の範疇で、全体的な外見の差を誘発する形態属性の組み合わせ	瓶形土器(短頸瓶と長頸瓶) 高杯(有蓋高杯と無蓋高杯)など
型式	有意性のある型の組み合わせ	有蓋高杯：1型式、2型式、3型式…… 深鉢：1型式、2型式、3型式……
型	同一形態のまとまりが見出せる属性の組み合わせ	口縁形態：a、b、c…… 焼成色：赤褐色、灰色、青灰色……
属性	遺物の特徴を表す最小単位	
	形態的属性	口縁形態、胴部形態、底部形態など
	視覚的属性	文様、装飾など
	技術的属性	調整(ナデ、ケズリ)、焼成など
	計測的属性	口径、最大径、底径など

属性単位の上位にある型とは、群集分化が明確な属性の組み合わせをいう。たとえば口縁部の形態は多様であるが、その中でもある程度同一形態のまとまりが見出せるものを意味する。[47]

型の上位にある型式（Type）とは、有意と判断できるいくつかの型を組み合わせることで成立する。この型を組み合わせる方法によっては、いくつかの型式分類が可能である。しかし型式はそれ自体が目的ではなく、分析をするための道具にすぎない（崔盛洛2005：142）。本書では型式を編年に利用するために、時間的に意味のある型の組み合わせを型式として設定する。[48]

型式の上位にある亜器種とは、同一の機能や用途を反映する器種の中で、全体的な外見の差を誘発する形態属性の組み合わせということができる。たとえば同じ高杯でも蓋受けがあるものとないもの差がこれに該当する。

器種の上位にある類（Type Group）は、機能や用途を共有する器種の組み合わせで、食料の貯蔵や液体類の運搬に適した壺などの器種を総称して壺類、料理などを盛る器種を杯類に分類できる。

類の上位にある類型は、アッセンブリッジ（Assemblage）の訳で、一遺物群の遺物の組み合わせをいう。日本で主に先土器時代文化の石器群研究で用いられるこの概念は、一遺跡の一地点の同時期的な遺物群の器種（機能、用途論的分類の単位）と形式（遺物の型式論的分類の単位）の組み合わせ、およびそれらの量比を考慮しなくてはならないとある（大井 1979）。これを金成南（2001）の類型にあてはめると、様式類型は上記の器種と形式の組み合わせと同義であるが、新たに技術類型を置いた点が見出せる。様式類型とは、同地域、同時期に該当する一群の器種で構成される様式が、複数発見されることと定義できる。韓国歴史考古学ではこの様式類型を、一地域もしくは一文化圏を代表する意味で使用しており、加耶土器の咸安式や高霊式などがこれにあたる（崔盛洛2005：145）。そして、技術類型も多くの器種に共通して現れる技術的属性が、同地域、同時期に複数発見されることと理解できる。

この類型の上位にあるのが、共通した類や類型が組み合わさったものである。これは百済土器、高句麗土器、新羅土器などに代表される。そして、この上位には土器という粘土で焼成された容器の総称がくる。さらにその上位に位置づけられる遺物複合体は、製作集団、時期などが同一でなく混合体的な性格を帯びている遺物群を指す（金元龍ほか 1988）。

(5) 百済土器の器種

 漢城期に限定されるが、百済土器の器種分類は国立文化財研究所（2011・2013a）で行われている。既往の分類案に導かれながら、ここでは百済が国家として成立後、百済領域地域もしくは同時期共存した馬韓諸国（栄山江流域は除く）で製作・使用された主な器種を示す。[49]

 図5の器種は軟質土器で、煮炊きに用いられた。鉢類中、硬質無文土器は原三国時代の紀元前100年頃に出現し[51]（朴淳発 2009）、5世紀代まで製作・使用された。一方、タタキメの深鉢形土器も[52] 原三国時代の3世紀初頃に（朴淳発 2009：432）、長卵形土器類やタタキが施された甑類も3世紀前半代に出現したとされる（朴淳発 2009：431）。このうち、縄席文（平行）タタキの深鉢形土器、縄[54] 席文（平行）タタキの長卵形土器などは、百済の領域過程と密接な関連がある器種と理解されてい

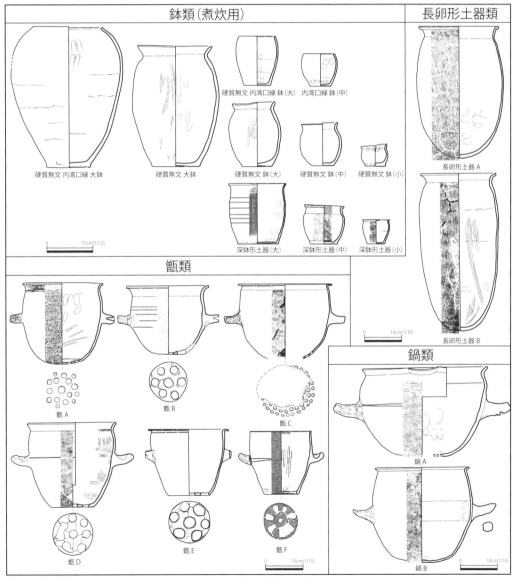

図5　百済・馬韓の土器1

る。
　これらの煮炊器に比べ鍋類は出土量が少ないため、詳細は不明であるが、分布圏から馬韓と関連がある器種であることがわかる。また金根泰（2007）の研究を参考にすると、紀元後200年頃に出現し、5世紀以後衰退し消滅するとある。しかし消滅時期は全羅道で6世紀前葉頃になると思われる。鍋類は壺形のもの（鍋B）とそうでないもの（鍋A）に大別でき、それには牛角形などの把手が取り付けられる場合が多い。また片口を付けたものもある。
　詳細は後述するが、長卵形土器の中で、胴部最大径から底部にかけ急激に幅が狭くなり尖った底部を呈する長卵形土器Bは、中西部中部地域以南の在地土器である。
　甑は底部が丸底から平底へ、蒸気孔が円孔を多数穿つものから、中央に円孔を設けその周辺に円形・三角形などを穿つものへと変化する。そして、直立した口縁を持つ甑Fは、錦江周辺以南の在地土器で、帯状把手が付いた甑Eは泗沘期に出現する。
　壺類・甕類は、一般的に貯蔵を目的とした器種である（図6）。小壺・壺類中、前述したように両耳付壺、二重口縁土器、有孔壺、丸底短頸壺は馬韓と関連する土器と認識されている。また鉢形小壺も天安、清州、清原などで出土する在地土器である。
　小壺中、外反口縁小壺または節腹壺と呼ばれる器種は、胴部中位に1条もしくは2条の横沈線を巡らすことが特徴で、漢城期～熊津期まで製作・使用された。筆者（2006）はかつてこの土器と楽浪地域の出土品との関連性について言及し、楽浪滅亡時の紀元後313年以後南下した楽浪住民の移住によって百済に出現したと見たが、今のところ確実に4世紀前葉に遡る外反口縁小壺が確認できない。出現時期と起源地については未だ明確にできない器種である。
　壺中、有肩壺または平肩壺と称される器種も外反口縁小壺同様、楽浪土器の影響で百済に出現したと考えられている（車勇杰ほか 1990、朴淳発 2006：171、朴智殷 2008）。しかし、外反口縁小壺とは異なり熊津期以降は確認できないため、漢城期を代表する百済土器になろう。
　台付壺は馬韓地域で出土するが、数は多くない（国立全州博物館 2009：84）。平澤馬頭里遺跡、牙山龍頭里チント（진터）遺跡、清原鳳鳴洞遺跡出土品が知られる。時期は2世紀～4世紀代になると思われる。報告者（李浩炯ほか 2011）によって2世紀代に比定される牙山龍頭里チント遺跡出土品には台付壺に蓋が付くものや、台の長さが約13cmと長いものなど多様な台付壺が出土している。
　双壺は（小）壺2つを左右または上下に付けた特異な土器の総称である。ソウル石村洞古墳群、ソウル風納土城、ソウル夢村土城、大田龍山洞古墳群などで出土しており、おおよそ5世紀前半に出現したと理解される（朴淳発 2006：205-206）。ただし、出土地不明品（朴萬植所蔵品）で、二重口縁土器と壺を上下に設置したものは、5世紀前半より遡る可能性が高い。
　釜形壺（釜形土器）は丸底と平底（公州利仁面収拾品）があり、肩部または胴部最大径に鍔を取り付けたものをいう。出土量が多くないため、詳細は不明であるが、漢城期～泗沘期の遺跡で見られる。
　四耳（長頸）壺または四耳盤口壺と称される器種は、早くから国立扶餘博物館所蔵品と忠南大学校博物館所蔵品が知られていたが、発掘で出土したものではないため、百済土器としての評価が低かった。しかし近年、同器種が扶餘佳塔里錦城山トゥシロックゴル（두시럭골）遺跡から出土したことを受け、泗沘期に出現する百済土器と判明した。また、中国北朝から隋代の陶磁器の影響を受

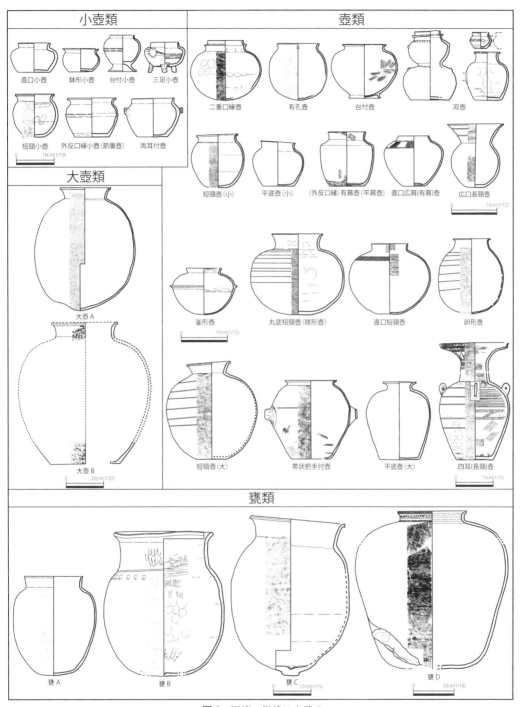

図6 百済・馬韓の土器2

けて 7 世紀を前後した時期に出現し、儀礼または祭祀に使用された土器という推測がなされている（徐賢珠 2014a）。

　帯状把手付壺、胴部が長い平底壺（大）、大壺類と甕類に平底が出現する時期は、泗沘期と考えられる。

　大壺や甕は原三国時代の後期に出現したと思われる（朴淳発 2006：176、朴重国 2011：15-16）。甕は頸部が相対的に長い甕 B と短い甕 A があり、朴淳発は各々長頸甕と卵形甕と称している（朴淳発 2006：179-180）。またこれらの底部に突起が付く場合（甕 C）もある。甕 B と甕 C は漢城期以降見られなくなり、泗沘期には漢城期出土品と比べて口縁部が短いものが主流をなし、平底の甕 D が出現する。

　図 7 と図 8 は、供膳器と日常生活で使用されたと思われる土器を示した。盌中、外反口縁盌と直立口縁盌は百済成立以前にはすで出現し（朴淳発ほか 2011）、百済滅亡まで存続する一方、突帯盌は漢城期に限定される。台付盌は熊津期（金容周 2016：68）、鍔付土器は熊津期の遅い時期～泗沘期初に出現したと見られる。

　杯類は漢城期に出現し、以後百済の主要器種となる。図 7 に示した（多）杯付高杯は、共伴して出土したという両耳付壺と共に瑞山大山中学校に所蔵されているものが唯一である（百済文化開発研究院 1984）。

　皿中、鍔付皿と三足皿は漢城期に限定される。台が付いていない皿は漢城期～泗沘期まで製作・使用されたが、台付皿は泗沘期に出現し、盛行する。

　盤は盌や皿と形態は類似するが、これらより口径が大きく深さがある大型品をいう（国立文化財研究所 2013a：82）。盤も漢城期に出現するが、三足盤・四足盤は漢城期末以降ほぼ見られなくなる。四足盤は唐津城山里遺跡 3-1 地点 26 号住居生活面出土品（尹浄賢 2013）などわずかである。

　盒は口径が大きい反面、器高が低く、短く直立する口縁に蓋をのせることができるように発達した肩部を持った平底土器をいう（国立文化財研究所 2013a：57）。大抵磨研技法で製作された高級容器で、蓋と結合する器種であるため、"盒"と表記されるが、研究者によっては広口短頸壺ともされる（国立文化財研究所 2013a：57）。これらは漢城期に盛行し、熊津期以降製作されない器種と理解される。

　洗は口径が大きい反面、器高が低く、外反する口縁を持った平底土器をいう。形態が洗面器と類似する理由で洗と命名されている（国立文化財研究所 2013a：76）。洗は漢城期に出現し消滅すると考えられているが（辛閏政 2012：2、国立文化財研究所 2013a：76）、泗沘期でも見られる。しかし後述するジャベギ（자배기）の範疇で言及されることが一般的である。

　ジャベギは基本的に洗の形態と類似するが、洗に比べて器高が高い点が異なる。またこの器形は泗沘期に出現し盛行することから、漢城期の洗と区別するため、日本語でたらいという意になるジャベギという用語が使われている。

　ジャベギという用語は、朝鮮時代（17 世紀後半）から今日まで日常生活で使用される薬土により施釉された黄（黒）褐色の甕器の器種をいう。百済の洗（ジャベギ）の形態に類似する甕器のジャベギは、野菜を洗って漬けるときや食器などを洗う桶として使用されている。

　泗沘期に盛行する器高 15 cm 以上の洗（ジャベギ）は、当時社会の要求により庶民の生活に急速に広がっていったものと理解できる。そして泗沘期は把手が付く把手付洗（ジャベギ）と把手が付

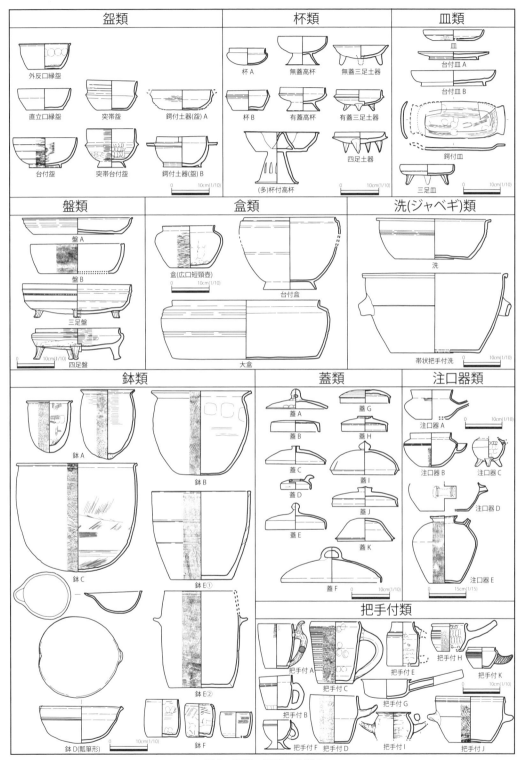

図7　百済・馬韓の土器3

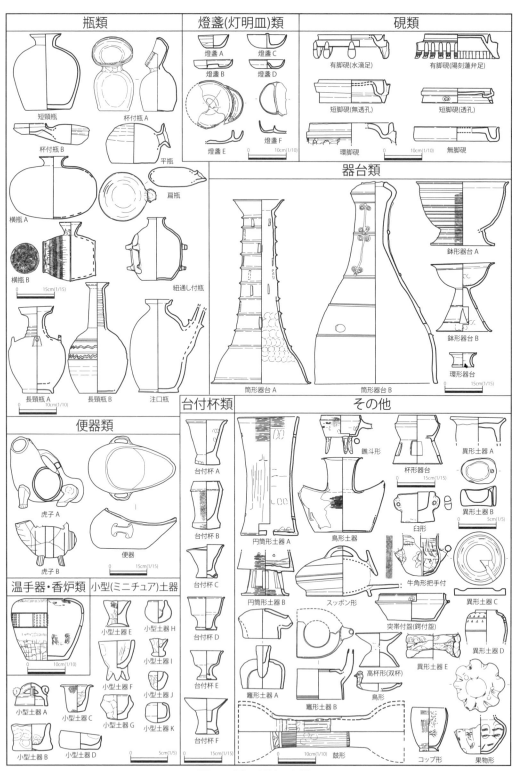

図8 百済・馬韓の土器4

かない洗（ジャベギ）がある。

図7の鉢類は図5の煮炊器用の鉢類とは異なり、硬質が含まれる。鉢Aは漢城期牙山地域で多い。(67)鉢Bと鉢Cは、漢城期の牙山葛梅里遺跡から出土している。鉢Cはソウル風納土城、牙山葛梅里遺跡、燕岐鷹岩里遺跡などで見られるが、牙山龍頭里チント（진터）遺跡や牙山鳴岩里パッチムレ（밭지므레）遺跡では、合口式甕棺の片方として使用されている。

鉢Dは、朴淳発（2006：207）により瓢箪形土器と称されている。朴淳発は中国の事例から容量を測る量器である可能性と指摘するが、百済の場合確かではないとしている。清州鳳鳴洞遺跡出土品から4世紀前半代と見られるが（朴淳発 2006：207）、今のところ鳳鳴洞出土品と国立中央博物館所蔵品の2例しか確認できない。

一方、鉢Eは泗沘期の扶餘官北里遺跡、扶餘亭岩里窯跡、益山王宮里遺跡から出土している。このように同じ鉢といえど、鉢E以外は漢城期に確認できる器種である。

鉢Fはシリンダー形のコップのような形をしている。そのため飲用とも考えられるが、燕岐羅城里遺跡からは口縁付近に円孔を開けたものが出土しているため、他の用途を考える必要がある。

蓋類は図7以外にも多様な形態が確認でき、つまみや身の形によって時間の経過がたどれる。たとえば、蓋A～蓋Gは漢城期、蓋Hは熊津期、蓋I～蓋Kは泗沘期に出現し盛行する。おおよそ器高が低いものが時期的にも早い段階になることがわかる（朴淳発 2006：203）。

注口器は百済全時期で確認できる。たとえば注口器Aは漢城期のソウル石村洞古墳群、注口器Bは漢城期の清州佳景遺跡4地区1区域12号土壙墓（車勇杰ほか 2002b）と漢城期末～熊津期の扶餘汾江・楮石里古墳群、三足が付いた注口器Cはソウル風納土城、注口器Dと注口器Eは扶餘東南里遺跡と益山王宮里遺跡から出土している。そのうち、注口器Bは液体物に含まれた不純物を濾すことができるように小さい円孔が7つ開けられているため、酒煎子（やかんまたは湯沸し）形土器とも呼ばれている（盧美善 2008）。このような土器は光州東林洞遺跡、羅州長燈遺跡、羅州伏岩里遺跡などの栄山江流域でも確認できる（国立羅州文化財研究所 2013）。

把手が付いたコップ形の土器を把手付杯と総称しているが（把手付A～F）、深鉢形土器や壺類に(68)把手が付く場合（把手付G～K）も把手付杯の範疇に置かれる（朴淳発 2006：198）。ここではこれらを把手付類とした。

把手付類はおおよそ3世紀末～4世紀初頃に出現したと推測されるが、最も早い段階は天安斗井洞墳丘墓出土品や大田場垈洞出土品とされる（朴淳発 2006：198）。このことから把手付類は現忠清道にあった馬韓諸国によって最初に製作された土器である可能性が高い。その後把手付類は5世紀以降全羅道地域にも拡散し、泗沘都城内での出土状況から百済滅亡まで存続する器種として認識できる。

図8の百済の瓶類は約8種類ある。短頸瓶と杯付瓶は漢城期の5世紀代に出現するものと思われる。特に短頸瓶は中国陶磁器の影響を受け百済滅亡まで製作・使用され、比較的出土量も豊富であるため、百済の主要器種として認識されている（土田 2005a）。

杯付瓶は短頸瓶に杯を取り付けたもの（杯付瓶A）と、2つの杯を向かい合わせたもの（杯付瓶B）がある。杯付瓶Aは天安龍院里遺跡C地区1号石槨墓などの例から5世紀以降、杯付瓶B（朴萬植所蔵品や青陽白谷里遺跡（李南奭ほか 2014））は泗沘期以降と推測されている（朴淳発 2006：195）。

横瓶は韓国で一般的にチャングン（장군）という。横瓶には図8に示したように両端を丸く処理した、つまり卵を横に倒したような形（横瓶A）、両端を平らにした形（横瓶B）、端の一方だけを平らにした形がある。横瓶Aと横瓶Bは漢城期から見られるが、後者はそれよりも多少後出すると思われる。[69]

　横瓶Bは胴部に円孔を開ける有孔横瓶と、開けないものに分けられ、百済出土品（栄山江流域を除く）としては2例しかない。1つはソウル風納土城慶堂地区206号遺構（井戸）出土有孔横瓶（権五栄ほか 2015）と、胴部に円孔を開けない清州烏山里遺跡4号土器窯燃焼部床出土品（忠清北道文化財研究院 2015）である。近年の調査で百済でも横瓶Bを確実に生産していたことがわかる。

　平瓶は出土地不明品（朴萬植所蔵品）だが、扶餘雙北里遺跡で平瓶と見られる破片（金成南ほか 2014）が出土しているため、泗沘期以降に出現したと思われる。

　扁瓶は栄山江流域で確認されているが（徐賢珠 2006：117-118）、百済で出土する扁瓶は、おそらく中心年代が泗沘期と考えられる青陽白谷里山城地表採集品（李南奭ほか 2014）が唯一になるのではないだろうか。

　短頸瓶に紐通し穴が取り付けたものがある。図示した扶餘芝仙里古墳群出土品は6つの紐通し穴があるが（扶餘文化財研究所 1991）、忠州塔坪里遺跡出土品（国立中原文化財研究所 2013）は5つである。百済にはわずかにしか見られない。

　長頸瓶も短頸瓶同様中国陶磁器の影響を受けるが、時期は熊津期以降になる（朴淳発 2006：190）。長頸瓶Aは出土地不明品（忠南大学校博物館所蔵品）であるが、公州武寧王陵出土中国陶磁器と類似していることから、6世紀前葉以降に出現したと見られる。長頸瓶Bも（伝）論山表井里出土品の事例から初出を熊津期頃と見ているが（朴淳発 2006：192、金鍾萬 2007：182）、泗沘期以降に盛行すると思われる。中国では耳を持たない長頸瓶は6世紀前半頃に現れるが、おおよそ隋以降に普遍化することからも推察できる（朴淳発 2006：193）。

　注口瓶は浄瓶とも呼ばれ、泗沘期以降に出現するものと理解される。

　日本における灯明皿のことを、韓国では燈盞という。漢城期から使用されたと思われるが、その存在は明らかになっていない。金鍾萬（2007：200-201）の編年によると、燈盞は公州公山城推定王宮跡蓮池内部から出土した内部に灯芯置きがないものが最も早い段階にあたるという。図8に示したように泗沘期に至って多様な形態の燈盞が確認できるようになる。

　益山王宮里遺跡では把手が付いた燈盞Eが出土しているが、このような形態は扶餘扶蘇山城からも出土している。燈盞Fのように仕切りの役割をしている器壁の中央に小さい円孔を開けたものが益山弥勒寺跡から出土している。

　図示しなかったが、益山王宮里遺跡からは蓋杯形の杯身に長さ約9cmの把手が付いた燈盞が出土している（国立扶餘文化財研究所 2006）。

　百済の硯類は、熊津期まで中国から輸入した陶磁器の硯が使われたが、国家の支配力の強化と共に文書行政の普遍化など文字生活の比重が高くなると、泗沘期に至り中国陶磁器をモデルとした硯が製作されるようになる（朴淳発 2006：209）と考えられてきた。しかし5世紀中・後葉に比定できる牙山小東里窯跡2号窯から硯と思われる無脚硯片が出土（柳基正ほか 2012：213-214）していることから、百済での硯の生産は漢城期まで遡る余地を含んでいる。ここではあくまでその可能性を指摘しておく。百済の硯中、短脚硯は百済独自の形態と理解されている（山本 2003a）。

器台類は羅恵林（2011）の研究によると、百済には筒形器台、鉢形器台、環形器台があり、筒形は百済全時期に、鉢形と環形は漢城期から泗沘期初頭まで製作・使用された器種とされる。図8の筒形器台Aと鉢形器台Aは漢城期、筒形器台Bは泗沘期、鉢形器台Bは熊津期に比定でき、型式学的変遷を追える。器台類は祭儀に使用されたと理解されるが（朴淳発 2006：180）、筒形を棺として用いた異例的な事例が、泗沘期の扶餘新里遺跡、扶餘陵山里遺跡、扶餘塩倉里古墳群などで確認されている（羅恵林 2011：81）。

　便器類は男性の小便を受ける虎子と大便用や女性用と思われる便器がある。漢城期以来中国陶磁器製を使用していたが、おおよそ泗沘期に土器の便器類が製作・使用されたと思われる（金鍾萬 2004：126、朴淳発 2006：207）。虎子の場合、百済では約16個体が確認されている（劉永宰 2016）。

　台付杯類は杯形土器とも称されるもので、原三国時代から見られ、一般的には百済中央では受容されなかった器種と理解されていたが（金鍾萬 2012a）、2013年に発刊されたソウル風納土城の報告書に確認できる。また量は少ないが、百済全時期を通じて製作・使用され、台付杯A・台付杯B→台付杯C→台付杯D→台付杯Eに変遷することが指摘されている（金鍾萬 2012a）。用途については儀式に使われた供献器とする見解や土製臼と報告されている（李弘鍾ほか 2012：123）。

　温手器類もしくは香炉類と見られる土器は、扶餘宮南池、扶餘東南里遺跡、扶餘官北里遺跡など都城内でも使用された場所が限定されていた。このような状況からこの器種は百済国内で一般的に使用されるために製作されたものではなく、中国の使節を接待したり、外交儀礼の席で用いられた可能性が高いとする（山本 2006：239-240）。用途としては一般的に中国唐出土陶磁器製温手器との関連性が確実な器種と理解されているが（山本 2006：239-240）、山本が挙げた同形の中国陶磁器を香炉とする報告（奈良県立橿原考古学研究所付属博物館 2010：116）もされている。百済での初出は7世紀頃と思われる。

　小型（ミニチュア、手捏ね）土器類は、図8に示したように様々な形態が確認できる。しかしその形は盌類（小型土器A・小型土器C）、台付杯類（小型土器D・小型土器H）、鉢類（小型土器G・小型土器I）などを模倣または小型化したものが主流を占めている。器高約5 cm前後またはそれ以下のこれら製品は、ソウル風納土城、燕岐石三里遺跡（李弘鍾ほか 2015）、群山余方里藍田貝塚（尹部映ほか 2013）などでも見られるが、図示した多くが牙山葛梅里遺跡で、遺物包含層、竪穴遺構、住居などからの出土品である。墓での出土例がないことから、神に祈る際実物の代わりに使用した供献品とする見解が多数を占める（国立全州博物館 2009：142）。三重六大A遺跡出土例などから、牙山葛梅里遺跡は鳳岡川への祭祀遺物の投棄場であると同時に、祭祀拠点の1つであった可能性がある。このような小型土器は漢城期～泗沘期まで確認できるが、牙山葛梅里遺跡出土の模倣品などは漢城期以降見られない傾向にある。

　日本では煮炊器のミニチュア製品が6世紀の横穴式石室の普及と共に近畿地方を中心に見られるようになり、これは朝鮮半島経由の儀礼であるとの指摘がなされている（亀田 2003）。亀田が指摘しているように群山余方里古墳群82号墳（推定横穴式石室）出土品（図8の竈形土器A）はミニチュア製品であるが、百済の古墳にミニチュア製煮炊器を副葬することは一般的でない。ただし、煮炊器である深鉢形土器を副葬する事例は多い。一方、氏の論文に掲載されていた奈良オイダ山古墳出土ミニチュア甑は、百済甑の器形ではなく、むしろ馬韓（栄山江流域を含む）のものと類似する。煮炊器の副葬文化は朝鮮半島からもたらされたと見て間違いないが、日本で見られるミニチュ

ア製煮炊器の副葬は、ミニチュア製煮炊器の故地比定と共に、別の解釈を模索する必要があると思われる。

図8のその他に示した土製品は、異形土器として報告されたり、用途不明もしくは1～2点しか出土していないものである。

円筒形土器は集落遺跡である牙山葛梅里遺跡出土品を除くと、牙山鳴岩里パッチムレ（밧지므레）遺跡、天安清堂里遺跡など馬韓の周溝土壙墓や土壙墓に副葬される土製品である。(74)このため円筒形土器は牙山・天安を中心とした馬韓地域で製作され、儀礼器または特殊な目的を遂行するために製作されたものと理解される（李尚燁 2009）。中心時期はおおよそ3世紀代になると思われる。

把手が欠けているが、鐎斗を模倣したものが唐津城山里遺跡3-1地点21号竪穴生活面から出土している（尹浄賢 2013）。黄赤色軟質で、胴部に各々4条と5条の波状文が確認できる。土器片と共伴するが、時期は不明である。

筆者が杯形台とした土器は、燕岐龍湖里龍山遺跡5号土器窯から出土している（中央文化財研究院 2014）。報告書では軟質台付盌として紹介され、燃焼部中央から出土し、台には長方形の透かしが5つ開けられている。このような土器は清原葛山里遺跡1号横穴式石室（한겨레文化財研究院 2016）でも見られる。

鳥形土器は北は牙山から南は栄山江流域まで分布し、馬韓土器と理解されている（金永熙 2013）。金永熙の研究によれば、鳥形土器は紀元後約1世紀頃に海南郡谷里貝塚で初出し、4・5世紀は栄山江流域に限定され、住居、墓、溝などで出土するという。また、鳥形土器には注口が付いているため、液体を注ぐ容器であるが、祭儀的な要素が強い土器と解釈されている。

報告者（鄭海濬ほか 2011a）によってスッポン形土器と命名された扶餘雙北里280-5遺跡3号住居出土品は、精選された粘土質の胎土で硬質焼成、器高が13.3cmになる。注口には盌状の別の土器が取り付けてあったが、その大部分が欠損していて形状はわからない。

竈形土器は益山王宮里遺跡西壁地表110m下で出土した（図8の竈形土器B）。報告書によると、王宮里出土品は水平な天井部をもち、掛口の直径は13.3cm、焚口は縦10.5cm×横14.5cmである（国立扶餘文化財研究所 2006：147）。竈後方には排煙用と見られる小型の煙突（円孔の直径2.5cm～3.5cm）が付いており、砂粒などが少量混入した胎土に、瓦質に近い軟質焼成とある。報告書には移動式竈として使用されたとあるが、小型であるため、実際に使用されたとするよりは余方里出土品（図8の竈形土器A）同様祭儀的な土製品であったと思われる。また扶餘軍守里遺跡推定建物（朴淳発ほか 2003：175-176）や唐津城山里遺跡3-1地点20号住居（尹浄賢 2013：206）からも平行タタキメの竈形土器が出土している。

報告書（禹鍾允ほか 2004）には小形臼と記されている臼形土器は灰青色硬質で、5世紀中葉～後葉の住居から出土している。

扶餘東南里172-2番地遺跡遺物包含層3ピット（石築北側部）上層出土壺は、平行タタキを施し、牛角形把手を4つ付着する（忠清南道歴史文化研究院 2007b）。このような器形は百済では初出になるだろう。

突帯付盌（鍔付盌）は群山余方里藍田貝塚6層D3ピット出土品である（尹邰映ほか 2013）。報告書の記述と図面を参考にすると盌の成形途中器壁を外反させ突出部を作り、その上に粘土紐を置き、口縁部と突帯を完成させているようである。突帯には直径約5mmの円孔が2個1組開けられ、総

4組確認できる。

高杯形の土器は、杯が2つ連結した形になっており、華川原川里遺跡80号住居から出土する（濊貊文化財研究院 2013）。嶺南地域の原三国時代の豆形土器に似る。

鳥頭が杯についた扶餘東南里遺跡S1E6グリッド出土品は、砂粒が混入した胎土で硬質焼成、推定全長が10.8 cm である。報告者（成正鏞ほか 2013）は、耳（把手）の存在から硯の可能性を指摘しているが、類例がない。

燕岐羅城里遺跡溝状遺構から出土した鼓形土製品は、泥質の胎土で軟質焼成、推定全長21.0 cm である。報告者（李弘鍾ほか 2015）は土製長鼓（朝鮮半島の打楽器（太鼓））としているが、この他に類例がない。

コップ（形）はソウル石村洞古墳群出土品（李鮮馥ほか 2015）で、台付杯と比べ、器壁が薄く、黒色磨研が施されているものを称するが、その他に類例を見出せない。そのため台付杯の範疇に含めることもある（서울대학교박물관 2007：76）。

果物形の土器は高敞紫龍里遺跡2号墳6号土壙墓出土品である（柳哲ほか 2013）。口縁部は欠損しているが、胴部には縦方向に手で押した9つの溝が観察できる。上から見るとマクワウリの姿を呈す。

異形土器Aはソウル風納土城ナ-N3E3グリッド出土品で、精選された胎土で硬質焼成、残存器高3.5 cm、口径7.6 cm である。浅い盌に円筒の脚部または胴部が付く形を帯びており、報告書（国立文化財研究所 2001b：429）に異形土器片として記されている。

異形土器Bは牙山葛梅里遺跡KC-1住居出土品である。砂粒が含まれているが、精質に近い胎土で軟質焼成、全長7.2 cm、幅4.8 cm、上部直径0.3 cm の円孔が貫通している。これも異形土器として報告されている（李弘鍾ほか 2007）。

異形土器Cは燕岐石三里遺跡KK-007竪穴出土品で、報告書には異形土器とある（李弘鍾ほか 2015）。軟質であり、胎土には砂等が多量に含まれる。器形は円盤形を呈し、厚さ1.5 cm である。上面には幅2.5 cm 程度の溝が、外縁から約0.8 cm 内側に位置する。このような器形は慶州雁鴨池出土硯と同形であるため、硯とも考えられる。出土層は異なるが、KK-007竪穴からは5世紀後葉の百済杯身が出土している。もしこれが百済の硯なら、このような器形は百済において初出になるだろう。ただしこれに続く器形が6世紀以後の百済で見られないことから、現段階ではこれを百済の硯と断定するには無理がある。

異形土器Dは扶餘ティッケ（뒷개）遺跡拡張面3の3-7溝状遺構で出土したもので、胴部上半に三角形の透かしがある（沈相六ほか 2013a）。

異形土器Eは群山余方里藍田貝塚16層C2ピット出土品である（尹邰映ほか 2013）。報告書の記述によると粘土紐を螺旋状に巻上げ、内外面は指押さえとナデで成形しているとある。

以上、百済成立から滅亡までの百済領域または同時期共存した馬韓で使用された土器類を図示した。ここでは言及しなかったが、土器以外の土製品中、U字形カマド枠や煙突形土製品は日本でも出土し、渡来人と関連がある遺物として理解されている。

本書では研究対象としなかった栄山江流域の土器の中には、百済中央の土器と異なる独自的な固有性を帯びた土器があり、これらを"栄山江流域様式土器"と称している（朴淳発 2000a）。図9は栄山江流域様式土器の中でも最も特徴的なものを示した。これにより百済土器との相違性を確認し[75]

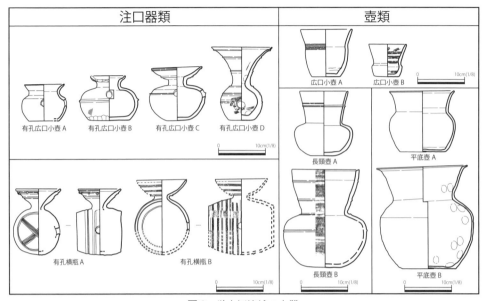

図 9　栄山江流域の土器

たい。

　注口器類には有孔広口小壺（有孔小壺、有孔広口壺）と有孔横瓶（有孔チャングン（장군））[76]があるが、日本では各々𤭯と樽型𤭯と呼称されているものに該当する。

　有孔広口小壺は加耶地域でも出土しているが、出土地域が明確な有孔広口小壺の3/4程度が栄山江流域を含めた全羅道で確認できる（李瑜真 2007：13）。また、時期的にも栄山江流域の有孔広口小壺が加耶地域出土品よりも先出するため、この地域で発生した器種であるとされる（朴淳発 2006：229、徐賢珠 2011）。しかしこれについては異見もある。朝鮮半島の有孔広口小壺の祖形は日本にあるため、日本から伝わった器種であるという（酒井 2004）。酒井によると、栄山江流域の最古例と見られる霊岩萬樹里2号墳4号甕棺墓周辺出土品は、口径が胴部最大径より小さいTG232出土品とは異なり、口径と胴部最大径がほぼ同じことから、TK208型式と見ることができるとある。そのため、この型式前後の有孔広口小壺が栄山江流域に伝わったとする。

　徐賢珠（2011）はこの見解に対し、朝鮮半島で出土する古い段階の有孔広口小壺は口径と胴部最大径の比率より、口縁部から上・下部の比率が重要な変化基準になるため、まだ定型化されていないTG232出土品などと単純に比較できないという。また徐賢珠（2006）はかつて霊岩萬樹里2号墳4号甕棺墓周辺出土品を5世紀中葉に比定したが、2011年の論文では栄山江流域の有孔広口小壺の出現は時期的にも日本と大差はなく、おおよそ5世紀頃と言及している。

　有孔横瓶も同様な問題を抱えている。韓国の研究者は早くに日本の樽型𤭯の起源は栄山江流域の有孔横瓶にあるとしていたが、朝鮮半島出土有孔横瓶は日本の出土量に比べて少なく、型式学的にも古い段階が見られないため、有孔横瓶はむしろ日本の樽型𤭯を模倣した結果とする見解（木下 2003、酒井 2004）が提起されている。

　日本起源論に対し徐賢珠（2011）は、横瓶は漢城期百済中央でも出土していること、前述した有孔広口小壺が百済との差別化を図る意志が反映されたものとしたら、有孔横瓶も百済で使用されて

いた横瓶に有孔広口小壺の使用方法が採択され製作された可能性があるため、栄山江流域で出現した器種としている。

　筆者は時期を除外して、土器の型式学的側面から考慮すると、光州河南洞遺跡100号住居出土品、光州東林洞遺跡82号溝出土品（有孔広口小壺A）、完州上雲里遺跡ラ地区1-9号木棺墓出土品（有孔広口小壺B）が朝鮮半島の有孔広口小壺の中で型式が最も古いと考える。

　有孔広口小壺は胴部に横沈線を巡らすものが多数見られるが、横沈線の位置が胴部最大径にあることが多い。このように胴部（最大径）に横沈線を巡らす器種は、外反口縁小壺（節腹壺）に見られる。この器種の出現は4世紀後葉と推定されているが（朴淳発2006：189）、栄山江流域ではこの器形に注口を開けた例が、上記の遺跡から出土した遺物になる。これらの土器が栄山江流域の有孔広口小壺の祖形となり、口縁部が発達した器形となる推測が成り立つが、徐賢珠（2011）の編年によると、光州東林洞遺跡82号溝出土品は5世紀中葉になり、栄山江流域で最古形とされる霊岩萬樹里2号墳4号甕棺墓周辺出土品より新しくなるため、時期的に問題が残る。日韓の有孔広口小壺の初現がどこになるのかという論争は、何よりも栄山江流域出土土器の時期比定の妥当性を再度検討した上で行うべきであろう。

　広口小壺は頸杯ともいい、古墳から主に出土する（徐賢珠2006：49）。これらは加耶土器の影響により、4世紀後葉～5世紀前葉頃栄山江流域に出現した器種とされる（徐賢珠2006：54）。

　長い頸部が直線的に伸びる長頸壺も主に古墳で出土し、広口小壺同様加耶土器の影響により、4世紀後葉～5世紀前葉頃栄山江流域に出現した器種とされる（徐賢珠2006：55-59）。

　平底壺は百済でも見られる器種であるため、栄山江流域の平底壺の起源は百済になろうが、徐賢珠（2006：32）により広口形と分類された平底壺は、栄山江流域で出現する土器と理解される。その初出について朴淳発（2000a）は4世紀代、徐賢珠は3世紀中・後葉とする。[78]

　このように栄山江流域の土器は百済、加耶、倭の影響を受け、独自の発展を遂げる。しかし、5世紀末～6世紀初頭、光州雙岩洞古墳や光州月桂里1号墳から百済の広口長頸壺や三足土器、加耶の蓋などが栄山江流域に入ってくるようになると、栄山江流域様式は解体する（朴淳発2000a）。その後栄山江流域では、古墳に短頸瓶が副葬されるようになる。これは百済と脈を同じにするもので、栄山江流域が百済に編入された様相を如実に物語る現象として把握できる。

2．本書の骨子

　以上、百済土器の有意性について認識した本書の目的を一文で表すと、百済土器の編年基準となる年代決定資料を検討し、それを百済土器主要器種に対する相対編年に反映させることで、より明確で客観的な編年の樹立を行うものである。また、この編年を基に漢城期百済の領域拡大過程を論じる。

　考古学の研究目的は編年ではない。考古学は過去の物的証拠から過去の歴史、社会、文化、経済など諸事全般を研究する学問である。編年はこの歴史復元の基盤となる基礎的な作業であり、筆者は自身の編年を東アジアの社会について論ずる土台としたい。その試みとして百済の領域拡大過程に注目した。百済は成立当初から栄山江流域を含む広大な土地を領有していたわけでない。高句麗・新羅・馬韓諸国との戦争や同盟などを通じて、百済の領域は拡大と縮小を繰り返した。編年は百済

の伸張を計る基準となり、百済と周辺国家との関係を想定する根拠となる。これはまさに筆者がめざす考古学である。

　各章で扱った課題は以下のとおりである。

　第2章では百済土器編年研究の現状とそこから導出する問題点を把握する。特に百済土器編年体系の樹立のための年代決定資料の1つである、百済出土中国陶磁器が持つ有用性を検討する必要がある。具体的には百済出土中国陶磁器が、伝世を考慮することなく、百済考古学の重要な年代決定資料として活用できるかということである。現在百済考古学では、伝世を勘案しない立場と一部認める立場が対立している。ここでは、百済の周辺国である古代中国と日本の伝世事例を照査した後、百済での中国陶磁器の出土状況や伝世の根拠を再確認し、中国陶磁器に対する百済人の態度や認識を考察する。

　第3章では、百済土器の相対編年構築において最も重要な各型式の前後関係を決定づける年代決定資料を選定し、これらに対する年代観を検討する。百済考古学における年代決定資料として最も価値が高い資料は、第2章で検討した中国陶磁器になろう。百済で確認された陶磁器は約330点以上に上る。その数量は百済考古学の交差年代資料として十分活用できる規模である。したがって、最初に百済出土中国陶磁器を集成した後、中国本土の紀年銘墓出品との対比を通じ、百済出土中国陶磁器を紀年推定可能資料とする。これにより中国陶磁器と共伴した百済土器の年代も判明する。また時期が判明した百済土器を縦に配列することにより、どのように変遷していくのか大まかな流れを把握できる。

　2つ目に有効な年代決定資料として倭（系）遺物が挙げられる。周知のとおり、日本では須恵器を中心とする確立された編年があるため、これらと共伴した百済土器の時期比定に利用することとした。特に日本出土百済（系）土器の出土量が比較的多い利点を生かし、須恵器との共伴関係を通じ各器種の変化様相をある程度把握できると思われる。一方、百済出土倭（系）遺物は、土師器（系）、須恵器（系）、埴輪、甲冑、鉄鏃などがある。百済出土倭（系）遺物と日本本土出土品との対比を通じ、共伴した百済土器の時期比定は可能になる。

　3つ目に有効な年代決定資料として、百済出土新羅・加耶（系）土器と新羅・加耶出土百済（系）土器が挙げられる。新羅・加耶土器に関しては研究者によって年代観が異なるため、中国や日本の資料に比べ多少信頼度が落ちることは否めない。しかし百済土器編年に対する補完資料として該当資料を検討し、各地域で行われている既往の編年を対比させることは、百済土器の編年体系がまだ十分に確立されていない現時点において、編年における根拠の溝を埋める基礎作業といえる。新羅・加耶（系）土器と共伴する百済土器の時間的順序を追うことにより、各器種の変遷様相はもちろん、百済土器と新羅・加耶土器の併行関係を再構築することにも繋がると期待できる。

　第4章では百済の国家成立以前に出現し、以後百済の主要な器種として集落遺跡はもちろん墳墓遺跡でも確認される煮炊器、百済国家形成期に出現した漢城様式百済土器と、泗沘期に高句麗土器の影響により新しく登場した泗沘様式百済土器の成立および展開について考察する。煮炊器である深鉢形土器、長卵形土器、甑は既往の型式学的分類方法を補完する手段として後述する百済土器と共伴する年代決定資料を年代観に反映させ、各器種の変遷様相をより詳しく見る。漢城様式土器は直口広肩壺、直口短頸壺、高杯、三足土器、杯身、短頸瓶、広口長頸壺の型式学的変遷を把握した後、第3章で検討した年代決定資料と共伴する各器種の年代を編年に付与する。百済土器の出現は、

漢江下流域における百済国家形成時点とも直結しているため、年代決定資料を挿入した相対編年から算出した上限年代は有意なものになるだろう。

また、泗沘様式土器である鍔付土器、帯状把手付洗、帯状把手付壺に対する相対編年を樹立した後、泗沘様式土器で観察できる高句麗的要素とその成立の背景についても論ずる。

第5章では上記の編年を基に、漢城期百済の領域拡大過程を論じる。百済の領域が時期ごとにどのように変遷していくのか、領域拡大の目的は何であったのか。考古資料による時期の変遷と地下資源の確保という側面から考察する。

以上の主要百済土器の変遷を通じ、数量および型式学的に検討が困難であった共伴器種についても検討を加え、本書の締めくくりとする。

註
（1）『三国史記』は1145年（高麗仁宗23年）金富軾（1075年～1151年）などが王の命により、高句麗・新羅・百済三国の歴史を50巻10冊に編纂した正史である（梁起錫ほか 2008：13）。百済本紀は巻23から巻28までの総6巻である。
（2）鄒牟という名は『三国史記』百済本紀、高句麗本紀だけでなく、当代の高句麗人によって書かれた『広開土王陵碑』と『牟頭婁墓誌』にも見られる（金炳熙 2009：5）。
（3）朱蒙とは弓使いが上手という意であり、『三国史記』百済本紀、『三国史記』高句麗本紀、『魏書』以後の中国正史に朱蒙という表記が見られる（梁起錫ほか 2008：14）。
（4）扶餘は中国東北地域に存続した国家を指す。『史記』巻129貨殖列伝によると紀元前222年扶餘は、中国戦国時代の燕と国境を接していたとある。つまり扶餘は遅くとも紀元前3世紀後半以前に建国されたことになる。それから約700年後の494年扶餘は、高句麗に降伏し滅亡する（나하나 2007：1）。中国の文献には夫餘、朝鮮半島の文献には扶餘と表記が異なる。
（5）漢山の位置については、漢江北岸説（北漢山説）と漢江南岸説（南漢山城説と牙山または稷山説）に大別できる（梁起錫ほか 2008：17）。
（6）現在の仁川広域市にあたる。
（7）現在の漢江である。漢江は上流の南漢江と北漢江が京畿道で合流し、ソウル特別市を経て黄海に注ぐ大河である。
（8）河南慰禮城の位置については、大きく京畿道河南市春宮里一帯説とソウル松坡区一帯説に分かれ議論されてきたが（梁起錫ほか 2008：19）、現在ソウル松坡区風納土城と夢村土城の発掘成果によって、松坡区一帯に都邑があったことが確実視されている。
（9）十済と表現されていることから、百済は諸勢力集団の連合体的性格を帯びていたと思われる（梁起錫ほか 2008：19）。
（10）一方、『隋書』巻81列伝百済伝には、「百家済海 因号百済」とある。百済という国号について史料は、百余戸が海を渡り国を興したためと伝えている。
（11）正式には『三国志』巻30魏書30烏丸鮮卑東夷伝第30韓伝である。
（12）『後漢書』では馬韓は54の国から、『三国志』では55の国から、『晋書』では56の国からなるとある。ただし『三国志』では莫盧国が重複しているため、『後漢書』の記載同様、54か国となる。文献史では馬韓54か国とする場合が多い。
（13）文献によると百済は馬韓諸国から成長した国家であると理解されるが、百済の発生地（百済基層文化）であるソウル一帯は、考古資料から見ると中島類型文化（硬質無文土器、タタキメのある土器、灰黒色無文様土器、呂（凸）字形住居、葺石式積石墓など）に該当し、種族的には濊（族）系文化と関連があると

(14) 対外関係で最も著名なのが、奈良天理市石上神宮に伝来する七支刀であろう。七支刀は一般的に銘文に刻まれた年号を東晋の369年とするため、近肖古王から倭王に伝えられたとする。製作年代についての議論はもちろん、伝来の過程においても百済献上説、百済下賜説、東晋下賜説など日韓両国の学界で多様な意見交流が現在も継続している。

(15) 百済は660年羅唐連合軍の攻撃により義慈王が降伏し事実上滅亡する。しかし、義慈王の降伏から約1ヶ月後に始まった復興運動は3年に及んだ。したがって百済の滅亡は復興運動が終息する時点という見解（張美愛 2013）も発表されている。

(16) 2007年の発掘調査で木塔跡から舎利荘厳具1式が発見された王興寺跡は、日本の飛鳥寺1塔3金堂式の源流にあたるとする見解（佐川 2010）もある。

(17) 陵山里寺跡は、木塔跡の心礎石から出土した舎利龕の銘文により威徳王14年（567年）威徳王の妹である公主が舎利を供養したことが明らかとなっている。この銘文からは、陵山里寺跡の着工と完工の時期を特定することはできないが、この時期陵山里寺の創建が集中的に行われていたことがわかる（金寿泰 2003）。

(18) 三国時代は朝鮮史の時代区分の1つで、高句麗、新羅、百済の三国を指す。時期は考古学の考証から3世紀後半とされ、新羅が百済と高句麗を滅ぼし、朝鮮半島から唐の勢力を駆逐した676年までとする（韓国考古学会 2011：229）。

(19) 陶磁器の表記は、中国では陶瓷器または瓷器、日本では陶磁器、韓国では陶瓷器と陶磁器を併用している。百済では青磁だけでなく、黒褐色の釉を刷毛で塗った粗質の中・大型の陶器も出土している点に留意する必要がある。

(20) 地釘工事とは本格的な盛土工事の前に、地盤の安全性を確保するため押し固めるなどをした一連の工事をいう（国立文化財研究所 2014）。

(21) ウィグルマッチング（韓国では結合暦年代とも表記されている）とは、測定された各試料の暦年代を統計学的に組み合わせた年代のことをいう。具体的には年代測定試料の炭素14年代変動パターンを較正曲線（Intcal09）のパターンと比較し、Oxcal Version 3.10プログラムを用いて暦年較正を行い、より高精度に年代を決定する手法である（李晟準ほか 2013）。

(22) 百済土器の器種名は、百済考古学で使用されているものをそのまま漢字表記する。

(23) 金一圭（2014a）は朴淳発と反対の立場をとっている。氏は高句麗に占領された旧百済領域（漢城期の領土）では、百済土器が少なくとも6世紀第1四半期まで維持されたとする。この年代観は百済土器と共伴する加耶土器の年代を根拠にしている。金一圭の時期比定に関する問題は後述する。

(24) これに対し崔鍾澤（2011）は、高句麗古墳中、細長形の玄室をもつ横穴式石室が5世紀中葉頃北漢江上流と南漢江水系を利用した中原地域へ進出しており領域化と関連する考古学的証拠とした。またこの古墳近隣で高句麗の集落遺跡が続々と調査されていることから、高句麗が南韓地域に対する領域化を積極的に試みた結果としている。ただこれは旧百済領域でもごく一部に限定される現象なため、この結果で高句麗の面的支配が行われていたと見るには時期尚早であろう。

(25) 肩部に垂張文と称される文様が施された直口壺片が出土しているが、これについて朴淳発（2012a）は、楽浪や帯方などの中国郡県地域と関連がある郡県系土器としている。

(26) 2次増築城壁とは風納土城の外形が最終的に完成し、漢城陥落時まで活用された土壁のことを指す（国立文化財研究所 2014）。

(27) 原三国時代という名称は、金元龍（1973・1986）によって提案され、以後韓国考古学で広く使用されている（韓国考古学会 2010：153）。これは、"三国時代の原初期"または"原始段階の三国時代"という意味で、"原"（proto）三国時代と命名された。

(28) ここでは縄蓆文（平行）タタキの煮炊器（深鉢形土器、長卵形土器、甑）を指す。朴淳発（2006：127-

130）は縄蓆文（平行）タタキの深鉢形土器と長卵形土器は格子タタキ同様3世紀前半代に出現したと見ている。筆者はソウル風納土城の発掘成果から、縄蓆文（平行）タタキの煮炊器は少なくとも3世紀第4四半期～4世紀初には漢江下流域に存在していたと見ている。

(29) 百済の直接支配に置かれた地域だけでなく、間接支配（緩い間接支配と強い間接支配）、つまり中央が地方有力者の自立権をある程度認めた上で、彼らを媒介として影響力を行使した地域で製作・使用された土器も含む。

(30) 燕岐とは現在の世宗特別自治市を指す。かつては郡であったが、現在は世宗特別自治市燕岐面となっている。

(31) 各国における時代または諸勢力の時間性については、時期が遡るにつれ、研究者によって意見が分かれる。朝鮮史の時代区分については、『韓国考古学講義』（韓国考古学会 2010）を参照した。ただし筆者は統一新羅の開始時を新羅が高句麗を滅した667年ではなく、旧百済と旧高句麗の地に設置された唐行政府を攻撃し、朝鮮半島統一を果たした676年からを統一新羅とした。一方、中国史における北朝の成立は一般的に北魏が北涼を滅ぼした439年としているが、実際には442年北魏が後仇池を滅した時点から華北における統一政権の誕生とする見解もある（三崎 2007：134）。

(32) 本書では2分割表記（前半と後半）、3分割表記（前葉・中葉・後葉）、4分割表記（第1四半期、第2四半期、第3四半期、第4四半期）を併用する。他の研究者の年代観を引用する場合は、研究者の時期区分に従う。

(33) 図3の京畿道における市庁舎所在地は、図面の制約上28市のすべてを記載することができなかった。ここでは百済遺跡と関連がある市を中心にした。

(34) 他の自治体名に比べ道の範囲は広いため、発掘報告書の表紙表記では除外されたと思われる。しかし考古学では各地域における個別の研究を行う際、または広域の空間（拡大・分布）を表現する際などで京畿道もしくは京畿道地域と表現する。一方、区は特別市、広域市の下位行政区域で、市よりもさらに細分される。

(35) 朝鮮半島を方位に従って地域を分けると、北部（平安道、咸鏡道）、中部（黄海道、江原道、ソウル特別市、仁川広域市、京畿道）、南部（忠清道、大田・釜山・蔚山・大邱広域市、世宗特別自治市、全羅道、光州広域市、慶尚道、済州特別自治道）の順になる。しかし朝鮮戦争後、軍事境界線以南地域を中部と南部に分け、中部を忠清道、大田広域市、世宗特別自治市まで含める傾向が強い。本書で扱う百済土器は、中部の西に主に分布しているため中西部とし、その範囲は一部南部（全羅北道）も含めることにする。

(36) 『三国史記』百済本紀近仇首王即位年条（375年）には、王が水谷城の西北側まで進撃した後、ここに石を積み、しるしを残したという内容がある。この水谷城は現在の黄海北道新溪付近と比定されている（李丙燾 1976：509）。水谷城の西北地域とは具体的にどの辺りなのか今は知る由もないが、黄州出土の百済土器に手がかりが得らえる。黄州は新溪の西北方に位置しているだけでなく、後代に作成されたものではあるが、『高麗史』站駅、『世宗実録』地理志、『林園経済志』倪圭志八域程里表から百済が、平壌に侵攻する際の交通の要所であった可能性が高い場所である。仮に水谷城の西北地域を黄州一帯に比定できるとしても、ここに及んだ百済の影響力は一時的なものであった（姜鍾元 2012：59）。

(37) 遺跡（古墳）や遺構名は、報告書の明記に従う。

(38) 図の山脈位置は、国土研究院が発表した山脈地図（金永枃ほか 2004：79-90）を参考に、1次山脈（新生代第3期の非対称的撓曲運動により形成―高度が高く連続的に続く険しい山地）、2次山脈（中生代ジュラ紀から白亜紀末まで韓半島全域で起こった地殻変動である大宝造山運動により形成された東西方向の山地が2次的に差別侵食を受けた山地―高度が低く、不連続的な丘陵状の山地）までを表示した。小白山脈は1次山脈（大きい三角表示）、車嶺山脈と蘆嶺山脈（小さい三角表示）は2次山脈に分類される。

(39) 新しい山脈地図（金永枃ほか 2004）には既往の山脈配置と異なる部分が多いため、山脈名が記載されていない。しかし考古学では山脈名を使い文化圏の設定を行う場合が多いため、ここでは従来から使われて

いる小白山脈、車嶺山脈、蘆嶺山脈を用いる。ただし図4に記載した山脈名とその位置は、我々が一般的に認識している位置と必ずしも一致していないことを明記する。

(40) 新しい山脈地図（金永玖ほか 2004）によると、1次山脈上にある霊鷲峰から派生した2次山脈は伽耶山まで続く。図4では霊鷲峰から内蔵山までを蘆嶺山脈として表記した。

(41) 舟津川中流域に位置する高敞鳳徳里古墳群や高敞紫龍里遺跡は、厳密にいえば蘆嶺山脈の西端で以北ではない。高敞の遺跡を除き対象百済土器は大部分蘆嶺山脈以北に該当する。

(42) 南は熊津期以後百済の積極的な南方政策が具現し、6世紀前半頃ついに栄山江流域が百済の直接支配下に編制された（朴淳発 2000a・2000b）。

(43) 暦年代は、絶対年代や実年代という語と同義である。ここで筆者が暦年代という語を用いる理由は、武末（2003）の見解に同調するからである。絶対年代は理化学的方法による年代測定にも使われているため、これとの混合を避ける意図と、"絶対"という語に"絶対正しい"という色合いが出るためか、使われなくなる傾向にあるという。また実年代は、本当の年代であるかのような印象を与える可能性もある。そのため、ある考古資料が属する年代を西暦で表すという本来の約束事を最も直截に示す語として、暦年代という語を以下では用いる。

(44) この土器分類体系は、Dwight W. Read（1974）らの位階的分類体系（Hierachical Classification System）を基礎としており、遺物複合体における一定の系統的範疇を抽出する上で便利な方法と考えられる（金元龍ほか 1988、朴淳発 1989）。この土器分類体系はその後細分・補完され（李鮮馥ほか 2000、金成南 2001）、現在に至る。表1は金成南（2001）が作成した体系表を基本とし、修正・加筆をしたものである。

(45) 韓国ではこれを様式的属性（stylistic attributes）とする場合が多い。筆者は上位にある様式との混乱を避けるため、視覚的属性という用語を使用する。

(46) 形態的属性に計測的属性を含める見解（Brian M. Fagan 2002：272）もある。

(47) 表の事例で挙げた焼成色だが、火のまわり方によっては同一の個体でも焼成の色が均一でない場合も多い。百済土器に限っていえば、焼成色は時間性と機能性を言及する上で、1つの基準となっているため、ここでは事例として示した。

(48) 型式は主に編年を行うための準備過程として理解されてきたが、時間的側面以外にも空間的、機能的側面を考慮する必要がある（崔盛洛 2005：143）。

(49) 図面は Illustrator（Adobe 社）を使用し作成した。既刊の報告書に掲載されている遺物も再トレースを行い、より鮮明な図示を試みた。既往の図面を損なわないよう細心の注意を払ったが、筆者の不注意があることをお断りしておきたい。

(50) 硬質無文土器中、内湾口縁鉢は内湾口縁甕と呼ばれている。この器種も煮炊器に使用されたという韓志仙氏（国立中原文化財研究所）の教示に従い、鉢類に含めた。

(51) 約268件の炭素14年代測定値を較正曲線で較正した年代値により硬質無文土器は、紀元前2世紀～紀元前1世紀にはすでに出現したとする研究（李昌熙 2015）が発表されている。科学的な分析と先行研究（朴淳発 2006：40・2009：431）は符合している。

(52) 日本では深鉢形土器と小型平底鉢を併用している（中久保 2012）。

(53) 日本では長胴甕と呼ばれる。

(54) 百済考古学で一般的に縄文系という用語を使用し、縄蓆文タタキと平行タタキを含んだ意として表現される。

(55) ここでは短頸壺、平底壺、甕類を大きさ別に図示したが、他の器種でも大中小や大小があることを明記しておく。

(56) 図中における土器の細部名称は、報告書や論文で一般的に使用されているものを記載し、それ以外はアルファベット表記にした。図5の壺類中、丸底短頸壺、直口短頸壺、卵形壺、短頸壺（大）、帯状把手付壺、平底壺（大）、四耳（長頸）壺は1/15のスケールで、その他の壺類は1/12である。甕類中、甕A～甕Cは

1/15 である。

(57) 両耳付壺と二重口縁土器は、図示した器形だけでなく、大小さまざまな壺で見られる。口頸部をもう1つ取り付けた二重口縁土器は朴淳発（2001c）によって帯頭壺とも呼ばれる。

(58) 節腹壺という名称は、胴部中位の折れ目が大きな特徴であることから、朴淳発（2006：187）によって命名されている。

(59) 平肩壺という名称は、朴淳発（2006：170）によって命名された。氏は水平に近い扁平な肩部を持ったという意を含んだ用語を使用している。

(60) 原三国時代の硬質無文土器の甕にも平底があるが、ここではタタキが施された大壺類と甕類に平底が出現する時期について言及した。

(61) 大壺にも同様のことがいえる。

(62) 図8の横瓶AとBは1/15のスケール、その他に示した図中、異形土器Aと異形土器Bは1/5のスケール、鳥形土器、鐎斗形、竈形土器B、杯形器台、牛角形把手付、突帯付盌（鍔付盌）は1/15、その他は1/10である。

(63) 盌は日本で坏形土器（酒井 2002）または浅鉢（寺井 2002）と呼ばれている。

(64) 突帯盌は報告書によっては杯身と混合される。

(65) 台付盌は日本では高台付椀（酒井 2013）もしくは台付椀（定森 1999）と呼ばれている。

(66) 日本では洗または盤と呼ばれる（中久保 2012）。

(67) 鉢Aは未詳土器（忠清南道歴史文化院 2007a）、甕形土器（李浩炯ほか 2011）、U字形土器（金成南ほか 2003）などと称されている。

(68) 百済考古学では把手付杯を把杯と呼んでいる。日本ではコップ形土器（定森 1999）とも称される。

(69) 栄山江流域の羅州新村里9号墳出土品から、遅くとも5世紀末以前には一方が平らな横瓶が出現していたと思われる。

(70) 虎子という名称は、その姿が虎に似ていることに由来する（朴淳発 2006：209）。

(71) 金鍾萬（2012a）によると、原三国時代の台付杯は生活容器の一部として使用されたが、漢城期の遺跡からは台付杯と器台などが共伴した事例があること、扶餘で出土する台付杯の場合、高麗時代（918年～1392年）以降に出現する香碗と形態が非常に類似していること、国立全州博物館所蔵品の口縁部の内側に煤が付いていることは、杯部の内部に土などを詰めた後に香を焚いた可能性が高いことなどから、百済以降儀式に使われた供献器だとする。

(72) 2015年（徐賢珠ほか）に発刊された扶餘佳塔里サニコゲッゴル（산이고갯골）遺跡の報告書でも確認できるため、この器種の使用場所は従来の考えより広範囲であった可能性がある。

(73) 三足が付いた小型土器Fは紀元後1世紀代に出現し、4・5世紀まで南漢江や嶺東地域（江原道太白山脈の東側地域）で残存するという（朴敬信 2015）。図示した牙山葛梅里遺跡出土品もその頃の時期に比定できる。

(74) 牙山・天安地域と同形のものが、大邱八達洞遺跡9号墳や蔚山下三停古墳群から出土している（李尚燁 2009、金永熙 2013）。また円筒形土器には図8に示したように台の有無（円筒形土器Aと円筒形土器B）や台の形態に差が見られる。

(75) 朴淳発（2000a・2006：228）が定義した栄山江流域様式土器には、短頸壺と両耳付壺が含まれる。

(76) 前述したように胴部に円孔を開けない横瓶は、清州烏山里遺跡（忠清北道文化財研究院 2015）で生産されている。有孔横瓶はソウル風納土城でも出土しているが、数として多い栄山江流域からの搬入品とも考えられる。

(77) 栄山江流域の有孔広口小壺はおおよそ有孔広口小壺A～有孔広口小壺C→有孔広口小壺Dという変遷になる。

(78) 徐賢珠（2006：33）は栄山江流域での平底壺の出現を3世紀中・後葉としているため、平底壺は百済か

らの影響ではなく、楽浪からの影響としている。
(79) 伝世には2つの種類がある。1つは過去のある時点、つまり伝世の出発点から今日まで受け継がれたもの、いま1つは過去のある時点で伝世が終了したものである。後者は副葬品などにより埋納された後、発掘または発見による事例を含める（関野 1983）。
(80) 百済で出土した中国陶磁器は、一個体と把握できるものは破片数に関わらず個体数として数えた。

第2章　百済土器編年研究の現況と問題点

1. 研究現況と動向

　百済土器に関する体系的な研究は、1955年藤澤一夫により日本統治時代の資料を整理するところから始まった。藤澤は京畿道・忠清道出土資料を中心に、まず焼成の差に注目し埴質土器（赤色酸化焔焼成）、瓦質土器（灰色軟質土器）、陶質土器（青灰色硬質土器）に分類した後、器形別に説明を行った。百済土器における初の総合的研究というだけでなく、現在の百済土器研究でも重要な技術的属性として認識されている焼成による土器質の違いに着目した点は、評価に値する。

　1979年になると、小田富士雄、安承周などによりこれまでの百済土器資料が整理された。小田（1979a）は、百済の遷都という歴史的背景を根拠に、前期（漢城時代）、中期（熊津時代）、後期（泗沘時代）に区分した。そしてこのような時期的概念を地域と結合させ、漢城地域（前期）、錦江地域（中期）、全羅道地域（後期）とし、各地域の百済土器を記述した。小田の土器分類は基本的に藤澤と同じであるが、時間的な意味を含んだ地域群に括って百済土器に対する編年考察を行った点が異なる。一方、安承周（1979）は、百済土器を器種別に類別した後、最も出土量が多い壺の計測的属性と形態的・技術的属性を分類し編年設定の根拠とした。氏が設定した第Ⅰ期（2世紀～5世紀末）の土器様相について言及すると、壺は卵形壺と球形壺が混在するが次第に卵形壺が退化し、5世紀末には球形壺が広肩形に変化する。その他両耳付壺、鉢、台付壺などがこの時期に該当するという。第Ⅱ期（6世紀初～660年）は、第Ⅰ期同様球形壺の広肩形が持続する。またこの時期、中国南朝の影響により三足土器、陶硯、施釉器などの新しい土器が出現したと見た。安承周は、現在の土器編年において最も基礎的な研究方法である属性分類に注目し、土器の変遷を把握する研究を行った。これは以前の百済土器編年研究とは一線を画する、画期的な研究成果であった。

　百済地域での本格的な発掘調査により資料が蓄積される以前に発表された『百済土器 変遷過程의 研究』（柳奇成 1984）は、百済土器の変遷を考察した初めての修士学位論文である。柳奇成は論文で時期を2・3世紀、4世紀、5世紀、6世紀、7世紀に区分し、器種だけでなく視覚的属性や形態的属性における具体的な変遷について論じた。また、中国唐の開元通宝と共伴した広肩壺の製作時期を621年以後としたことは、まさに本書で筆者が行おうとする相対編年に、暦年代資料を付与する方法論と同じである。

　1980年代に入ると、漢江流域の初期百済に関する積極的な発掘調査により、新しい資料を活用した研究が可能になった。ソウル風納土城の発掘調査が始まるまで百済土器編年の根幹は、ソウル夢村土城出土品によって構成されていたといっても過言ではない。

　朴淳発（1989）は、自身が直接発掘調査をしたソウル夢村土城の遺物を中心に、土器分類体系に

基づき、夢村類型（Mongchon Assemblage）を抽出した後、器種を表す類（Type Group）に細分した。またこれらを同一器種の中での製作時期または製作地域の差を示すもの考えられる型（Type）に区分し、夢村土城出土土器の変遷過程を考察した。朴淳発は夢村類型を土器質の差を基準に、灰色軟質土器器種群と灰青色硬質土器器種群に分け、前者を夢村Ⅰ期、後者を夢村Ⅱ期と各々命名した。夢村Ⅰ期の始まりは夢村土城出土西晋の銭文陶器片により、3世紀末〜4世紀初頃に設定した。夢村Ⅰ期と夢村Ⅱ期の分期点、つまり夢村Ⅰ期の下限と夢村Ⅱ期の上限については、原州法泉里古墳群2号墳一括遺物を根拠に挙げた。出土した夢村類型の直口短頸壺(1)は灰色軟質であるが、肩部に斜格子文が施された小型という特徴が灰青色硬質直口短頸壺の特徴と近いため、これを夢村Ⅰ期と夢村Ⅱ期の過渡期的段階と見た。そしてこの直口短頸壺の暦年代であり、かつ夢村Ⅰ期と夢村Ⅱ期の分岐点を共伴東晋製青磁羊形器から、暫定的に4世紀中葉頃に比定した。夢村Ⅱ期の下限については、夢村土城から出土した高句麗土器から、5世紀中葉以後と設定した。これは高句麗と百済を巡る歴史的背景を参考に、百済南遷の原因となった高句麗勢力の南下と結合させたためである。このように器種別に実施した体系的な分析と中国陶磁器の年代から、百済土器の上限年代と軟質から硬質への移行時点を比定できたことは、百済土器研究において重要な足掛かりとなった。

　その後、朴淳発（1992）は百済土器を国家段階の政治体に発展した百済で製作された土器と定義づけ、夢村Ⅰ期と夢村Ⅱ期を各々漢城百済Ⅰ期（以後漢城Ⅰ期）と漢城百済Ⅱ期（以後漢城Ⅱ期）に呼称変更した。また百済土器の出現時期を直口短頸壺または直口広肩壺の肩部に施された"陰刻紋様"から推測しようと試みている。直口短頸壺などの肩部文様帯が、中国三国末〜西晋代にわたり越窯で生産された青磁に刻まれたものと非常に類似しているという点を挙げ、百済土器の出現期を西晋との交流が活発であった3世紀後半頃に修正した（朴淳発 1998：71-73・2001a：107-109）。一方、今までの資料を基に夢村類型の技術的類型(2)が、黒色磨研土器→灰色軟質土器→灰青色硬質土器順に出現したとし、黒色磨研土器の登場を百済土器の始発点と見なした。

　続いて朴淳発は2003年、621年を上限とする扶餘宮南池出土三足土器の存在から、暫定的に泗沘期を600年を基準として泗沘Ⅰ期と泗沘Ⅱ期に区分した。

　近年の論考（朴淳発 2013c）では、百済土器の成立時点を百済国家成立時点である250年〜300年の間に該当することを再確認したと同時に、これを"成立期"または"早期"と呼ぶことを提案した。この成立期の代表的な器種としては、縄蓆文（平行）タタキの深鉢形土器、黒色磨研の直口広肩壺などが挙げられる。

　一方、ソウル夢村土城出土品の解釈において、定森秀夫（1989・2015）と白井克也（1992）の研究は、朴淳発の見解と対照をなすものとして特記すべきである。定森は夢村土城出土土器を夢村土城Ⅰ段階、夢村土城Ⅱ段階、夢村土城Ⅲ段階に区分したが、各段階の時期比定においては朴淳発と大きく異なる様相を見せている。夢村土城Ⅰ段階は、第2号（以下85-2号）土壙墓出土三足土器と佐賀野田遺跡出土品との類似性を根拠に5世紀後半頃、夢村土城Ⅱ段階は高句麗土器と共伴する段階で、2号（87-2号）住居出土大加耶系蓋を根拠に5世紀末〜6世紀初、夢村土城Ⅲ段階は6世紀中葉頃の新羅土器出現時点を下限とし、6世紀前半頃とした。定森が夢村土城出土土器の使用時期を遅く設定した理由は、85-2号を墓と認識したためである。これについて朴淳発（2001a：122-123）は、85-2号土壙墓の副葬様相が普遍的に観察できるものと異なる点に注目し、遺物の出土位置から祭儀関連遺構と結論づけ、定森の年代観再考の必要性を説いた。

白井は蚕室地区の百済土器（直口短頸壺、三足土器、高杯、深鉢形土器）を分類した後、器種間の型式学的関係と共伴関係から8つの型式を設定した。そしてこの8つの型式を蚕室地区の墓制の画期により4期に整理した結果、蚕室早期は4世紀代、蚕室前期は5世紀前葉～中葉、蚕室中期は5世紀後葉～6世紀中葉、蚕室後期は6世紀後葉以後の新羅土器出現期とした。夢村土城出土土器は、蚕室中期（夢村Ⅰ式～夢村Ⅲ式）に該当し、6型式（夢村Ⅰ式）の上限は高句麗土器の存在から475年を含めた5世紀後葉、夢村Ⅲ式の下限は新羅土器が出現する6世紀中葉頃に比定した。白井の解釈は漢江流域において百済土器が、475年漢城陥落以後から551年漢城収復まで高句麗の支配下で製作・使用され続けたという意味を内含している。そして土器と政治史を容易に結合させる態度に警鐘を発した。つまり、支配者の移動・交替にも関わらず直接的な生産者の移動は少なかったことになる。しかし、百済を象徴する固有器種である三足土器などの生産を果たして高句麗が容受しただろうか。定森と白井の編年観の妥当性については、筆者が本書で行う年代決定資料を活用した百済土器の編年で明らかになると思われる。

　2000年に入ると、漢江下流域だけでなく、中西部地域の主要古墳群出土百済土器に関する編年が行われるようになる（成正鏞 2000a、金成南 2001）。成正鏞は中西部の馬韓地域の百済領域化過程を論じるため、漢城様式土器が地方に拡散する様相を土器の変遷を通して考察した。これより地方における遺跡の時期と土器変遷が判明し、百済の領域過程を段階別に設定できるようになった。

　金成南は、中西部地域の3・4世紀代における古墳群の詳細な編年体系を樹立するため、発生順序配列法（Occurrence Seriation）を適用し、土器が出土した各墓を単位に、出土土器の型（Stylistic Type）と属性（Attribute）を基準に据えた研究を行った。金成南は成正鏞の研究に比べて、より細分した編年を試みている。その後、金成南（2003・2004）は、漢城様式土器の形成と変遷についての論文を発表し、朴淳発の設定した漢城百済Ⅰ期を漢城百済Ⅰ-1期とⅠ-2期に、漢城百済Ⅱ期を漢城百済Ⅱ-1期、Ⅱ-2期、Ⅱ-3期に細分した。特に3世紀後半～4世紀初に該当する漢城百済Ⅰ-1期を、黒色磨研土器をはじめ、直口広肩壺、つまみがない蓋、無蓋高杯などの新器種が出現した時期とした。以後、金成南はソウル風納土城資料の増加を受け、10年ぶりに発表した論文（金成南 2014）で、2004年に発表した論文の修正を行った。その内容を整理すると次の通りである。漢城Ⅰ-1（251年～300年）は黒色磨研土器・卵形壺などが、漢城Ⅰ-2（301年～350年）はつまみのある蓋・三角形蒸気孔の甑などが、漢城Ⅱ-1（351年～400年）は有蓋高杯・蓋杯・有蓋三足土器類などが、漢城Ⅱ-2（401年～450年）は有肩壺（平肩壺）・球形瓶・横瓶が、漢城Ⅱ-3（451年～475年）は、杯付瓶が出現する段階との見解を示した。

　一方、韓志仙（2003・2005）も漢城百済Ⅰ期を漢城百済Ⅰ-1期とⅠ-2期に細分するが、漢城百済Ⅱ期は朴淳発の時期区分に従った。漢城百済Ⅰ-1期つまり百済土器の成立時期は、ソウル風納土城慶堂地区101号遺構と併行関係にあると報告された、196号遺構出土中国施釉陶器から3世紀後半頃と推している。また有蓋高杯や三足土器の出現を、漢城百済Ⅰ-2期とするなど一部器種出現時期については、金成南の編年と異なる様相を呈している。このように遺構と器種の前後関係に多少の差はあったにせよ、漢城期百済土器の上限と下限、漢城百済Ⅰ期と漢城百済Ⅱ期の分岐点は、先行研究を踏襲している。

　金成南と韓志仙の研究は、1990年代末から行われてきた一連のソウル風納土城発掘調査や周辺地域調査により、漢江流域出土品をより綿密に分析可能になったことで進められた。これらの研究は、

暦年代の根拠が明確に提示されないまま、各分期の設定を行っていることが問題点をして挙げられる。

漢城期だけでなく、泗沘期の土器編年研究（金鍾萬 2004・2012b）も 2000 年以後活発に行われた。興味深いことは泗沘期の百済土器に高句麗の要素が、多く観察できるということである（権五栄 1991、金容民 1998、朴永民 2002、山本 2005a・2005b、朴淳発 2005a）。したがって、泗沘期の百済土器編年には、高句麗土器に対する理解と歴史的背景を考察する必要がある。

百済土器に高句麗の影響を指摘した論著は北朝鮮でも発表（리영 2006）されている。社会科学院考古学研究所が 1977 年に発刊した『朝鮮考古学概要』には、百済土器を前後 2 時期に区分できるとし、前期には高句麗同様、褐色土器と黒色土器を使用し、粘土に砂などを混入させたもの、磨研技法も高句麗土器と同様であるとする。器種構成も高句麗後期の土器の種類と形態と共通する部分があるが、三足土器のような百済固有の土器も存在すると言及している。後期になると、三角形や方形の透窓を施した器台や、土器の形態が新羅や加耶土器と類似するという。このように百済土器は独特な面を持ちながら、総体的には高句麗と新羅の中間的位置で、三国文化の共通性をなすために寄与したとある。

また同国で 1995 年（김영진）に出版された『朝鮮陶磁史研究』[7]には百済土器発展の歴史を前期（紀元前 18 年～475 年）、中期（475 年～538 年）、後期（538 年～660 年）に区分し、各時期ごとに百済土器の特徴を叙述している。その中で前期は褐色土器、砂などを混入させた荒い粘土質、土器底部が丸いもの、土器表面の様々なタタキメが多いと指摘している。中期は底部をより安定な平底にしたものが多くなり、青灰色硬質土器が主を占めるようになる反面、前時期の褐色軟質土器が大部分消滅するとある。後期になると粘土が精選され質が向上し、硯、便器、骨壺、施釉陶器が登場する。また中期に続き丸底が消滅し平底になり、青灰色硬質土器が主になるが、硬質土器の普及によって軟質土器が副次的な位置に落ちたと解釈している。そして百済土器は高句麗の土器文化の影響の下、新羅土器同様発展を遂げ、相互文化的連携の中で隆盛したと記している。

その他、個別器種または遺跡・遺構を単位とした、土器編年が行われてきた。個別器種に対する編年の事例としては、三足土器（尹煥ほか 1995、姜元杓 2001、朴淳発 2003、土田 2004a・2004b、朴普鉉 2011）、高杯（土田 2004a・2005a、申鍾国 2011）、短頸瓶（土田 2005b、池珉周 2006、卞熙燮 2013）、蓋（朴淳発 1999、金斗權 2003、土田 2004a）、直口短頸壺（朴淳発 2003、金朝允 2010、金恩恵 2014、朱恵美 2016）、各種壺（土田 2006・2009、朴智殷 2007、全東賢 2010、趙龍鎬 2011、徐賢珠 2012b・2014a）、盌（徐賢珠 2010、朴淳発ほか 2011、韓志仙 2011）、蓋杯（朴淳発 1999、金鍾萬 2002）、器台（羅恵林 2011、韓志仙ほか 2012a、이건용 2014）[8]、把手付杯（尹大植 2004、朴淳発 2006、정현 2012）、盒（広口短頸壺）・（帯状把手付）洗（土田 2009、辛閔政 2012、李在珍 2012）、台付杯（金鍾萬 2012a）、深鉢形土器（朴淳発 2001b、김진홍 2008、全東賢 2010、土田 2013b）、甑（呉厚培 2002・2003、朴敬信 2003・2004、鄭鍾兌 2006、全東賢 2010、金大元 2013、土田 2013b、宋満栄 2016、羅善敏 2016）、長卵形土器（鄭鍾兌 2006、김진홍 2008、全東賢 2010、土田 2013b）、把手付鍋（金根泰 2007）、硯（山本 2003a、도라지 2017）、台付盌（山本 2005a、金容周 2016）、鐔付土器（土田 2009、韓志仙ほか 2012b）、虎子（劉永宰 2016）などを列挙することができる。

個別の遺跡を単位とした土器編年では、華川原川里遺跡（韓志仙 2013a）[9]、ソウル夢村土城（朴淳

発 1989、林永珍 1996)、ソウル石村洞古墳群（林永珍 1996、金成南 2001）、河南渼沙里遺跡（金武重 1994)、利川雪峰山城（方瑠梨 2001・2007)、烏山水清洞古墳群（薛銀珠 2012a・2012b）、華城馬霞里古墳群（金成南 2001）、燕岐松院里遺跡（趙銀夏 2010）、天安龍院里古墳群（李賢淑 2011）、清州新鳳洞古墳群（成正鏞 2000a、金成南 2001、韓志仙 2012）、清原主城里古墳群（金成南 2001）、舒川鳳仙里遺跡（김재현 2011）、洪城神衿城（成正鏞 1994）、論山表井里古墳群（成正鏞 2000a）、論山茅村里古墳群（成正鏞 2000a）、益山熊津里古墳群（成正鏞 2000a）などを、遺構別に出土した百済土器に対する検討としては、住居（申鍾国 2002、趙詳紀 2006、韓志仙 2013b）、墳墓（李文炯 2001、金殷卿 2008、玉昌旻 2010、金鍾萬 2013）、城郭（韓濬伶 2002・2003）、貝塚（崔興鮮 2014a・2014b）などを挙げることができる。また器種別、遺跡・遺構別を単位とした編年だけでなく、地域（流域）を単位として土器文化相の変化を把握しようとした研究（韓濬伶 2014、趙詳紀 2015）もある。これは考古資料の蓄積により、地域集団の性格と関連した多様な論議が可能になった結果と解釈できる。

　ここで百済全時期における主要器種の編年を行った金鍾萬（2007・2012b）の研究成果を熟視する必要がある。金鍾萬は漢城期をⅠ・Ⅱ・Ⅲ期に、熊津期をⅠ・Ⅱ期に、泗沘期をⅠ・Ⅱ・Ⅲ期に細分した。漢城Ⅰ期を百済土器が登場した3世紀後葉頃から新器種が続出した4世紀前後以前までとした理由は、先行研究同様ソウル風納土城から出土した中国陶磁器の時期比定によるものである。漢城Ⅱ期は高杯・三足土器のような杯類が出現した段階で、4世紀前後頃から4世紀末までとした。また百済が京畿道などに領域を拡大した時期にあたると言及した。漢城Ⅲ期は百済の領域拡大と共に新器種と伝統器種が南下した段階で、瓶類などが新しく追加された5世紀初から熊津に遷都する475年までと設定した。熊津Ⅰ期は百済土器自体が減少すると同時に、器形の変化が観察できる時期に、熊津Ⅱ期は中国との活発な文化交流により、南北朝の新しい文物が流入し、日本とも強固な交渉をもった土器拡張期と位置づけた。一方、泗沘Ⅰ期は熊津期の器種をそのまま製作しつつ、周辺国から流入した器形を百済化した過渡期的な段階で、6世紀中葉までとした。泗沘Ⅱ期は百済化が引き続き行われ、土器の高級化を実現した期間とし、時期は6世紀末まで、泗沘Ⅲ期は生活容器が普遍化する時期で、南部地域に至るまで統一の器種が登場した段階と設定した。金鍾萬の分期設定は百済の歴史的背景と結合させている点で、既往の土器研究とは一線を画しているが、時期比定の根拠が曖昧であることが指摘できる。これは金鍾萬が行った主要器種の型式と編年においてもいえる。

　一方、国立文化財研究所（2011）の『漢城地域 百済土器 分類標準化 方案研究』では、漢城期百済土器を分類・分析後、遺跡（風納土城中心）内の層位関係と他遺跡間の交差年代法などにより、各器種における変遷過程を把握し編年案を提示した。ソウル風納土城の層位を編年の根拠とした点は評価できるが、それに関する具体的な時期比定は不明瞭である。また漢城地域の百済土器を5つの分期に分けているが、設定の根拠と共に時期が欠落している。

　これを補完した論文が上記の責任研究者だった韓志仙（2013b）により発表された。氏は漢城流域における集落遺跡の住居と出土土器の分析を通じ、漢城百済期を4期（Ⅰ期は3世紀末〜4世紀初、Ⅱ期は4世紀前半〜後半、Ⅲ期は4世紀末〜5世紀前半、Ⅳ期は5世紀前・中半〜475年）に区分したのだが、この時期比定を外来系遺物で行った点は、本書で披露する筆者の研究方法と一致する。また、風納土城 197番地（旧未来マウル）一帯に対する最終報告書『風納土城ⅩⅤ』（2013b）の考察

表2　百済土器編年案の比較

	小田富士雄 (1979a)	安承周 (1979)	朴淳発 (1989・1992・2003)	白井克也 (1992)	金鍾萬 (2007・2012b)	韓志仙 (2013b)	金成南 (2014)	金一圭 (2015)
	漢城期	前期	第Ⅰ期	漢城Ⅰ期	蚕室早期	漢城Ⅰ期	Ⅰ期	Ⅰ-1期	
						漢城Ⅱ期	Ⅱ期	Ⅰ-2期	
				漢城Ⅱ期	蚕室前期	漢城Ⅲ期	Ⅲ期	Ⅱ-1期	漢城地域における漢城様式土器
							Ⅳ期	Ⅱ-2期	
								Ⅱ-3期	
475	熊津期	中期	第Ⅱ期	熊津期	蚕室中期	熊Ⅰ期			
						熊津Ⅱ期			
538	泗沘期	後期		泗沘Ⅰ期		泗沘Ⅰ期			
				泗沘Ⅱ期	蚕室後期	泗沘Ⅱ期			
660						泗沘Ⅲ期			

にも、氏の編年案が採用されている。

これら上記の編年は研究者によって器種もしくは型式の展開に多少の差があるが、大きな範疇では一致することが多い（表2）。しかしこれら既往の年代観に一石を投じた研究が発表された。金一圭（2007a・2007b・2015）は紀年銘による中国陶磁器を根拠にした上限年代を適用するのではなく、遺構の廃棄年代に注目し百済土器と共伴した他地域生産品を通じての時期比定を試みた。具体的にはソウル夢村土城第3号（以下85-3号）貯蔵穴から出土した4世紀後半の青磁四耳壺の口縁部片がTK23型式期の須恵器杯と共伴した事例を挙げ、伝世を考慮しないわけにはいかないと指摘した。つまり中国陶磁器の年代で百済土器の時期比定を行うことには、再考の余地があるとしたのである。このように陶磁器と共伴した遺物間における数十年〜数百年の時期差が、まさに中国陶磁器伝世論の根拠となっており、これに同調する研究者（李庚美 2010、李泰昊 2011）も少なくない。

これと関連し百済土器の出現を4世紀以後（権五栄 2011）、4世紀末（金一圭 2015：147-159・180）、4世紀後半に出現し、5世紀中葉に完備（李盛周 2011・2015）する見解も提起された。金一圭は漢城期百済土器の指標遺物である黒色磨研直口広肩壺の初出時点について、ソウル可楽洞古墳群2号墳の封土から出土した黒色磨研直口広肩壺を、加耶馬具の年代から5世紀第1四半期と比定した華川原川里遺跡33号住居出黒色磨研直口広肩壺より型式学的に先行することを指摘し、4世紀末とした。しかし型式学的変遷を数点の土器で行い、それに関する分析もない一方的な通告になっている。

李盛周（2015）はソウル風納土城の層位と土器遺物群の年代に関する解釈には相当な問題点があると指摘し、風納土城の住居の形式が変化する過程に注目し、5段階（第Ⅰ-1期、第Ⅰ-2期、第Ⅱ-1期、第Ⅱ-2期、第Ⅲ期）に区分した。この時期比定には楽浪土器の出土有無や昌寧余草里窯跡生産品との比較などが行われているが、第Ⅰ-2期と第Ⅱ-1期に提示した一部の住居および出土遺物の年代は、国立文化財研究所の見解（2013b）と隔たりがある。

このように百済土器の出現時期に関しては、既往の3世紀中・後半から4・5世紀代に大幅に下降

させる論文が発表されているが、これに対する反論（朴淳発 2012a）も提起されている。朴淳発は初現期の百済土器と思われる直口広肩壺、直口短頸壺の肩部文様帯が中国西晋との関連によることと、ソウル風納土城慶堂地区196号火災住居から出土した百済成立期の黒色磨研直口広肩壺の時期を、共伴した中国銭文陶器からおおよそ3世紀第4四半期頃と想定した。

　一方、高句麗が漢城を陥落させた475年は従来から漢城期と熊津期を分ける基点であり、百済考古学の暦年代設定の基準として活用してきた。これについて475年という年代は百済の考古資料における暦年代の基準となりえないとする反論（金一圭 2007a・2007b・2012a・2014a・2015）が提起された。具体的に百済考古資料を新羅・加耶の年代観を適用させた結果、6世紀第1四半期まで風納土城、夢村土城などを含む漢城地域は、百済の領有圏にあった可能性が高いとする。この問題に対する詳細な反論が権五栄（2011）によってなされており、筆者もこれに同意している。[13]

　以上、百済土器の編年を中心に研究史を整理した。次はこれらから推断した問題点について考察する。

2．問題の所在

(1) 編年問題

　2000年代に入ると活発な緊急発掘により、百済土器の資料が増加し、器種別、地域別における土器変遷についてある程度把握することができた。しかし器種もしくは型式の出現と消滅時期、存続期間、共存期間の検証という根本的な限界を克服しようとした研究はほとんどない（金成南 2014）。たとえば、ある器種が4世紀前半に出現したとあるが、どのような根拠を持ってその時期に比定しているのか、不明瞭な論文が多いことがわかる。これらの研究は既往の百済土器編年の枠に合わせて、器種を挿入している。これと関連し、統計処理した図表で土器の各属性を分析する際、各属性が反映している意味を把握することよりも、華麗で複雑な図表にすることが論文作成の目標になっている感がある。

　資料の増加にも関わらず、総合的な細部編年が不振なことも問題として挙げられる。器種別の編年は2000年初以降、修士学位論文の題材として好都合であったため、修士水準では単一器種だけを、博士水準ではいくつかの器種を集めて総合的な編年を行うことが暗黙の了解であった雰囲気がある（金成南 2014）。またすべてを網羅した細部編年には、土器の集成と分析に注がなくてはならない所要時間と努力の度合が非常に大きいため、回避する傾向にあることも一因であると思われる。

　2007年以降になると、嶺南地域における金工品の年代観を百済考古学に適用した研究によって、[14] 百済の編年が混乱をきたす場面が多くなった。このことは逆に百済の土器編年に隙があるため起こったことなのだが、この最大の原因はソウル風納土城をはじめとした発掘とその報告書の不実にある（金成南 2014）。1999年からの風納土城内部における発掘では、詳細な層位学的調査には至らなかった。もちろんこれは簡単な作業ではないが、少なくともすべての検出遺構に対する層位関係を把握し、提示する必要があった（金成南 2014）。この不十分な調査により、漢城様式土器における相対編年の基準枠を提供する機会まで少なくなってしまった。このことは結局のところ、個別器種に限定した百済土器研究への偏重、根拠のない年代提示という前述した問題点とも直結しているのである。

百済土器編年は個別器種だけでなく、時期も限定される傾向にある。ソウルは緊急発掘と学術発掘により王都と王墓の調査が行われているが、公州と扶餘は古都保存のため緊急発掘が規制されている。もちろん一部の機関により学術調査が行われているが、断片的な情報を得るのにとどまっている。また薄葬などにより、熊津期と泗沘期における土器研究が漢城期出土土器に比べ、顕著に停滞している。しかし、近年扶餘での小規模ながら実施されている緊急発掘調査で、泗沘期における土器編年もある程度可能になったと思う。

以上百済土器編年の問題点は、編年作業の前提条件や方法論に対する検討の不実施、時期比定や交差編年の低い信頼度、個別土器を対象にした編年の限界、百済全時期における総合的かつ細部にわたる編年の不在（金成南 2004）に縮約できよう。

一体どの研究者の年代観が正しいのか、嶺南地域の年代を受け入れるべきなのかを判断するためには、基準となる年代の提示が必然であることはいうまでもなかろう。このためには時期比定の根拠となりえる資料を案出し、縦だけでなく横の繋がりも意識しつつ、東アジアに受け入れられる編年を構築する必要がある。

(2) 伝世問題

研究者によって百済土器の時期比定に差があることは、編年の基準となる暦年代資料の提示と検討が十分にされてこなかったことに起因する。また年代決定の根拠となりえる資料が、他の研究者によって否定されることもある。その好例がまさに中国陶磁器であろう。中国紀年銘墓出土品との交差年代から時期比定が可能な陶磁器は、百済考古学の年代決定資料として利用可能だとする立場と、出土品の伝世を一部認める立場が常存している。これは百済土器の編年研究において争点となっているといっても過言ではない。

果たして百済出土中国陶磁器は、百済考古学の編年体系樹立に活用できる年代決定資料となりえるのだろうか。現在百済考古学界では、相反する意見がある。

中国陶磁器を年代決定資料として利用できるとする側に、朴淳発（2005b）、成正鏞（2006a・2010）、権五栄（2011）などがいる。朴淳発は百済が中国との頻繁な接触を通じ、実用性が高い陶磁器を主に輸入したため、伝世期間を考慮しなくても差し支えないという立場をとる。成正鏞は中国陶磁器と共伴する金工品や馬具の型式変化と中国陶磁器の変遷が、ある程度一致するという研究成果を発表し、伝世論を一蹴、権五栄もこれに同意している。

一方、中国陶磁器の上限年代を適用し、遺構と出土品の時期比定を行う方法に警鐘を鳴らした研究者に、金一圭（2007a・2007b・2015）、李庚美（2010）、李泰昊（2011）などがいる。金一圭は中国陶磁器と共伴した遺物（須恵器、馬具など）を嶺南地域の年代観で検討した結果、20年から100年以上の時期差が確認できるため、中国陶磁器の輸入から副葬までの伝世を考慮しなければならないと主張した。李庚美は慶州皇南大塚北墳出土黒褐釉両耳壺を、朴淳発（2005b）の主張通り伝世はなく4世紀第3四半期に比定されるのなら、三国時代の古墳編年全体を再調整しなければならない難題が発生すると言及すると共に、4世紀代の典型的な三燕式鐎斗が新羅積石木槨墓の最終段階である6世紀初の慶州飾履塚に副葬されている事例を挙げ、百済出土中国文物の伝世を認める立場をとった。また嶺南地域の馬具や金銅冠帽の研究成果を引用し、中国陶磁器と共伴遺物の年代には隔たりが認められると暗示した。李泰昊は三国時代古墳出土品中、陶磁器、銅鐎斗、銅鼎、銅鍑、銅

鏡など多様な遺物から伝世が確認できるとした。氏もやはり加耶馬具の年代観を援用し、天安龍院里古墳群9号石槨墓、公州水村里遺跡Ⅱ地点1号墓と4号墓、原州法泉里古墳群2号墳破壊石室出土陶磁器を伝世品の例として挙げた。

　興味深いことに伝世を否定する成正鏞と伝世を主張する研究者は、馬具や金工品で伝世の有無を確認しているのだが、導き出される結果は相反していることがわかる。これは百済と新羅・加耶の年代観が異なることに起因する。新羅・加耶考古学の編年は大きく"西暦400年高句麗軍の南征説"[20]を基準に嶺南地域の考古資料の年代を決定する立場と、考古資料の分析を基礎とした客観的な暦年代構築をめざした立場に分かれ、氏らの見解差は最大100年の開きがある。その中でも伝世を主張する研究者の年代観は最も遅く、須恵器の暦年代観を否定する立場をとっている。この場でどの地域の、どの研究者の見解が正しいかという議論は水掛け論で終わる可能性が高い。まずは本書でめざす百済土器の編年を軸に、各地域における年代観の妥当性を考察する必要がある。

　前述したように中国陶磁器の伝世の有無を馬具、金工品などの編年で実施する場合が多いが、金工品は土器に比べ数が少ないため、詳細な分期設定が困難である。このことから、中国陶磁器の伝世確認を金工品の年代観で行うこと自体、的確な方法とはいえない。しかし、日本のように伝世の有無を須恵器などの土器で確認できるほど百済土器編年は確立されていないため、他の方法で検証するほかない。[21]

　ところで、このような伝世論者の最も重大な問題は、伝世に対する概念が整理・提示されないまま伝世という用語を使用していることにある。伝世論者は製作から副葬の間に一定の時間を見積もる際にも伝世という言葉を濫用しているが（諫早　2012：225）、果たして伝世とはどういう意があり、考古学ではどのように使われているのか調べる必要があろう。日本と韓国の辞書に伝世は「子孫代々に受け継ぐこと」とあり、日本考古学では一般的に、ある遺物が「製作後、1代以上の長期間に渡って継続使用」（小林　1959）、「世代を超えて継続的に器物を使用または保管すること」（岩永　2003）としている。

　では1世代を何十年に規定することができるのだろう。弥生・古墳時代における出土人骨の年齢[22]判定から、老年と判断される例が熟年と見られる例に比べ著しく少なかったとする研究成果（田中良　1995）を引用した森下章（1998）は、それらの時代で長期保有期間が50年以上に及ぶ場合を、伝世の確実性が高いとした。一方、百済の人骨はさほど多くないが、漢城期と判断される原州法泉里古墳群4号横口式石室からは、熟年と成年が各1体ずつ（金宰賢　2002）、6世紀代に比定できる完州隠下里古墳群からは熟年が1体、成年が3体が（李俊貞ほか　2006）、泗沘期に比定できる青陽長承里古墳群からは成年と老年が各1体ずつ（金宰賢　2004）、同時期の扶餘松鶴里ナ遺跡からは老年が1体、熟年が2体、成年が1体（金宰賢　2006）、中心年代が5世紀後葉から7世紀代前半の羅州伏岩里古墳群3号墳からは成年2体、成年後半が1体、熟年が3体、熟年後半が2体、老年が4体（金宰賢　2001）確認されている。これらを総合すると老年は6体、熟年と成人は各々9体ずつ出土しており、老年と判断される例が熟年と見られる例に比べ著しく少なかったとする日本の研究成果とは、多少異なる様相を見せている。また、墓誌により生没年が判明した武寧王の存命期間は61年であったため、百済人の平均寿命は暫定的に40歳～60歳と推察できる。このことから百済における伝世は、"ある遺物が製作後、1世代（約50年）以上の長期間にわたって使用された行為"と規定し、本旨を展開していく。

次節では百済での伝世の有無を決定する前に、古代中国と日本の伝世品から導出される背景を熟視し、東アジアにおける伝世の位置づけを再確認したい。

3．東アジアの事例から見た伝世の意義

(1) 中国の事例

中国での伝世事例としては、銅鏡、銅銭、鉄剣、その他青銅器、官印などがある。筆者（2012a・2013a）は以前中国における具体的な伝世事例について詳しく考察したが、ここではその事例から鑑みた伝世状況を整理する。

中国の伝世事例には製作後1世代以上にわたり使用・保管され、その後副葬または埋納を経た伝世品、間接的・直接的に得た宝物（盗掘品）を世代を経て再度副葬または埋納した伝世品（可能性を含む）、過去の一時点から現在までの伝世品が確認できる。

前者は主に銅鏡と銅銭から確認でき、その伝世事例は枚挙にいとまがない。鏡の伝世事例としては、河南省洛陽市焼溝漢墓155号土壙墓から出土した戦国時代（紀元前5世紀～紀元前221年）～秦代（紀元前221年～紀元前206年）の蟠螭文鏡（中国科学院考古研究所 1959）などを挙げることができる。新石器時代の墓から出土し始める銅鏡は亡者を悪から守り、安らかに死後の世界まで導く神物であった（柳江夏 2006）。しかし漢代に至っては銅鏡が墓からではなく、集落遺跡からも多く発見されることは、銅鏡の銘文にもあるように亡者と生者をも念頭に置いていたことがわかる。過去、墓から出土する銅鏡が亡者を守る存在であったなら、漢代の銅鏡は死者を守るものであると同時に、生者も守り願いを叶える呪術性を帯びた役割まで拡大した（柳江夏 2006）。このことから一部伝世品は日常生活において銅鏡を護符のように祀った後、時間を経て墓に入ったのではないかと推測できる。

一方、銅銭の伝世事例としては、孫呉中・晩期に該当する江蘇省南京市薛秋墓から出土した1,000枚の銅銭中に、秦から前漢にわたって使用された半両銭や新の貨泉などが一部含まれていた（南京市博物院 2008）ことなどがある。また後代になるが、陝西省西安市南郊の河家村の穴蔵から戦国時代や漢代などの貨幣、唐代貨幣でも特に尊重された銀製の開元通宝や銀餅、日本の和同（銅）開珎（珍あるいは宝）、東ローマのヘラクリウス金貨などが入った2つの大甕が発見された（陝西省博物館ほか 1972、宇都木 2008：121）。一般的に唐代の金銀銭は、特に宮廷で賞賜されるものであったとか、王帝が宮宴で殿中において臣下にばらまいたなど、特別な場合の貨幣として記録されているため、この甕に埋蔵されていた貨幣は、金銀器などと同じように大事に取り扱われた宝物であり、我々が日常に使用する貨幣と異なるものであった（宇都木 2008：122）。河家村の貨幣について夏鼐（1974）は、「穴蔵に埋蔵した人は古銭や外国貨幣の愛好者」で、「貯金して後で使用しようとしたものではない」とする。このように王侯貴族の間に古代の貨幣を貴重品とする側面があったことは確かであろう（宇都木 2008：122）。

中国では官印の伝世も見られる。漢晋の官印制度によると、現職で使用した官印は解任後、朝廷に還付することが原則であった（趙胤宰 2009）。そのため一般的に墓から出土する印章は私的に製作され、随葬する場合が大部分であったが、『漢書』列伝巻59張湯伝子安世によると皇帝の特別な内諾があった場合、印を回収せず喪葬時副葬されたと記されている。もちろんこのような事例は特

殊な状況によるもので、一般的な現象でなかった（趙胤宰 2009）。甘粛省武威県雷台の後漢墓は、銅馬に描かれた銘文により張君という者の墓であると判明した。彼は漢陽冀県出身で、武威郡の張液長と武威郡の左騎千人官という官職を歴任したことがわかっている（甘博文 1972、陳直 1972、甘粛省博物館 1974、黄展岳 1979）。しかし墓からは墓主の肩書きとまったく合わない、"□□将軍章"、"□□□軍将"という職号が明記された官印が副葬されていた（陳直 1972、黄展岳 1979）。これについては先代（祖父もしくは父）の官印と推測されており、墓主が何かの意図を持って保有していたと思われる。

　また主体者が個人ではなく、王の位（階層）に帰属した宝物として伝世した状況を示す史料がある。李学勤（2005：17）は比較的信頼できる伝説として、夏王朝が鋳造した九鼎[28]（9点の青銅製鼎）は夏王朝（紀元前21世紀〜紀元前17世紀）滅亡後、殷もしくは商（紀元前17世紀〜紀元前11世紀）王室の手中に入り、約600年後殷が滅亡すると西周王室の所有になったという。九鼎は古代中国において中央政権の象徴であり、九鼎を所有するものが中国最高の政治権力を掌握することができたのである。

　西周代（紀元前11世紀〜紀元前8世紀）に至ると、文献から王室が珍品を収蔵する場所を別に設け、これを"天府"[29]もしくは"玉府"[30]と称していたと記載されている。西周末期、犬戎が王都へ攻め込み西周を倒すと、諸侯らは周王朝に従い洛陽に移動する（尹盛平 2003：102-103）。その過程で家族宗廟にあった宝物を住居付近に掘った穴に埋めた。これが陝西省扶風県荘白村遺跡や陝西省岐山県賀家村遺跡など、渭水北岸の所謂周原から多数発見されている穴蔵に該当する[31]。荘白村1号穴蔵からは西周初めから終末にいたる各時期の青銅器群が出土しているが（陝西周原考古隊 1978）、それらに記された金文から1つの宗族の宝器が代々伝えられ、蓄積されたことがうかがい知れる（森下章 1998）。

　また『晋書』によると西晋恵帝時、洛陽城の武庫に火災が起き、伝世してきた宝物と漢高斬蛇剣、王莽頭、孔子履などがすべて消失したという[32]。このように古代中国王朝は珍品を所蔵するための場所を別に設け、前代または前前代の宝物も保管していたことがわかる。

　間接的・直接的に得た宝物（盗掘品）を再度副葬または埋納した可能性が高い伝世事例として、湖南省衡陽市苗團蔣家山4号後漢墓出土の殷代銅器と江西省南昌市老福山の前漢墓出土の西周代銅器が挙げられる。これらは長期間の伝世品というよりは盗掘-所蔵-副葬の経緯を経たものと見られる[33]（関野 1983）。ただしこの所蔵から副葬に至るまでどのくらい期間があったのかはわからないが、一部は世代を超えて埋納された可能性も否定できない。

　このような盗掘の存在は史料からもうかがい知ることができる。『西京雑記』[34]には漢代における墓の盗掘様相を、また他の文献記録（『三国志』魏志董二袁劉伝劉表条、『晋書』巻51等）によると一個人だけでなく、貴族たちも軍隊を引き連れて組織的に盗掘を敢行したとある（李暉達 2010：48）。盗掘をする背景については、青銅器収集を趣味の一環とする意見（李学勤 2005：73）や、骨董品の愛好とみる見解（夏鼐 1954）も出されている。

　一方、古代中国では特異な青銅の発見を国家の重大事と見なすこともあった。前漢武帝は紀元前116年現在の山西省汾河遺跡で発見された鼎1点を神異と感じ、その年から年号を元鼎に変えている。史書にはこの出来事が吉兆、つまり"符瑞"と特筆されている（李学勤 2005：73）。前漢墓から発見された西周代の銅器も、骨董品好きの収集家によるもの以外に、このような青銅器

の独特な感興を持った当時の人々によって盗掘後、時間を経て再度埋納されたものと推察できる。

以上、中国における伝世の主体者は個人から集団まで幅広いが、今日まで伝世してきた文物のかなりの部分は、王朝から王朝へという場合であったと思われる（関野 1983）。ここでいう王朝とは集団を指すのではなく、王の位を持った身分（立場）による。関野は文献から戦国諸侯が保有していた黄金が、秦の始皇帝を経て西楚の覇王項羽へ、さらに漢の高祖劉邦へ流れたであろうところの経緯を追ったことから、各王朝の府庫に蔵されていた宝物もずっと後代まで、同じような方式で伝世したのではないかと推察している。また、1924年北京の故宮の坤寧宮から銘文により新王莽の始建国元年（紀元前9年）に製作されたことが判明した新嘉量が偶然見つかった（劉復 1930）。伝世の経路は不明だが、新滅亡後、後漢をはじめとする歴代王朝の府庫を転々としてきた様相を推し量ることができる（関野 1983）。このように各王朝は前王朝の滅亡後、前王朝の府庫をそのまま受け継いだり、戦乱を契機に散在・流出した宝物を手に入れることをしていたと思われる。ここには各王朝が宝物を後代に継承しようとする強い意思が感じられるが、先代品の継承には王としてのステータス、覇権者としての器や度量の広さ、遺民の包摂・懐柔などのためになされたと考えられる。

(2) 日本の事例

日本での伝世事例としては、銅鏡、鉄鏃、鉄剣、甲冑、馬具、玉などが挙げられる。中国の事例と同様、鏡の伝世は弥生時代～古墳時代においてある程度確実視されている。しかし製作後まもなく副葬されたものや、短い期間を経て副葬に至る方が割合としては多い（森下章 1998）。ではこのような差はどうして起こるのであろうか。これについて森下（1998）は、器物を継続的に保有しようとする作用と、伝世を中断させようとする作用を想定した。強い保持力が作用した伝世は、器物の集団への帰属性がきわめて強かったことを示す。集団的保有が強いほど、伝世を維持する力が強く働き、完全な保持、蓄積へと向かう。そして集団は強い規制力を持った風習により統制されていた体制があった。反対に伝世の中絶、つまり伝世をしなくなったということは、集団的保有とは逆の方向に作用する要素、個人への帰属性が働いた結果と考えられる。個人への帰属力が強まれば、保持力は弱まり、ほぼ完全な個人所有になると、器物が次世代へ伝えられる機会はほぼ消失し、伝世の発生は少なくなる。

一般的に武具など身に装着して武威や威儀を高めるような役割を果たす器物は、個人への帰属性が高いものと推察できるが（森下章 1998）、集団的保有が強かったものと思われる鉄鏃の一例からは、伝世または長期保存が確認された。福岡大宰府蔵司出土鉄鏃は束ねたまま火を受けたもので、型式学的検討結果、7世紀後半～8世紀中葉に比定できるが、共伴した瓦は8世紀後半～9世紀前半であった（小嶋 2010）。西日本の国防戦略のため、中央政権の出先機関として設置された大宰府の蔵司からは、その他多量の武具も発見されており、ある種の保管施設であったことがわかり、集団的保有を想定できる。

一方、京都長岡宮跡（784年～794年）において、天皇が居住していた内裏跡の南東脇殿から甲冑の部品である小札が約30点出土した。これらの製作年代は6世紀末～8世紀末でその大部分が伝世品とされ、天皇への献上品を歴代にわたって保管した結果と考えられている（梅本 2010）。つまり、内裏に献上された各時期の最高級品を保有し、それらが皇位の継承と共に伝領されたことに意味があったと思われる（梅本 2010）。これは中国の事例同様、帝の位（階層）に帰属したものが伝世し

た状況を示す。

　奈良東大寺山古墳出土中平年号銘の金象嵌銘花形飾環頭大刀は、銘文の年号と製作時期が同じという前提なら、その年代は後漢霊帝の中平年間（184年〜189年）になる（金関 2008）。しかし、古墳の年代は墳丘の円筒埴輪や土師器の型式から見て、4世紀中葉に比定できるという。そのためこの大刀は160余年間伝世したことになる。(41)

　また熊本才園古墳では6世紀前半のf字形鏡板付轡が、7世紀前半に推定できる杏葉などの馬具類と共に、千葉金環塚古墳では6世紀前半のf字形鏡板付轡に6世紀後半の鐘形杏葉を取り付けた馬具が出土している。才園古墳出土品は80年〜90年、金環塚古墳は50年〜60年の時期差が認められる（小野山 1992）。f字形鏡板付轡が伝世した背景については、5世紀後葉、朝鮮半島から導入したf字形鏡板付轡などが、その始まりから終わりまで中央政権の管理下にあり、威信財として利用されたためと考えられる（田中由 2004）。

　その他佐賀汲田遺跡甕棺墓、奈良龍谷古墳群12号墳（小林 1981）、広島新宮古墳では勾玉または棗玉の伝世が確認されている。汲田遺跡甕棺墓からは縄文系と弥生系の勾玉が共伴していることから、縄文時代の勾玉が伝世され、弥生時代中期中葉に入り、新興支配者の権威のシンボルとして副葬されたものと推定されている(42)（中島 1995）。須恵器の年代から6世紀中葉に築造された広島新宮古墳では、弥生時代末期や古墳時代前期から主に出土する翡翠製硬玉勾玉が伴っている(43)（広島市役所編 1981）。しかしこれらの伝世品が集団で行われたのか、または特定階層の帰属によるものなのかは不明であるが、宝器の性格を帯びていたといえるだろう。

　一方、過去の一時点から現在までの伝世品としては、奈良石上神宮の七支刀や奈良東大寺正倉院所蔵品などを挙げることができる。正倉院の伝世品には、農工具や文房具などの日常器具も含まれている。それらは保有状況によって伝世が発生し、伝世されることによって器物自身の性格も宝器化していった（森下章 1998）。つまり悠久の歴史性が認められ宝器としての資格を得ると同時に、時間の経過に伴い伝世の当為性はより増大していった。

　以上、古代東アジアの主要軸を担っていた中国と日本の伝世事例について簡略ではあるが整理をした。その結果、以下の点を確認することができた。

- 伝世の主体者は個人から集団まで幅広く認められる。
- 伝世品は当時の社会において貴重品（稀少品）、祭器などが主にその対象になった。
- 貴重品などを含めた伝世品を所蔵するための場所が別に設けられる。
- 伝世の事例は、製作後1世代（約50年）以上にわたり使用・保管され、その後副葬または埋納を経た伝世品と、過去の一時点から現在までの伝世品が確認できる。
- 一般的に個人への帰属性が高いとされる器物は、集団的もしくは階層に帰属した場合に伝世される。

伝世の様相は各国の価値観または歴史的背景によっても異なってくるため、一様に扱うことは難しい。しかし以上のことを念頭に置きつつ、百済出土中国陶磁器の伝世論について検討を進める。

4．百済出土中国陶磁器における伝世論の検討

(1) 伝世論に対する検討

百済出土中国陶磁器を伝世品とする主張について詳しく見ることにする。金一圭（2015：49-54）によると、ソウル夢村土城85-3号貯蔵穴から出土した4世紀後半の青磁四耳壺の口縁部片が、自身の年代観により6世紀第1四半期に比定したTK23型式期の須恵器杯身と共伴した事例を挙げ、100年以上の伝世を示唆した。これが最も大きな時間差がある例だと思われるが、烏山水清洞遺跡4地点25号木棺墓出土青磁盤口壺（5世紀第1四半期）と盛矢具（5世紀第4四半期）、原州法泉里古墳群2号墳破壊石室出土青磁羊形器（4世紀第3四半期を遡らない）と直口短頸壺・深鉢形土器（5世紀第3四半期）、益山笠店里古墳群1号横穴式石室出土青磁四耳壺（5世紀第2四半期）と馬具（6世紀第1四半期）など中国陶磁器と共伴遺物間に生じた時期差が伝世論者の根拠となっている。

金一圭の研究における問題点は2つある。1つ目は客観性に欠ける資料提示である。法泉里古墳群2号墳出土直口短頸壺が始興陵谷洞遺跡1地点2号横穴式石室出土品と同型式で、5世紀第3四半期に比定できるとあるが（金一圭 2015：57）、暦年代の根拠が示されていない。2つ目に水清洞をはじめとした百済考古資料の時期比定は、須恵器編年とも時期差が見られる嶺南地域の考古資料（特に馬具や金工品）との交差年代法を活用していることである。

その他、李泰昊（2011）は公州水村里遺跡Ⅱ地点1号土壙木槨墓出土青磁四耳壺（4世紀第3四半期）と同遺跡4号横穴式石室出土黒釉鶏首壺（4世紀後半）と共伴した鐙を加耶馬具の年代観（各々5世紀第3四半期と5世紀後半～6世紀初）を適用した結果、陶磁器の伝世が認められるとした。しかし興味深いことに馬具に関する他の研究（諫早 2012：208-212）によれば、水村里1号土壙木槨墓出土品は5世紀前葉、同遺跡4号横穴式石室出土品は5世紀中・後葉（475年以前）としており、加耶馬具を援用した研究とは相当な時間差が確認できる。

氏らの共通の見解として挙げられている法泉里古墳群2号墳出土中国陶磁器について考察する。墓の変遷から2号墳が1号墳より先行することは報告者（宋義政ほか 2000）だけでなく、多くの研究者も認めている。李泰昊は1号出土鐙子を5世紀中葉、大加耶圏中心地の古墳出土品と同一形態と判断し、2号墳を5世紀初と設定した。しかし諫早（2012：208-212）の研究によると、1号墳出土鐙子は5世紀前葉に比定できることから、2号墳は5世紀前葉以前の墓になろう。このような時期差は前述したように、"西暦400年高句麗軍の南征説"を基準に嶺南地域の考古資料の年代を決定する立場と、考古資料の分析を基礎とした客観的な暦年代構築をめざした立場の差から生じたものである。

このように中国陶磁器の伝世の有無と時間差を馬具などの編年で確認する場合が多くを占める。これは前述したように、日本における伝世の有無を須恵器などで確認できるほど百済土器編年は確立されていないことから採られた苦肉の策だったのかもしれない。しかし新羅・加耶考古学は研究者によって年代観が異なるため、百済考古学の交差年代として活用する際は注意を要する。そのため、新羅・加耶年代観で百済の伝世の有無を確認するのではなく、他の方法を模索する必要がある。

次は伝世論者が根拠としている、百済馬具の編年から伝世を認められるだけの時期差があるのか検討してみよう。

(2) 共伴遺物の併行関係から見た伝世論

伝世論者は新羅・加耶の馬具の年代を重視して百済の馬具に適用しているが、百済の馬具研究で導き出された編年と中国陶磁器の年代を比較することが先決である。中国陶磁器と共伴する馬具の編年に対する併行関係を図10に整理した。百済出土中国陶磁器の年代については、後述する中国本土の紀年銘墓出土品との比較から得た年代観に基づいているが、馬具の年代については諫早(2012)と権度希(2012)の研究を参考にした。その結果、中国陶磁器と馬具の年代はほぼ一致するが、そうでない器物もあることがわかる。たとえば公州水村里遺跡Ⅱ地点4号横穴式石室出土陶磁器(図10-3)の年代は5世紀第2四半期だが、共伴馬具(図10-9)は5世紀第2四半期の遅い時点〜475年に該当する。

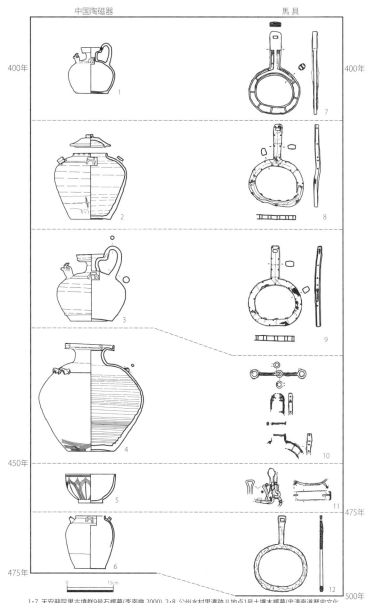

1・7. 天安龍院里古墳群9号石槨墓(李南奭 2000), 2・8. 公州水村里遺跡Ⅱ地点1号土壙木槨墓(忠清南道歴史文化研究院 2007a), 3・9. 同遺跡4号横穴式石室(同上), 4・10. 烏山水清洞古墳群4地点25号木棺墓(京畿文化財研究院 2012a), 5・11. 天安龍院里遺跡C地区1号横穴式石室(任孝宰他 2001), 6・12. 益山笠店里古墳群1号横穴式石室(文化財研究所 1989、6:筆者実測)

図10 中国陶磁器と馬具の併行関係 (S=1/12)

これはほぼ同時期もしくは長くても約30年〜40年の時期差である。益山笠店里古墳群1号横穴式石室出土陶磁器(図10-6)は5世紀第3四半期に比定できるが、馬具(図10-12)は5世紀第4四半期を含めた熊津期以後とする。

このように一致しない事例について"伝世"と見なす風潮があったが、これは先に定義したように1世代(約50年)を超えていないため、伝世と見ることはできない。つまり、一部認められる中国陶磁器と共伴遺物の時期差は、世代を超えない長期保有品と推察でき、このような時期差は陶磁器入手時期の微妙な差や被葬者の生前活動期間の差などと関連があると思われる(諫早 2012:210)。

また中国の紀年銘資料に依存し、中国本土の陶磁器をも包含するような型式学検討が十分にされていない状況も考慮しなければならない。
(48)

(3) 伝世論の清算

　まず最初に中国陶磁器の機能について検討する。江蘇省南京市化纖廠東晋墓から出土した青磁鶏首壺の底部に"罂主姓 黄名斉之"という銘文が記されていた。これによると鶏首壺は罂と呼ばれ、その所有者は黄斉之であったという（朴淳発 2005b、李暉達 2010）。罂についての説明は後漢代王充の著である『論衡』譴告の「酒于罂 烹肉于鼎」から罂が酒器であったことがわかる（李暉達 2010）。
(49)
東晋の賀循は、「其明器 憑幾一 酒壺二……三谷三器」とし、墓に鶏首壺のような酒器を副葬すると説明している。このことから鶏首壺を含めた陶磁器は実用品であったものと判断できる。

　これと関連して原州法泉里古墳群2号墳の青磁羊形器に注目する必要がある。羊形器は地方ではもちろん、多くの陶磁器が出土しているソウル風納土城、夢村土城でも類例がない器種である。中国において羊形器の機能については2つの見解がある（李暉達 2014）。1つは燭台、もう1つは文房具の水滴である。法泉里出土品は羊頭頂上部に円孔はあるが、燭が立てられるような燭管が背中に設置されていないため、燭台よりも文房具の水滴である可能性が高い（李暉達 2014）。一方、門田
(50)
（1999・2006a・2006b）は江蘇省南京市西崗西晋墓の事例から、在地的葬送儀礼の中心をなしていた堆塑穀倉罐の西側に接していた羊形器に注目し、墓において実際に葬送儀礼が行われる中で、堆塑
(51)
穀倉罐と密接な関係を持つ器物として扱われたことを想定した。百済人が中国の葬送儀礼で使用された羊形器についてどのくらいの知識を持っていたのかはわからないが、漢城期では青磁製の硯が出土しているため、水滴の用途として中国から持ち込まれ、百済中央から法泉里の造営勢力に渡ったとすることが最も自然な解釈だと思う。
(52)

　百済の支配層は中国への朝貢を通じ、鶏首壺や羊形器をはじめとする陶磁器が単なる珍器としてではなく、その用途について十分理解していたと思われる。つまり、鶏首壺は六朝の高位層の飲茶、飲酒文化の輸入を示唆するもの（朴淳発 2005b）として、羊形器は文房具の水滴として百済の支配層によって実際に使用されていたと推察できる。また中国において陶磁器は日用品であるため、伝世の対象となるほどの価値がなかったことも精通していたはずである。

　このことは中国陶磁器の数量からも推察することができる。漢城の都城（夢村土城と風納土城）で出土した中国陶磁器は、全時期における出土数約330点中、約230点を占めている。この数は現
(54)
在確認されている百済土器の一部の器種よりも多いことから、都人は中国陶磁器を奢侈性実用品として使っていたと思われる。その証拠に風納土城197番地（旧未来マウル）タ-38号竪穴出土大甕から発見された蓮弁文の青磁碗は、大甕の中に貯蔵していた液体または固形物（水、酒、調味料）をすくう容器として使用されたことからもうかがえる。このように中国王朝への朝貢の返礼としても
(55)
らった陶磁器を都城では一部の階層による奢侈性実用品として、地方へは朝貢貿易に所要した方物を、貢納した対価としての政治的器物として利用した可能性が高い。そのため地方での陶磁器の扱いは、所有者の階層性を反映した身分象徴的威勢品の性格が強かったと思われる（成正鏞 2003・
(56)
2010）。

　また中国陶磁器がソウル夢村土城と風納土城の貯蔵穴、城壁の土層などから、抱川自作里遺跡（宋満栄ほか 2004）、龍仁古林洞遺跡（韓神大学校博物館 2009）、洪城神衿城（李康承ほか 1994）など

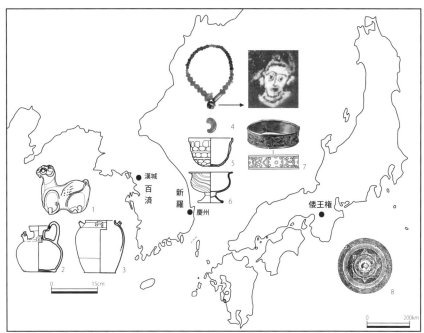

図 11 国別に見た 4・5 世紀の中国関連器物（4・7：縮尺不同、その他：S＝1/12）

1. 原州法泉里古墳群2号墳破壊石室(宋義政他 2000), 2. 天安龍院里古墳群9号石槨墓(李南奭 2000), 3. 益山笠店里古墳群1号横穴式石室(文化財研究所 1989、筆者実測), 4. 慶州皇南洞味鄒王陵前地域古墳群C地区第4号積石木槨墓(金宅圭他 1975、李漢祥 2006), 5~7. 慶州皇南大塚北墳積石木槨墓(文化財管理局文化財研究所 1985、李漢祥 2006), 8. 福岡老司古墳横穴式石室(福岡市教育委員会 1989a)

の地方の集落・軍事遺跡から、破片状態で出土している点にも注目すべきである。このことから中国陶磁器は倉庫などで大切に保管していた対象でもなかったことがわかる。これは地方有力者の古墳群として理解されている瑞山富長里遺跡Ⅰ地域6号墳丘墓周溝（忠清南道歴史文化研究院 2008a）で青磁四耳壺片や、高敞鳳徳里古墳群1号墳で青磁片（馬韓・百済文化研究所 2012a・2016）が出土していることからも十分に推測可能である。中国だけでなく百済でも実用品として使われた中国陶磁器は、出土状況から見ても伝世の対象となるような器物でなかった。

　ここで4・5世紀の百済、新羅、日本で出土する中国の遺物について論じたい。図11に見られるように国によって中国で求めた器物に差があることがわかる。百済ではソウル夢村土城から4世紀前半頃の晋式帯金具、ソウル風納土城から5世紀後半南朝宋代に製作されたと見られる銅鐎斗、瑞山富長里遺跡Ⅰ地域5号墳丘墓1号土壙墓から鉄鐎斗、瑞山機池里遺跡Ⅱ区域21号墳丘墓から銅鏡が中国関連遺物である（韓志仙ほか 2011）。しかし出土量は中国陶磁器に勝るものはない（図11-1~3）。一方、同時期における新羅で中国陶磁器は、慶州皇南大塚北墳積石木槨墓出土の黒釉両耳盤口壺が唯一である。新羅も百済同様、銅鐎斗や鏡が見られるが、百済と異なり金製腕輪（図11-7）、象嵌ガラス玉（蜻蛉玉）（図11-4）、ガラス容器（図11-5・6）などが出土している（李漢祥 2006・2011）。新羅が中国を通して手に入れた器物の中でガラス容器が約14点と多いため、新羅はガラス容器の入手に力を入れていたと思われる。日本では中国鏡がその代表となろう（図11-8）。すでに5,000枚を超える銅鏡中、その約3分の1が中国からもたらされた舶載鏡という（福永 2007）。中国と地理的にも最も近く、中国正史に記載されている朝貢数も優越している百済より、日本での中国器物（鏡限定）がとてつもなく多いことはどのように理解すべきなのであろうか。百済と新羅の中国器物の量から見ても、日本の突出しているこの数は違和感を感じざるをえない。

それはさておき、前述したように新羅で1点しか出土していない慶州皇南大塚北墳の陶磁器は、浙江省杭州市老和山東晋墓（紀年銘364年）出土品など4世紀中・後葉の墓出土品と関連があるとされる（李漢祥 2004：100）。しかし皇南大塚北墳の年代はおおよそ5世紀第3四半期に比定されるため、嶺南地域の研究者から百済での陶磁器の伝世論が提議されるのである。一方、この年代観に対して金英媛（2004）は黒釉生産地である南朝初の浙江省徳清窯の製品としている。筆者は後述する両耳盤口壺の変遷で、胴部最大径に比べ底径が非常に狭いものが時間の経過に伴い底径が広くなることを見出した。これを適用すると皇南大塚北墳出土品は東晋晩期（5世紀初）に比定される江蘇省南京市雨花台区警犬研究所3号墓出土品を含めた南朝前期に該当する。このことから、新羅の陶磁器でも伝世が認められるだけの時間差は存在しないことがわかる。

　4・5世紀の百済では陶磁器、新羅ではガラス容器、日本では銅鏡を中国との交渉時に入手したとされており、各国ごとに価値を置いたものが異なることを理解しなければならない。つまりこれは価値観の違いである。(63)このような状況を認識していないため、新羅では1点しか出土していない陶磁器を相当希少価値の高いものとする先入観が生まれ、慶州皇南大塚北墳出土品を伝世品と位置づける風潮に繋がったものと思われる。このような嶺南地域の認識をそのまま百済に適用する手法は、百済と中国の歴史的背景を考慮しないことに起因し、百済における陶磁器の伝世論という結論に至ったのである。

　以上、本章では古代中国と日本の器物における伝世事例を概観した後、百済出土中国陶磁器の伝世論について検討を試みた。中国と日本で伝世した器物は、当時の貴重品（稀少品）、祭器などがその対象であったが、陶磁器が実用品であった中国では伝世品となりえなかった器物である。

　しかし朝鮮半島では陶磁器を生産できなかったため、中国から輸入した貴重な器物であるという認識が、陶磁器伝世論の基層にはあった。伝世論者は考古資料においても陶磁器と共伴した出土品に時期差が認められるとした。氏らは新羅・加耶の馬具や金工品の年代観を陶磁器と共伴した出土品に適用しているが、新羅・加耶の編年は研究者によって異なっているため、どの編年案を採用するかによって陶磁器と共伴した出土品の時期差が異なってくる。また氏らは土器よりも型式の存続期間が長い金工品で時期を比定しているため、伝世有無の確認には的確な資料といえない。もちろんこれには百済土器編年にかける労力よりも比較検討がしやすい金工品が選ばれている感が否めない。たとえ事情がそうだとしても、新羅・加耶の年代観や金工品で伝世の有無を確認する方法は、再考すべきと考える。

　このような問題を打開するため、筆者はまず伝世論者が根拠としている、百済馬具を新羅・加耶の馬具編年との交差年代ではなく、百済の馬具研究で導き出された編年で伝世の有無を確認したのだが、その結果伝世とされる時期差は見られなかった。そして、伝世論者の年代観は既往の百済土器と須恵器編年を否定する立場をとったままである。

　百済で出土する中国陶磁器は古墳埋葬主体部の完形品以外にも、貯蔵穴、城壁土層、墳丘墓の周溝、集落などで破片の状態で確認されている。これは陶磁器が倉庫などで保管された貴重品ではなく、中国同様実用品としての使用状況を反映するものと解釈できる。またこれは現在確認されている中国陶磁器の数が一部の百済土器の器種より多いことと、正史に記録されている朝貢数からもある程度推察可能である。このように百済での突出した中国陶磁器の数量は、百済都城での使用を渇

望した在留中国人の存在をも想定できる。

百済出土中国陶磁器は考古資料において伝世が認められる時間差はもちろん、中国陶磁器の出土状況、数量、朝貢数などから伝世を積極的に主張する根拠は何ひとつなかった。しかし地方における中国陶磁器は、出土状況から身分象徴的威信財の性格が強かったと思われ、今後伝世した事例が確認されることも十分起こりうる。

たとえば高句麗東山洞壁画古墳は徳興里壁画古墳との対比で4世紀末～5世紀初に比定されるが、西晋青磁獅子形燭台と古墳の築造年代には約100年の差があるという（早乙女 2014）。

古墳出土獅子形燭台は東呉から見られ、両晋に流行するが、西晋出土品が多い（陳杰ほか 2008）。紀年銘墓品では江蘇省南京市壁画塼築墓の太康七年（286年）銘から浙江省温州市永嘉県雨傘寺永和十年（354年）銘8号墓に至るまでの68年間に集中するという（陳杰ほか 2008）。東山洞壁画古墳出土品の類例は早乙女（2014）が提示した西晋の江蘇省東華門古墳出土品以外に、福建省寧徳市霞浦県西南眉頭山両晋墓群中、永和二年（346年）銘の6号墓出土品（高紹萍 2014）もあるが、50年を超える伝世品になる。

東山洞壁画古墳が位置する平壌市は、紀元前108年から紀元後313年まで楽浪郡が置かれていた場所で、中国人の痕跡が確認できる地域である。このように中国の出先機関を滅ぼし高句麗が遷都を実施した平壌と同じ条件は、百済の地域にはない。そのため東山洞壁画古墳の伝世の事例を、ただちに百済の伝世に結びつけることはできない。東山洞壁画古墳の被葬者がどのような状況下で獅子形燭台を入手したのはわからないが、盗掘したものを墓に再埋葬する事例が中国で確認されているため、平壌でもそのような状況があった可能性も否定できない。

いずれにしても伝世が百済社会全般において普遍的な現象であったとするなら、それに当を得た論理と根拠が必要であることはいうまでもないだろう。

しかし、現状において百済考古学の年代決定資料として中国陶磁器を活用することに何ら問題はないという結論を導き出すに至ったことを確認しておく。

註
（1）原州法泉里古墳群2号墳出土品を筆者は小型の直口広肩壺と見ているが、多くの研究者は直口短頸壺としている。混乱を避けるためここでは従来の表記に従う。
（2）夢村類型の技術的類型は黒色磨研土器、灰色軟質土器、灰青色硬質土器の他に赤褐色軟質土器がある。赤褐色軟質土器は原三国時代から続く深鉢形土器、長卵形土器、甑などがあたる（朴淳発 2001a：102）。
（3）蚕室地区とはソウルの東南部に位置する現松坡区蚕室洞一帯である。ここでは夢村土城と石村洞古墳群出土品を中心に分析を行っている。
（4）白井は蚕式前期と蚕式中期の端境を、高句麗によって百済の漢城が陥落した475年とするよりも、蚕式中期初（夢村Ⅰ式）中に475年を求めるほうがよいとする。
（5）白井は、475年以降漢江流域が高句麗の領域であったという通説には必ずしもこだわらないとしている。これには古文献に対する筆者なりの解釈があるとし、文献上の問題は別の機会に譲ると記しているが、筆者はその機会に接することができていない。
（6）発生順序配列法という用語は、コンテクスト・セリエーションとも呼ばれている（Colin Renfrew ほか 2007：126-127）。一般的な仮定もしくは理論にもとづき編年単位を配列する順序配列（セリエーション）の方法には、金成南が行った発生順序配列法と頻度順序配列法（頻度セリエーション）がある。発生順序

配列法は編年単位を配列する際、各編年単位が持つ編年上意味のある属性または型式が、各期分布上連続的になるように試みたものである。一方、頻度順序配列法は発生順序配列法における各属性（型式）の連続分布の原理以外に、各編年単位が持つ各属性（型式）の構成頻度が、時間の経過に伴い単調増減するように配列する原理に基づく（李熙濬 1986）。

（7）原書の題目は『조선도자사연구』である。漢字表記すると朝鮮陶磁史研究もしくは朝鮮陶瓷史研究となる。

（8）漢字表記ができない、または漢字表記が不明な著者名は、ハングル表記にした。

（9）出土土器に関する詳細な分析と編年を提示した発掘報告書も多々あるが、本書では論文で発表されたものだけを言及した。

（10）現須恵器編年でTK23型式期は、5世紀後葉に位置づけられているが、金一圭（2015：31・33）は、かつて田辺が発表した編年案（1966年（陶邑古窯址群Ⅰ）と1981年）と洛東江下流の陶質土器との交差年代から6世紀第1四半期としている。

（11）以前金一圭（2007a・2007b）は4世紀中葉としていたが、博士論文と論著（2015）で4世紀末と下降修正している。

（12）金一圭は直口広肩壺を直口短頸壺の範疇で説明をしている。

（13）問題の発端は夢村土城85-3号貯蔵穴から出土した須恵器杯身である。TK23型式期のこの須恵器が475年以前に搬入されたものなのか、または475年以後に搬入されたものなのかによって、475年の漢城陥落という史実を考古学における年代決定の重要な基準として採択できるのか否かが分かれるためである。475年以前に搬入されたとする権五栄の見解は以下の通りである。

　　第一、475年漢城陥落後、日本で製作された土器を漢城に搬入した主体の問題である。漣川瓠蘆古墳から夢村土城をつなぐ線に点在する軍事基地に駐屯していた高句麗軍が、倭の須恵器を搬入した主体とは考えにくい。第二に、475年以後百済土器が漢城地域で生産され続けたとする仮定は成立し難い。475年を年代決定の根拠としない研究者は、百済が遷都した以後も漢城地域で百済土器が持続的に生産・使用されたとする。しかし氏らが562年を基点として大加耶土器が新羅土器に代替するという見解を認めるなら、475年を基点として漢城地域で百済土器が終焉を迎えることも同様の現象であるといえる。第三に475年以後漢城地域で百済土器、瓦だけでなく金工品の生産基盤も完全に崩壊したことが指摘できる。漢城期の瓦塼と金工品が熊津期のものと製作技術や形態などにおいてまったく異なることから、土器生産の伝統だけが持続したとは到底考えることができないためである。最後に夢村土城85-2号土壙墓に関することである。これは前述した通り墓ではなく祭祀用遺構である可能性が高いため、墓という前提で475年以後とする論理は成立しない。またたとえ墓だとしても475年以後とする根拠は何もない。これは風納土城慶堂地区で長卵形土器を転用した甕棺や、奈良平城京にも都城内部で埋葬が行われた事例が確認されているからである。

（14）嶺南地域とは、釜山・大邱・蔚山広域市、慶尚北道、慶尚南道一帯をさす韓国の地域区分の用語である。

（15）林永珍（2012）は埋葬遺構から出土する中国陶磁器は壺（瓶）、碗（盞）など個人用とする可能性が高い器種で構成されていることから、中国陶磁器の製作時期と副葬時期には1世代以上の時期差はなかったと推定している。一方、集落で出土する中国陶磁器の中には個人用と見られない器種が含まれているため、多くの人に共有された伝世品の可能性が高いとしている。したがって伝世期間については一括して規定することが困難なため、中国陶磁器が出土する遺構と共伴遺物を個別に検討する必要があるとする。

（16）鐎斗の形状は三足に長柄を取り付けたものが多く（有柄三足器）、一般的に軍隊の飯器として、夜にはこれを叩いて警戒の信号としても使った（『史記』李将軍伝「不撃刁斗以自衛」、『史記集解』「晝炊飯食　夜擊持行　名曰刁斗」）（朴淳発 2005c、壇国大学校東洋学研究所 2008a：450）。そして鐎斗は漢代に登場し南北朝時代に最も盛行したが、唐代に至り次第に消滅した（朴淳発 2005c）。

（17）慶州飾履塚の年代について崔秉鉉（1992）は5世紀後半、李庚美（2010）と洪潽植（2014a）は6世紀初

に比定している。
(18) 鼎（かなえ）とは、三本足を持つ釜形容器であるが、これは本来、煮炊用の容器で、新石器時代の三足土器から発達した（宇都木 2008：29）。
(19) 鍑（ふく）は中国青銅器時代から鉄器時代にかけての、初期騎馬遊牧民の加熱烹煮器（なべ・かま・湯沸しの類）である（草原考古研究会編 2011）。この鍑字は中国の文献も登場し（壇国大学校東洋学研究所 2008a：390、川又 2011）、『漢書』巻94下匈奴伝第64下顔師古注には煮炊きする口の大きな釜とある（「鍑釜之大口者也」）。
(20) 長寿王2年（414年）中国吉林省集安市に建てられた『広開土王碑（好太王碑）』によると、永楽10年庚子年（400年）広開土王が歩兵と騎兵5万名を派遣して新羅を救援したとある（「十年庚子教遣歩騎五萬往救新羅」）。この記事を契機として金官加耶の金海大成洞古墳群勢力が没落したとする立場を申敬澈（1995）と金斗喆（2001a・2014）などは採る。
(21) 伝世の有無を確認する最も信頼できる事例としては、古墳埋葬施設から中国陶磁器と須恵器が共伴した場合になるだろうが、今のところその例はない。
(22) 被葬者の年齢区分は、田中良（1995：45）と金宰賢（2001）の成年（20歳～40歳）、熟年（40歳～60歳）、老年（60歳以上）による。
(23) 現在伝世品といわれている中国鏡の中には、昔の鏡式を後漢末～西晋代に入り模倣した復古鏡や、古鏡で鋳型をとり鋳造した倣古鏡の存在もはっきりしているため（寺澤 2005b）、報告書の解釈を吟味する必要がある。
(24) 春秋時代と戦国時代の境目については、研究者の間でも意見が分かれているため、ここではどの説にも当てはまる紀元前5世紀とした。
(25) 銘文には「家常富貴」、「長相思 母相忘 常富貴 楽未央」などがある（孔祥星ほか 1992：184）。
(26) 唐代の穴蔵から出土した戦国時代や漢代のなどの貨幣は、先祖代々保管されてきた伝世品というよりは、唐代に至り間接的・直接的に得た貨幣である可能性が高い。
(27) 中国の官印制度は秦以来、「封官授印 罷官解綬」という基本原則に従っており、降官もしくは罷免後には官印を回収した。『史記』や『漢書』などの文献にもこれと関連する記事が見られる（趙胤宰 2009）。
(28) 夏王朝の禹王が9つの州の金属を集め作ったという9つの鼎をいう。殷（商）王朝から周に至るまで王位継承の宝器とされ、後に国家・王位・制圧を意味するようになった（壇国大学校東洋学研究所 2008b：1328）。この九鼎に関する記録は『春秋左伝』宣公3年（紀元前606年）に詳しく記されている。
(29) 『周礼』春官に天府とは「掌祖廟之守蔵其禁令」、「国之玉鎮・大宝器蔵焉」と、天官に玉府とは「掌王之金玉・玩好・兵器 凡良貨賄之蔵」とある。
(30) 犬戎とは西戎の別の名で、昆夷や畎夷とも呼ばれた。現陝西省と甘粛省一帯にいた異民族である（申智瑛ほか 1998：27）。
(31) その他春秋戦国時代（紀元前8世紀～紀元前221年）、楚に属していたと思われる河南省扶溝古城村遺跡の城中央西側に偏った場所に、金銀幣を納めた穴蔵が発見されている（郝本性ほか 1980、安金槐 1998：204）。
(32) 『晋書』巻25志第15輿服志「漢高祖佩之 後世名曰伝国璽 與斬白蛇剣俱為乗輿所宝 斬白蛇剣至恵帝時武庫火焼之 遂亡」や、巻36列伝第6張華「累代之宝及漢高斬蛇剣 王莽頭 孔子履等盡焚焉」に記載されている。
(33) 南朝早期と判断できる江蘇省句容県陳家村1号墓から、前漢代「内青昭明光象夫日月之心池」銘の昭明鏡が出土している（陳福坤ほか 1966）。これについて報告者は、漢代の文物が南朝に至るまで継続的に使用されたものとした。
(34) 『西京雑記』は前漢の都であった長安を背景に、日常の細々した話を記録したものである。その内容は帝王、将相、文人はもちろん、工人と市井の平民に至るまでその対象は多様である。記録の撰集者について

は正確にはわからないが、前漢代の劉歆（不明～紀元後23年）とする説、晋代の葛洪（238年～363年）とする説などがある（林東錫 2009）。

(35) 新嘉量とは、度量衡の基準を示すために創った青銅製の枡で、嘉は美称である。古くから諸書に伝えられている有名なものであった（関野 1983）。

(36) 遺民の包摂・懐柔には中国の史書から推察することができる。たとえば周の夏王朝に対する征伐は、単純な武力行使ではなく天意（天命）であったことが、『史記』周本紀第4に記されている（李春植 2007：97）。また『尚書』によると、この"天"が周族の君主である昌（周の文王）に暴悪な殷王紂を滅し、新しい王朝を開国する天命を下したとある（李春植 2007：96）。その後文王の息子である武王により、ついに殷は滅亡し周王朝を建てたのだが、武王は紂の子禄父を封じて、殷の遺民を治めさせている（市川ほか 1972：53）。武王が紂の子禄父を封じた理由は、宗族の祭祀を行えるようにすることで、彼らに属する遺民を包摂・懐柔し、離脱者・反乱者を最小限にするためであったと推察できる。各王朝が先代の宝物を丁重に扱うということは、遺民に対する配慮もあったと思われる。

(37) 弥生時代の伝世行為の可能性については、伝世鏡論の批判者も認めている（寺澤 2005a・2005b）。

(38) 平安時代に編纂された『延喜式』によると、蔵司は太宰府に納める調庸物を主管した宮司であった（小嶋 2010）。

(39) 内裏脇殿に甲冑を収蔵していたことは、貞観8年（866年）から確認されていた史実だったが、それを約80年遡らせて長岡京の時代に武器庫としての使用が始まっていたことを、考古学的に初めて実証できた事例といえる（梅本 2010）。

(40) 甲の製作技術が向上すると軽量化され、耐久性や機動性が増すように改良されていくため、旧来の甲冑が混在して天皇の警護や儀式に使用されたとは考え難い（梅本 2010）。

(41) 7世紀中葉の福岡元岡古墳群G6号墳（福岡市教育委員会 2011）からは、庚寅（570年）銘の大刀が出土しており、伝世品と見られる。

(42) これについて小林行雄は、東日本の縄文勾玉を畿内弥生人が仲介して、北部九州から銅鐸の原料を入手するために送り届けたと考える（中島 1995）。

(43) 報告者（広島市役所編 1981）は新宮古墳で発見された翡翠製硬玉勾玉について、日本海側の翡翠文化圏に見られる翡翠勾玉の石材ではなく、韓国の古墳などで発見される勾玉の材質に類似していることを指摘している。

(44) 李庚美（2010）も加耶馬具や金工品の編年に基づいて伝世の有無を判断している。公州水村里遺跡Ⅱ地点1号土壙木槨墓と同遺跡4号横穴式石室の年代を各々5世紀末と6世紀初としており、中国陶磁器の時期と50年以上の差が確認できる。

(45) 図は諫早（2012：211）の中国陶磁器と鐙子の共伴関係からアイデアを得て作成した。

(46) 諫早の図89は、成正鏞（2006a）の論考を参考に公州水村里遺跡Ⅱ地点1号土壙木槨墓出土陶磁器を4世紀中葉～後葉に設定したため、5世紀前葉に比定した共伴馬具との時間差が見られる。しかし、その後成正鏞（2010）は水村里1号墓出土陶磁器を、5世紀初に修正している。

(47) 諫早（2012）は公州水村里遺跡Ⅱ地点4号横穴式石室出土馬具を、本人が設定した百済Ⅲ段階後半にしている。百済Ⅲ段階が5世紀前葉～475年に置かれていることから、筆者は百済Ⅲ段階後半を暫定的に5世紀第2四半期の遅い時点から475年までと位置づけた。

(48) 紀年銘資料に頼った先行研究を克服するため、六朝時代（三国時代の呉、東晋、南朝の総称）の鶏首壺（鶏頭壺もしくは天鶏壺とも呼ばれる）を型式学的方法で検討し、天安龍院里古墳群と公州水村里遺跡出土品の下限を5世紀前葉とした論考（権埈鉉 2011）も発表されている。

(49) 朴淳発（2005b）は朱伯謙（2000）の論文を引用し、鶏首壺を茶具の1つである可能性について言及しているが、酒または茶は液体にはかわりがないため、液体を入れて注ぐ用途であったことははっきりしている。そのため中国の飲茶、飲酒の風習が百済でも流行していた可能性はある。

(50) 李暉達（2014）は、法泉里出土品と対比される江蘇省南京市象山 7 号墓の事例から、陶製机の上に羊形器が硯などと共にセットとして配列されているとし、文房具の可能性を示した。しかし筆者が象山 7 号墓の報告書（袁俊卿 1972）を熟読した限り、羊形器は陶製机の上ではなく、前に置かれていた。陶製机には硯、陶脇息、香炉、壺などが、陶製机の前には羊形器をはじめ銅鏡、壺、青石板などが一群をなしている。このように羊形器を文房具とする証拠は不十分であるが、羊形器の頭頂に孔が確認できることから、李暉達が提起した水滴の可能性も十分ある。ただし象山 7 号墓では羊形器が銅鏡などと一群をなしていることから、祭的もしくは呪術的な意味も反映していたと思われる。その例として羊は、後漢の許慎が撰した『説文解字』に「羊　祥也」（羊は祥なり）とあり、吉祥と同一視された瑞獣であった（鄭高咏 2003）ことがうかがい知れる。

(51) 日本での一般的な呼称は神亭壺である（門田 1999・2006a・2006b）。本書では中国での一般的な名称である堆塑穀倉罐とする（馮先銘主編 1998）。堆塑穀倉罐は罐（壺）を基本とし、上部に建築物や人物、動物などを重層的に配する、きわめて特徴的な器物である。年代的には東呉から西晋にかけて、地域的には江南に集中し、墳墓から出土する限定的な性格を持つものである（門田 1999・2006b）。

(52) 朝鮮半島で青磁羊形器が墓に副葬される事例は、今のところ原州法泉里古墳群が唯一である。このことから門田（1999・2006b）は、法泉里造営集団が中国江南地域との接触の結果として移入した結果としている。しかし、羊形器が百済土器である直口短頸壺や縄蓆文（平行）タタキの深鉢形土器と共伴している点から見て、この地域はすでに百済の間接的支配に属していたと理解すべきである（土田 2016a）。したがって法泉里造営集団が独自的に中国と交渉したという見解は受け入れられない。

(53) 中国正史に収録された漢城期百済の朝貢は 22 回に上る（李晟準 2014：94-96）。正史に掲載されない非公式なものまで含めるとその数はもっと多かったと思われる。また漢城期での朝貢は、平均約 3 年～7 年ごとに行われていた（朴淳発 2005b）。

(54) 百済で出土した中国陶磁器は、一個体と把握できるものは破片数に関わらず個体数として数えた。

(55) 『北史』巻 94 列伝第 82 百済によると、北魏の献文帝（在位：465 年～471 年）が百済の朝貢に対する返礼として雑物を供与したとある。その雑物が陶磁器にあたる可能性が高い。また百済には到達できなかったが、延興 5 年（475 年）北魏が使臣安などを派遣し、璽と書を蓋鹵王（在位：455 年～475 年）に賜与しようとした事例もある（李晟準 2014：93-94）。

(56) 李晟準（2014：97-98）は、漢城期百済社会において中国陶磁器は中央と地方の両方で稀少性の高かった奢侈性実用品であり、所有者の階層性を反映する身分象徴的威信財であったとする。氏は風納土城や夢村土城における持続的な学術調査により集落遺跡中心の多様な考古資料が蓄積された反面、地方の遺跡は大部分が緊急発掘調査であったことを指摘し、中央で中国陶磁器が墳墓遺跡より多く発見されることには奢侈品の性格が強く、地方では古墳で多く出土しているため身分象徴的威信財の性格が強かったという単純比較には多少無理があると言及している。氏の意見に共感する部分もあるが、発掘環境はどうであれ地方では抱川、龍仁、洪城を除き古墳を中心に出土している現状において、地方での奢侈性実用品を証明する風納土城のような積極的な事例が見出せないため、地方では身分象徴的威信財としての性格がより強かったと思われる。

(57) 高句麗では陶磁器、鐎斗、金工品（李漢祥 2005）が中国と関連があると考えられる。2004 年の段階で高句麗では 4 世紀～7 世紀代と思われる陶磁器が 12 点出土している（리철영 2004）。そのうち 6 世紀代以降の 4 点は窯跡から出土しているため、高句麗ではすでにそのころから陶磁器生産が行われていた可能性もあるが、詳細は不明である。

(58) 慶州皇南大塚北墳積石木槨墓から出土した金製腕輪はトルコ石、宝石、細かい金玉を装飾に使っている反面、同時期新羅の腕輪は表面に刻み目を施したものが盛行している。そのため皇南大塚北墳金製腕輪は外来遺物と見られ、イランを中心とした西域で製作された可能性が高いという（国立慶州博物館 2001：229）。

(59) 慶州皇南洞味鄒王陵前地域古墳群C地区第4号積石木槨墓から出土したガラス玉（蜻蛉玉）には、4人分の顔と数羽の鳥が象嵌されている。顔面は白く、目と眉毛は青色で表現され、眉毛は曲線をなして繋がっている（李漢祥 2006：230）。製作地は西域または地中海付近と考えられている（国立慶州博物館 2001：231、李漢祥 2006：230）。

(60) 西域と関連がある器物については、海路（西域-中国-新羅）と陸路（西域-中国-高句麗-新羅）から入手したと見られている（国立慶州博物館 2001：236）。その一方で、慶州皇南大塚北墳積石木槨墓出土の黒釉磁両耳盤口壺は百済を介して新羅にもたらされたする見解（孫豪晟 2009：21）もある。

(61) 福岡老司古墳3号横穴式石室出土品は、舶載とされる君宜高官銘䚡座紐内行花文である。

(62) 4・5世紀中国正史に記載されている日本の朝貢関連記事（日本史料集成編纂会編 1979）は、413年（『晋書』巻10安帝本紀義熙9年）、421年（『南史』巻1宋本紀上永初2年）、425年（『南史』巻79夷貊下・東夷倭国伝文帝元嘉2年）、430年・438年・443年・451年（『宋書』巻5文帝本紀元嘉7年・15年・20年・28年）、460年・462年（『宋書』巻6考武帝本紀大明4年・6年）、477年・478年（『宋書』巻7順帝本紀昇明元年・2年）、479年（『南斉書』巻58東南夷伝建元元年）の12回で、5世紀に集中している。

(63) 他国と比べても際立っている百済における中国陶磁器への渇望は、朝貢を主導した支配階層だけでなく、百済都城の在留中国人による可能性もある。『三国史記』百済本紀枕流王1年（384年）9月に胡僧（推定インドの僧侶）摩羅難陁が晋国から来ると、王が王宮に迎え入れ礼遇・恭敬したことから、仏教がここから始まったとある（梁起錫ほか 2008：97）。その翌年2月には寺院を建て10名の僧侶を置いた。寺院建立には中国から派遣された技術者の協力があって初めて実現できた。これは日本最初の仏教寺院と伝わる奈良飛鳥寺の建立に、百済からの技術者の派遣があったことからも推察できる（『日本書紀』崇峻天皇元年(588年)）。百済寺院の存在は考古学的に証明されていないが、都城に中国人が居住していた可能性を上記の文献史料から推測できる。彼らによる欲求（要求）により、百済での中国陶磁器の需要はより促進する契機になったと解釈することもできる。

第3章　百済土器の主要年代決定資料

　百済土器の相対編年時、各型式の前後関係と時期を設定するため、年代決定資料を選定・整理し、これらの時期を検討・比定する必要がある。

　百済考古学の交差年代資料として最も価値（活用度）が高い文物は、第2章で考察した中国陶磁器であろう。百済で確認できる中国陶磁器は330点以上に及び[1]、編年を行う際、十分に活用できる数量である。したがって、本章ではまず最初に百済から出土する中国陶磁器の集成を行った後、中国本土の紀年銘墓出土品などを通じて交差年代を求める。

　2番目に有効な年代決定資料は、日本出土百済（系）土器になろう。周知の通り日本では長い間にわたり蓄積された緻密な編年によって、共伴する百済（系）土器の年代を通じ交差年代を求めることができる。また出土量が比較的多い百済（系）器種の場合、須恵器などの共伴関係で、器形の変化もある程度把握できるだろう。

　3番目は百済出土倭（系）遺物で、その対象は土師器（系）、埴輪、須恵器（系）、甲冑、鉄鏃などである。倭（系）遺物は日本出土品との交差年代を通じて、共伴する百済土器の時期比定が可能になる。

　最後は百済出土新羅・加耶（系）土器と、新羅・加耶出土百済（系）土器である。新羅・加耶土器については研究者により編年差があるため、中国出土紀年銘墓出土品との交差年代により得られる時期に比べ活用度が落ちることは否めない。しかし、百済土器編年に対する補完資料として該当事例を集成し、各地域で行われている既往の編年観と対比させることは、百済土器の編年体系が未だ確立していない現時点において、編年の根拠となるその他年代決定資料の間隙を埋め、百済・新羅・加耶土器の併行関係を設定する基礎的な作業になると思われる。

　本章では上記の資料と百済土器との交差年代を、以降各節において求めていく。このような交差年代から得られた時期に従って配列される百済土器の時間的順序を通じて、百済土器の型式学的変遷はもちろん、先行の百済土器研究成果の是非を検証できる。

第1節　中国陶磁器と共伴した百済土器

　ここでは従来から行われている百済出土中国陶磁器と中国本土紀年銘墓出土品2点による対比ではなく、紀年銘墓出土品を中心とした中国国内の陶磁器変遷の中で、百済出土中国陶磁器を評価する。また、百済土器と共伴したものの中で、中国本土出土品との比較が可能なものを検討対象にした。検討した中国陶磁器の空間的分布は北は山西省朔州市、西は重慶市忠県、南は広東省新興県に及ぶが（図12）、百済で出土する中国陶磁器の多くが、江蘇省と浙江省出土品と関連がある。

1．漢城期出土中国陶磁器

(1) ソウル風納土城慶堂地区上層9号遺構平面E竪穴[(2)]

　9号遺構平面E竪穴からは、高杯、三足土器、蓋、器台、盒（広口短頸壺）、直口短頸壺、深鉢形土器、甑、長卵形土器などと共に青磁碗の口縁部片（図13-1）が出土した（権五栄ほか 2004）。
　口縁部は緩やかに内湾し、口縁端部は丸く処理されている。報告者は器形に注目し、西晋代の碗と類似するとした。[(3)]
　風納土城出土品は破片であるため、正確な器形は不明だが、一般的に当時の灯明皿（燈盞）の口径がおおよそ7cm～10cmであった反面、風納土城出土品は14cmであるため、碗であった可能性が高い。しかし、風納土城出土品と対比可能な資料が不十分なため、ここでは燈盞の変遷も考慮して時期を比定する。
　口縁部が内湾する燈盞は西晋末（4世紀初）に出現し、4世紀代に盛行する。西晋末に比定できる浙江省余姚市湖山郷37号墓出土品（図13-3）の口縁部は"＞"の形状であるため、風納土城出土品より内湾度が大きい。このような特徴は江蘇省南京市象山王氏家族墓9号墓出土品（図13-5）まで続く。ちなみに9号墓は墓誌により東晋の太和六年（371年）に卒し、咸安二年（372年）に埋葬された劉媚子（王建之の妻）であることが明らかとなっている。[(4)][(5)]
　一方、劉宋の元嘉十六年（439年）銘の塼が出土した江蘇省句容市春城鎮袁相村塼室墓出土品（図13-7）は、風納土城出土品同様口縁部が緩やかに内湾する形態を帯びる。東晋晩期（5世紀初）に比定できる江蘇省南京市仙鶴山3号墓出土品（図13-6）の口縁部もこれらと類似する。
　中国陶磁器の口縁部の特徴から、風納土城出土品は5世紀第1四半期～第2四半期に比定できると思われる。

(2) ソウル風納土城慶堂地区中層196号遺構（竪穴倉庫）

　竪穴倉庫からは黒色磨研土器である直口広肩壺、蓋、甑、壺、甕などと共に器高50cm以上の施釉陶器の甕33点が出土した（権五栄ほか 2011）。[(6)][(7)]
　中国出土施釉陶器に関する研究（韓芝守 2011a）によると、口縁部は外反→無頸に変化する反面、直立は東呉～東晋で観察できるという。196号遺構（竪穴倉庫）出土品からは上記の口縁部がすべて

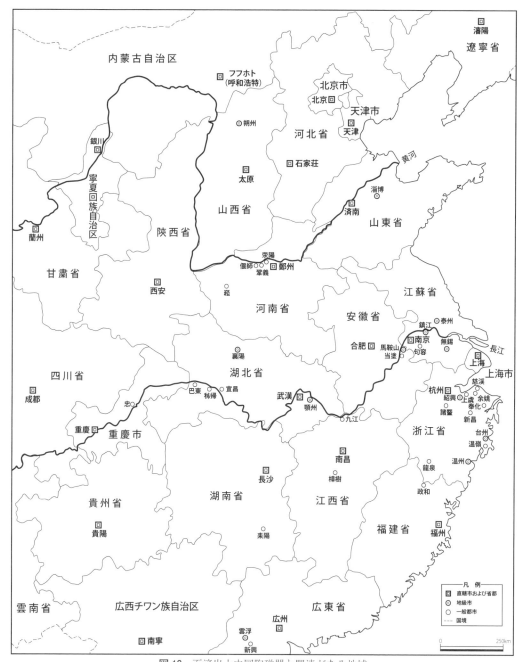

図 12 百済出土中国陶磁器と関連がある地域

見られるが、外反と直立が大部分をなす（韓芝守 2010）。また 33 点中銭文陶器の甕は総 5 点で、その中の一部は口縁端部と銭文文様などから、江蘇省鎮江晋陵羅城城墻 M4 甕棺との類似性が指摘されている（韓芝守 2010・2011b）。自身の研究から韓芝守は 196 号遺構（竪穴倉庫）出土施釉陶器の製作時期を 3 世紀後葉～4 世紀前葉としている。

　一方、王志高（2012）は江蘇省南京市での発掘で得られた新出資料が、風納土城出土品と類似している点を挙げ、風納土城の初築の上限を 4 世紀後半頃とした。既往の中・韓の研究者が銭文・施釉

陶器の下限を西晋もしくは東晋以前と推定しているのに対し、王志高はその下限を南朝初まで下げている。これは新出した銭文・施釉陶器の年代を考慮しているためである。銭文・施釉陶器は海南龍頭里前方後円墳でも出土しており（国立光州博物館 2011）、その下限は南朝まで下がることに筆者も同意する。

貯蔵などに使用された施釉陶器の甕類が墓に副葬されることは青磁などに比べそれほど多くないことが要因であろうが、百済で出土する施釉陶器の下限が中国研究者により見解が異なっていることが注目される。このことは風納土城出土品に対する韓芝守と王志高の年代観にも如実に現れている。おそらく磁器などの器種に比べ施釉陶器は流行などと無縁な雑器であったため、時期を経ても変化が乏しかったことが要因になるのではないだろうか。つまり風納土城出土品と類似する器形が

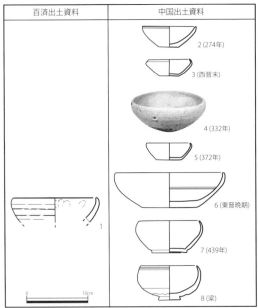

1. ソウル風納土城慶堂地区上層9号遺構平面E竪穴(権五栄他 2004), 2. 江蘇省南京市東善橋塼室墓(祁海寧 1999), 3. 浙江省余姚市湖山郷37号墓(魯怒放 2000), 4. 江西省南昌市青雲譜区梅湖1号墓(王上海他 2008), 5. 江蘇省南京市象山王氏家族墓9号墓(王志高他 2001), 6. 江蘇省南京市仙鶴山3号墓(王志高他 2001), 7. 江蘇省句容市春城鎮袁相村塼室墓(何漢生他 2010), 8. 湖南省長沙市爛泥岬7号墓(高至喜 1959)

図13 百済出土碗（灯明皿）の時間的位置（S＝1/6）

長期間製作・使用されたため、このような見解差が生じたと思われる。現在のところ、銭文・施釉陶器による時期比定には慎重を要する。

風納土城196号遺構（竪穴倉庫）出土施釉陶器の年代は、同遺構で収集された木炭試料による炭素14年代測定法を参考にする必要がある。これによると220年～340年の間のある時点に位置する確率が95％になるという（朴淳発 2012a）。この研究成果により196号遺構（竪穴倉庫）出土施釉陶器の年代は韓芝守の研究結果とほぼ一致すると思われる。

（3）ソウル風納土城197番地（旧未来マウル）ラ-4号住居埋土上層

出入り口が付随した呂字形住居の床からは硬質無文土器だけが、埋土からは硬質無文土器の盌と蓋、直口短頸壺などが、青磁碗（図14-1）は埋土上層（撹乱層）から出土した（国立文化財研究所 2013b）。

青磁碗の口縁部下には2条の横沈線が入り、内面の底には目跡が4つ見られる。

紀年銘資料とその他資料から中国出土碗の変遷を見ると、西晋代の碗は底径が小さく胴部が膨らんでいることが特徴的である。東晋の大興四年（321年）銘の塼が出土した浙江省奉化市白杜郷塼室墓出土品（図14-5）は、西晋代と東晋代の碗の中間形態になるものと思われる。また4世紀中葉からは低い高台のようなものが見られるようになる。

中国出土碗の変遷から、風納土城出土品は全体的な器形と口縁部が321年の浙江省奉化市白杜郷塼室墓出土品と類似する。

したがって風納土城197番地ラ-4号住居の床から出土した硬質無文土器は、4世紀前葉以前の遺物と判断できる。

(4) ソウル風納土城 197 番地（旧未来マウル）カ-1 号竪穴

カ-1 号竪穴からは楽浪系土器片、瓦片、青磁碗（図 14-3）が出土した（国立文化財研究所 2012b）。

青磁碗の口縁部下には 1 条の横沈線が、内面の底には 5 つの目跡が、外面の底には糸きり痕が見られる。韓志仙（2011）は漢城期百済の盌の中には中国の青磁碗を模倣したものが多く観察できるとし、中国紀年銘資料との比較を通じて漢城期百済の盌の変遷様相を考察した。その結果、風納土城出土品は、東晋の升平元年（357 年）に卒した李緝の江蘇省南京市呂家山 1 号墓出土品（図 14-7）と同時期に比定した。

紀年銘資料とその他資料から中国出土碗の変遷を見ると、風納土城出土品と類似する器形は、韓志仙の指摘通り南京市呂家山 1 号墓出土品に求められる。また報告者が東晋中期とした安徽省馬鞍山市当塗県青山 23 号墓出土品（図 14-8）とも対比できる。

東晋の太和二年（367 年）銘の塼が出土した浙江省温州市甌海区 1 号墓出土品

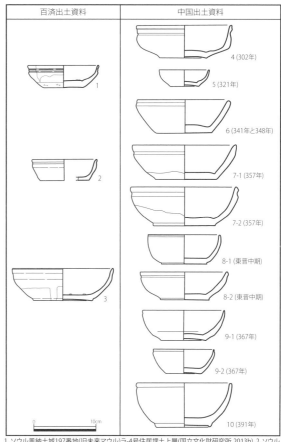

1. ソウル風納土城197番地(旧未来マウル)ラ-4号住居埋土上層(国立文化財研究所 2013b), 2. ソウル夢村土城東北地区87-1号貯蔵穴6層(金元龍他 1987), 3. ソウル風納土城197番地(旧未来マウル)カ-1号竪穴(国立文化財研究所 2012b、筆者一部修正), 4. 江蘇省南京市板橋鎮石閘湖塼室墓(南京市文物保管委員会 1965a), 5. 浙江省奉化市白杜郷塼室墓(傅亦民 2003), 6. 江蘇省南京市人台山王興之夫婦墓(王興之・宋和之合葬)(南京市文物保管委員会 1965b), 7. 江蘇省南京市呂家山李氏家族墓1号墓(李緝墓)(王志高他 2000), 8. 安徽省馬鞍山市当塗県青山23号墓(王峰 2011), 9. 浙江省温州市甌海区1号墓(施成哲 2010), 10. 浙江省慈渓市窯頭山22号墓(謝純龍他 1992)

図 14　百済出土碗の時間的位置（S＝1/6）

（図 14-9）から、器形の変化が見られる。風納土城出土品と比べると、口径に比べ器高が高くなる様相が確認できる。東晋太元十六年（391 年）銘の塼が出土した浙江省慈渓市窯頭山 22 号墓出土品（図 14-10）の外面底部には、中央を円形に薄く削り高台の効果を図ったと見られる製作技法が施されている。また、前時期に比べて口径と底径の幅に差がなくなりつつあることが認められる。

以上、東晋代の碗の変遷から勘案すると、風納土城出土青磁碗は 340 年～360 年代製と推測できる。

(5) ソウル風納土城 197 番地（旧未来マウル）タ-38 号竪穴大甕内

竪穴に置かれた大甕の中から青磁蓮弁文碗が出土した（国立文化財研究所 2012b）。口縁部には 2 条の横沈線が見られ、その下には二重の蓮弁文を浮き彫りし、総 14 枚の蓮弁文で構成されている。各蓮弁文の縁には 3 条の輪郭線（沈線）を描いている（図 15-2）。この青磁蓮弁文碗を報告者は 5 世紀中葉の劉宋代に製作されたものと見ている。

出土品は文様の構成上、湖北省鄂州市郭家細湾 8 号墓出土品（図 15-11）、湖北省秭帰県何家大溝

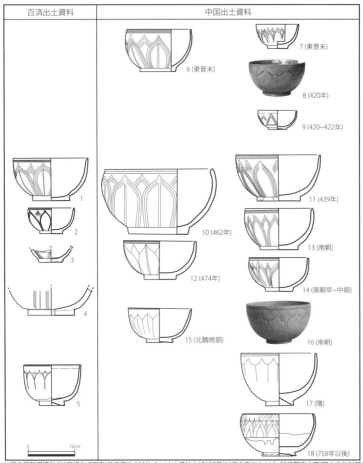

遺跡窖蔵坑出土品（図15-13）、浙江省上虞市牛頭山古墳群9号墓出土品（図15-14）と最も類似する。各報告書によると、湖北省鄂州市郭家細湾8号墓は劉宋代、湖北省秭帰県何家大溝遺跡窖蔵坑は南朝、浙江省上虞市牛頭山古墳群9号墓は南朝初期〜中期（劉宋〜南斉）に比定できる。ここではまず風納土城出土品の時期比定に先立ち、中国での蓮弁文碗の変遷を詳しく見る。

推測の域を出ないが、東晋末以降盛行する蓮弁文碗の蓮弁文様は、出現当初から完成されていたように思われる。しかし5世紀後葉以降、蓮弁文の縁の輪郭線（沈線）や蓮弁文の中央を区切る縦線などが退化し始める。6世紀前葉になると、これら沈線を高台の境界まで描くこともなくなり、6世紀中葉〜後葉の碗には、花弁から火炎文様に変化する様相が見られる。その他、高台の底径も口径に比べ次第に小さくなる。

このことから、風納土城出土品は東晋末出土品に比べて相対的に高台の底径が小さい感があるが、劉宋の元徽二年（474年）銘の墓誌が出土した江蘇省南京市太平門外明曇憘墓出土品（図15-12）よりは、底径が多少ながら大きいため、5世紀第2四半期後半〜第3四半期前半（5世紀中葉）の劉宋代の製作品と考えられる。

(6) ソウル夢村土城東北地区87-1号貯蔵穴6層

貯蔵穴6層とは貯蔵穴廃棄後最初に堆積した層をいい、ここから青磁碗片（図14-2）が出土した。出土品の口縁部下に1条の横沈線が入る。

先に検討したソウル197番地カ-1号竪穴出土品同様、東晋の升平元年（357年）銘の墓誌が見つ

かった李緝墓出土品（図14-7）と同時期に比定できると思われる。

(7) ソウル石村洞古墳群3号墳東側A地域8号土壙墓

青磁四耳壺（図16-2）は8号土壙墓東北側の掘り形から1mも離れていない場所から、深鉢形土器と共に出土した（金元龍ほか 1986、李鮮馥ほか 2015）。報告者はこれらを8号土壙墓と関連する副葬品と見ている。この見解を重視するなら、8号土壙墓出土直口短頸壺も陶磁器と同時期に該当するだろう。

四耳壺の胴部と板状の粘土を取り付けた耳（板状耳）などから、太元十八年（393年）銘の塼が出土した浙江省新昌県大明市鎮大聯村象鼻山東麓東晋墓出土品（図16-7）と対比し、4世紀末とした見解がある（成正鏞 2003）。

紀年銘資料とその他資料から中国出土四耳壺の変遷を見ると、底径が胴部最大径より小さいものから、大きくなる傾向に変化する。それと同時に発達した肩部が時間の経過と共に発達度が小さくなり、緩慢な曲線を呈するものに移行する。また肩部に取り付けた紐状耳から円孔を開けた板状耳に変化する様相が見られる。

このような変遷を参考にすると、石村洞出土品の底径は公州水村里遺跡II地点1号土壙木槨墓出土品（図16-1）より小さく、肩部が張っていない。そのため、石村洞出土品は水村里出土品より後出する器形であるが、益山笠店里古墳群1号横穴式石室出土品（図16-3）より時期的に先行すると思われる。

そして石村洞出土品は東晋晩期に推定できる江蘇省鎮江市陽彭山1号墓出土品(15)（図16-8）または宋元嘉十年（433年）銘の塼が出土した浙江省温嶺市塼室墓出土品(16)（図16-9）と対比できる。

(8) ソウル石村洞古墳群2号石槨墓

2号石槨墓は2号墳積石塚の南西側に隣接され

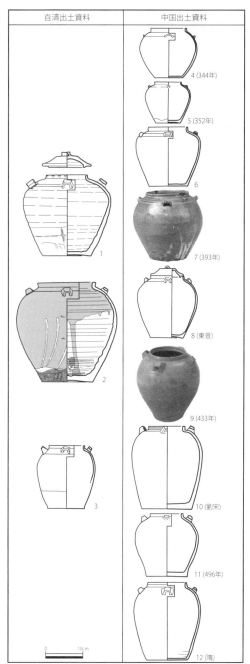

1. 公州水村里遺跡II地点1号土壙木槨墓(忠清南道歴史文化研究院 2007a), 2. ソウル石村洞古墳群3号墳東側A地域8号土壙墓(金元龍ほか 1986、李鮮馥ほか 2015), 3. 益山笠店里古墳群1号横穴式石室(文化財研究所 1989、筆者実測), 4. 安徽省馬鞍山市林里1号墓(栗中斌ほか 2004), 5. 浙江省紹興市碧波潭塼室墓(符杏華 1992), 6. 重慶市忠県大墳壩2号墓(韋正 2005), 7. 浙江省紹興市新昌県大明市鎮大聯村象鼻山東麓東晋墓(曹錦炎主編 2008), 8. 江蘇省鎮江市陽彭1号墓(劉建国 1989), 9. 浙江省温嶺市塼室墓(中国陶瓷全集編輯委員会 2000a), 10. 浙江省台州市黄岩区秀嶺水庫(秀嶺ダム)37号墓(朱伯謙 1958), 11. 江西省樟樹市山前6号墓(傳冬根 1981), 12. 重慶市忠県大墳壩3号墓(韋正 2005)

図16 百済出土四耳壺の時間的位置
（7・9：縮尺不同、その他：S＝1/10）

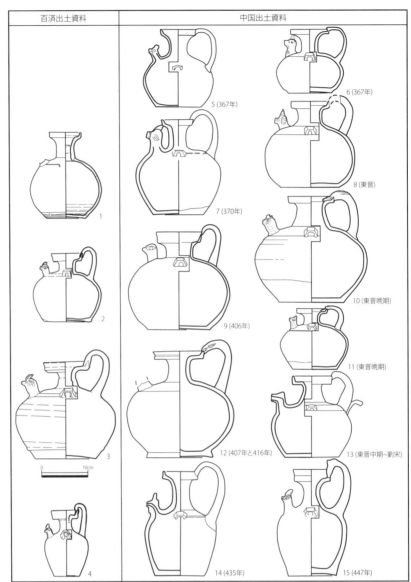

図17　百済出土鶏首壺の時間的位置（S=1/8）

ているが、層位の前後関係は不明である（李鮮馥ほか 2013）。2号石槨墓からは大壺片と鶏頭部、把手、耳が欠けた黒釉磁鶏首壺が出土している（図17-1）。

　紀年銘資料とその他資料から中国出土鶏首壺の変遷を見ると、石村洞出土品形は太和五年（370年）銘の塼が出土した江蘇省無錫市赤墩里東晋墓出土品（図17-7）と対比できる。筆者が特に注目した部分は、頸部と口縁部が接した部分である。時期が古いものは頸部と口縁部の連結部がなだらかであるが（図17-5・6）、時期が下るにつれて段ができ、次第に明瞭な盤口になる傾向がたどれる（図17-12・13）。石村洞出土品はその変遷過程の過渡期に該当し、東晋の太和二年（367年）銘の墓

誌が出土した江蘇省南京市象山王氏家族墓 8 号墓出土品（図 17-5）より後出し、東晋の義熙二年（406年）銘の墓誌が出土した江蘇省南京市司家山謝氏家族墓謝温墓（5 号墓）（図 17-9）や東晋晩期の江蘇省南京市雨花台区姚家山 2 号墓出土品（図 17-10）より前出するものと思われる。

また胴部最大径が下方に位置する石村洞出土品は、江蘇省南京市司家山謝氏家族墓 3 号墓出土品とも類似する。謝氏 3 号墓は東晋の義熙三年（407 年）銘と義熙十二年（416 年）銘の墓誌が出土した同古墳群 4 号墓（謝球・王徳光合葬）より先行する副葬品であることから、5 世紀以前になると思われる。

これらの考察を総合すると、石村洞出土品は東晋中期に該当する可能性が高い。

（9）原州法泉里古墳群 2 号墳破壊石室

青磁羊形器（図 11-1）が 2 号墳破壊石室から直口短頸壺と深鉢形土器と共に出土した。羊形器は中国三国～東晋代に流行し、法泉里出土品は東晋の永昌元年（322 年）銘の墓誌がある江蘇省南京市象山 7 号墓出土品と類似するという（三上 1976、岡内 1983）。しかし法泉里出土品は象山 7 号墓出土品より型式学的に一段階遅いとして、その製作時期を 4 世紀中頃とする見解が一般的に受け入れられている（成正鏞 2003・2010）。

（10）烏山水清洞古墳群 4 地点 25 号木棺墓

25 号木棺墓からは直口短頸壺、大壺などの百済土器、鉄器類と共に青磁盤口壺（図 18-2）が出土している（京畿文化財研究院 2012a）。この盤口壺の肩部には横方向に 2 つが 1 組になった紐状耳が 2 か所で見られる。

この青磁の年代について李昶熀（2012）は、西晋の元康四年（294 年）銘の塼が出土した江蘇省句容市西晋墓出土品と東晋の咸和四年（329 年）銘の墓誌が出土した江蘇省南京市郭家山 9 号墓（温嶠墓）出土品との類似を指摘し、4 世紀初とした。また共伴した直口短頸壺と馬具、盛矢具を 5 世紀第 4 四半期（末）とし、盤口壺を 150 年以上の伝世品と主張している。

李泰昊（2011：17）はこの盤口壺の胴部が丸い円腹形で豊満であること、半円形の耳が付いていることなどを特徴として挙げている。そして江蘇省南京市家山 3 号墓出土品（359 年）との対比から、4 世紀中葉に比定した。

一方、永初二年（421 年）に卒した謝琰の墓と明らかになった江蘇省南京市鉄心橋司家山 6 号墓出土品（図 18-6）から、4 世紀末～5 世紀前葉の東晋代に製作されたとする見解もある（韓志仙ほか 2011）。このように水清洞出土品は研究者によって製作時期が 4 世紀初、4 世紀中葉、5 世紀前葉と大きく異なっている。

盤口壺といっても大小、形態によって種類が多様である。そのうち図 18 では胴部が球形を呈するもの（図 18-4～9）と縦に長い楕円形のもの（図 18-10～14）を示したが、水清洞出土品は胴部が丸い形態に属する。

図 18 の紀年銘資料とその他資料によると中国の盤口壺（特に胴部が球形のもの）は、口縁部の内側が緩やかな曲線を描いて頸部に繋がるものから、口縁部の内側が水平の段になり頸部に続く形状に変化する。また、時期が下るにつれ、胴部最大径以下の器高が高くなる傾向にある。そして、特に胴部が球形の盤口壺に付着する耳が、紐状耳から板状の粘土を取り付けた耳（板状耳）へと移行

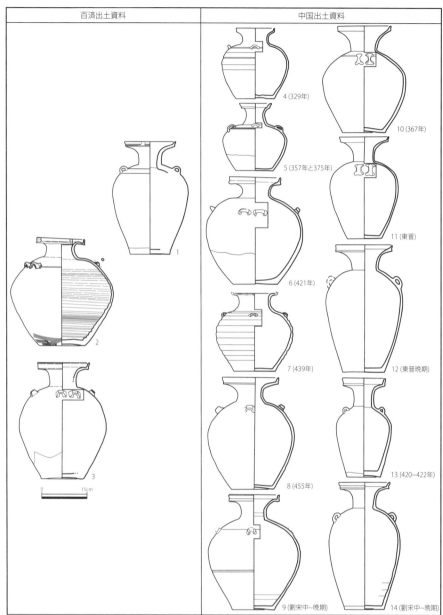

図 18　百済出土盤口壺の時間的位置 1（S＝1/12）

することも留意すべき変化様相である。

　水清洞出土品は、口縁部の内側が水平の段になり頸部に続く形状であることに着目すると、劉宋の元嘉十六年（439年）銘の塼が出土した江蘇省句容市春城鎮袁相村塼室墓出土品（図18-7）と最も近い。そのため水清洞出土品は、5世紀第2四半期に比定可能である。[22]

(11) 天安花城里古墳

　1969年広口壺、短頸壺、把手付杯などと青磁盤口壺（図18-1）が地表上で一括発見された。出土品は胴部が縦に長い楕円形の盤口壺で、肩部には縦方向に2つが1組になった紐状耳が2か所見られる。

　紀年銘資料とその他資料から中国出土盤口壺の変遷を見ると、花城里のような胴部が縦に長い楕円形の盤口壺は、時期が下るにつれ胴部最大径以下の器高が高くなる傾向にある。このことから、花城里出土品は東晋晩期に比定される江蘇省南京市栖霞区邁皐橋郷吉祥庵墓（図18-12）より前出する器形になると思われる。具体的には、江蘇省南京市司家山謝氏家族墓2号墓出土品（図18-11）と最も類似する。2号墓は報告者により東晋代とあり、年代はわからない。ただ407年と412年の紀年銘が出土した同古墳群4号墓出土陶磁器類より型式学的に先行する器形があるため、5世紀以前と見て間違いないだろう。研究者によっては4世紀中葉（金英媛 1998）もしくは4世紀後葉（成正鏞 2003、金一圭 2015：57）としており、一致を見ていないが、東晋の太和二年（367年）銘の墓誌が出土した江蘇省南京市象山王氏家族墓8号墓出土品（図18-10）より後出する器形と思われるため、花城里出土品は4世紀後葉頃と推察できる。

(12) 天安龍院里古墳群9号石槨墓

　9号石槨墓からは直口広肩壺などの壺類、蓋、深鉢形土器などと共に黒釉磁鶏首壺（図17-2）が出土している（李南奭 2000）。報告者は対比資料として興寧二年（364年）銘の塼が出土した浙江省杭州市老和山東晋墓出土品（浙江省博物館編 2000）と東晋の義熙二年（406年）銘の墓誌が出土した江蘇省南京市司家山謝温墓出土品（図17-9）を挙げている。その中、老和山東晋墓出土品と最も近いとし、4世紀後半代に比定、少なくとも9号石槨墓は5世紀まで下らないという根拠とした。

　一方、成正鏞（2003・2010）は、龍院里出土品と謝温墓出土品の相違は鶏冠の有無だけであるため、大きさ、豊満な胴部、多少上がっている底面などから謝温墓出土品と最も類似し、龍院里出土品を4世紀末〜5世紀初の間とした。権埈鉉（2011）は中国出土鶏首壺の型式学的分析から、龍院里出土品を4世紀中葉〜5世紀前葉と設定した。

　筆者も中国内での鶏首壺の集成を通じ、成正鏞の指摘同様、謝温墓出土品または東晋晩期に比定できる江蘇省南京市雨花台区姚家山3号墓出土品（図17-11）に最も近いと考える。そのため、龍院里出土品は4世紀末〜5世紀初に比定できる可能性が高い。

(13) 天安龍院里遺跡C地区横穴式石室

　横穴式石室からは深鉢形土器や小壺などの百済土器、馬具類、武器類などと共に青磁蓮弁文の碗1点（図15-1）と青磁高台碗2点（図19-3・4）が出土している（任孝宰ほか 2001）。

　① 青磁蓮弁文碗　蓮弁文碗の口縁部には2条の横沈線が、その下には二重の蓮弁文を浮き彫りし、総16枚の蓮弁文で構成されている（図15-1）。各蓮弁文の縁には3条の輪郭線（沈線）が、蓮弁文の中央には2条の縦沈線が入る。高台外面には円形の沈線が入っているため、これを輪高台の前段階の形状とする見解も示されている。この蓮弁文碗を報告者は5世紀中葉の劉宋代と見ている。

　この蓮弁文碗について朴淳発（2005b）は福建省南平市政和県松源村831号墓出土品（図15-10）との対比を行った。松源村831号墓出土品は口縁端部がわずかに内傾しているのに比べ、龍院里出

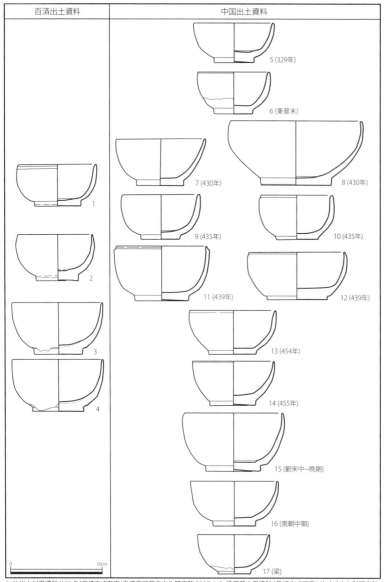

図19 百済出土高台碗の時間的位置1（6：縮尺不同、その他：S＝1/4）

1. 公州水村里遺跡Ⅱ地点4号横穴式石室(忠清南道歴史文化研究院 2007a), 2. 清原葛山里遺跡4号横穴式石室(한겨레文化財研究院 2016), 3・4. 天安龍院里遺跡C地区横穴式石室(任孝宰他 2001), 5. 江蘇省南京市郭家山9号墓(華国栄他 2002), 6. 江西省九江市九江県東晋墓(劉暁祥 1997), 7・8. 江蘇省南京市栖霞区東楊坊1号墓(祁海寧他 2008), 9・10. 広東省雲浮市新興県南朝墓(古遠泉 1990), 11・12. 江蘇省句容市春城鎮袁相村塼室墓(何漢生他 2010), 13. 湖北省襄樊市韓崗24号墓(王志剛 2010), 14. 湖北省武漢市206号墓(王善才 1965), 15. 江蘇省南京市隠龍山1号墓(王志高他 2002), 16. 安徽省馬鞍山市当塗県青山24号墓(王峰 2011), 17. 江蘇省南京市西善橋南朝墓(王奇志 1997)

土品の口縁部はまっすぐに立ち上がる。朴淳発はこの差をわずかな時期差と理解し、龍院里出土品を5世紀中葉頃とした。

中国出土蓮弁文碗の変遷を考慮すると、先に検討したソウル風納土城出土品同様、劉宋の元徽二年（474年）に卒した江蘇省南京市太平門外明曇憘墓出土品（図15-12）より前出すると思われる。具体的な時期は、劉宋の元嘉十六年（439年）銘の買地券が出土した湖北省鄂州市郭家細湾8号墓出土品（図15-11）や南朝早期～中期に比定できる浙江省上虞市牛頭山古墓群9号墓出土品（図15-14）に該当すると推測できる[26]。

② **青磁高台碗** 高台碗2点（図19-3・4）のうち、1点は高台の端が多少外反しているが（図19-4）、両方とも底が平らである。高台碗は器高が低いものから次第に高くなり、器（器壁）の外反度（外側に伸びる）が小さくなると指摘されている（朴淳発 2005b）。また時期が下るにつれ口縁部がほぼ垂直に立ちあがるとする。

紀年銘資料とその他資料から中国出土高台碗の変遷を見ると、口径に比べて高台の底径が顕著に小さくなる傾向にある。また時期が早いものは底部から口縁部に続く胴部が直線的である傾向に対し、時間の経過と共に豊満な碗部に変化する感が見られる。そして、薄く細く伸びた口縁部は南北朝時代の特徴だという（郭菲 2005）。

第 3 章 百済土器の主要年代決定資料 73

これらの変遷を考慮すると、龍院里出土品は薄く細く伸びた口縁部と器高が相対的に高いことから、430 年～450 年代の劉宋前期から中期の高台碗に最も類似する。

龍院里出土品は成正鏞の指摘通り、5 世紀第 2 四半期後半～第 3 四半期前半（5 世紀中葉）になると思われる。

(14) 清原葛山里遺跡 4 号横穴式石室

4 号横穴式石室からは深鉢形土器、壺、盌、杯身、蓋、鉄矛、鉄斧、鉄刀子などと共に青磁高台碗（図 19-2）が出土している（한겨레文化財研究院 2016）

高台碗の内面底には内底円刻が、高台の外面には回転糸きり痕が見られる。葛山里出土品は高台碗の変遷を考慮すると、劉宋の元嘉十二年（435 年）銘の塼が出土した広東省雲浮市新興県南朝墓出土品（図 19-9）や南朝早期～中期に比定される浙江省上虞市牛頭山古墓群 9 号墓出土品（図 15-14）と対比できる。陶磁器の時期は 5 世紀第 2 四半期～第 3 四半期に推定できるが、共伴した蓋と杯身は 5 世紀第 3 四半期に近い。(27)

(15) 公州水村里遺跡 II 地点 1 号土壙木槨墓

1 号土壙木槨墓からは直口短頸壺、広口長頸壺、深鉢形土器などと共に青磁有蓋四耳壺（図 16-1）が出土している（忠清南道歴史文化研究院 2007a）。陶磁器に対する時期比定には研究者によって見解差がある。

朴淳発（2005b）は水村里出土品を東晋中期の江蘇省鎮江市陽彭山 1 号墓出土品（図 16-8）に近い(28)とし、東晋の太和四年（369 年）銘の塼が出土した浙江省台州市黄岩区秀嶺水庫（秀嶺ダム）45 号墓出土品（朱伯謙 1958）は水村里出土品より遅い段階の特徴があるため、4 世紀中葉頃とした。一方、成正鏞（2010）は、共伴遺物や副葬などの時差を考慮して、5 世紀初と設定した。

石村洞出土品で言及した四耳壺の変遷を考慮すると、水村里出土品は相対的に胴部最大径より底径が小さく、発達した肩部が特徴的であることから、重慶市忠県大墳壩 2 号墓出土品（図 16-6）や浙江省紹興市新昌県大明市鎮大聯村象鼻山東麓東晋墓出土品（図 16-7）に近いものと思われる。大墳壩 2 号墓出土品は共伴した三足硯が東晋中・晩期～南朝初期に該当するため（魏楊菁 2008）、おおよそその時期に比定できる。写真ではあるが、太元十八年（393 年）の象鼻山東麓東晋墓出土品(29)は、劉宋の元嘉十年（433 年）銘の塼が出土した浙江省温嶺市塼室墓出土品（図 16-9）や 523 年の武寧王陵出土六耳壺に比べ、耳の位置が口縁部より多少離れている感を受ける。もしこれが時間性を反映する要素であるなら、水村里出土品と大墳壩 2 号墓出土品は、浙江省温嶺市塼室墓出土品より先行する可能性がある。

したがって、水村里出土品は 5 世紀第 2 四半期以前であり、4 世紀第 4 四半期～5 世紀第 1 四半期と推察できる。(30)

(16) 公州水村里遺跡 II 地点 4 号横穴式石室

4 号横穴式石室からは直口短頸壺、広口長頸壺、小壺、器台などと共に、黒釉磁鶏首壺（図 17-3）、青磁高台碗（図 19-1）、黒釉磁盤口壺（図 20-1）、黒釉大壺が出土している(31)（忠清南道歴史文化研究院 2007a）。

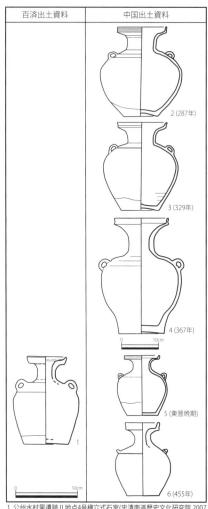

1. 公州水村里遺跡 II 地点 4 号横穴式石室（忠清南道歴史文化研究院 2007a）, 2. 浙江省杭州市肖山区 33 号墓（胡維根 1989）, 3. 江蘇省南京市郭家山 9 号墓（温嶠墓）（華国栄他 2002）, 4. 浙江省温州市甌海区 1 号墓（施成哲 2010）, 5. 江蘇省南京市雨花台区警犬研究所 3 号墓（許志強他 2011）, 6. 湖北省武漢市 207 号墓（趙新来 1965）

図 20 百済出土盤口壺の時間的位置 2
（2～4：S=1/10、その他：S=1/6）

出土陶磁器について朴淳発（2005b）はおおよそ 4 世紀第 4 四半期の遅い時点から 400 年を前後した間とした。成正鏞（2010）も朴淳発と同時期と見たが、共伴遺物や副葬までの時差を考慮して墓の造成時期を 5 世紀第 1 四半期～第 2 四半期と設定した。ここでも紀年銘資料とその他資料から鶏首壺、高台碗、盤口壺の時期を比定する。

① **黒釉磁鶏首壺**　朴淳発（2005b）は、全般的な形態から太和五年（370 年）銘の塼が出土した江蘇省無錫市赤墩里東晋墓出土品（図 17-7）と最も類似するが、把手の形態は東晋の義熙三年（407 年）銘と義熙十二年（416 年）銘の墓誌が出土した江蘇省南京市司家山謝氏家族墓 4 号墓（謝球・王徳光合葬）出土品（図 17-12）とも似ると指摘した。

先述したように中国出土鶏首壺は時期が下るにつれて段ができ、次第に明瞭な盤口になる傾向にあるため、その変遷から水村里出土品を勘案すると、謝氏 4 号墓や東晋中期から劉宋に比定できる広東省広州市下塘獅帯崗晋墓 5 号墓出土品（図 17-13）と最も類似する。

また百済出土品ではないが、参考のため図示した南原月山里古墳群 M5 号墳石槨墓出土品[(32)]（図 17-4）は、劉宋の元嘉十二年（435 年）銘の塼が出土した広東省雲浮市新興県南朝墓出土品（図 17-14）、元嘉二十四年（447 年）銘の塼が出土した浙江省台州市黄岩区秀嶺水庫（秀嶺ダム）49 号墓出土品（図 17-15）、劉宋の大明五年（461 年）[(33)]の浙江省瑞安市龍山塼室墓出土品などと対比できる（朴淳発 2012b）。おおよそ 5 世紀中葉以降、鶏首壺の胴部が縦に長くなる傾向が見られるため、水村里出土品は 5 世紀前葉頃と推測できる。

② **青磁高台碗**　この出土品（図 19-1）に対して朴淳発（2005b）は、東晋の義熙二年（406 年）銘の墓誌が出土した江蘇省南京市司家山謝氏家族墓謝温墓（5 号墓）出土品（華国栄ほか 1998）と類似するとした。

しかし水村里出土品は天安龍院里出土品（図 19-3・4）に比べ[(34)]、底径が多少大きく、底部から口縁部に続く胴部が相対的に直線的である。また龍院里出土品に比べて口縁部の器壁が厚い。これらが時間性を反映する要素であることは、天安龍院里出土高台碗の考察で述べた通りである。したがって、5 世紀中葉頃と見られる龍院里出土品より先行することは間違いないだろう。

東晋代から南北朝時代初期に該当する比較資料が多くないため、断言できないが、東晋末と推定できる江西省九江市九江県東晋墓出土品（図 19-6）より後出すると思われる。九江県東晋墓出土品

は劉宋の元嘉七年（430年）鋳造の元嘉四
鉄を伴った江蘇省南京市栖霞区東楊坊1号
墓出土品（図19-7・8）より口縁部の器壁が
厚い。器形は蓮弁文碗ではあるが、420年～
422年に比定できる浙江省諸暨市牌頭鎮渚
牌水2号墓出土品（図15-9）と類似する。

水村里出土品は南朝初の5世紀第2四半
期が最も妥当であろう。

③ **黒釉磁盤口壺**　黒釉磁盤口壺（図20-
1）は黒釉磁の中で、興寧二年（364年）銘
の浙江省杭州市老和山東晋墓出土品（浙江

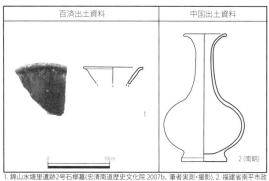

図21　錦山水塘里遺跡出土陶磁器片と比較資料（S＝1/6）

1. 錦山水塘里遺跡2号石槨墓(忠清南道歴史文化院 2007b、筆者実測・撮影)、2. 福建省南平市政和県松源833号墓(呉玉賢1986)

省博物館編 2000）と最も近いとある（朴淳発 2005b）。しかし、老和山東晋墓出土品は、胴部最大
径が胴部下位に位置していることと、耳が取り付けられていないことから、水村里出土品とは少な
からぬ差異が認められる。

紀年銘資料とその他資料から中国出土小型盤口壺の変遷を見ると、底径が胴部最大径より極端に
小さいものから、底径が大きくなり最大径に近づく傾向に変化する。そのため比較的肩部が張った
胴部から、比較的細身の器形になる。また頸径が大きいものから小さいものへ移行する傾向にある。
つまり頸部が絞まるものが後出する形状といえる。

このような点から見て、水村里出土品は東晋晩期に推定される江蘇省南京市雨花台区警犬研究所
3号出土品（図20-5）と対比できる。

以上、3点の陶磁器の年代を総合すると5世紀第2四半期と判断できる。

（17）錦山水塘里遺跡2号石槨墓

2号石槨墓からは高杯などと共に黒釉磁の口縁部片（図21-1）が出土している（忠清南道歴史文
化院 2007b）。

朴淳発（2005b・2007）は唾壺の可能性を指摘している一方、成正鏞（2010）は中国で黒釉を施さ
れた唾壺がないことから、器種については見当の余地があるとしている。筆者も唾壺の中で類似す
る資料を求めたが、見出せなかった。

出土品は口縁端部を丸く処理する特徴から、唾壺よりむしろ長頸瓶の口縁部と類似する（図21-
2）。破片であるため確実なことはいえないが、仮に長頸瓶の口縁部片とすれば、劉宋中期（5世紀中
葉）以後の長江中流地域で類例がある（韋正 2011b：54-55）。

（18）益山笠店里古墳群1号横穴式石室

1号横穴式石室からは広口長頸壺、小壺、壺などの百済土器、金銅飾履、金銅冠と共に板状耳が付
いた青磁四耳壺（図16-3）が出土してる（文化財研究所 1989）。

この石室の造営時期に関しては、百済地方支配方法などとも関連し、その時期が研究者によって
漢城期末もしくは熊津期初とするなど論争が多い古墳の1つである（成正鏞 2003）。たとえば、定
森（1989）は福建省南平市政和県松源村833号墓出土品（呉玉賢 1986）と類似していることから、

5世紀末に推定し、門田（1993）はこの年代を元に百済熊津期の地方支配方法を具体的に論じている。成正鏞（2003）は定森の主張に対し、劉宋の大明六年（462年）銘の塼が発見された831号墓出土品より遅いものなのか不確かで、むしろ劉宋元嘉十年（433年）銘の塼が発見された浙江省温嶺市塼室墓出土品（図16-9）と近いとした。しかしその後2010年度に発表した論文で5世紀第3四半期と訂正している。

一方、李暉達（2010）は劉宋元嘉二十四年（447年）銘の塼が発見された浙江省台州市黄岩区秀嶺水庫（秀嶺ダム）48号墓出土品（朱伯謙 1958）との類似性を指摘し、笠店里出土品の使用時期を5世紀中葉～後葉とした。

筆者も成正鏞同様浙江省温嶺市塼室墓出土品との類似性を認める。その他劉宋時代に推定できる浙江省台州市黄岩区秀嶺水庫（秀嶺ダム）37号墓出土品（図16-10）とも対比できる。しかし、次に続く斉の建武三年（496年）銘の塼が発見された江西省樟樹市山前6号墓出土品（図16-11）は、胴部と底部の形状が笠店里出土品と異なる。また5世紀第2四半期頃に比定可能な石村洞出土品（図16-2）より型式学的に後出すると思われる。

このことから、笠店里出土品は5世紀第3四半期頃と推測できる。[40]

(19) 高敞鳳徳里古墳群1号墳4号竪穴式石室

4号竪穴式石室からは蓋杯、壺、子持甕、鈴付高杯などと共に青磁盤口壺（図18-3）が出土している（馬韓・百済文化研究所 2012a）。[41]

青磁盤口壺の肩部には総6つの耳が取り付けてあるが、そのうち2個一対が2組、残りの2つは1つずつ対称に配置されている。

前述した盤口壺の変遷様相を参考にすると、鳳徳里出土品は劉宋の孝建二年（455年）銘の塼が出土した湖北省武漢市206号墓出土品（図18-8）や劉宋中期～晩期（約465年～479年）に比定できる江蘇省南京市隠龍山1号墓出土品（図18-9）と類似するため、5世紀第3四半期という時期を付与できる。[42]

2．熊津期・泗沘期出土中国陶磁器

(1) 高敞紫龍里遺跡6号墳丘墓東側周溝

施釉陶器の壺（図22-1）は6号墳丘墓東側周溝内で壺、蓋杯、有孔広口小壺などと出土したが、東側周溝は4号墳丘墓西側周溝によって一部切られている（柳哲ほか 2013）。

紫龍里出土品と同じ器種は中国本土で2種類確認される。短い口縁部が直立するもの（図22-2～7）と口縁部を別に作らず、胴部と一体となっているもの（図22-8～10）である。紫龍里出土品は後者に該当する。

短い口縁部が直立する壺の変遷を見ると、発達した肩部が時間の経過と共に発達度が小さくなり、胴部最大径から下部の器高が長くなる傾向にある。また、東晋前期に推定されている湖北省鄂州市鄂城西山南麓何田埠2037号墓出土品（図22-3）以降、底径は徐々に小さくなるが、南朝後期になると底径は大きくなることがわかる。[43]

一方、紫龍里出土品と類似した中国出土品の初現は東晋になろう。重慶市忠県土地岩墓地

ZTAM10 出土品（図 22-8）と湖北省宜昌市秭帰県老墳園墓群 4 号墓出土品（図 22-9）は東晋とだけ報告されているが、胴部最大径以下の器高が高いため、東晋中期以降である可能性が高い。そして南朝と推定されている重慶市忠県仙人洞墓地 ZXM36 出土品（図 22-10）は、蓮弁文碗と高台碗が共伴している。それらは劉宋出土品と類似しているため、仙人洞墓地 ZXM36 出土壺もその時期に比定可能である。これら口縁部と胴部が一体となる壺の変遷を見ると、胴部最大径の位置が微々たる差だが底部側に寄り、底径が大きくなる傾向が見られる。このことから、紫龍里出土品は劉宋と推定できる仙人洞墓地 ZXM36 出土品より、胴部最大径が下位に位置し、底径が大きくなるため、劉宋以降と推察できる。

紫龍里出土品が果たして劉宋以後のどの時期になるのか、現在のところ中国本土の陶磁器との比較は困難であるが、施釉陶器が出土した 6 号墳周溝からは TK47 型式期の須恵器が出土しており、時期比定の参考になる。

(2) **扶餘官北里遺跡バ地区 1 区域土製導水管埋立層（盛土層）**

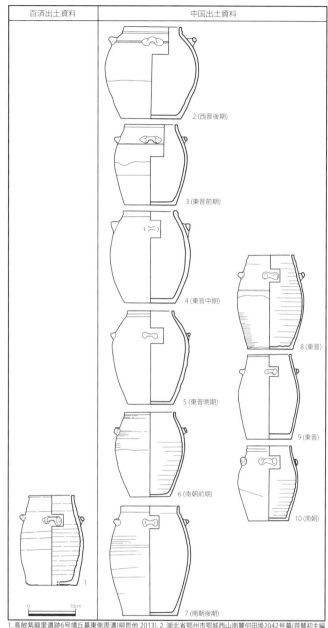

図 22　百済出土施釉陶器壺の時間的位置（S＝1/8）

バ地区 1 区域で出土した土製導水管は風化岩盤層に埋設されていた（国立扶餘文化財研究所 2009b、南浩鉉 2010）。導水管を覆っていた土はいわゆる"黄褐色砂質粘土"で構成された盛土（範囲）層であった。つまり導水管は盛土層を掘壙して埋設されたものではなく、基盤層である風化岩盤を掘削後設置され、盛土が行われたため、導水管の埋設時期と周辺の盛土層の造成は同一段階に実施されたと見られる。

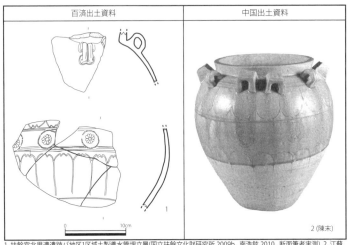

1.扶餘官北里遺跡パ地区1区域土製導水管埋立層(国立扶餘文化財研究所 2009b、南浩鉉 2010、断面筆者実測)、2.江蘇省泰州市泰西郷魯荘村六朝墓(張敏主編 2008)

図 23 扶餘官北里遺跡出土青磁壺片と比較資料(1：S＝1/6、2：縮尺不同)

盛土層は新都市整備計画に基づき、泗沘期のある時期に大々的に行われた造成工事で盛土した層である。このような盛土層は官北里一帯だけでなく、ここから約 100 m〜400 m 離れた旧衙里一帯（한얼文化遺産研究院 2012a、金成南ほか 2013）、約 600 m 離れた定林寺跡近隣敷地、約 1 km 離れた東南里一帯(47)（沈相六ほか 2011）や雙北里一帯（金成南ほか 2014）でも確認されているため、造成は泗沘都城の幅広い範囲で行われた大規模土木工事であった可能性も指摘されている。しかしこのような工事がある特定の時点で行われたものなのか、それとも地域によって造成時期に時間差があるのか詳細はわかっていないが（国立扶餘文化財研究所 2009a：71）、土製導水管を埋設した盛土層から青磁壺片(48)（図 23-1）が出土しているため、少なくとも官北里一帯の盛土層造成工事の時期に関して糸口になるものとして注目される。

官北里出土品は胴部が丸く、胴部に描かれている蓮花文およびそれを取り巻く点列文の形態、胴部上下に配置されている蓮弁文の文様などから考慮すると、隋の器形より多少先行すると思われる（国立扶餘文化財研究所 2009b：230、南浩鉉 2010）。具体的には江蘇省泰州市泰西郷魯荘村六朝墓出土品（図 23-2）との類似性を指摘できる。魯荘村六朝墓出土品と共伴した太建六銖銭は陳の宣帝太建十一年（579 年）に鋳造されたものであるため、この壺の年代も陳代末になると判断できる（解立新 2008）。したがってこの壺は 6 世紀第 4 四半期以前に遡る可能性は低いと見られる。魯荘村六朝墓出土品の年代と『三国史記』百済本紀威徳王条に記述される陳関連朝貢記事を考慮すると(49)、土製導水管の埋設と周辺における盛土層の造成は、早く見積もっても 6 世紀第 4 四半期に入って行われたものと理解できる（国立扶餘文化財研究所 2009b：230、南浩鉉 2010）。

(3) 扶餘東南里遺跡建物廃棄後瓦積層

建物廃棄後の瓦積層からは蓋片などと共に白磁の口縁部片（図 24-1）が出土している（忠清南道歴史文化研究院 2008b）(50)。頸部がない鉢類の器種と推測できる。胴部が内側に大きく傾斜し、そのまま口縁部に続く。口縁部を多少下に向けた感があり、その付近には 1 条の横沈線が入る。

紀年銘資料とその他資料から中国出土鉢の変遷を見ると、東南里出土品は初唐のものと類似する。中国における当器種の初現時期は不明であるが、北斉後期の墓での事例がある（図 24-2）。しかしこの段階と東南里出土品は比較対象にならない。隋大業四年（608 年）に卒した陝西省西安市南郊 37 号墓（蘇統師墓）出土品（図 24-3）は、白磁で口縁部を多少下に向けた点が東南里出土品と類似するが、報告書の図面や写真では口縁部付近の横沈線は確認できなかった。次に続く唐早期（618 年〜

684年)に推定される河南省鞏義市黄冶窯跡第Ⅱ期出土品(図24-4)は、白磁ではないが、口縁部付近の横沈線と肩部形態が東南里出土品と似る。唐早期以後の鉢は肩部の発達度が次第に小さくなり、胴部最大径が上位から下位に移動する傾向が見られる。[51]

このような鉢の変遷から見ると、東南里出土品は7世紀第1四半期〜第3四半期に比定できそうである。

(4) 扶餘東南里523-11番地一円ハイマート (하이마트) 遺跡5層黄褐色砂質粘土層

前述した官北里遺跡の盛土層と関連する層が、東南里遺跡からも確認されている[52](沈相六ほか 2011)。それが5層(黄褐色砂質粘土層)であり、その層から百済土器片と青磁蓮弁文碗片(図15-4)が出土している。

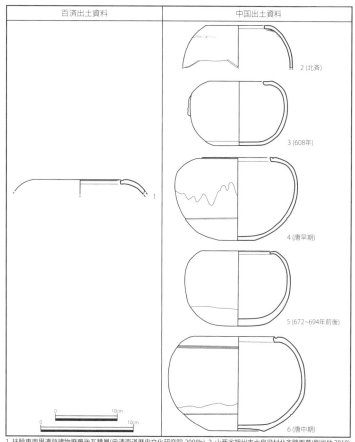

図24 百済出土鉢の時間的位置
(3:縮尺不同、5:S=1/4、その他:S=1/6)

青磁片と同じ層からは型式学的に早い三足土器と遅い三足土器が出土している。このことから、この5層は官北里遺跡の盛土層とは関連がなく、7世紀中葉頃、この一帯もしくはこの地点に限定し造成された層ということになる。遺物の取り上げもしくは発掘調査過程に問題がないとすれば、この青磁片の推定年代を官北里王宮関連の盛土層と関連づけるには無理がある。

青磁は破片であるが、時期比定には文様が重要な端緒となる。5世紀中葉頃に比定できる天安龍院里遺跡C地区横穴式石室出土品(図15-1)では、蓮弁文の縁には3条の輪郭線(沈線)と蓮弁文の中央を区切る縦線が見られる。一方、東南里出土品は2条の輪郭線と蓮弁文の中央を区切る縦線が観察できる。前述したように蓮弁文は時間の経過と共に退化していくため、東南里出土品は5世紀以後の製品である。また北魏の建義元年(527年)の河南省洛陽市元邵墓と墓の構造と副葬品が類似する河南省偃師市聯体磚廠2号墓出土品(図15-15)(王竹林 1993)より東南里出土品は底部と文様の形態・構成において先行するため、6世紀第2四半期より遡る。

このことからこの遺物は泗沘遷都以前の輸入品となり、廃棄後かなりの時間を経て破片が東南里

5層に混入したと思われる。

(5) 洪城南長里遺跡（推定）木槨施設遺構

報告者（朴有貞 2010）は緑釉高台碗（図25-1）が磁土を使用した製品であることに着目し、輸入品の可能性が高いとした。また北斉の武平七年（576年）銘の墓誌が出土した河南省濮陽市濮陽県這河砦村李云夫婦合葬墓の黄釉約緑彩壺と同じ緑釉系統が北朝地域で製作された事例（周到 1964）を挙げ、北朝との関連性を想定した。

筆者は高台碗の器形および製作技法が百済の台付盌と異なる点に注目した。全体的な器形はもちろんのこと、緑釉高台碗の高台外面を弧状に回転ケズリし、中央が凹状になっている点が、百済の台付盌と最も相違する。

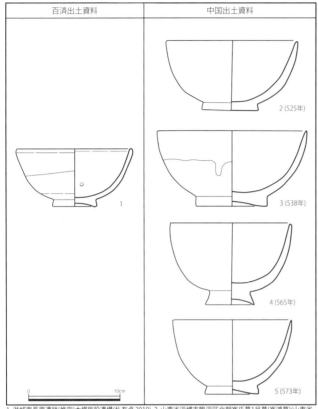

1.洪城南長里遺跡(推定)木槨施設遺構(朴有貞2010), 2.山東省淄博市臨淄区北朝崔氏墓1号墓(崔鴻墓)(山東省文物考古研究所 1984), 3.同古墳3号墓(崔混墓)(同上), 4.同古墳5号墓(崔徳墓)(同上), 5.同古墳12号墓(崔博墓)(同上)

図25 百済出土高台碗の時間的位置2（S=1/4）

南長里出土品と中国の資料を対照した結果、報告者の指摘通り、北朝製との類似性が求められる。その中でも山東省淄博市臨淄区北朝崔氏墓出土品は最適の対象となろう。崔氏墓は墓誌により北魏、東魏、北斉にわたって造営された家族墓である。崔氏墓出土高台碗を墓誌の紀年銘の順序にしたがって配列した図25を見ると、南長里出土品は538年の3号墓（崔混墓）出土品（図25-3）と最も類似する。525年銘（崔鴻墓）（図25-2）と536年銘（張玉怜）の墓誌が確認された1号墓（崔鴻夫婦墓）出土品は平底であるが、胴部は南長里出土品と3号墓出土品と似る。565年銘の墓誌が確認された5号墓（崔徳墓）出土品（図25-4）は、口径に比べ底径が顕著に小さくなると同時に器高が高くなる。したがって南長里出土品は6世紀第2四半期〜第3四半期である可能性が高い。

このように南長里出土品の時期はある程度推し測れたが、果たして共伴遺物もその時期に比定できるだろうか。報告書によると緑釉高台碗やその他遺物は床面からやや離隔した状態で出土したという。写真で（推定）木槨施設遺構の遺物分布範囲を見ると、床面出土遺物もあれば、床面から数cm上で出土した遺物もあるため、すべて同じ時期に埋もれたとは考えにくい。また（推定）木槨施設遺構出土土器中には、点列文台付盌片が含まれている、この土器片の外面は縦長連続点線文をジグザグに施文し、口縁部に2条の横沈線が入る。このような文様を持った台付盌は7世紀後半頃に出現する統一新羅製に該当する（山本 2003b）。

以上の点から、（推定）木槨施設遺構の廃棄時点は7世紀後半以後になり、遺構から出土した中国

陶磁器および百済土器は廃棄以後流入したものと理解すべきであろう。したがって（推定）木槨施設遺構出土中国陶磁器は、百済土器の交差年代資料と扱わない。

3．中国陶磁器と共伴した百済土器の時間的位置と変遷

上記で検討した百済出土中国陶磁器の年代と各研究者の見解を集成したものが表3である。中国陶磁器を援用した百済遺跡の時期と共伴した金工品などの型式変化がおおよそ一致していることがわかる。これは百済出土中国陶磁器が年代決定資料として有効であることを示している（成正鏞
(55)

表3 中国陶磁器および金工品の年代比較

考古資料 遺跡・遺構 \ 研究者	金属装飾具 李漢祥 (2003・2009)	馬具 諫早直人 (2012)	中国陶磁器 朴淳発 (2005b)	中国陶磁器 成正鏞 (2010)	中国陶磁器 林永珍 (2012)	中国陶磁器 金一圭 (2015)	中国陶磁器 筆者
ソウル風納土城慶堂地区中層196号遺構（竪穴倉庫）					4C	4C 末～5C 前半	3C4/4～4C1/4
ソウル風納土城197番地ラ-4号住居埋土上層							4C2/4
ソウル風納土城197番地カ-1号竪穴						4C2/4	340～360年代
ソウル夢村土城東北地区87-1号貯蔵穴6層							4C2/4 後半～3/4 前半（4C 中葉）
原州法泉里古墳群2号墳破壊石室			4C 中葉	4C 中葉	4C 中葉初	4C 中・後半	4C2/4 後半～3/4 前半（4C 中葉）
ソウル石村洞古墳群2号石槨墓					4C		4C4/4
天安花城里古墳					5C 初	4C4/4	4C4/4
天安龍院里古墳群9号石槨墓	4C 末～5C1/4	4C 末～5C 初		4C 末～5C 初	4C 後葉初	400 年前後	4C4/4（末）～5C1/4
公州水村里遺跡Ⅱ地点1号土壙木槨墓		5C 前葉～475 年	4C 中葉	5C 初	4C 中～後葉	5C 初	4C4/4～5C1/4
ソウル風納土城慶堂地区上層9号遺構平面E竪穴							5C1/4～2/4
ソウル石村洞古墳群3号墳東側A地域8号土壙墓					4C 中～後葉	5C2/4	5C2/4
公州水村里遺跡Ⅱ地点4号横穴式石室	5C2/4	5C 前葉～475 年	4C4/4～400 年前後	5C1/4～2/4	4C 末	4C4/4 後半～5C 前半	5C2/4
烏山水淸洞古墳群4地点25号木棺墓					4C 中葉	5C1/4	5C2/4
ソウル風納土城197番地タ-38号竪穴大甕内						474 年頃	5C2/4 後半～3/4 前半（5C 中葉）
天安龍院里遺跡C地区横穴式石室			5C 中葉	5C3/4	5C 中葉初	5C2/4～474 年前後	5C2/4 後半～3/4 前半（5C 中葉）
清原葛山里遺跡4号横穴式石室							5C2/4～3/4
高敞鳳徳里古墳群1号墳4号竪穴式石室					5C 中葉		5C3/4
益山笠店里古墳群1号横穴式石室	5C3/4	475 年～5C 末	5C2/4	5C3/4	5C 中葉初	5C2/4	5C3/4
錦山水塘里遺跡2号石槨墓							5C3/4 以後
高敞紫龍里遺跡6号墳丘墓東側周溝							5C4/4～6C1/4？
扶餘官北里遺跡バ地区1区域土製導水管埋立層							6C4/4
扶餘東南里遺跡建物廃棄後瓦積層							7C1/4～3/4

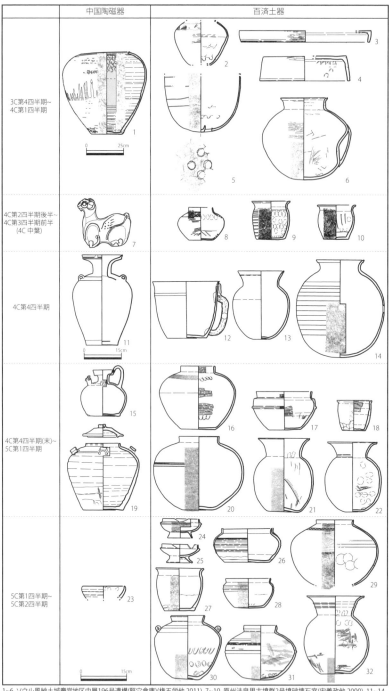

1~6.ソウル風納土城慶堂地区中層196号遺構(竪穴倉庫)(権五栄他2011)、7~10.原州法泉里古墳群2号墳破壊石室(宋義政他2000)、11~14.天安花城里古墳(小田富1982)、15~18.天安龍院里古墳群9号石槨墓(李南奭2000)、19~22.公州水村里遺跡Ⅱ地点1号土壙木槨墓(忠清南道歴史文化研究院2007a)、23~29.ソウル風納土城慶堂地区9号遺構平面E竪穴(権五栄他2004)、30~32.公州水村里遺跡Ⅱ地点3号石槨墓(忠清南道歴史文化研究院2007a)

図26 中国陶磁器の年代から見た百済土器の時間的位置1
(1:S=1/25、11・14・32:S=1/15、その他:S=1/12)

2010、土田2012a)。

次に中国陶磁器と共伴する百済土器、そして古墳築造順序が明らかな公州水村里遺跡出土品を中心に百済土器の時間的位置と変遷を追いたい。

3世紀第4四半期~4世紀第1四半期に比定可能なソウル風納土城慶堂地区196号遺構(竪穴倉庫)では、施釉陶器の甕(図26-1)と共に黒色磨研土器である直口広肩壺(図26-2)、蓋(図26-3・4)、甑片(図26-5)、壺(図26-6)、甕などが出土した。直口広肩壺の肩部には三角集線文と点列文が施文されているが、三角集線文はソウル風納土城慶堂地区中層101遺構出土推定直口短頸壺片(権五栄ほか2005)、華城石隅里モクシル(목실)遺跡6号住居出土直口短頸壺(畿甸文化財研究院2007)、瑞山富長里遺跡Ⅰ地域7号墳丘3号土壙墓出土台付壺(忠清南道歴史文化研究院

2008a）でも観察できる。また、このような文様は嶺南地域の炉形土器の肩部にも描かれている。

炉形土器に三角集線文を施文した事例は3世紀前葉に比定できる浦項玉城里古墳群ナ地区78号墳木槨墓出土品（嶺南埋蔵文化財研究院 1998a）、2世紀後葉～3世紀初に比定できる蔚山下垈遺跡カ地区43号木槨墓出土品（釜山大学校博物館 1997）などを挙げることができる。この嶺南地域の編年によると、百済の直口広肩壺に見られる三角集線文は嶺南地域より遅く出現するものと理解できる。百済土器に採択されるこの文様の起源が嶺南地域にあるのか、それとも類似する器形が中国にあることから、他地域の影響で出現するのか今後検討の余地がある。ともかく百済では黒色磨研土器および直口広肩壺という器種が遅くとも3世紀第4四半期～4世紀第1四半期に出現していた可能性が高い。

直口広肩壺の器形を風納土城出土品と後出する原州法泉里出土品（図26-8）、天安龍院里出土品（図26-16）を比較すると、底径の小さいものから大きいものへの変化が観察できる。

直口広肩壺と共伴する蓋（図26-3・4）は、おそらくつまみをもたない扁平形で、漢城期の蓋の中でも最も早い段階のものと理解されている。金斗権（2003）の編年によると、つまみを持たない扁平形の蓋は3世紀中葉～末に出現したとされる。196号遺構（竪穴倉庫）出土品は、同土城現代聯合敷地カ-1号住居出土品（国立文化財研究所 2001b）や同遺跡カ-3号住居出土品（国立文化財研究所 2001b）と対比可能である。

深鉢形土器は4世紀中葉の段階では縄蓆文タタキ＋横沈線（図26-9）と縄蓆文単独（図26-10）の文様構成が見られるが、時間の経過に伴い横沈線が徐々に少なくなる（図27-8）、もしくは縄蓆文（平行）タタキ（図26-27、図27-43）が優位になる変化が見られる。このような変遷は先行研究（朴淳発 2006：119-122、国立文化財研究所 2011：241-242）とも符合する。

直口短頸壺は4世紀第4四半期～5世紀第1四半期に該当する公州水村里遺跡Ⅱ地点1号土壙木槨墓（図26-20）、5世紀第1四半期～第2四半期のソウル風納土城慶堂地区9号遺構平面E竪穴（図26-29）と公州水村里遺跡Ⅱ地点3号石槨墓（図26-31）、5世紀第2四半期に比定できる公州水村里遺跡Ⅱ地点4号横穴式石室（図27-3・4）、ソウル石村洞古墳群3号墳東側A地域8号土壙墓（図27-7）と烏山水清洞古墳群4地点25号木棺墓（図27-10）、5世紀第2四半期後半～第3四半期前半に推定できる公州水村里遺跡Ⅱ地点5号横穴式石室（図27-21）で見られる。

直口短頸壺の時間性を最も反映する属性の中に肩部の文様がある。先行研究（朴淳発 2006：155-160）によると、漢城期には2条の横沈線の間に斜格子文や波状文を施文するものが大部分だが、無文も存在するという。図26・27でも斜格子文（図27-7）、波状文（図26-29、図27-3）、無文（図27-4・10）が確認できる。

また器形にも変化が見られる。早い段階の直口短頸壺は器高と胴部最大径にあまり差がないのに比べ（図26-20）、時間の経過に伴い胴部最大径より器高が小さくなるため（図27-4・21）、まるで上から力を加えられ胴部が突出したようである。このような変化は5世紀第1四半期を前後した時期から徐々に移行していったものと思われる。

広口長頸壺は4世紀第4四半期から確認できる（図26-13）。球状に近い丸い胴部に口を大きく開けた長い頸を特徴とするこの器種は、時間の経過と共に頸部に突帯が生じ（図26-32、図27-2）、胴部が縦楕円形（図26-13・21・22・32、図27-2・22）から扁球形（図27-47）へ変化すると思われる。また、口縁端部が丸いもの（図26-13・21）→平坦（四角形）（図26-32、図27-2）→凹形（図27-22）

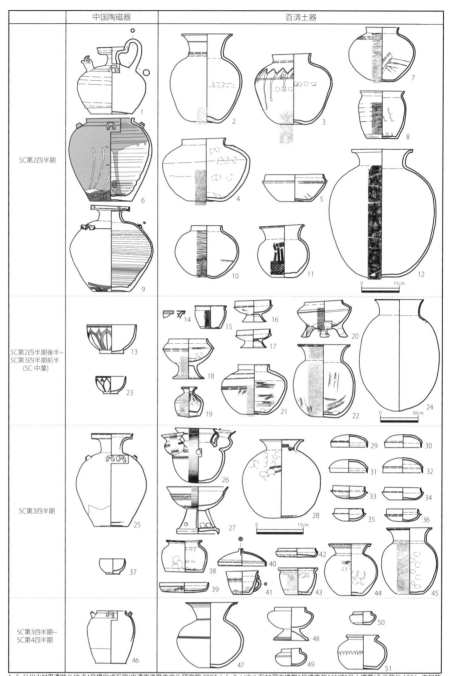

1~5. 公州水村里遺跡II地点4号横穴式石室(忠清南道歴史文化研究院 2007a), 6~8. ソウル石村洞古墳群3号墳東側A地域8号土壙墓(金元龍他 1986、李鮮馥他 2015), 9~12. 烏山水清洞古墳群4地点25号木棺墓(京畿文化財研究院 2012a), 13~15. 天安龍院里遺跡C地区横穴式石室(任孝宰他 2001), 16~22. 公州水村里遺跡II地点5号横穴式石室(忠清南道歴史文化研究院 2007a), 23・24. ソウル風納土城197番地(旧未来マウル)タ-38号竪穴大壅内(国立文化財研究所 2012b), 25~36. 高敞鳳徳里古墳群1号墳4号竪穴式石室(馬韓・百済文化研究所 2012a), 37~45. 清原葛山里遺跡4号横穴式石室(한겨레文化財研究院 2016), 46~51. 益山笠店里古墳群1号横穴式石室(文化財研究所 1989, 46:筆者実測)

図27　中国陶磁器の年代から見た百済土器の時間的位置2
（9・12・20・25：S＝1/15、24：S＝1/20、その他：S＝1/12）

に移行することも見受けられるが、このような口縁端部の変化は、深鉢形土器をはじめとした他器種でも確認される（国立文化財研究所 2011：241-242）。

　口径は大きいが器高が低く、短く直立した口縁部に発達した肩部が特徴の平底土器である盆もしくは広口短頸壺と呼ばれる器種は、4世紀第4四半期～5世紀第1四半期に比定できる天安龍院里古墳群9号石槨墓（図26-17）、5世紀第1四半期～第2四半期のソウル風納土城慶堂地区9号遺構平面E竪穴（図26-26・28）、5世紀第2四半期に比定できる公州水村里遺跡Ⅱ地点4号横穴式石室（図27-5）で確認できる。

　遅い段階の盆（図27-5）は、早い段階のもの（図26-17）に比べて、器高が低くなることがわかる。これは盆の器高が時間の経過と相関関係にあると指摘した先行研究（韓志仙 2003：79）とも符合する。また、黒色磨研土器類（図26-17・28）は、後に磨研を施さない硬質焼成（図26-26、図27-5）になる。このような変化は、漆器の材質感を翻案した高級土器である黒色磨研の器種が、新しい政治的器物（陶磁器）の登場により価値が下落したことによって、標準化と公用化を触発させ、大量生産による製作技術の簡素化、器種の多様化が起こったためと理解される（李晟準 2014：92-93）。

　高杯は5世紀第1四半期～第2四半期に比定できるソウル風納土城慶堂地区9号遺構平面E竪穴（図26-24・25）と5世紀第2四半期後半～第3四半期前半に推定できる公州水村里遺跡Ⅱ地点5号横穴式石室（図27-16・17）で確認できる。前出する高杯は後出する5世紀第2四半期後半～第3四半期前半の高杯に比べ相対的に杯部が深く脚部が短い。このため、百済の高杯は時間の経過に伴い杯部の器高が低くなり、脚部が長くなる傾向にあると思われる。また、5世紀第1四半期～第2四半期は受け部が突帯状になったもの（図26-24）と、そうでないもの（杯部から口縁部が立ち上がる）（図26-25）があるが、5世紀第2四半期後半以降は突帯状にならないもの（図27-16・17）が、優勢になるようである。つまり高杯の受け部が時間性を反映する属性であると判断できる。このような指摘は、筆者（2004a：98）がかつて行った高杯の型式学的変遷とも符合し、またこれを立証する根拠となる。

　公州水村里遺跡Ⅱ地点3号石槨墓から蕨手状の耳が肩部に付いた壺が出土している（図26-30）。これは百済中央にはない形態で、現在まで公州水村里遺跡で1点、燕岐（現在の世宗特別自治市）松院里遺跡で7点（李弘鍾ほか 2010、趙銀夏 2010）、燕岐長在里遺跡（金栄国ほか 2013）で4点確認されているため、この一帯の在地土器である。これらは大加耶との関連で製作されたもので、時期は後述する大加耶土器の編年を参考にすると、おおよそ5世紀第2四半期～第3四半期前半であろう。蕨手形の耳が付けられた土器は、錦江中流域の物資と流通を担当していた集団が造営した遺跡・古墳群と評価される燕岐羅城里遺跡・燕岐松院里古墳群造営集団と、公州水村里遺跡造営集団との相互交流を通じて、5世紀第2四半期以後この地域に出現したものと理解できる。

　次は5世紀第2四半期後半～第3四半期前半に推定できる公州水村里遺跡Ⅱ地点5号横穴式石室出土短頸瓶（図27-19）についてである。短頸瓶の初現は第4章で明らかにするが、先行研究（土田 2005b、朴淳発 2006：190）によると漢城期のものは胴部最大径が下位に位置したり、胴部最大径と底径にあまり差がないもので構成されるが、泗沘期になると肩部が発達するものが大部分を占める。水村里出土品は清州新鳳洞古墳群26号土壙墓出土品（車勇杰ほか 1990）と類似し、漢城期の短頸瓶の器形をよく反映している。

　百済の杯身の初現についても今のところ確実な資料はないが、清州新鳳洞古墳群など漢城期の地

方では5世紀前半頃には出現していたと見られている（朴淳発 2006：148、趙詳紀 2015：206）。5世紀第3四半期の高敞鳳徳里古墳群1号墳4号竪穴式石室出土品（図27-33～36）は、後述する5世紀第4四半期に比定できる群山山月里遺跡ナ地区6号・8号横穴式石室出土品（図58-19～22）より器高が相対的に高い。このように杯身も高杯の杯部などと同様の変化が見られる。

最後は5世紀第2四半期後半～第3四半期前半（5世紀中葉）に比定できる天安龍院里遺跡C地区横穴式石室出土口縁部片（図27-14）についてである。破片であるため器種はわからないが、どのような土器であれ時間性を反映する属性として口縁部の形態は分析の対象となっている。龍院里出土品は口縁部内側と口縁端部が凹状に、口縁端部の下は2mmほど内側に入っている。このような口縁部は型式学的に見て、最も遅い時期に該当するものと理解されている。龍院里出土品を通して、この形は遅くとも5世紀中葉には出現していたことがわかる。

以上本節ではより客観的な百済土器編年の樹立のための基礎的作業として、百済から出土した中国陶磁器を中国本土出土品との交差年代によって時期比定を試みた。

筆者は百済土器と共伴した中国陶磁器中、羊形器を除いた器種の年代を検討した。主に紀年銘出土品との1対1での比較検討による時期比定が行われてきた先行研究とは異なり、中国本土出土品の全体的な変遷を考慮して、百済出土陶磁器の時期を設定した。

その結果、中国陶磁器の時間配列と金工品の型式変化の順序がおおよそ一致することを確認できた。これは百済から出土する中国陶磁器が百済考古学における時期決定時、重要な根拠として活用できることを意味している。

次に中国陶磁器と共伴した直口広肩壺、直口短頸壺、広口長頸壺、盌（広口短頸壺）、深鉢形土器、高杯、短頸瓶、杯身などを陶磁器の時期ごとに配列し、そこから導き出される変遷様相を考察した。

高杯は時間の経過により杯部の器高が低くなり脚部が長くなる傾向が見られたが、これは先行研究とも符合することを確認した。広口長頸壺は百済土器の中でも積極的な研究が行われて来なかった器種であるが、時間の経過に伴い胴部が縦楕円形から扁球形に変化することを突き止めた。また口縁端部が広口長頸壺の型式学的変化を言及する上で有効な属性であった。一方、直口広肩壺の器形は底径の小さいものから大きいものへの変化を見出せた。

中国陶磁器と共伴した百済土器の時間的位置と変遷は、今後個別器種における編年時活用できることはいうまでもない。

註
（1）百済出土中国陶磁器の目録は拙著（2014）を参照していただきたい。
（2）9号竪穴遺構は、数度にわたる堆積の結果、遺物の出土様相が複雑である。ここで扱った青磁碗は、平面E（東西標準断面図の16・17層、南北標準断面図の28・32・34層と関連する平面）から出土した。
（3）百済土器の盌と区別するため、中国陶磁器である場合は碗と表記する。また台（高台）が付く盌（碗）の場合、百済土器では台付盌、中国陶磁器では高台碗と表記する。
（4）墓誌には泰和と書かれているが、太和の誤記である可能性が高い。
（5）9号墓は王建之とその妻劉媚子の合葬墓である。墓誌によると2人とも太和六年に卒したが、劉媚子が王建之より半年早く亡くなったという。その1年後2人は合葬された。
（6）施釉陶器とは陶磁器中、粗質の陶器に釉を掛けたものをいう（韓芝守 2011a）。

（ 7 ） この遺構は火災によって廃棄されたため、出土品の廃棄同時性が明確な資料である（朴淳発 2012a）。
（ 8 ） 百済出土施釉陶器の年代について周裕興は西晋以前（成正鏞ほか 2005）、賀雲翺（2005）は東晋、韋正（2011a）は東呉中期〜晩期もしくは西晋としている。
（ 9 ） 塼には泰和と書かれているが、太和の誤記である可能性が高い。
（10） この製作技法は西晋代の南京市李家山墓でも確認できる（南京市博物館 2004：88）。
（11） 一方、金一圭（2015：52）は 4 世紀第 2 四半期と見ている。
（12） 図 15 の中国出土資料中、左は中央を区切る縦線があるもの、右はないものに分けて図示した。
（13） 蓮弁文碗は蓮弁文の中央を区切る縦線があるものとないものに分かれる。図 15 でも左は中央線があるもの、右はないものに区別して示した。
（14） 6 層からはこの陶磁器しか出土していないが、6 層より上の層からは百済土器が出土している。これら百済土器は陶磁器の年代観により遡る可能性が少ないだろう。
（15） 江蘇省鎮江市陽彭山 1 号墓は劉建国（1989）により東晋中期に比定されているが、筆者はむしろ東晋晩期に該当すると考える。
（16） 金一圭（2015：54）は陶磁器の編年を筆者同様 5 世紀第 2 四半期としたが、深鉢形土器の年代から 5 世紀第 3 四半期と見た。
（17） 黒釉または黒褐釉の産地としては、浙江省杭州市の徳清窯が一般的に知られている（朴淳発 2005b）。徳清窯の初現は東漢末・東呉代からで、東晋中期〜晩期に全盛期を迎え、南朝以後消滅するが、長江中流地域の隋代湘陰窯などで生産されるという（林士民 1999：61-66、朴淳発 2005b）。その他余杭窯でも黒釉磁が、見つかっている（白寧 2011）。
　　黒釉磁は、青磁同様釉薬が施釉され焼成されたものだが、黒磁ではなく、黒釉または黒釉磁という用語が使われている。ここでは黒釉磁を用いる。
（18） 鶏首壺という名称の他に、鶏頭壺、天鶏壺とも呼ばれる。
（19） 墓誌には泰和と書かれているが、太和の誤記である可能性が高い。
（20） 金一圭（2012a）も水清洞出土盤口壺を 4 世紀初としていたが、2015 年の論著には 5 世紀第 1 四半期と修正している（金一圭 2015：55）。また李昶熺同様盤口壺と共伴した遺物を 5 世紀第 4 四半期にしているため、伝世期間が生じている。
（21） 李昶熺は 475 年高句麗の漢城陥落による百済の衰退と急激な変化が水清洞勢力にも影響が及び、高句麗と対峙する辺境となったこの地で、百済中央と関連のあった貴重品（中国陶磁器）がその機能を喪失したため、墓に副葬されるに至ったと解釈している。
（22） この年代は 5 世紀前葉とした馬具の年代（權度希 2012）とも符合する。
（23） 青磁盤口壺と各種百済土器は共伴していたというが、具体的な出土状況はわかっていない（小田富 1982）。その後 1991 年国立公州博物館はこの地点から東南側約 115 m 離れた丘陵上で木棺墓（A 地区 1 号墓）1 基を調査し、銀象嵌環頭大刀、鉄矛、壺片などが出土した（金吉植ほか 1991）。
（24） 金一圭は陶磁器の年代を 400 年頃としているが、共伴した黒色磨研土器である直口広肩壺の年代から 9 号石槨墓の年代を 5 世紀第 2 四半期としている。
（25） 報告書（任孝宰ほか 2001）によると、この見解は青磁蓮弁文碗を直接観察した姜敬淑氏（前忠北大学校）の教示によるとある。
（26） 金一圭（2015：57-58）は蓮弁文碗を 474 年、高台碗を 435 年銘出土品と類似していることを挙げているが、共伴遺物の年代から龍院里横穴式石室を 5 世紀第 4 四半期と設定した。
（27） 報告書（한겨레文化財研究院 2016）には 4 号横穴式石室から出土とあるが、その他遺物との共伴関係が不明な金製耳飾がある。板状の円形の垂下式耳飾は小形で、時期は漢城期末になるというご教示を李漢祥氏（大田大学校）から得た。
（28） 註 15 に記したように江蘇省鎮江市陽彭山 1 号墓は劉建国（1989）により東晋中期に比定されている。そ

(29) 図録（曹錦炎主編 2008）には、太元十八年（393 年）がどこに明記されていたか説明がない。
(30) 金一圭（2015：58）は陶磁器を 5 世紀初と見たが、共伴した馬具などの年代から 1 号土壙木槨墓の年代を 5 世紀第 4 四半期と設定した。
(31) 黒釉大壺は現時点では時期比定が困難であるため、検討対象から除外した。口径 16.3 cm、器高 33.2 cm、胴部最大径 34.0 cm、底径 14.4 cm を測る大壺には、胴部中位まで黒釉が掛かり、釉薬が施されていない場所は格子タタキが観察できる（忠清南道歴史文化研究院 2007a）。
(32) 南原月山里古墳群は墓の構造や出土遺物から大加耶との関連性が指摘されている。そのため中国陶磁器の存在が問題になる。大加耶の中心地で中国陶磁器が副葬された事例は今のところ発見されていないからである。そのため、中国陶磁器は漢城期末、百済中央が大加耶の政治的影響下にあった南原地域の首長に賜与したとする見解（朴淳発 2012b）が発表されている。
(33) 大明五年（461 年）が明記されたものが墓誌だったのか、それとも塼だったのか不明である。
(34) 高台の底径/口径から算出した比率で検討した。
(35) 浙江省諸曁市牌頭鎮渚牌水 2 号墓出土塼から永初年宣という銘文が見つかった。この元号は南朝の宋の初代皇帝武帝（高祖）の治世時使用され、わずか 3 年の在位であった（陳元甫 2006）。
(36) 金一圭（2015：59-60）は 3 点の陶磁器を 4 世紀第 4 四半期と見たが、共伴盛矢具などの年代から 4 号横穴式石室は 5 世紀第 4 四半期に造営され、6 世紀第 1 四半期に追葬が行われたとした。
(37) 水村里出土盤口壺は先に検討した盤口壺（図 18）より小型であるため、図を別にして考察した。
(38) 図録（浙江省博物館編 2000）には、興寧二年（364 年）がどこに明記されていたのか説明がない。
(39) 中国でも筆者が指摘した変遷を認識している（陳綬祥 2000：図 70）。
(40) 笠店里の陶磁器は 5 世紀第 3 四半期頃になると考えるが、共伴する広口長頸壺は第 4 章で触れる土器の変遷から漢城期よりは熊津期の特徴を帯びている。したがって中国陶磁器と百済土器の間には多少時期差が確認できるが、伝世が発生するだけの差はないと思われる。
　　金一圭（2015：59-60）は陶磁器を 5 世紀第 2 四半期としたが、馬具などの共伴遺物から 1 号横穴式石室を 6 世紀初と設定した。
(41) 4 号竪穴式石室以外に 1 号横穴式石室でも青磁の口縁部片、3 号石室でも青磁の瓶片が出土したが、破片であるため時期比定の対象として扱わなかった。
(42) 陶磁器の年代について李文炯（2014）は 5 世紀初〜中葉と見ている。
(43) 底径/胴部最大径から算出した比率で検討した。
(44) 胴部最大径から底部までの器高/器高から算出した比率で検討した。
(45) 官北里一帯では少なくとも 2 回の盛土が行われた。1 回目（第 1 次盛土層または百済盛土 1 層）と 2 回目（第 2 次盛土層または百済盛土 2 層）になるのだが、中国陶磁器が出土した盛土層は 1 回目にあたる。
(46) 韓国では盛土垈地と称しているが、日本では垈地という用語は一般的に使われていないため、範囲という漢字に代替した。
(47) 東南里のハイマート（하이마트）敷地でも官北里遺跡などで確認されている盛土層の土質と類似する層があるとされるが、後述する東南里出土陶磁器片の考察ではその可能性が低い。
(48) この土製導水管理設盛土層からは青磁壺片の他に、鍔付土器、台付盌、長頸瓶、皿などが出土している。
(49) 文献によると百済は 567 年、577 年、584 年、586 年 4 回にわたり陳に朝貢している。陳は 557 年〜589 年と比較的短い王朝であったにも関わらず、百済は頻繁な往来をしていたようである（国立扶餘文化財研究所 2009b：230）。
(50) 中国ではこの器種を甕と呼称している。
(51) 河南省鞏義市黄治窯跡第Ⅲ期は唐中期、684 年〜840 年になる（郭木森ほか 2007）。
(52) 報告者によると東南里の 5 層（黄褐色砂質粘土層）は、官北里遺跡などで確認されている盛土層の土質

(53) 北朝では施釉陶器が重要な器物であった（劉濤ほか 2009）。碗、盞、壺など多様な器種が作られ、流行した。北朝晩期の婁睿墓出土施釉陶器はおおよそ 76 点に上り、全体の副葬品中 9% を占める（劉濤ほか 2009）。
(54) またこの文様は縦長連続馬蹄形文が多少退化した段階である 8 世紀前半から印花文が消滅する 9 世紀前半まで使用された（宮川 1993）。
(55) このことは、成正鏞（2010）の研究でも同様の結果が得られている。
(56) 公州水村里遺跡Ⅱ地点 3 号石槨墓は 4 世紀第 4 四半期～5 世紀第 1 四半期に比定できる同遺跡 1 号土壙木槨墓より後に造営され、また 5 世紀第 2 四半期に比定できる同遺跡 4 号横穴式石室より先に造営されているため、5 世紀第 1 四半期～第 2 四半期とした。
(57) 公州水村里遺跡Ⅱ地点 5 号横穴式石室は同遺跡 4 号横穴式石室より後に造営されているため、その時期を 5 世紀第 2 四半期後半～第 3 四半期前半頃とし、熊津期まで下らないと判断した。
(58) この器種はおおよそ磨研技法が施された高級容器で、蓋が付随する（国立文化財研究所 2011：167）。
(59) 黒色磨研土器の解釈と相違する意見（南相源 2013：60-63）として、漢城期後期中央権力の伸張または貴族層の拡大による受容増加の結果、大量生産により威信財としての価値が多少弱まったとする可能性が提起されている。
(60) 燕岐は現在の世宗特別自治市を指す。世宗特別自治市は韓国初の特別自治市であり、かつ全国 17 番目の広域自治団体である。基礎自治団体（市・郡・区）がない唯一の広域自治団体である。世宗特別自治市は 2012 年 7 月 1 日公式に発足した。

2012 年 7 月以前の報告書は旧自治体名の燕岐郡が使われているが、2012 年 7 月以後は世宗または燕岐を混在して使用している。ここでは報告書の記述に従っている。ちなみに燕岐という地名は世宗特別自治市燕岐面として残っている。
(61) 燕岐には壺だけでなく、蕨手状のつまみが取り付けられた蓋も出土する。
(62) このため、百済中央では 4 世紀後半に蓋杯が出現していたと見られている（朴淳発 2006：148）。

第2節　倭（系）遺物と共伴した百済土器

1．日本出土百済（系）土器

　前述したように百済土器の編年研究は主に型式学的方法で行われてきたが、近年中国陶磁器や須恵器を交差年代資料として積極的に活用しようとする試みが増えてきている。
　それに対して日本出土百済（系）土器を交差年代資料に適用した研究は皆無に近いが、その理由は大きく2つに集約される。1つに百済（系）土器は、百済と倭の交渉関係を立証する資料として主に日本で研究対象となった反面、韓国の研究者は国立公州博物館で調査・刊行された『日本所在 百済文化財　調査報告書』（1999a・2000・2002・2004）で百済（系）土器の情報を得るほかなかったことにあろう。もう1つには須恵器と共伴する百済（系）土器を交差年代資料として使用できるのかである。須恵器年代は埼玉稲荷山古墳出土辛亥銘鉄剣の年代を1つの基準として設定してきたが、辛亥銘鉄剣を471年または531年のどちらに定めるかにより出土須恵器型式の年代が異なってくるだけでなく、ほかの須恵器型式の年代もその影響を受けるからである。しかし現在多くの研究者が471年を支持しており、531年とする見解は韓国でも多くない。
　これと関連して、日韓考古学界で大きな争点として登場したソウル夢村土城85-3号貯蔵穴出土TK23型式期の杯身がある。百済が熊津に遷都する475年以前の漢城期、5世紀第3四半期（木下2003、酒井2004、成正鏞2010、権五栄2011）とする見解と、日本の年代観と洛東江下流の陶質土器との交差年代を適用し、6世紀第1四半期とする見解（金一圭2015：50）とに分かれる。
　TK23型式の年代は、奈良下田東2号墳の木棺底板直下から出土したTK23型式～TK47型式に属すると考えられる須恵器の杯身2点と杯蓋4点から、ある程度推定可能である。年輪年代測定および炭素14年代測定を行った結果、前者では449年、後者では415年（中心値）という結果が得られ（辰巳ほか2011）、年輪年代測定の結果から、木棺材の伐採年代は遅くとも450年代に考えられるという（辰巳2009）。このことから畿内のTK23型式は450年代あるいは460年から、470年頃まで続いたと見られるため（酒井2009・2013：58）、TK23型式を6世紀第1四半期に比定する見解は受け入れられないことがわかる。
　またソウル夢村土城85-3号貯蔵穴出土TK23型式期の杯身については、百済と倭の歴史的背景から高句麗が須恵器を搬入する主体とは見なし難い。つまり高句麗と倭間には百済と同様の緊密な関係が成立していなかったため、須恵器の入手主体は百済で、その年代は475年以前となる（成正鏞2010、権五栄2011）。酒井（2009・2013：51）も夢村土城出土TK23型式期の杯身を漢城陥落以前の搬入品とし、TK23型式の下限としている。
　奈良下田東2号墳の事例だけでなく、京都宇治市街遺跡出土初期須恵器と同じ層から出土した木製品年輪年代が389年、奈良平城京下層SD6030上層から出土したTK73型式の須恵器と、やや離れているが同じ層から出土した木器の年輪年代が412年であるため（光谷ほか1999）、科学的分析

手法による須恵器の暦年代は日進月歩している。このような須恵器編年は、活用可能な年代決定資料が不足している百済土器研究にも大きな支援となろう。須恵器と共伴した百済（系）土器は百済土器編年時、有効な基準になると考える。

まず日本国内の百済（系）土器を資料集や論文などに掲載されたものから主に集成し、器種別に分類した後、時期ごとに配列する。それらと類似する百済・馬韓土器を対比させ、百済内での時期比定に活用するだけでなく、故地についても言及する。資料が比較的多い器種は、共伴した須恵器などの年代を通じて百済（系）土器の相対編年を実施し、百済土器の変遷を考察する。

（1）深鉢形土器

深鉢形土器は、百済の縄蓆文（平行）タタキと、馬韓諸国の格子タタキに区分できる。また、煮炊器の中でも住居や墓などから出土することが多く、時間の経過に伴い縄蓆文（平行）タタキの拡散様相が百済の領域拡大（文化圏拡大）過程と密接な関連があることがわかっている（朴淳発 2001b、土田 2013b・2016a）。日本出土百済・馬韓（系）の深鉢形土器の言及に先立ち、百済・馬韓の深鉢形土器と嶺南地域、ここでは主に嶺南地域東部の深鉢形土器の比較を行い、日本出土品の故地を比定する一助としたい。

百済・馬韓の深鉢形土器は基本的にタタキメを残すが、嶺南地域では最終調整のナデとタタキが混在する（図 28-71〜81）。新羅の例を出すと、副葬される深鉢形土器は、3世紀中・後葉に一部縄蓆文（平行）タタキや格子タタキが見られるが、時期が下るにつれてタタキメが見られなくなり、5世紀代には格子や平行タタキが顕著になるという。しかし集落遺跡から出土する深鉢形土器にはタタキメも少なからず見られる。また金海・釜山地域の副葬された軟質土器についての研究（金瑞京 2014）を参考にすると、タタキメが見られないものが多数を占めているようである。

図28にはタタキメが観察できる嶺南地域東部の深鉢形土器を提示した。この地域は百済の例と比較して基本的に胴部が丸みを持つ（酒井 2002）。このことから、三重六大A遺跡SD1出土品（三重県埋蔵文化財センター 2002）は格子タタキが施されているが、器形は嶺南地域の特徴が見出せる。また図28-75・79・80のように嶺南地域の平行タタキの中にはタタキメが縦方向でなく横方向もある。これは百済・馬韓ではあまり見られない製作技法であるため、この点からも故地比定の基準となりえるだろう。

一方、百済・馬韓に近い嶺南地域西部では4世紀後葉から格子タタキが出現するが、次第に平行タタキが主流を占めるという（鄭孝銀 2015：68-74）。また全体的な器形も百済・馬韓や嶺南地域東部と類似する。そのため筆者が図示した日本出土品のうち、これらの地域との関連性も想定できる。

日本では弥生の畿内第Ⅴ様式の甕と伴って採集された大阪五反島遺跡出土土器（図28-1）が百済（系）の深鉢形土器としては最古の例になろうが、畿内第Ⅴ様式の甕の年代をそのまま適用させることはできない。朴淳発（2006：127-130）は、縄蓆文（平行）タタキの深鉢形土器を3世紀前半代に出現したと言及しているが、筆者は縄蓆文（平行）タタキの深鉢形土器が百済の領域拡大（文化圏拡大）過程と関連があることと、ソウル風納土城の発掘成果から、遅くとも3世紀第4四半期〜4世紀初には漢江中・下流域に存在していたと見ている。このため五反島遺跡採集品は百済の深鉢形土器の上限とし、3世紀中葉以降にした。

また大阪長原遺跡北東部地区出土品（図28-2）は共伴遺物が伴っていないため時期を特定できな

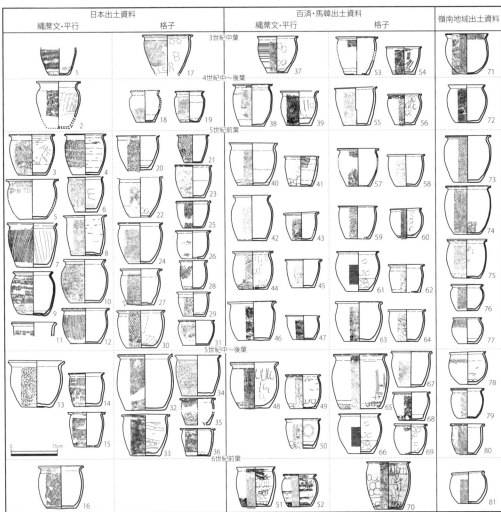

図28　日本出土深鉢形土器の変遷と関連資料（S=1/12）

いが、日本出土品の中では 5 世紀以降の深鉢形土器より古い器形であることと、百済出土品中 4 世紀代の深鉢形土器に類似することから、暫定的に 4 世紀代とした。これ以下は共伴遺物から時期を特定できた日本出土百済・馬韓（系）の深鉢形土器をタタキメ別に整理し、変遷を考察する。[14]

　縄蓆文（平行）タタキと格子タタキ共に、口径に比べ底径が極端に小さい器形から、口径と底径の差がほぼなくなり底部が比較的広く安定した器形へ変わる。また胴部最大径の位置が、上位から中位に移行する様相が見られる。タタキメも縄蓆文（平行）タタキに横沈線を巡らしたものから、縄蓆文または平行タタキ単独になり、時期の経過に伴い器高より横幅が広い器形が出現する。これらの変遷は百済・馬韓の深鉢形土器の変遷と同一の結果であるため（土田 2013b・2015）、筆者の研究成果を裏付ける結果を得た。

　日本出土百済・馬韓（系）深鉢形土器は百済・馬韓の深鉢形土器同様、少なくとも器高約 16 cm 以上の大型[15]、約 15 cm～10 cm の中型、10 cm 以下の小型が存在するが、時間の経過と伴い深鉢形土器が小型化する様相が見られる[16]。一方で小型品に格子タタキが多い傾向にある。

　大阪長原遺跡出土品には鳥足文を施したものがあるが、これが朝鮮半島および列島内では確認できないため、長原遺跡の東北地区で製作されたものとしているが（田中清 2010）、福岡吉武遺跡群第二次調査Ⅸ地区 SD-07 出土品（図 28-15）だけでなく、ソウル風納土城や全羅南道で確認（崔栄柱 2007）できることを明記しておく。

（2）長卵形土器

　長卵形土器も百済の縄蓆文（平行）タタキ（胴部：縄蓆文または平行タタキ、底部：格子タタキ）と馬韓諸国の格子タタキに区分でき、深鉢形土器同様、時間の経過に伴い縄蓆文（平行）タタキの拡散様相が百済の領域拡大（文化圏拡大）過程と密接な関連がある。ここでは共伴遺物で時期が判明した日本出土百済・馬韓（系）の長卵形土器を中心に言及する。その前に百済・馬韓の長卵形土器と嶺南地域、ここでは主に嶺南地域東部の長卵形土器の比較を行いたい[17]。

　嶺南地域（主に慶尚南道）の長卵形土器は金正浩（2011）の研究が参考になる。氏によると 4 世紀まで長卵形土器は地域ごとに在地色があったが、5 世紀になると在地色が失われ共通した形態に変わるという。この時期から長卵形土器にも平行タタキまたは格子タタキが見られ、5 世紀前葉の長卵形土器は氏が称する細長い筒形を呈した器形が主流を占めるが、5 世紀後半以降、氏が円錐形と呼ぶ胴部最大径が下部に寄る形態が登場するという。図 29 に示したように同じタタキメを持つが百済・馬韓の長卵形土器と嶺南地域東部のものとは器形が異なることがわかる[18]。これを基準として日本出土品の選定を行った。

　百済・日本出土長卵形土器の形態は、大きく長胴形、砲弾形、球胴形に区分できる。このうち球胴形に該当する器形は百済の長卵形土器ではほぼ見られない。5 世紀後葉に比定できる羅州伏岩里遺跡 4・6 次調査（2009・2011 年）5 号墳西側周溝 1-2 層から球胴形に該当する器形が見られるが、日本の球胴形は胴部最大径に比べ頸径が小さい、つまり狭く窄まっているのに対し、伏岩里出土品の頸径は大きい。このことから日本で見られる球胴形は百済はもちろん馬韓との関係ではなく、在来の球胴甕の影響であった可能性がある。もしそうであるなら、大阪久宝寺遺跡第 24 次調査 8 調査区南西部のⅦ-18-2H 地区 SK31081 出土品（図 29-9）や大阪城山遺跡 AN トレンチ出土品（図 29-10）などは、在地の影響を受けた長卵形土器と理解できる。

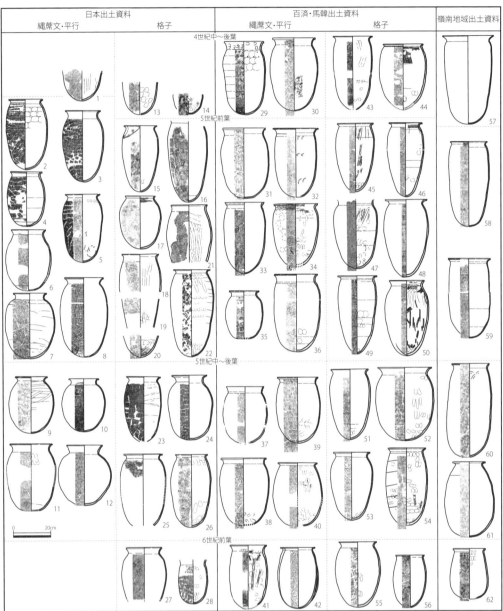

図 29　日本出土長卵形土器の変遷と関連資料（S=1/20）

日本出土長卵形土器は、胴部最大径の位置が上位から中位に、底部は尖底から丸底に、器形は大型から小型へ時間の経過と共に変化するが、このような変遷は百済・馬韓の長卵形土器と軌を一にしている。

　日本出土長卵形土器の縄蓆文（平行）タタキは胴部と底部共に同一のタタキ板を使う場合が多いが、百済の長卵形土器は主に胴部と底部でタタキメが異なる。4世紀代の燕岐大平里遺跡（鄭常勳ほか 2012）では、格子タタキの長卵形土器と共に器形全体に縄蓆文（平行）タタキを施した長卵形土器が出土している。その他瑞山堰岩里ナッモリ（낫머리）遺跡ナ-26号住居出土品なども同様である。またソウル風納土城出土品の中にも少量ではあるが、胴部と底部のタタキが縄蓆文（平行）のものが含まれている。これらは百済の典型的な長卵形土器とは異なる土器製作伝統と関係がある。

　タタキメに関していえば、大阪長原遺跡A区SX-A06周溝埋没後のD・E層出土品や、器形はすでに在地化している大阪西の口遺跡第1次調査SK25出土品（図29-12）が、百済同様胴部と底部でタタキメが異なる。

　日本出土長卵形土器は4世紀末～5世紀初にかけて見られるが、破片であるため詳細はわからない[19]。続く5世紀前葉、格子タタキの長卵形土器の故地は中西部中部地域から全羅道にまで及ぶ。

　5世紀中葉～後葉以降、日本でタタキメが見られる長卵形土器は、一部を除いてほぼなくなる。これは深鉢形土器や甑といったまったく新来の煮炊器とは異なり、底部を加熱して調理する機能という点では在来の球胴甕と同様であり、代替が可能であったためと思われる（中久保 2008）。

　百済（中央）では泗沘期初まで長卵形土器が使用されるが、鉄釜が長卵形土器の役割を担うようになると、衰退する。一方、栄山江流域の長卵形土器は6世紀後半～7世紀初まで見られる（全炯玟 2003）。

　また奈良薩摩遺跡5次調査区SK1463甕棺墓出土品（図29-22）はタタキ技法を用いながら内面に当て具痕を残さないこと、口縁端部を鋭く稜を際立たせるようにナデを施すことに加え、製作した長卵形土器を甕棺墓に用いるという風習もあわせて移入していることから、渡来人の存在を想定できる（奈良県立橿原考古学研究所 2015：173）。

(3) 把手付鍋

　丸底または（抹角）平底[20]で、口縁部が外反し、タタキを施した把手付鍋は百済を含め馬韓諸国で見られる。しかし都城を含め京畿道ではほぼ出土しないため[21]、鍋は忠清道以南で主に製作・使用された器種である。また百済の深鉢形土器や甑と異なり、格子タタキが主を占めること、忠清道では5世紀中葉～後葉以降ほぼ見られなくなることから、把手付鍋は百済の領域拡大（文化圏拡大）と共に消滅していった馬韓諸国の土器であった可能性が高い。日本出土百済・馬韓（系）の把手付鍋の言及に先立ち、百済・馬韓の把手付鍋と嶺南地域、ここでは主に嶺南地域東部の把手付鍋[22]の比較を行いたい。

　嶺南地域東部の把手付鍋は大きく平底と丸底に分けられる。出土例が多くないため、他地域の研究を参考にすると、嶺南地域西部では平底から平底と（抹角）平底が共存した後、次第に丸底への移行が見られる（鄭孝銀 2015：33-34）。おそらく嶺南地域東部も同様な変遷をたどる可能性がある。

　嶺南地域東部の平底把手付鍋は底部が狭いものから、次第に広く、胴部最大径が中位から下位になる。平底の把手付鍋は百済・馬韓地域でそれほど多くないため、嶺南地域の特徴と認識してもよ

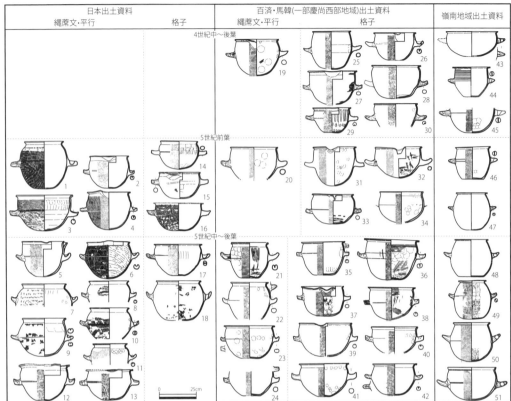

図30　日本出土把手付鍋の変遷と関連資料（S＝1/25）

いであろう。一方、丸底の把手付鍋は口径に比べ器高が低いものが観察できる。

以上のことから図30に示した大阪大庭寺遺跡393-OLⅡ層出土品（図30-1）は唐津佳谷里遺跡B地点1号住居出土品（図30-25）との関連性も指摘できるが、蔚山茶雲洞遺跡5-1号甕棺（図30-47）とも器形が類似するため、嶺南地域と関連がある可能性も排除できない。

慶尚南道西部地域の事例になるが、把手付鍋は百済・馬韓同様おおよそ丸底または（抹角）平底に身が深いものと比較的浅いものがある（鄭孝銀 2015：30-34）。鄭孝銀の研究によるとタタキが施され、かつ百済・馬韓にも見られるような器形は、慶尚南道西部地域において5世紀中葉～後葉に見られるようである。

図30に示した鍋は、おおよそ忠清道以南から栄山江流域の鍋と比較できるだろう。日本で出土する縄蓆文（平行）タタキの鍋は、4世紀後葉～5世紀前葉の百済・馬韓ではあまり見られないが、5世紀中葉～後葉になるとその類例は多少増える。おそらく日本出土縄蓆文（平行）タタキの鍋は、

忠清南道出土品との比較が可能であるが、今のところ数が多くないため、直接関連づけるには無理がある。今後百済・馬韓での出土例によるだろう。

百済・馬韓出土品と日本出土品共に、おおよそ器高が高いものと比較的低いもの、丸底と（抹角）平底に分類できる。また丸底には底部が窄まったような形状も見られる。

また把手の穿孔形状は無穿孔と把手の上面に切り込みを入れるものがあるが、後述する甑同様時間の経過に伴い把手の上面に切り込みを入れるものが盛行する。把手の形状も甑同様棒形（把手先端が尖るものと切断されたもの（截頭形））と牛角形（把手先端が尖るものと切断されたもの（截頭形））の両者が見られる。

先述したように百済では把手付鍋がほぼ見られないため、日本出土の把手付鍋の大部分は全羅道にその故地を見出すことができるだろう。しかし、まだこの時期同地域は格子タタキが優勢であったため、縄蓆文（平行）タタキが多数を占める日本出土品をどのように理解すべきなのであろうか。百済や馬韓の地のようにタタキメにそれほどこだわらなかった結果となるのか疑問は尽きない。

(4) 甑

① **外反口縁甑** 百済の甑は口縁部が外反し、基本的に縄蓆文（平行）タタキを施している。甑は底部が丸底から平底へ、蒸気孔が円孔を多数穿つものから、中央に円孔を設けその周辺に円形・三角形などを巡らすものへ、把手が棒形（把手先端が尖るものと切断されたもの（截頭形））→牛角形（把手先端が尖るものと切断されたもの（截頭形））→帯状へ、把手の穿孔形状が無穿孔→穿孔→把手の上面に切り込みを入れるものへと変化する（土田 2013b・2015）。

百済甑と嶺南地域の甑との違いは一目瞭然である。4世紀中・後葉〜5世紀代の百済甑は平底で、底中央に円孔を設けその周辺に円形・三角形などを巡らすものが主流を占める反面、嶺南地域、特に図31に示した嶺南地域東部の甑は丸底で、底中央に細長孔を3〜4列配し、その周囲に細長孔放射状に穿つものが多い（酒井 2002、呉厚培 2002：49-51）。この地域では細長孔放射の蒸気孔だけでなく、円孔を多数穿つ蒸気孔も共存することを機張佳洞遺跡（蔚山大学校博物館 2009）から知ることができるが、図のように果たして5世紀中葉以降、金海で円孔を多数穿つものが優位になるのかは関連資料が少ないため詳しくはわからない。

一方、同じ嶺南地域とはいえ嶺南地域西部（慶尚南道西部）は、地理的に百済・馬韓地域と近いため、これらの影響を受けた平底の甑が盛行する。そのため日本出土百済（系）の甑には嶺南地域西部出土品も一部含まれる可能性がある。

日本出土の百済（系）甑は縦に長い胴部を持ったもの（図31-14〜18）とそうでないもの（図31-3・7・10）とに分かれる。格子タタキを施し縦に長い胴部を持ったものは、中西部南部地域を含めた以南地域の在地甑の特徴であるため、大阪北木田（讃良郡条里）遺跡SB101出土格子タタキの甑（図31-15）や大阪部屋北遺跡大溝E090001出土格子タタキの甑（大阪府教育委員会 2010）は、おそらく百済が4世紀末〜5世紀前葉に錦江流域周辺・以南に影響力を行使し始めた地域と関連があると思われる。[26]

4世紀中葉〜後葉から百済では平底で縦長でない器形が都城や中西部北部地域で、[27]5世紀前葉から中西部中部地域でも見られる。[28]このことから、これと同形の5世紀前葉の日本出土百済（系）甑の故地は、都城を含めた中西部北部地域・中部地域と関連があると推察できる。

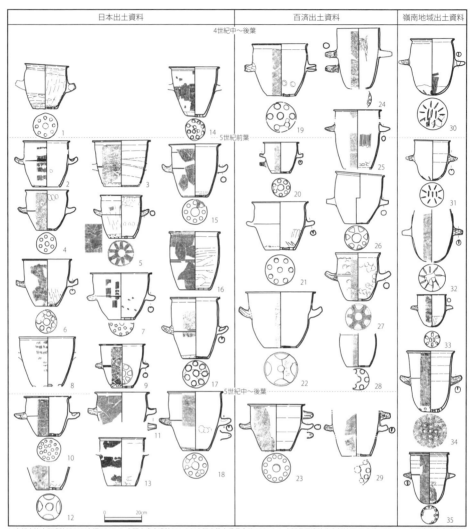

図31　日本出土外反口縁甑の変遷と関連資料（S＝1/20）

　日本出土百済（系）甑は5世紀前葉代に集中しているため、これらを通じた器形の変遷は追えないが、興味深いことは蒸気孔の形状に中央に円孔を設け、その周辺に三角形・台形・半円形などを巡らすものが日本出土品にそれほど多くないのである。先行研究によると、3世紀後半から5世紀前半まで盛行したのは円孔を穿ったものだが、5世紀中・後葉以後の甑は、三角形や台形などを刳り貫く方法で製作されたとする（韓志仙2003）。しかし筆者の研究（2013b・2015）によると、中央に円孔を設け、その周辺に三角形・台形・半円形などを巡らす蒸気孔は4世紀代に遡る可能性がある。

これは静岡下夕村遺跡 SB04 出土格子タタキの甑（図 31-5）が共伴遺物の年代から TK73 型式期〜TK216 型式期に位置づけられていることからも、百済での三角形や台形などを刳り貫く蒸気孔は 5 世紀以前に出現していた可能性がある。

もちろん蒸気孔の形状は時間差だけでなく地域的特徴もある。底部中央に円孔を設け、その周辺に 5〜7 の（楕）円形を巡らすものや円孔を多数穿つものが多く確認できることは、百済からの移住民の出自地域との関連がより反映されているものと推測できる。[30]

日本出土百済（系）甑の把手穿孔形状には、無穿孔のもの、把手の上面に切り込みを入れるもの、把手の下面に刺突穴を設けるものが見られる。百済の領域拡大（文化圏拡大）に伴い把手の上面に切り込みを入れるものが地方に拡散する様相が見られるため（許真雅 2008：121、土田 2013b・2015）、把手の上面に切り込みを入れるものは百済甑の要素である。時間の経過と共に把手の上面に切り込みを入れるものが出現・増加するが、5 世紀代になっても無穿孔のものと共存していることに留意する必要がある。これは日本の百済（系）甑の様相とも一致する。

百済・馬韓において把手の上面に切り込みを入れるものは、ソウル風納土城などの都城から時期を比定できる確実な資料がないため詳細はわからないが、共伴遺物を通して 4 世紀第 3 四半期に比定できる大田九城洞遺跡 D-1 号土壙墓出土把手付鍋の把手上面に切り込みが見られるため、都城でも 4 世紀代には製作・使用されたと思われる。しかしその盛行は 5 世紀代に至ってからと見られる。[31]

把手の下面に刺突穴を設けるものは、寺井（2014）の指摘どおり漢江流域〜栄山江流域で見られ、おそらく 4 世紀代には出現していたと思われる。ただしこの刺突穴は慶尚南道西部地域の咸陽花山里遺跡（慶南発展研究院 2007a）や河東横川里遺跡（우리文化財研究院 2013）でも出土している。各報告書の年代によれば前者は 3 世紀末〜4 世紀前半、後者は 4 世紀代だが、刺突穴が 4 世紀前葉の住居に伴っていることを考えれば、刺突穴の出現は少なくとも 4 世紀前葉に遡る可能性がある。

この刺突穴の機能については、焼成時把手が下がらないよう防ぐためとする見解（韓志仙 2004：213）と、把手を取り付けてから乾燥までの支えとする見解（寺井 2014）があるが、刺突穴が 2 つ以上あることにも留意する必要がある（朴敬信 2007：545）。この要素は土師器化した甑にも観察されつつも、いずれは欠落していく要素である（寺井 2014）。

② **直立口縁甑** 平底で直立口縁の甑は馬韓の土器として認識され、その分布は主に錦江流域とその南である。この甑は 5 世紀後葉まで錦江流域で存続しているため、検討の対象に含めた。また日本出土品を理解する上で関連がある全羅南道と一部慶尚南道西部地域の出土品も加味した。

直立口縁甑は 4 世紀中葉〜後葉に比定できる福岡西新町遺跡から 3 点出土している（図 32-1〜3）。いずれも平底で同心円状に直径 1 cm も満たない蒸気孔を多数配置する。また胴部中位に把手を挿し込み成形するが、外面にはその割付線と思われる横沈線が巡る（重藤 2010）。これらの土器は全羅南道地域出土品と関連があると指摘されてきたが（重藤 2010、土田 2011）、前述した慶尚南道西部地域の 4 世紀代の住居からも類似した甑が出土している。おそらく地理的に隣接している慶尚南道西部地域〜全羅道地域との交流・接触の結果であろう。また 2 次調査 89 号竪穴住居出土品（図 32-3）の把手下面に刺突穴が見られる。

4 世紀後葉には近畿でも甑が出土するが、円孔の蒸気孔を中央に穿ち、その周囲に 7〜9 の円孔を配置する。このような蒸気孔形態を持った直立口縁甑は、全羅道では 5 世紀を前後した時期（許真

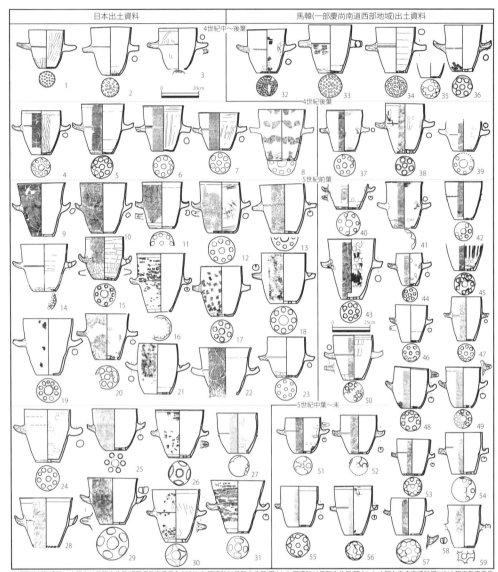

図32 日本出土直立口縁甑の変遷と関連資料 (40〜44・46〜49：S=1/25、その他：S=1/20)

雅 2008：51)、錦江流域にあたる忠清南道でも 5 世紀前葉には出現したと見ていたが（土田 2013b）、筆者が 5 世紀前葉とした燕岐大平里遺跡 16 号住居出土品（図 32-37）や公州德芝里遺跡Ⅰ-1 地域 7 号竪穴遺構出土品は日本出土品と類似する点が多いため、4 世紀後葉に比定できそうである。全羅道でもおそらく 5 世紀を前後する時期ではなく、井邑藍山遺跡 13 号住居出土品（図 32-36）や順天德岩洞遺跡 19 号住居出土品（図 32-38）などから多少遡る可能性もある。

このように近畿で出土する 4 世紀後葉の甑は、錦江流域とその以南地域の甑との関連性を想定できる。4 世紀後葉に比定される滋賀西ノ辻遺跡 SB06 出土品（図 32-8）は、同時期の日本出土甑のうち唯一平行タタキで、底部中央に比較的大きい円孔の蒸気孔を穿ち、その周囲に推定 7 つの円孔を配置する。このような蒸気孔の形態は 5 世紀代に盛行するものと認識されるが、4 世紀代にも見られる（図 32-35）。現在のところ、平行タタキに西ノ辻の蒸気孔形態を持った直立口縁甑は見つかっておらず、口縁部が欠損した舒川鳳仙里遺跡 2 地域 3 号住居出土品（図 32-39）が西ノ辻遺跡出土品と関連がある可能性が高い。また西ノ辻遺跡出土品は馬韓の器形に百済のタタキメが見られるもので、おそらく百済の影響が及び始めた忠清道との関係が想定できそうである。

5 世紀前葉になると、蒸気孔形態が多様化する傾向にある。このうち遺物の共伴で 5 世紀前葉と比定できるのは、和歌山音浦遺跡溝-2 出土品（図 32-13）や滋賀南市東遺跡第 7 次調査 SB0701 出土品（図 32-18）である。これらの全体的な器形は百済の影響が見られるため、その故地は全羅南道ではなく百済の影響が及び始めた錦江以南から全羅北道に該当すると思われる。これは後述する把手の上面に切り込みを入れる製作技法の故地にもいえる。

また 5 世紀前葉は前時期同様格子タタキが優勢を占めるが、大阪長原遺跡 95-36 次調査第 7B 層出土品（図 32-11）や大阪八尾南遺跡 SO101 出土品（図 32-12）では鳥足文タタキが見られる。このようなタタキメは燕岐月山里遺跡 5 号竪穴（図 32-40）と 6 号竪穴から 1 点ずつ（朴有貞 2006）、羅州伏岩里古墳群 2 号南周溝と北周溝（国立羅州文化財研究所 2010）から 1 点ずつ、羅州德山里古墳群 11 号墳北側周溝（林永珍ほか 2002）、光州東林洞遺跡 102 号北東溝（湖南文化財研究院 2007b）から出土している。時期的に日本出土品は月山里遺跡出土品と関連がある可能性が高いが、全体的な器形に差が見られる。

この時期になると日本出土甑に、把手の上面に切り込みを入れるものが出現する。許真雅の研究（2008）を参考にすると、栄山江流域では直立口縁甑に把手の上面に切り込みを入れる例は 5 世紀前葉の段階では見られない。おそらく 5 世紀中葉〜後葉になり百済の外反口縁甑と共に把手の上面に切り込みを入れる製作技法が栄山江流域に導入されたと思われる。そのため和歌山音浦遺跡溝-2 出土品（図 32-13）、大阪蔀屋北遺跡北西居住区竪穴 D8 出土品（図 32-16）、滋賀南市東遺跡第 7 次調査 SB0701 出土品（図 32-18）などは錦江流域以南〜栄山江流域以北の地域と関連があろう。

5 世紀中葉以降になると日本出土甑の蒸気孔は、底部中央に円孔の蒸気孔を穿ち、その周囲に 4〜5 つの楕円形もしくは半月形を呈するものが出現する。このような蒸気孔形態は遅くとも 4 世紀後葉以降百済で見られるものだが、直立口縁甑に付随した上記の蒸気孔形態は栄山江流域を含めた全羅南道で認められ、時期も日本出土品とほぼ同時期になると思われる。そしてこの蒸気孔形態も把手に切り込みを入れる製作技法と共に栄山江流域で導入されるようになる。

また 5 世紀中葉以降、日本では奈良下茶屋カマ田遺跡 SB68 出土品（図 32-28）や滋賀堂田遺跡 SH8705 出土品（図 32-29）などの事例から、把手の下部まで切り込みを入れるものが出現するが、

これと類似する事例がソウル石村洞古墳群 76 年度調査破壊墳（李鮮馥ほか 2014）、大田伏龍洞堂山マウル遺跡 3 地域 4 号住居（田鎰溶ほか 2012）、光州東林洞遺跡 101 号南西溝（湖南文化財研究院 2007b）、羅州伏岩里古墳群 1 号墳周溝北区（図 32-58）や同遺跡 3 次調査 6 号竪穴（国立羅州文化財研究所 2010）などから出土している。ただし伏龍洞は外反口縁甑であるため、日本出品は栄山江流域と関連がありそうである[37]。

全体的な器形から見ると、直立口縁甑同様縦に長いものとそうでないものに区分できる。特に前者は遅い時期まで全羅道で見られる在地甑の特徴であり、後者は百済甑の器形である。日本出土甑や全羅道の甑の変遷からも、時間の経過と共に後者が増加する傾向にある。栄山江流域で百済甑の器形を生産し始めるのは、羅州五良洞窯跡 6 次調査（2008 年）7 号窯焼成部床面出土品（図 32-48・49）の例から 5 世紀中葉頃からと思われる。

(5) 鉢

原三国時代に出現する鉢は、硬質無文土器の鉢（A 形）が中心となるが、楽浪土器の影響を受けた口縁外反形（B 形）と口縁直立形（C 形）も共存する。ところが漢城 I 期に入ると A 形の鉢が消滅し、タタキが行われるようになる。一方、B 形が主流であった錦江流域に C 形が登場する[38]。続く漢城 II 期になると、錦江流域の鉢の主体が B 形から C 形に変わる。その背景には百済の領域拡大と関連が高いとされる（朴淳発ほか 2011）[39]。

日本出土の鉢は 4 世紀中葉以降出現し、B 形が 21 点、C 形が 8 点である（図 33）。ただし図 33-2 は硬質無文土器の鉢（A 形）であるが、B 形の影響で口縁が外反するものに変化したと見られ、A 形と B 形の折衷形になると思われる。

また日本出土品には器高が 10 cm 以上、または口径が 20 cm 以上になるものが一部含まれる（図 33-5・7・16・21）。これら大型のものを鉢形土器などと別の名称で呼ぶ研究者もいるが、ここでは鉢に含めた。兵庫市之郷遺跡 SH-W02 出土品（図 33-7）は二次過熱を受けているため内面が全体的に赤変しており、煮炊に使用された可能性が高い。韓志仙の研究（2011）によれば、百済の鉢のうち、口縁部が直立または内傾し、タタキを施したものが、炊飯器として使用されたという。

器形は全般的に時期が下るにつれ器高が低くなる傾向が見られる。これは次第に容量の小さい鉢が盛行するが、このような様相は百済高杯、三足土器、杯身などにも共通する特徴である。また口縁部が外反しない C 形の出土量が B 形に比べて多少増加する傾向にある。これは B 形が C 形に比べ時期的に先行することと関連があると思われる（朴淳発 2006：135-141、徐賢珠 2010、朴淳発ほか 2011）。

日本出土百済（系）鉢の故地を量的な面から、そして最も古い型式があるという点から全羅南道に比定した見解がある（寺井 2002）。しかし資料の増加により漢城期の百済からの搬入またはその関連の可能性も十分あることがわかった。問題は具体的な出自であるが、徐賢珠（2010）の研究を参考にすると漢城期の百済と全羅道の鉢の器形に対する明確な区分や特徴などを見出すことができないため、鉢の故地の比定は困難である。つまり図示した資料は漢城期の百済もしくは栄山江流域のいずれの地域の可能性も含まれる。

しかし、百済では 4 世紀末以後鉢が顕著に減少し、杯身が盛行する。一方、栄山江流域では 5 世紀後葉〜6 世紀前半以降杯身が盛行するが、それ以前は鉢が中心をなす（徐賢珠 2012a）ため、日本出

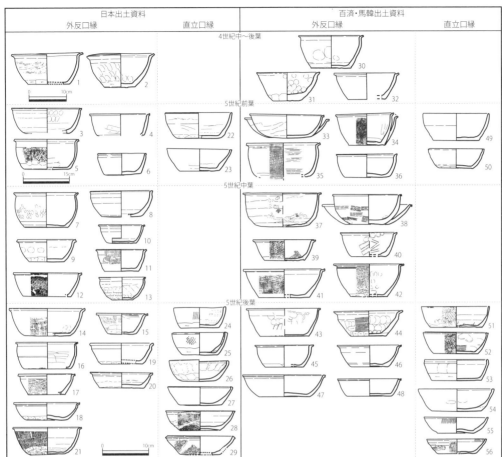

1. 福岡西新町遺跡13次調査10号竪穴住居(福岡県教育委員会 2002)、2. 同遺跡13次調査27号竪穴住居(同上)、3. 大阪陶邑窯跡群大野池(ON)地区231号窯跡灰原断面東半分(大阪府教育委員会他 1994)、4. 大阪部屋北遺跡大溝E0900001(大阪府教育委員会 2010)、5. 大阪長原遺跡NG03-6次調査SK068(大阪市文化財協会 2005)、6. 福岡富地原森遺跡SB16(宗像市教育委員会 1995)、7. 兵庫匕之郷遺跡SH-W02(兵庫県教育委員会 2013)、8. 大阪八尾遺跡A地区包含層(大阪府教育委員会他 1990b)、9. 和歌山楠見遺跡C1002溝下層(和歌山県文化財センター 2006)、10. 大阪難波宮跡朝集殿院東方調査第6層(大阪文化財協会 2015)、11. 大阪長原遺跡NG99-15次調査SX706(大阪市文化財協会 2002a)、12. 兵庫尾崎遺跡包含層(龍野市教育委員会 1995)、13. 奈良松山遺跡SK60(奈良県立橿原考古学研究所 2009)、14. 大阪良郡条里遺跡第1b面流路(大阪府文化財センター 2009a)、15. 同遺跡1-2・2-2区竪穴建物7(四條畷市教育委員会他 2015)、16. 和歌山東家遺跡III区SI-5(橋本市遺跡調査会 2014)、17. 大阪大坂城跡OS99-16次調査谷地形第5b層(大阪市文化財協会 2002b)、18・19. 和歌山田屋遺跡SD22(和歌山県文化財センター 1990)、20. 福岡三苫遺跡群第2次調査・G-1区SC0007(福岡市教育委員会 1996)、21. 三重北山C遺跡西山古墳周溝(三重県文化財センター 2013)、22. 大阪八尾南遺跡第18次調査SO101(八尾文化財研究会 2008)、23. 福岡三雲遺跡堺地区溝状遺構(福岡県教育委員会 1983)、24・25. 千葉大森第2遺跡第68号住居(酒井 2002)、26・27. 福岡吉武遺跡群第3次調査EII区SX14土坑(福岡市教育委員会 1986)、28. 滋賀谷遺跡方墳SX1(草津市教育委員会 1999、辻川 2013)、29. 福岡吉武遺跡第6次調査金武古墳群吉武S群22号墳周溝(福岡市教育委員会 2003)、30. 牙山葛梅里遺跡III地域KC-1住居(李弘鍾 2007)、31. 同遺跡水路D区間(同上)、32. ソウル風納土城慶堂地区S2E1中層(権五栄他 2009)、33. 羅州五良洞窯跡2次調査(2008年)11号窯焼成部1次床面(国立羅州文化財研究所 2011)、34. 光陽龍江里石停遺跡17号住居(李暎澈他 2012)、35. 牙山梅里遺跡II区域III地域竪穴遺構(忠清南道歴史文化院 2007a)、36. 雲岩新燕里9号墳5号木棺墓(国立光州博物館 1993)、37. 牙山葛梅里遺跡III地域水路E区間(李弘鍾 2007)、38. 羅州五良洞窯跡6次調査(2008年)10号窯焼成部床面(国立羅州文化財研究所 2014)、39. 光州東林洞遺跡75号竪穴(湖南文化財研究院 2007c)、40・41. 牙山葛梅里遺跡III地域包含層A地区(李弘鍾他 2007)、42. 燕岐羅城里遺跡KD-51(李弘鍾他 2015)、43. 牙山葛梅里遺跡III地域包含層B地区(李弘鍾他 2007)、44. ソウル風納土城197番地(旧未来マウル)ナ-グリッド(国立文化財研究所2013b)、45. ソウル風納土城小規模住宅新築敷地289番地(国立文化財研究所 2007)、46. 羅州伏岩里遺跡2次調査(2007年)力色点2号墳西側周溝II層(国立羅州文化財研究所 2010)、47. 羅州伏岩里3号墳丘盛土層(国立羅州文化財研究所 2001c)、48. ソウル夢村土城東北地区3号住居(金元龍他 1987)、49. ソウル風納土城1地区再建築敷地ナ-5号住居(国立文化財研究所 2001b)、50. 光州雙村洞遺跡土壙墓(林永珍他 1999)、51. 牙山葛梅里遺跡III地域水路D区間(李弘鍾他 2007)、52. 光州東林洞遺跡151号溝(湖南文化財研究院 2007b)、53. ソウル風納土城慶堂地区31号遺構(権五栄他 2006)、54. 牙山葛梅里遺跡III地域包含層C地区(李弘鍾他 2007)、55. 河南渼沙里遺跡KK-155(尹世英他 1994)、56. 光州東林洞遺跡105号溝(湖南文化財研究院 2007b)

図33 日本出土盌の変遷と関連資料
(1・13・37・43：S＝1/10、5・7・16・21：S＝1/12、その他：S＝1/8)

土百済（系）盌の故地は大部分栄山江流域と関連がありそうである。

　たとえば和歌山田屋遺跡SD22からは盌（図33-18・19）と共に胴部に格子タタキが施された二重口縁土器が出土している。この器種は漢江流域から栄山江流域に分布し、遅くとも3世紀中葉以前に出現したと見られている（朴淳発 2001c）。二重口縁土器は4世紀中葉を過ぎてその数が顕著に少なくなるというが、一部型式は栄山江流域で6世紀代まで存続するという（王浚相 2010）。田屋遺跡出土二重口縁土器の口縁部形態は王浚相（2010）の分類によるとa1式になり、中西部地域と湖南

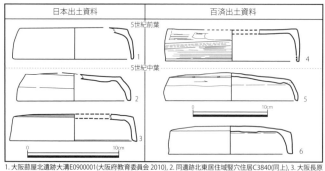

1. 大阪部屋北遺跡大溝E0900001(大阪府教育委員会 2010), 2. 同遺跡北東居住域竪穴住居C3840(同上), 3. 大阪長原NG99-15次調査SD7171(大阪市文化財協会 2002a), 4. ソウル風納土城197番地(旧未来マウル)03-4トレンチ(国立文化財研究所 2009), 5. 同土城ナ-42号竪穴(同上 2012a), 6. 同土城カ-38号竪穴(同上 2009)

図34　日本出土蓋の変遷と関連資料
（4・5：S=1/5、その他：S=1/4）

地域の全域に分布している。口縁部の形態で時間性や故地の比定は困難であるが、少なくとも共伴遺物で5世紀後葉に比定できる田屋遺跡出土二重口縁土器は、同時期の中西部地域出土品がほぼないため、栄山江流域と関連がある。

また、報告書（和歌山県文化財センター 2006）によると和歌山楠見遺跡C1002溝下層出土品（図33-9）は火襷のようなものが確認できるという。実見していないため詳細は不明だが、これが確かであるなら火襷は栄山江流域、つまり伏岩里をはじめとした羅州地域で多く確認でき（金鍾萬 2008a）、この地との関連性を指摘できる。

口縁部が外側に傾斜した千葉大森第2遺跡68号住居出土格子タタキの盌（図33-25）は、漢城期の百済ではあまり見られない製作技法上の特徴を持っている。このような事例は光州東林洞遺跡151号溝出土品（図33-52）や光州山亭里遺跡出土品（湖南文化財研究院 2008a）など栄山江流域と関連があると思われる。(41)

(6) 蓋

大阪府蔀屋北遺跡から各々TK208型式期とTK216型式期以前の須恵器と共伴したつまみがない蓋が出土している（図34）。報告者（藤田 2010）は百済系と言及したこの蓋のうち、図34-2は栄山江流域に系譜をたどれるとしている。

つまみを持たず、かつ天井部が平坦な蓋はつまみがある蓋より早い3世紀中葉〜末に登場し、主に漢城期に製作され、坡州舟月里遺跡、ソウル風納土城、利川雪峰山城、洪城神衿城などで出土している（金斗権 2003）。栄山江流域はこれより遅い4世紀後半羅州伏岩里古墳群3号墳第10号甕棺墓で見られる（徐賢珠 2012a）。(42)

(7) 蓋 杯

日本出土百済（系）蓋杯としては岡山天狗山古墳出土品（図35-1〜7）と熊本江田船山古墳出土品（図35-8〜11）が知られている。

岡山天狗山古墳出土品は帆立貝形前方後円墳造り出し状遺構上から出土している（松木ほか 2014）。この遺構上からはTK23型式〜TK47型式期に該当する須恵器が出土しており、百済（系）蓋杯はそれらと同時期になろう。

天狗山古墳からは、陶質土器の杯蓋2点と陶質系土器の杯蓋1点、杯身15点が出土しているが、これらの系譜については金鍾萬（2008a）によって検討されている。氏は出土品のうち、陶質土器杯蓋2点の内外面には火襷が観察できるが、これらは栄山江流域の中でも伏岩里をはじめとする羅州で出土例が多いと言及する。一方、大熊（2014）は成形技法、器形、調整技法、焼成方法いずれを

第 3 章　百済土器の主要年代決定資料　105

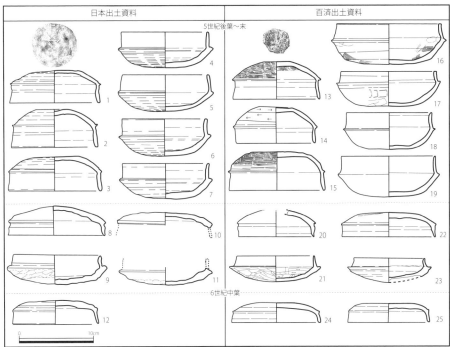

1～7. 岡山天狗山古墳帆立貝形前方後円墳造り出し状遺構上(松木他 2014), 8・9. 熊本江田船山古墳前方後円墳横口式家形石棺(本村 1991), 10・11. 同古墳梅原末治採集資料(同上), 12. 福岡五徳畑ヶ田遺跡Ⅱ区C8(香春町教育委員会 2002), 13. 羅州伏岩里遺跡6次調査(2011年)8号墳北側周溝6層(国立羅州文化財研究所 2013), 14・15. 同遺跡8号墳南側周溝6層(同上), 16. 羅州防築遺跡1号住居(湖南文化財研究院 2006a), 17. 羅州新道里道民Ⅰ遺跡1C地区住居(曺根佑他 2014), 18. 同遺跡4A地区20号住居(同上), 19. 務安良将里遺跡30号住居(崔盛洛他 2000), 20. 公州艇止山遺跡7号住居(国立公州博物館 1999b), 21. 同遺跡地表採集(同上), 22. 青陽鶴岩里遺跡灰原(忠清南道歴史文化院 2006), 23. 公州丹芝里遺跡4地区21号墳穴墓(朴大淳他 2006), 24. 羅州伏岩里3号墳10号横穴式石室(国立文化財研究所 2001c), 25. 同古墳11号横穴式石室(同上)

図 35　日本出土蓋杯の変遷と関連資料（S=1/5）

とっても羅州に多く見られる羅州系土器と類似すると指摘している。また氏は陶質系土器についても栄山江流域土器、なかでも羅州系土器に近い技術をもつ未確認の土器にその系譜を求められると言及する。蓋杯という器種はおおよそ4世紀代百済で製作・使用され、百済の影響により地方に拡大する様相を見せているが、栄山江流域では5世紀前葉～中葉から出現する（徐賢珠 2012a）。少なくとも天狗山古墳出土品のうち杯蓋2点は、火襷だけでなく、器形そのものが漢城期の中央から錦江流域までの地域でほぼ見られない。

　杯蓋2点と同様の器形は熊津期の公州（中央）でも見られるが、稜の形状、稜から口縁部に至る成形および調整、焼成（火襷）に差が認められ、この故地については先学の見解に同意する。大熊（2014）が指摘した陶質系土器の各特徴は、栄山江流域の杯身だけでなく百済の杯身にも該当するため、これらで系譜を分けることができない。しかし熊津期公州の杯身のうち、器形は天狗山出土品と似るが、製作技法に差があったり、製作技法は天狗山出土品と類似するが、器形が異なっていたりするため、天狗山出土品の諸属性をある程度満たす蓋杯は大熊（2014）や呉東墧（2016）の指摘通り羅州地域に求められそうである。ただし羅州の他、羅州の西隣に位置する務安にも類似品を見出せる。

　5世紀第4四半期～6世紀第1四半期（熊津期）に比定できる江田船山古墳出土品は、百済だけでなく大阪陶邑窯跡群でも類似するものが生産されているため、国産品とする意見も提起されている（本村 1991）。陶邑出土品との綿密な検討がない段階では断定できないが、杯身は静止した状態で底部外面をヘラケズリを施している。このような製作技法と器形は、公州艇止山遺跡や青陽鶴岩里遺

跡など錦江流域出土蓋杯などの中にも見出すことができる。(44)

　福岡五徳畑ヶ田遺跡出土杯蓋（図35-12）(45)は、亀田（2004）により全羅道系との言及がある。氏によればこの杯蓋は天井部のほぼ全面をヘラケズリし、そこに火襷の痕跡を残しているという。器形、調整、焼成から総合的に見ると、氏同様その故地は全羅南道にあると思われる。また五徳畑ヶ田遺跡出土品は共伴遺物に不明瞭な部分があるが、全羅道出土品との比較を通じておおよそ6世紀中葉に比定できる。

　このように5世紀後葉〜末の天狗山古墳出土品から6世紀中葉の五徳畑ヶ田遺跡出土品の変遷を見ると、百済の蓋杯同様杯身が比較的深いものから、次第に浅いものへと変化する様相が見られる。このような変化は後述する高杯、三足土器の杯部の変遷にもいえる。

(8) 高 杯

　一般的に高杯は実際蓋が伴ったのかの可否に関わらず、受け部があるものを有蓋高杯、ないものを無蓋高杯と区分している（朴淳発 2006：144）。また、後述する三足土器同様、時間の経過と共に杯部の器高が低くなる反面、脚部が長くなる（土田 2005a）。

　福岡西森田遺跡出土有蓋高杯（図36-1）は、TK23型式期の須恵器と共伴しているため（大刀洗町教育委員会 2000、白井 2001）、百済高杯は5世紀後葉に比定できる。この高杯の受け部は短く外方へ下がり、立ち上がりは内傾する。このような特徴はソウル風納土城をはじめとした京畿道一帯の遺跡出土品で見られるため、西森田遺跡出土品は都城を含めた京畿道出土品と関連があると思われる。また、西森田遺跡出土高杯の脚端部外面にはタタキメが確認されているが、百済高杯にも同様の痕跡がある。

　山形東金井遺跡出土品（図36-2・3）については定森（1999）が咸平月渓里石渓90-4号墳出土品と類似するとし、6世紀前半に比定した。咸平月渓里出土高杯の脚端部は東金井出土品より厚いため、その点を重視するなら務安インピョン（인평）古墳群4号石槨墓出土品（図

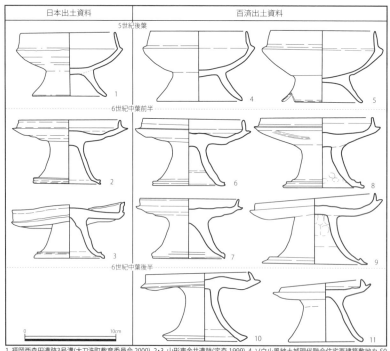

1. 福岡西森田遺跡3号溝（大刀洗町教育委員会 2000）、2・3. 山形東金井遺跡（定森 1999）、4. ソウル風納土城現代聯合住宅再建築敷地カ-SOW2土器散布遺構（国立文化財研究所 2001b）、5. 華城石隅里モクシル（먹실）遺跡16号住居（畿甸文化財研究院 2007）、6・7. 務安インピョン（인평）古墳群4号石槨墓（崔盛洛他 1999）、8・9. 羅州月良里遺跡A地区横穴式石室（馬韓文化財研究院 2014）、10. 潭陽梧山遺跡1号石室（湖南文化財研究院 2007d）、11. 淳昌亀尾里遺跡2号石槨墓（湖南文化財研究院 2015b）

図36　日本出土高杯の変遷と関連資料（S＝1/4）

36-6・7)、羅州月良里遺跡 A 地区横穴式石室出土品（図 36-8・9)、新安内楊里古墳からの収集品（殷和秀ほか 2004）と類似しており、それらは 6 世紀中葉頃に比定されている（徐賢珠 2006：137-138)。特に月良里遺跡出土品は脚端部の処理や脚部の厚さに類似点が見出せる。

百済中央の高杯と異なる東金井出土品と類似する器形は、井邑、咸平、務安、羅州、新安、潭陽、順天、麗水、淳昌、長興で出土しており、全羅道に分布している。

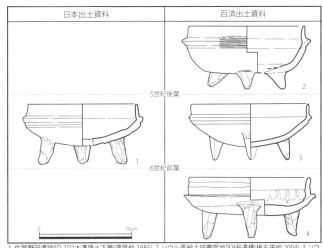
1. 佐賀野田遺跡SD-102大溝埋土下層（蒲原他 1985), 2. ソウル風納土城慶堂地区9号遺構（権五栄他 2004), 3. ソウル夢村土城85-2号土坑（夢村土城発掘調査団 1985), 4. 公州宋山里古墳群方壇遺構（李漢祥他 1998)

図 37　日本出土三足土器の変遷と関連資料（S＝1/4)

ちなみに潭陽梧山遺跡 1 号石室出土品（図 36-10）は 6 世紀中葉後半に比定されるため（徐賢珠 2012a)、これより脚部が短い東金井遺跡出土品は 6 世紀中葉前半になると思われる。

(9) 三足土器

三足土器は高句麗、新羅、加耶にはない器種であるため、百済を代表する考古資料であることはいうまでもない。三足土器も高杯同様実際蓋が伴ったのかの可否に関わらず、受け部があるものを有蓋三足土器、ないものを無蓋三足土器と区分している（朴淳発 2006：150)。これをさらに杯部の形態よって盤形と杯形に分けられる。最も出土量が多い杯形三足土器は百済滅亡まで製作・使用され、前述した高杯同様、時間の経過と共に杯部の器高が低くなる反面、脚部が長くなり、脚部の位置が杯部最大径に近づくなどの変遷がわかっている（土田 2004b)。

日本で唯一の事例である佐賀野田遺跡 SD-102 大溝埋土下層出土有蓋三足土器（図 37-1）は、受け部先端が鈍い断面三角形をなし外方へ下がり、その下に 1 条の横沈線が巡る。また杯部の器高は相対的に高い反面脚部が短いなど、漢城期三足土器の特徴を反映している。特に横沈線はソウル風納土城やソウル夢村土城出土品（図 37-3）で観察できる漢城期三足土器製作技法の 1 つである。

野田遺跡出土品は TK23 型式期の遺物と共伴しているため、この三足土器は漢城が陥落する直前（以前）に都城を含めた周辺地域（京畿道を含む）から搬入された土器と見られる。

(10) 四足土器

四足土器とは三足土器に脚がもう 1 つ付いた土器をいい、三足土器に比べ脚元は不安定である。製作意図はわからないが、三足土器同様百済で製作された土器と思われる。

現在ソウル風納土城 197 番地（旧未来マウル）ラ-16 号住居（国立文化財研究所 2012b)、光明道徳山城地表採集品（金秉模ほか 1986)、忠南大学校博物館所蔵品（忠南大学校博物館 1983)、高敞壮谷里出土品（安承周 1992）などが知られている。三足土器の型式学的変遷をあてはめると、風納土城出土品、道徳山城出土品、忠南大所蔵品は漢城期、高敞壮谷里出土品は泗沘期に該当する。

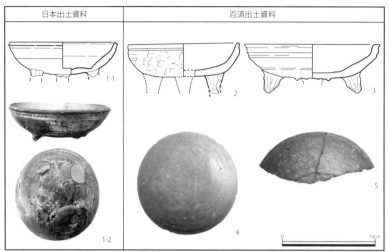

1-1・1-2.大阪四ツ池遺跡第100地区SD04溝第2層埋土(堺市教育委員会1991、筆者実測・撮影)、2.洪城神衿城1号貯蔵穴充填土出土(李康承他1994)、3.公州公山城池塘2の2次調査(李南奭他1999)、4.牙山葛梅里遺跡Ⅱ地域遺物堆積層杯身(忠清南道歴史文化院2007a、筆者撮影)、5.舒川鳳仙里遺跡3地域3-Ⅱ区域百済時代5号住居高杯片(同上2005、筆者撮影)

図38 日本出土四足土器の変遷と関連資料（S＝1/4、写真縮尺不同）

TK73型式期の須恵器と共伴した大阪四ツ池遺跡出土四足土器（図38-1）は、外面調整に回転ケズリを施し、口縁部の下には幅約0.3cmの浅い横沈線が1条巡る。同じ位置に横沈線を巡らす事例としては、器種は異なるが、洪城神衿城1号貯蔵穴充填土出土三足土器（図38-2）、公州公山城池塘2次調査出土三足土器（図38-3）が挙げられる。第4章で触れるが、このような特徴は西海岸地域と関連がある。

また日本出土四足土器の外面には回転ケズリが施されているが、これは牙山葛梅里遺跡Ⅱ地域遺物堆積層出土杯部（図38-4）、舒川鳳仙里遺跡3地域3-Ⅱ区域百済時代5号住居出土高杯片（図38-5）など百済杯類の製作技法に見られる。
(48)

(11) 短頸瓶

百済の短頸瓶は漢城期に登場して以来、百済滅亡まで存続し、時間の経過と共に形態の変化がよく観察できる器種である（土田 2005b）。

日本出土短頸瓶については寺井（2008）の研究を参考にする。氏は日本と百済出土短頸瓶の分類を行い、日本出土短頸瓶と百済出土品の比較をした。また共伴遺物の時期を検討することにより百済短頸瓶（難波宮出土品）の搬入時期を推定し、外交記事との比較を行った。これは筆者の意図とも一部符合する。

後述する百済短頸瓶の分析によると、日本出土品は胴部形態bとdを除いた胴部形態a、cと口縁形態a〜cが確認できる。短頸瓶は胴部a→d、口縁部a→cの順に変遷が認められるため、これらを引用しながら日本出土百済（系）短頸瓶を説明する。

日本では16の遺跡から総20点の百済（系）短頸瓶が出土し、胴部cが多い。また共伴遺物の検討結果、最も早い時期の資料は5世紀第2四半期の大阪三宅西遺跡3009流路出土品（図39-1）、大阪部屋北遺跡南東居住域井戸A590出土品（図39-2）、大分金田遺跡10号竪穴住居出土品（図39-3）があり、以後7世紀第3四半期まで出土している。硬質土器の中でも比較的出土量が多いのは、瓶が持つ機能的な面と関連があったと解釈できる。
(49)

ここでは近年報告された宮崎平峰遺跡44号竪穴建物出土品（図39-5）について触れる。図面と写真による検証だが、焼成色、製作技法などで5世紀中葉〜475年までの搬入品であることが疑いないだろう。報告書には共伴遺物から5世紀後葉〜6世紀前葉とあるため、下限を475年頃の5世紀
(50)

後葉に比定できそうである。

平峰遺跡出土品は胴部の下位から底部周縁にかけて格子タタキの痕跡が残り、口縁部は3か所連続して上方から打ち欠いており、意図的な行為と思われる（宮崎県埋蔵文化財センター 2012）。格子タタキの痕跡は、ソウル風納土城出土品をはじめ清州新鳳洞古墳群地表採集品（車勇杰ほか2002a）、瑞山富長里遺跡Ⅰ地域3号墳丘墓10号土壙墓出土品（忠清南道歴史文化研究院2008a）などで見られる。また口縁部を打ち欠く行為もソウル風納土城出土品をはじめ完州上雲里遺跡ラ地区1号墳丘墓10号木棺墓出土品（金承玉ほか2010b）などが挙げられる。これは福岡堤ヶ

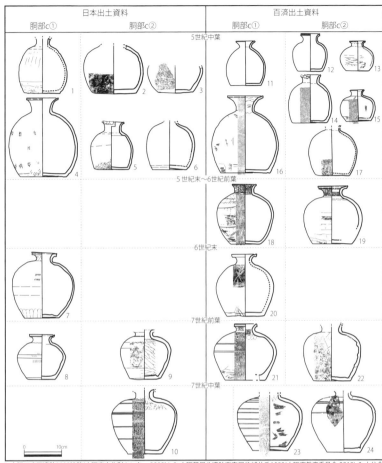

1. 大阪三宅西遺跡3009流路（大阪府文化財センター 2009b）、2. 大阪蔀屋北遺跡南東居住域井戸A590（大阪府教育委員会 2010）、3. 大分金田遺跡10号竪穴住居（日田市教育委員会 2009）、4. 奈良新澤千塚古墳群281号墳頂（奈良県立橿原考古学研究所 1981、清水 2008）、5. 宮崎平峰遺跡44号竪穴住居（宮崎県埋蔵文化財センター 2012）、6. 福岡剣塚遺跡第1号墳西涅北半（福岡県教育委員会 1978）、7. 福岡広石古墳群Ⅰ-1号横穴式石室（福岡市教育委員会 1977）、8. 奈良石光山古墳群43号墳（奈良県立橿原考古学研究所 1976）、9. 福岡堤ヶ浦古墳群12号墳羨道〜墓道内（福岡市教育委員会 1987）、10. 大阪難波宮跡NW90-7次調査第7b2層（大阪市文化財協会 2004）、11. 論山茅里古墳群7号墳石槨墓（安承周他 1993）、12. 論山表井里古墳群14号墳（安承周他 1988a）、13. 烏山内三美洞遺跡27号住居（京畿文化財研究院 2011a）、14. ソウル風納土城197番地（旧未来マウル）カ-21号竪穴（国立文化財研究所 2009）、15. 瑞山富長里遺跡Ⅱ地域1号石槨墓（忠清南道歴史文化研究院 2008a）、16. 舒川鳳仙里遺跡2地域14号石槨墓（忠清南道歴史文化研究院 2005）、17. ソウル風納土城197番地（旧未来マウル）カ-2号廃棄跡（国立文化財研究所 2009）、18. 公州丹芝里遺跡4地区10号横穴墓（朴大淳他 2006）、19. 同遺跡同地区2号墳横口式石槨墓（同上）、20. 保寧蓮芝里遺跡KM-046号横穴式石室（李弘鍾他 2002）、21. 扶餘佳塔里錦城山トゥシロックゴル（두시럭골）遺跡5号埋納遺構（鄭墻培他 2013）、22. 扶餘官北里遺跡ラ地区1号石槨倉庫内部（国立扶餘文化財研究所 2009a）、23. 扶餘東南里172-2番地一円遺跡ラ区域建物9（忠清南道歴史文化研究院 2007b）、24. 論山表井里A区古墳群7号墳（尹武炳 1992）

図39 日本出土短頸瓶の変遷と関連資料1（S=1/10）

浦古墳群12号墳羨道〜墓道内出土品（図39-9）や大阪難波宮跡NW90-7次調査第7b2層出土品（図39-10）でも同様である。

また平峰遺跡からは百済の小壺や5世紀後葉とされる六角形住居が2棟検出されている。列島内においては、近畿、中国、四国に多角形竪穴建物の検出例は集中するが、その多くが円形志向のものでありかつ、時期的にも古墳時代の中期まで下るものはほぼないとされている（宮崎県埋蔵文化財センター 2012）。平峰遺跡ではこれら百済土器や、朝鮮半島中部地域の原三国文化、いわゆる中島類型文化で、続く漢城期百済でも使用された出入口が付いた六角形住居（百済考古学では呂（凸）字形住居と称する）が検出されているため、百済との関連性が指摘される（宮崎県埋蔵文化財センター 2012）。ただし百済の六角形住居には出入口の通路が設置されるが、平峰遺跡ではそれが見られない。百済では5世紀から出入口の施設を持たない方形または円形の住居が出現し、六角形住居

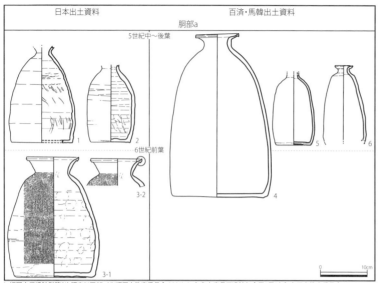

1. 福岡吉武遺跡群第2次調査IX区SD-07(福岡市教育委員会 2001), 2. 奈良土庫長田遺跡包含層3層(大和高田市教育委員会 2010), 3-1・3-2. 熊本野原古墳群7号墳封土(坂本 1979、中原 2005), 4. 扶安竹幕洞祭祀遺跡ナ2区C3・C4・D3・D4とタ2区, タ3区地表(国立全州博物館 1994), 5. 光州山亭洞遺跡9号方形建物(湖南文化財研究院 2008a), 6. 扶安竹幕洞祭祀遺跡ナ3区F3・F4(国立全州博物館 1994)

図40 日本出土短頸瓶の変遷と関連資料2(3-2：縮尺不同、その他：S＝1/8)

と共存するため(韓志仙 2013b)、これらが混在している時期にもたらされた可能性もある。

実見した奈良石光山古墳群43号墳出土品(図39-8)の口縁部は歪み、一部欠損していた。また底部外面には3本線が交わったヘラ描きが見られた。底部に線などを描く行為は百済の短頸瓶などでも観察できる。

胴部cにおける共伴遺物の時期を通した日本出土百済(系)短頸瓶の変遷を見ると、筆者が分類した口縁部がaからcへと移行する様相を日本出土品からも追証できた。また相対的に底径が大きいものから小さいものへ、横沈線を巡らさないものから巡らすものへの変化が見て取れる。胴部cは半球形の器形に胴部最大径が下位～中位にあるものがc①、胴部最大径が上位にあるものc②に細分できる。時期が下るにつれてc②が優位を占める可能性が日本出土百済(系)短頸瓶から推察できる。これは後述する百済短頸瓶からもいえる。

胴部最大径が下位に位置し、徳利のような形態を帯びる胴部aは、漢城期に限定して製作されたと認識されるが、日本では6世紀第1四半期まで存続したようである(図40)。5世紀中葉～後葉に比定できる福岡吉武遺跡群第2次調査IX区SD-07出土品(図40-1)は肩部が張らず、頸径に比べて底径が極端に大きい。これと類似する器形は扶安竹幕洞祭祀遺跡ナ2区C3・C4・D3・D4とタ2区、タ3区地表上出土品(図40-4)、同遺跡ナ3区G4・G5出土品、高敞石橋里遺跡5号住居出土品などで見られる。

5世紀中葉～後葉に比定できる奈良土庫長田遺跡包含層3層から出土した短頸瓶(図40-2)は、百済短頸瓶より胴部が細長い点から舶載品を模倣した可能性が高い見解(大和高田市教育委員会 2010)と百済土器と見る見解(金鍾萬 2008a)がある。一般的な短頸瓶より胴部が細い事例は多くはないが、図示した光州山亭洞遺跡9号方形建物出土品(図40-5)、扶安竹幕洞祭祀遺跡ナ3区F3・F4出土品(図40-6)をはじめ、完州上雲里遺跡ナ地区6号墳丘墓2号木棺出土品(金承玉ほか 2010a)、瑞山富長里遺跡I地域44号竪穴遺構出土品(忠清南道歴史文化研究院 2008a)、清州新鳳洞古墳群A地区52号土壙墓出土品(車勇杰ほか 1990)など5世紀代の遺跡から確認されているため、百済土器である可能性が高い。

6世紀第1四半期以後の熊本野原古墳群7号墳墳土出土品(図40-3)を百済からの搬入品とする見解(寺井 2008)がある。図での検討になるが、百済土器のうち図40の3-2のような口縁端部は百

済ではあまり見られない。このような形状はTK208型式期からMT15型式期までの高杯の脚端部、TK10型式期までの甕口縁部で観察できる製作技法（中原 2005）である点も考慮する必要がある。

(12) 杯付瓶

杯付瓶とは瓶の口縁部に杯（盌）形態の器を取り付けた瓶をいい、その形状によって大きく3つに区分できる。主体となる瓶が短頸瓶の形態、提瓶の形態、杯身（盌）を2つ向かい合わせた形態になる（朴淳発 2006：194、徐賢珠 2006：131-133）。数量が少ないため断定はできないが現在までのところ、短頸瓶の口縁部に杯を取り付けた杯付瓶はソウルと忠清道から全羅道まで、杯身を2つ向かい合わせた杯付瓶は忠清道から全羅道まで、提瓶の口縁部に杯を取り付けた杯付提瓶は、全羅道に分布している。

天安龍院里遺跡C地区1号石槨墓出土品（図41-6）や清原主城里古墳群2号石槨墓出土品（図41-7）は、遅くとも5世紀後葉には百済に出現したと思われるため、この形態の杯付瓶は百済土器と見なせる。

共伴遺物の年代から百済（系）杯付瓶の変遷を見ると、時間の経過と共に杯部の器高が低くなる傾向が観察できるが、百済の杯身または盌の変遷（朴淳発 2006：148）とも一致する。

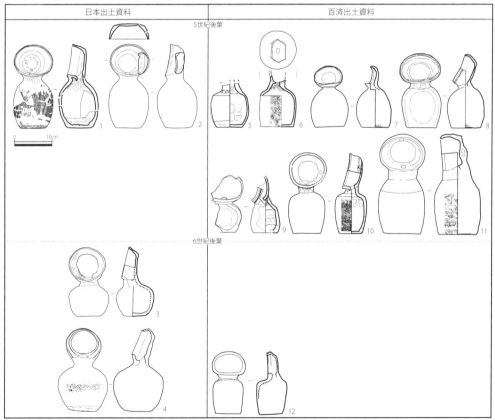

図41　日本出土杯付瓶の変遷と関連資料（S＝1/10）

現在百済における短頸瓶形態の杯付瓶は約13点で、北はソウルから南は羅州に及ぶ。共伴遺物より5世紀後葉に比定できる天安龍院里Ｃ地区1号石槨墓出土品と清原主城里古墳群2号石槨墓出土品、5世紀末～6世紀初に比定可能な羅州永同里古墳群1号墳1号横穴式石室出土品（図41-11）などから百済で出土する短頸瓶形態の杯付瓶は、5世紀後葉～6世紀初に集中している。

　一方、禮山花田里出土品（図41-12）は採集であるため時期を特定できないが、杯部の口縁部が内傾する点が、三吉（2002）によって6世紀後葉前後と位置づけられている愛媛別所遺跡出土品と類似するため、この時期に該当する可能性がある。

　百済での短頸瓶形態の杯付瓶の出現時期については異論があろうが、百済で出現した杯付瓶は時期を置かず搬入または日本で製作されたと見られる。また百済中央よりは忠清道～全羅道の馬韓集団との関係の中で日本で出現したと解釈できよう。

　このような短頸瓶形態の杯付瓶は、日本で5点出土している。このうち、須恵器などの共伴遺物により最も早い段階のものは、5世紀第3四半期～第4四半期の大阪鬼虎川遺跡大溝出土品（図41-1・2）である。その後約1世紀の空白を置いて6世紀第3四半期～第4四半期の奈良外山古墳推定横穴式石室出土品（図41-3）と愛媛別所遺跡推定横穴式石室出土品（図41-4）がある。

（13）把手付杯

　百済・馬韓（栄山江流域も含む）において把手付杯は約100点出土している（정현 2012）。ソウル夢村土城、原州法泉里古墳群、天安龍院里古墳群、清州新鳳洞古墳群、論山茅村里古墳群、群山新月里古墳群、扶安竹幕洞祭祀遺跡など44か所以上の遺跡で確認されているが、分布密度が高い地域は天安と清州になろう。また百済中央での事例がほぼないことと、把手付杯の初現が天安や大田で見られることから（朴淳発 2006：200）、把手付杯は在地勢力によって製作・使用された土器といえる。しかしその後把手付杯は5世紀以降全羅道にも拡散することから、百済の領域拡大に伴う結果と解釈されている（정현 2012）。

　日本出土百済・馬韓（系）の把手付杯と注目される奈良山田道遺跡第2次調査SD2570上層出土品（図42-1）、大阪長原遺跡NG95-36次調査7B包含層出土品（図42-3）、福岡吉武遺跡群第9次調査SK201出土品（図42-5）は、馬形状の把手が付いた馬形把手付杯に該当する。これらについてはすでに扶安竹幕洞祭祀遺跡出土品（図42-6～8）や清州佳景洞遺跡4地区1区域2号土壙墓出土品（車勇杰ほか 2002b）との関連性が指摘されている（吉井 1999、金鍾萬 2008a）。

　福岡今光遺跡溝2出土品（図42-2）と大阪四ツ池遺跡第100地区SD04溝第1層埋土出土品（図42-4）は輪状の把手が付く。百済・馬韓ではこのような形態が把手付杯の中でも初現であり、4世紀を前後して出現したという（朴淳発 2006：199、정현 2012：51）。福岡今光遺跡出土品は、4世紀末～5世紀前葉に比定できる清原主城里古墳群1号土壙墓出土品（図42-9）と対比できる。

　大阪四ツ池遺跡からは火襷が残る両耳付壺、四足土器などが出土していることから、底部外面に轆轤痕が残っている把手付杯も百済・馬韓からの搬入品である可能性が高い。四ツ池出土品は天安龍院里古墳群35号土壙墓出土品（図42-10）や完州上雲里遺跡ラ地区2号墳丘墓8号木棺出土品（図42-11）と類似する。

（14）広口長頸壺

広口長頸壺は住居での出土だけでなく墓にも副葬される器種で、おおよそ漢城期に出現したと理解されている。また副葬様相から広口長頸壺は百済中央に初出し、百済の領域拡大と共に地方に拡散したと解釈される（朴淳発 2006：167）。

大阪利倉西遺跡2区南旧河道岸斜面地出土品（図43-1）は格子タタキ後ナデを行い、シンプルな形態を帯びている（豊中市 2005）。報告者は大田龍山洞遺跡3号土壙墓出土品（図43-6）との類似性を指摘している。
(61)

利倉西遺跡の中心年代はTK208型式期～TK47型式期に該当するが、広口長頸壺

1. 奈良山田道遺跡第2次調査SD2570上層（奈良国立文化財研究所 1991）、2. 福岡今光遺跡溝2（東急不動産株式会社 1980）、3. 大阪原遺跡NG95-36次調査7B包含層（櫻井 1998）、4. 大阪四ツ池遺跡第100地区SD04溝第1層埋土（堺市教育委員会 1991）、5. 福岡吉武遺跡群第9次調査SK201（福岡市教育委員会 2005）、6～8. 扶安竹幕洞祭祀遺跡ナ3区F4外（国立全州博物館 1994）、9. 清原主城里古墳群1号土壙墓（韓国文化財保護財団 2000）、10. 天安龍院里古墳群35号土壙墓（李南奭 2000）、11. 完州上雲里遺跡ラ地区2号墳丘墓8号木棺（金承玉他 2010b）

図42　日本出土把手付杯の変遷と関連資料
（4・9：S＝1/8、その他：S＝1/6）

はこれより古いとする（豊中市 2005）。百済広口長頸壺の詳細は後述するが時間の経過と共に口頸部が長くなる傾向が見られる。このことを注視すると、中国陶磁器との共伴で5世紀第1四半期に比定できる公州水村里遺跡Ⅱ地点1号土壙木槨墓出土品より利倉西遺跡出土品の口頸部が相対的に短いため、おおよそ4世紀第4四半期になると思われる。

利倉西遺跡の報告者が指摘したように大田龍山洞遺跡出土品と類似点が多いため、大田龍山洞遺跡について触れよう。大田龍山洞遺跡3号土壙墓出土広口長頸壺と共伴した燕尾形に関部がない鉄矛（ⅡBb型式）は、3世紀末～4世紀初を前後した時期に中西部地域に出現し、5世紀代に主流を占めるという（成正鏞 2000b）。これは鉄矛だけでなくサルポによる型式学的編年（李東冠ほか 2008）もこれを裏付けている。また利倉西遺跡出土品を実見した成正鏞（2008）によると、この品は錦山や大田・論山などの錦江内陸地域の生産品が移入した可能性が高いとし、その時期を4世紀末～5世紀前後頃と想定した。

愛媛樽味四反地遺跡SB102出土品（図43-2）は初期須恵器として報告されているが、胎土分析結果陶邑産でも加耶産でもない推定産地不明という結果が出ている（松山市教育委員会ほか 2007）。そのことだけでなく、全体的な器形の類似性と平行タタキが観察できることから、百済土器との関連性が指摘できる。またここでは広口長頸壺として扱ったが、百済で広口壺という器形にも相当する。

福岡吉武遺跡群第2次調査Ⅸ地区SX-13出土品（図43-3）は共伴遺物を伴っていないため、時期

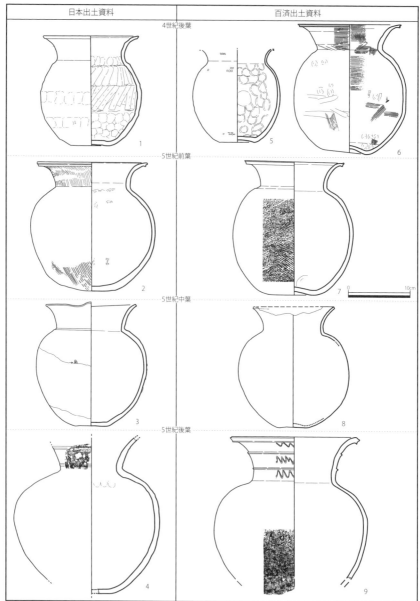

1. 大阪利倉西遺跡2区南旧河岸斜面地(柳本1984、豊中市2005), 2. 愛媛樽味四反地遺跡SB102(松山市教育委員会他2007), 3. 福岡吉武遺跡群第2次調査IX地区SX-13(福岡市教育委員会2001), 4. 福岡西森田遺跡3号溝(大刀洗町教育委員会2000), 5. ソウル風納土城197番地(旧未来マウル)タ-グリッド(国立文化財研究所2013b), 6. 大田龍山洞遺跡3号土壙墓(成正鏞他2002), 7. 燕岐松潭里遺跡KM-013土壙墓(李弘鍾他2010), 8. 清州新鳳洞古墳群A地区4号土壙墓(李隆助他1983), 9. ソウル風納土城197番地(旧未来マウル)カ-2号廃棄跡(国立文化財研究所2009)

図43 日本出土広口長頸壺の変遷と関連資料 (S=1/6)

を特定できないが、5世紀後葉に比定できる福岡西森田遺跡出土品より口頸部が相対的に短いため、5世紀中葉に位置づけた。

　福岡西森田遺跡3号溝出土品(図43-4)は頸部に突帯を2つ持ち、その間に波状文を施し、軟質である(大刀洗町教育員会2000)。この故地を全羅道系とする見解が提起されている(武末2000)。このような器形および製作技法はソウル風納土城197番地(旧未来マウル)カ-2号廃棄跡(図43-9)、論山茅村里古墳群5号墳(安承周ほか1994)などでも確認されているように、全羅道よりは中

央、忠清道で確認できる。

　以上、日本出土百済（系）広口長頸壺を共伴遺物の時期で比定した結果、百済の広口長頸壺同様、口頸部の短長が時間的属性を反映している。

(15) 壺⁽⁶²⁾

　① 中・小壺　図44に示した平底壺は、原三国時代に楽浪土器の影響を受けた黒色無文様土器の製作伝統を継承したものと理解されている（朴淳発 2001a：135）。このような平底壺は熊津期以後出土量が減少する傾向にある（土田 2006）。

　TK216型式期前後に比定できる大阪城山遺跡6号墳主体部南周溝底面出土平底壺（図44-1）は、器形、底部の轆轤痕、胴部下位に施された静止ケズリなどが百済の平底壺などでよく観察できる特徴である（中久保 2010：128-129）。さらに外面に無文タタキまたは押さえた痕跡が見えるが、これらは筆者が実見した結果、ソウル風納土城197番地（旧未来マウル）ラ-19号住居出土楽浪系土器（国立文化財研究所 2013b）、大田九城洞遺跡D-1号土壙墓出土平底壺（図44-14）でも観察できる。城山遺跡6号墳出土品より多少大きいが、器形は華川原川里遺跡76号住居出土品（図44-13）、天安龍院里古墳群7号土壙墓出土品（図44-15）、大田九城洞遺跡D-1号土壙墓出土品、瑞山堰岩里ナッモリ（낫머리）遺跡夕地区7号竪穴遺構出土品（尹浄賢 2010）、完州上雲里遺跡カ地区9号墳丘墓1号木棺出土品（金承玉ほか 2010a）と類似する。初期須恵器の中には朝鮮半島の器形・技法に忠実なものもあるため（寺井 2006）、科学的な根拠なくこれを搬入品と断定できないが、少なくとも百済の工人が製作した土器であることは間違いないだろう。

　5世紀前葉と後葉に比定できる奈良保津・宮古遺跡第29次調査SD-2103出土品（図44-2）と長崎対馬島恵比須山遺跡7号石棺墓出土品（図44-3）は口縁部が外反するが、百済の直口短頸壺の範疇に置くことができる。奈良保津・宮古遺跡出土品の胴部上位には波状文と1条の横沈線が、底部には格子タタキが見られる。長崎対馬恵比須山遺跡出土品は2条の横沈線、その間に波状文が施されている。両遺跡出土品共に胴部が張った形状を呈す。保津・宮古遺跡出土品と類似する器形は風納土城慶堂地区9号遺構平面A竪穴出土品（図44-16）、恵比須山遺跡出土品は同土城小規模住宅新築敷地142-1号試掘坑出土品（図44-17）、ソウル石村洞古墳群3号墳東側A地域9号土壙墓出土品（金元龍ほか 1986）などと対比できる。2条の横沈線間に波状文を施す事例は漢城期の特徴である（朴淳発 2003）。

　5世紀後葉に比定できる福岡乙植木古墳群2号墳横穴式石室出土品（図44-5）と福岡西森田遺跡第1号溝出土品（図44-6）も、直口短頸壺に該当する。前者は胴部下位に平行タタキが、後者は格子タタキが残り、底部は窄まった形状を呈す。このような器形はそれほど多くないが、ソウル石村洞古墳群87年度調査1号石槨墓出土品（図44-18）が挙げられる。

　福岡吉武遺跡群第2次調査Ⅸ地区SD-07出土品（図44-4）は、外反口縁小壺（節腹壺）と呼ばれる器種で、胴部中位に1条もしくは2条の横沈線を巡らすことが特徴である。百済・馬韓でも完形出土数が30点未満で、分布圏は漢江流域～錦江流域に集中しているが、一部全羅道でも確認できる（朴淳発 2006：187-188）。福岡吉武遺跡出土品と対比できる資料としてソウル石村洞古墳群4号墳出土品（図44-19）が挙げられる。

　百済（系）高杯と広口長頸壺と共伴する福岡西森田遺跡3号溝出土小壺（図44-7）は、扶餘汾江・

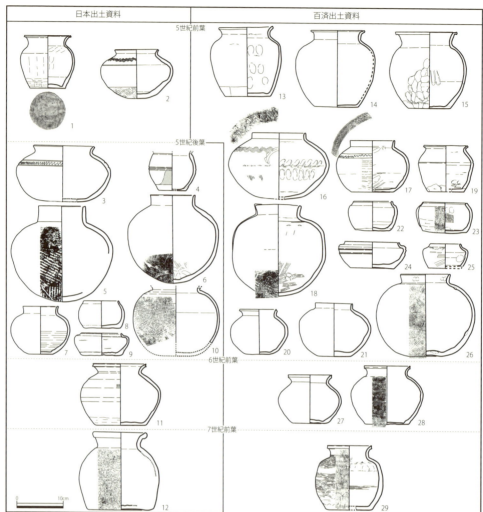

図44 日本出土中・小壺の変遷と関連資料 (S=1/8)

楮石里古墳群5号石槨墓出土品（李南奭 1997）をはじめとして、益山笠店里古墳群8号横口式石槨墓（図44-20）、ソウル石村洞古墳群3号墳東側A地域9号土壙墓出土品（図44-21）と対比できる。

奈良南郷九山遺跡5tr.谷明褐色砂出土品（図44-8）と奈良八条遺跡SX02上層出土品（図44-9）は、内傾する短い口縁部を持ち、平底で底径が大きい。これは福岡西森田遺跡出土品と器形において差が見られるが、百済考古学では小壺に含めている。奈良南郷九山遺跡出土品のように口縁部が内傾し、口縁部と胴部の境界線が弱いものや、奈良八条遺跡出土品のように、口縁部が内傾し肩部が張り出したものは、盆や小壺でも見られるが、一般的ではない。奈良南郷九山遺跡出土品は共伴遺物を伴っていないため時期は不明だが、5世紀中葉～後葉の光州良瓜洞杏林遺跡3号住居出土品

（図44-23）などと対比できる。奈良八条遺跡出土品はソウル風納土城出土品（図44-25）よりも光州杏岩洞遺跡14号窯燃焼室出土品（図44-24）に近い。杏岩洞遺跡は5世紀中葉〜6世紀中葉で、14号窯跡は5世紀後葉以降に比定されているため（李知泳 2012）、奈良八条遺跡出土品もこの頃に比定可能であろう。

　大阪難波宮跡朝集殿院東方域調査第5層出土品（図44-10）は、共伴遺物により時期が5世紀〜7世紀と幅広いが、5世紀中葉〜後葉の遺物と共伴している光州東林洞遺跡101号北東溝出土品（図44-26）と対比可能である。

　6世紀前葉の奈良忍坂古墳群4号墳出土平底壺の口縁部には顕著な凹線が見られ、胴部は大きく横に張り出す（図44-11）（奈良県立橿原考古学研究所 1978）。実見結果、外面は縦方向の平行タタキを残すが、回転ナデでその痕跡は僅かであった。胴部下位はヘラケズリで仕上げられている。また口縁端部は人為的にほぼ全面にわたって小さく打ち欠かれている。この壺は益山熊浦里古墳群出土品（図44-27・28）と対比が可能である。

　7世紀前葉に比定できる佐賀都谷遺跡ST004横穴式石室墓道出土品（図44-12）は、重藤（2016）により百済・馬韓（系）とされた。図には舒川鳳仙里遺跡3-1地域地表採集品（図44-29）を示したが、タタキを施している以外、あまり共通点を見出せない。特に佐賀都谷遺跡出土品の口縁部は百済ではほぼ見られないことと、胴部形態が7世紀代のものとしては多少古い感じがする。そのため百済からの搬入品ではなく、在地で製作されたものと思われる。

　② 中・大壺、甕　福岡西新町遺跡出土壺2点は百済・馬韓（系）壺に分類できる日本出土品の中で最も時期が早い4世紀中葉〜後葉に比定されている（福岡県教育委員会 2009）。3次調査2号竪穴式住居出土品（図45-1）は、胴部の張りが大きく、頸部はやや直線的に開き、口縁端部の外への屈曲が強く、水平に近い面をなすことが特徴的である（重藤 2010）。また胴部上位には平行タタキ、下位には多少大きな格子タタキを残し、軟質でやや褐色を呈する。口縁端部を外に大きく屈曲させた事例は天安清堂洞遺跡（韓永熙ほか 1993）、清州鳳鳴洞遺跡（車勇杰ほか 2005）、清原松垈里遺跡（韓国文化財保護財団 1999a）、公州下鳳里遺跡（徐五善ほか 1995）の3世紀〜4世紀代墳墓出土品で多数確認できる。一方、比較的長い口縁部が直線的にのびた特徴は、咸平月也薪村遺跡出土品（崔盛洛ほか 2001）、咸平萬家村古墳群出土品（林永珍ほか 2004）、潭陽台木里遺跡Ⅲ区域62号墳北側周溝出土品（図45-18）、咸安道項里古墳群26号墳木棺墓出土品（国立昌原文化財研究所 1997）などと類似する（重藤 2010）。

　外面のタタキを丁寧にナデ消した西新町遺跡3次調査5号竪穴式住居出土品（図45-2）の胴部は倒卵形で、口縁部は短く緩やかに外反し、口縁端部が角張る（重藤 2010）。これは大田弓洞遺跡14号周溝土壙墓出土品（李康承ほか 2006）をはじめとし、清州新鳳洞古墳群14号土壙墓出土品（李隆助ほか 1983）、扶安竹幕洞祭祀遺跡出土品（国立全州博物館 1994）、康津楊柳洞遺跡13号住居（鄭一ほか 2010）、高敞南山里遺跡5区域ナ地区3号甕棺墓出土品（図45-19）、潭陽台木里遺跡Ⅰ・Ⅱ地区65号住居出土品（湖南文化財研究院 2010a）などで類似品が見られる。

　大阪大園遺跡出土品（図45-3）は出土状況が不明であるが、器形が4世紀代の清州鳳鳴洞遺跡出土品（図45-20）と類似する。5世紀代の清州新鳳洞遺跡ではほぼ見られないため、4世紀に比定できそうである。ただし栄山江流域でも類似品があるため、時期は5世紀代になる可能性も否定できない。

118

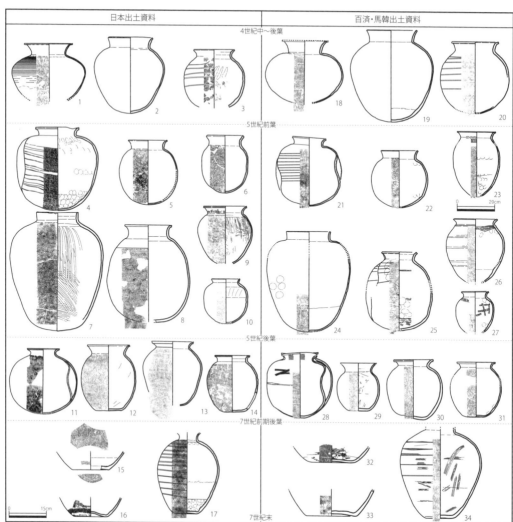

1. 福岡西新町遺跡3次調査2号竪穴住居(福岡県教育委員会1985), 2. 同遺跡3次調査5号竪穴住居(同上), 3. 大阪大園遺跡(大阪府教育委員会1976、藤沢1987), 4. 大阪利倉西遺跡2区南旧河道岸斜面地(豊中市2005), 5. 福岡夜臼・三代遺跡群OMR(大森)地区第6区第7層(新宮町教育委員会1994), 6. 福岡唐原遺跡SC30(福岡市教育委員会1989b), 7. 福岡久原瀧ヶ遺跡群2次調査K区SC-72号竪穴住居北側床面(宗像市教育委員会2000), 8. 大阪部屋北遺跡大溝(大阪府教育委員会2010), 9. 同遺跡F調査区大溝中層b(同上), 10. 奈良壱岐分遺跡群コモリ・宮ノ前地区SD01(見須1993), 11. 長崎佐保浦赤崎遺跡3号竪穴式石室(長崎県教育委員会1974), 12. 奈良中町西遺跡C地区自然流路07(奈良県立橿原考古学研究所2003b), 13. 大阪部屋北遺跡K1調査区土坑10144(大阪府教育委員会2012), 14. 奈良唐古・鍵遺跡84次調査ST-101方墳南側周溝(田原本町教育委員会2009), 15. 大阪難波宮跡NW90-7次調査第7b1層(大阪市文化財協会2004), 16. 同跡W90-7次調査第7b2層(同上), 17. 同跡OS03-13次調査第9層上面SK901+SK902土坑(大阪市教育委員会2005), 18. 潭陽台木里遺跡III区域62号墳北側周溝(湖南文化財研究院2010b), 19. 高敞南山里遺跡5区域ナ地区3号甕棺墓(金鍾文他2007), 20. 清州鳳鳴洞遺跡IV地区B区域79-1号土壙墓(車勇杰他2005), 21. 長興上芳村B遺跡7-2号土壙墓(湖南文化財研究院2006b), 22. 光州平洞遺跡A-4号墳周溝(湖南文化財研究院2012b), 23. 羅州新道里新坪遺跡I地区16号住居(李暎澈他2013), 24. 羅州化亭里馬山3号墳1号甕棺墓(李正鎬他2009), 25. 原州法泉里遺跡2次Bトレンチ(尹炯元2002), 26. 光州平洞遺跡B-10号墳南側周溝(湖南文化財研究院2012c), 27. 同遺跡B-12号墳南側周溝(同上), 28. 海南黄山里分吐遺跡2-2号土壙墓(崔盛洛他2008), 29. ソウル風納土城慶堂地区206号遺構(井戸)土器埋納層上位-14(権五栄他2015), 30. 長城長山里2遺跡1号墳北側周溝(湖南文化財研究院2015c), 31. 光州仙岩洞遺跡6号墳(湖南文化財研究院2012a), 32. 扶餘雙北里トゥシロックゴル(두시럭골)遺跡2地点2号建物(朴大淳他2008), 33. 扶餘花枝山遺跡ラ地区調査暗褐色砂質粘土層(国立扶餘文化財研究所2002a), 34. 扶餘東南里172-2番地一円遺跡遺物包含層(忠清南道歴史文化研究院2007b)

図45　日本出土中・大壺、甕の変遷と関連資料1 (23・31：S＝1/20、その他：S＝1/15)

　大阪利倉西遺跡2区南旧河道岸斜面地からは横置焼成により胴部が陥没した壺が出土している(図45-4)。横置焼成は5世紀代百済、新羅、加耶、倭では一般的に行われなかったため、栄山江流域の土器における重要な基準として認識(朴天秀2006)されていたが、後続の研究(鄭朱熹2008：20)によると3世紀～4世紀の咸安様式古式陶質土器でも観察できるという。このことから利倉西遺跡および長崎佐保浦赤崎3号竪穴式石室出土品(図45-11)が横置焼成されたという点だけで、栄山江流域と関連があると断定できない。ただし5世紀以後の咸安では横置焼成が現れないこと(金宝淑2008)、同時期の他地域の土器と比較すると器壁が非常に薄く、重量が軽いという特徴から、

ここでは利倉西遺跡と佐保浦赤崎遺跡出土品を栄山江流域の土器と関連づけて言及する。

利倉西遺跡出土品は胴部下位に平行タタキ、上位～中位に縄蓆文タタキ後横沈線を螺旋状に巡らし、肩部のタタキメはナデで消している。タタキメの構成や全体的な器形は長興上芳村 B 遺跡 7-2 号土壙墓出土品（図 45-21）や光州平洞遺跡などで見られる。また先に検討した利倉西遺跡出土広口長頸壺が 4 世紀第 4 四半期に比定できることから、この壺もほぼ同じ時期になると思われる。[69]

京都上狛北遺跡第 2 次調査 SK126 出土品（図 46-6）も利倉西遺跡出土品同様、横置焼成されたものと思われる。類似品として光州平洞遺跡 B-24 号墳周溝出土品（図 46-20）、報告者により 4 世紀末～5 世紀初に比定される麗水華東里遺跡 6 号住居出土品（朴美羅ほか 2009）、徐賢珠（2006）により 5 世紀中葉に比定されている務安九山里古墳群 3 号甕棺墓出土品（図 46-21）が挙げられる。遺跡が所在する旧山城町域には飛鳥時代以降高句麗からの渡来系氏族の氏寺であったとされる高麗寺跡がある。そのため渡来系の要素がこの時期まで遡る可能性が高いことは興味深い。

5 世紀後葉の長崎佐保浦赤崎 3 号竪穴式石室出土品（図 45-11）は、横に広がった胴部に縄蓆文タタキを施した後、横沈線を螺旋状に巡らした横置焼成品である。これは海南黄山里分吐遺跡 2-2 号土壙墓出土品（図 45-28）などと対比できる。その他光州雲南洞遺跡周溝出土品（林永珍ほか 2002）は、平行タタキだが全体的な器形が似る。

福岡夜臼・三代遺跡群 OMR（大森）地区第 6 区第 7 層出土品（図 45-5）は、格子タタキを施した丸底短頸壺である。[70] 丸底ではあるが、福岡唐原遺跡 SC30 出土品（図 45-6）、大阪蔀屋北遺跡 F 調査区大溝 F 中層 b 出土品（図 45-9）、奈良壱分遺跡群コモリ・宮ノ前地区 SD01 出土品（図 45-10）同様底部が多少窄まる傾向が見られる。これらは時期的に光州や羅州などの栄山江流域と関連があると思われる。

福岡唐原遺跡 SC30 は口縁部が直立した後に小さく外反し、外面に格子タタキを施す。重藤（2010）の指摘通りこれと類似する器形を探索しきれていないが、可能性として羅州新道里新坪遺跡 I 地区 16 号住居出土品（図 45-23）を示した。

福岡久原瀧ヶ下遺跡 SC-72 号竪穴式住居出土直立口縁の縄蓆文タタキの甕（図 45-7）は、形だけ見ると、4 世紀後葉の咸平禮徳里萬家村古墳群 3-3 号甕棺（林永珍ほか 2004）、3 世紀～6 世紀代の遺物が共伴する羅州化亭里馬山 3 号墳 1 号甕棺（図 45-24）との類似性を指摘できる。

久原瀧ヶ下遺跡出土品と同時期の滋賀塚町南遺跡 SK1 出土品（図 46-5）も甕に該当する。図にはソウル夢村土城 87-7 号貯蔵穴出土品（図 46-18）を示したが、栄山江流域でも出土する。

大阪蔀屋北遺跡大溝出土品（図 45-8）、大阪長原遺跡 82-41 次調査 SE703 出土品（図 46-1）、京都下植野南遺跡 G 地点包含層出土品（図 46-7）、兵庫神楽遺跡 SC057 出土品（図 46-12）、福岡吉武遺跡群第 2 次調査Ⅸ地区 SD-07 出土品（図 46-13）は、百済考古学において卵形短頸壺・卵形壺または長卵形壺と称されるものにあたり、胴部が長くなる点で丸底短頸壺の後続器種と把握されている（金殷卿 2008：31）。3 世紀中葉～後葉頃に出現する卵形短頸壺は、4 世紀中葉以降、忠清北道の古墳群で普遍的に副葬される器種である（金成南 2001）。

蔀屋北遺跡出土品はソウル風納土城出土品、華川原川里遺跡 33 号住居出土品、天安龍院里古墳群出土品（李南奭 2000）などと比較できるが、胴部下位が大きく膨らむものは原州法泉里遺跡 2 次 B トレンチ出土品（図 45-25）、鎮川石帳里遺跡 B-ラ号竪穴出土品（李榮勲ほか 2004）、光州平洞遺跡 B-1 号墳南側周溝出土品（湖南文化財研究院 2012c）などと類似する。[71]

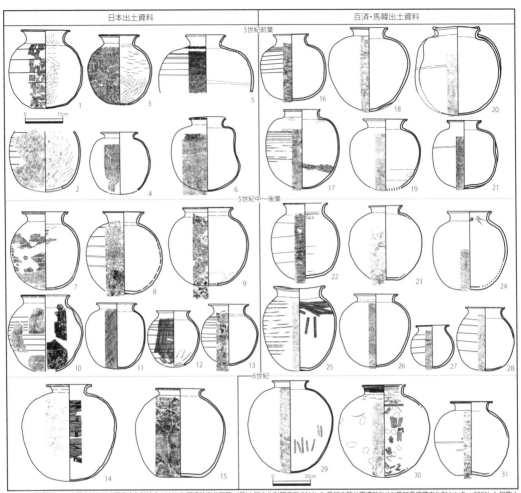

1. 大阪長原遺跡82-41次調査SE703(大阪市文化財協会 1999), 2. 同遺跡南北区第16層(大阪文化財研究所 2011), 3. 愛知志賀公園遺跡SU13(愛知県埋蔵文化財センター 2001), 4. 和歌山野田地区遺跡4区溝9(和歌山県教育委員会 1985), 5. 滋賀塚町南遺跡SK1(才本 2012), 6. 京都上狛北遺跡第2次調査SK126(筒井 2012), 7. 京都下植野南遺跡G地点包含層(京都府埋蔵文化財調査研究センター 2004), 8. 愛知伊勢山中学校遺跡SK109(名古屋市教育委員会 1996), 9. 奈良南郷大東遺跡5tr.5C・6C区SX01上層(奈良県立橿原考古学研究所 2003a), 10. 福岡鬼熊遺跡8号竪穴式住居(行橋市教育委員会 1999), 11. 大阪城山遺跡5号墳(大阪府教育委員会他 1986), 12. 兵庫神楽遺跡SC057(神戸市教育委員会 1989), 13. 福岡吉武遺跡群第2次調査IX地区SD-07(福岡市教育委員会 2001), 14. 佐賀浦田遺跡SB021(佐賀県教育委員会 1983), 15. 福岡草場古墳群1号墳(福岡市教育委員会 2010), 16. 清州新鳳洞古墳群18号土壙墓(車勇杰他 1996), 17. 光州平洞遺跡B-4号墳西側周溝(湖南文化財研究院 2012c), 18. ソウル夢村土城87-7号貯蔵穴(金元龍他 1988), 19. 光州平洞遺跡B-6号墳南側周溝(湖南文化財研究院 2012c), 20. 同遺跡B-24号墳周溝(同上), 21. 務安九山里古墳群3号甕棺墓(崔盛洛他 1999), 22. ソウル石村洞古墳群76-破壊墳(李盛馥他 2013), 23. 羅州伏岩里古墳群1号墳南溝南東区(林永珍他 1999), 24. 光州杏岩里遺跡5号窯前部(7層)(鄭一他 2011), 25. 光州河南洞遺跡9号溝5地点(湖南文化財研究院 2008b), 26. 同遺跡9号溝10地点(同上), 27. 清原主城里遺跡4号土壙墓(韓国文化財保護財団 2000), 28. 清州新鳳洞古墳群A-14号土壙墓(車勇杰他 2002a), 29. 全州馬山遺跡IV区域3号墳6号甕棺墓(湖南文化財研究院 2008b), 30. 扶餘佳塔里錦城山トゥシロックゴル(두시럭골)遺跡文化層(鄭焰培他 2013), 31. 羅州月台里古墳横穴式石室(東新大学校文化博物館 2011b)

図46 日本出土中・大壺、甕の変遷と関連資料2 (17・18・21・29:S=1/20、その他:S=1/15)

　格子タタキが施された大阪蔀屋北遺跡F調査区大溝F中層b出土品(図45-9)と奈良壱分遺跡群コモリ・宮ノ前地区SD01出土品(図45-10)は光州平洞遺跡出土品と類似する。

　奈良中町西遺跡C地区自然流路07出土品(図45-12)は共伴遺物から5世紀~6世紀と比定できるが、百済土器との比較で5世紀代になると思われる。出土品は御井と推定されるソウル風納土城慶堂地区206号遺構(井戸)出土品(図45-29)と類似し、報告者(権五栄ほか 2015)は5世紀を前後した時期に推定しているが、短頸瓶と広口長頸壺から筆者は5世紀第2四半期~第3四半期と見る。

　大阪蔀屋北遺跡K1調査区土坑10144出土品(図45-13)は外面に格子タタキを施す。報告書(大阪府教育委員会 2012)には加耶産かとの見解が示されているが、肩部が張り出し胴部から底部にか

けて窄まる器形は多少であるが全羅南道でも見られる。

奈良唐古・鍵遺跡84次調査ST-101方墳南側周溝出土壺（図45-14）は大きく外反した口縁部に、抹角平底の底部にまで平行タタキを施し、それと直行するように約2~3の線が入ったタタキが施されている（吉井 2002）。全体的な形態やタタキメの構成は清州新鳳洞古墳群出土品や天安龍院里古墳群出土品と類似するが（吉井 2002、金鍾萬 2008a）、忠清道だけでなく、海南龍日里破壊石室墳出土品（殷和秀ほか 2001）、長城長山里2遺跡1号墳出土品（湖南文化財研究院 2015c）、羅州新道里新坪遺跡Ⅰ地区1号竪穴出土品（李暎澈ほか 2013）、羅州泰潤里チャラボン（자라봉）古墳墳丘出土品（李暎澈ほか 2015）、光州平洞遺跡出土品（湖南文化財研究院 2012b・2012c）、光州仙岩洞遺跡6号墳出土品（図45-31）など全羅道とも関連がある。

奈良南郷大東遺跡5tr. 5C・6C区SX01上層出土品（図46-9）、福岡鬼熊遺跡8号竪穴式住居出土品（図46-10）、大阪城山遺跡5号墳出土品（図46-11）は、栄山江流域出土品と関連がある可能性が高い。

愛知伊勢山中学校遺跡出土品（図46-8）と比較できる資料として羅州伏岩里古墳群1号墳周溝南東区出土品（図46-23）を示したが、共伴遺物により4世紀代に推定される河南渼沙里遺跡第008住居（尹世英ほか 1994）からも同様の器形が見られる。また4世紀代の光州晩湖遺跡4号住居出土品（湖南文化財研究院 2009a）は器形だけでなく、タタキメ構成（格子+横沈線）も同一である。同県の志賀公園遺跡からは壺だけなく、把手付鍋や直立口縁甑が出土している。おそらく百済の影響力が及んでいなかった地域の土器に系譜がたどれるだろう。

大阪難波宮跡OS03-13次調査第9層上面SK901+SK902土坑出土品（図45-17）は平底に近い凹底で、外面は縄蓆文タタキ後、螺旋状に横沈線を巡らしており、泗沘期の壺に見られる特徴を有する（寺井 2010a）。一方、同遺跡W90-7次調査第7b2層出土品（図45-16）は平行タタキを施した凹底の甕もしくは壺の底部片になる。この破片だけだと新羅・百済土器両方の可能性を残している。

福岡草場古墳群2次調査1号墳出土品（図46-15）は共伴遺物により、6世紀中葉~7世紀前葉に比定できるという。一方、図示した羅州月台里古墳横穴式石室出土品（図46-31）は共伴遺物と石室の構造により、6世紀中葉~後葉になるという（東新大学校文化博物館 2011b）。福岡草場古墳出土品の底径が羅州月台里古墳出土品より大きいことから、福岡草場古墳出土品は7世紀前葉になると思われる。

（16）鳥足文土器

鳥足文とは平行または格子を刻んだタタキ板に鳥足のような文様を組み合わせたものをいい（金鍾萬 2008b）、壺類、甕、甑、深鉢形土器など多様な器種に採用されている（崔栄柱 2007）。またこの文様は河南渼沙里遺跡出土品からおおよそ4世紀代に出現したと見られている。[72]

現在まで日本では39の遺跡で、110点以上出土している。[73] 注目すべき点は日本出土品の中には百済・馬韓より時期が早い鳥足文土器が出土していることである。大阪長原遺跡地下鉄31工区SD03出土品（図47-4）は、畿内第Ⅴ様式の土器と共伴しているため、日本で最も古い鳥足文土器として評価されているが（田中清 1994）、他の資料との時期差が大きいため、積極的な活用はできないというのが実情である（寺井 2006・2010b）。日本出土品は古墳時代中期またはそれ以後の遺物と共に埋納されている点、5世紀前葉の95-36次調査出土品と類似している点を挙げ、古墳時代中期のも

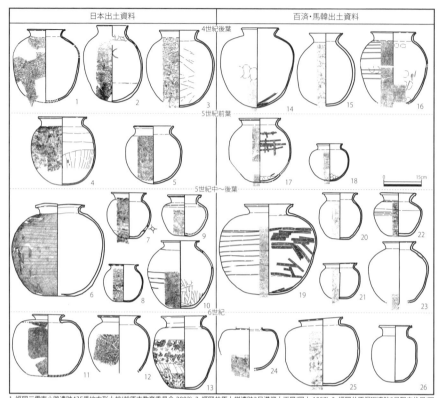

1. 福岡三雲南小路遺跡435番地方形土坑(前原市教育委員会 2002), 2. 福岡井原上学遺跡3号溝埋土下層(同上 1987), 3. 福岡井原塚廻遺跡2号竪穴住居(同上 1992), 4. 大阪長原遺跡地下鉄31工区SD03(田中清 1994), 5. 福岡夜臼・三代遺跡群OMR(大森)地区第6区第7層(新宮町教育委員会 1994), 6. 滋賀柿田遺跡西区1号墳北周溝C(長浜市教育委員会 1999), 7. 福岡番塚古墳前方後円墳横穴式石室(九州大学文学部考古学研究室 1993), 8. 福岡井ノ浦遺跡南側周溝内(前原町教育委員会 1994), 9. 福岡梅林古墳前方後円墳横穴式石室(福岡市教育委員会 1991), 10. 大阪部屋北遺跡南西居住域土坑A1135(大阪府教育委員会 2010), 11. 佐賀相賀古墳石室(田中清 1994), 12. 福岡富地原川原田遺跡SB-14(宗像市教育委員会 1994), 13. 京都中臣遺跡79次調査墓2木棺(国立公州博物館 2002, 京都市埋蔵文化財研究所 2002), 14. 長興上芳村A遺跡A-2地区12号住居(崔盛洛他 2005), 15. ソウル夢村土城88-4号貯蔵穴(金元龍他 1988), 16. 燕岐大平里遺跡20号住居(忠清南道歴史文化研究院 2012b), 17. 光州平洞遺跡B-1号東側周溝(湖南文化財研究院 2012c), 18. 長興上芳村B遺跡4号土壙墓(同上 2006b), 19・23. 光州河南遺跡9号溝10地点(同上 2008c), 20. 天安龍院里古墳群32号土壙墓(李南奭 2000), 21. 清州新鳳洞古墳群B-10号土壙墓(車勇杰他 2002a), 22. 潭陽西玉古墳群3号墳頂(湖南文化財研究院 2007e), 24. 羅州徳山里古墳群7号墳周溝(林永珍他 2002), 25. 羅州伏岩里古墳群2号墳北側周溝(林永珍他 1999), 26. 群山新観洞遺跡2号土壙墓(群山大学校博物館 2002)

図47 日本出土鳥足文土器の変遷と関連資料 (S=1/15)

のと評価する見解（寺井 2006・2010b）があり、筆者もこれに同意する。

　これを除くと、日本で最も古い鳥足文土器は、4世紀後葉の福岡三雲南小路遺跡435番地方形土坑出土品（図47-1）、福岡井原上学遺跡3号溝埋土下層出土品（図47-2）、福岡井原塚廻遺跡2号竪穴式住居出土品（図47-3）、大阪久宝寺北遺跡NR-4003自然河川跡出土品である。そのため百済・馬韓の鳥足文土器も遅くとも4世紀後葉以前には出現していたと推測できる。

　大阪・奈良では5世紀代の鳥足文土器が多く出土している。大阪久宝寺北遺跡出土品からもわかるように九州とほぼ同時期に鳥足文土器製作（者または）集団との関係があったと思われる。日本では6世紀後葉以降出土事例がほぼ見られなくなるが、これは百済で7世紀前半頃に鳥足文土器が消滅するという見解（金鍾萬 2008b）とも符合する。

　鳥足文の分類案については田中清（1994）、崔栄柱（2007）、金鍾萬（2008b）が知られるが、崔栄柱の研究によると、中心軸線と2本の斜線が接しているもの（A）、中心軸線と2本の斜線が接しないもの（B）、3本の中心軸線に2本の斜線があるもの（C）、中心軸線を持たず、斜線だけがあるもの（D）に分類できるという。崔栄柱は百済・馬韓ではBが初出し、4世紀後葉からAとBが共存、5世紀後葉と6世紀初には各々CとDが加わるが、6世紀中葉以降はAだけが存在するという。果

たして日本出土品にもこのような傾向が見られるのか、検討の余地がある。

鳥足文は平行タタキメと組み合わされることが大半であるが（崔栄柱 2007）、福岡夜臼・三代遺跡群 OMR（大森）地区第6区第7層出土品は格子タタキメである（図47-5）。格子タタキメと鳥足文の組み合わせは、潭陽城山里遺跡9号住居出土品（金建洙ほか 2004）、光州香嶝遺跡2号住居出土品（金建洙ほか 2004）など全羅南道の特徴であるため、この地域との関連性を指摘できる。

また6世紀中葉に比定できる福岡在自下ノ原遺跡 SC-015 住居出土（津屋崎町教育委員会 1996）の鳥足文は金鍾萬（2008b）の分類によると Ac 形、つまり中心軸線が非常に長く表現され、その中央から2本の斜線がのびるものに該当する。金鍾萬によるとこれはソウル風納土城と清州新鳳洞古墳群など漢城期に限定されるとあるが、日本出土品から勘案すると、この鳥足文の時期幅は長かったと思われる。

鳥足文はタタキメの一種であるため、多様な器種に採用されている。その中でも図47は甕・壺を中心に示し、故地比定には器形を重要視して時期ごとに触れる。

福岡三雲南小路遺跡435番地方形土坑出土品（図47-1）は、肩部が張り底部が多少窄まったように見受けられる。これは長興上芳村 A 遺跡 A-2 地区12号住居出土品（図47-14）と類似する。

福岡井原上学遺跡3号溝埋土下層出土品（図47-2）は長胴であるため、長卵形土器の変形品とも考えられるが、ここでは壺に含めた。このような器形はソウル夢村土城88-4号貯蔵穴出土品（図47-15）をはじめ忠清道で見られる。福岡井原塚廻遺跡2号竪穴式住居品（図47-3）は燕岐大平里遺跡20号住居出土品（図47-16）と対比できる。

5世紀前葉に比定できる大阪長原遺跡地下鉄31工区 SD03 出土品（図47-4）と福岡夜臼・三代遺跡群 OMR（大森）地区第6区第7層出土品（図47-5）は、各々全羅道出土品（図47-17・18）と関連があると思われる。

滋賀柿田遺跡西区1号墳北周溝 C 出土品（図47-6）は、古墳出土品などからおおよそ5世紀中葉～後葉になる。胴部外面上半は崔栄柱の A 形鳥足文タタキ後、横沈線が施されている。一方、下半は格子タタキである。このようなタタキメの組み合わせは、河南渼沙里遺跡、光州平洞遺跡（湖南文化財研究院 2012b・2012c）、光州杏岩里遺跡（鄭一ほか 2011）、光州河南洞遺跡（湖南文化財研究院 2008c）出土壺などで見られる。器形は全羅道出土品と類似する（図47-19）。

福岡梅林古墳前方後円墳横穴式石室出土品（図47-9）と大阪蔀屋北遺跡南西居住域土坑 A1135 出土品（図47-10）も全羅道出土品と関連がある。福岡梅林古墳出土品は胴部形態が"く"の字になる特徴があるが、潭陽西玉古墳群3号墳墳頂出土品（図47-22）や光州杏岩里遺跡8号窯燃焼室床西側出土品と全体的な器形が類似する。大阪蔀屋北遺跡出土品も胴部が張る特徴を持っており、光州河南洞遺跡9号溝10地点出土品（図47-23）、光州雲南洞遺跡周溝出土品（林永珍ほか 2002）、羅州新道里遺跡5-5区域3号溝出土品（李正鎬ほか 2013）、羅州伏岩里古墳群出土品、羅州徳山里古墳群出土品などと類似する。[75]

福岡番塚古墳前方後円墳横穴式石室出土品（図47-7）と福岡井ノ浦遺跡南側周溝内出土品（図47-8）と比較できる資料として忠清道出土品（図47-20・21）を示したが、百済・馬韓に見られる。

6世紀前葉に比定できる佐賀相賀古墳石室出土品（図47-11）は、大きく張った肩部に円形浮文が巡り、胴部はやや扁平な球形を呈す（田中清 1994）。崔栄柱の A 形鳥足文タタキが施される。類例を探索しきれていないが、羅州徳山里古墳群7号墳周溝出土品（図47-24）や羅州伏岩里古墳群2号

墳北側周溝出土品（図47-25）を示す。

6世紀前葉の京都中臣遺跡79次調査墓2木棺出土品（図47-13）は、鳥足文タタキ後、胴部中位以下にケズリを施しているという。平底土器の場合、底部と胴部の境にケズリをする事例は多々見られるが、胴部中位以下にケズリを施す事例は、百済・馬韓で普遍的ではない。このような事例は、5世紀中頃の愛知志賀公園遺跡SU11出土甑（愛知県埋蔵文化財センター 2001）でも見られる。

(17) 台付盌

百済の台付盌は漢城期末〜熊津期初、中国陶磁器の高台碗の影響で出現した台付盌と、それより多少後出する銅鋺を模倣した台付盌に区分できるという（山本 2005a）。また蓋と身を一体づくりする風船技法の定着と大量生産および規格化などによる定型化は、6世紀末〜7世紀初に実現した（山本 2005a）。

百済と関連がある台付盌（図48-1）は大阪難波宮跡SK-901＋SK-902土坑で出土し、7世紀中葉〜後葉の遺物と共伴している。台付盌の外面3か所に櫛描直線文が見られるが、これは金属器を模倣した標識的資料と考えられている（山本 2005a、寺井 2010a、金容周 2016：78）。これは6世紀中頃の百済で櫛描直線文を施す例がある一方、新羅では凹線を巡らすものが多いため（図48-8）、百済土器と見られる（寺井 2008・2010a）。

百済での櫛描直線文が見られる台付盌の数は多くない。扶餘亭岩里遺跡2・3号窯跡灰原（図48-2）、扶餘東南里702番地遺跡Ⅳ層（図48-3）、扶餘東南里202-1遺跡2段階東-西水路内部（図48-4）、扶餘花枝山遺跡タ地区調査堆積層（図48-5）、益山石旺洞遺跡2地点1号溝状遺構（図48-6）、舒川花山里古墳群9号墳（推定）横口式石槨（図48-7）などから出土している。一方、泗沘期の短頸瓶などの一部器種にも櫛描直線文が観察できる。

日本出土品は、器面全体に薄く自然釉が付着し、色調は黒灰色を呈す（大阪市教育委員会 2005、寺井 2008・2010a）。百済の台付盌は灰色または灰青色硬質が多く、一部黒灰色を呈す硬質焼成もある。

特に灰青色硬質土器よりも非常に精製された胎土を使用し、高温で焼成された灰色土器は、王宮跡と推定される扶餘官北里遺跡をはじめ、扶餘陵山里寺跡、益山王宮里遺跡

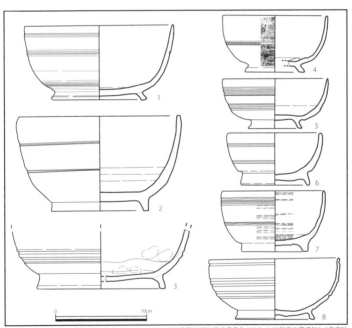

1. 大阪難波宮跡OS03-13次調査第9層上面SK-901＋SK-902土坑遺構（大阪市教育委員会 2005）, 2. 扶餘亭岩里遺跡2・3号窯跡灰原（申光燮他 1992）, 3. 扶餘東南里702番地遺跡Ⅳ層（忠清南道歴史文化院 2007e）, 4. 扶餘東南里202-1遺跡2段階東-西水路内部（沈相六他 2014）, 5. 扶餘花枝山遺跡タ地区調査堆積層（国立扶餘文化財研究所 2002a）, 6. 益山石旺洞遺跡2地点1号溝状遺構（馬韓・百済文化研究所 2012b）, 7. 舒川花山里古墳群9号墳(推定)横口式石槨墓（柳基正他 2003）, 8. 浦項冷水里古墳群側室（国立慶州博物館 1995）

図48 日本出土台付盌と比較資料（S＝1/4）

などで出土した点から、最高権力者の実用品と見る意見（金鍾萬 2004：138）もある。

(18) 鍔付土器

鍔付土器は盌の両側に把手のような鍔が付いた特異な形態の土器である。この土器は高句麗土器の影響を受け熊津期末に出現し、泗沘様式百済土器の重要な器種と認識されている（朴淳発 2005a、土田 2009）。

また扶餘官北里推定王宮跡および益山王宮里遺跡などで主に出土しているため、王室や上流階層の独特な飲食文化を反映する器種と理解（朴淳発 2006：207）されている。そのため日本で出土する点においても意義が大きい。

大阪難波宮跡出土鍔付土器（図49-1）は破片であるが、共伴遺物により7世紀中葉に位置づけられ、渡来した百済貴族や高級官僚らによって搬入・使用されたものと解釈できる。この破片は胴部から剥がれた鍔部分で、胴部に接した外面には縦方向の平行タタキが残っている（寺井 2008）。これについて寺井（2004・2008・2010a）は泗沘期の鍔付土器とし、百済ではタタキメが見られないため、羅州伏岩里古墳群2号墳周溝出土品同様地域色として言及している。

胴部の平行タタキは地方だけに見られる特徴ではない。鍔付土器は鍔を外すと、台付盌と同形である。百済の台付盌および鍔付土器は回転ナデで成形を終える場合が多いため、前段階の成形の痕跡を確認することは容易ではないが、益山王宮里遺跡石築排水路（国立扶餘文化財研究所 2002b）、同遺跡西壁内築瓦列竪穴南辺瓦密集地点地表下120cm（国立扶餘文化財研究所 2006）、扶餘宮南池赤褐色砂質粘土層（国立扶餘文化財研究所 2001）出土台付盌と、扶餘官北里遺跡E113溝（尹武炳 1999）、扶餘宮南池E区域（国立扶餘文化財研究所 2007b）、同遺跡3次調査出土鍔付土器（図49-3）では平行タタキを施したものが観察できる。

難波宮跡出土品は扶餘扶蘇山城黄褐色砂質粘土層出土品（図49-2）と比較できるが、一般的な百済鍔付土器の鍔は難波宮跡出土品のような厚さはない。そのため、羽釜や扶餘花枝山遺跡で出土する把手付円筒形土器のような他器種になる可能性も捨て切れない。

以上、日本出土百済（系）土器を集成し、共伴遺物の年代から百済土器の変遷を把握した。また百済（系）土器の故地比定も行った。

日本出土百済（系）土器のうち、最も時期が遡るのは3世紀中葉以降の大阪五反島遺跡採集品で

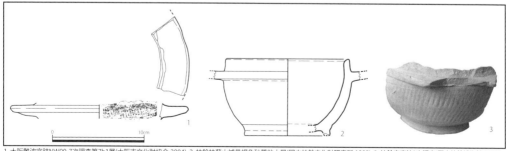

1. 大阪難波宮跡NW90-7次調査第7b1層(大阪市文化財協会 2004), 2. 扶餘扶蘇山城黄褐色砂質粘土層(国立扶餘文化財研究所 1995), 3. 扶餘宮南池3次調査(国立扶餘博物館 2007b、筆者撮影)

図49　日本出土鍔付土器と比較資料（3：縮尺不同、その他：S=1/4）

あるが、器種と数を含め4世紀末〜5世紀初から爆発的に増える。しかし5世紀中葉〜後葉になると、一部の器種を除き、その数は減少する。特に百済（系）煮炊器の減少は、土師器の製作技法で作られるようになることと関連があるだろう（中久保 2009）。

大阪五反島遺跡採集品を除くと、4世紀代の福岡西新町遺跡出土品が最も早い。出土品は深鉢形土器、甑、鉢、壺であるが、格子タタキの深鉢形土器と壺、直立口縁の甑から、錦江以南の馬韓地域と関連がある。4世紀後葉には福岡井原塚廻遺跡、福岡井原上学遺跡、福岡三雲南小路遺跡、福岡御床松原遺跡出土鳥足文土器、奈良山田道遺跡、滋賀西ノ辻遺跡、大阪長原遺跡出土煮炊器が挙げられる。近畿における4世紀後葉は、4世紀末〜5世紀初の大規模な渡来人流入の前夜にあたる。移住に伴い先住者の縁故が大きく働いたことも想像に難くない。

4世紀末〜5世紀初から近畿以東への百済（系）土器が増加し、器種も多様になる。興味深いことにそれらの故知が百済中央の土器より、馬韓の土器と関連があることがわかる。馬韓は百済より日本列島に近い立地であるため、当然のことかもしれないが、なぜこの時期以降に急増するのだろうか。これについては1つの解釈として、百済の領域拡大（文化圏拡大）もしくは影響力拡大と関連づけたい。

4世紀末、高句麗の広開土王（好太王）は、『三国史記』百済本紀の392年と393年の関弥城の戦い、394年水谷城の戦い、395年浿河の戦い、『広開土王陵碑』の永楽6年（396年）における百済との戦いで勝利している。百済は高句麗との戦いで敗戦を喫し、多くの死傷者を出しただけでなく、399年には兵役を忌避した農民が集団で新羅に逃亡するという事態も起き、国家財政基盤の弱体化を招いた（梁起錫 2013：140）。時期的にもこれらと関連づけられるが、この時期、まだ完全に百済の領域となっていない錦江以南地域からの兵役の徴収が行われていたのか、疑問が残る。

405年、百済阿莘王が没すると、倭に9年間いた長子の腆支が王位につく。腆支王の即位から毗有王（在位：427年〜455年）まで百済が高句麗に戦いを仕掛けたり、高句麗を挑発するような事例が見られない。百済は高句麗と新羅に対する軍事的強攻策より、多角的な外交を展開する方向へ対外政策を推進した（梁起錫 2013：141）。

百済は対外的に休戦状態であったが、この機に馬韓地域への領域拡大（文化圏拡大）が図られていることが、考古資料から見出せる（土田 2016a）。百済と馬韓諸国との関係についての直接的な史料はないが、4世紀後葉以降、百済の圧力が馬韓諸国に及んだことによる結果とも考えられる。そのため馬韓と関連がある土器が日本で多く出土しているのではないだろうか。

417年と447年に干ばつの被害があり、447年には新羅に逃亡する農民の記載がある。また地震やイナゴによる飢饉など天災よる馬韓民の流出も十分考えられる。

『三国史記』百済本紀では409年と418年、百済と倭の友誼を伝える。418年百済は、409年倭の使臣派遣に対する返礼として、倭に白錦10反を送っている（梁起錫 2013：142）。百済土器である大阪四ツ池遺跡出土四足土器は、時期的にも符合する。

時期は下るが、5世紀後葉の佐賀野田遺跡出土三足土器や福岡西森田遺跡出土高杯も、百済を代表する土器である。これらは渡来人が在留した可能性を示唆（白井 2000）する資料である。

日本出土百済土器では、短頸瓶が多い。日本出土短頸瓶は共伴遺物を通して5世紀中葉以降に出現しているため、5世紀前葉には百済でも製作されていたと推察できる。

6世紀代になると、短頸瓶、杯付瓶、壺類が見られるが、百済（系）土器は前時期に比べ大幅に減

少する。5世紀代の百済（系）土器は人の移動に伴うことに異論はないが、倭が大陸の文化・技術の導入に積極的であった背景が考えられ、王権だけでなく地方有力者層も多くの渡来人を配下に置き、生産力を高めていったようである（酒井 2013：303-304）。6世紀以降の百済（系）土器の減少は人の移動の減少とも関連があろうが、列島ではすでに各地で土器生産が整っていたことと、前時期と異なり何らかの制約があった可能性もある（酒井 2013：303-304）。

7世紀には大阪難波宮跡で鐸付土器と台付盌が出土している。特に鐸付土器は王室や上流階層の独特な飲食文化を反映する器種であると理解（朴淳発 2006：207）され、外交の要所としての機能をも果たした難波宮での出土は、百済使臣の痕跡といえる。

2．百済出土倭（系）遺物

百済で確認できる倭（系）遺物は、大きく土製品（土師器・埴輪・須恵器）と鉄製品（甲冑・鉄鏃・鉄鉾）に区分できる。その数量は中国陶磁器に比べ少なく相反する様相を呈する。また、日本で出土する百済（系）土器の数量と比較しても、その差は歴然としている[88]。

百済出土土師器は、広州新垈里遺跡出土品と群山余方里藍田貝塚出土品（尹部映ほか 2013）がある。新垈里遺跡出土品は報告書が未刊であるが、金一圭の論著（2015：107・109）で図面などが公表されている。群山余方里藍田貝塚出土品については、報告書と崔興鮮の研究（2014a・2014b）により3世紀後葉とされる。また、ソウル風納土城慶堂地区206号遺構（井戸）上部積石層からは円筒埴輪片が出土している（権五栄ほか 2015）。古墳で使用される埴輪が、百済の都城でどのように扱われたのか、興味深い。

本書の検討対象範囲から外れるが、光州金谷遺跡 B-1 号住居からは3世紀代に考えられる高杯片[89]（湖南文化財研究院 2009b、武末 2013、李暎澈 2016）、咸平昭明遺跡住居からは4世紀末に考えられる甕の口縁部片（林永珍ほか 2003、李暎澈 2016）、光陽七聖里遺跡30号住居からは5世紀前葉に考えられる甕の口縁部片（李東熙ほか 2007、李暎澈 2016）が出土している。光陽龍江里石停遺跡4・5・14・15号住居からも総9点の高杯が出土しているが、5世紀前葉（李暎澈 2016）と5世紀中葉～後葉（藤田 2012）とする見解に分かれる。いずれにしても須恵器に比べ土師器の出土量は少ない。

百済出土須恵器（系）の研究は、酒井（1993・2006・2008・2013）をはじめ、木下（2003・2011）、寺井（2010a）、武末（2012）、土田（2012b・2014）、中久保（2014）、李知熙（2015）などがあり、百済考古学の年代決定資料として活用されている。

倭（系）武具に関する認識には、橋本（2006）、水野（2006・2009）、咸在昱（2010）、柳本（2012）、鈴木一（2003・2012・2014）、金栄珉（2014）、鄭洛賢（2015：29）、国立金海博物館（2015：198-227）などの研究を通じて詳細が知られるようになった[90]。

ここでは先学の研究成果に従いながら、近年発掘調査で出土した遺物を中心に検討する。百済土器と共伴する時期比定が可能な倭（系）遺物は多くないが、これらを通じて百済土器の変遷を把握する。

128

(1) 土師器（系）

　本書の時空間範囲に含まれる土師器（系）は、広州新垈里遺跡出土品と群山余方里藍田貝塚出土品の２点である。

　広州新垈里遺跡の土師器（系）は、２地点２号凸字形住居から出土し、硬質無文土器や甑などと共伴するという（서울文化遺産研究院 2013）。出土品（図50-4）は壺片で、全体の約1/3程度が残り、底部を欠く。石英と金色の鉱物、0.2cm未満の白色砂粒を多く含む胎土で、にぶい黄褐色を呈す。残存器高は約12cm、口縁部の高さは約3.2cmである。胴部外面は滑らかな外面を呈し、口縁部外面は回転ナデを施す。胴部内面は一部板ナデとナデが、口縁部内面は回転ナデを施す。胴部から屈曲し"く"の字状に外傾する口縁部で、口縁端部は丸くおさめる。これについて金一圭（2015：109）は、日本産ではなく土師器を忠実に模倣した土師器系としている。また時期については武末の教示として５世紀第１四半期〜第２四半期とする。ただし、伝聞によると４世紀後葉になるとの見解もある。報告書は未刊であるが、遺跡出土品の年代を総合すると、土師器（系）の年代は４世紀代になる可能性が高い。

　広州新垈里遺跡２地点65号住居からは軟質土器の破片が出土している（図50-3）。原三国時代〜

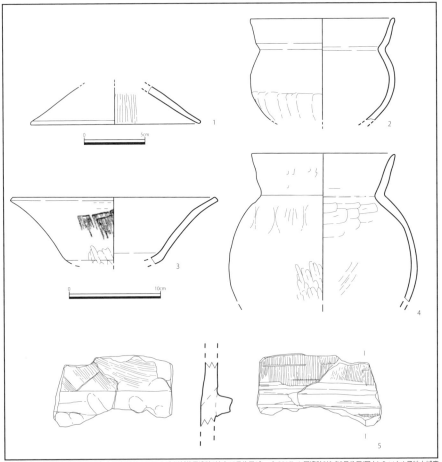

1・2. 群山余方里藍田貝塚17層C3ピット(尹邰映他 2013), 3. 広州新垈里遺跡2地点65号住居(金一圭 2015), 4. 同遺跡2地点2号住居(同上), 5. ソウル風納土城慶堂地区206号遺構(井戸)上部積石層(権五栄他 2015、断面筆者実測)

図50　百済出土土師器（系）・埴輪　（3：S＝1/4、その他：S＝1/3）

百済初の蓋片とも考えられるが、蓋としては器高が高い点と天井部に段が見られる点から、蓋と断定するには疑問が残る。一方、この段に注目すると、土師器高杯の口縁部から底部に続く部分に該当する可能性もある。ただし器壁が厚く、粗い胎土である点が気になる。この是非は報告書が刊行された後、日韓両研究者による意見交換により明確になるだろう。

ちなみに金一圭（2015：109）は自身の編年観で、模倣をした壺の年代を5世紀第2四半期後半もしくは第3四半期前半、高杯と思われる破片は5世紀第2四半期を遡ることはないとしている。また高杯片は壺より多少古式と見ている。

群山余方里藍田貝塚の土師器2点は、17層C3ピットから出土し、同層から硬質無文土器、格子タタキ深鉢形土器片、甑、蓋などが共伴する。

図50-1は高杯の脚部片である。白色砂粒が混入しているが、非常に緻密な胎土で、赤褐色を呈す。外面は右下方向に上から下へハケ調整を施し、回転を利用したヘラミガキが認められる。内面は回転ナデ後、縦方向のヘラミガキを施す。ごく小片であるため脚の傾度に難があるが、提示した報告書の図より底径（脚径）が広がる可能性がある。

図50-2は壺片である。白色砂粒が混入する胎土で、黄褐色を呈す。外面のくびれには1次調整時の板目痕が観察できる。外面全体は回転でヘラミガキをかけ、胴部下位は斜めまたは横ヘラケズリを行っている。口縁部内面は回転ナデを施し、胴部は滑らかにナデている。

2つの土器片は、日本からの搬入品と思われる。壺片は九州からもたらされた可能性が高く、時期は3世紀第4四半期から4世紀第1四半期になる。

(2) 埴　輪

ソウル風納土城慶堂地区206号遺構（井戸）上部積石層から円筒埴輪片（図50-5）が出土した（権五栄ほか 2015）。これが果たして埴輪片なのか問題はあるが、日本の埴輪と風納土城出土品の外面調整に行われるハケは、百済土器製作にはほぼ見られないため、風納土城出土品を埴輪片と見なし、検討する。

出土品は突帯を有する破片で、雲母、シャモットが含まれ、0.1cm〜0.6cm大の白色砂粒を多く含む胎土である。色調は橙褐色で黒斑がなく、軟質である。突帯の断面はM字形を呈し、突帯の高さは1.4cm、幅は2.0cmである。内面の突帯部分はヨコナデ、それ以外はナナメハケまたはヨコハケ調整、外面の突帯部分はヨコナデが、胴部はタテハケが認められる。スカシは不明である。

風納土城出土品について坂（2009：305-306）は「調整技法の面から見て前期古墳に樹立されるタイプの埴輪で搬入品の可能性が高いが、破片であり、現在の朝鮮半島における埴輪の分布範囲から見て、その判断は慎重にならざるを得ない。」とする。また報告者（権五栄ほか 2015：102）は、外面のタテハケが古墳時代前期の埴輪の重要な特徴としている。一方、酒井（2013：51）は日高慎の見解を引用して「TK208型式あるいはTK23型式並行の円筒埴輪片」としている。

筆者は埴輪片で時期を比定する見識を持ち合わせていないが、井戸出土百済土器は5世紀以降で、中心年代が5世紀第2四半期〜第3四半期になる。埴輪は井戸内の土器埋納層より上部の積石層から出土しているため、5世紀中葉〜後葉と考えられる。

この井戸は日常的な井戸とは異なり大型基礎部の存在、多量の土器を投棄した点、周辺に複雑な施設が付加された点から、特殊用途の井戸つまり御井と推定されている（権五栄ほか 2015）。また

中央と地方の土器、完形品は例外なく口縁部を打ち欠いている。これらの土器は水をくみ上げる際に落とされたものではなく、意図的に埋納したと考えられている（権五栄ほか 2015）。井戸では中央と地方の有力者が共にある種の祭儀を行ったと想定されるが、井戸周辺で使用された埴輪の用途は、古墳に配置される日本での使用法と異なる様相を呈す。

しかしわずかな事例ではあるが、奈良布留遺跡や大阪神並・西ノ辻遺跡では埴輪が古墳以外の場で使用されている。神並・西ノ辻遺跡は開析谷流路内から複数の水利遺構から構成された祭祀施設遺構が検出され、盾持人物埴輪二体は水利遺構上流端約10m上流で破砕された状態で出土した（東大阪市文化財協会 2002）。報告書では埴輪や高杯の頻出から導・貯水施設にともなって何らかの祭祀行為が行われたとする。また、盾持人物埴輪を一対として考えるなら、古墳以外の祭祀空間を区画することを目的とした埴輪配置例といえ、埴輪が古墳以外の祭祀空間で配置されたとも考えられている。

井戸周辺での埴輪の具体的な用途は不明であるが、井戸内から栄山江流域や加耶（系）の土器が出土していることから、倭人が倭の祭祀（祭祀空間）を執り行う目的で埴輪を搬入、もしくは現地で倭人が製作した可能性がある。

(3) 漢城期・熊津期の須恵器（系）

百済出土須恵器（系）は、5世紀～7世紀に該当する。そのうち大多数は、先行研究で扱っているため、ここでは検討が十分に行われていないもの、実見したものを中心に記す。

① ソウル石村洞古墳群5号墳南側採集　報告書（李鮮馥ほか 2014）には杯身として記載されているが、実見結果、杯蓋片（図51-6）であった。胎土は0.3cm未満の白色砂粒をまばらに含む。焼成は灰青色硬質であるが、断面は褐色を呈す。稜は短く突出し、口縁端部に沈線状の段を持つ。内面は回転ナデ、外面は稜約0.7cm内側まで回転ヘラケズリを施す。TK23型式期の須恵器に該当する。

百済中央での須恵器の出土は、ソウル夢村土城出土品（図51-7）に次いで2例目である。しかも王墓域と称される石村洞古墳群での出土は初である。

② 舒川鳳仙里遺跡3地域3-Ⅰ区域1号貯蔵穴　1号貯蔵穴から深鉢形土器、把手片、蓋片と共伴した灰青色硬質焼成の高杯の脚部片（図51-21）が出土した（忠清南道歴史文化院 2005）。

脚端部の形状、脚部外面のカキメ調整、杯部の底部内面に見られる同心円文の当て具痕がわずかながら見られるが、これら要素は百済の高杯では一般的でない。おそらくTK23型式期に相当する可能性が高い。

③ 完州上雲里遺跡ラ地区3号墳丘墓1号甕棺墓　実見した図51-1について検討する。高杯は白色砂粒が混入した胎土で、灰青色を呈す硬質焼成である。立ち上がりは内傾し、受け部と立ち上がりの境界には段（窪み）が見られる。杯部はカキメ調整を施すが、受け部から約3.0cm下には幅約3.7cmの回転ヘラケズリが見られる。脚部にもカキメ調整を施し、脚端部には幅約0.2cmの凹線が巡る。杯部と脚部の内面は回転ナデで、高杯は口縁部が内傾し、受け部は上方へのび、受け部端は鋭く突出する（金承玉ほか 2010b）（図51-1・2）。このような形態は百済中央では見られないため、地方の高杯と理解できるが、栄山江流域の高杯（徐賢珠 2006：103）でも類例は見出せない。上雲里遺跡から出土した他の高杯と比較しても、図示した2つの高杯は異質である。

類似品はTK73型式期～TK216型式期（図51-48）とTK23型式期の須恵器（図51-49）で見られ

第3章 百済土器の主要年代決定資料 *131*

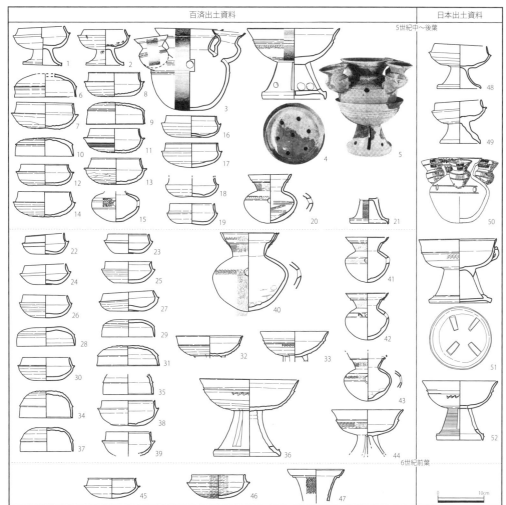

1・2. 完州上雲里遺跡ラ地区3号墳丘墓1号甕棺墓(金承玉他 2010b), 3〜5. 高敞鳳徳里古墳群1号墳4号竪穴式石室(馬韓・百済文化研究所 2012a, 李文炯 2014), 6. ソウル石村洞古墳群5号墳南側採集(李鮮馥他 2014), 7. ソウル夢村土城85-3号貯蔵穴(夢村土城発掘調査団 1985, 木下 2003), 8. 清州新鳳洞古墳群A地区32号土壙墓(車勇杰他 1990, 木下 2003), 9〜14. 同古墳群B地区1号土壙墓(同上), 15〜17. 高敞鳳徳里遺跡ラ地区方形推定墳南側周溝(金建洙他 2003a), 18. 高敞紫龍里遺跡1号墳周溝(柳哲他 2013, 筆者実測), 19. 同遺跡2号墳東側周溝(同上, 筆者実測), 20. 同遺跡3号墳西側周溝(同上, 図面改変), 21. 舒川鳳山里遺跡3地域3-1区域1号貯蔵穴(忠清南道歴史文化院 2005), 22. 群山山月里遺跡ナ地区6号横穴式石室(郭長根他 2004), 23・24. 同遺跡8号横穴式石室(同上), 25〜29. 高敞鳳徳里遺跡ナ地区溝(金建洙他 2003a), 30. 同遺跡カ地区地表採集(金建洙他 2003b), 31. 公州艇止山遺跡地表採集(国立公州博物館 1999b, 木下 2003), 32・33. 同遺跡23号住居堆積層上層(同上), 34. 扶安竹幕洞祭祀遺跡カ2区傾斜面(国立全州博物館 1994, 木下 2003), 35. 同遺跡カ・ナ2区間の傾斜面(同上), 36. 同遺跡ナ2区北側平坦面(同上), 37. 益山信洞里遺跡6地区11号竪穴(崔完奎他 2005), 38. 扶安白山城3次調査1号環濠北側床面(金祥奎他 2011, 筆者実測), 39. 井邑新月里遺跡ナ地区採集(韓修英他 2005), 40. 高敞紫龍里遺跡2号墳7-1号土壙墓(柳哲他 2013, 図面改変), 41. 同遺跡6号墳1号土壙墓(同上, 筆者実測), 42. 同遺跡4号墳1号土壙墓(同上, 筆者実測), 43. 同遺跡4号墳盛土層(同上, 図面改変), 44. 同遺跡6号墳周溝(同上), 45. 同遺跡5号墳周溝と6号墳周溝(同上, 筆者実測), 46. 公州金鶴洞古墳群20号墳(横口式)石槨墓(柳基正他 2002), 47. 公州艇止山遺跡4号楕円形竪穴堆積層上層(国立公州博物館 1999b, 木下 2003), 48. TK216型式期段階(大阪府教育委員会他 1979), 49. 大阪大野池(ON)地区61号窯跡(大阪府教育委員会他 1976), 50. 福岡羽根戸古墳群(福岡市教育委員会 1988), 51. 島根金崎古墳(愛知県陶磁資料館 1995), 52. 奈良新沢千塚古墳群281号墳(奈良県立橿原考古学研究所 1981)

図51 漢城期・熊津期出土須恵器(系)の時間的位置 (5・50:縮尺不同、その他:S=1/8)

る。しかし上雲里出土品は、一般的な須恵器に比べ壁が多少厚い感があるため、ここでは須恵器系として扱う(102)。

　後述するが、この遺跡からは5世紀前葉と思われる倭(系)の鉄鏃が出土しているが、百済の高杯の変遷を考慮するなら、高杯は5世紀中葉以降になると思われる。

　④ **高敞鳳徳里古墳群1号墳4号竪穴式石室** 1号墳4号竪穴式石室からは蓋杯、壺、中国青磁盤口壺、金銅飾履、金製耳飾、盛矢具、大刀、馬具と共に子持甑と鈴付高杯がセット(図51-5)で出土した(馬韓・百済文化研究所 2012a)(103)。おそらく国内初の高敞出土子持甑(104)は、日韓文化交流の一側面を考察できる遺物になろう。

子持甕（図51-3）は、甕（有孔広口壺）の胴部上位に4つの小壺が付く形態である。実際の観察では、円孔の周辺に2条の横沈線、その上下に方向が異なる斜縦方向の連続刻み目（点列文）を施している。胴部中位〜下位にはカキメ、底部には平行タタキ、頸部には2帯の波状文が見られる。小壺は胴部最大径周辺に2条の横沈線、その上に格子状文、頸部に波状文が観察できる。装飾小壺は胴部側面に円孔を開けて甕本体と繋がっている。

　この土器には青磁の釉薬を彷彿させる青緑色の釉が掛かっている。報告者である李文烱（2014）は、この釉の分析で酸化カルシウム（CaO）の含量が多く検出され、石灰釉薬（High lime glazes）系列としている。つまりこれは土器に釉薬を掛けた事例となる。これが事実なら、おそらく朝鮮半島で最も早い段階の釉を掛けた事例となろう。しかし中国陶磁器の釉と比較した場合、人工的な印象ではなく、自然釉に近いと思われた。

　これと関連し李文烱（2014）は、子持甕の起源を日本の関連性を想定しながらも、中国の五連罐を模倣し国内で製作された可能性を提示している。

　子持甕はTK208型式期に該当する福岡羽根戸古墳群出土品（図51-50）や、（伝）兵庫県出土品（愛知県陶磁資料館 1995）と類似する。日本の子持甕は、TK208型式期〜TK209型式期まで存続し、その型式変化もたどれる（山田 1998）。鳳徳里出土子持甕の源流についてはセットで出土した鈴付高杯を検討した後、述べる。

　鈴付高杯の口縁部は外反し、外面には断面円形状の突帯とその下方に波状文を加飾している（図51-4）。杯部の下位にはカキメが見られる。杯部内面には他の土器を入れて焼いた痕跡が見られるが、その形状から子持甕ではない。脚部には細長方形の透かしと円孔が各々4つ開けられている。脚の底部は粘土で塞がれ、その中に土製の玉が2つ入り、振ると甲高い音が出た。粘土で塞がれた底には、円孔が7つ開けれている。鈴付高杯にも自然釉が見られ、釉調は子持甕と似る。

　日本では鈴付高杯は5点確認されているという（愛知県陶磁資料館 1995）。このうち、粘土で塞いだ底に開けられた円孔の形態に差があるが、全体的に5世紀前葉の島根金崎古墳出土品（図51-51）と最も類似する。

　注目したいのは高杯の脚端部である。これは後述する舒川鳳仙里遺跡出土品（図51-21）同様、百済の高杯では見られない形状である。

　子持甕と鈴付高杯は共伴する中国陶磁器から、5世紀第3四半期と見られる。それに比べ日本ではこれより早い時期のものがある点、子持甕の場合5世紀前葉〜7世紀初まで存続し、その変遷も日本国内で追跡できる点、韓国国内では鳳徳里が初例という点などから勘案すると、日本と高敞で同時に出現した器種ではないことがわかる。また、明るい自然釉などは須恵器ではあまり見られないため、日本からの搬入品というよりは、日本との関連の中で在地で製作されたと思われる。

　さらにいえば、子持甕は甕に小壺が4つ装飾され、鈴付高杯は脚の内部に玉を2つ入れて音を出す機能を付けている。このように硬質土器に器物を装飾したり、音を出す機能をした器種は百済・馬韓土器では見られない。つまり土器に他の機能を付ける風土ではなかったのである。このような発想は、外部からもたらされたとするのが適当であり、その影響は日本からと考える。

　李文烱は中国の五連罐を模倣したと考えているが、鈴付高杯も共伴している点、現時点百済で五連罐の出土例がない点、中国は罐であるが、高敞出土品は甕である点、中国では小壺の他に人物、動物などの形状を貼り付けている点などから、中国陶磁器を模倣したという解釈は無理がある。

鳳徳里古墳の被葬者は、金銅飾履、中国陶磁器などの副葬から、百済中央と関連が深い在地有力者と見られる。一方で、百済だけでなく倭の勢力とも関係を結んでいた。これは5世紀、高句麗の南進が本格化し、高句麗が百済との交戦で主導権を握る構図のなか（梁起錫 2013：136）、鳳徳里の勢力が見出した活路の1つであったと思われる。

⑤ **高敞鳳徳里遺跡**[110]　この遺跡は出土数が多いため、各遺構ごとに記述する。

a．カ地区推定方形墳南側周溝

報告書（金建洙ほか 2003a・2003b）は発刊されていたが、須恵器の存在はその後に知られるようになった（金恩延ほか 2011、酒井 2013：254）。推定方形墳南側周溝から甕（図51-15）と杯身2点（図51-16・17）が出土している。

図51-15の甕は胴部しか残っておらず、胴部と頸部の境目がきれいに打ち欠かれている。胎土には0.3cm未満の白色砂粒を含み、焼成は灰青色硬質で、外面と内面の底に自然釉が付着する。最大径付近に2条の横沈線とその間に波状文、横沈線の真上に斜線が連続して加飾される。内面はカキメ調整と回転ナデが見られる。

図51-16の杯身は、0.2cm未満の白色砂粒を多く含む胎土で、焼成は灰青色硬質である。立ち上がりは内傾した後、上方へのびる。内面は回転ナデ、外面は回転ヘラケズリで、底部には長さ約5.8cmの線が引かれ、重ね焼きをした痕跡が見られる。口縁端部に沈線状の段を持ち、受け部は斜め上方へのびる。受け部と立ち上がりの境界には段が、受け部端から約0.5cm下には幅約0.2cmの凹線が見られる。

図51-17の杯身は、0.3cm未満の白色砂粒を多く含む胎土で、焼成は灰青色硬質であるが、断面は褐色を呈す。立ち上がりはほぼ直立し、上方へのびる。内面は回転ナデ、外面は受け部端から約1.0cm以下に回転ヘラケズリ（逆時計回り）[111]を施す。口縁端部に沈線状の段を持ち、受け部はほぼ水平である。口縁部の上位と受け部端の直下には幅約0.4cmの凹線が見られる。

以上3点は、TK23型式期の須恵器に該当する（酒井 2013：254）。

b．ナ地区溝1

図51-25の杯身は、0.2cm未満の白色砂粒を含む胎土で、焼成は灰青色硬質であるが、断面は褐色を呈す。口縁端部は段を持ち、受け部はほぼ水平である。受け部と立ち上がりの境界には段が見られる。内面は回転ナデ、外面は受け部端から約0.7cm以下に回転ヘラケズリ（時計回り？）を施す。

図51-26の杯身は、0.2cm未満の白色砂粒を含む胎土で、焼成は灰青色硬質である。立ち上がりは内傾し、口縁端部は細く丸くおさめる。受け部と立ち上がりの境界には段が、受け部端の直下には幅約0.4cmの凹線が見られる。内面は回転ナデ、外面は受け部端から約1.0cm以下に回転ヘラケズリ（時計回り）を施す。

図51-27の杯身は、0.2cm未満の白色砂粒を含む胎土であるが、上記2点に比べ粗く、焼成は灰青色硬質であるが、断面は褐色を呈す。立ち上がりは内傾し、口縁端部に沈線状の段を持ち、受け部と立ち上がりの境界には段が、受け部端の直下には幅約0.4cmの凹線が見られる。内面は回転ナデ、外面は受け部端から約1.1cm以下に回転ヘラケズリを施すが、底部には調整痕はなく、火襷[112]の痕跡がある。

図51-28の杯蓋は、0.1cm未満の白色砂粒を含んだ胎土で、焼成は灰青色硬質である。平らな天

井部頂を持ち、稜の下には幅約 0.4 cm の凹線が巡る。内面は回転ナデ、天井部外面は稜から約 1.5 cm 上に回転ヘラケズリを施す。口縁端部は細く丸くおさめる。

　図 51-29 の杯蓋は、0.1 cm 未満の白色砂粒を含んだ胎土である。焼成は灰青色硬質であるが、断面は褐色を呈す。平らな天井部頂を持ち、稜の下には幅約 0.3 cm の凹線が巡る。内面は回転ナデ、天井部外面は稜の際まで回転ヘラケズリを施す。口縁端部は細く尖る。

　以上 5 点は TK47 型式期の須恵器に該当する（酒井 2013：254）。

c．カ地区地表採集

　図 51-30 の杯身は、0.3 cm 未満の白色砂粒を含む胎土で粗い。焼成は灰青色硬質であるが、断面は褐色を呈す。立ち上がりは内傾し、口縁端部は沈線状の段を持つ。受け部と立ち上がりの境界には段が、受け部端の下には幅約 0.15 cm の凹線が巡る。受け部には白い繊維状のものが見られる。これは藁を灰のようにしたもので、これを置くことによって、1 つは蓋と身の融着を防ぐことが目的と考える。また杯身受け部に蓋が密着した部分の赤色化を炭素（炭化）によって防ぎ、灰色にするためと想定できる（酒井 2013：300-301）。内面は回転ナデ、外面は受け部端から約 1.4 cm 以下に幅約 1.9 cm の回転ヘラケズリを施すが、底部には調整痕は見られない。これは TK47 型式期の須恵器に該当する（酒井 2013：254）。

⑥ 高敞紫龍里遺跡　　紫龍里遺跡からは、6 基の周溝墳丘墓が確認され、須恵器または須恵器系が墓と周溝から出土している。報告者（柳哲ほか 2013）は墓の造営順序を、1 号墳・2 号墳→3 号墳・6 号墳→4 号墳→5 号墳と解釈している。2 号墳 7-1 号土壙墓、4 号墳 1 号土壙墓、6 号墳 1 号土壙墓からは TK23 型式期～TK47 型式期の須恵器が、4 号墳盛土層からは TK47 型式期の須恵器が出土する。また 5 号墳周溝と 6 号墳周溝からは同じ個体の破片が出土し、MT15 型式期と見られる。このことから、この周溝墳丘墓は TK23 型式期段階から MT15 型式期段階に築造されたと判断できる。また、MT15 型式期の杯身は 5 号墳周溝に伴ったものと思われる。

a．1 号墳周溝

　杯身は 0.1 cm 未満の白色砂粒や雲母片を含む胎土で、質は 2 号墳東側周溝出土品と似るが、5 号墳周溝と 6 号墳周溝出土品とは異なる（図 51-18）。焼成は灰青色硬質である。杯身の立ち上がりは内傾した後、上方へのびる。受け部は短く上外方へ突出する。内面は回転ナデ、外面は受け部端の約 0.9 cm 以下に回転ヘラケズリ（時計回り）を施すが、底部中央は未調整である。出土品は TK23 型式期～TK47 型式期の須恵器に該当する。

b．2 号墳東側周溝

　杯身の立ち上がりは内傾した後、上方へのびる（図 51-19）。口縁端部に沈線状の段を持ち、受け部と立ち上がりの境界には段が見られる。受け部は短く上外方へ突出し、受け部端の下には凹線が巡る。内面は回転ナデ、外面は受け部端の約 0.7 cm 以下に回転ヘラケズリ（時計回り）を施すが、側面だけに限定される。焼成は灰青色硬質で、口縁部の 1/2 が欠損する。出土品は TK23 型式期～TK47 型式期の須恵器に該当する。

c．2 号墳 7-1 号土壙墓

　甕は長頸壺、蓋杯などと共伴する（図 51-40）。甕は白色砂粒を含む胎土で、焼成は灰青色硬質、外面と内面の底には自然釉が付着する。底部は若干尖り気味で、肩部が張り最大径が胴部上位に位置する。斜め上方に立ち上がる頸部から水平気味に外反した後、斜め上方に立ち上がる口縁部へと

続き、口縁端部に沈線状の段を持つ。口縁部は一部欠損する。口縁部、頸部、胴部外面に波状文を加飾する。胴部下位と底部は平行タタキが見られるが、底部は違う方向のタタキメが重複している。TK23型式期～TK47型式期の須恵器に該当する。

d．3号墳西側周溝

甕は白色砂粒を含む胎土で、焼成は灰青色硬質、外面には自然釉が付着する（図51-20）。底部は若干尖り気味で、肩部が張り最大径が胴部上位に位置する。斜め上方に立ち上がる頸部から段を形成した後、斜め上方に立ち上がる口縁部へと続き、口縁端部に沈線状の段を持つ。口縁部の4割は欠損する。頸部外面には波状文、最大径付近に2条の横沈線とその間に斜縦方向の連続刻み目（点列文）を加飾する。この横沈線から下位には幅約2.8cmにわたりカキメが見られ、底部はナデを行っている。TK23型式期の須恵器に該当する。

e．4号墳1号土壙墓

甕は把手付杯と共伴する（図51-42）。甕の底部は白色砂粒を含む胎土で、焼成は灰青色硬質、外面と内面の底には自然釉が付着する。若干尖り気味で、肩部が張り最大径が円孔より下に位置する。斜め上方に立ち上がる頸部から水平気味に外反した後、斜め上方に立ち上がる口縁部へと続き、口縁端部に沈線状の段を持つ。口縁部の2/3以上と頸部の一部が欠損する。頸部外面には波状文、最大径付近に2条の横沈線とその間に波状文を加飾する。この横沈線から下位には幅約2.5cmにわたりカキメが見られ、底部はタタキ後、ナデを行っている。また底部には火襷の痕跡が1条見られる。TK23型式期～TK47型式期の須恵器に該当する。

f．4号墳盛土層

甕は白色砂粒を含む胎土で、焼成は灰青色硬質である（図51-43）。底部は若干尖り気味で、肩部が張り最大径が胴部上位に位置する。斜め上方に立ち上がる頸部から水平気味に外反した後、斜め上方に立ち上がる口縁部へと続くが、口縁部と頸部が5割欠損している。頸部外面には波状文、最大径付近に2条の横沈線とその間に波状文を加飾する。TK47型式期の須恵器に該当する。

g．5号墳周溝と6号墳周溝

報告書（柳哲ほか 2013）には5号墳周溝と6号墳周溝で出土した各々の杯身が掲載されているが、実見結果、2つの杯身片は同じ個体であった（図51-45）。[113]

杯身は0.2cm未満の白色砂粒を含む胎土で、焼成は灰青色硬質だが、断面は褐色を呈す。出土品は内傾する口縁部で、口縁端部に沈線状の段を持ち、受け部はほぼ水平にのび、シャープさを感じさせる。受け部と立ち上がりの境界には段が見られる。内面は回転ナデ、外面は受け部端付近まで回転ヘラケズリ（時計回り）を施す。MT15型式期の須恵器に該当する。[114]

h．6号墳周溝

無蓋高杯は0.2cm未満の白色砂粒を多く含む胎土で、焼成は灰青色硬質だが、断面は褐色を呈す（図51-44）。杯部から斜め上方に立ち上がる口縁部へ続き、口縁端部は尖り気味である。杯部上位には波状文を加飾し、文様の直下には横沈線がはしる。口縁部は回転ナデであるが、杯部下位は回転ヘラケズリ、脚部はカキメが見られる。脚部には3か所の方形透かしを開ける。TK47型式期の須恵器に該当する。

i．6号墳1号土壙墓

甕は小壺、在地の甕（有孔広口小壺）、杯蓋と共伴する（図51-41）。甕は白色砂粒を多く含む胎土

で、焼成は灰青色硬質、外面と内面の底には自然釉が付着する。底部は若干尖り気味で、肩部が張り最大径が胴部上位に位置する。斜め上方に立ち上がる頸部から水平気味に外反した後、斜め上方に立ち上がる口縁部へと続き、口縁端部に沈線状の段を持つ。口縁部は半分以上欠損する。頸部外面には波状文、最大径付近に2条の横沈線とその間に斜縦方向の連続刻み目（点列文）を加飾する。この横沈線から下位には幅約2.0cmにわたりカキメが見られ、底部は特記すべき調整痕は見られないが、火襷の痕跡が2条見られる。TK23型式期～TK47型式期の須恵器に該当する。

⑦ 群山山月里遺跡　6号横穴式石室からは三足土器、高杯、蓋、鉄製品など、8号横穴式石室からは三足土器、高杯、蓋、短頸瓶、鉄製品などと共に、TK47型式期の須恵器杯身（図51-22～24）が出土した（郭長根ほか2004、酒井2013：254）。共伴遺物である三足土器と高杯の型式学的変遷を考慮しても、5世紀第4四半期に該当し、須恵器の年代と符号する。

a．ナ地区6号横穴式石室

杯身は0.1cm未満の白色砂粒を含む胎土で、焼成は灰青色硬質だが、断面は褐色を呈す（図51-22）。立ち上がりは内傾した後、上方へのび、口縁端部は細く尖る。口縁端部の外面には沈線状の段が巡る。受け部はやや上外方へ突出する。内面は回転ナデ、外面は受け部端の約0.8cm以下に回転ヘラケズリ（時計回り）を施す。

b．ナ地区8号横穴式石室

図51-23は0.5cm未満の白色砂粒を多く含む胎土で、焼成は灰青色硬質である。立ち上がりは内傾し、口縁端部に沈線状の段を持つ。受け部は水平で、高敞鳳徳里遺跡出土品（図51-30）同様、白い繊維状のものが見られる。受け部と立ち上がりの境界には段がある。受け部端から約0.6cm下には凹線が巡る。内面は回転ナデ、外面は回転ヘラケズリを施すが、底部は未調整である。

図51-24は0.2cm未満の白色砂粒を多く含む胎土で、焼成は灰青色硬質である。立ち上がりは内傾し、口縁端部に沈線状の段を持つ。受け部は水平で、受け部と立ち上がりの境界には段が見られる。受け部端から約0.6cm下には身と受け部の接合が観察できる。内面は回転ナデ、外面は受け部端から約3.0cm以下に回転ヘラケズリを施す。

⑧ 益山信洞里遺跡6地区11号竪穴　杯蓋の破片（図51-37）であるが、復元可能である（崔完奎ほか2005）。出土品は0.1cm未満の白色砂粒を多く含む胎土で、焼成は灰青色硬質である。杯蓋の天井部は扁平で、稜の下には凹線が巡る。天井部外面は回転ヘラケズリ（時計回り）を施し、口縁端部に沈線状の段を持つ。TK47型式期の須恵器に該当する。

⑨ 扶安白山城3次調査1号環濠北側床面　灰青色硬質焼成の杯身（図51-38）は、他の遺物は伴っていない（金祥奎ほか2011）。出土品は白色砂粒を含む胎土で、焼成は灰青色硬質である。直立した口縁部で、口縁端部に沈線状の段を持ち、受け部は上外方へのびる。受け部と立ち上がりの境界には沈線が見られる。一方、外面と内面は回転ナデを施す点と、底部外面の中央が凹み、その周囲に幅約3cmの輪状帯が観察できる点などから、出土品は須恵器系であろう。時期はTK47型式期に該当する。[115]

⑩ 井邑新月里遺跡ナ地区採集　杯身（図51-39）は全体の1/4程度残る（韓修英ほか2005）。杯身は、0.1cm未満の白色砂粒を含む胎土で、焼成は灰青色硬質である。内傾する口縁部で、口縁端部に段を持ち、受け部は上外方へのびる。受け部と立ち上がりの境界には段が見られる。内面は回転ナデ、外面は受け部端から約2.6cm以下に回転ヘラケズリを施す。時期はTK47型式期の須恵器

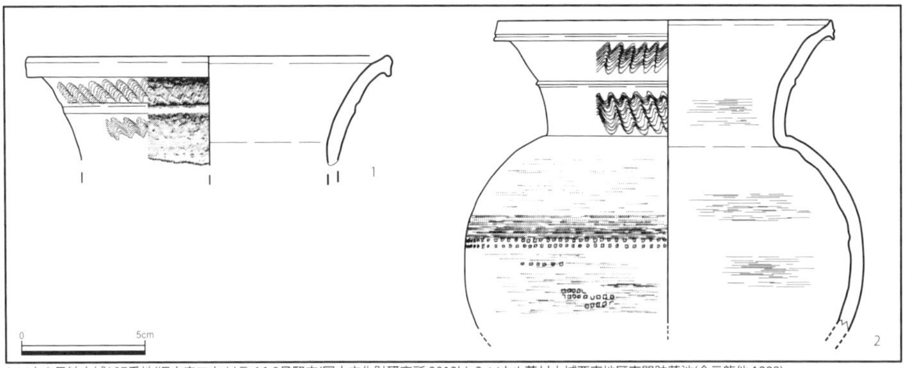

第 3 章 百済土器の主要年代決定資料 *137*

1. ソウル風納土城197番地(旧未来マウル)ラ-16-2号竪穴(国立文化財研究所 2012b)，2. ソウル夢村土城西南地区南門跡蓮池(金元龍他 1989)

図 52　漢城期出土須恵器系（S＝1/3）

に該当する（酒井 2013：254）。

⑪ **その他**　ここでは、須恵器との関連が想定できるもの中で、実見を行ったものについて言及する。

　ソウル風納土城197番地（旧未来マウル）ラ-16-2号竪穴からは、三足土器と盌と共に、壺の頸部片（図52-1）が出土している。報告書（国立文化財研究所 2012b）には広口短頸壺との記載があるが、そもそもこのような頸部は百済土器では一般的ではない。

　胎土は 0.2 cm 未満の白色砂粒と黒色粒を含み、焼成は灰色硬質であり、非常に焼き締められている。質感は高敞鳳徳里古墳群１号墳４号竪穴式石室の鈴付高杯と似る。頸部外面には幅0.2 cm～0.3 cm の横沈線を引いた後、この沈線の上下に各々１帯の波状文を加飾している。内面は回転ナデを施し、内外面には明淡緑色の自然釉が見られる。この自然釉の色も鳳徳里古墳群１号墳４号竪穴式石室の子持腿と似る。

　竪穴から出土した三足土器は５世紀後葉になることから、頸部片もこの時期に該当するだろう。

　この頸部片は須恵器の壺と非常に類似するが、２帯の波状文の間にある横沈線は須恵器の中でも新しい要素になり、TK23型式期より古くはならないという。仮に須恵器だとしても、須恵器の年代と三足土器の年代は符合しない。自然釉や胎土の質感などは須恵器より、前述した高敞鳳徳里古墳群出土品と類似するため、日本との関連の中で全羅道で製作されたものと見られる。

　このように日本との関連の中で国内で生産されたものの中には、ソウル夢村土城西南地区南門跡蓮池出土壺（図52-2）もこれに該当する可能性が高く、酒井（2013：266）の須恵器系土器にあたる。出土品の胎土は白色砂粒と黒色粒を含み、焼成は灰色硬質であり、外面には明淡緑色の自然釉が見られる。口縁端部には横沈線を引き、頸部中央には断面三角形の突線があり、この突線の上下に各々１帯の波状文を加飾している。胴部の最大径以下には格子タタキが見られるが、その上にカキメを施す。胴部の上位は自然釉が掛かっており、調整痕を観察できなかった。

　酒井は波状文や全体的な器形は須恵器と似るが、器壁が光沢を持つ灰色で、外面の明淡緑色の自然釉などが須恵器と違和感があると評価している。

　夢村土城出土品も前述した高敞鳳徳里古墳群出土品や風納土城出土品と自然釉や胎土の質感などが類似するため、日本との関連の中で全羅道で製作されたものと見られる。

(4) 泗沘期の須恵器（系）

① 舒川鳳仙里遺跡3地域3-Ⅱ区域7号住居　7号住居からは高杯の脚部、百済土器の蓋と共に須恵器杯蓋（図53-1）が出土した（忠清南道歴史文化院 2005）。杯蓋は0.2cm未満の白色砂粒を含む胎土で、焼成は灰青色硬質である。外面には回転ヘラケズリ（時計回り）、天井部内面には当て具痕が見られる。つまみは持たない。TK10型式期に該当する（酒井 2008・2013：254）。

② 扶餘井洞里遺跡7号住居外部の南東側排水路　排水路から大量の土器片と共に須恵器の壺（図53-2）が出土した（柳基正ほか 2005）。外面は平行タタキ後、カキメを施す。内面は同心円文の当て具痕が見られる。口縁端部は丸みを帯びる。器高は44.6cm、推定口径は、20.8cmを測る。このよ

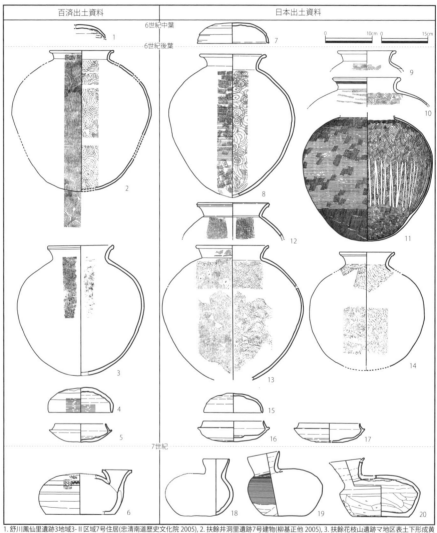

1. 舒川鳳仙里遺跡3地域3-Ⅱ区域7号住居(忠清南道歴史文化院 2005), 2. 扶餘井洞里遺跡7号建物(柳基正ほか 2005), 3. 扶餘花枝山遺跡マ地区表土下形成黄褐色砂質粘土層(国立扶餘文化財研究所 2002a), 4. 舒川楸洞里遺跡Ⅰ地域A-25号墳竪穴式石槨墓(田鎰溶他 2006), 5. 扶餘陵山里寺跡D地区(鄭熺培他 2011、筆者実測), 6. 扶餘宮南池東西水路Ⅴ(国立扶餘文化財研究所 2001), 7. 奈良石光山古墳群35号墳(奈良県立橿原考古学研究所 1976), 8. 奈良新澤千塚古墳群160号墳(奈良県立橿原考古学研究所 1981), 9・10・16. 大阪高蔵寺(TK)地区43号窯跡(大阪府教育委員会 1980), 11. 奈良三ツ塚古墳群11号墳(奈良県立橿原考古学研究所 2002b), 12. 福岡天観寺窯跡群第Ⅲ区第4号窯跡廃棄場(北九州市埋蔵文化財調査会 1977), 13. 福岡金武古墳群吉武G群4号墳(福岡市教育委員会 1998), 14. 福岡片江古墳群第7号墳Ⅰ区(同上 1973), 15. 奈良栗原カタソバ遺跡群11号墳(奈良県立橿原考古学研究所 2003c), 17. 福岡野添窯跡群12号窯跡(大野城市教育委員会 1987), 18. 福岡中通古墳群7号墳複室横穴式石室(同上 1980), 19. 福岡ノ田古墳群2号墳玄室(前原市教育委員会 1994), 20. 群馬剣崎長瀞西遺跡35号墳横穴式石室入口(専修大学文学部考古学研究室 2003)

図53　泗沘期出土須恵器（系）の時間的位置（2・3・7～12：S＝1/12、その他：S＝1/8）

な形態はTK43型式期に該当するというが（木下 2011、李知熙 2015：84）、TK10型式期とする見解（酒井 2008・2013：254）もある。

③ 扶餘花枝山遺跡マ地区表土下　マ地区表土下に形成された黄褐色砂質粘土層から須恵器壺（図53-3）が出土した（国立扶餘文化財研究所 2002a、寺井 2010a）。0.2cm未満の白色砂粒を含む胎土で、焼成は灰青色硬質である。口縁端部には凹線、口縁部内面には浅い凹帯が巡る。外面は格子タタキ後、カキメを施す。内面は同心円文の当て具痕が見られる。右下がりのタタキメは、陶邑系のタタキメが左下がりを呈する点から見ると、陶邑とは別の地域からの搬入品の可能性もあるという。

ちなみに朝鮮半島に近い九州の須恵器壺から類例を探索したところ、小田富士雄編年のⅣA期（6世紀後葉）の福岡天観寺窯跡群第Ⅲ区第4号窯廃棄場出土品（図53-12）や、Ⅲb期〜Ⅴ期（6世紀中葉〜7世紀中・後葉）の福岡金武古墳群吉武G群4号出土品（図53-13）などと対比できる。上記の年代から、花枝山出土品は6世紀後葉〜7世紀前葉になると思われるが、故地を含めて検討の余地がある。

④ 舒川楸洞里遺跡Ⅰ地域A-25号墳石槨墓　石槨墓からは短頸瓶と共に須恵器杯蓋（図53-4）が出土した（田鎰溶ほか 2006）。酒井（2013：254）は飛鳥Ⅰ期（590年〜640年）に比定しているが、短頸瓶の型式学的変遷を考慮すると、6世紀末〜7世紀初が妥当であろう。

⑤ 扶餘陵山里寺跡D地区　D地区の百済の遺構は瓦窯跡と竪穴遺構があるが、出土須恵器杯身（図53-5）は一括遺物として報告されている（鄭熺培ほか 2011）。杯身は全体の1/4程度が残っている。杯身は0.2cm未満の白色砂粒を含む胎土で、焼成は灰青色硬質だが、断面は褐色を呈する。出土品の立ち上がりは内傾し、口縁端部は丸くおさまる。受け部と立ち上がりの境界には凹線が見られ、受け部には焼成により癒着した杯蓋の口縁端部が残っている。口縁部外面は回転ナデを施すが、杯部外面の調整痕は灰が被っていてわからない。杯部外面の灰は、杯身に杯蓋を被せた後、ひっくり返して焼成したことによる。TK43型式期の須恵器に該当する。

⑥ 扶餘宮南池東西水路Ⅴ　宮南池から出土した平瓶（図53-6）は、寺井（2010a）と金恩延ほか（2011）によって須恵器と報告された。平瓶は大阪陶邑の資料を参考にすると、TK43型式期以後盛行し（大阪教育委員会ほか 1978）、丸い胴部から次第に胴部が低くなり、稜線を持つように変化する（図53-18→19→20）。

出土品は白色砂粒が混入した胎土で、焼成は灰青色硬質である。大部分が欠損して詳細はわからないが、天井部外面には円形状の沈線の中に波状文を描く。胴部上位にも2条の横沈線とその間に波状文を加飾する。この横沈線から下には平行タタキが見られるが、回転ナデや回転ヘラケズリで消されている。最大径には幅約0.3cm〜0.4cmの横沈線が巡る。底部に近い胴部下位外面には回転ヘラケズリが、内面はナデ調整である。

宮南池出土品は、須恵器平瓶と全体的な器形は類似するが、口縁部の形態やタタキ成形などは百済土器でも観察できる要素であるため、須恵器を模倣したものとも見ることができる。

須恵器平瓶の変遷を参考にすると、宮南池出土品は6世紀末〜7世紀前葉の福岡辻ノ田古墳群2号墳玄室出土品（図53-19）より後出すると思われ、7世紀代と解釈できる。

⑦ その他　図54は泗沘期出土須恵器の中で、時期の比定が困難な壺または甕の破片を示した。扶餘官北里遺跡出土品（図54-1）と扶餘ヒョンネドゥル（현내들）遺跡出土品（図54-2）の口縁部が比較的単純であるため、時期の比定は難しいが、官北里出土品については7世紀代とする見解（酒

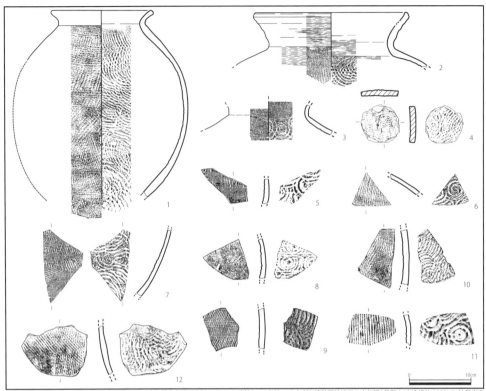

図54　泗沘期の須恵器（系）（S＝1/6）

1. 扶餘官北里遺跡カ地区蓮池内部灰色粘質層群(国立扶餘文化財研究所 2009a), 2. 扶餘ヒョンネドゥル(현내들)遺跡百済時代Ⅱ文化層2号竪穴(李浩炯他 2009), 3. 扶餘東南里遺跡上部堆積層(忠清南道歴史文化研究院 2008b), 4. 扶餘軍守里遺跡S3E3ピット(朴淳発他 2003), 5・6. 扶餘コンバウィゴル(콩바위골)地点遺跡百済時代Ⅲ層周辺地表採集(李販燮他 2008), 7. 扶餘雙北里280-5遺跡4号建物(鄭海濬他 2011), 8. 扶餘佳塔里遺跡4wnトレンチⅢ層(金成南他 2010), 9. 扶餘雙北里146-7遺跡百済時代層(4-3層)(沈相六他 2012), 10. 扶餘聖興山城トレンチ3番(沈相六他 2013), 11. 扶餘陵山里寺跡11次調査東西トレンチ(鄭諧 培他 2011), 12. 扶安壮東里遺跡26号住居(全北大学校博物館 2003)

井 2013：254、李知熙 2015：87）もある。

　扶餘官北里遺跡出土品の外面は格子タタキ後、ナデを施す。扶餘聖興山城トレンチ3番出土品の外面は平行タタキメが交差し、カキメが施され、非常に堅く焼き締められていた。扶餘雙北里146-7遺跡百済時代層（4-3層）出土品は平行タタキ後、カキメが施される。これらは同心円文の当て具痕が明瞭に残っている。

　壺または甕の破片は扶安出土品もあるが、その大部分が扶餘出土品である。

　以上、本書の研究範囲である臨津江中流域と北漢江上流域から蘆嶺山脈以北の須恵器について検討した。須恵器（系）はソウル、忠清道でも見られるが、全羅北道の高敞での出土量が多いことがわかる。もちろん全羅南道でも須恵器（系）は出土するが、単一地域としていえば光州や羅州と比較できるだろう。全羅南道から高敞までの地域で比較的多くの須恵器が出土する反面、高敞以北になると益山、群山で出土し、北上するに従いその数も減っていく。これは日本との地理的位置とも関係があろうが、ここでは高敞で出土する須恵器（系）の意義について考えたい。

　高敞では須恵器だけでなく、前方後円墳もある。高敞七岩里に2基確認されるが、地元住民に対する聞きとりで、高敞七岩里にはもう1基前方後円墳が存在していたという。これが事実とすれば、七岩里には3基の前方後円墳が1km圏内に築造され、少なくとも3世代にわたりこの地で倭の影

響が持続していたと判断できる。全羅道の前方後円墳は光州を除き、ほぼ単独であるため、1世代の造営で終焉したと考えられている。そのため3基の前方後円墳が密集して造営されたことは、韓国の前方後円墳でも異例である。また高敞は全羅道で造営された前方後円墳の最北端になる。

ではどうして高敞で倭（系）の考古資料が集中するのだろうか。これは高敞の立地が関係している。倭の船は対馬から全羅道の南海岸へ、南海岸を西に行き黄海（西海）を北上する。高敞以北の海は水深が浅く、岩礁と小さい島が多いため、大きい船舶が航海するには不便と記されている（海洋水産部 2002：21）。また潮流が非常に速いという（海洋水産部 2002：40）。泰安半島では実際高麗時代の船が少なくとも4隻沈没していることが水中発掘で判明している。

高敞のすぐ上には辺山半島があり、航海の安全を祈願した扶安竹幕洞祭祀遺跡が位置する。このことから高敞以北の航海は非常に困難であったと予想されるが、竹幕洞祭祀遺跡の対岸約15.5kmの蝟島[(128)]とも関連づけることができる。『大東地志』[(129)]には、蝟島で風を利用すると船は中国に向かうと記されている。竹幕洞祭祀遺跡が位置する辺山半島およびその近隣は、おそらく古代から日本と中国を結ぶ中継地として利用され、百済も高句麗の平壌遷都後、新たな中国路線としてこの付近から中国へ渡った可能性もある。

全羅道が百済に編制される時期が6世紀中葉頃と最も遅い理由も、中国への航海ルートとそれに伴う航海技術、大小の湾の存在などが在地勢力の経済基盤であったとも考えられる。

また海運だけでなく、陸路でも高敞は重要であった。おおよそ全羅北道と全羅南道間を東西に横切る蘆嶺山脈は、高敞の東側を通っているため、山地を通る他の路より高敞は比較的移動がしやすい立地条件にあったと考えられる。陸で全羅北道と全羅南道を移動する場合も、山脈が走っていないこの地を通ったほうが利便的であった。

おそらく高敞は倭人が次の目的地へ向かうための、一時的な休息地であったと思われるが、海の状況で彼らの滞在は長期間に及んだ可能性もある。意図したものであれ、不本意な事情であれ、比較的多くの倭人がこの地にいて、倭文化のたまり場になっていたと思われる。

このように高敞での倭（系）の考古資料の集中は、高敞の立地とそれに伴う環境、これに関連した倭人と地方有力者との関係など様々な要素と思惑による結果であるといえる。

漢城期・熊津期出土須恵器（系）の器種は蓋杯が最も多く、その次に𤭯、無蓋高杯が続く。倭からもたらされた器種は小形品が主体であった（酒井 2013：261）。しかし泗沘期になると、都城において壺または甕の出土量が多くなる傾向が見られる。これは運搬された内容物に焦点をあてることができ、5世紀代のあり方とは異なっている（山本 2005b、酒井 2013：303）。

百済出土倭（系）土器は、日本で出土する百済（系）土器の数量と比べて少ない。つまり百済・馬韓からは人と物が多く日本に行っているが、百済・馬韓へは倭人がそれほど来ていないことになる。また、百済出土倭（系）土器は6世紀前葉まで墓で出土する率が多いが、泗沘期以降は壺または甕中心で、生活遺構からの出土が大部分である。一方、日本出土百済（系）土器は、生活遺構と関連する遺跡で出土しており、異なる様相を見せている。この両者の違いは5世紀代、日本での定住を目的とした百済・馬韓人、百済地域での一時滞在または中国への通過地点とした倭人の活動と関連があるのかもしれない。

(5) 甲冑

百済出土甲冑のうち、帯金式甲冑が倭（系）武装の代表と認識される。三角板や長方板、横矧板などの地板を持った短甲と衝角付冑、眉庇付冑、板状の頸甲、短冊状の鉄板を組み合わせた肩甲からなる帯金具甲冑は、古墳時代中期の古墳から大量に出土するもので、その画一的な形態と分布の傾向から、倭王権中枢の特定工房で専業的に生産されたものと考えられている（鈴木一 2012）。

百済出土帯金式甲冑については、鈴木一（2012）の研究成果に従う。これらは坡州舟月里遺跡96年度地表採集（図55-1）、陰城望夷山城内烽燧台南側傾斜面下（図55-2）、清州新鳳洞古墳群B地区1号土壙墓（図55-3）、燕岐松院里遺跡KM-094石槨墓（図55-4）、天安道林里遺跡3号石槨墓（図55-5・6）から出土する。

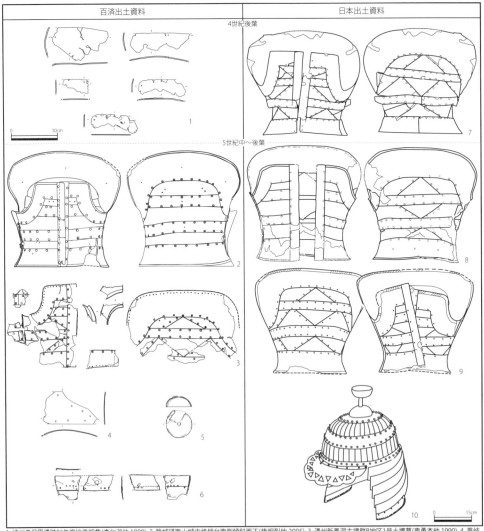

1. 坡州舟月里遺跡96年度地表採集（李仁淑他1999）, 2. 陰城望夷山城内烽燧台南側傾斜面下（権相烈他2005）, 3. 清州新鳳洞古墳群B地区1号土壙墓（車勇杰他1990）, 4. 燕岐松院里遺跡KM-094石槨墓（李弘鍾他2010）, 5・6. 天安道林里遺跡3号石槨墓（尹浄賢2011）, 7. 奈良新澤千塚古墳群139号木棺墓（奈良県立橿原考古学研究所1981）, 8. 京都宇治二子山古墳南墳（宇治市教育委員会1991）, 9. 兵庫小野王塚古墳竪穴式石室（西谷1992）, 10. 小札鋲留眉庇付冑（末永1981）

図55 漢城期出土倭（系）甲冑の時間的位置
（1・4～6：S=1/8、2・3・7～9：S=1/15、10：縮尺不同）

坡州舟月里遺跡出土品（図55-1）は長さ約20cm、高さ約9cmの三角形の鉄板を革紐で繋ぎとめた方法をとる。この形態は4世紀後半〜5世紀前半代になるという（柳本2012）。百済出土帯金式甲冑でも、最も時期が遡る。

陰城望夷山城出土横矧板鋲留短甲は、百済出土品のうち、全体の器形がわかる希少な資料である（図55-2）。横矧板鋲留短甲は、地板構成を持ち、鉄包覆輪、爪形3鋲の蝶番金具、連接鋲数8といった諸属性から考慮して（滝沢2008）、大型鋲化した横矧板鋲留短甲の中でも比較的初期に位置づけられるという（鈴木一 2012）。出土品は、出土状況が明確でないため、共伴遺物での時期比定はできないが、中期古墳編年では中期後葉（TK208型式期〜TK23型式期）に該当する（鈴木一 2012）。

清州新鳳洞古墳群出土三角板鋲留短甲は、胴一連で革組覆輪が施され、中段地板が9枚、下段地板も9枚と推定されている（図55-3）（鈴木一 2012）。後胴上段帯金での連接鋲数は7もしくは8で、鈴木一（2007）の分類ではⅡa式になるという。同一の地板構成を持つ日本の出土品は、TK216型式期に該当するが、新鳳洞出土品の連接鋲数が8と減少傾向にあるため、時期が多少下る可能性があるという（鈴木一 2012）。

燕岐松院里遺跡出土品（図55-4）は、革綴短甲の地板である。長方板か三角形かは不明である（鈴木一 2012）。天安道林里遺跡出土品は眉庇付冑の受鉢と思われる部品（図55-5）の他、冑に付属する袖錣（図55-6）が出土している（鈴木一 2012）。この2つの遺跡から出土した冑は破片であるため、時期を特定することは困難だが、共伴した倭（系）鉄鏃からある程度時期を比定できる。これについては後述する。

(6) 鉄鏃・鉄鉾

天安道林里遺跡、清州新鳳洞古墳群、清州明岩洞遺跡、燕岐松院里遺跡、完州上雲里遺跡から日本の特徴的な形態と見られる倭（系）鉄鏃・鉄鉾が出土する。百済出土鉄鏃・鉄鉾についても、鈴木一（2012）の研究成果に従う。

日本で鳥舌鏃と呼ばれる鏃身部下端に山状の突起が見られる清州新鳳洞古墳群77号土壙墓出土品（図56-1）は、TG232型式期〜TK73型式期に該当し、大阪大塚古墳第2主体部西槨出土品（図56-16）、大阪堂山1号墳出土品（図56-17）、大阪珠金塚古墳南槨出土品（図56-18）などと対応できる。

完州上雲里遺跡ナ地区1号墳丘墓1号粘土槨からは、重ね挾り付きの短茎長三角形式鉄鏃が出土する（図56-2）。この形態は水野（2009）の編年を参考にすると、中期2段階（5世紀前葉）に比定可能で、静岡堂山古墳出土品（図56-19）と徳島恵解山古墳群2号墳出土品（図56-20）などと対比できる。

燕岐松院里遺跡KM-061土壙墓出土二段逆刺鏃（図56-3）は、日本で5世紀初〜後葉まで盛行したことがわかる（水野2009、鈴木一 2012）。鈴木一が提示した鉄鏃の変遷を参考にすると、中期初期の二段逆刺鏃は鏃身部の刃の先端が尖るが、時間の経過と共に刃が丸みを帯びる。松院里出土品は奈良五條猫塚古墳出土品（図56-21）と比較できるだろう。水野（2009）の編年を参考にすると、中期2段階（5世紀前葉）に該当する。

天安道林里遺跡3号石槨墓出土品（図56-4・5）は、重ね挾り付きの鉄鏃で倭（系）に連なる（鈴木一 2012）。重ね挾り付きは施されていないが、全体的な器形はTK208型式期の愛媛四ツ手山古墳

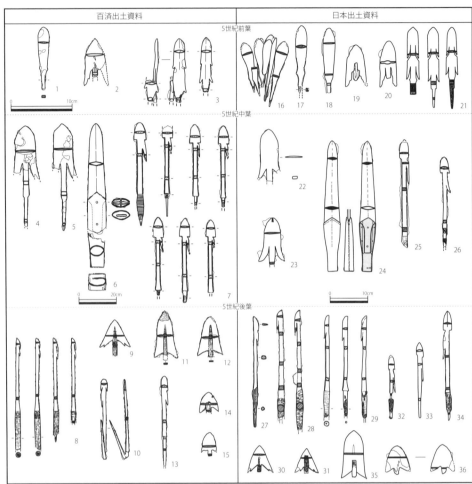

図 56　漢城期出土倭（系）鉄鏃・鉄鉾の時間的位置
（6：S＝1/20、20：縮尺不同、24：S＝1/10、その他：S＝1/6）

横穴式石室出土品（図 56-22）や広島三玉大塚（三玉第 1 号）古墳出土品（図 56-23）などと対比できる。

　この 3 号石槨墓には、長大な剣や別造りの鉄製袋部を備えた槍身の鉾（図 56-6）、前述した眉庇付冑の受鉢と思われる部品などの倭（系）武装が複数組み合っている（鈴木一 2012）。槍身鉾は京都宇治二子山古墳南墳出土品（宇治市教育委員会 1991）や千葉八重原 1 号墳木棺墓出土品（図 56-24）などと対比できるが類例は多くない。その中でも道林里出土品は八重原 1 号墳出土品の袋状柄装着部の形態と最も類似する。八重原 1 号墳出土鉾は、共伴遺物から 440 年代もしくは 450 年代に製作されたものと推定されている（杉山ほか 1989）。また袖鋲を持つ眉庇付冑と槍身鉾の共伴関係から、TK216 型式期〜218 型式期に位置づけられる（鈴木一 2012）。

また興味深いことに、道林里遺跡3号石槨墓は一般的な百済の石槨墓と異なり石壁が厚く、比較的丸い石を使用している。このような特徴は高興野幕里野幕古墳でも見られ、倭（系）古墳と評価されている（金洛中 2013）。天安の事例は、百済の倭（系）古墳の中でも最北に、そして中央に近い場所に築造されている。道林里遺跡は同時期の天安龍院里古墳群より約18km北に位置し、安城川の支流である北山川の上流に位置する。

道林里出土品とほぼ同時期になる燕岐松院里遺跡KM-094石槨墓出土品（図56-7）は、倭（系）の独立片逆刺長頸鏃である。松院里出土品は5世紀中葉の兵庫池尻古墳群2号墳竪穴式石室出土品（図56-25）と5世紀前葉～中葉の陝川玉田古墳群28号墳囲石木槨墓出土品（図56-26）に相当する。また長頸鏃と共伴し倭（系）の革綴短甲の地板が出土している。日本の革綴短甲の下限を考慮すると、TK216型式期～TK208型式期に該当するという（鈴木一 2012）。

清州新鳳洞古墳群B地区1号土壙墓からは、独立片逆刺長頸鏃38点（図56-8）と重ね抉り付きの短茎三角形式鉄鏃1点（図56-9）が出土した。長頸鏃は、11.3cm～11.5cmの規格が貫徹されており、細身の頸部は茎関に向かって裾広がりの形態である。このような定型化した長頸鏃は、TK208型式期～TK47型式期になるという（鈴木一 2012）。新鳳洞出土品は長野新井原古墳群12号墳出土品（図56-27）などと対比できる。重ね抉り付きの短茎三角形式鉄鏃も、京都宇治二子山古墳南墳出土品（図56-30）から酷似する形態が出土している（鈴木一 2012）。また同古墳群B地区1号土壙墓からは、TK208型式期～TK23型式期の須恵器蓋杯が6点共伴している（酒井 2013：254）。

清州新鳳洞古墳群B地区2号土壙墓出土品（図56-10）と同古墳群108号土壙墓出土品（図56-13）も1号土壙墓出土品同様、独立片逆刺長頸鏃である。日本の鉄鏃の変遷を考慮すると、2号土壙墓出土品は、燕岐松院里遺跡KM-094石槨墓出土品より後出する形態になる。そのためTK23型式期に位置づけられる。

清州新鳳洞古墳群B地区9号土壙墓からは、短茎長三角形式鉄鏃が2点出土（図56-11・12）しているが、これも倭（系）と見なされている。鈴木一（2012）によると、新鳳洞古墳群B地区1号土壙墓出土短茎長三角形式鉄鏃を含めた短茎鏃は、狩猟用鏃の系譜を引く儀仗性が強い鉄鏃であり、日本列島の古墳では細根系鉄鏃とは異なる葬送儀礼の場で使用されることが多いという。この形態は水野（2009）の編年を参考にすると、中期5段階（5世紀後葉～末）に比定できる。この時期に該当する事例として、千葉鳥山2号墳出土品（図56-35）が挙げられる。

清州明岩洞遺跡4号土壙墓からは短茎三角形式鉄鏃が2点出土している（図56-14・15）。この形態は水野（2009）の編年を参考にすると、中期5段階（5世紀後葉～末）に比定できる。この時期の事例として岡山天狗山古墳出土品（図56-36）などが挙げられる。

本書の研究範囲である臨津江中流域と北漢江上流域から蘆嶺山脈以北出土倭（系）武具は、一部を除き5世紀代に限定される。この倭（系）武装の移入については、対高句麗対策として、倭王権から軍事的援助が促され、朝鮮半島中西部にもたらされた結果とする見解がある（鈴木一 2012）。

対高句麗対策とはおそらく高句麗第19代王である広開土王（好太王）の南進を指すと思われる。『広開土王陵碑』には永楽6年（396年）百済を攻略し、58城、700村を得たとある。この場所に対する定説はないが、忠清道までとする見解、漢江以北から禮成江以南とする見解、北漢江または南漢江上流までとする見解、京畿道北部一帯と限定する見解、漢江下流はもちろん江原道嶺西地方と

南漢江上流までとする見解がある（朴鍾書 2014）。少なくとも漢江以南にはこの時期に該当する高句麗関連考古資料がないため、漢江以北に比定できる。

坡州舟月里遺跡96年度地表採集品が4世紀後葉になるとすれば、位置的にも広開土王の南進の舞台になった場所と関連があるが、この1点だけで史料と関連づけることは早急である。

5世紀前葉には清州、燕岐、完州、5世紀中葉～後葉には清州、燕岐以外に、陰城、天安で出土している。完州と天安を除けば、その多くが錦江中流もしくは錦江支流での出土である。5世紀代に入り、『三国史記』百済本紀と高句麗本紀には469年まで百済と高句麗が交戦をした記録がない点と中央から南へ約70km～100kmに位置する点から、対高句麗対策の結果とはできない。

倭（系）武具が出土する5世紀代は、これらの地域に百済の影響力が及び出した時期とある程度一致する。地方有力者は百済の影響が及ぶなか、倭の勢力とも関係を結ぶことにより、勢力を維持し活路を見出そうとしたという解釈ができる。一方、日本が原産地の杉で作られた倭製木製鞘が出土した燕岐羅城里遺跡の事例から、倭の勢力と地方有力者との媒介（物資の流通も含む）に携わった者もいたであろう（土田 2016a）。倭（系）武具の移入には、時期、出土状況、共伴遺物などから、多様な解釈ができる。

3．倭（系）遺物と共伴した百済土器の時間的位置と変遷

群山余方里藍田貝塚17層からは3世紀第4四半期から4世紀第1四半期の土師器（図57-1・2）と各種土器（図57-3～9）が出土している。深鉢形土器に注目をすると、時間の経過に伴い底径が小さいもの（図57-5～7）から、次第に底径が大きくなる傾向（図57-39）が見られる。

清州新鳳洞古墳群77号土壙墓からはTG232型式期～TK73型式期の鳥舌鏃（図57-10）と広口長頸壺（図57-11）が共伴している。この器種は後述する研究成果を参考にすると、時間の経過と共に頸部に突帯が生じ、胴部が縦楕円形から扁球形に変化する。また口縁端部は丸いものから沈線状の段があるものへ移行する。新鳳洞出土品は広口長頸壺の中でも早い時期に該当し、4世紀第4四半期～5世紀第1四半期の中国陶磁器と共伴した公州水村里遺跡Ⅱ地点1号土壙木槨墓出土品（図57-12）と類似する。

天安道林里遺跡3号石槨墓からは、TK208型式期の鉄鏃などの倭（系）遺物（図57-13・14）と共に有肩壺（平肩壺）片（図57-15）と杯身3点（図57-16～18）が出土した。有肩壺の研究（朴智殷 2007・2008）を参考にすると、百済の有肩壺は4世紀中葉以前に出現し、尖る肩部から丸い肩部へ、口縁部に近い位置にある肩部から口縁部から離れた位置に変遷するという。百済出土有肩壺のうち、編年の基準になるものは、4世紀第4四半期～5世紀第1四半期の新羅の把手付杯と長頸壺と共伴した槐山倹承里遺跡4号石槨墓出土品が挙げられる[132]。これは口頸部から近い位置に尖る肩部がある。道林里出土品（図57-15）と新鳳洞出土品（図57-35）はこれより相対的に口頸部から離れた位置に肩部があるため、型式学的に後出するものと理解できる。有肩壺の変遷様相も百済土器編年の際に、有効な資料となる。

清州新鳳洞古墳群B地区1号土壙墓からは、TK208型式期～TK23型式期の須恵器（図57-23～28）、倭（系）武具（図57-29・30）と共に三足土器（図57-37・38）と盌（図57-43）が出土する。これらを三足土器の変遷から見ると、杯部に比べ脚部が短いため、漢城期の特徴を反映している。

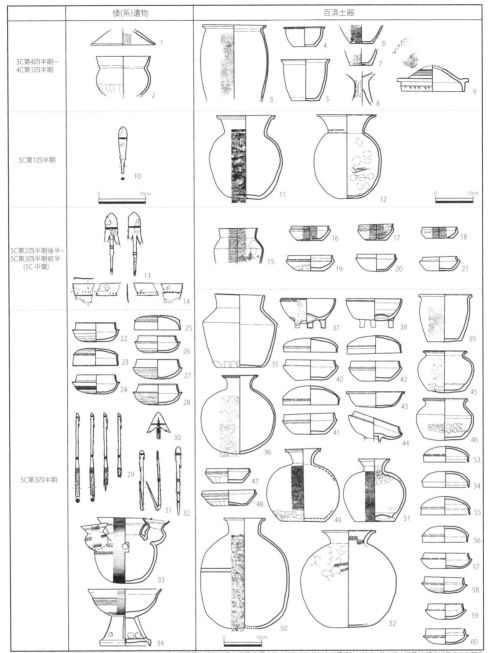

図57 倭(系)遺物の年代から見た百済土器の時間的位置1
(1・2・10・29~31：S=1/8、35・49：S=1/15、その他：S=1/10)

しかし、新鳳洞出土品は典型的な三足土器に比べ、口縁形態に差があるため、他の三足土器との比較が容易ではない。一方、5世紀第4四半期の群山山月里遺跡ナ地区6・8号横穴式石室出土品（図58-31~33）は、新鳳洞出土品に比べ相対的に杯部の器高が低く、脚部が長い。これらは、公州公山

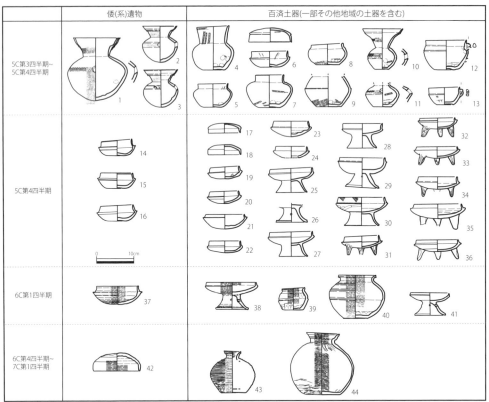

図 58　倭（系）遺物の年代から見た百済土器の時間的位置 2（S=1/10）

城池塘 2 の 2 次調査出土品（図 58-34）、公州山儀里遺跡 12 号墳出土品（図 58-35）、完州ペメ（배매）山遺跡タ-3 地区潭水跡出土品（図 58-36）と対比が可能である。

また清州新鳳洞古墳群 B 地区 1 号土壙墓出土盌（図 57-43）は、口縁部が外反する形態を呈する。先行研究（朴淳発ほか 2011）によると、口縁部が外反する B 形は 3 世紀前葉頃に出現し、時間の経過と共に器高が低くなる傾向が看取できるという。またこの器形は熊津期になるとほぼ見られなくなる。新鳳洞出土盌は 3 世紀～4 世紀代の B 形盌に比べて器高が低いため、B 形の中でも新しい形態になるだろう。

須恵器（系）と共伴した高杯は、5 世紀第 4 四半期の群山山月里遺跡ナ地区 6・8 号横穴式石室出土品（図 58-25～28）と 6 世紀第 1 四半期の公州金鶴洞古墳群 20 号墳（横口式）石槨墓出土品（図 58-38）がある。金鶴洞出土品は山月里出土品に比べて相対的に杯部が浅く、脚部が長い。このように百済の高杯は時間の経過に伴い杯部の器高が低く、脚部が長くなる傾向が見られ、筆者（2005a）の研究とも一致する。山月里出土品は論山茅村里古墳群 16 号墳石槨墓出土品（図 58-29）や公州艇止山 17 号貯蔵穴下層出土品（図 58-30）と対比可能である。一方、金鶴洞出土品と類似する群山山月里遺跡ナ地区 7 号墳横穴式石室出土品（図 58-41）も 6 世紀第 1 四半期に比定できそうである。

杯身は三足土器や高杯同様、時間の経過に伴い杯部の器高が低くなる傾向が見られる。これは

TK208 型式期の天安道林里遺跡出土品（図 57-16〜18）より、TK23 型式期の杯身（図 57-40〜42・47・48・57〜60）や TK47 型式期の杯身（図 58-19〜24）の器高が相対的に低いことからもわかる。また道林里出土品は、燕岐松院里遺跡 KM-060 土壙墓出土品（図 57-19）、清州新鳳洞古墳群 80 号土壙墓出土品（図 57-20）、同古墳群 A-15 号土壙墓出土品（図 57-21）と対比可能である。

外反口縁小壺または節腹壺と呼ばれる器種は、胴部中位に 1 条もしくは 2 条の横沈線を巡らし、胴部がくの字になる算盤玉のような形態を呈す（朴淳発 2006：186-187）。4 世紀代から熊津期まで盛行するが、その後消滅すると解釈されている。筆者（2006）もこの器種について検討を試みたが、設定した各型式から時間的要素を抽出できなかった。後述する新羅・加耶（系）土器の共伴関係から、燕岐松院里遺跡 KM-003 石槨墓出土品を 5 世紀第 2 四半期〜第 3 四半期前半に、錦山水塘里遺跡 2 号横穴式石室出土品を 5 世紀第 4 四半期に設定した。その結果、器形が小さくなり、横沈線が胴部下位に移行するなどの変化が認められた。5 世紀第 3 四半期〜第 4 四半期の高敞紫龍里遺跡 6 号墳 1 号土壙墓出土品（図 58-9）は、後述する 5 世紀第 2 四半期〜第 3 四半期前半の燕岐松院里遺跡 KM-003 石槨墓出土品より、胴部の横沈線が下位に位置する。

漢城期の短頸瓶は、胴部下位に最大径があるものや、底径と最大径がほぼ同じものが主流をなすが、泗沘期は胴部上位の肩部が張る形態に変わる（土田 2005b、朴淳発 2006：190）。清州新鳳洞古墳群 B 地区 2 号土壙墓出土品（図 57-49）の胴部は、利川雪城山城ナ-B 画-2 トレンチ 5 号土坑出土品（図 57-51）と対比できる。また飛鳥 I 期の須恵器と共伴した舒川楸洞里遺跡 I 地域 A-25 号墳石槨墓出土短頸瓶（図 58-43）は、全体的な器形は漢城期出土品と類似するが、胴部最大径より底径が小さいことと口縁部の形態から、後出する器形である。楸洞里出土品は 7 世紀代に盛行する中国陶磁器を模倣した短頸瓶より先行すると思われ、6 世紀末〜7 世紀初が妥当である。

本書の研究対象器種ではないが、高敞紫龍里遺跡 6 号墳 1 号土壙墓出土甑（図 58-10・11）は共伴須恵器（系）により、5 世紀第 3 四半期〜第 4 四半期に位置づけられる。胴部が小さく、頸部が長い特徴を持つ在地の甑は、既往（徐賢珠 2006：136-138）の年代観（5 世紀末〜6 世紀初）ともある程度一致する。

以上、百済から出土した倭（系）遺物を通じ、共伴する百済土器の時期を特定できた。また共伴土器を時期ごとに配列することにより、そこから導き出される変遷様相を考察した。

高杯と三足土器は、時間の経過により杯部が浅くなり、脚部が長くなる傾向が見られたが、これは先行研究とも符合することを確認した。蓋杯も高杯と三足土器の杯部同様の変遷が見られた。深鉢形土器は、時間の経過に伴い底径が小さいものから、次第に底径が大きくなる傾向が見られ、外反口縁小壺（節腹壺）は、胴部の沈線が上位から下位に変化する様相を確認できた。有肩壺も時間の経過と共に、口縁部に近い位置にある肩部から口縁部から離れた位置に変化することがわかった。また、本書の研究対象でないが、在地の甑に対する既往の年代観は、共伴する須恵器の年代から追認できた。

このように、倭（系）遺物と共伴する百済土器の時間的位置と変遷は、今後個別器種における編年時活用できることは確かであろう。

註

（１）日本出土百済（系）土器は、国家段階以前の原三国時代馬韓文化圏の土器、国家成立以後の百済土器、百済土器と併行し地方で出現した土器に区分できる。原三国時代以来の土器は百済国家形成後もなお馬韓や百済都城などで製作・使用されているため、ここではそれらすべての土器を便宜上百済（系）土器とする。つまり第１章で言及した最広義の百済土器という意で使用する。ただし本文中、百済土器と馬韓土器の区分を強調する場合は、各々細分して言及する。

また、百済（系）土器には百済運搬品（A）、渡来した百済人が現地製作した品（B）、倭工人のA・B模倣品（C）が含まれる（金鍾萬 2008a）。ここでは主にAとBを中心に扱う。

（２）2014年、大阪府出土百済（系）土器について考察した修士学位論文が発表された（梁基洪 2014）。しかし一部対象土器には百済（系）土器の範疇に入らないものが含まれている。また2015年には日本で出土した百済・馬韓（系）土器のうち、全羅南道に故地があるものを器種別に考察した論考が発表されている（徐賢珠 2015）。

（３）日本の年代観として金一圭（2015：50）は、田辺（1966・1981）の『陶邑古窯址群Ⅰ』（平安学園考古学クラブ）と『須恵器大成』を挙げている。

（４）関東地方の住居からは、TK23型式とTK47型式が共伴する事例が多いため、両型式の時間幅はあまりなく、両方の型式を合わせておおよそ30年前後ではないかと想定されている（酒井 2009・2013：59）。このことから20年未満の短い須恵器型式が存在した可能性もあると思われる。

（５）国立公州博物館（1999a・2000・2002・2004）、白井（2001）、九州前方後円墳研究会（2005）、中野咲（2007）、金鍾萬（2008a）、田中清（2010）、重藤（2016）、寺井（2016a）、坂（2016）などの研究成果を主に参考にした。

（６）日本出土百済（系）土器の目録は拙著（2014）を参照していただきたい。

（７）ここでは百済土器編年時に有効になるであろう器種を主に考察の対象にした。そのため筆者が2011年の論文で検討した両耳付壺、両耳付壺の蓋、二重口縁土器、肩部押捺文土器は考察の対象から除外した。また、日本出土百済（系）土器には器台（白井 2001）などが知られている。日本では平底有孔広口小壺（瓱）も百済・馬韓（系）と認識されているが、第１章で説明した通り栄山江流域特有の土器であるため、分析の対象としては扱わなかった。

（８）北朝鮮の研究者（리영 2013）も古墳時代の遺跡から出土する土器のうち、百済のものと同じもしくは類似したものが少なくないとし、日本出土百済土器10点（ただしその中の１つは新羅の短脚高杯である）を中心に比較検討を行っている。

（９）嶺南地域では軟質小甕などと称している。

（10）崔秉鉉氏（前崇実大学校）のご教示による。

（11）釜山福泉洞古墳群の年代は朴天秀（2010）の年代観に従った。筆者（2016b）は新羅・加耶土器と共伴する百済土器の時期を検討することにより、共伴する新羅・加耶土器の時期を比定した。この時期を新羅・加耶土器の研究成果と対比させた結果、筆者の百済土器編年と朴天秀の新羅・加耶土器の編年がある程度一致したため、氏の年代観に拠った。

（12）嶺南地域西部でも縄蓆文タタキを施した深鉢形土器はほぼ見られない。また平行タタキの中にはタタキメが縦方向でなく横方向になるものが含まれている。

（13）一方、李盛周（2011）は日本で出土するタタキメが軟質甕と鉢のうち、福岡原深町遺跡出土格子タタキの深鉢形土器と大阪五反島遺跡出土平行タタキ＋横沈線の深鉢形土器が最も古い段階に比定でき、４世紀後半に推定できるとしている。

（14）日本出土格子タタキの深鉢形土器は全羅道出土品とも関連があるが、ここでは４世紀後葉から５世紀代に百済の直・間接的支配領域に入る忠清道（一部全羅道を含む）出土格子タタキの深鉢形土器を主に図示した。全羅道出土深鉢形土器については郭明淑（2014）の研究を参考にできる。

(15) 図示しなかったが、大阪久宝寺北遺跡からは器高約 24 cm の大型深鉢形土器が出土している（大阪府教育委員会ほか 1987a）。
(16) 興味深いことに新羅の副葬された深鉢形土器の変遷においても時間の経過と共に小型化することが明らかとなっている（崔秉鉉 2014）。
(17) 嶺南地域では長胴甕または長卵甕などと称している。
(18) ただし慶尚南道西部は百済・馬韓と接する地域であるため、百済・馬韓の長卵形土器の影響を受けたものが 4 世紀代の晋州月坪遺跡（崔義道ほか 2004）や 5 世紀末〜6 世紀代の咸陽牛鳴里遺跡（楊花英 2009）などから出土している。そのため筆者が図示した日本出土品のうち、これらの地域と関連がある可能性があることを明記する。ただし慶尚南道西部地域を含めた加耶地域の平行タタキの中にはタタキメが縦方向でなく横方向のものもある。これは百済・馬韓ではあまり見られない製作技法であるため、この点からも故地比定の基準となりえるだろう。
(19) 福岡唐原遺跡 SC30 では器高 14 cm で長卵形土器を小型化したような土器が 2 点出土している（福岡市教育委員会 1989b）。時期は共伴遺物から 4 世紀末頃になると思われるが（重藤 2010）、ここで検討する長卵形土器とは直接関連がないものとして対象から外した。
(20) 底径が口径とほぼ同じでかつ平底の把手付鍋は公州水村里古墳群 15 号石槨墓出土品（忠清南道歴史文化研究院 2014a）や羅州伏岩里古墳群 2 号墳北側周溝出土品（林永珍ほか 1999）などでも見られるが、百済・馬韓ではそれほど多くない。
(21) 把手付鍋の完形品はソウル風納土城、ソウル石村洞古墳群、抱川自作里遺跡で 1 点ずつ出土している。
(22) 嶺南地域では把手付鉢または把手付甕などと称する。
(23) 縄蓆文（平行）タタキを施した鍋に、論山院南里・定止里遺跡Ⅱ-3 地域 B・C 地点 79 号竪穴遺構出土品、同遺跡 98 号竪穴遺構出土品（忠清南道歴史文化研究院 2012a）、洪城石宅里遺跡 A-2 地区 1 地点 13 号住居出土品（한얼文化遺産研究院 2015）などが挙げられる。ただし石宅里出土品は原三国時代以来の縄蓆文（平行）タタキに横沈線を施した壺の製作技法と同一であり、時期も 3 世紀〜4 世紀前半と見られる。
(24) 三重城之越遺跡大溝 SZ1 Ⅲ層出土品は、布留 3 式〜4 式期を中心とする土器と共伴しているが、須恵器を伴っている時期の宇多型甕も出土している。図では 5 世紀代として扱った。
(25) 中西部南部地域は、錦江以南〜盧嶺山脈以北までとした。
(26) 燕岐應岩里カマゴル（가마골）遺跡 B 地区 CBD-005 住居出土格子タタキの甑は大阪北木田（讃良郡条里）遺跡竪穴住居 SB101 出土品と対比できる。この地域では縦に長い体部に直立した口縁を取り付け、格子タタキを施した在地の甑が先行する。しかし、百済の領域拡大（文化圏拡大）と共に在地色が失われ、百済の甑が盛行する。燕岐應岩里カマゴル遺跡出土品はまさに百済の領域拡大を裏付けるもので、その時期は 4 世紀末〜5 世紀前葉になると思われる。
(27) 中西部北部地域は、現ソウル特別市（一部河南市も含む）を除いた臨津江以南〜安城川付近までとした。
(28) 中西部中部地域は、安城川以南〜錦江以北（一部対岸も含む）までとした。
(29) 大阪日下遺跡からは中央に円孔を設けその周辺に不定形の台形を設けた甑が出土している（阿部 1980、田中清 1987b）。また、大阪長原遺跡 NG97-8 次調査 SD705 出土品は孔の残存形態から、中央に円孔を設けその周辺に三角形などを巡らすものに該当する可能性がある。
(30) 甑の穿孔形態は時間差だけでなく、空間的要素も反映している。金大元（2013：59）によって 4 世紀前半に設定されている大田場垈洞遺跡出土甑は百済・馬韓では見られない横長楕円形の穿孔形態が放射線状に配置されている。これらの特徴は新羅・加耶で観察できるため、嶺南地域との関係を想定できるだろう。大田では嶺南地域と関連がある遺物が大田九城洞遺跡から出土しているため、その可能性は否定できない。
　　また牙山、天安では他地域に比べて小さい円孔を多数穿つものがある。このように詳細に見れば地域的特徴も見出せる（土田 2015）。
(31) 朴敬信（2007）の編年によると把手の上面に切り込みを入れるものは、4 世紀前半には出現したとある。

この編年には時期比定の根拠が提示されていないため、詳細は不明である。
(32) 年代の根拠は明確ではないが、金大元（2013：59）は燕岐大平里遺跡16号住居出土品を4世紀中葉～後葉としている。
(33) 報告書（能登川町教育委員会 1993：14）によると「この甑は住居埋土最上層から出土しており、この住居には伴なわない。」としているが、調査で検出された竪穴住居計10棟から須恵器は出土しなかったため、住居出土遺物の年代である4世紀後葉の範疇に含めた。
(34) 光州龍山里遺跡の中心年代を報告者（湖南文化財研究院 2015a：389）は3世紀末～4世紀初にしている。遺物の構成から5世紀以前になることは間違いないが、3世紀まで遡るか断定できないため、暫定的に4世紀中葉に置いた。
(35) 筆者（2013b）はかつて舒川鳳仙里遺跡2地域3号住居出土品を5世紀前葉に比定したが、西ノ辻遺跡出土品の年代から4世紀後葉に置いた。
(36) 朴敬信（2007）の研究でも底部中央に円孔の蒸気孔を穿ち、その周囲に4～5つの楕円形もしくは半月形を配置ものが4世紀中葉以降に出現したと見ている。
(37) 嶺南地域、特に東部でも把手の下部まで切り込みを入れるものが見つかっている。機張佳洞遺跡14号住居出土品などから、百済・馬韓とは異なり4世紀代には見られる。
(38) 漢城Ⅰ期とは朴淳発（1992）の時期区分で、3世紀中・後葉から4世紀中葉に該当する。
(39) 漢城Ⅱ期とは漢城Ⅰ期同様、朴淳発（1992）の時期区分で、4世紀中葉から475年までである。
(40) 百済・馬韓の二重口縁土器は、日本の二重口縁土器とは異なる。
(41) 食生活と関連がある朝鮮半島系土器の遺物（甑2点と深鉢形土器）の出土は、東国（関東地方）へ移住した渡来人が残した貴重な遺物である（酒井 2002）。
(42) 報告書では甑として報告されているが、この時期の栄山江中流地域の甑より器高が小さいため（低いため）、蓋である可能性が高いというご指摘を徐賢珠氏（韓国伝統文化大学校）より得た。
(43) 火襷は土器焼成時の癒着を防ぐため使用した藁の痕跡で、栄山江流域のほか慶尚南部の土器でも見られる。
(44) これら江田船山古墳出土品の故地を栄山江流域（東 2002）とする一方、酒井は錦江流域の百済土器（2013：193）とする反面、栄山江流域の可能性も出てきたとする（2013：305）。
(45) 重藤の論文（2016：図20-39）には百済（系）とする福岡五徳畑ヶ田遺跡出土杯蓋を2つ掲載しているが、報告書では1つしか確認できなかった。
(46) 報告書では第2号土壙墓となっているが、これは前述した通り墓ではなく祭祀用遺構である可能性が高いため、85-2号（第2号）土坑という表記にした。
(47) 胎土分析の結果では朝鮮製の可能性が高いと報告がされている（佐賀県教育委員会 1985）。
(48) 報告書では蓋（報告書図375-6、図版346-5）としているが、実見結果高杯片であった。
(49) ここで図示した短頸瓶は百済と関連があるものだけを扱った。たとえば奈良新澤千塚161号墳出土品、奈良兵家4号墳出土品をはじめ田口（1995）が挙げている瓶類の大部分が百済と直接関係はなく、相当在地化が進んだ瓶である。
(50) 崔卿煥氏（国立弥勒寺址遺物展示館）のご厚意で写真を入手し、検討を行うことができた。
(51) 六角形住居は江原道、ソウル特別市、京畿道、忠清北道、忠清南道の一部で検出されている（朴信明 2012：14）。
(52) 熊本野原古墳群7号墳墳土出土品と同様の口縁部は、兵庫船木中番古墳群出土短頸瓶（中村 2003）で観察できる。
(53) 杯身を2つ向かい合わせた杯付瓶は出土地が不明であるが、慶尚南道の国立晋州博物館に所蔵されている（徐賢珠 2006：133）。
(54) 杯付提瓶は、日本で兵庫上三草古墳群北山7号墳（森下大 2003）や兵庫姫路勝山区朝日谷千本山（福井

2005）から出土している。
(55) 朴淳発（2006：194）は百済での短頸瓶形態の杯付瓶の出現を5世紀前葉～中葉頃と見ている。
(56) 図示したもの以外に、完州上雲里遺跡ナ地区7号墳丘墓2号石槨墓出土品（金承玉ほか 2010a）、同遺跡ラ地区1号墳丘墓30号木棺墓出土品（金承玉ほか 2010b）、ラ地区2号墳丘墓1号木棺墓出土品（同上）、高敞石橋里遺跡1号住居出土品（李暎澈ほか 2005）、朴萬植教授寄贈品（国立扶餘博物館 1995）などが挙げられる。また百済以外の慶尚北道高霊郡でも類似する器形が見られる（正岡 1993）。
(57) 筆者（2011・2014：91-92）はかつて高敞石橋里遺跡8号住居出土品を6世紀第3四半期～第4四半期の奈良外山古墳（推定）横穴式石室出土品と対比できるものとして扱ったが、再度8号住居共伴品や他の住居出土品を検討した結果、遺跡自体は5世紀後葉（漢城期）～6世紀初、8号住居は5世紀後葉に比定できた。

　この高敞石橋里遺跡の年代については報告者（李暎澈ほか 2005）は5世紀中葉～後葉、徐賢珠（2010）は5世紀前半の遅い時期と見ている。徐賢珠は栄山江流域圏で定型化された蓋杯が出土する時期を共伴遺物である須恵器（系）蓋杯からおおよそ5世紀後葉頃とできるため、蓋杯が出土しない高敞石橋里遺跡は5世紀後葉以前になるとしている。
(58) 禮山花田里から南へ約10 kmの位置にある沐里・新里（忠清南道庁（内浦）新都市敷地）から泗沘期の遺跡と遺物が発見されているため、禮山花田里出土品もこの時期に該当する遺跡があった可能性もある。
(59) 愛媛別所遺跡出土品は共伴遺物を伴っていないが、三吉（2002）によって6世紀後葉前後と見られている。
(60) 図42には扶安竹幕洞祭祀遺跡出土品を日本出土品と対比させるため時期順に配列したが、実際は共伴遺物や層位関係がわからないため、詳細な時期は不明である。ちなみに朴淳発（2006：199）は扶安竹幕洞祭祀遺跡出土品（図42-6）を4世紀前葉～中葉と見ている。
(61) ソウル風納土城出土品は器形および製作技法において利倉西遺跡出土品と類似するが、グリッド出土品で、他の遺物との共伴関係が不明であるため、この遺物自体での時期比定には難がある。
(62) 壺類の中でも円底壺は大型と中型が多く、平底壺は中型が多いという（朴智殷 2007）。ここでは日本での出土数が多くない小壺、中型以下に属する平底壺や円底壺などを中・小壺としてまとめて言及する。また、大型と中型に属する円底（抹角）壺、鳥足文タタキが施された壺も区別して図示する。
(63) 城山遺跡6号墳の主体部南周溝底面からは百済（系）平底壺と須恵器の高杯脚部片が出土している（大阪府教育委員会ほか 2000）。この情報だけでは時期比定が困難であるが、城山支群全体として見るなら、出土須恵器杯身はTK216型式期（～208）型式期、小型丸底土器の形態は須恵器のTK73型式期～216型式期に該当するため、城山遺跡6号墳の年代はTK216型式期になると思われる。これについては中久保辰夫氏（大阪大学埋蔵文化財調査室）にご教示を得た。
(64) 出土品は共伴遺物である鉄鏃から4世紀末～5世紀初に比定できる。
(65) その他類似する事例として清原松垈里遺跡16号土壙墓出土品（韓国文化財保護財団 1999a）、原州法泉里古墳群2次Bトレンチ出土品（尹烔元 2002）などが挙げられる。
(66) 奈良保津・宮古遺跡第10次調査6001不明遺構からも短頸壺が出土している。報告者（奈良県立橿原考古学研究所 2009）によると胴部上位に櫛歯による刺突文を施しており、朝鮮半島系（百済）の搬入品の可能性があるとしている。少なくとも百済の短頸壺に刺突文を施す事例は管見ではなく、また口縁部と胴部の間、つまり頸部内面を平らにする製作技法も百済の壺で一般的に見られるものではない。そのため搬入品である可能性は低いと思われる。
(67) 舒川鳳仙里遺跡3-1地域地表採集品の中には、泗沘期に該当する遺物があったが、図示した壺が7世紀前葉に該当するのか不明である。
(68) 図示した中・大壺、甕の中には、新羅・加耶土器（特に慶尚南道西部地域）が含まれる可能性があることを明記する。

(69) 利倉西遺跡の中心年代は TK208 型式期～TK47 型式期に該当するが、報告者（豊中市 2005）によると、百済（系）広口長頸壺は中心年代より古い資料としている。

(70) 福岡夜臼・三代遺跡群 OMR（大森）地区第 6 区第 7 層からはこの他鳥足文や平行タタキで仕上げた壺が 5 点出土している。このうち 2 点については北部九州地域の土師器甕と類似した器形があることから、馬韓地域からの渡来人が模倣して製作したものと考えられている（白井 2001、重藤 2010）。

(71) 共伴馬具の編年でも 4 世紀末～5 世紀初に比定されている（権度希 2013）。

(72) 崔栄柱（2007）は鳥足文土器の共伴遺物を通して 4 世紀中葉～後葉に中西部地域で、金鍾萬（2008b）は 4 世紀前半頃百済中央の近郊で定型化されたものとしている。

(73) 完形品だけでなく、破片も 1 つの個体として数えた。

(74) 大阪長原遺跡地下鉄 31 工区 SD03 出土鳥足文土器が 2 世紀後葉～3 世紀初のものであるなら、当然その淵源は原三国時代に求めざるをえない。しかし実際その時期に該当する類似する器形は見当たらない。また長原遺跡出土鳥足文土器の口縁部は原三国時代のものと比べて発達した形態を帯びている。つまり 5 世紀代の壺類と深鉢形土器などで観察できる口縁形態である。このような点からも長原遺跡出土品を原三国時代まで遡らせることができない。

これについて報告者である田中清美氏によると、調査地である地下鉄 31 工区は庄内式期と古墳時代中期前葉の遺構面を形成する地層が土壌化し、平面的な調査では区分が困難であったという。また鳥足文土器は初期須恵器とも共伴しており、TG232 型式期～TK73 型式期になるとのご教示を得た。

(75) おそらく時期が 6 世紀になる光州龍頭洞遺跡 36 号墳出土品（林永珍ほか 2010）とも比較できる。

(76) 泗沘期の扶餘・益山出土台付盌だけでも 138 点が出土している（李潤燮 2015：8）。

(77) 大阪長原遺跡北東部地区出土深鉢形土器は共伴遺物を伴っていないが、百済の深鉢形土器の変遷から 4 世紀中葉～後葉になると思われる。

(78) 『広開土王陵碑』によると広開土王の正式な諡号は「国岡上広開土境平安好太王」といい、韓国では広開土王、日本では好太王と一般的に称される。

(79) 『三国史記』百済本紀辰斯王 8 年（392 年）「冬十月 高句麗攻抜関弥城」、百済本紀阿莘王 2 年（393 年）「秋八月 王謂武曰 "関弥城者我北鄙之襟要也 今為高句麗所有 此寡人之所痛惜 而卿之所宜用心而雪恥也" 遂謀将兵一万伐高句麗南鄙 武身先士卒以冒矢石 意復石峴等五城 先圍関弥城 麗人嬰城固守 武以糧道不継 引而帰」

(80) 『三国史記』百済本紀阿莘王 3 年（394 年）「秋七月 與高句麗戰於水谷城下敗績」

(81) 『三国史記』百済本紀阿莘王 4 年（395 年）「秋八月 王命左将真武等伐高句麗 麗王談徳親帥兵七千 陣於浿水之上拒戦 我軍大敗 死者八千人」

(82) 『広開土王陵碑』の永楽 7 年（397 年）の戦闘については、高句麗と百済とする見解が多勢だが、近年後燕説による論理的な補足が行われ、高句麗と後燕との戦いを支持する研究者が多くなっている（朴世二 2015）。このため、永楽 7 年の戦闘は含めなかった。

(83) 『三国史記』百済本紀阿莘王 8 年（399 年）「秋八月 王欲侵高句麗 大徴兵馬 民苦於役 多奔新羅 戸口衰減」

(84) 『三国史記』百済本紀腆支王 13 年（417 年）「夏四月 旱 民饑」

(85) 『三国史記』百済本紀毗有王 21 年（447 年）「秋七月 旱 穀不熟 民饑 流入新羅者多」

(86) 地震に関する記録は、百済本紀毗有王 3 年（429 年）「十一月 地震 大風飛瓦」、イナゴの被害は、百済本紀毗有王 28 年（454 年）「秋八月 蝗害穀 年饑」にある。

(87) 『三国史記』百済本紀腆支王 5 年（409 年）「倭国遣使 送夜明珠 王優礼待之」と腆支王 14 年（418 年）「夏 遣使倭国 送白綿十匹」がある。

(88) 百済出土倭（系）遺物の目録は拙著（2014）を参照していただきたい。

(89) 光州金谷遺跡 B-1 号住居出土品を武末は庄内式系としているが、李暎澈は杯部と脚部の形態が布留式中

段階〜新段階にも確認できる要素としている。
(90) 朝鮮半島における倭系遺物の集成は、韓国文化財調査研究機関協会（現韓国埋蔵文化財協会）が2011年度に刊行した『韓国出土外来遺物』に詳しい。
(91) 図面は金一圭の論著（2015：107）から抜粋しているため、後日発刊される報告書の記載とは多少異なる可能性がある。
(92) 実見にあたって金女珍氏（前ソウル文化遺産研究院）と韓志仙氏（国立中原文化財研究所）のご配慮があった。
(93) 報告書の図面には縦方向のケズリのように表現されているが、実見では縦方向には見えなかった。
(94) これについては藤田憲司氏にご教示を得た。
(95) 日本の埴輪と風納土城出土埴輪片については、辻川哲朗氏（滋賀県文化財保護協会）にご教示を得た。
(96) 報告者（権五栄ほか2015）は、井戸出土百済土器を4世紀末〜5世紀初と見ている。
(97) ソウル風納土城の地形を分析した李弘鍾（2015）の研究成果によると、風納土城の内部は3つの段によって区画されており、北からⅠ段、Ⅱ段、Ⅲ段に区分できるという。氏はⅠ段は最高支配者の施設が配置された空間、Ⅱ段はⅠ段に比べて低い階層の居住区もしくは付随的な施設の空間、Ⅲ段は都城の集荷場もしくは物資を担当し支援していた者の空間と想定した。氏が設定したⅠ段に慶堂地区の井戸は位置していることから、御井とする見解が説得力を帯びる。
(98) 奈良布留遺跡と大阪神並・西ノ辻遺跡の事例については辻川哲朗氏にご教示を得た。
(99) 大阪神並・西ノ辻遺跡出土埴輪の解釈は辻川哲朗氏の見解である。
(100) ここでは詳細な考察はしなかった清州新鳳洞古墳群B地区1号土壙墓出土品のうち、杯蓋（図51-10）は器壁が厚いため、須恵器とするには疑問があるとする（酒井2013：172）。
(101) 記述する順序は地域と時期を考慮した。
(102) 一方、李知熙（2015：80）はこの高杯をTK85型式期に比定している。
(103) 韓国では小壺装飾有孔広口壺と呼称されている。
(104) 2016年8月の時点ではまだ正式に報告（馬韓・百済文化研究所2016）はされていないが、高敞鳳徳里古墳群1号墳の周溝からは高敞紫龍里遺跡出土甑と類似する口頸部片が出土している。
(105) 2012年に発刊された報告書には、写真だけ掲載されていたため、図51-3・4はスケールの表示がない李文炯（2014）の論文から抜粋した。筆者は報告書の計測値を利用して、図面のスケールを調整した。
(106) 李知熙（2015：71）は子持甑と鈴付高杯をTK47型式期とする。
(107) 高敞出土品を日本と高敞で同時に出現した器種と見る研究者もいる。
(108) 瑞山大山中学校には高杯の脚部上に粘土盤を置き、その上に杯（盌）を2つ設置した（多）杯付高杯と呼ばれる特異な土器が所蔵されている（百済文化開発研究院1984）。これについては軟質である点、土器を装飾するという意味を持たない器形である点（近藤1987）、出土状況がわからない点などから、百済・馬韓地域では装飾土器がないと考えている。
　また図録（百済文化開発研究院1984）には、論山と公州新元寺から採集された鈴付高杯を百済土器と報告しているが、現在この土器は百済土器と見なすことはできない。
(109) 日本の装飾須恵器である子持甑と鈴付高杯はどのような経緯で出現したものなのか。その起源については早くから朝鮮半島との影響と想定されてきた（楢崎1966、近藤1987、間壁1988、柴垣2001）。特に5世紀前葉の釜山福泉洞古墳群53号墳副槨出土台付燈盞（台上に4つの盞が取り付けられた形態）の場合、器高が低い子持器台の祖形とする指摘がある（朴天秀2010：418）。
　一方、鈴が付いた土器も5世紀中葉の昌寧桂城里1号墳主槨出土品（李殷昌ほか1991）など加耶土器で見られる。このように土器に器物を装飾したり、器物を振って音を出すという発想は、加耶地域の特徴と見ることができる。
　朝鮮半島南部の土器工人により、日本で甑、高杯などの器種に器物を装飾するものが出現する。つまり

土器を装飾するという発想が日本へ伝えられるとすぐ、日本化した各種の装飾須恵器が登場するのである（間壁 1988）。したがって鳳徳里出土品は、加耶の装飾陶質土器の発想と日本の須恵器が結合した産物といえる。

一方、早い時期の子持甕と鈴付高杯は、大阪陶邑窯跡群よりも地方で盛行する様相が見られる。これは5世紀前後、各地に出現する初期須恵器の故地が加耶に限定されない多様性を観察できることと関連があろう（田中史 2009：43-44）。

このように子持甕と鈴付高杯は、倭の首長が独自に加耶および周辺地域と関係を結んだ結果、日本で誕生した器形と理解する。

(110) 報告書（金建洙ほか 2003a・2003b）には鳳徳遺跡とあるが、鳳徳里に所在するため"里"を付けて表記した。
(111) ヘラケズリの方向は、見た目のケズリ目方向である。
(112) 火襷は、栄山江流域の土器にも見られるが、日本にも少ないながら火襷はあるというご教示を酒井清治氏（駒澤大学）から得た。
(113) 報告書の図面 301 と 336 がこれに該当する。
(114) 李知熙（2015：70）は TK208 型式期としている。
(115) この幅約 3 cm の輪状帯がどのように形成されたものなのか不明である。輪状帯には方向が一定でないケズリ調整が見られる。
(116) これについては酒井清治氏にご教示を得た。
(117) 慶州皇吾洞 100 番地遺跡 5 号祭祀遺構（全峰辰ほか 2008）からソウル風納土城出土品と類似する長頸壺が出土している。時期は共伴遺物から 5 世紀中葉～後葉になると思われる。ただし図版から観察できる焼成色が異なる。
(118) 須恵器系土器とする見解とは別に、5 世紀前半の小加耶（系）土器とする見解（金奎運 2011）もある。
(119) これについては酒井清治氏にご教示を得た。
(120) この蓋については酒井清治氏にご教示を得た。
(121) この壺については仲辻慧大氏（和歌山県教育委員会）にご教示を得た。
(122) この壺については仲辻慧大氏にご教示を得た。
(123) 李知熙（2015：73）は TK209 型式期とする。
(124) 一方、胴部が出っ張る群馬剣崎長瀞西遺跡 35 号墳横穴式石室前庭部出土品（図 52-20）は、7 世紀前葉以後とされる。
(125) 筆者は胴部の破片で時期を特定する見識は持ち合わせていないが、時期を特定できる研究者（李知熙 2015）もいるため、参考にされたい。
(126) 扶餘雙北里 146-7 遺跡からは、図示したもの以外に須恵器片が出土する。外面は擬似格子タタキ後、カキメを施し、内面は同心円文の当て具痕がはっきり残る。焼成は灰色硬質である。この片は統一新羅～高麗時代の層から出土しているため、今回は保留とした。
(127) 扶安壮東里遺跡 26 号住居出土品については、寺井誠氏（大阪歴史博物館）からご教示を得た。
(128) 蝟島は全羅北道扶安郡に属し、面積は 11.72 km^2、約 1,000 人が住む島である。
(129) 朝鮮時代後期（1861 年～1866 年頃）、金正浩が編纂した全国の地理誌である。
(130) 燕岐松院里という地名は 2012 年世宗特別自治市の発足に際し、廃止された地名である。新しい地名は世宗特別自治市カラム（가람）なる。ここでは混乱を避けるため報告書の明記に従う。
(131) 鉄鏃と共伴した長頸壺の器形は加耶土器と類似するが、軟質焼成とタタキメなどから差が見られる。しかし加耶土器の変遷を考慮すると、5 世紀前葉～中葉に該当すると思われる。土器との編年に従えば、この鉄鏃は 5 世紀中葉になる可能性を含む。
(132) 槐山倹承里遺跡 4 号石槨墓出土新羅土器については、次の節で詳細に述べる。

第3節　新羅・加耶（系）遺物と共伴した百済土器

　百済出土新羅・加耶（系）土器は、漢城期・熊津期で 40 遺跡の約 179 点、泗沘期 7 遺跡約 13 点に上る。一方、新羅・加耶出土百済・馬韓（系）土器は 22 遺跡約 61 点である。これら土器については、故地の比定、交渉の実態と意味などを評価する研究が多数を占めている（権五栄 2002、金亮勲 2007、成正鏞 2007、洪潽植 2007、朴天秀 2010、金奎運 2011、徐賢珠 2012c、福泉博物館 2015）。

　この節では、百済土器と共伴する新羅・加耶（系）土器の時期を特定することにより、百済土器の編年樹立のための基礎的な土台を目的としているが、新羅・加耶土器は研究者により編年に差がある。どの研究者の編年を反映させるかによって、共伴する百済土器の時期も異なってくる。この問題については、倭の時間性も考慮して新羅・加耶の編年を行った朴天秀（2010）などの研究成果を主に採用することによってある程度解決すると思われる。倭の年代決定資料を活用して百済土器の編年を試みる本書の研究方法と等しく、百済-新羅・加耶-倭の併行関係をも考慮することができる。

　一部の研究者の見解を用いて百済土器と共伴する新羅・加耶（系）土器の時期設定を行うことについて、恣意的という批判があるかもしれない。本書は日本の編年研究も含めた東アジア全体の併行関係を明らかにすることを意図しているため、総論的な解釈を採用した。

　このような批判を想定し、筆者（2016b）は新羅・加耶（系）土器と共伴する百済土器を中国陶磁器や倭（系）遺物との交差年代による主要器種の変遷により時期を比定した。百済土器により時期を比定できた新羅・加耶（系）土器は、朴天秀の編年とある程度一致することがわかった。したがって百済出土新羅・加耶（系）土器の時期比定には、氏の研究成果を反映させることにより、百済-新羅・加耶の時期差はほぼ発生しないことが判明した。このようなことから氏をはじめとした一部の研究者の見解を参考にしたことを明記する。また、新羅・加耶の編年差は 4 世紀〜5 世紀に限定され、6 世紀以降の見解に差はほぼない。

　百済出土新羅・加耶（系）土器と関連がある地域を図 59 に示した。ここで扱う新羅土器と加耶土器は嶺南地域を貫通する洛東江という自然地理的境界と一致し、主に 5 世紀以後その様相が明確になる（朴天秀 2010：23）。洛東江以東地域は新羅土器が、洛東江以西地域は加耶土器が分布する。このように土器は嶺南地域を新羅圏と加耶圏に区分する基準となり、加耶圏でも諸勢力圏を区分する重要なものさしとなっている。つまり加耶土器は 4 世紀代、金海の金官加耶土器と咸安の安羅（阿羅）加耶土器、5 世紀以降の安羅加耶土器、固城の小加耶土器、高霊の大加耶土器に分類できる。これら各土器はいくつかの盆地と水系にわたって分布しており、各々金官加耶、安羅加耶、小加耶、大加耶という政治体の圏域に対応する。

　本書でも新羅土器、加耶土器を区分し、加耶土器の場合、各政治体の土器に細分して言及するが、新羅・加耶両地域に存在する場合、嶺南地域と総称する。

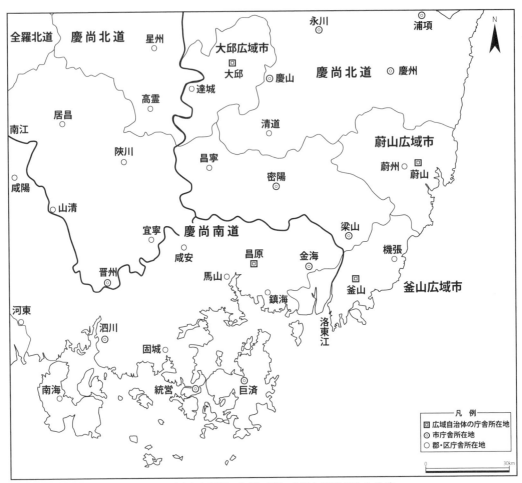

図 59　百済出土新羅・加耶（系）土器と関連がある地域

1．百済出土新羅・加耶（系）土器 1―漢城期・熊津期

(1) ソウル夢村土城

① 85-2 号土坑　報告書（夢村土城発掘調査団 1985：64-70）には土壙墓とあるが、前述したように朴淳発（2001a：122-123）によって遺物の出土位置から祭儀関連遺構と評されている。ここでは土坑とする。

85-2 号土坑からは三足土器、把手付杯などの百済土器と共に、大加耶（系）の把手台付盌（有台把手付杯）（図 60-2）と把手付小壺（図 60-3）が出土している。

定森（1989・2015：124）は把手に施された蕨手状に注目し、大加耶（高霊地域）でほぼ 5 世紀後葉に出現するもので、夢村土城Ⅰ段階を 5 世紀後半とする根拠にした。

大加耶における蕨手状把手の上限はわからないが、筆者の調査では少なくとも 5 世紀前葉には出現していたようである。5 世紀前葉の福岡古寺 10 号土壙墓からも蕨手状把手付小壺（陶質土器）が

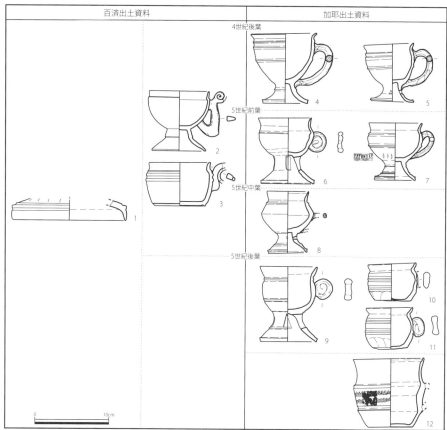

図60 ソウル夢村土城出土大加耶（系）土器の時間的位置（S＝1/5）

出土していることは、定森（2015：136）も認めている。小壺などの把手に蕨手状を施すものは大加耶の特徴と見なすことができるが、百済の器台にも蕨手状の装飾を加飾することも念頭に置く必要がある。

　加耶地域で85-2号土坑出土把手台付盌（図60-2）に該当するものは求められなかったが、盌や台などの全体的な雰囲気は、安羅加耶の4世紀後葉の咸安篁沙里古墳群4号墳木槨墓出土品（図60-4・5）と大加耶の5世紀前葉の高霊池山洞古墳群53号石槨墓出土品（図60-6）と対比できる。85-2号土坑出土品は篁沙里出土品と池山洞出土品を折衷させたような形態を呈している。このことから、時期を4世紀後葉〜5世紀前葉とした。

　85-2号土坑出土把手付小壺（図60-3）は、高霊池山洞古墳群43号石槨墓出土品（図60-10・11）や6世紀前葉の陝川三嘉古墳群6号墳B遺構石槨墓出土品（図60-12）より前出する形態であることがわかるが、6世紀以前ということにとどめたい。

　前述したように85-2号土坑からは三足土器、把手付杯などの百済土器が出土し、盤形の三足土器の場合、4世紀後葉に比定できる。朴淳発がいうように85-2号土坑が祭儀関連遺構で、同時期に混入した土器であるなら、共伴する加耶土器は4世紀後葉に位置づけられる。

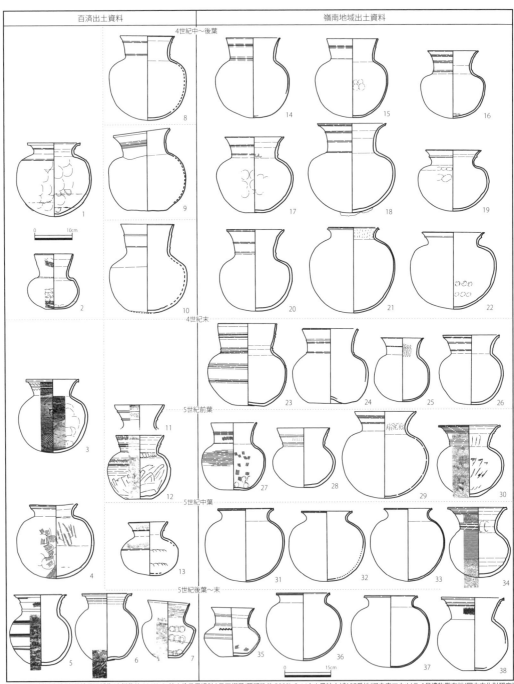

図 61 百済出土嶺南地域（系）の壺の時間的位置（21・31〜33・36・37：S＝1/12、その他：S＝1/10）

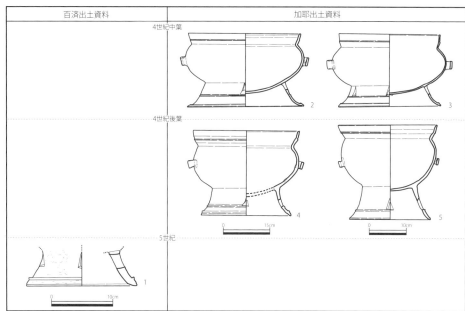

1. ソウル夢村土城西南地区89-S8-W6盛土層(金元龍他 1989), 2. 釜山福泉洞古墳群54号墳主副槨式石槨墓の副槨(釜山広域市立博物館 2001), 3. 金海亀旨路墳墓群15号墳木槨墓(申敬澈他 2000), 4. 金海ウィ(위)徳亭遺跡40号墳木槨墓(金宰佑他 2001), 5. 同遺跡11号墳木槨墓(同上)

図 62 ソウル夢村土城出土加耶(系)器台の時間的位置
（1：S＝1/6、5：1/10、その他：S＝1/12）

② **東北地区 87-2 号住居Ⅳ層** 87-2号住居Ⅳ層からは、天井部に連続した点列文（列点文）を加飾した大加耶（系）の蓋片（図60-1）が出土している（金元龍ほか 1987）。定森（2015：124）は自身の編年観からこれを5世紀末から6世紀初としている。

天井部に点列文を施した蓋は4世紀後葉には出現していたようで、大加耶滅亡まで見られる。87-2号住居出土品は大部分を欠損しているため、稜と口縁端部の形状に注目すると、5世紀から6世紀前葉までの蓋で類似するものがあった。そのため、この蓋片で時期を比定するには至らなかった。

③ **東北地区 87-3 号住居内部埋土** 長頸壺の口頸部片（図61-11）で、2条の突帯の間には点列文が、口縁部と突帯の間には波状文が描かれている（金元龍ほか 1987）。全体的な器形が不明だが、口頸部の特徴から5世紀前葉と思われる。

④ **西南地区 89-S8-W6 盛土層** 脚部には三角形の透かし（図62-1）が見られ（金元龍ほか 1989）、金官加耶（系）の小型器台と推定される。炉形器台の変遷を参考にすると、4世紀中葉の脚部は大きく外に開くが、4世紀後葉には直線的になる。出土品の時期は特定できないが、4世紀後葉より後出する形態であるため、暫定的に5世紀代としておこう。

⑤ **西南地区 89-S11-W6 盛土層** 盛土層からは脚部に長方形の透かしを施した小加耶（系）の高杯片（図63-8）が出土している。金奎運（2009：32）の編年を参考にすると、5世紀第2四半期～第3四半期に該当すると思われる。

(2) ソウル風納土城

① **現代聯合敷地カ-9 号住居炉跡周辺** カ-9号住居炉跡周辺出土からは、U字形カマド枠、深鉢形土器、黒色磨研の蓋、瓦当片などと共に高杯の脚部片（図63-1）が出土した（国立文化財研究所 2001c）。

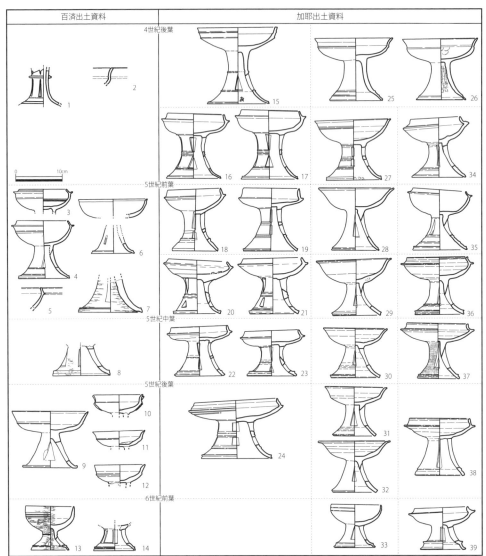

1. ソウル風納土城現代聯合敷地カ-9号住居炉跡周辺(国立文化財研究所2001b), 2・5. 曽坪杻山城南門跡開口部内側平坦地(中原文化財研究院2014), 3. 清原主城里遺跡1号横穴式石室(韓国文化財保護財団2000), 4. 錦山倉坪里遺跡(推定)石槨墓(姜仁求1973・朴敬道2002), 6. 高敞鳳徳里遺跡ナ地区地表採集(金建洙他2003b), 7. 扶餘定林寺跡出土地点不明(国立扶餘博物館2015), 8. ソウル夢村土城西南地区89-S11-W6盛土層(金元龍他1989), 9. 高敞鳳徳里古墳群1号墳1号横穴式石室(馬韓・百済文化研究院2012a), 10. 高敞紫龍里遺跡2号墳東側周溝(柳哲他2013), 11・12. 同遺跡4号墳1号土壙墓(同上), 13. 論山定止里遺跡Ⅲ地域21号貯蔵穴(嘉耕考古学研究所2013), 14. 全州馬田遺跡Ⅳ区域4号墳1号土壙墓(湖南文化財研究院2008b), 15. 陝川苧浦里古墳群A地区47号土壙木棺(槨)墓(鄭永和他1987), 16・17. 陝川玉田古墳群23号墳囲石木槨墓(趙栄済他1997), 18・19. 同古墳35号墳囲石木槨墓の盗掘坑(趙栄済1999), 20・21. 陝川鳳渓里古墳群95号墳石槨墓(沈奉謹1986), 22・23. 高霊池山洞古墳群116号石槨墓(朴升圭他2006d), 24. 陝川玉田古墳群M3号墳主槨式積石木槨墓の副槨(趙栄済1990), 25. 釜山福泉洞古墳群31・32号墳主槨式木槨墓の副槨(金斗喆他2013), 26. 金海本山里・餘来里遺跡Ⅱ区域1号石槨墓(韓国文化財保護財団2014), 27・34. 山清玉山里遺跡29号墳木槨墓(趙栄済2002), 28. 同遺跡70号墳木槨墓(同上), 29. 晋州武村里遺跡2丘60号木槨墓(慶南考古学研究所2004), 30. 同遺跡3丘147号石槨墓(慶南考古学研究所2005a), 31・38. 同遺跡3丘145号墳(同上), 32. 宜寧禮屯里遺跡27号墳石槨墓(趙栄済1994), 33. 固城内山里古墳群34号墳主槨(国立昌原文化財研究所2005), 35. 馬山県遺跡48号墳土壙墓(李盛周他1990), 36. 晋州武村里遺跡2丘85号石槨墓(慶南考古学研究所2004), 37. 同遺跡2丘25号石槨墓(同上), 39. 宜寧西洞里遺跡採集(朴升圭1994).

図63 百済出土加耶(系)高杯の時間的位置 (S＝1/8)

脚部には細長い三角形の透かしが下段に6つあり、上段にもこれと対称になるように配置されている。脚部の形態は円筒形から急激に広がる喇叭形を呈する。権五栄(2002)はこれを小加耶をはじめとした慶尚南道西部産とした。

脚部に三角形の透かしを上下対称に配置した高杯は、陝川玉田古墳群23号墳囲石木槨墓出土品(9)(図63-16・17)、陝川鳳渓里古墳群95号墳石槨墓出土品(図63-20・21)、陝川苧浦里古墳群A地区33号石槨墓出土品(鄭永和ほか1987)、高霊池山洞古墳群122号石槨墓出土品(朴升圭ほか2006b)、

同古墳群 116 号石槨墓出土品（図 63-22・23）など大加耶に求められる。

風納土城出土品は 4 世紀後葉後半（朴天秀 2010：136）の陜川玉田古墳群 23 号墳囲石木槨墓出土品と対比することができる。ただし、風納土城出土品は玉田古墳群出土品より脚部が長い感があるため、4 世紀後葉前半（朴天秀 2010：136）の陜川苧浦里古墳群 A 地区 47 号土壙木棺（槨）墓段階（鄭永和ほか 1987）に該当する可能性もある。

大加耶の高杯は時間の経過に伴い、脚部の長さが短くなる傾向を考慮すると、風納土城出土品は 4 世紀第 3 四半期に比定できよう。しかし脚部に突帯がある高杯は該当地域で求められなかったため、故地の比定には多少問題がある。

② 197 番地（旧未来マウル）ラ-109 号竪穴　ラ-109 号竪穴からは高杯、蓋、鍔付土器、長卵形土器、瓦などと凸形のつまみを有した蓋（図 64-1）が出土している（国立文化財研究所 2012b）。つまみを持つ蓋は天井部に沈線を巡らし、その間に連続して点列文を施している。報告書によると蓋の内面に自然釉などが掛かっていることから、倒置焼成したという。

つまみの形態と天井部の文様から、ラ-109 号竪穴出土品は大加耶（系）の蓋と考えられる。大加耶の蓋は、天井部が丸い形態から平坦な形態へ変遷する様相が見られることから、ラ-109 号竪穴出土品は 5 世紀代に位置づけられる。具体的につまみの形態が、5 世紀前葉後半（朴天秀 2010：136）に比定できる高霊池山洞古墳群 30 号墳主副槨式石槨墓の主槨出土品（図 64-14）に相当すると思われる。

③ 197 番地（旧未来マウル）ラ-1 号遺物散布地　ラ-1 号遺物散布地からは、慶尚南道西部地域（小加耶）で盛行した水平口縁壺と呼ばれるもの（図 61-3）が出土している（国立文化財研究所 2012b）。丸底で、頸部には沈線を境として上下に 1 帯の波状文を加飾する。外面はタタキ後、胴部中位〜下位までナデを行い、内面に当て具痕跡が残っている。

小加耶の壺は、時間の経過に伴い口径より胴部が小さくなるという特徴がある（金奎運 2009：32、朴天秀 2010：70-71）。このことから、ラ-1 号遺物散布地出土品は 4 世紀末の山清中村里古墳群 21 号墳主副槨式石槨墓の主槨出土品（図 61-26）と同じ段階もしくは多少後出するものと見られ、4 世紀末〜5 世紀第 1 四半期に推定できる。

④ 197 番地（旧未来マウル）タ-13 号溝状遺構　タ-13 号溝状遺構からは金官加耶（系）と関連がある鉢形器台（図 65-2・3）が出土している（国立文化財研究所 2012b、金一圭 2015：175）。金一圭によると、この器台の文様は波状文の中でも"山形波状文"に該当し、この文様を根拠に 13 号溝状遺構は 5 世紀中葉を遡ることができないとしている。

筆者は文様ではなく、土器の型式変化に注目する。金一圭が示した 5 世紀代の釜山福泉洞古墳群 10・11 号墳[10]（図 65-11・15）や同古墳群 53 号墳段階の鉢形器台よりは、4 世紀後葉前半（朴天秀 2010：70-71）に比定できる釜山福泉洞古墳群 31・32 号墳主副槨式木槨墓の副槨出土品（図 65-14）と関連があると考える。

一般的に 5 世紀代の鉢形器台は水平に外反する口縁部に、鉢の器高が低くなると同時に脚部が長くなる特徴が見出せる。出土品は外反はするが水平になっておらず、鉢の器高が脚部より長いことから、5 世紀以前になる。

13 号溝状遺構からは三足土器、蓋、直口短頸壺などが共伴しているが、遺構の性格上、同時期と見なせるのか疑問が残る。共伴遺物は参考資料として扱う。

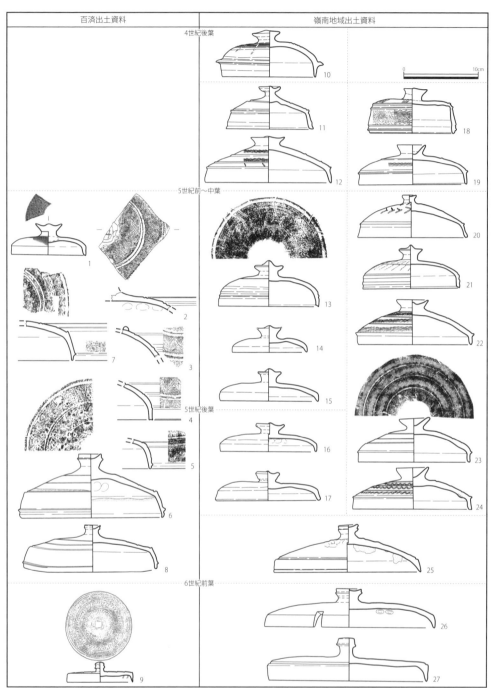

1. ソウル風納土城197番地(旧未来マウル)ラ-109号竪穴(国立文化財研究所 2012b), 2~4. 燕岐羅城里遺跡B地点KD-044溝状遺構(李弘鍾他 2015), 5. 燕岐松院里遺跡KM-001石槨墓(李弘鍾他 2010), 6. 同遺跡KM-005石槨墓(同上), 7. 同遺跡KM-092木槨墓(同上), 8. 燕岐長在里遺跡103地点1号石槨墓(金栄国他 2013), 9. 全州アムモル(암몰)遺跡カ地区6号墳横口式石槨墓(柳哲他 2014), 10. 高霊快賓洞古墳群1号木槨墓(嶺南埋蔵文化財研究院 1996), 11. 金海ウィ(외)徳亭遺跡40号墳木槨墓(金幸佑他 2001), 12・19. 陜川玉田古墳群23号墳囲石木槨墓(趙栄済他 1997), 13・14. 高霊池山洞古墳群30号墳主副槨式石槨墓の主槨(嶺南埋蔵文化財研究院 1998b), 15. 同古墳群3号石槨墓(朴升圭他 2004), 16. 同古墳群26号石槨墓(同上), 17. 高霊快賓洞古墳群10号石槨墓(嶺南埋蔵文化財研究院 1996), 18. 慶州舎羅里遺跡13号主副槨式木槨墓の主槨(同上 2007), 20. 高霊池山洞古墳群2号石槨墓(慶尚北道文化財研究院 2000a), 21. 同古墳群33号石槨墓(金鍾徹 1981), 22. 陜川玉田古墳群20号墳囲石木槨墓(趙栄済他 1998), 23. 同古墳群82号墳囲石木槨墓(趙栄済他 1992), 24. 同古墳群7号墳主副槨式木槨墓の主槨(趙栄済他 1999), 25. 高霊池山洞古墳群44号墳30号墳石槨墓(朴天秀他 2009), 26. 同古墳群6号石槨墓(嶺南大学校博物館 2004), 27. 陜川三嘉古墳群第1号墳A遺構石槨墓(沈奉謹 1982)

図64 百済出土嶺南地域(系)蓋の時間的位置 (S=1/5)

図65 百済出土加耶（系）鉢形器台の時間的位置（S=1/5）

1. 天安斗井洞遺跡 I 地区3号住居（李南奭他 2000），2・3. ソウル風納土城197番地（旧未来マウル）タ-13号溝状遺構（国立文化財研究所 2012b），4. 高敞鳳徳里遺跡方形推定墳南側周溝（金建洙他 2003a），5. 同遺跡方形推定墳北側周溝（同上），6・7. 同遺跡ナ地区地表採集（同上 2003b），8. 高霊盤雲里遺跡第4地区採集（洪鎮根 1992，東洋大学校博物館 2005），9. 高霊快賓洞古墳群12号木槨墓（嶺南埋蔵文化財研究院 1996），10. 同古墳群1号木槨墓封土内（同上），11・15. 釜山福泉洞古墳群10・11号墳主副槨式石槨墓の副槨（鄭澄元他 1983），12. 高霊池山里古墳群30号墳主副槨式石槨墓の主槨（嶺南埋蔵文化財研究院 1998b），13. 釜山福泉洞古墳群54号墳主副槨式木槨墓の副槨（釜山広域市立博物館 2001），14. 同古墳群31・32号墳主副槨式木槨墓の副槨（金斗喆他 2013），16. 晋州武村里遺跡2丘85号木槨墓（慶南考古学研究所 2004）

⑤ 慶堂地区中層196号遺構（竪穴倉庫） 前述したように竪穴倉庫から出土した中国の施釉陶器と木炭試料による炭素14年代測定から，196号遺構の年代は3世紀後葉～4世紀前葉になると考えられる。

これに対し金一圭（2015：166-167）と李盛周（2015）は196号遺構から出土した大壺（図66-3）

を嶺南地域の陶質土器と見なし、5世紀第1四半期（金一圭 2015：166）または4世紀後葉（李盛周 2015）とした。氏らは196号遺構の年代を5世紀前・中葉（金一圭）、5世紀前葉（李盛周）とし、筆者をはじめとする他の研究者（朴淳発、韓芝守、韓志仙など）との見解に大きな隔たりがある。果たして金一圭らの指摘通り、196号遺構出土大壺が4世紀後葉または5世紀前葉に下るものなのか検討する必要がある。

出土大壺は、肩部に乳頭状の耳が2つ取り付けられ、底部内面にはシボリメが見られる（権五栄ほか 2011a）。焼成は硬質である。嶺南地域の大壺との比較を行った結果、196号遺構の大壺は嶺南地域出土品と直接対比し時期を特定するには至らないと考える。196号遺構の大壺は肩部に乳頭状の耳が設置されるが、嶺南地域出土品は肩部より頸部に近い位置に乳頭状の耳がある。また196号遺構の大壺は器高と最大径がほぼ同径なのに対し、4世紀後葉の金海ウィ（위）徳亭遺跡40号墳木槨墓出土品（図66-14）を除いてその大部分が最大径より器高が大きい。

百済・馬韓土器では肩部に乳頭状の耳を取り付けることは一般的ではないため、嶺南地域出土品との対比を通じて196号遺構出土大壺の時期比定を行ったことは理解できる。しかし嶺南地域の大壺とは差があり、直接対比させるには疑問が残る。

百済・馬韓土器には肩部に乳頭状の耳を取り付けるものが一部存在する。器種は様々だが、196号遺構の大壺同様、肩部に乳頭状の耳がある共通点が見られる。196号遺構の大壺は現在これと対比させるものが百済・馬韓地域ではないが、以上のように百済・馬韓地域で製作された可能性がある。また、時期が未詳の高敞中月里遺跡出土品（図66-5・6）を除き、光州新昌洞墳墓遺跡出土品（図66-1）は3世紀中葉～後葉（徐賢珠 2006：137）、舒川烏石里遺跡出土品（図66-2）は4世紀初（朴淳発 2000b）、舒川芝山里遺跡出土品（図66-4）は4世紀代（李南奭ほか 2005）に比定されている。栄山江流域にはこのような土器が3世紀中葉～4世紀中葉（徐賢珠 2006：137）まで限定的に見られることを勘案すると、196号遺構出土大甕もこの時期に製作されたと見るほうが妥当である。5世紀代になる根拠は、百済・馬韓地域の事例から見出すことはできない。

⑥ 慶堂地区206号遺構（井戸）　井戸からは嶺南地域と関連がある長頸壺が出土している。前述したように井戸から出土した百済土器は5世紀以降であるため、嶺南地域と関連がある出土品もその範疇にある。

まず長頸壺から述べる。報告書（権五栄ほか 2015：38）の記述に従えば、図61-12は土器埋納層下位から、図61-13は土器埋納層中位からの出土とある。この出土位置が時間性を反映しているとすれば、図61-12は図61-13より前出することになる。

図61-12は斜め上方に立ち上がる口縁部を呈し、口頸部外面には2条の突帯と波状文が見られる。胴部上位にも波状文を加飾し、平底である。嶺南地域の長頸壺の変遷を考慮すると、出土品は金海竹谷里遺跡56号石槨墓出土品（図61-27）や金海禮安里古墳群41号墳石槨墓出土品（図61-28）と対比することができる。

報告書（東亜細亜文化財研究院 2009：1147）は竹谷里56号石槨墓を5世紀第2四半期としているが、崔秉鉉（2013）の研究を参考にすると、4世紀後葉以降になる。暫定的に5世紀前葉とする。禮安里41号墳石槨墓出土品も研究者によって、4世紀末～5世紀中葉と差があるが、朴天秀（2010：136）によって5世紀前葉後半に比定された金海禮安里古墳群36号墳石槨墓の共伴高杯が41号墳出土高杯と類似することから、41号墳出土品も同様の時期になると思われる。

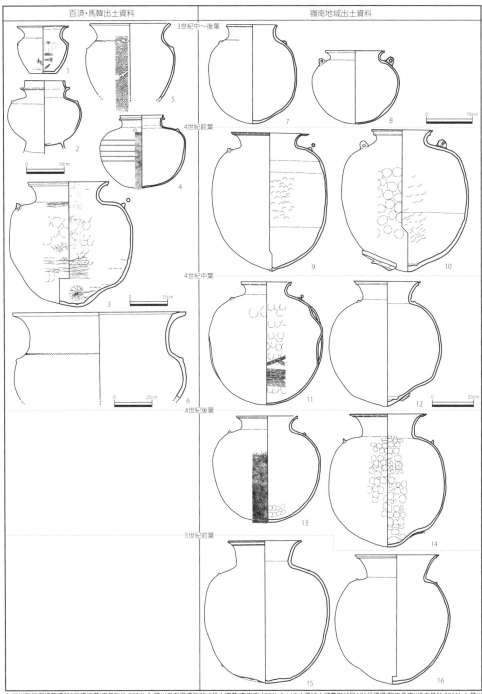

1. 光州新昌洞墳墓遺跡3号甕棺墓(宋義政他 2004), 2. 舒川烏石里遺跡95-9号土壙墓(李南奭 1996), 3. ソウル風納土城慶堂地区196号遺構(竪穴倉庫)(権五栄他 2011), 4. 舒川芝山里遺跡Ⅱ-11号住居(李南奭他 2005), 5・6. 高敞中月里遺跡甕棺墓(円光大学校馬韓・百済文化研究所 1984), 7. 金海大成洞古墳群29号墳木槨墓(申敬澈他 2000), 8. 金海亀旨路墳墓群1号墳木槨墓(申敬澈他 2000), 9・10. 金海大成洞古墳群13号墳主副槨式石槨墓の副槨(申敬澈他 2000), 11. 浦項鶴川里遺跡群43号木槨墓(慶尚北道文化財研究院 2002), 12. 釜山福泉洞古墳群54号墳主副槨式石槨墓の副槨(釜山広域市立博物館 2001), 13. 金海良洞里古墳群第90号土壙墓(林孝澤他 2000), 14. 金海ウィ(위)徳亭遺跡40号墳木槨墓(金宰佑他 2001), 15. 釜山福泉洞古墳群10・11号墳主副槨式石槨墓の副槨(鄭澄元他 1983), 16. 釜山福泉洞古墳群53号墳主副槨式石槨墓の副槨(釜山直轄市立博物館 1992)

図66　百済出土嶺南地域(系)大壺の時間的位置1
(1・2：S=1/10、4・7・8・13：S=1/12、3・9・10・11：S=1/15、
12・14・15・16：S=1/18、その他：S=1/25)

図 61-13 は出土位置から、5 世紀前葉の図 61-12 の長頸壺より後出する。図 61-13 は図 61-12 の長頸壺同様、斜め上方に立ち上がる口縁部を呈し、口縁部外面には突帯状のものと波状文が見られる。胴部上位にも波状文を加飾する。しかし図 61-12 の長頸壺と比べると、胴部が扁平な形態になる点が異なる。図 61-13 と類似するものを嶺南地域で求めることができないため、加耶土器の模倣品が作られる栄山江流域からの搬入品である可能性もある。これは加耶と関連する土器と指摘された全羅南道長興上芳村 B 遺跡 15 号周溝周辺出土品[11]（湖南文化財研究院 2006a、徐賢珠 2012c）と類似するからである。いずれにしてもこれらの源流は嶺南地域一円にあることは疑いないだろう。

風納土城出土品は金海竹谷里遺跡 86 号石槨墓出土品（図 61-35）から時期を推察したい。型式学的に竹谷里 86 号石槨墓出土品は風納土城出土品より後出する器形であることが認められ、竹谷里 86 号石槨墓からは金海式短脚高杯が共伴している。この遺跡では 5 世紀後葉に至ると短脚高杯が急増し、6 世紀以後主流になるという（東亜細亜文化財研究院 2009：1152）。出土短脚高杯は 5 世紀後葉～6 世紀前葉になろうが、ここでは 206 号遺構（井戸）出土百済土器の年代から、5 世紀後葉になると考える。

図 61-13 は図 61-12 の 5 世紀前葉以降、5 世紀後葉以前になる可能性が高い。

⑦ **慶堂地区**　慶堂地区からは上記の 206 号遺構（井戸）出土品だけではなく、複数の嶺南地域（系）土器の存在が知られる（権五栄 2002）。しかしその大部分が、遺構に伴うものではないため、遺物の共伴関係が不明のものである。ここでは先行研究（権五栄 2002）の成果を基に検討する。

図 67-1・2 は天井部に上下 2 列の連続した点列文が"く"の字のような形で配列されている点などから、小加耶産と見られている（権五栄 2002、朴天秀 2010：126-127、金奎運 2011）。朴天秀はソウル夢村土城出土須恵器同様、この小加耶土器が 475 年以前に搬入されたものと判断し、暦年代設定に重要な基準としている。実際、氏はこの蓋と類似する晋州武村里遺跡 3 丘 82 号石槨墓出土品（図 67-9）および同遺跡 3 丘 145 号石槨墓出土品（慶南考古学研究所 2005a）を 475 年前後とした。

この蓋 2 点は天井部の文様だけでなく、口縁端部が外反する特徴が見出せる。これに着目すると、朴天秀が示した晋州武村里遺跡だけでなく、咸安梧谷里遺跡でも類似品がある。口縁端部が図 67-1 と対比できる咸安梧谷里遺跡 11 号石槨墓出土品（図 67-8）は、共伴高杯から 5 世紀第 3 四半期に比定できる（慶南文化財研究院 2007：148、金奎運 2009：32）。一方、口縁端部が図 67-2 と対比できる晋州武村里遺跡 2 丘 85 号石槨墓出土品（図 67-10）は、共伴高杯と器台により 5 世紀前葉後半に比定できる（朴天秀 2010：71、金奎運 2009：32）。

以上のことから、この小加耶（系）の蓋 2 点は朴天秀の見解同様、475 年以前に搬入されたものと考えられる[12]。

図 67-3 の天井部には連続した点列文が施されている。文様だけでなく口縁部や稜などの特徴から、大加耶もしくは小加耶の蓋と対比することができる。図 67-11 に示した高霊池山洞古墳群 98 号石槨墓出土品は、共伴する高杯を朴天秀（2010：79）の年代観に照らし合わせると 5 世紀中葉になる。

図 67-4 はつまみの形態から大加耶（系）の蓋と思われる。つまみの形態は、高霊池山洞古墳群 8 号石槨墓出土品（図 67-12）と対比できる。共伴土器の年代は 5 世紀中葉（朴天秀 2010：79）、馬具の年代は 5 世紀前葉～中葉（諫早 2012：188）に位置づけられる。

図 67-5 はつまみの形態から小加耶（系）の蓋である可能性が高い。対応する資料として示した晋

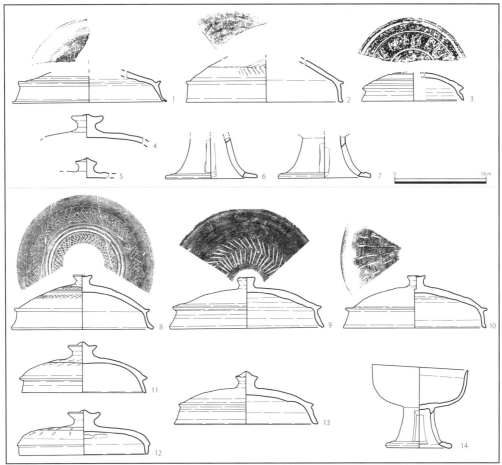

1. ソウル風納土城慶堂地区1区域上層(権五栄他 2009), 2. 同土城慶堂地区9号遺構(権五栄他 2004), 3. 同土城慶堂地区24号竪穴(権五栄 2002), 4. 同土城慶堂地区1区域(権五栄他 2009), 5. 同土城慶堂地区N2W1(同上), 6. 同土城慶堂地区178号竪穴(権五栄 2002), 7. 同土城慶堂地区上層(同上), 8. 咸安梧谷里遺跡11号石槨墓(慶南文化財研究院 2007), 9. 晋州武村里遺跡3丘82号石槨墓(慶南考古学研究所 2005a), 10. 同遺跡2丘85号石槨墓(同上 2004), 11. 高霊池山洞古墳群98号石槨墓(朴升圭他 2006b), 12. 同古墳群8号石槨墓(同上 2006c), 13. 晋州武村里遺跡2丘29号木槨墓(慶南考古学研究所 2004), 14. 慶州月城路古墳群カ-11-1号墳石槨墓(国立慶州博物館 1990)

図67 ソウル風納土城慶堂地区出土嶺南地域（系）土器と比較資料（S=1/4）

州武村里遺跡2丘29号木槨墓出土品（図67-13）は、共伴する高杯を朴天秀（2010：71）や金奎運（2009：32）の年代観に照らし合わせると5世紀第2四半期になる。

図67-6・7の高杯片は器形だけでなく焼成色や胎土から同じ生産地で製作された可能性が高い。灰青色硬質で、0.1cm未満の白色粒や黒色粒が含まれるが、泥質である。脚部の内外面とも回転ナデで仕上げているが、脚部外面の上位には縦方向のケズリが見られる。透かしは長方形で、脚部から脚端部の屈曲が強く開き、脚端部が丸く処理され、脚部と脚端部に段があることが特徴である。

この特徴について6世紀第2四半期（金奎運 2009：32）の宜寧泉谷里古墳群39-1号石槨墓出土有蓋台付壺の脚部と類似するとの見解（権五栄 2002）があるが、脚端部の形状や透かしの大きさで差が認められる。むしろ慶州月城路古墳群カ-11-1号墳石槨墓出土品（図67-14）の脚部と対比できる。カ-11-1号墳は5世紀中葉（朴天秀 2010：136）の慶州皇南大塚南塚の次の段階にあたり（白井 2003）、5世紀後葉前半になる。高杯片は漢城期の下限を示す遺物になろう。

(3) ソウル石村洞古墳群

① 2号墳周辺採集　出土品（図61-1）は頸部外面に突帯を施す点、肩部が張り出し胴部から底部にかけて窄まる器形を呈する点、無文のタタキ板で成形する点などから（李鮮馥ほか 2013：71）、嶺南地域に展開する壺と関連があると思われる。嶺南地域で頸部外面に突帯を施す事例が4世紀中葉以降増加することと、5世紀代の壺と比べて底部が尖がった形状をなすことから、4世紀中葉～後葉の時期に位置すると思われる。

② 4号墳周辺（推定）住居　4号墳出土品（図61-4）は、2号墳周辺採集品と比べると、底部の窄まりが弱まる。嶺南地域の壺の変遷を考慮すると、5世紀中葉～後葉の時期になる可能性が高いと思われる。

(4) 槐山俛承里遺跡

俛承里遺跡出土品（孫明洙ほか 2009）は、鎮川石帳里遺跡出土高杯同様、忠清北道で最も早い時期の新羅遺物として評価されているが（崔秉鉉 2009）、新羅を含めた嶺南地域の土器が確認できる。

① 2号石槨墓　2号石槨墓からは壺、鉄鏃、鉄斧、鉄鎌などと共に嶺南地域（系）の長頸壺（図61-2）が出土している。出土品は栄山江流域では長頸小壺と呼ばれる器種に該当する。霊岩新燕里9号墳5号木棺墓出土品と類似するため、栄山江流域と関連があるとも考えられるが、栄山江流域の長頸小壺は加耶地域の長頸壺が栄山江流域で地域化したものと理解されており（徐賢珠 2006：59）、栄山江流域出土品としても加耶系の遺物であることは疑いない。

胴部の形態は4世紀後葉の釜山華明洞古墳群2号墳石槨墓出土品（図61-20）と対比できる。新燕里9号墳出土品も4世紀後葉～5世紀前葉になるため（徐賢珠 2006：137）、出土品は後述する4号・6号石槨墓出土新羅土器とほぼ同じ時期に比定できると思われる。

② 4号石槨墓　百済の有肩壺（平肩壺）と共に新羅の長頸壺と把手付杯が出土した（図68-1・2）。長頸壺は頸部が長く、肩部が張り、胴部が偏球形を呈する特徴を持ち、慶州皇南洞味鄒王地区第5区域1号墳甕棺墓出土品（図68-5・6）と同地区6号墳出土品など4世紀後葉の器形と類似するとの指摘がある（崔秉鉉 2009）。しかし、俛承里遺跡出土品は胴部に波状文を巡らすなどの要素が、皇南洞出土品より多少後出するものと思われる（崔秉鉉 2009）。ただしこのような器形が、慶州皇南大塚南墳段階以後にはないことから、4世紀末以前に比定できるという崔秉鉉の研究がある。

4号石槨墓出土長頸壺は、慶州皇南洞味鄒王地区第5区域1号墳出土品だけでなく、釜山福泉洞古墳群53号墳主副槨式石槨墓の主槨出土品（図68-7）、慶州皇南洞味鄒王地区第1区域E墓石槨墓出土品（図68-10）とも類似する。

味鄒王地区第5区域1号墳の年代について李熙濬（2007：159）は4世紀第4四半期、白井（2003）と金斗喆（2011）は5世紀第2四半期と見ている。福泉洞古墳群53号墳について李熙濬（2007：160）は4世紀第4四半期、朴天秀（2010：136）は5世紀前葉前半、金斗喆（2011）は5世紀第2四半期、皇南洞味鄒王地区第1区域E墓石槨墓の年代について李熙濬（2007：159）は5世紀第1四半期など研究者によって意見の一致を見ない。

長頸壺と伴出する把手付杯の口縁部は直立し、杯の最大径は中位に位置する。杯の中位と下位、頸部には沈線が巡る。このような形態の把手付杯は時間の経過に伴い把手が小さくなり、頸部がなだらかな曲線をなす。この点から俛承里出土品は、釜山福泉洞古墳群39号墳主副槨石槨墓の主槨

出土品（図68-8）、慶州東山里遺跡13号石槨墓出土品（図68-9）と類似する。李熙濬（2007：160）は福泉洞古墳群39号墳出土品と同古墳群1号墳石槨墓出土品（図68-12）を4世紀第4四半期としているが、把手付杯の型式学的変遷から見ると、福泉洞古墳群1号墳出土品は、同古墳群39号墳出土品より後出する型式になると思われる。

俟承里出土品と型式学的に最も類似する釜山福泉洞古墳群39号墳より後出する釜山福泉洞7号墳石槨墓出土品（図68-11）は、5世紀第1四半期（李熙濬 2007：159）、5世紀前葉（諌早 2012：140）に比定できるという。福泉洞古墳群39号墳出土品は4世

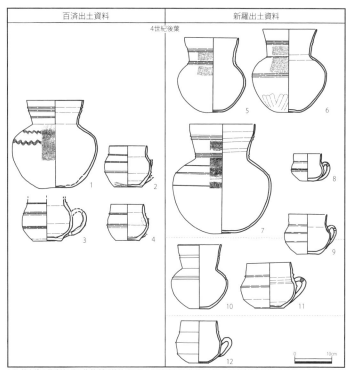

1・2. 槐山俟承里遺跡4号石槨墓（孫明洙他 2009）, 3. 同遺跡6号石槨墓（同上）, 4. 同遺跡地表採集（同上）, 5・6. 慶州味鄒王陵地区第5区域1号墳甕棺墓（申敬澈 1986）, 7. 釜山福泉洞古墳53号墳主副槨式石槨墓の主槨（釜山直轄市立博物館 1992）, 8. 同古墳群39号墳主副槨式石槨墓の主槨（全玉年他 1989）, 9. 慶州東山里遺跡13号石槨墓（新羅文化遺産研究院 2010）, 10. 慶州味鄒王陵地区第1区E墓石槨墓（尹容鎮 1975）, 11. 釜山福泉洞古墳群7号墳石槨墓（金東鎬 1984a）, 12. 釜山福泉洞古墳群1号墳石槨墓（東亜大学校博物館 1970）

図68 槐山俟承里遺跡出土新羅（系）土器の時間的位置（S＝1/10）

紀第4四半期（李熙濬 2007：160）、5世紀前葉〜中葉（諌早 2012：140）、5世紀第2四半期後葉（金斗喆 2011）など研究者によって見解が分かれているが、福泉洞古墳群7号墳出土品より前出する型式であるため、4世紀第4四半期〜5世紀第1四半期になると思われる。

③ **6号石槨墓** 6号石槨墓からは4号石槨墓出土品と同じ形態の把手付杯（図68-3）が出土している点から、2つの石槨墓はほぼ同時期に造営されたと考えられる。その時期は4世紀第4四半期〜5世紀第1四半期になる。

（5）鎮川石帳里遺跡

① **A（区）-サ号竪穴** A-サ号竪穴からは深鉢形土器と鉢などと共に大加耶（系）の長頸壺（図69-2）が出土している（李栄勲ほか 2004）。出土品は5世紀前葉前半（朴天秀 2010：136）の山清玉山里遺跡35号墳木槨墓出土品（図69-7）や5世紀前葉後半（朴天秀 2010：136）の高霊池山洞古墳群30号墳3号石槨墓出土品（図69-6）より相対的に頸部が長いため、これらより後出するものと思われる。

石帳里出土品は、高霊池山洞古墳群122号石槨墓出土品（図69-8）と類似するため、池山洞出土品と共伴した新羅の高杯（図69-9）から時期を比定する。この高杯は池山洞古墳群32号墳石槨墓出土品（図69-10）と同じ型式であるため5世紀中葉になる（朴天秀 2010：136）。そのため石帳里出土品もこの時期に位置づけられそうである。

ちなみに池山洞古墳群125号石槨墓出土長頸壺（図69-11）は、口縁部が湾曲していることから、

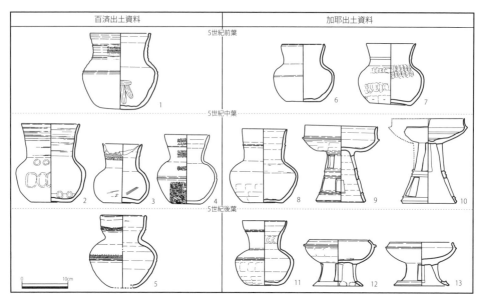

図69　百済出土大加耶（系）長頸壺の時間的位置（S＝1/8）

石帳里出土品と池山洞122号石槨墓出土品より後出する5世紀後葉後半になると考えられる。[19]

② B区　B区からは出土位置が不明の新羅（系）の無蓋高杯片（図70-1）が出土している（李栄勳ほか 2004）。脚部には長方形の透かしが二段に交互に施されている。外面は暗青灰色で、多少光沢を持つという。この高杯については慶州月城路古墳群カ-13号墳積石木槨墓出土品（図70-3・4）との対比から4世紀後葉と比定され、慶州産の可能性も提起されている（成正鏞 2007）。

石帳里製鉄遺跡から新羅中央の土器が出土していることは、鎮川地域が原三国時代（2世紀末～3世紀頃）以降も嶺南東南部地域と持続的な関係を維持していたことを示唆する資料となる（成正鏞 2007）。また前述したように槐山倹承里遺跡出土土器と共に忠清北道で早い時期の新羅土器になろう。[20]

その後、大加耶勢力がおそらく鉄を求めて5世紀中葉頃、鎮川地域と関係を結んだことが想定される。

(6) 龍仁麻北洞聚落遺跡19号住居

19号住居からは深鉢形土器と長卵形土器と共に大加耶（系）の長頸壺（図69-5）が出土している（京畿文化財研究院 2009）。出土品は口縁部が少し湾曲した感がある。しかし前述した高霊池山洞古墳群125号石槨墓出土長頸壺（図69-11）の口縁部より湾曲度が小さいため、5世紀後葉前半になると思われる。

(7) 天安龍院里古墳群130号土壙墓

130号土壙墓からは深鉢形土器、環頭大刀などと共に大加耶（系）の長頸壺（図69-1）が出土している（李南奭 2000、李賢淑 2011：224）。前述した鎮川石帳里遺跡A-サ号竪穴出土品より、相対的

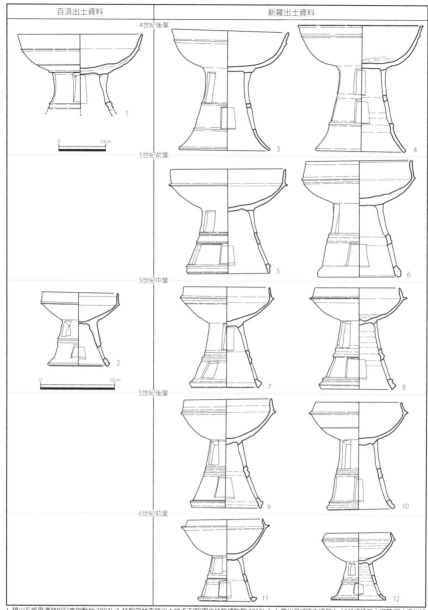

図 70 百済出土新羅（系）高杯の時間的位置（1：S＝1/8、その他：S＝1/5）

に頸部が短いため、5世紀前葉前半の山清玉山里遺跡35号墳木槨墓出土品（図69-7）や5世紀前葉後半（朴天秀 2010：138）の高霊池山洞古墳群30号墳3号石槨墓出土品（図69-6）と同時期に比定できると考えられる。

(8) 天安斗井洞遺跡Ⅰ地区3号住居

3号住居からは、深鉢形土器などと共に小形の炉形器台（図65-1）が出土している（李南奭ほか

2000)。小形の炉形器台は晋州・高霊・陝川・昌寧・咸安・慶州・金海など広範囲で確認できるが、地域的な特徴が顕著な器種である（成正鏞 2007）。斗井洞出土品と同様のものは求められなかったが、高霊快賓洞古墳群12号木槨墓出土品（図65-9）と全体的な雰囲気は似ている。朴淳発（2000c）は斗井洞出土品の年代を4世紀前葉頃とし、この時期から天安地域の勢力が高霊地域と独自の交渉関係を結んでいたと理解している。

高霊地域の炉形器台は、脚部に透かしがないものが透かしのあるものより先行するとされ、脚部に透かしがないものは4世紀前葉後半になるという（朴天秀 2010：78）。一方、斗井洞遺跡出土品と対比できる快賓洞古墳群12号木槨墓出土品は4世紀中葉頃と見られる（朴天秀 2010：136）。

天安斗井洞と高霊快賓洞から出土した小形の炉形器台は、頸部の突帯の有無、透かしの形態などで差があるため、直接の対比対象とするには無理があるが、古式陶質土器段階に嶺南地域との交流で入手した情報を基に現地で製作した可能性も考えられる（成正鏞 2007）。

(9) 大田九城洞遺跡 D-1・D-2・D-8 号土壙墓

この遺跡からは原三国時代～三国時代初期の住居12基と、住居が廃棄された後に造営された12基の土壙墓と甕棺墓などが検出された（崔秉鉉ほか 1997）。このうち、D-1・D-2・D-8号土壙墓からは在地の土器などと共に、この地域では見られない長頸壺が出土している。

D-1号土壙墓出土品（図61-8）は、肩部が張り出し胴部から底部にかけて窄まる器形を呈す。突帯を持つ頸部は直立ぎみに外傾し、口縁部付近で外反する。D-2号土壙墓出土品（図61-10）はD-1号出土品に比べ、長い口頸部が直線的に外傾し、頸部には突帯状が見られる。また肩部に平坦面が観察できる。D-8号土壙墓出土品（図61-9）は、焼き歪みにより製作時の原型をとどめていないものと思われる。口頸部はD-1号出土品と似るが、頸部に横沈線を施す点が異なる。

九城洞出土品と類似する長頸壺は嶺南地域で見られるが、そのうちD-1号出土品は慶州月城路古墳群カ-6号墳積石木槨墓出土品（図61-14・15）と最も類似する（成正鏞 2007）。月城路古墳群カ-6号墳は4世紀第2四半期（李熙濬 2007：159）や4世紀後葉前半（朴天秀 2010：136）などとされる。

ではD-2号出土品と対比できる釜山華明洞古墳群2号墳石槨墓出土品（図61-20）の時期はどうなのであろうか。華明洞2号墳は金海大成洞1号墳や釜山福泉洞31・32号墳と同時期にあたり（朴升圭 2010：35）、朴天秀（2010：136）の編年では、月城路カ-6号墳と同時期の4世紀後葉前半になるという。

このことからD-1・D-2・D-8号出土品は4世紀後葉前半の短期間で造営されたと見られる。とすると、D-1号出土品とD-2号出土品で観察できる口頸部の長短や胴部の形などの差は時間差ではなく地域差を反映していることになる。

ほぼ同時期に造営された3基の土壙墓であるが、4世紀後葉後半（朴天秀 2010：136）に比定できる慶州月城路古墳群カ-13号墳積石木槨墓出土品（図61-23・24）から長頸壺は図示したようにD1→D8→D2になる可能性も指摘できる。しかしこれはあくまで想定にすぎず、4世紀後葉前半としたい。

また、成正鏞（2007）はこれら土器を嶺南地域の影響を受けた在地産である可能性も排除できないとしている。

（10）大田梧井洞遺跡 2 号土壙墓

2 号土壙墓からは小壺、鉢、壺、鉄鎌などと共に大加耶（系）の長頸壺（図69-4）が出土している（崔秉鉉ほか 1998）。型式学的な変遷から 5 世紀中葉のものと対比できる。

（11）曽坪杻城山城（二城山城）[21]

① **3 号住居**　3 号住居からは、甑、短頸壺などと共に直口壺（図71-1）が出土している（中原文化財研究院 2014）。報告書の記載にもあるように、口頸部の中央に突帯がある丸底直口壺は百済ではあまり見られない。このような事例は嶺南地域で見られ、5 世紀前葉後半（朴天秀 2010：136）の咸安道項里古墳群 13 号木槨墓出土品（図71-4・5）と関連があるだろう。

② **南門跡開口部内側平坦地**　ここからは金官加耶の主要器種と理解される外折口縁高杯（図63-2）と嶺南地域（系）の高杯（図63-5）が出土している（中原文化財研究院 2014）。出土品と対比できる金官加耶の外折口縁高杯は、釜山福泉洞古墳群 31・32 号墳主副槨式木槨墓の副槨出土品（図63-25）や金海本山里・餘来里遺跡Ⅱ区域 1 号石槨墓出土品（図63-26）から、4 世紀後葉（朴天秀 2010：136）に該当するため、杻城山城出土品もおおよそこの時期になろう。

図63-5 の高杯については新羅土器とする見解（成正鏞 2012）と加耶土器とする見解（朴重均 2014）とがあるが、全体的な器形がわからないため、ここでは嶺南地域（系）の高杯とする。出土品の受け部は突帯で処理し、立ち上がりは内傾し、口縁端部には段が見られる。時期は 5 世紀代になると思われる。

③ **1 号排水路**　1 号排水路からは壺片や甕片などと共に、新羅の把手付無蓋高杯と思われる破片[22]（図72-1）が出土している（中原文化財研究院 2014）。

これについてはすでに朴重均（2014）が 5 世紀第 1 四半期の慶州舎羅里遺跡 13 号主副槨式木槨墓の主槨出土品と対比できるとした。しかし舎羅里 13 号出土品は口縁部が直立しており大きく異なる。むしろ外反する口縁部と杯部形態は、4 世紀後葉後半（朴天秀 2010：136）の釜山福泉洞古墳群 21・22 号墳主副槨式石槨墓の主槨出土品（図72-5）に類似することから、4 世紀末に遡ると思われる。

④ **地表採集**　地表からは台付壺の底部片（図73-1）が出土している。報告書（中原文化財研究院 2014）によれば、出土品は軟質焼成で、泥質の胎土とある。底部外面には「人介リ（？）」の銘文が刻まれている。百済ではほぼ見られない器種であり、加耶に求められる（朴重均 2014、中原文化財研究院 2014：142）とあるが、百済・馬韓地域でもわずかながら見られる。

出土品は脚部（台）が極端に短い。この特徴から金官加耶（系）の台付壺と関連があると想定でき、時期は金海本山里・餘来里遺跡Ⅱ区域 3 号木槨墓出土品（図73-5）から 4 世紀後葉（韓国文化財保護財団 2014）になろう。

（12）烏山外三美洞遺跡カ地区 26 号竪穴

26 号竪穴からは大加耶（系）の有蓋長頸壺の口頸部片（図74-2）が出土している（韓白文化財研究院 2011）。頸部には 2 条の横沈線の間に波状文を施す。大加耶の本拠地である高霊地域出土品と比べて口径が小さい点と頸部の文様の構成に差があることから、大加耶中心地から離れた地域で製作されたと思われる。たとえば 5 世紀前葉前半（朴天秀 2010：136）の釜山福泉洞古墳群 10・11 号

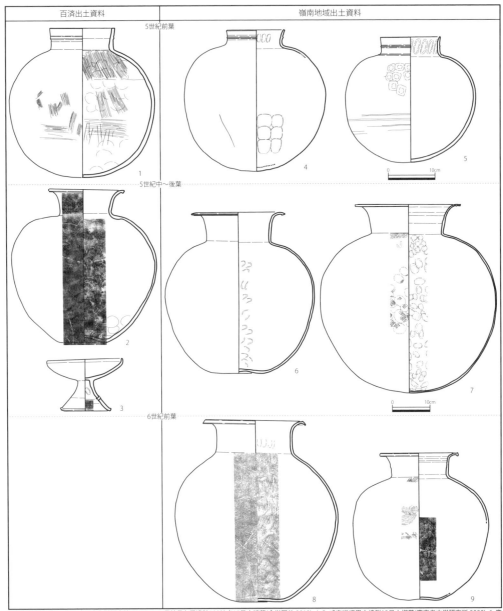

1.曽坪杻城山城3号住居(中原文化財研究院 2014), 2・3.燕岐長在里遺跡103地点15号土壙墓(金栄国他 2013), 4・5.咸安道項里古墳群13号木槨墓(慶南考古学研究所 2000), 6.慶州舎羅里遺跡14号主副槨式積石木槨墓の副槨(嶺南文化財研究院 1999), 7.慶州隍城洞遺跡537-1・10番地4号積石木槨墓(韓国文化財保護財団 2002), 8.慶州隍城洞590番地遺跡8号石槨墓(慶尚北道文化財研究院 2015), 9.慶州隍城洞遺跡18号積石木槨墓(韓国文化財保護財団 2005a)

図71 百済出土嶺南地域（系）大壺の時間的位置2（1～3・5：S＝1/8、その他：S＝1/10）

墳主副槨式石槨墓の副槨出土品（鄭澄元ほか 1983）や、慶尚北道星州地域出土品などと関連があると考えられる。口縁部の形状から外三美洞出土品は、5世紀前葉後半（朴天秀 2010：136）の高霊池山洞古墳群30号墳主副槨式石槨墓の主槨出土品（図74-6）より後出すると見られるため、5世紀中葉～後葉に比定可能である。

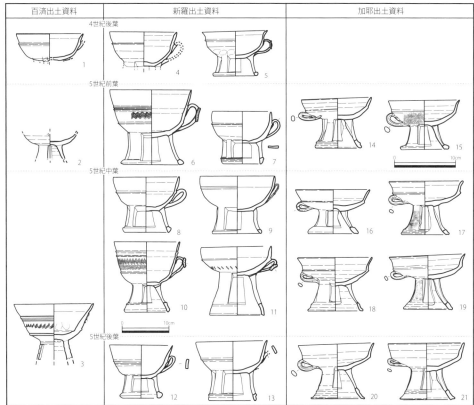

1. 曽坪衽城山城1号排水路(中原文化財研究院 2014), 2. 扶餘北羅城ナ区間城壁表土層の除土から採集(沈相六他 2013c), 3. 燕岐羅城里遺跡A地点KR-003道路(李弘鍾他 2015), 4. 慶州鶏林路古墳群37号積石木槨墓(国立慶州博物館 2015), 5. 釜山福泉洞古墳群21・22号墳副槨式石槨墓の主槨(釜山大学校博物館 1990), 6. 同古墳群10・11号墳主副槨式石槨墓の主槨(鄭澄元他 1983), 7. 慶州舎羅里遺跡13号主副槨式木槨墓の主槨(嶺南文化財研究院 2007), 8. 慶州鶏林路古墳群38号埋葬施設不明(国立慶州博物館 2015), 9. 慶州皇南大塚南墳主副槨式積石木槨墓の副槨(文化財管理局文化財研究所 1993), 10・11. 昌寧校洞古墳群第3号墳口式石室(沈奉謹他 1992), 12. 慶州舎羅里遺跡15号積石木槨墓(嶺南文化財研究院 1999), 13. 慶州隍城洞590番地遺跡6号積石木槨墓(慶尚北道文化財研究院 2015), 14. 晋州武村里遺跡2丘29号木槨墓(慶南考古学研究所 2004), 15. 同遺跡2丘11号木槨墓(同上), 16~19. 同遺跡3丘82号石槨墓(慶南考古学研究所 2005a), 20・21. 同遺跡3丘145号石槨墓(同上)

図72 百済出土嶺南地域（系）把手付高杯の時間的位置（6・9・10：S＝1/8、その他：S＝1/6）

(13) 清原主城里遺跡1号横穴式石室

1号横穴式石室の5次屍床には、6世紀後葉の新羅の短脚高杯などの遺物と共に、他の遺物とは時期と故地がまったく異なる加耶（系）の高杯（図63-3）が出土している（韓国文化財保護財団 2000、金武重 2012）。脚部は欠如しているが、口縁部と杯部から5世紀前葉後半（朴天秀 2010：136）の晋州武村里遺跡2丘85号木槨墓出土品（図63-36）、晋州佳谷マウル地表採集品（趙栄済 1990）、錦山倉坪里遺跡（推定）石槨墓出土品（図63-4）と類似する。

三角形の透かしを脚部に施した高杯の研究（趙栄済 1990）を参考にすると、佳谷マウル地表採集品と倉坪里出土品は同じ型式として、Ⅰ段階（5世紀前葉）に設定できる(23)。

主城里出土品は、小加耶の高杯との対比から5世紀前葉に該当するため、6世紀後葉の5次屍床とは関連のない遺物であることを再確認した(24)。これは1号横穴式石室の初築時に副葬されたものと見なければならない。

(14) 清州新鳳洞古墳群

新鳳洞1号横穴式石室には、新羅土器2点が副葬されていた（車勇杰ほか 1995）。これらは6世紀新羅における漢江流域への進出による追葬の結果であり、共伴する百済土器とは関係がない。こ

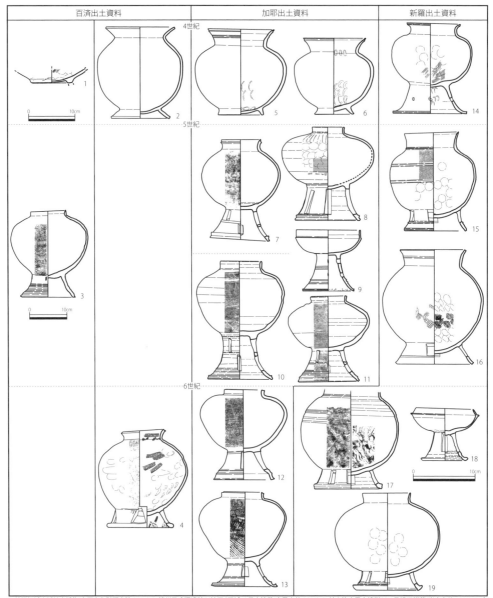

1. 曽坪杻城山城地表採集(中原文化財研究院 2014), 2. 清州鳳鳴洞遺跡Ⅳ地区C区域43号土壙墓(車勇杰他 2005), 3. 益山笠店里古墳群98-1号墳石槨墓(崔完奎他 2001), 4. 全州中洞遺跡4地区1号横口式石槨墓(湖南文化財研究院 2013b), 5. 金海本山里・餘来里遺跡Ⅱ区域3号木槨墓(韓国文化財保護財団 2014), 6. 同遺跡Ⅱ区域10号木槨墓(同上), 7. 山清玉山里遺跡21号墳木槨墓(趙栄済他 2002), 8. 晋州武村里遺跡2丘29号木槨墓(慶南考古学研究所 2004), 9. 金海本山里・餘来里遺跡Ⅱ区域25号石槨墓(韓国文化財保護財団 2014), 10. 晋州武村里遺跡3丘145号石槨墓(慶南考古学研究所 2005a), 11. 同遺跡2丘25号石槨墓(同上 2004), 12. 固城内山里古墳群34号墳横穴式石室主槨(国立昌原文化財研究所 2005), 13. 宜寧泉谷里古墳群39-1号石槨墓(嶺南埋蔵文化財研究院 1997), 14. 慶州隍城洞590番地遺跡108号積石木槨墓(慶尚北道文化財研究院 2015), 15. 同遺跡36号積石木槨墓(同上), 16. 慶州皇南大塚南墳主副槨式積石木槨墓の副槨(文化財管理局文化財研究所 1993), 17. 慶州月城路古墳群タ-2号墳積石木槨墓(国立慶州博物館 1990), 18. 慶州隍城洞590番地遺跡40号積石木槨墓(慶尚北道文化財研究院 2015), 19. 同遺跡121号積石木槨墓(同上)

図73　百済出土嶺南地域(系)台付壺の時間的位置
(18：S＝1/6、1・2・5・9・12・13・17・19：S＝1/8、その他：S＝1/10)

こでは72号土壙墓出土品(図61-5)、107号土壙墓出土品(図61-6)、A-27号土壙墓出土品(図74-1)について述べる。
(25)

① **72・107号土壙墓**　慶尚南道西部地域(小加耶)で盛行した水平口縁壺と呼ばれるものと類似する壺が2点、百済土器などと共に出土した(車勇杰ほか 1995)。107号土壙墓出土品(図61-6)の場合、小加耶出土品と比べ、頸部が短く、波状文がない点などが異なる。しかし頸部の2条の突帯や胴

部形態は、馬山県洞遺跡64号石槨墓出土品（図61-38）と対比できる（成正鏞2007）。一方、72号土壙墓出土品（図61-5）の全体的な器形は晋州武村里遺跡3丘145号石槨墓出土品（図61-34）と対比できる。

武村里遺跡3丘145号石槨墓出土品は朴天秀（2010：136）の編年によると、5世紀後葉前半（475年前後）、県洞遺跡64号石槨墓出土品は河承哲（2015：43）や金奎運（2009：32）の編年を参考にすると5世紀後葉になる。

これらは小加耶地域からの搬入品ではなく、これら地域との関係により清州近郊または他地域で製作された小加耶系土器で、その時期は5世紀後葉頃になろう[26]。

② A-27号土壙墓 土壙墓から出土した有蓋長頸壺（図74-1）の頸部は2条の突帯により上下3段に区画され、その間には波状文が描かれている（車勇杰ほか2002a）。胴部は上辺が広い

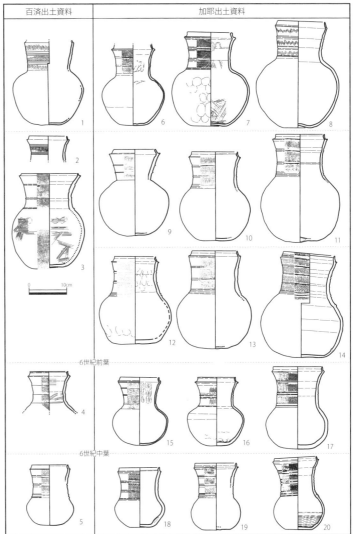

1. 清州新鳳洞古墳群A-27号土壙墓(車勇杰ほか2002a), 2. 烏山外三美洞遺跡カ地区26号竪穴(韓白文化財研究院2011), 3. 錦山水塘里遺跡2号横穴式石室(忠清南道歴史文化院2007b), 4. 扶餘雙北里314-5番地遺跡第2文化層13号竪穴(韓国文化財団2015), 5. 錦山陰地里遺跡破壊墳(朴敬道2002), 6. 高霊池山洞古墳群30号墳主副槨式石槨墓の主槨(嶺南埋蔵文化財研究院1998b), 7. 同古墳群81号石槨墓(慶尚北道文化財研究院2000a), 8. 星州星山里古墳群39号墳副葬槨(啓明大学校行素博物館2006), 9. 陝川磻渓堤古墳群カ-14号墳石槨墓(金正完1987), 10. 同古墳群カ-B号墳石槨墓(同上), 11. 同古墳群カ-A号墳石槨墓(同上), 12. 高霊池山洞古墳群44号墳南槨(朴天秀2009), 13. 陝川磻渓堤古墳群タ-A号石槨墓(金正完1987), 14. 南原斗洛里古墳群32号墳副葬石槨墓(金承玉2015), 15. 陝川玉田古墳群6-1号石槨墓(趙栄済他1993), 16. 高霊池山洞古墳群79号石槨墓(朴升圭他2006a), 17. 陝川三嘉古墳群第1号墳A遺構石槨墓(沈奉謹1982), 18. 高霊池山洞古墳群14号石槨墓(慶尚北道文化財研究院2000a), 19. 陝川苧浦里D地区遺跡Ⅰ-16号墳石槨墓(尹容鎮1987), 20. 陝川三嘉古墳群2号墳B遺構石槨墓(沈奉謹1982)

図74 百済出土大加耶（系）有蓋長頸壺の時間的位置（S=1/10）

台形を呈し、底部は平底気味（抹角平底）である。胴部外面には格子タタキメが見られ、硬質である（成正鏞2007）。成正鏞によると、全体的な器形は高霊池山洞古墳群30号墳主副槨式石槨墓の主槨出土品（図74-6）や同古墳群81号石槨墓出土品（図74-7）と類似するという。しかし受け部の形状や波状文が整然としていない点や、星州星山里古墳群39号墳副葬槨出土品（図74-8）と通じる部分も考慮し、汎大加耶産と分類した。

池山洞30号墳出土品は5世紀前葉後半（朴天秀2010：136）と5世紀前葉～中葉（諫早2012：188）、同古墳群81号石槨墓出土品は5世紀第3四半期（慶尚北道文化財研究院2000b：257）、星山

里39号墳出土品は5世紀後葉前半（啓明大学校行素博物館 2006：535、朴天秀 2010：136）に比定されている。

これらを総合すると、A-27号出土品は5世紀前葉後半～後葉に副葬されたものと考えられる。

(15) 清州明岩洞遺跡4号土壙墓

4号土壙墓からは深鉢形土器、壺、鉄鎌、鉄鏃などと共に、嶺南地域（系）の長頸壺（図61-7）が出土している（国立清州博物館 2000）。出土品は軟質で、粗い胎土である。胴部には縄蓆文タタキが施され、肩部が張り、最大径をなす。タタキメの存在から、在地で製作されたと考えられる。時期は前述したように5世紀後葉～末の倭（系）の鉄鏃が共伴することから推察できる。

(16) 清州鳳鳴洞遺跡Ⅳ地区C区域43号土壙墓

43号土壙墓からは壺、馬具などと共に台付壺（図73-2）が出土している。台付壺は百済・馬韓地域でもわずかながら見られるが、出土品は金海出土品（図73-5・6）と類似するため、考察の対象とする。出土品は灰色硬質焼成で、胴部外面にはタタキメが見られない（車勇杰ほか 2005）。頸部は"く"の字で、口縁端部は平坦になっている。肩部は下がり、胴部最大径は胴部中位に位置する。脚部（台）はまるで口縁部を逆に取り付けたようである。

金海出土品は口縁端部が細く尖り、胴部最大径は胴部上位に位置する。脚部は鳳鳴洞出土品と比べると短く、外反度は小さい。

時期を見ると、台付壺は4世紀中葉（趙詳紀 2015：171）、共伴した鑣は4世紀中葉～後葉（諫早 2012：206-207）という。一方、金海出土品は4世紀後葉になるという（韓国文化財保護財団 2014：195-196）。このようにほぼ同時期に類似する土器が両地域に存在していたことになる。鳳鳴洞出土台付壺は、金海地域からの影響を受けて在地で製作されたものと考えたい。

(17) 燕岐羅城里遺跡[27]

① **A地点KR-003道路**　KR-003道路からは壺、杯身、短頸瓶などの百済土器と共に、新羅と関連がある把手付無蓋高杯片（図72-3）が出土している（李弘鍾ほか 2015）。硬質焼成で、土器の内外に自然釉が見られる。杯部の上位には2条の突帯、下位には1条の突帯と沈線があり、突帯の間には波状文を施す。また杯部には把手の痕跡がある。脚部には細長方形の透かしが4つ開けられている。

出土品は5世紀中葉（朴天秀 2010：136）の昌寧校洞古墳群第3号墳横口式石室出土品（図72-10）と対比できそうだが、杯部が5世紀後葉の慶州舎羅里遺跡15号積石木槨墓出土品（図72-12）や慶州隍城洞590番地遺跡6号木槨墓出土品（図72-13）に近い。そのため出土品は5世紀中葉の遅い時期～後葉になると思われる。

② **B地点KD-044溝状遺構**　KD-044溝状遺構からは三足土器、蓋杯、深鉢形土器、甑などの百済土器と共に、大加耶（系）の蓋（図64-2～4）が3点出土している（李弘鍾ほか 2015）。

胎土質や焼成色などから、これら3つの蓋片は1つの個体であったと思われる。口縁端部には沈線状の段を持ち、稜は短いながらも突出する。天井部外面には2条の沈線を一対にしたものが3本まわり、その間に櫛描状の波状文を施している。欠損したつまみが付着してた部分には、Ⅹ（または＋）のような符号が刻まれている。これはつまみを取り付けるための目印と一般的に理解されてい

る。

　大加耶の蓋は装飾文を施すことが多いが、その大部分は点列文である。羅城里出土品のような波状文は図示した以外に、陜川玉田古墳群28号墳囲石木槨墓出土品（趙栄済ほか 1997）や同古墳群69号墳囲石木槨墓出土品（趙栄済ほか 1995）などで見られるが、その多くが陜川玉田古墳群出土品である。

　天井部に波状文を施す事例は4世紀後葉〜5世紀代まで見られる。口縁端部と稜の形状から羅城里出土品（図64-4）は、5世紀前葉後半（朴天秀 2010：136）の高霊池山洞古墳群30号墳主副槨式石槨墓主槨出土品（図64-13）と類似するが、時期比定の決め手にはかける。5世紀代のものと考えたい。

　③ **C地点KM-004木棺墓**　KM-004木棺墓からは飾履、木製鞘、銙帯金具、盛矢具などと共に嶺南地域東部と関連がある長頸壺（図75-1）が出土している。筆者（2016a）はかつて5世紀中葉頃の小加耶土器としたが、再調査した結果、嶺南地域（系）の土器で4世紀第4四半期〜5世紀第1四半期に該当することがわかった。

　出土品は肩部が張った胴部で、尖りぎみの底部を呈する。口頸部は内傾ぎみに短く立ち上がる頸部から外反する口縁部へ続く。口頸部には突帯が見られる。羅城里出土品は嶺南地域東部の長頸壺の変遷から、5世紀中葉以前になることは確かであろう。4世紀後葉前半（朴天秀 2010：136）の清道鳳岐里遺跡3号木槨墓出土品（図75-3・4）と対比できそうであるが、頸部の立ち上がりと、口縁部、胴部最大径の位置などで多少の差が見られる。口頸部だけを見れば5世紀前葉前半（朴天秀 2010：136）の釜山福泉洞古墳群53号墳主副槨式石槨墓出土品（図75-12）とも通じるため、これらを総合すると、羅城里出土品は4世紀末〜5世紀初になると思われる。

　ちなみに出土飾履の底板は斜格子文、側板は凸文で構成されるが、これは4世紀第4四半期〜5世紀第1四半期の公州水村里遺跡Ⅱ地点1号土壙木槨墓出土品と類似する。また、龍文透彫帯金具が5世紀第1四半期〜第2四半期の大阪七観古墳出土品（阪口 2014：394）と対比できるという指摘もある。このように他の共伴遺物からもKM-004出土長頸壺は上記の年代を設定できる。[28]

　KM-004木棺墓は、墓壙を掘削し床を整地した後に木棺を設置する一般的な百済の木棺墓とは異なる様相を見せており、嶺南地域などで確認される囲石木槨墓や積石木槨墓と類似する点が見られる（李弘鍾ほか 2015：161）。[29]

　④ **C地点KM-006木棺墓**　KM-004木棺墓とKM-006木棺墓は直線距離にして約10m離れている。KM-006木棺墓からは壺以外、共伴遺物は確認されていない。出土品の口縁部は欠損し、頸部には2条の突帯が見られる（図75-2）。口頸部は直立して立ち上がる頸部から外反する口縁部へと続く。底部は平底に近い凹底である。

　KM-004木棺墓出土品同様、KM-006木棺墓出土品も嶺南地域東部の長頸壺の変遷から、5世紀中葉以前になると思われる。全体的な器形は共伴高杯から4世紀後葉に比定できる金海花亭遺跡27号石槨墓出土品（図75-7）と最も類似し、KM-004とKM-006出土品はほぼ同時期になる可能性が高い。

（18）燕岐松院里遺跡

　① **KM-003石槨墓**　KM-003石槨墓からは外反口縁小壺、広口壺、馬具などと共に把手付直口短頸

182

図75 百済出土加耶(系)長頸壺の時間的位置 (S=1/8)

1. 燕岐羅城里遺跡C地点KM-004木棺墓(李弘鍾ほか2015), 2. 同遺跡同地点KM-006木棺墓(同上), 3・4. 清道鳳岐里遺跡3号木槨墓(慶尚北道文化財研究院 2006), 5. 同遺跡5号木槨墓(同上), 6. 咸安梧谷里遺跡3号墳木槨墓(朴東百ほか1995), 7. 金海花亭遺跡27号石槨墓(福泉博物館2009), 8. 釜山福泉洞古墳群52号墳木槨墓(釜山広域市立博物館2001), 9. 同古墳群31・32号墳主副槨式木槨墓の主槨(金斗喆他2013), 10. 高霊池山洞古墳群30号墳副槨式石槨墓の副槨(嶺南埋蔵文化財研究院1998b), 11. 山清黙谷里遺跡45号石槨墓(慶南大学校博物館2013), 12. 釜山福泉洞古墳群53号墳主副槨式石槨墓の主槨(釜山直轄市博物館1992), 13. 昌原道渓洞古墳群2号木槨墓(朴東百1987), 14. 金海七山洞古墳群38号墳石槨墓(申敬澈他1989), 15. 高霊池山洞古墳群58号石槨墓(慶尚北道文化財研究院2000a), 16. 同古墳群28号石槨墓(同上)

小壺(図76-2)が出土している(李弘鍾ほか2010)。

　出土品の焼成は灰青色硬質だが、断面は褐色を呈する。胎土には黒色粒と白色粒が見られる。頸部と胴部の境界には突帯を施す。2条1帯の沈線の間に波状文を加飾し、蕨手状の把手を取り付けている。胴部下位にはケズリのような痕跡が見られ、底部外面には白い繊維状のものが観察できる。これは藁を灰のようにしたもので、これを置くことによって、1つは融着を防ぐことが目的とされ、また重ね焼きで密着した部分の赤色化を炭素(炭化)によって防ぎ、灰色にするためと想定できる(酒井 2013：300-301)。

　この蕨手状の把手を付けた直口短頸小壺は、百済では出土例がなく、むしろ5世紀代の大加耶土

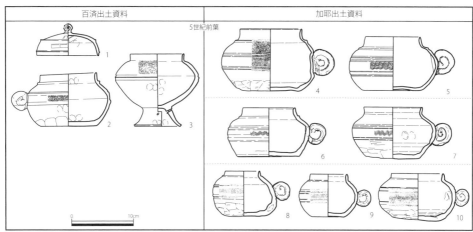

図 76　百済出土大加耶（系）把手付直口短頸小壺の時間的位置（S＝1/6）

1～3. 燕岐松院里遺跡KM-003石槨墓(李弘鍾他 2010), 4. 高霊池山洞古墳群30号墳3号石槨墓(嶺南埋蔵文化財研究院 1998b), 5. 陝川玉田古墳群31号墳木槨墓(趙栄済 1988), 6. 高霊池山洞古墳群40号石槨墓(朴升圭他 2006a), 7. 同古墳群84号墓(同上), 8. 同古墳群44号墳主槨(朴天秀他 2009), 9・10. 同古墳群44号墳南槨(同上)

器で見られるものである（金武重 2012）。大加耶圏ではおおよそ5世紀第2四半期に出現し盛行するが、5世紀末には胴部が小さくなり、6世紀には消滅すると考えられる。

KM-003出土品は5世紀前葉後半（朴天秀 2010：136）の陝川玉田古墳群31号墳木槨墓出土品(30)（図76-5）や5世紀中葉頃の高霊池山洞古墳群40号石槨墓出土品(31)（図76-6）、同古墳群84号石槨墓出土品（図76-7）と対比できる。

百済で蕨手状の把手を取り付ける直口小壺が現時点この遺跡でしか見られない点と、後述する蕨手状の耳を付けた壺（図80-2・6～10・13）が他の遺跡と比べて多い点から、この松院里遺跡造営集団は大加耶の勢力と深い関係を結んでいたことがわかる(32)。前述したようにこの遺跡の近隣（直線距離約2km）に位置する羅城里遺跡からも倭や嶺南地域の遺物が出土していることから（李弘鍾ほか 2014・2015）、松院里の被葬者は羅城里の集落に駐屯しながら錦江上流・中流の物資を嶺南地域もしくは日本に中継する役割を担っていたと思われる。

また、蕨手状のつまみを持ったKM-003出土品（図76-1）は大加耶地域では見られないが、大加耶土器の影響を受けて製作されたものと考えられる。焼成および胎土は把手付直口短頸小壺と似る。天井部外面には重ね焼きをした痕跡と、ナデとケズリ調整が見られる。天井部と口縁部の境付近に2条の沈線をまわし、突帯の効果を図っている。口縁部には後述するKM-005石槨墓出土品やKM-092石槨墓出土品同様、突帯を施す。

② KM-005石槨墓　KM-005石槨墓からは三足土器、外反口縁小壺、壺、大刀、鉄矛、鉄刀子などと共に大加耶と関連がある蓋（図64-6）が出土している（李弘鍾ほか 2010）。出土品の焼成は暗灰青色硬質で、胎土には黒色粒と白色粒が見られる。天井部外面には2条の沈線をまわし、その間に3帯の波状文を加飾している。また天井部には白い繊維状のものが見られる。天井部と口縁部の境付近にも沈線が巡り、口縁部外面には突帯を施し、ケズリ調整が見られる。

出土品は口縁部外面に突帯を施すのが特徴である。これと類似する事例は4世紀末～5世紀初の慶州舎羅里遺跡13号主副槨式木槨墓出土品（図64-18）であるが、沈線で突帯状にしている点が異なる。また5世紀前葉～中葉の高霊池山洞古墳群32号墳や33号墳出土品（図64-21）でも同様である。このような特徴を持った口縁部は嶺南地域でも普遍的ではないため、故地については検討の余

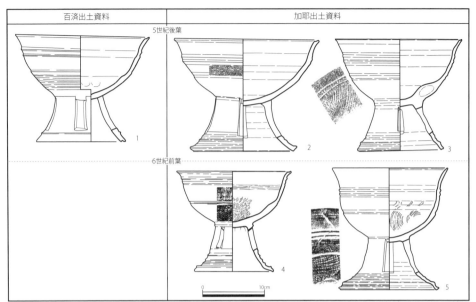

図77 百済出土小加耶（系）鉢形器台の時間的位置（S=1/6）

1.燕岐松院里遺跡KM-046横穴式石室(李弘鍾他2010), 2.晋州武村里遺跡3丘2号石槨墓(慶南考古学研究所2005a), 3.同遺跡3丘37号横口式石槨墓(同上), 4.固城内山里古墳群64号墳横穴式石室(国立昌原文化財研究所2005), 6.固城蓮塘里古墳群18号横穴式石室周溝内(朴淳発他1994)

地がある。

　出土品の時期は、全体的な器形から5世紀後葉後半（朴天秀 2010：136）の高霊池山洞古墳群44号墳30号石槨墓出土品（図64-25）や6世紀前葉の同古墳群6号石槨墓出土品（図64-26）より前出することは間違いない。天井部の文様に差があるが、出土品は凹形のつまみ、比較的長い口縁部、天井部の形態などから5世紀前葉～中葉（諫早 2012：188）の高霊池山洞古墳群2号石槨墓出土品（図64-20）と対比できる。共伴する三足土器から5世紀中葉が妥当ではないかと考える。

　③ **KM-046 横穴式石室**　KM-046横穴式石室からは高杯、蓋、直口短頸壺、馬具、鉄鏃などと共に小型の鉢形器台（図77-1）が出土している（李弘鍾ほか 2010）。筆者（2012b・2013a）はかつてこれを須恵器とする見解（金武重 2012）を引用したが、須恵器とは鉢の形状と脚の端部などに差が見られる。鉢形器台は須恵器よりむしろ小加耶土器で類例を求めることができる（金一圭 2014a・2014b・2015：172-173）。

　出土品は灰青色硬質で、胎土には黒色粒と白色粒が見られる。鉢の内面底には薪の燃えカスのようなものが付着している。鉢の外面には2条の突帯と1帯の波状文を加飾する。その下位にはカキメ調整後、格子タタキを施している。脚部には長方形の透かしが4つ穿たれ、外面にはカキメが見られる。

　KM-046出土品は、晋州武村里遺跡3丘2号石槨墓出土品（図77-2）、同遺跡3丘37号横口式石槨墓出土品（図77-3）と対比可能である。2号石槨墓は小型の鉢形器台と共伴する長頸壺が5世紀後葉前半（朴天秀 2010：136）に比定できる3丘145号石槨墓出土品と類似する。3丘37号横口式石槨墓では小型の鉢形器台と共伴する高杯が、6世紀第1四半期（金奎運 2009：32）の固城内山里古墳群34号墳主槨出土品より相対的に身が深いため、5世紀後葉に設定できる。またKM-046出土品は、6世紀前葉～中葉の固城内山里古墳群64号横穴式石室出土鉢形器台（図77-4）より、型式

学的に古い段階になるものと思われる。

④ **KM-092 石槨墓** KM-092 石槨墓では外反口縁小壺、壺、大刀、鉄矛、鉄刀子などと共に、大加耶と関連がある蓋（図 64-7）が出土している。出土品の焼成は灰青色硬質だが、断面は褐色を呈する。胎土には黒色粒と白色粒が見られる。天井部外面には沈線を巡らせ、上下に 2 帯の波状文を加飾しているが、破片の状況から見て、おそらく KM-005 出土品と同様、天井部には 2 条の沈線、その間に 3 帯の波状文を加飾していたと思われる。口縁部に突帯を施す点も KM-005 出土品と共通するが、KM-092 出土品の口縁部外面には 1 帯の波状文が加飾される点が異なる。また波状文の線も出土品は KM-005 出土品より太い。全体的な器形は類似するが、焼成、波状文など細部において差が見られる。

口縁部外面に装飾文を施す事例は、4 世紀末〜5 世紀初となる慶州舎羅里遺跡 13 号主副槨式木槨墓出土品（図 64-18）で見られる。しかし時期は KM-005 出土品同様、5 世紀中葉頃になると考える。

(19) 燕岐松潭里遺跡 KM-025 横穴式石室 (34)

KM-025 横穴式石室からは三足土器、短頸壺、杯、馬具などと共に鉢（図 78-1）が出土している（李弘鍾ほか 2010）。全体的な器形は 5 世紀末（白井 2003）に比定できる慶州月城路古墳群カ-4 号墳積石木槨墓出土品（図 78-5・6）や 5 世紀末〜6 世紀初（国立加耶文化財研究所 2011：268）の昌寧松峴洞古墳群 6 号墳横口式石室出土品（図 78-7・8）などと類似する。しかし KM-025 出土鉢は硬質であるが、新羅の鉢は軟質が多いことを踏まえると、新羅地域とは別の地域で製作された可能性がある。

一方、共伴した蓋の天井部には X 字形の点列文が加飾されている。百済の蓋は文様を加飾することをあまり行わないため、嶺南地域の影響である可能性が高い。

(20) 燕岐長在里遺跡 (35)

① **103 地点 15 号土壙墓** 15 号土壙墓からは錦江流域の在地の高杯（脚部に円孔（透かし））（図 71-3）、鉄矛、鉄鎌、鉄斧と共に、百済では見られない大壺（図 71-2）が出土している。灰青色硬質で、口縁部は水平に外反し、胴部外面は平行タタキ後、ナデで消している（金栄国ほか 2013：77）。胴部内面には当て具痕が残り、凹底である。このような大壺は 5 世紀中葉〜6 世紀前葉の新羅で見られる（図 71-6〜9）。大壺

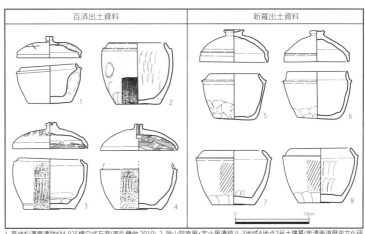

図78 百済出土新羅（系）鉢の時間的位置（S＝1/5）

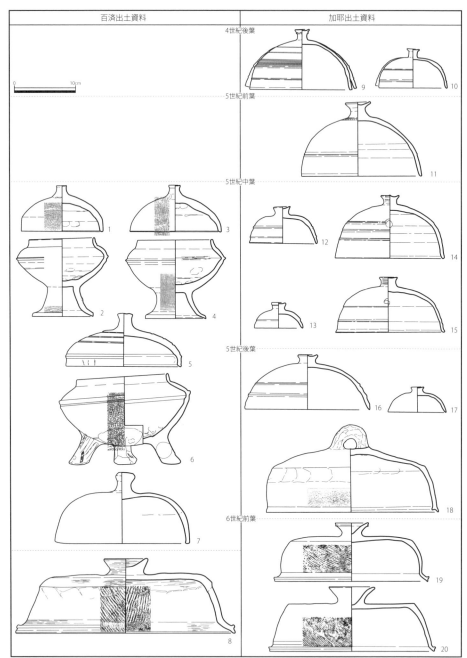

図 79 百済出土加耶（系）蓋の時間的位置（S＝1/6）

は5世紀後葉の高杯と共伴していることから、6世紀までは下らないと思われる。

② **103地点1号石槨墓**　1号石槨墓からは直口短頸壺、小壺、杯身、馬具、耳飾、玉製の首飾などと共に、肩部に蕨手状の耳を4つ取り付けた壺（図80-3）と蓋2点（図64-8、図79-7）が出土している（金栄国ほか 2013）。これらは後述するように加耶の影響で在地で製作された器種のため、加耶

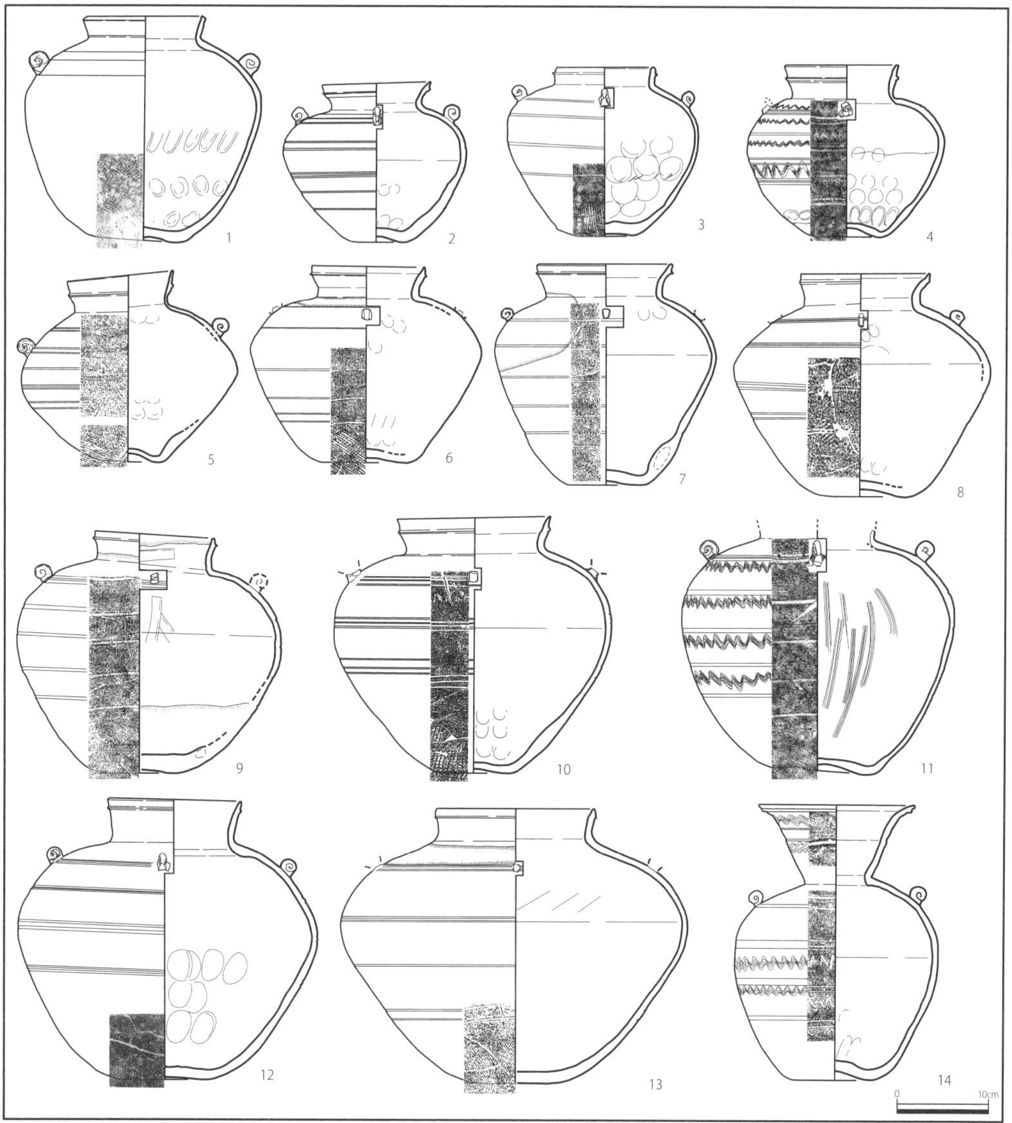

1. 公州水村里遺跡Ⅱ地点3号石槨墓(忠清南道歴史文化研究院 2007a), 2. 燕岐松院里遺跡KM-005石槨墓(李弘鍾他 2010), 3. 燕岐長在里遺跡103地点1号石槨墓(金栄国他 2013), 4. 同遺跡103地点30号土壙墓(同上), 5. 燕岐松潭里遺跡KM-019石槨墓(李弘鍾他 2010), 6. 燕岐松院里遺跡KM-038土壙墓(同上), 7. 同遺跡KM-096横穴式石室(同上), 8. 同遺跡KM-022土壙墓(同上), 9. 同遺跡KM-007石槨墓(同上), 10. 同遺跡KM-046横穴式石室(同上), 11. 燕岐長在里遺跡103地点29号土壙墓(金栄国他 2013), 12. 同遺跡103地点7号石槨墓(同上), 13. 燕岐松院里遺跡KM-018横穴式石室(李弘鍾他 2010), 14. 燕岐松潭里遺跡KM-018土壙墓(同上)

図80 百済出土大加耶(系)壺(S=1/8)

土器との対比を通じた時期比定は難しい。共伴する杯身は5世紀中葉〜後葉、耳飾はソウル石村洞古墳群3号墳出土品(金元龍ほか 1986、李鮮馥ほか 2013)や天安龍院里古墳群37号土壙墓出土品(李南奭 2000)と対比でき、漢城期末と見られている。

(21) 公州水村里遺跡

Ⅱ地点5号横穴式石室からは三足壺、高杯、小壺、直口壺、短頸瓶、大壺、鉄矛、鉄鏃、馬具などと共に百済・馬韓ではあまり見られない蓋(図79-1・3)が出土している(忠清南道歴史文化研究院 2007a)。棒状のつまみは百済の蓋でもあるが、ドーム型をした蓋の形状は百済・馬韓土器での系譜

からは考えにくい。

　水村里出土品と類似する蓋は安羅加耶で見られる。ドーム型をした安羅加耶の蓋は、遅くとも4世紀後葉には出現し（図79-9・10）、時間の経過に伴い器高が低くなる（図79-16・17）。

　5号横穴式石室は水村里遺跡内での造営順序で、5世紀第2四半期の4号横穴式石室より後出することがわかっている。おそらく5世紀第3四半期になろうが、水村里出土品は5世紀後葉の安羅加耶同様口径より器高が大きいため、5世紀中葉（5世紀第3四半期前半）の蓋（図79-12～15）と関連があろう。

　水村里出土蓋は在地の台付壺とセットになる点（図79-2・4）、棒状のつまみは百済土器でも見られる点などから、搬入品ではなく安羅加耶との関連で、在地で製作されたと思われる。

　また、三足壺（図79-6）とセットをなす蓋（図79-5）も天井部の3条の沈線と口縁部が加耶の蓋と似るが、棒状のつまみが異なるなど、百済土器と加耶土器の要素を折衷した在地の蓋である。

　肩部に蕨手状の耳を2つまたは4つ取り付けた壺（図80）は、今のところ燕岐（現世宗特別自治市）と公州でしか見られない在地の土器である。これらが流通した範囲は直線距離にして約11kmで徒歩約3時間の距離にある。しかし錦江を利用するなら、おおよそ1時間以内の距離になろう。百済では器台に蕨手状の装飾をすることはあるが、基本的に土器には用いないため、土器に蕨手状を取り付ける行為は外部の影響と考えたほうが自然である。

　時期は、公州水村里遺跡Ⅱ地点3号石槨墓出土品（図80-1）が最も早く5世紀第1四半期～第2四半期で、中心年代は5世紀中葉～後葉になる。図80-2～14は前後関係が不明だが、水村里3号石槨墓出土品と比べると、小さい底径に肩部が張り、胴部に横沈線を4条以上巡らせている。燕岐長在里遺跡103地点30号土壙墓出土品（図80-4）、同遺跡103地点29号土壙墓出土品（図80-11）、燕岐松潭里遺跡 KM-019 石槨墓出土品（図80-5）、同遺跡 KM-018 土壙墓出土品（図80-14）の胴部には波状文が描かれることから、5世紀後葉に下る可能性もある。また、燕岐松潭里 KM-018 土壙墓出土品（図80-14）は唯一長頸壺に蕨手状の耳を2つ取り付けている。この長頸壺自体、百済中央では見られないが、論山表井里古墳群81-2号横口式石槨墓から類似する口頸部が出土しており注目される（成正鏞 2000a：62）。ちなみに表井里出土品を成正鏞は5世紀後葉～末に位置づけている。

　ともかく大加耶でも壺に蕨手状の耳を取り付ける事例は見られないため、これら土器は大加耶との関連の中で、時空間を限定した錦江流域中流で出現したものである。

(22) 公州金鶴洞古墳群1号石槨甕棺墓

　甕棺墓は蓋（図79-8）と大壺で構成され、副葬品はない（柳基正ほか 2002）。蓋は赤褐色の軟質で、口縁部が外反する。天井部は平坦で、内面には葉の痕跡が鮮明に残っている。焼成、器形（八字形）、内面のタタキメ、葉の痕跡などから、出土品は大加耶から搬入されたと判断できる。

　出土品は6世紀初～前葉（諫早 2012：192）の陜川玉田古墳群 M7号墳主副槨式木槨墓の副槨出土品（図79-19）や同古墳群 M4号墳石槨墓出土品（図79-20）と対比でき、時期は熊津期になろう。また蓋に葉の痕跡が残る事例として、5世紀前葉前半（朴天秀 2010：136）の高霊池山洞古墳群35号墳（金鍾徹 1981）や5世紀後葉～末（諫早 2012：189）の高霊池山洞古墳群8号石槨墓（朴升圭ほか 2006c）などが挙げられる。

　共伴する大壺は加耶土器ではない可能性が高いが、隣接して造営された2号石槨甕棺墓の大壺は

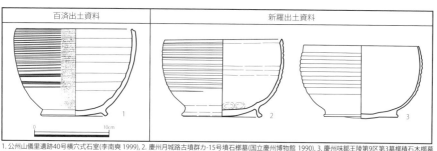

1. 公州山儀里遺跡40号横穴式石室(李南奭 1999), 2. 慶州月城路古墳群カ-15号墳石槨墓(国立慶州博物館 1990), 3. 慶州味鄒王陵第9区第3墓積石木槨墓(尹世英 1975)

図 81　百済出土新羅（系）台付鋺と比較資料（S＝1/5）

加耶を含め他地域からの搬入品と思われる。

　2基の石槨甕棺墓は、百済の墓域（約20基の横穴式石室など）とは数メートル離れた場所に位置することから、石槨甕棺墓の被葬者は石室の被葬者より下位層の墓とされる（柳基正ほか 2002：222）。石槨甕棺墓の土器から主墓域の被葬者とは区別される被葬者が葬られていた可能性がある。

（23）公州山儀里遺跡40号横穴式石室

　40号横穴式石室からは直口短頸壺、三足土器、蓋などと共に台付鋺（図81-1）が出土している。台付鋺の外面には横沈線を螺旋状に巡らせ、口縁端部には凹線が見られる（李南奭 1999）。

　40号横穴式石室出土品同様、外面の大部分に横沈線を施す例は、公州丹芝里遺跡4地区3号横穴墓出土品（朴大淳ほか 2006）以外ほぼ見られない。また40号横穴式石室出土品は沈線と沈線との間隔が狭い点、底径に比べて器高が大きい点、口縁端部に凹線がある点など、百済の台付鋺としては異質的である。

　百済の台付鋺とする見解（山本 2005a、金容周 2016：7）もあるが、筆者は新羅土器と関連があるものと考える。山儀里出土品はおそらく慶州月城路古墳群カ-15号墳石槨墓出土品（図81-2）、慶州皇南洞味鄒王陵地区第9区第3墓積木槨墓出土品（図81-3）の段階と関係があると考える。

　月城路カ-15号墳出土品は李煕濬（2007：159）の編年によると5世紀第4四半期、白井（2003）の編年では515年～530年代になる。味鄒王陵地区第9区第3墓出土品は、崔秉鉉（2011）の編年によると6世紀第1四半期に該当する。その他、台に透かしがある新羅の台付鋺でも類似した器形があるが、崔秉鉉の研究に従うと6世紀第2四半期になる。

　これらを総合すると新羅の器形と類似した点が多い山儀里出土品は、6世紀第1四半期～第2四半期になると思われる。[37]

（24）錦山倉坪里遺跡（推定）石槨墓

　石槨墓の遺物は住民が石材を得るため、石槨墓を破壊したことで発見された（朴敬道 2002）。遺物は三角形の透かしを施した高杯（図63-4、図82-1）、透かしがない高杯3点（図82-2～4）、長頸壺（図82-5）、鉄刀、鉄斧などである。[38] これらの土器は早くから嶺南地域の土器との関係が指摘（姜仁求 1973、朴敬道 2002、成正鏞 2007、金奎運 2011）されてきたが、故地や時期については見解が分かれている。

　三角透窓高杯は5世紀前葉（朴敬道 2002、金奎運 2011）または5世紀中葉（成正鏞 2007）の小

図82　錦山倉坪里遺跡出土品と比較資料（11：S＝1/8、その他：S＝1/5）

加耶とある。長頸壺は大加耶（または新羅）のものと一部類似するが、その影響を受けて在地で製作されたとする見解（成正鏞 2007）と、小加耶とする見解（金奎運 2011）がある。

　三角透窓高杯は3方向に三角形の透かしが、長頸壺は頸部と胴部上位～中位に波状文が施されている（朴敬道 2002、成正鏞 2007）。

　小加耶と見解が一致する三角透窓高杯は、小加耶の高杯の型式学的変遷を考慮すると、5世紀前葉前半の馬山県洞遺跡48号墳土壙墓出土品（図63-35、図82-6）と対比できる。これは時間の経過に伴い、脚部が短くなり、杯部の高さが小さくなることを考慮した結果である。

　無透窓高杯については今まで言及されてこなかったが、金海本山里・餘来里遺跡出土品（図82-9）で類似品を見出すことができた。金官加耶と関連があるだろう。報告書（韓国文化財保護財団 2014）の考察を参考にすると、高杯は4世紀後葉の図82-8・9から5世紀前葉の図82-10に変遷するという。5世紀前葉の高杯は脚部が長くなり、脚端部に段が形成されることを勘案すると、無透窓高杯は、4世紀後葉になろう。

　長頸壺は大加耶や小加耶より新羅土器に近いのではないかと考える。時期は5世紀前葉前半（朴天秀 2010：136）の釜山福泉洞古墳群10・11号墳主副槨式石槨墓の副槨出土品（図82-11）になる。

　これらの遺物の年代を総合すると、4世紀末～5世紀前葉になり、小加耶（系）の三角透窓高杯、金官加耶（系）の無透窓高杯、新羅（系）の長頸壺が副葬されていたことになる。

(25) 錦山水塘里遺跡 2 号横穴式石室 ⁽³⁹⁾

2号横穴式石室からは三足土器、広口長頸壺、広口壺、鉄矛、鉄鏃、鉄斧などと共に、大加耶と関連がある有蓋長頸壺（図74-3）が出土している（忠清南道歴史文化院 2007b）。

水塘里出土品の頸部は直立した後、外反しているが、その開きが大加耶の有蓋長頸壺より多少大きい。また口縁部が大加耶のものより短いことも挙げられる。大加耶からの搬入品というよりは、その関連で製作されたと理解すべきなのかもしれない。

全体的な器形は5世紀後葉前半（朴天秀 2010：79・136）に比定できる陝川磻渓堤古墳群カ-B号墳石槨墓出土品（図74-10）や同古墳群カ-A号墳石槨墓出土品（図74-11）と対比できる。

一方、2号横穴式石室からは大加耶の有蓋長頸壺と時期が異なる6世紀前葉の大加耶の高杯が出土している。これは追加葬に伴うものと理解できる。

(26) 錦山陰地里遺跡破壊墳

高麗人参の畑を作る過程で破壊された墳墓域から短頸瓶、杯身⁽⁴⁰⁾、有蓋長頸壺（図74-5）、紡錘車などが出土したが、これらは住民の申告によるため、共伴関係は不明である。ただし報告者（朴敬道 2002）は、これら遺物を同じ遺構内から出土したと考えている。

有蓋長頸壺は大加耶後期の特徴的な器形で、先学（朴敬道 2002、成正鏞 2007）によって高霊池山洞古墳群14・21号墳石槨墓出土品との関連性が指摘されている。これらは6世紀前葉前半（朴天秀 2010：136）の池山洞45号墳出土品より後出する器形で、池山洞14・21号墳を520年～540年頃⁽⁴¹⁾とする年代観（慶尚北道文化財研究院 2000b：262）から勘案して、6世紀第2四半期頃に設定できる（朴敬道 2002、成正鏞 2007）。

陰地里出土品は池山洞14号墳出土品（図74-18）だけでなく、陝川苧浦里D地区遺跡Ⅰ-16号墳石槨墓出土品（図74-19）や陝川三嘉古墳群2号墳B遺構石槨墓出土品（図74-20）とも対比できる。これらは朴天秀（2010：79・136）により6世紀中葉とされ、陰地里出土品もこの時期に該当すると見られる。

(27) 論山定止里遺跡Ⅲ地域21号貯蔵穴

21号貯蔵穴からは三角形の透かしを脚部に穿った小加耶（系）の無蓋高杯（図63-13）と深鉢形土器が、各々床から約103cmと132cm浮いた状態で出土した（嘉耕考古学研究所 2013）。報告書には完形品であることに注目し、貯蔵穴内にあった遺物と記載している。

出土高杯は6世紀第1四半期（金奎運 2009：32）の固城内山里古墳群34号墳主槨出土品（図63-33）と対比が可能である。

(28) 論山院南里・定止里遺跡Ⅱ-3地域A地点2号土壙墓

2号土壙墓からは深鉢形土器と耳飾と共に、把手が外れた把手付鉢（図78-2）が出土している（忠清南道歴史文化研究院 2012a）。全体的な器形は前述した通り、5世紀第3四半期～6世紀初に比定できる新羅の鉢と類似する。また軟質という点も新羅の鉢と共通するが、新羅ではこのような器形の把手付土器が一般的ではないため、新羅の影響にとどめたい。参考までに論山院南里・定止里遺跡の他の土壙墓出土品は5世紀～6世紀前葉になる。

(29) 扶餘雙北里314-5番地遺跡第2文化層13号竪穴

報告書（韓国文化財団 2015：223）には13号竪穴遺構は壁石を3段まで積んだ井戸とし、築造が粗末であることを挙げ、飲み水ではない用途に利用されたとしている。大加耶（系）の有蓋長頸壺（図74-4）は壁石の裏込めから出土し、報告書には5世紀中葉頃との記載がある。出土品は胴部が欠損しているが、大加耶出土品との対比から6世紀前葉に比定できる。このことから、この土器は泗沘遷都（538年）以前に搬入された可能性が高い。

(30) 扶餘北羅城ナ区間城壁表土層の除土から採集

小型の無蓋高杯もしくは把手付無蓋高杯と思われる破片（図72-2）は、0.2cm未満の白色砂粒を比較的多く含んだ胎土で、黒色粒も見られる（沈相六ほか 2013c）。焼成は灰青色硬質である。杯部外面は波状文、ナデとケズリ調整が観察できる。杯部内面は自然釉が付着している。脚部には細長方形になる透かしが3つ開けられている。

小加耶や倭に類似するものがあるが、全体的な器形が不明であるため、ここではどちらかに断定できない。出土品は金奎運（2009：29）の編年を参考にすると、5世紀第2四半期の晋州武村里遺跡2丘29号木槨墓出土品（図72-14）や同遺跡2丘11号木槨墓出土品（図72-15）と対比できる。須恵器の場合、TK23型式期～TK47型式期に求められる可能性が高いだろう。小加耶や倭の年代を適用させたとしても北羅城出土品は、泗沘遷都以前になる。

(31) 扶餘定林寺跡出土地点不明

泗沘（扶餘）遷都前後に造営されたと思われる定林寺跡からは、出土地不明の加耶（系）（図63-7）と新羅（系）（図70-2）の高杯が出土している。新羅高杯の変遷を参考にすると、5世紀前葉の高杯脚の基部は広いが（図70-5・6）、時間の経過に伴い狭くなる点（図70-9・10）、5世紀後葉後半以降は脚端部が外折・外反する点（図70-10～12）などから、出土品は5世紀中葉に比定できる。その他、杯部と受け部の形状からもこの時期が妥当であると思われる。

図63-7は高杯の脚部片だが、三角形の透かしから小加耶（系）高杯と関連があると推察できる。出土品は脚の基部が狭く、曲線気味に開くことから、5世紀前葉後半（朴天秀 2010：136）の晋州武村里遺跡2丘85号石槨墓出土品（図63-36）と対比できる。脚部外面に見られるカキメ調整は百済の高杯では一般的ではない。また小加耶の高杯と比べ器壁が厚い点が気になる。

これら遺物は5世紀前葉後半～中葉に比定できるため、定林寺の造営時期とは直接関連がない。しかし、5世紀代の外部の遺物が扶餘で出土していることは、泗沘遷都を解釈する上で重要な意味を持っている。

遷都以前の扶餘市街地一帯は大部分、低湿地帯かつ未開発地域であったことと関連して、青銅器時代はもちろん熊津期まで先住集落の存在が確認できない地帯であったという（朴淳発 2002）。つまり遷都以前は放置された土地であった。たしかに今までの発掘調査で扶餘市街地一帯は大部分が低湿地帯とわかり、漢城期・熊津期に該当する集落も見つかっていない。しかし北羅城上にある青山城のトレンチ調査からは、5世紀代の百済土器が出土し（沈相六ほか 2013b）、2016年の花枝山遺跡の調査でも泗沘遷都以前（4世紀～5世紀）の竪穴、掘立建物跡などが検出されている（百済古都文化財団 2016）。花枝山遺跡は宮南池から200mと離れていない場所にあり、扶餘市街地周辺には

たしかに人の痕跡が見られる。

　出土経緯は不明であるが、扶餘市街地のほぼ中央に位置する定林寺跡から 5 世紀代の新羅・加耶（系）土器が出土したことは、遷都以前の扶餘の様相を再検討する資料になる。

(32) 益山笠店里古墳群 98-1 号墳石槨墓

　98-1 号墳石槨墓からは直口小壺、台付壺、耳飾などが出土している（崔完奎ほか 2001）。これら遺物のうち、台付壺（図 73-3）が小加耶系とされている（金奎運 2011）。金奎運は全体的な器形、胴部外面のタタキメ、硬度から小加耶の土器と同一であるが、脚部（台）に長方形の透かしがなく、6 条の横沈線と孔（透かし）の痕跡が 3 か所確認される点が異なると指摘する。氏は台付壺が論山・公州の錦江流域で製作される土器という権五栄（2002）の見解を紹介しつつも、この地域のものは長い脚部を持ち、胴部外面の中位に横沈線を施し、軟質である点などから、笠店里出土品を小加耶系としている。

　筆者も金奎運の見解同様、論山・公州などの台付壺とは異なることを認識し、小加耶土器との対比を行った。全体的な器形は似るが、金奎運の指摘通り脚部の孔に差があるため、小加耶系となろう。記述と図面を見る限り、脚部の細楕円形の孔は内側まで穿かれていない。孔の形状自体百済土器ではあまり見られない。このような事例は 5 世紀中葉の金海本山里・餘来里遺跡Ⅱ区域 22 号石槨墓出土品（図 73-9）で確認できる。また孔を途中までしか施さない特徴は 4 世紀代の安羅加耶、小加耶の高杯で観察できる。おそらくこの台付壺は加耶土器の要素が加わった在地の土器といえ、その影響は小加耶からと見られる。

　笠店里出土品は小加耶圏内で類似する台付壺がないため、土器を通じての時期は比定できない。ただし出土耳飾の形態が漢城期末に該当する天安龍院里古墳群 37 号土壙墓出土品（李漢祥 2009：85・103）、石槨墓の構造が 5 世紀第 3 四半期の高敞鳳徳里古墳群 1 号墳 4 号竪穴式石室と類似する点を考慮すると、台付壺は熊津遷都以前になる。

(33) 完州上雲里遺跡ラ地区 1 号墳丘墓 22 号木棺墓

　22 号木棺墓からは壺や玉製装飾具と共に大加耶（系）の長頸壺（図 69-3）が出土している（金承玉ほか 2010b）。大加耶の長頸壺は胴部最大径が胴部上位にあるものが大半を占めるが、上雲里出土品は胴部下位に位置する。そのため大加耶からの搬入品という可能性は低いだろうが、大加耶の影響を受けたことは間違いない。

　大加耶の長頸壺の型式学的変遷を考慮すると、5 世紀中葉頃になると思われる。

(34) 全州馬田遺跡Ⅳ区域 4 号墳 1 号土壙墓

　1 号土壙墓からは広口長頸壺や鉄製品と共に、長方形の透かしを脚部に施した高杯 1 点（図 63-14）と鉢 2 点（図 78-3・4）が出土している（湖南文化財研究院 2008b）。出土高杯の脚部には 4 つの透かしを穿ち、脚端部の外面には突帯を施し、内面は内湾ぎみである。これは宜寧西洞里古墳採集品（図 63-39）など小加耶圏の土器との類似性を指摘できる。時期は 5 世紀末～6 世紀前葉になろう。

　出土鉢 2 点は前述したように 5 世紀第 3 四半期～6 世紀初の新羅の鉢と対比できる。

(35) 高敞鳳德里古墳群1号墳[46]

1号墳1号横穴式石室からは蓋杯、高敞特有の高杯片（図83-10）、鉢形器台[47]、壺などと共に、小加耶と関連がある無蓋三角透窓高杯（図63-9）[48]が出土している。出土品は軟質焼成で、斜め上方に直線的に立ち上がる口縁部を呈す（馬韓・百済文化研究院 2012a）。杯部と口縁部の境には、わずかに稜を設け、脚部には3か所に三角形の透かしが見られる。小加耶の無蓋三角透窓高杯は時間の経過と共に、口縁部が長くなることに注目すると、5世紀後葉前半（朴天秀 2010：136）の晋州武村里遺跡3丘145号石槨墓出土品（図63-31）と対比できる。

高敞鳳徳里古墳群1号墳には石室が5基確認されているが、発掘調査の結果5号→4号→1号→3号の順に築造されたことがわかっている[49]（李文炯 2014）。前述したように4号竪穴式石室からは5世紀第3四半期の中国陶磁器が出土していることも勘案すると、1号横穴式石室は5世紀後葉に該当するだろう。

高敞地域では短い脚部が付く高杯がある（図83-1〜3・10・12〜27）。有蓋・無蓋があり、脚部の透かしは長方形が主体で三角形や無窓もある（酒井 2013：172）。これは百済の高杯とまったく異なる形態を呈するだけでなく、高敞地域で集中的に分布しているため、この地域の特徴的な遺物として把握され（朴淳発 2001d、酒井 2004、徐賢珠 2006：100）、高敞系土器（酒井 2013：172）または高敞式土器（徐賢珠 2012c）とも呼ばれている。

百済の高杯とも異なる高敞の高杯はどのようにして出現したのだろうか。徐賢珠（2012c）は脚部の高さに比べて透かしが大きい点を挙げ、咸安など洛東江流域の新羅系（把手）台付盌の影響で出現した可能性を示している。

高敞の高杯は百済、新羅、加耶と同一のものはないが、透かしを行っている点を考慮すると嶺南地域との関係を想定するほかないだろう。ただし5世紀中・後葉の清州烏山里遺跡Ⅰ地区2号窯跡でも長方形の透かしを2段に施す高杯片が出土しており（忠清北道文化財研究院 2015）、今後百済地方との関連も考慮する必要がある。

高杯は鳳徳里古墳群1号墳（図83-1〜3・10）、鳳徳里遺跡（図83-18〜24）、紫龍里遺跡（図83-12〜17）、中月里遺跡（図83-25〜27）[50]から出土している。これらの遺跡の中国陶磁器や須恵器の年代により、高杯は5世紀第2四半期から5世紀末までの時期を付与できる。最も早い時期は、鳳徳里古墳群1号墳5号横穴式石室出土品（図83-1〜3）である。5号横穴式石室は陶磁器によって5世紀第3四半期に比定できた4号竪穴式石室より先行する遺構であるため、暫定的に5世紀第2四半期頃になろう。このことから、高敞の高杯の脚部は、上下に正方形の透かしが互い違いに配するものから、一段に透かしを施すものに変遷することがわかる。透かしを互い違いに配する土器は新羅土器の特徴であるため、高敞の高杯は新羅または、新羅の影響を受けた洛東江流域の新羅系との関連において高敞で製作された在地の土器といえる。

鳳徳里1号墳5号横穴式石室からは百済の蓋とは異なるものが出土している（図83-4〜6）。つまみの形態が漢城期の一般的なものと差があり、むしろ咸安地域のつまみと類似する（図83-31）。5世紀後葉に至り多様な形の透かしや口縁部を持った高杯や、嶺南地域の影響が垣間見える器台などの在地土器が盛行している。しかし6世紀になると高敞の高杯は見られなくなる。これは百済の影響力の拡大とも関連があると思われる。

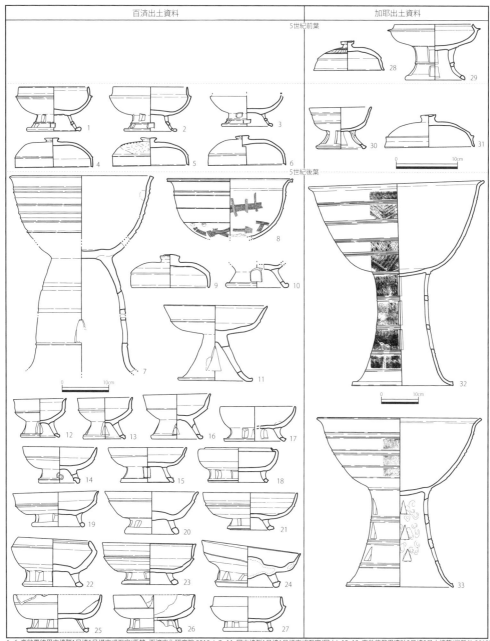

1~6. 高敞鳳徳里古墳群1号墳5号横穴式石室(馬韓・百済文化研究院 2012a), 7~11. 同古墳群1号墳1号横穴式石室(同上), 12・13. 高敞紫龍里遺跡2号墳5号土壙墓(柳哲他 2013), 14・15. 同遺跡2号墳12号土壙墓(同上), 16・17. 同遺跡2号墳西側周溝(同上), 18~20. 高敞鳳徳里遺跡ナ地区溝1(金建洙他 2003a), 21. 同遺跡カ地区方形推定墳東側周溝(同上), 22~24. 同遺跡カ地区方形推定墳北側周溝(同上), 25~27. 高敞中月里遺跡詳細不明(円光大学校馬韓・百済文化研究所 1984), 28. 咸安道項里古墳群3号墳木槨墓(国立昌原文化財研究所 1997), 29. 釜山福泉洞古墳群53号墳主副槨式石槨墓の副槨(釜山直轄市立博物館 1992), 30. 咸安道項里古墳群10号墳木槨墓(国立昌原文化財研究所 1997), 31. 同古墳群20号墳木槨墓(同上), 32・33. 同古墳群8号墳竪穴式石室(国立昌原文化財研究所 2004)

図83 高敞出土嶺南地域(系)土器と比較資料
(7・33：S=1/8、8・32：S=1/10、その他：S=1/6)

(36) 高敞鳳徳里遺跡

① カ地区方形推定墳北側・南側周溝とナ地区地表採集 方形推定墳北側周溝、南側周溝、ナ地区地表から加耶と関連がある鉢形器台（図65-4～7）が出土している。報告書（金建洙ほか 2003a：44）によると南側周溝出土品（図65-4）は、故意に破砕されたとある。鉢部外面は断面三角形の突帯（2条一対）で4区画し、最上段は無文、第2・3・4段は波状文、最下段は点列文を配する。脚部外面は断面三角形の突帯（2条一対）によって4区画し、第3段までは波状文、最下段は無文で、方形の透かしが5つ施されている。

鳳徳里出土品については、釜山福泉洞古墳群10・11号墳主副槨式石槨墓の副槨出土の新羅系加耶土器（図65-11）と類似する見解（徐賢珠 2012c）がすでにある。徐賢珠は鳳徳里出土品を加耶地域の新羅系鉢形器台を模倣して現地（高敞）で製作したものと見る。

加耶の鉢形器台は鉢部の器高が低くなると同時に脚部が長くなる特徴が見出せる。朴天秀（2010：136）が5世紀前葉後半とした高霊池山里古墳群30号墳主副槨式石槨墓の主槨出土品（図65-12）や晋州武村里遺跡2丘85号木槨墓出土品（図65-16）より、鉢部の器高が大きいため徐賢珠の指摘通り5世紀前葉前半の釜山福泉洞古墳群10・11号墳出土品とほぼ同時期になるものと推定できる。しかし周溝出土土器の中心年代が5世紀中葉～後葉であるため、時期に関しては疑問が残る。[51]

② カ地区方形推定墳南側周溝 カ地区方形推定墳南側周溝からは百済と嶺南地域の把手付杯（図84-1）を折衷させたものが出土している（徐賢珠 2012c）。百済の要素は馬形状の把手、嶺南地域の要素は杯部の形態である。そのため時期を特定することは困難であるが、高敞旺村里遺跡2号墳南側周溝出土把手付杯の把手が、馬形状の把手を退化させたものと見られる（図84-11）。この把手付杯はTK23型式期～TK47型式期の須恵器（系）が出土する高敞紫龍里遺跡の把手付杯（図84-2～6）と類似することから、鳳徳里出土品は紫龍里出土品より先行する可能性があり、5世紀中葉に位置づけた。[53]

鳳徳里遺跡、紫龍里遺跡、高敞旺村里遺跡の把手付杯は高敞特有の高杯同様、高敞地域の在地性を特徴づける器種である。

③ ナ地区地表採集 出土品は無蓋高杯（図63-6）で、口縁部が短く外反する（金建洙ほか 2003b）。脚部はラッパ状に広がり、脚端部には段が見られる。脚部の透かしは三角形になると推察できる。これについては金奎運（2011）と徐賢珠（2012c）が加耶と関連する遺物とし、5世紀前葉としている。筆者も金奎運らの見解同様、小加耶の無蓋三角透窓高杯と関連があると考える。

小加耶の無蓋三角透窓高杯の変遷から鳳徳里出土品は、5世紀前葉前半（朴天秀 2010：71）の山清玉山里遺跡70号墳木槨墓出土品（図63-28）や、5世紀前葉後半の晋州武村里遺跡2丘60号木槨墓出土品（図63-29）と対比できる。

(37) 高敞紫龍里遺跡

前述したように紫龍里遺跡からも高敞特有の高杯と把手付杯があるが、それとは別に2号墳東側周溝と4号墳1号土壙墓から口縁部が外反した高杯の杯部が各々1点（図63-10）と2点（図63-11・12）出土している（柳哲ほか 2013）。脚部はおそらく故意に欠損させたものと思われ、透かしの痕跡が見られる。

これら遺物はTK23型式期～TK47型式期の須恵器を伴っているため、時期は特定できる。百済

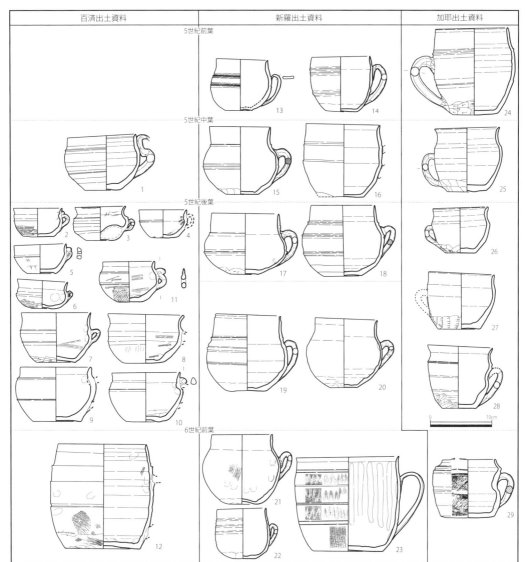

図84　百済出土嶺南地域（系）把手付杯の時間的位置（S＝1/6）

1. 高敞鳳徳里遺跡カ地区方形推定墳南側周溝（金建洙他 2003a）, 2. 高敞紫龍里遺跡2号墳10号土壙墓（柳哲他 2013）, 3・8. 同遺跡2号墳東側周溝（同上）, 4. 同遺跡2号墳西側周溝（同上）, 5・10. 同遺跡4号墳1号土壙墓（同上）, 6. 同遺跡6号墳1号土壙墓（同上）, 7. 同遺跡2号墳14号土壙墓（同上）, 9. 同遺跡3号墳西側周溝（同上）, 11. 高敞旺村里遺跡2号墳南側周溝（全州文化遺産研究院 2015）, 12. 全州中洞遺跡A地区1号横口式石槨墓（湖南文化財研究院 2013b）, 13. 慶州舍羅里遺跡13号主副槨式木槨墓の主槨（嶺南文化財研究院 2007）, 14. 慶州隍城洞古墳群590番地遺跡13号主副槨式木槨墓（慶尚北道文化財研究院 2015）, 15. 慶州皇南大塚南墳主副槨式積石木槨墓の副槨（文化財管理局文化財研究所 1993）, 16. 同古墳南墳主副槨式積石木槨墓封土内出土大甕内（同上）, 17. 慶州隍城洞古墳群590番地遺跡24号主副槨式木槨墓の主槨（慶尚北道文化財研究院 2015）, 18. 慶州月城路古墳群ナ-12号墳積石木槨墓（国立慶州博物館 1990）, 19. 慶州隍城洞古墳群590番地遺跡5号木槨墓（慶尚北道文化財研究院 2015）, 20. 同遺跡97号木槨墓（同上）, 21. 同遺跡13号石槨墓（同上）, 22. 同遺跡8号石槨墓（同上）, 23. 咸安梧谷里遺跡53号石槨墓（慶南文化財研究院 2007）, 24. 晋州武村里遺跡2丘60号木槨墓（慶南考古学研究所 2004）, 25. 同遺跡3丘82号石槨墓（同上 2005a）, 26. 同遺跡2丘80号石槨墓（同上 2004）, 27. 同遺跡3丘166号石槨墓（同上 2005a）, 28. 宜寧泉谷里古墳群19-1号石槨墓（嶺南埋蔵文化財研究院 1997）, 29. 固城蓮塘里古墳群18号墳周溝内（朴淳発他 1994）

の高杯は出土品のように口縁部を外反させることがなく、透かしもほぼない。これも外部からの影響と考えられ、その先は小加耶と考える。ただし5世紀後葉の小加耶の高杯（図63-31）と対比した場合、器壁が厚い点、稜が鈍く突出している点などで異なるため、小加耶の影響で在地で製作されたと思われる。

　小加耶の高杯の変遷を参考にすると、外反口縁の高杯は6世紀以降見られなくなる（朴升圭 2010：49-53、金奎運 2011：32）。また5世紀第3四半期（後葉前半）（朴天秀 2010：136）の晋州武村里遺跡3丘145号石槨墓出土品（図63-31）と5世紀第4四半期（後葉後半）（朴升圭 2010：49-

53）の宜寧禮屯里墳墓群 27 号墳石槨墓出土品（図 63-32）と対比すると、紫龍里出土品は 5 世紀第 4 四半期出土品の杯部と口縁端部の形態に差が認められるため、5 世紀第 4 四半期以前、つまり 5 世紀第 3 四半期の高杯と関連があると考える。

(38) 全州中洞遺跡 4 地区 1 号横口式石槨墓

1 号横口式石槨墓からは杯蓋や三足土器片の百済土器と、嶺南地域と関連がある台付壺（図 73-4）と把手付杯（図 84-12）が出土している。台付壺と把手付杯についてはすでに洪潽植（2014b）により、安羅加耶または小加耶土器との比較が行われている。これらと共伴する蓋が 6 世紀前葉であるため、この時期に該当する嶺南地域の土器と対比を行った結果、新羅と関係する地域を想定できた。

報告書（湖南文化財研究院 2013b）によると、台付壺の壺と脚部（台）外面には平行タタキが施され、ナデで一部消されているとある。脚部には三角形の透かしが 4 つ配されている。脚部の内面には重ね焼きによる癒着を防ぐものと考えられる白い繊維状が見られる。

新羅では台付長頸壺が主流を占めるため、この台付壺での時期や故地の比定は困難であるが、脚端部の丸く処理された形状に注目すると、5 世紀第 3 四半期〜6 世紀第 1 四半期の高杯や台付長頸壺の脚端部に似る。一方、慶州隍城洞 590 番地遺跡 121 号積石木槨墓出土品（図 73-19）からもわかるように新羅土器の脚端部は 6 世紀第 2 四半期以降、外折になる傾向が見られる。中洞遺跡出土品が新羅土器を忠実に模倣したもの、またはその関連で製作されたとすれば、6 世紀第 2 四半期以前の新羅土器であろう。

報告書（湖南文化財研究院 2013b）によると、把手付杯の把手は焼成の前に取れたとある。つまり焼成前に把手は取れたが、廃棄することなく、そのまま焼成して使用されたのである。中洞遺跡出土把手付杯（図 84-12）は共伴高杯から 6 世紀前葉に比定できる咸安梧谷里遺跡 53 号石槨墓出土品（図 84-23）と対比できるが、杯部の文様や口縁部の形状などで差が認められる。内傾する口縁部や全体的な器形は 5 世紀前葉の晋州武村里遺跡 2 丘 60 号木槨墓出土品（図 84-24）とも似るが、中洞遺跡の共伴遺物の年代と大きな隔たりがある。咸安梧谷里遺跡 53 号石槨墓出土把手付杯は新羅中央（慶州）のものと異なる器形を呈するが、新羅の高杯が共伴しているため、把手付杯は新羅の領域下で製作されたものと理解できる。

2．百済出土新羅・加耶（系）土器 2—泗沘期

(1) 扶餘雙北里 146-7 遺跡百済時代 4 層上部

百済時代の 4 層上部から新羅土器の胴部片（図 85-1）が出土している（沈相六ほか 2012）。胴部外面は横沈線（3 条）を境に上は三角形文、下は水滴文形が施されている。三角形文から水滴形文への変化を記した宮川（1993）の研究を参考にすると、6 世紀末〜7 世紀初に比定可能で、参考資料として 7 世紀前半前期（崔秉鉉 2011）の慶州芳内里古墳群 21 号石室墳出土品（図 85-14）が挙げられる。

(2) 扶餘雙北里 154-10 番地泗沘工房区遺跡の西側区域井戸周辺第 3 次段階堆積層

第 3 次段階堆積層からは短頸瓶、台付盌、蓋、硯の脚部片などの百済土器と共に、付加口縁台付長

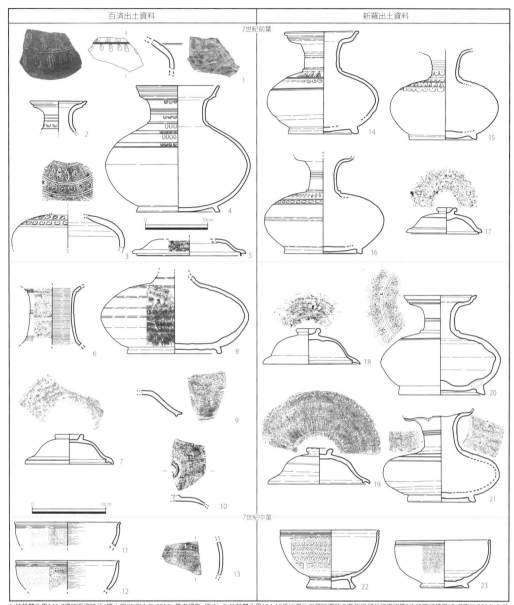

図85　泗沘期出土新羅印花文土器の時間的位置（1・4：S＝1/6、その他：S＝1/5）

頸壺（台付偏球形瓶）の口頸部片（図85-2）が出土している（金成南ほか 2014）。出土品は頸部の径が小さく、頸部外面には横沈線を4条巡らし、その最下段には二重半円文を施す。口縁部外面には沈線が2条入り、口縁部の内側は緩やかな曲線を描いて頸部に繋がっている。崔秉鉉（2011）の研究を参考にすると、短頸瓶から口縁部の内側が水平の段になり頸部に続く付加口縁台付長頸壺の過渡期に該当する形態と推測される。時期は頸部に施された文様と横沈線から7世紀前葉前半の蔚州

華山里古墳群20号墳横口式石槨墓出土品（図85-15）と対比できる。

　この土器片は泗沘期の年代決定資料として活用できるだけでなく、泗沘（扶餘）都城内の変貌過程の基準となる重要な資料である。

　報告書（金成南ほか 2014：45）によると、この土器片が出土した第3次段階堆積層とは、第3次生活面段階に形成された堆積層にあたる。第3次生活面は第2次生活面上における大規模な盛土造成によるもので、この盛土が官北里遺跡などで確認できる第1次盛土層に該当する。第3次生活面の次は第4次生活面になるが、第3次生活面と第4次生活面の間には砂層が広く展開したり、侵食の痕跡が見られるという。この層上には第4次生活面を造成するための厚い盛土層が形成されている。この盛土層が官北里遺跡などで確認できる第2次盛土層である。

　第1次盛土層は前述したように中国陶磁器の年代により、早く見積もっても6世紀第4四半期に入って造成されたと思われる。この第1次盛土層の後に堆積した層から出土した新羅土器は、第1次盛土層の下限を示す資料になる。また、その後形成される砂層と第2次盛土層の時期もある程度推察できる資料となる。

　第1次盛土層は広範囲にわたったため、造成区域で多少の時間差がある可能性も排除できないが、おおよそ6世紀第4四半期には造成が行われ、7世紀以前には終えたと思われる。第2次盛土層は7世紀第1四半期以後になろうが、第2次盛土層以前の砂層や侵食跡が『三国史記』百済本紀武王13年（612年）の「都邑に洪水が発生し、人家が水没した」[55]という記事に符合させる見解が優勢（国立扶餘文化財研究所 2009b：239、金成南ほか 2014：29）である。史料と層位が符合するなら、新羅土器片は7世紀初〜612年になる。そして第2次盛土層は612年以後になる。具体的な時期は官北里遺跡瓦埋立層（第2次盛土層）の新羅土器と中国の貨幣から7世紀第2四半期に比定でき、612年以降とは多少の時間差がある。都城を襲った洪水に対する復旧は612年以後迅速に対応したと考えられるため、文献の洪水時期と考古資料に多少の時期差があり、齟齬をきたしている。

（3）扶餘雙北里602-10番地遺跡文化層

　文化層からは新羅の付加口縁台付長頸壺の胴部片（図85-3）が出土している（崔鳳均ほか 2010）。胴部上位に横沈線で区画し、その上段に水滴文形、下段に半円点文が施されている。これは7世紀前半前期（崔秉鉉 2011）に該当するだろう。

（4）扶餘雙北里北浦遺跡

　この遺跡では泗沘様式土器が集中的に出土する百済時代文化層が確認されているが、これを下層（Ⅰ文化層）と上層（Ⅱ文化層）に区分している（李浩炯ほか 2009）。

　① Ⅰ文化層1-1号道路遺構　Ⅰ文化層からは蓋杯、蓋、短頸瓶、直口壺、洗、三足土器などの百済土器と共に、付加口縁台付長頸壺の頸部片（図85-6）が出土している。頸部片の中位に2条の横沈線を引き、その上段には二重半円文、下段には二重半円文、二重点線円点文、水滴文形が施されている。これは崔秉鉉（2011）の7世紀前半中期に比定できる（李義之 2012）。

　② Ⅱ文化層1号枝葉敷設施設　Ⅱ文化層からも多くの百済土器と共に、新羅の台付盌の破片が2点出土した。1つは水滴文形（図85-11）、もう1つは二重半円文（図85-12）が施されていた。これは崔秉鉉（2011）の7世紀後半前期にあたる（李義之 2012）。この時期の事例として蔚州華山里古墳群

12号墳横口式石室出土品（図85-22）や慶州舎羅里525番地遺跡3号横穴式石室出土品（図85-23）などが挙げられる。

このように北浦遺跡のⅠ文化層は7世紀第2四半期、Ⅱ文化層は第3四半期に比定可能である。

（5）扶餘陵山里寺跡北辺建物1・2

陵山里寺跡西域北部に対する第9次発掘調査区域からは、建物3棟、中央水路、集水場、井戸2基などが検出された（鄭焄培ほか 2010）。新羅土器は報告者によって北辺建物1と北辺建物2と明記された場所で出土した。

建物2出土の付加口縁台付長頸壺の頸部と胴部上位には、水滴文形と二重半円点文が観察できる（図85-4）。崔秉鉉（2011）の研究に従うと、出土品は扁平な形を呈する官北里遺跡出土品（図85-8）より型式学的に先行するため、7世紀前半前期もしくは6世紀末に該当するだろう。

建物1出土の蓋には二重円文が施されている（図85-5）。天井部は水平を呈し器高は低い。これは崔秉鉉（2011）の7世紀前半前期～前半中期にあたるものと考える。

（6）扶餘官北里遺跡バ地区2区域瓦埋立層

瓦埋立層（第2次盛土層）からは、開元通宝、瓦、燈盞（灯明皿）、蓋杯などと共に、新羅の蓋（図85-7）と付加口縁台付長頸壺の胴部片（図85-8）が出土している（国立扶餘文化財研究所 2009b）。

付加口縁台付長頸壺の胴部には数条の横沈線を巡らし、胴部の上位～中位には水滴文形を3段、下位には楕円形を1段施す。胴部は扁平を呈し、胴部中位が大きく張り出している。これらの特徴は7世紀前半中期（崔秉鉉 2011）に該当し、慶州乾川休憩所新築敷地遺跡25号横穴式石室出土品（図85-20）や金海禮安里古墳群30号墳横口式石室出土品（図85-21）などと対比できる。

蓋の文様は緑色の自然釉により観察が容易ではなかったが、八字線文と呼ばれる文様で、スタンプではなく手描きであることがわかる。受け部の内面には白い繊維状のものが見られ、受け部のかえりが口縁部よりも上にある。このような特徴は7世紀前半前期～前半中期（崔秉鉉 2011）にあたり、慶州芳内里古墳群30号墳横穴式石室出土品（図85-18）や慶州隍城洞590番地遺跡10号横口式石室出土品（図85-19）と対比できる。

瓦埋立層では中国唐初期の武徳四年（621年）に初鋳造の開元通宝が出土している。これは埋立層の造成の上限と関連する資料となる（国立扶餘文化財研究所 2009b：236）。

新羅土器と開元通宝の年代を考慮すると、瓦埋立層をはじめとした2次盛土は621年以後になり、『三国史記』百済本紀の泗沘宮の重修（630年）や太子宮の重修（655年）などの記事との関連性が指摘されている（国立扶餘文化財研究所 2009b：236）。

前述したように王宮跡とされる官北里一帯は少なくとも2回の盛土が行われた。1回目（第1次盛土層または百済盛土1層）は中国陶磁器から6世紀第4四半期、2回目（第2次盛土層または百済盛土2層）は新羅土器と中国の貨幣から7世紀第2四半期になる。

（7）扶餘官北里160番地遺跡

ここで扱うⅡ-2層は自然に形成された溝の埋土で、百済最後の生活面の侵食とそれに伴う堆積を繰り返した結果と判断されている（金成南ほか 2013：22）。そのため、後述するⅡ-2層の新羅土器

の年代は7世紀前半と660年前後と時期幅がある遺物が混入している。

Ⅲ層は百済最後の生活層（第4次生活面）の下層にあたり、Ⅲ層出土遺物は7世紀前半に生産・使用されたものが廃棄されていると見ている（金成南ほか 2013：87）。新羅土器の年代もそれを実証している。

① Ⅱ-2層　蓋片（図85-9）の外面には二重半円文、器種が不明の胴部片（図85-13）には二重半円文と多弁花文が見られる（金成南ほか 2013）。前者は7世紀前半代（崔秉鉉 2011）になるだろう。後者は多弁花文の出現を7世紀中葉と見る宮川（1993）の研究を参考にすると、百済滅亡直前または直後に搬入されたものと考えられる。

② Ⅲ層　蓋片（図85-10）の外面には二重半円文が見られる。これも7世紀前半代（崔秉鉉 2011）に比定可能であろう。

このように扶餘で出土する新羅土器は百済が滅亡した660年以後搬入されたものではなく、百済滅亡以前にもたらされたものである。またその時期は7世紀代に集中している。

3．新羅・加耶出土百済・馬韓（系）土器

(1) 浦項鶴川里遺跡

① 24号木槨墓　共伴の高杯から4世紀後葉に比定できる24号木槨墓からは有肩壺（平肩壺）（図86-1）が出土している（慶尚北道文化財研究院 2002）。出土品は百済土器と対比できるが、口頸部外面の突帯は嶺南地域で見られる特徴であるため、百済からの搬入品ではなく、嶺南地域で製作されたと見られる。

全体的な器形は前述した4世紀第4四半期～5世紀第1四半期の槐山儉承里遺跡4号石槨墓出土品（図86-2）や清原主城里遺跡1号土壙墓出土品（図86-3）と対比できる。

これらを基準にすると5世紀代の有肩壺は、口頸部から近い位置で尖る肩部から、これより相対的に離れた位置に肩部が移動することがわかる（図86-6・7）。

② 40号木槨墓　共伴の台付壺から4世紀後葉に比定できる40号木槨墓からは盌（図87-1）が出土している（慶尚北道文化財研究院 2002）。嶺南地域の盌は丸みを帯びる底部である（福泉博物館 2015：75）ことを考慮すると、40号木槨墓出土盌をはじめ鎭海龍院遺跡貝塚第Ⅰ層出土品（図87-2）、山清下村里遺跡出土品（図87-3～5）、昌寧桂城里遺跡烽火谷Ⅰ6号・8号住居出土品（図87-6・7）は百済・馬韓（系）の盌であることがわかる。鎭海龍院遺跡貝塚出土品は、土師器（系）の年代で4世紀中葉～末（井上 2006：143）[56]、山清下村里遺跡8号・36号住居の盌は各々共伴する安羅加耶と金官加耶の高杯から4世紀後葉に比定できる。昌寧桂城里遺跡烽火谷Ⅰ6号・Ⅰ8号住居出土品[57]は、報告書（우리文化財研究院 2008：489）の記載に従えば4世紀末～5世紀前葉になる。

(2) 釜山東萊貝塚Fピット8層

Fピット8層は混貝土層で、甕、壺、甑、盌、炉形土器、高杯、土師器（系）などの土器と共に、肩部に押捺文が施された二重口縁土器片（図88-1）が出土している（釜山広域市立博物館 1998b）。土師器（系）は3世紀後半に比定可能だが、一部の資料は4世紀代まで下がる（井上 2006：140-141）[58]。肩部押捺文二重口縁土器片の胴部は平行タタキ後、横沈線を引き、頸部直下には三角形文が

施されている。二重口縁の形状に差があるが、胴部の文様やタタキメの構成は3世紀後葉〜4世紀初の長崎原の辻遺跡八反地区SD-3（図88-2）から出土しているので、東萊貝塚出土品もこの頃になると思われる。二重口縁ではないが、東萊貝塚出土品と同じ文様構成が4世紀前葉〜中葉に比定できる福岡博多遺跡群7次調査SD-159出土直口壺片（福岡市教育委員会1985、白井2000）や、3世紀〜4世紀代の牙山鳴岩里パッチムレ（밖지므레）遺跡2-2地点10号周溝土壙墓出土品（図88-4）でも見られる。

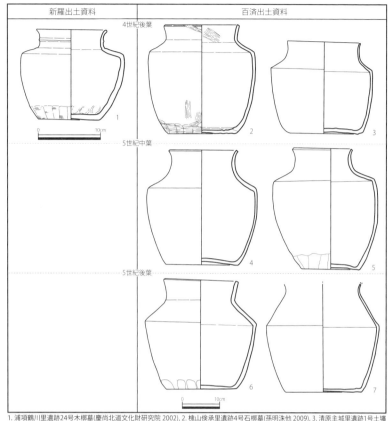

1. 浦項鶴川里遺跡24号木槨墓（慶尚北道文化財研究院2002）, 2. 槐山俊承里遺跡4号石槨墓（孫明洙他2009）, 3. 清原主城里遺跡1号土壙墓（韓国文化財保護財団2000）, 4. 同遺跡9号土壙墓（同上）, 5. 同遺跡2号横穴式石室（同上）, 6. 清州新鳳洞古墳群A地区32号土壙墓（車勇杰他1990）, 7. 清原主城里遺跡2号土壙墓（韓国文化財保護財団2000）

図86 新羅出土有肩壺の時間的位置（6：S=1/10、その他：S=1/6）

百済・馬韓の二重口縁土器に関する研究（王浚相2010）を参考にすると、東萊貝塚出土品は頸部の内側の上に内傾する口縁部を取り付ける形態に該当するが、普遍的な形態であるため、時空間の特定には至らない。

頸部に三角形文はないが、口縁部の形態、胴部のタタキメの構成などは、長興新豊遺跡53号土壙墓出土品（図88-3）と対比可能である。この土壙墓の共伴土器からは時期の比定が難しいが、遺跡全体の年代としては3世紀〜4世紀になろう。

（3）釜山福泉洞萊城遺跡3号墳木棺墓

共伴の高杯から4世紀後葉に比定できる3号墳木棺墓からは壺（図89-4）が出土している（宋桂鉉ほか1990）。胴部外面の上位から中位には縄蓆文タタキをし、横沈線を巡らす。下位と底部には格子タタキを施す。嶺南地域の壺は単一のタタキメであるのに対し、3号墳木棺墓出土品は2種類のタタキメが観察できるため、百済・馬韓地域の特徴であるとする（福泉博物館2015：72）。

3世紀前葉の金海亀旨路墳墓群51号墳木槨墓出土品（図89-1）は肩部が張り、器高に比べ胴部最大径が大きい。一方、4世紀後葉の福泉洞萊城出土品は肩部の張りが弱まり、器高が大きくなる。このような変化は金成南（2001）や趙詳紀（2015）の百済・馬韓の壺の変遷でも再確認できる。地域

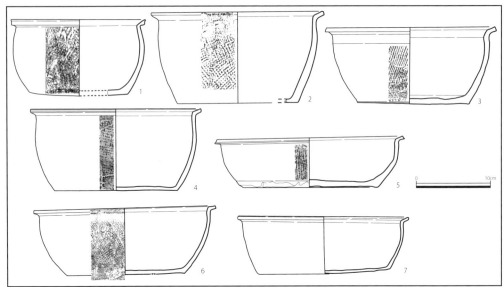

1. 浦項鶴川里遺跡40号木槨墓(慶尚北道文化財研究院 2002), 2. 鎮海龍院遺跡貝塚第Ⅰ層(沈奉謹他 1996), 3. 山清下村里遺跡A地区8号住居(崔鐘赫他 2011), 4・5. 同遺跡A地区36号住居(同上), 6. 昌寧桂城里遺跡烽火谷Ⅰ6号住居(우리文化財研究院 2008), 7. 同遺跡烽火谷Ⅰ8号住居(同上)

図87　嶺南地域出土百済・馬韓(系)鉢(S=1/5)

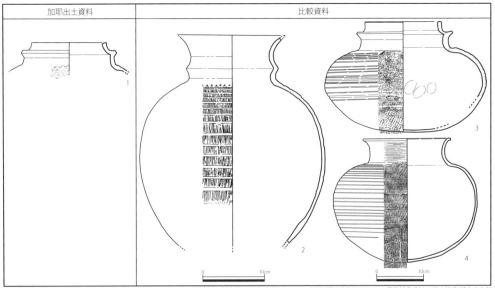

1. 釜山東萊貝塚Fピット8層(釜山広域市立博物館 1998b), 2. 長崎原の辻遺跡八反地区SD-3(長崎県教育庁原の辻遺跡調査事務所 2004), 3. 長興新豊遺跡53号土壙墓(湖南文化財研究院 2006c), 4. 牙山鳴岩里バッチムレ(받지므레)遺跡2-2地点10号周溝土壙墓(忠清南道歴史文化研究院 2011)

図88　加耶出土百済・馬韓(系)二重口縁土器と比較資料(4:S=1/8、その他:S=1/6)

によって時間差はあるが、百済・馬韓の壺は時間の経過と共に丸底壺から卵形壺(図89-11・12)に変化することが認められる。

(4) 金海会峴里貝塚22・23層

　22・23層からは弥生時代中期の須玖Ⅱ式土器(図90-2)と3世紀代の炉形土器(図90-3・4)と共に、四足土器(図90-1)が出土している(慶南考古学研究所 2009)。報告書によると28層を境に

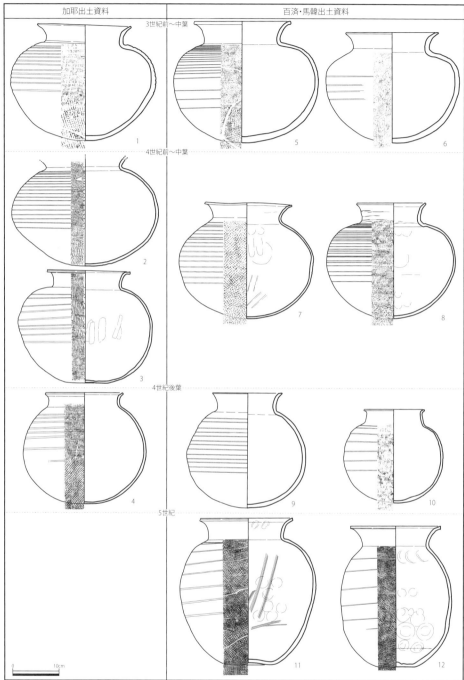

1. 金海亀旨路墳墓群51号墳木槨墓(申敬澈他 2000), 2・3. 山清下村里遺跡A地区11号住居(崔鐘赫他 2011), 4. 釜山福泉洞莱城遺跡3号墳木棺墓(宋桂鉉他 1990), 5・6. 燕岐石三里テバックゴル(대박골)遺跡5号土壙墓(忠清北道文化財研究院 2014), 7. 燕岐松潭里遺跡KM-003土壙墓(李弘鍾他 2010), 8. 燕岐松潭里遺跡KM-009土壙墓(同上), 9. 燕岐鷹岩里遺跡8-①号土壙墓(李南奭他 2008), 10. 清原松垈里遺跡50号土壙墓(韓国文化財保護財団 1999a), 11. 燕岐長在里遺跡103地点4号土壙墓(金栄国他 2013), 12. 同遺跡103地点5号土壙墓(同上)

図89 加耶出土百済・馬韓(系)丸底壺の時間的位置(S=1/8)

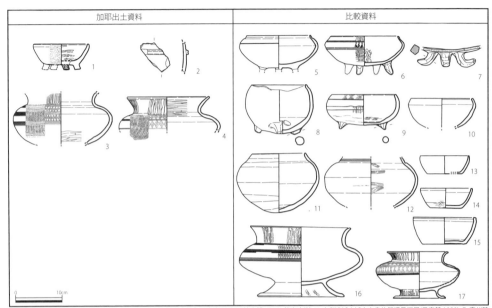

図90　加耶出土百済（系）三足土器と比較資料（S＝1/8）

a期とb期に分けられ、四足土器が出土したa期は炉形土器を代表とする新式瓦質土器段階で、崔鍾圭（1995）のV・VI段階（3世紀代）に設定できるとある。

四足土器は百済だけでなく、嶺南地域でも確認できる。梁山平山里遺跡8号住居出土品（図90-5）、大邱達城土城内水鳥放飼場最下層出土品（図90-6）、慶州隍城洞遺跡II-7号住居出土品（図90-7）、慶山林堂洞マウル遺跡35号住居出土品（図90-8）、慶山林堂洞低湿地遺跡ピット26（9-2層）出土品（図90-9）が挙げられる。(60)

嶺南地域の四足土器のうち、会峴里出土品は百済と関連があると思われる。その理由は杯部の形態にある。器形は底部から外へ直線的に伸び、口縁部は直立し端部は丸みを帯びる。このような杯部は龍仁水枝百済遺跡II-10号竪穴出土品（図90-13）、咸平中良遺跡80号住居出土品（図90-14）、霊光群洞遺跡A地区1号溝状遺構出土品（図90-15）などと類似する。これらは楽浪の盌を模倣して製作され、百済・馬韓地域では3世紀中葉頃までに出現していた（朴淳発ほか 2011）。会峴里出土品は、おそらく3世紀中葉～後葉に製作されたと考えられる。(61)

一方、その他の嶺南地域の四足土器は丸底で、内傾する口縁部や胴部に文様を施す。文様は嶺南地域の炉形土器で観察でき、杯部の特徴は泗川鳳渓里遺跡99号住居出土品（図90-10）、慶州隍城洞遺跡IIナ-2号住居出土品（図90-11）、浦項虎洞遺跡17号住居出土品（図90-12）と類似する。

(5) 昌原遷善洞古墳群12号石槨墓

12号石槨墓からは台付長頸壺、長頸壺、壺、深鉢形土器、蓋杯などと共に鳥足文を施した壺（図91-3）が出土している（金亨坤ほか 2000）。共伴遺物から壺の時期を特定する。

台付長頸壺（図91-5）は朴天秀（2010：136）の編年に従うと、5世紀前葉後半の金海禮安里古墳

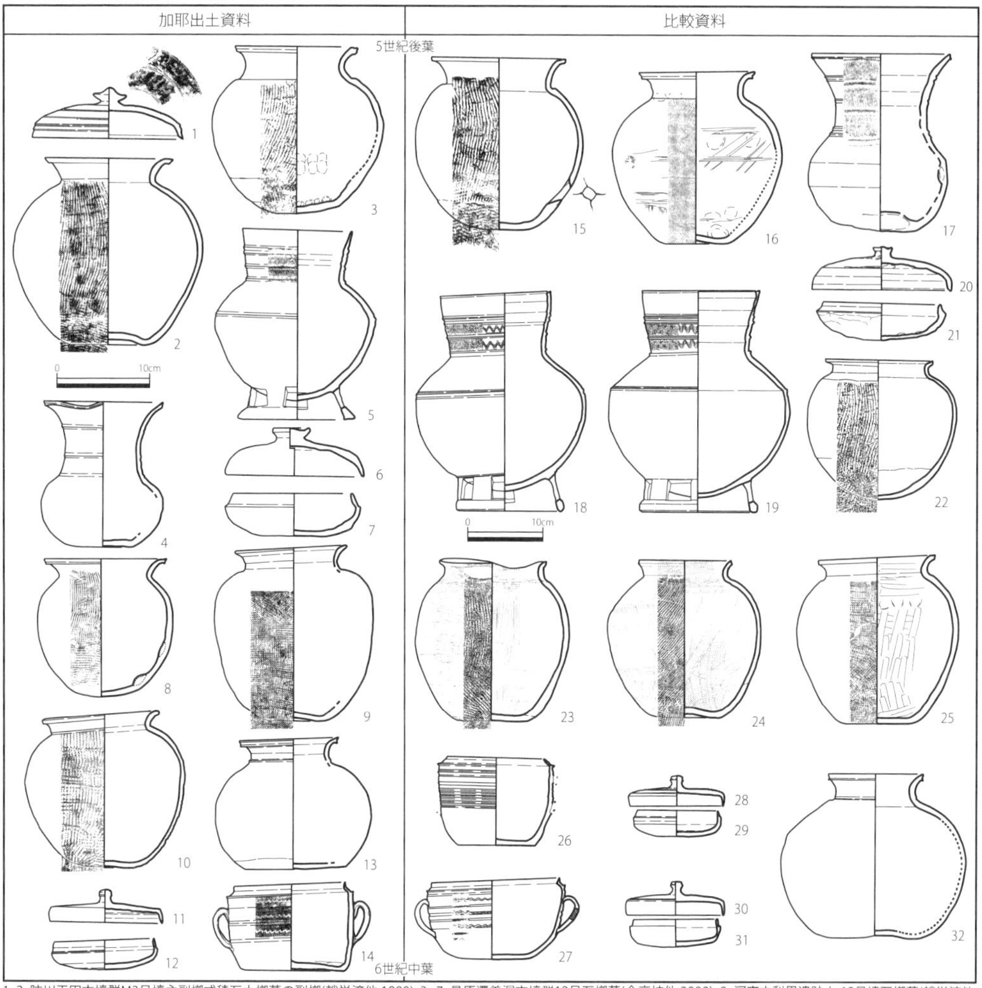

1・2. 陜川玉田古墳群M3号墳主副槨式積石木槨墓の副槨(趙栄済他1990), 3~7. 昌原遷善洞古墳群12号石槨墓(金享坤他2000), 8. 河東古梨里遺跡ナ-12号墳石槨墓(趙栄済他1990), 9~14. 山清坪村里遺跡189号石槨墓(慶南発展研究院2007b), 15. 福岡番塚古墳前方後円墳横穴式石室(九州大学文学部考古学研究室1993), 16. 舒川鳳仙里遺跡3地域3-III区域3号横穴式石室(忠清南道歴史文化院2005), 17. 高霊池山洞古墳群44号墳4号石槨墓(朴天秀他2009), 18. 金海禮安里古墳群36号石槨墓(釜山大学校博物館1985), 19. 同古墳群71号石槨墓(同上), 20・21. 高霊池山洞古墳群44号墳25号石槨墓(朴天秀他2009), 22. 燕岐瓦村里採集品(徐五善他1995), 23. 公州丹芝里遺跡4地区6号横穴墓(朴大淳他2006), 24. 同遺跡4地区21号横穴墓(同上), 25. 霊岩泰澗里チャラボン(자라봉)古墳丘(李暎澈他2015), 26. 陜川三嘉古墳群第1号墳B遺構石槨墓(沈奉謹1982), 27~31. 同古墳群1号墳C遺構石槨墓(同上), 32. 陜川玉田古墳群M10号墳横口式石室(趙栄済他1995)

図91 加耶出土百済・馬韓（系）壺と比較資料（18・19・32：S＝1/10、その他：S＝1/8）

群36号石槨墓（図91-18）から5世紀後葉前半の同古墳群71号石槨墓（図91-19）の間に位置する。しかし長頸壺（図91-4）と蓋杯（図91-6・7）は5世紀後葉後半の高霊池山洞古墳群44号墳4号石槨墓出土品（図91-17）と同遺跡44号墳25号石槨墓出土品（図91-20・21）と対比可能なため、鳥足文の壺はこの時期になると思われる。この壺と類似した器形は、5世紀末～6世紀前葉の福岡番塚古墳前方後円墳横穴式石室出土鳥足文の壺（図91-15）が挙げられる。

(6) 河東古梨里遺跡ナ-12号墳石槨墓

ナ-12号墳石槨墓からは鉄器片と共に鳥足文を施した壺（図91-8）が出土している（趙栄済ほか1990）。共伴遺物による時期は特定困難だが、この遺跡は5世紀後葉から6世紀前葉に形成されたという。口縁部の形態は異なるが、胴部とタタキメは燕岐瓦村里採集品（図91-22）と対比できる。[62]

(7) 陝川玉田古墳群 M3 号墳主副槨式積石木槨墓の副槨

5世紀後葉前半（朴天秀 2010：136）の M3 号墳から出土した百済・馬韓（系）の壺（図 91-2）には大加耶の蓋（図 91-1）を被せた状態であった（趙栄済ほか 1990、福泉博物館 2015：169）。胴部外面には縦方向の平行タタキ、底部内面には横方向の平行タタキが施され、凹底を呈す。全体的な器形は舒川鳳仙里遺跡 3 地域 3-Ⅲ区域 3 号横穴式石室出土品（図 91-16）と類似する。

(8) 陝川倉里古墳群 A 地区 80 号墳 e 遺構石槨墓

石槨墓からは大加耶の有蓋長頸壺、蓋、壺などと共に三足土器（図 92-1）が出土している（沈奉謹 1987）。

有蓋長頸壺（図 92-4）は 5 世紀後葉後半（朴天秀 2010：136）の高霊池山洞古墳群 44 号墳 1 号石槨墓出土品（図 92-13）と陝川磻渓堤古墳群タ-A 号墳石槨墓出土品（図 92-14）、6 世紀前葉前半の高霊池山洞古墳群 45 号墳 2 号石槨墓出土品（金鍾徹 1978）と、壺（図 92-5）は 6 世紀前葉前半の陝川玉田古墳群 M6 号墳石槨墓出土品（図 92-15）と高霊池山洞古墳群 45 号墳 2 号石槨墓出土品（図 92-16）と、蓋（図 92-2・3）は 6 世紀前葉前半の高霊池山洞古墳群 45 号墳 10 号石槨墓出土品（図 92-11）、6 世紀前葉後半の陝川苧浦里 D 地区遺跡Ⅱ-1 号墳横穴式石室出土品（図 92-12）と類似する。大加耶の蓋は時間の経過と共に器高が低くなり、天井部が平坦になるため、6 世紀前葉後半まで下る可能性もあるが、有蓋長頸壺、壺、三足土器で総合的に見ると懐疑的である。

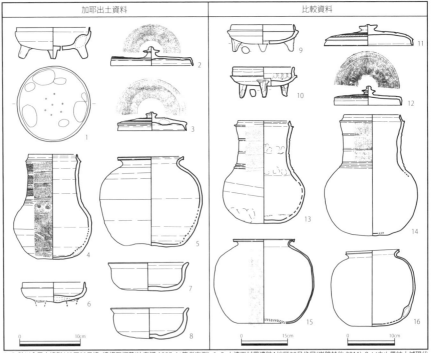

1~5. 陝川倉里古墳群A地区80号墳e遺構石槨墓(沈奉謹 1987, 1：筆者実測), 6~8. 山清下村里遺跡A地区28号住居(崔鐘赫他 2011), 9. ソウル風納土城現代聯合敷地カ-N4W1グリッド(国立文化財研究所 2001b), 10. 公州宋山里古墳群方墳遺構(李漢祥他 1998), 11. 高霊池山洞古墳群45号墳10号石槨墓(金鍾徹 1978), 12. 陝川苧浦里D地区遺跡Ⅱ-1号墳横穴式石室(尹容鎮 1987), 13. 高霊池山洞古墳群44号墳1号石槨墓(朴天秀他 2009), 14. 陝川磻渓堤古墳群タ-A号墳石槨墓(金正完他 1987), 15. 陝川玉田古墳群M6号墳石槨墓(趙栄済他 1993), 16. 高霊池山洞古墳群45号墳2号石槨墓(金鍾徹 1978)

図 92 加耶出土百済（系）三足土器と比較資料
(6~8：S=1/6、15：S=1/12、その他：S=1/8)

三足土器は漢城期の特徴をよく反映している。杯部には内側から外側へ7つの円孔が開けられているが、これは数は少ないが百済でも見られる。朴天秀（2010：49）はこれを模倣品、洪潽植（2007）は搬入品と見ている。筆者は焼成色、胎土、製作技法を観察した結果、百済地域出土品と遜色はないと判断した。三足土器には蓋が被せられていたが、三足土器の口径より大きく合わないだけでなく、蓋の焼成色や胎土が三足土器と異なるため、2つの土器は製作地が相異する。

共伴遺物と三足土器の既往の編年を考慮すると、5世紀後葉に製作されたものが、6世紀前葉頃に埋納されたと考えられる。

(9) 山清坪村里遺跡

① **12号石槨墓** 12号石槨墓からは大加耶の有蓋長頸壺（図93-2）、蓋杯（図93-3〜6）と共に百済（系）の直口短頸壺（図93-1）が出土している（慶南発展研究院 2006b）。共伴の有蓋長頸壺および蓋杯は6世紀前葉後葉（朴天秀 2010：136）の陝川三嘉古墳群1号墳A遺構石槨墓出土品（図93-12〜16）と類似するため、直口短頸壺の時期もこの頃と推測できる。

直口短頸壺は短く直立する口縁部に、胴部下位と底部には平行タタキが観察できる。胴部上位から中位にかけて横沈線を螺旋状に巡らせ、横沈線の間には波状文を雑に施す。底部は凹形を呈す。このような器形は後述する直口短頸壺の変遷に対照すると、熊津期に該当することがわかる。また

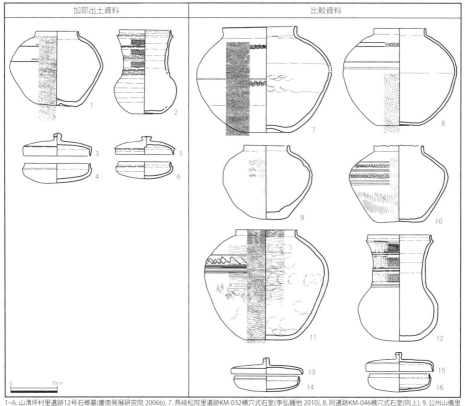

1〜6.山清坪村里遺跡12号石槨墓(慶南発展研究院 2006b), 7.燕岐松院里遺跡KM-032横穴式石室(李弘鍾他 2010), 8.同遺跡KM-046横穴式石室(同上), 9.公州山儀里遺跡28号横穴式石室(李南奭 1999), 10.同遺跡40号横穴式石室(同上), 11.舒川堂丁里古墳群6号墳瓶口式石槨墓(朴大淳 2010), 12〜16.陝川三嘉古墳群1号墳A遺構石槨墓(沈奉謹 1982)

図93 加耶出土百済（系）直口短頸壺と比較資料（S＝1/8）

胴部が"く"の字を呈するものは公州山儀里遺跡28・40号横穴式石室出土品（図93-9・10）などで見られる。

② **189号石槨墓** 189号石槨墓からは百済・馬韓（系）の壺2点（図91-9・10）と大加耶の土器（図91-11～14）が出土している（慶南発展研究院 2007b、福泉博物館 2015：163）。共伴遺物から6世紀前葉になろう。

図91-9の胴部外面には鳥足文タタキ、図91-10の胴部外面には目が粗い格子タタキが観察できる。これらは公州丹芝里遺跡4地区6号横穴墓出土品（図91-23）、同遺跡4地区21号横穴墓出土品（図91-24）、霊岩泰潤里チャラボン（자라봉）古墳墳丘出土品（図91-25）などと対比できる。

（10）山清玉山里遺跡

総数137基の石槨墓からは大加耶、小加耶、新羅、百済（系）の土器が出土している。報告書（崔栄済ほか 2013：322）には台付直口壺、台付短頸壺、台付長頸壺、高杯を百済（系）としているが、検討すべき点が残されているため、ここでは百済（系）土器の広口長頸壺と小壺について言及する。

共伴の大加耶土器から、34号墳石槨墓出土品（図94-1）は5世紀末～6世紀初、147号墳石槨墓出土品（図94-2）と12号墳石槨墓出土品（図94-3）は6世紀前葉になると考える。34号墳石槨墓出土品と対応するものとして、全州馬田遺跡Ⅳ区域4号墳1号土壙墓出土品（図94-4）が挙げられる。前出したように1号土壙墓から小加耶の高杯が出土し、その時期は5世紀末～6世紀前葉になる。

12号墳石槨墓出土品は頸部の波状文から加耶（系）の要素も見られる。147号墳石槨墓出土品は百済の広口長頸壺の最後の論山院南里・定止里遺跡Ⅱ-3地域A地点1号石槨墓出土品（図94-5）と対比できる。山清玉山里遺跡の百済（系）広口長頸壺は、時間の経過に伴い胴部が小さくなる反

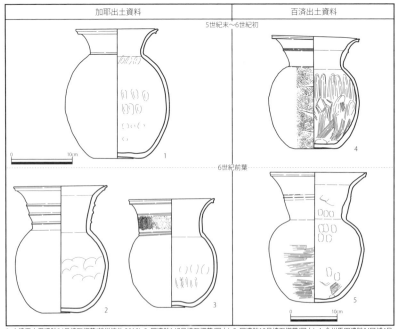

1. 山清玉山里遺跡34号墳石槨墓(趙栄済 2013), 2. 同遺跡147号墳石槨墓(同上), 3. 同遺跡12号墳石槨墓(同上), 4. 全州馬田遺跡Ⅳ区域4号墳1号土壙墓(湖南文化財研究院 2008b), 5. 論山院南里・定止里遺跡Ⅱ-3地域A地点1号石槨墓(忠清南道歴史文化研究院 2012a)

図94 加耶出土百済（系）広口長頸壺の時間的位置（5：S＝1/8、その他：S＝1/6）

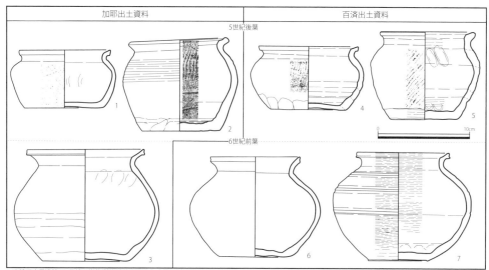

1. 山清玉山里遺跡196号墳石槨墓(趙栄済他 2013), 2. 山清下村里遺跡A地区59号住居(崔鐘赫他 2011), 3. 山清玉山里遺跡48号墳石槨墓(趙栄済他 2013), 4. 天安龍院里古墳群106号土壙墓(李南奭 2000), 5. 同古墳群86号土壙墓(同上), 6. 益山熊浦里古墳群93-12号墳横口式石槨墓(崔完奎 1995), 7. 公州金鶴洞古墳群20号墳(横口式)石槨墓(柳基正他 2002)

図 95 加耶出土百済(系)小壺の時間的位置 (S=1/4)

面、口頸部が長くなる特徴がよく反映されている。

　小壺(図95-1・3)は共伴の小加耶の蓋と高杯片で5世紀後葉と思われる196号墳と、大加耶の有蓋長頸壺で6世紀前葉の48号墳石槨墓から出土している。器高に比べ底径が大きい図95-1の形態は、主に漢城期の忠清南道(図95-4)で確認できる。図95-3は熊津期の益山熊浦里古墳群93-12号墳横口式石槨墓出土品(図95-6)や、須恵器(系)土器の共伴で6世紀第1四半期に比定できる公州金鶴洞古墳群20号墳(横口式)石槨墓出土品(図95-7)と対比できる。

(11) 山清下村里遺跡A地区

　下村里遺跡からは前述したように、盌など百済・馬韓の影響を受けた軟質土器(図87-3～5、図97-8～12)も出土しているが、ここでは陶質土器を中心に検討する。

　11号住居からは百済・馬韓(系)の壺が2点(図89-2・3)出土している。2点とも胴部外面の上位から中位には平行タタキ(または擬似縄蓆文)をし、横沈線を巡らせる(崔鐘赫ほか 2011：569)。下位と底部には格子タタキを施す。百済・馬韓(系)の壺の変遷から見ると、図89-2が図89-3より先行する型式になる。出土品は共伴する軟質土器から4世紀代に目されるだろうが、具体的時期は4世紀中葉頃になろう。

　59号住居出土小壺(図95-2)は、器形から主に漢城期の忠清南道出土品(図95-5)と関連があると思われる。

　28号住居出土三足土器(図92-6)について報告書(崔鐘赫ほか 2011：569)は杯部の高さが低いことを理由に7世紀前半前後と記載されているが、筆者の三足土器(2004b)の研究から6世紀前葉～中葉に比定できる。杯部の高さは三足土器の変遷において重要な要素であるが、脚部の位置も重要である。時期が下るにつれて受け部先端に脚部を設置する。出土品は脚部がまだ杯部の中寄りにあり、7世紀前葉の三足土器とは異なる。むしろ6世紀前葉になる公州宋山里古墳群方壇遺構出土品(図92-10)と対比できるだろう。[63]

212

(12) 鎮安臥亭遺跡4号住居

5号住居を破壊して造られた4号住居からは70余点の百済土器と共に、天井部に幼虫文を施した大加耶の蓋（図96-1）が1点出土している（郭長根ほか 2001、成正鏞 2007）。口縁部や文様などから高霊池山洞古墳群60号石槨墓出土品（図96-21）と対比可能である。また同古墳群32号墳竪穴式石室出土品（図96-23）とも類似しており、5世紀中葉の大加耶産としても問題はないだろう（成正鏞 2007）。

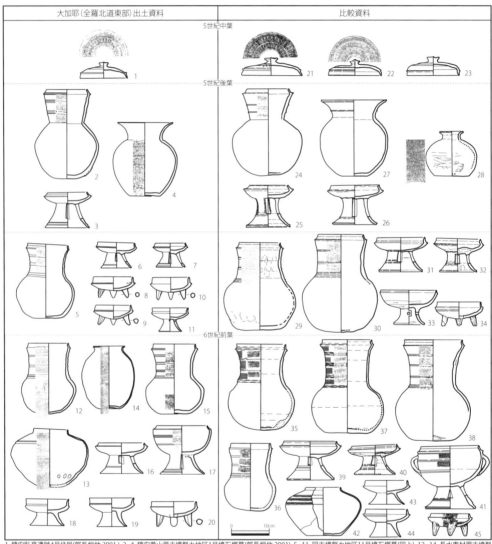

1. 鎮安臥亭遺跡4号住居(郭長根他 2001), 2~4. 鎮安黄山里古墳群カ地区1号墳石槨墓(郭長根他 2001), 5~11. 同古墳群カ地区11号墳石槨墓(同上), 12~14. 長水東村里古墳群9号墳石槨墓(郭長根他 2005), 15~20. 鎮安黄山里古墳群カ地区6号墳石槨墓(郭長根他 2001), 21. 高霊池山洞古墳群60号石槨墓(慶尚北道文化財研究院 2000a), 22. 陝川安渓里古墳群15号石槨墓(海東文化財研究院 2011), 23. 高霊池山洞古墳群32号墳竪穴式石室(金鍾徹 1981), 24. 陝川磻渓堤古墳群カ-14号墳石槨墓(金正完他 1987), 25. 高霊池山洞古墳群6号石槨墓(朴升圭他 2004), 26. 同古墳群97号石槨墓(朴升圭他 2006b), 27. ソウル風納土城197番地(旧未来マウル)カ-3号住居内部上層焼土廃棄層(国立文化財研究所 2009), 28. 烏山内三美洞遺跡27号住居(京畿文化財研究院 2011a), 29. 陝川磻渓堤古墳群44号墳南槨(朴天秀他 2009), 30. 陝川磻渓堤古墳群タ-A号墳石槨墓(金正完他 1987), 31. 高霊池山洞古墳群44号墳28号石槨墓(朴天秀他 2009), 32. 陝川安渓里古墳群20号石槨墓(海東文化財研究院 2011), 33. 燕岐松院里遺跡KM-046横穴式石室(李弘鍾他 2010), 34. 佐賀野田遺跡大溝埋土下層(蒲原他 1985), 35. 陝川鳳渓里古墳群172号墳石槨墓(沈奉謹 1986), 36. 陝川中磻渓墳墓群14号墳石槨墓(趙栄済他 1987), 37. 陝川鳳渓里古墳群大型墳墓群(沈奉謹 1986), 38. 陝川亭浦里D地区II-1号墳横穴式石室(尹容鎮 1987), 39・41. 高霊池山洞古墳群45号墳2号石槨墓(金鍾徹 1978), 40. 陝川安渓里古墳群16号石槨墓(海東文化財研究院 2011), 42. 公州公山城5号貯蔵穴(安承周他 1987), 43. 益山間村里遺跡II地区1号周(湖南文化財研究院 2002), 44. 群山堂北里遺跡4号横穴式石室(群山大学校博物館 2002), 45. 論山院北里遺跡タ地区104号竪穴(中央文化財研究院 2001)

図96 大加耶（全羅北道東部）出土百済（系）土器の時間的位置 (S=1/10)

(13) 鎮安黄山里古墳群

① **カ地区1号墳石槨墓**　1号墳石槨墓からは百済土器である短頸壺と広口長頸壺などと共に大加耶の有蓋長頸壺、高杯、蓋が副葬されていた（郭長根ほか 2001）。

有蓋長頸壺（図96-2）は5世紀前葉後半～後葉と推定される清州新鳳洞古墳群A-27号土壙墓出土品（図74-1）より後出する器形で、陝川磻溪堤古墳群カ-14号墳石槨墓出土品（図96-24）と類似する。カ-14号墳は共伴遺物からの時期比定が困難で、先行研究（朴天秀 2010：136、諫早 2012：189-192）を参考にすると、磻溪堤古墳群は5世紀中葉～6世紀前葉に築造された古墳であることがわかる。

胴部が相対的に大きい形から小さい形になる大加耶の有蓋長頸壺の型式学的変遷を考慮すると、出土品は黄山里11号墳石槨墓出土品（図96-5）やこれと類似する高霊池山洞古墳群44号墳南槨出土品（図96-29）、磻溪堤タ-A号墳石槨墓出土品（図96-30）より先行すると思われる。池山洞44号墳と磻溪堤タ-A号墳は5世紀後葉後半(66)（朴天秀 2010：136）に比定できるため、1号墳石槨墓出土有蓋長頸壺はそれより以前になる。

細長方形の透かしが施された高杯（図96-3）は、黄山里6・11号墳出土品（図96-6・7・16）に比べ脚部が長い。大加耶の高杯の脚部は長いものから短いものへ変化するため、これは黄山里古墳群出土大加耶の高杯の中でも古いと考えられる。口縁部の形状は高霊池山洞古墳群6号石槨墓出土品（図96-25）、細長方形の透かしと脚部の形状は同古墳群97号石槨墓出土品（図96-26）と類似する。97号石槨墓出土馬具は5世紀後葉～末に比定されている（諫早 2012：189）。また共伴長頸鏃が5世紀後葉前半（朴天秀 2010：136）の陝川玉田古墳群M3号墳出土品と同形である。

共伴した百済土器（図96-4）が漢城期出土品（図96-27）と類似することと上記の内容を総合すると、475年を前後した時期に比定可能である。

② **カ地区6号墳石槨墓**　6号墳石槨墓からは百済土器である三足土器、高杯と共に、大加耶の有蓋長頸壺、細長方形の透かしが施された高杯、蓋、台付鉢、新羅土器と思われる台付長頸壺が出土している。(67)

有蓋長頸壺（図96-15）の頸部には2条1対の横沈線で4つの空間をつくり、その中に薄い波状文を施す。大加耶において頸部の4段構成はそれほど多くないが、陝川鳳溪里古墳群大形墳石槨墓出土品（図96-37）、陝川苧浦里D地区遺跡Ⅱ-1号墳横穴式石室出土品（図96-38）で見られる。鳳溪里大形墳は6世紀前葉前半、苧浦里Ⅱ-1号墳出土品は6世紀前葉後半に比定（朴天秀 2010：136）されている。

一段透窓高杯（図96-16）は後述する11号墳石槨墓出土品（図96-6・7）より脚部が多少短いことから、型式学的に遅い時期のものと思われる。高杯の口縁部は受け部から内傾した後、短く立ち上がる。このような特徴は高霊池山洞古墳群45号墳2号石槨墓出土品（図96-39）、陝川安渓里古墳群16号石槨墓出土品（図96-40）で見られる。6世紀前葉前半（朴天秀 2010：136）の池山洞45号墳出土品は、黄山里6号墳出土品より脚部が多少長い感があるため、黄山里6号墳出土品はそれより後出する可能性がある。

台付鉢（図96-17）の杯部には2条の横沈線を引いて空間を分けた後、波状文を施している。口縁部は内傾し、口縁端部は丸く処理されている。脚部（台）には細長方形の透かしが4つ穿かれている。把手を除外すれば全体的な器形は、大加耶の把手付台付鉢と類似する。大加耶の把手付台付鉢

は高杯の変遷同様、時期が下るにつれて脚部が短くなる傾向が見られる。脚部と杯部の比率は高霊池山洞古墳群44号墳21号石槨墓出土品（尹容鎮 1978、朴天秀ほか 2009）と対比できるが、直線的な脚部は高霊池山洞古墳群45号墳2号石槨墓出土品（図96-41）とも関係があろう。

有蓋長頸壺、高杯、台付鉢の考察を総合すると、6世紀第1四半期～第2四半期に比定でき、共伴百済土器（図96-18～20）も熊津期に該当すると思われる。

③ **力地区11号墳石槨墓**　6号墳石槨墓より南に位置する11号墳石槨墓からは、百済土器である三足土器、高杯と共に大加耶の有蓋長頸壺、細長方形の透かしが施された高杯が出土している。

前述したように有蓋長頸壺（図96-5）は5世紀後葉後半の高霊池山洞古墳群44号墳南槨出土品（図96-29）や陜川磻渓堤古墳群タ-A号墳石槨墓出土品（図96-30）と対比できる。一段透窓高杯（図96-6・7）は、同古墳群6号墳石槨墓出土品（図96-16）より脚部が多少長いため、型式学的に先行すると考える。出土品は池山洞44号墳28号石槨墓出土品（図96-31）、陜川安渓里古墳群20号石槨墓出土品（図96-32）と対比でき、各々の報告書には5世紀末、5世紀後葉とある。

これを総合すると、共伴百済土器（図96-8～11）は5世紀第3四半期～第4四半期に該当する。

（14）長水東村里古墳群9号石槨墓

9号石槨墓からは百済土器である直口短頸壺と共に、大加耶の有蓋長頸壺、蓋、高杯片が出土している（郭長根ほか 2005）。有蓋長頸壺（図96-12）は頸部と胴部の境が緩やかな傾斜を帯びるなど大加耶の有蓋長頸壺の変遷の中で後出する形態であり、陜川鳳渓里古墳群172号墳石槨墓出土品（図96-35）と対比できる。また6世紀中葉に比定できる錦山陰地里遺跡破壊墳出土品（図74-5）よりは型式学的に先行する器形であるため、6世紀前葉になると考える。

（15）その他

慶州競馬場予定敷地遺跡C-Ⅰ-2地区9号横穴式石室から出土した三足土器（図97-3）は、石室南壁中央にあった有蓋台付盌（図97-5・6）の上に置かれていた（韓国文化財保護財団 1999b）。この時期について朴普鉉（2007）は共伴した短頸壺の蓋（図97-1）の文様が多弁花文＋二重円文であることを根拠に、7世紀中葉～後葉とし、三足土器もこの時期に比定できるとした。一方、崔秉鉉（2011）は1b期（6世紀第2四半期の遅い時期）としている。

しかし後述する三足土器の編年では、この土器は7世紀まで下げることができない。この三足土器の中心年代は5世紀第3四半期で、一部は5世紀第4四半期まで存続した器形である。崔秉鉉の編年と三足土器の年代は約25年～30年、朴普鉉の年代観に至っては150年以上の差が認められる。これは新羅土器の時期を活用して三足土器の時期を比定できない事例になる。

新羅・加耶地域の百済（系）土器については、筆者の力量不足で集成と検討を十分行うことができなかった。百済では模倣品や影響を受けた土器を含めた新羅・加耶（系）土器が約180点出土していることを鑑みると、新羅・加耶での百済（系）土器もある程度の比率を占めるものと思われる。新羅・加耶出土百済（系）土器については、筆者の他に、徐賢珠（2014b）の論考や福泉博物館（2015）の図録が参考になる。この中には栄山江流域の土器も多数含まれ、全羅道に接する小加耶地域の宜寧桂城里遺跡では馬韓（系）の四柱式住居と煮炊用土器（図97-18・19）などから、宜寧に移住して

第 3 章 百済土器の主要年代決定資料 *215*

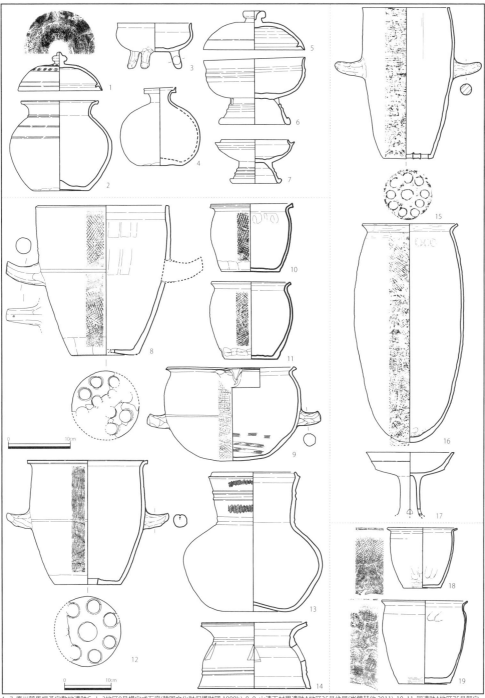

1~7. 慶州競馬場予定敷地遺跡C-Ⅰ-2地区9号横穴式石室(韓国文化財保護財団 1999b), 8・9. 山清下村里遺跡A地区35号住居(崔鐘赫他 2011), 10・11. 同遺跡A地区75号竪穴(同上), 12~14. 同遺跡A地区47号竪穴(同上), 15・17. 巨済鵝洲洞1485番地遺跡Ⅰ区域1号住居(우리文化財研究院 2012), 16. 同遺跡Ⅰ区域5号住居(同上), 18・19. 昌寧桂城里遺跡烽火谷Ⅰ4号住居(우리文化財研究院 2008)

図 97 嶺南地域出土百済・馬韓(系)土器(9・12・15・16:S=1/8、その他:S=1/6)

きた馬韓人も想定されている（福泉博物館 2015：104）。

巨済鵝洲洞 1485 番地遺跡では、加耶の土器、土師器（系）(68)（図 97-17）、馬韓（系）の四柱式住居と煮炊用土器（図 97-15・16）が出土している。この遺跡の住民は馬韓（系）の四柱式住居に居住し、加耶と倭を往来していたと推測できる（福泉博物館 2015：99）。おそらく馬韓（系）の住民（商人）は、4 世紀末〜5 世紀初、交易のための中間の経由地の 1 つとして活用したと思われる（우리文化財研究院 2012：245、福泉博物館 2015：99）。

山清下村里遺跡 A 地区 35 号住居（図 97-8・9）、75 号竪穴（図 97-10・11）、47 号竪穴（図 97-12）から百済・馬韓（系）の煮炊器が出土している。35 号住居は 5 世紀前葉、47 号竪穴は大加耶の土器（図 97-13・14）から 5 世紀末になると思われる。山清下村里遺跡では馬韓（系）の土器が高い比率を占めており、新羅土器が入る 6 世紀中葉まで続く（崔鐘赫ほか 2011：573）。またここでは扱わなかったが、竪穴から 7 世紀代の百済（系）の硯が 2 点出土している。6 世紀末まで多くの新羅土器が出土しているが、7 世紀に入ると集落遺跡から新羅土器は見られなくなる。百済（系）の硯は竪穴に伴う点、統一新羅期の住居が確認できない点から、山清下村里遺跡の集落は 7 世紀頃に廃墟化したと考えられる（崔鐘赫ほか 2011：585）。

4．新羅・加耶（系）土器と共伴した百済土器の時間的位置と変遷

(1) 嶺南地域の台付直口壺から見た百済の直口短頸壺

嶺南地域では 5 世紀初、台付直口壺の肩部に文様を施すものが出現する。嶺南地域の直口壺と文様は、百済の直口短頸壺の特徴と同一である。百済の直口短頸壺は少なくとも 4 世紀代には出現していたため、嶺南地域の台付直口壺の形態と文様は百済からの影響と思われる。

共伴遺物から 5 世紀初に比定できる星州シビシル（시비실）遺跡 4-1 号木槨墓の副槨出土台付直口壺（図 98-5）の肩部には波状文、5 世紀前葉の昌原道渓洞遺跡 24 号木槨墓出土品（図 98-6）の肩部には 2 条の横沈線の間に波状文が見られる。

百済の直口短頸壺の文様について朴淳発（2003）の研究を参考にすると、シビシル遺跡出土品の文様は漢城期〜熊津期、道渓洞遺跡出土品の文様は漢城期に見られるものである。シビシル遺跡出土品と道渓洞遺跡出土品は、同時期のものではないが朴淳発（2003）によって漢城期末とされる清州新鳳洞古墳群 13 号土壙墓出土品（図 98-1）と扶餘汾江・楮石里古墳群カ号埋納遺構出土品（図 98-2）と対比できる。

今のところ 5 世紀中葉〜後葉に該当する台付直口壺には文様が見られないが、6 世紀初に再び用いられる。浦項大甫里遺跡 78 号石槨墓出土品（図 98-7）、大邱本里里古墳群 12 号石槨墓出土品（図 98-8）、山清坪村里遺跡 27 号石槨墓出土品（図 98-9）がこれにあたる。大甫里遺跡出土品の文様は、2 条の横沈線の間に斜格子文、本里里古墳群出土品の文様は胴部上位と中位に波状文、坪村里遺跡出土品の文様は胴部上位から中位にかけて、4 条の横沈線で空間を区画しその中に波状文を施している。

大甫里遺跡出土品の文様は漢城期に限定されるため、5 世紀後葉に遡る可能性も排除できない。時期の比定はともかくこの出土品は、漢城期の直口短頸壺の影響があったと思われる。

本里里古墳群出土品の文様は漢城期と熊津期に該当するが、熊津期に比重が大きい（朴淳発

2003)。また、漢城期の文様は胴部上位に限定される場合が多いが、熊津期になると胴部中位にまで文様が施されることから、出土品は熊津期の特徴が見出せる。熊津期の舒川鳳仙里遺跡3地域3-Ⅰ区域1号横穴式石室出土品（図98-3）と対比できる。

坪村里遺跡出土品と類似する熊津期の資料は見出せなかったが、扶餘軍守里遺跡S2E2出土品（図98-4）との対比が可能である。泗沘期の軍守里遺跡出土品は胴部上位から下位まで文様が施されている。このような文様の拡大は時間性を反映している（金朝允 2010：55）。このような点からも坪村里出土品は、泗沘期出土品より多少先出することがわかる。

このように嶺南地域の台付直口壺は百済の直口短頸壺との関係の中で出現したと見られ、その変遷も百済出土品とある程度軌を一にする。

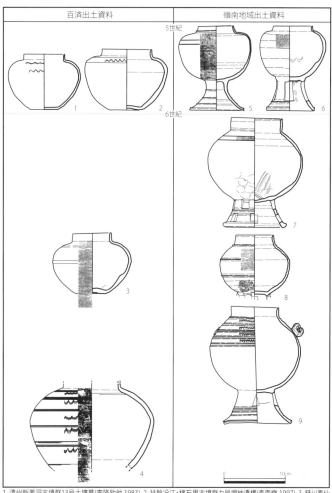

1. 清州新鳳洞古墳群13号土壙墓(李隆助他 1983), 2. 扶餘汾江・楮石里古墳群カ号埋納遺構(李南奭 1997), 3. 舒川鳳仙里遺跡3地域3-1区域1号横穴式石室(忠清南道歴史文化院 2005), 4. 扶餘軍守里遺跡S2E2(朴淳発他 2003), 5. 星州シビシル(시비실)遺跡4-1号木槨墓副槨(朴貞花他 2008), 6. 昌原道渓洞遺跡24号木槨墓(慶南発展研究院 2004), 7. 浦項大甫里遺跡78号石槨墓(慶尚北道文化財研究院 2009), 8. 大邱本里古墳群12号石槨墓(同上 2007), 9. 山清坪村里遺跡27号石槨墓(慶南発展研究院 2006b)

図98　百済の直口短頸壺と比較資料（S＝1/6）

(2) 百済土器の時間的位置と変遷

表4は筆者が上記で検討した百済土器（遺物）と共伴した新羅・加耶（系）土器の年代と、他の研究者（報告者）が主に共伴遺物もしくは遺構で比定した時期を対応させたものである。筆者が設定した時期を基に、共伴した百済土器の変遷を論じる。

4世紀第2四半期後半～第3四半期前半（4世紀中葉）の天安斗井洞遺跡Ⅰ地区3号住居からは球形小甕（図99-8）が出土している。この器種は出土例が多くないが、華城半月洞遺跡1地点6号竪穴（成春澤ほか 2007）や清州新鳳洞古墳群11号土壙墓などで見られる。嶺南地域でもこれと類似した土器があり、3世紀後葉に出現したとされる（崔鍾圭 1995）。早い時期のものは尖底を呈し、丸底は後出することから、半月洞や新鳳洞は4世紀中葉より遅い時期になる。

平底短頸壺は直立または外反する口縁部を呈し、時間の経過と共に口縁端部には凹線、口縁部内面には浅い凹帯が巡る。また口頸部が器高に比べ短くなる傾向がある（土田 2006）。4世紀第3四半期の大田九城洞遺跡D-1号土壙墓出土平底短頸壺（図99-17）は、口縁部内面に凹帯があり、出現

表4 百済土器（遺物）と共伴した新羅・加耶（系）土器と各研究者の年代比較

遺跡・遺構	研究者・報告者	筆者
ソウル風納土城慶堂地区中層 196号遺構（竪穴倉庫）	3世紀後葉〜4世紀前葉（韓芝守2010）、4世紀後葉（李盛周2015）、5世紀第1四半期（金一圭2015）	3世紀第4四半期〜4世紀第1四半期（4世紀中葉以前）
天安斗井洞遺跡I地区3号住居	4世紀前葉（朴淳発2000c）	4世紀第2四半期後半〜第3四半期前半（4世紀中葉）
ソウル風納土城現代聯合敷地カ-9号住居	4世紀初（金斗権2003、李仁鎬2012）	4世紀第3四半期
大田九城洞遺跡D-1・D-2・D-8号土壙墓	4世紀中葉〜後葉（崔秉鉉ほか1997）	4世紀第3四半期
清州鳳鳴洞遺跡 IV地区C区域43号土壙墓	4世紀後葉（趙詳紀2015）	4世紀第3四半期〜第4四半期
槐山俣承里遺跡2・4・6号石槨墓	4世紀後葉（崔秉鉉2009）	4世紀第4四半期〜5世紀第1四半期
燕岐羅城里遺跡C地点KM-004木棺墓	5世紀後葉（李弘鍾ほか2015）	4世紀第4四半期〜5世紀第1四半期
錦山倉坪里遺跡（推定）石槨墓	5世紀前葉（朴敬道2002、金奎運2011）、5世紀前葉（成正鏞2007）	4世紀第4四半期〜5世紀第1四半期
天安龍院里古墳群130号土壙墓	5世紀前葉（李賢淑2011：243）	5世紀第1四半期〜第2四半期
曽坪栖城山城3号住居	4世紀後葉（中原文化財研究院2014）	5世紀第1四半期〜第2四半期
公州水村里遺跡II地点3号石槨墓	4世紀第4四半期（李勲2010）、5世紀第1四半期（成正鏞2010、忠清南道歴史文化研究院2014a）、5世紀第2四半期（李漢祥2009、李文炯2015）	5世紀第1四半期〜第2四半期
ソウル風納土城慶堂地区 206号遺構（井戸）土器埋納層下位	4世紀末〜5世紀初（権五栄ほか2015）	5世紀第2四半期
錦山水塘里遺跡M-2号石槨墓	5世紀前葉の遅い時期（忠南大学校百済研究所2002：98）	5世紀第2四半期
高敞鳳徳里古墳群1号墳5号横穴式石室	5世紀初〜中葉（李文炯2014）	5世紀第2四半期
燕岐松院里遺跡KM-003石槨墓	5世紀前葉（李弘鍾ほか2010）	5世紀第2四半期〜第3四半期前半
燕岐松院里遺跡KM-005・092石槨墓	5世紀中葉（李弘鍾ほか2010）	5世紀第2四半期後半〜第3四半期前半（5世紀中葉）
ソウル風納土城慶堂地区 206号遺構（井戸）土器埋納層中位	4世紀末〜5世紀初（権五栄ほか2015）	5世紀第2四半期後半〜第3四半期前半（5世紀中葉）
鎮川石帳里遺跡A区-サ号竪穴	4世紀代（李栄勲ほか2004）	5世紀第2四半期後半〜第3四半期前半（5世紀中葉）
大田梧井洞遺跡2号土壙墓	5世紀前葉〜中葉（崔秉鉉ほか1998）	5世紀第2四半期後半〜第3四半期前半（5世紀中葉）
完州上雲里遺跡 ラ地区1号墳丘墓22号木棺墓	5世紀前半（金承玉ほか2010c）	5世紀第2四半期後半〜第3四半期前半（5世紀中葉）
鎮安臥亭遺跡4号住居	5世紀中葉（成正鏞2007）	5世紀第2四半期後半〜第3四半期前半（5世紀中葉）
燕岐羅城里遺跡A地点KR-003道路		5世紀第2四半期後半〜第3四半期
燕岐松院里遺跡 KM-016・018・096横穴式石室	5世紀中葉（李弘鍾ほか2010）	5世紀第2四半期後半〜第3四半期
燕岐松院里遺跡KM-022・038土壙墓	5世紀後葉（趙銀夏2010）	5世紀第2四半期後半〜第3四半期
燕岐松潭里遺跡 KM-018土壙墓・019石槨墓	5世紀後葉（李弘鍾ほか2010）	5世紀第2四半期後半〜第3四半期
燕岐長在里遺跡103地点 7号石槨墓・29・30号土壙墓	5世紀代（金栄国ほか2013）	5世紀第2四半期後半〜第3四半期
清州新鳳洞古墳群A-27号土壙墓	5世紀中葉（趙詳紀2015）	5世紀第2四半期〜第3四半期
公州水村里遺跡II地点5号横穴式石室	5世紀中葉（忠清南道歴史文化研究院2014a）	5世紀第2四半期〜第3四半期
龍仁麻北洞聚落遺跡19号住居		5世紀第3四半期
清州新鳳洞古墳群72・107号土壙墓	5世紀前葉〜中葉（趙詳紀2015）、5世紀中葉〜後葉（成正鏞2006a）	5世紀第3四半期
清州明岩洞遺跡4号土壙墓	5世紀後葉（趙詳紀2015）	5世紀第3四半期
燕岐松院里遺跡KM-046横穴式石室	5世紀中葉〜後葉（李弘鍾ほか2010）	5世紀第3四半期
燕岐長在里遺跡103地点1号石槨墓	5世紀中葉（金栄国ほか2013）	5世紀第3四半期
燕岐長在里遺跡103地点15号土壙墓	5世紀代（金栄国ほか2013）	5世紀第3四半期
錦山水塘里遺跡2号横穴式石室	5世紀後葉（忠清南道歴史文化院2007b）	5世紀第3四半期
益山笠店里古墳群98-1号墳石槨墓	5世紀中葉（金栄国2010）	5世紀第3四半期

遺跡・遺構 \ 研究者・報告者	研究者・報告者	筆者
高敞鳳德里古墳群1号墳1号橫穴式石室	5世紀後葉～末（李文炯 2014）	5世紀第3四半期
鎭安黃山里古墳群カ地区1号墳石槨墓	6世紀初（郭長根 1999）	5世紀第3四半期
鎭安黃山里古墳群カ地区11号墳石槨墓	5世紀後葉（郭長根 1999）	5世紀第3四半期～第4四半期
全州馬田遺跡IV区域4号墳1号土壙墓	5世紀後半～6世紀前葉（金信恵 2009）	5世紀第4四半期～6世紀第1四半期
論山定止里遺跡III地域21号貯藏穴	5世紀末～6世紀初（嘉耕考古学研究所 2013）	6世紀第1四半期
公州金鶴洞古墳群1号石槨甕棺墓	6世紀前後（柳基正ほか 2002）	6世紀第1四半期
全州中洞遺跡4地区1号横口式石槨墓		6世紀第1四半期
長水東村古墳群9号石槨墓		6世紀第1四半期
公州山儀遺跡40号橫穴式石室	6世紀第1四半期（金容周 2016）	6世紀第1四半期～第2四半期
鎭安黃山里古墳群カ地区6号墳石槨墓	6世紀初（郭長根 1999）	6世紀第1四半期～第2四半期
錦山陰地里遺跡破壞墳	6世紀第2四半期（朴敬道 2002、成正鏞 2007）	6世紀第2四半期後半～第3四半期前半（6世紀中葉）
扶餘雙北里154-10番地泗沘工房区遺跡3次段階堆積層	武王13年（612年）以前（金成南ほか 2014）	7世紀第1四半期
扶餘官北里遺跡バ地区2区域瓦埋立層（盛土2層）	7世紀前半（国立扶餘文化財研究所 2009b）	7世紀第2四半期
扶餘雙北里北浦遺跡I文化層1-1号道路遺構	7世紀前半中期（李義之 2012）	7世紀第2四半期
扶餘雙北里北浦遺跡II文化層1号枝葉敷設施設	7世紀後半前期（李義之 2012）	7世紀第3四半期

期出土品と比べ口頸部が多少短い感がある。口縁部に差があるが、類似する器形として咸平禮德里萬家村古墳群13-3号土壙墓出土品（図99-24）を挙げることができる。この遺物は徐賢珠（2006：34）の編年でも4世紀後葉～5世紀前葉に比定されている。

鉢は大田九城洞遺跡D-1号土壙墓（図99-18）、高敞鳳德里古墳群1号墳5号橫穴式石室（図99-51）、大田梧井洞遺跡2号土壙墓（図100-29）、錦山水塘里遺跡2号橫穴式石室（図101-37）から出土している。先行研究（朴淳発ほか 2011）を参考にすると、直立口縁形のC形に該当する。C形は3世紀前葉頃に出現したとされ、時間の経過と共に器高が低くなる傾向が見出せる。4世紀第3四半期の鉢（図99-18）、5世紀第2四半期の鉢（図99-51）、5世紀第2四半期～第3四半期の鉢（図100-29）、5世紀第3四半期の鉢（図101-37）の順に器高が低くなる様相は、先行の研究成果を裏付けている。

4世紀第3四半期のソウル風納土城現代聯合敷地カ-9号住居出土蓋（図99-12）は、扁平な天井部に棒状のつまみを持つ。これは先行研究（金斗権 2003：50）では4世紀初と見られていた。金斗権はソウル石村洞古墳群86-2号土壙墓出土品と器形が類似する点、黒色磨研である点から4世紀初に比定した。一方、徐賢珠（2003）はカ-9号住居出土U字形カマド枠（図99-14）をA2式に分類後、高句麗の黄海南道安岳郡安岳3号墳と平安南道江西郡薬水里壁画古墳から、A2式を4世紀中葉～5世紀初まで使用されたものとした。この研究からもカ-9号住居は4世紀第3四半期に比定可能である。

深鉢形土器は4世紀第3四半期の縄蓆文または平行タタキ＋横沈線（図99-13）から、横沈線を施さないタタキメ単一が優勢になる（図99-34、図100-22・23・35・36、図101-2・4・9・10・55・67）。また器形自体も小さくなる傾向が見られる。一方、格子タタキを施した大型の深鉢形土器は6世紀前葉まで存続する。タタキメの種類による変遷様相の差は、集団の差を反映しているものであり（朴淳発 2006：117-122）、後述する深鉢形土器の変遷結果とも符合する。しかし中央集権化が実現する

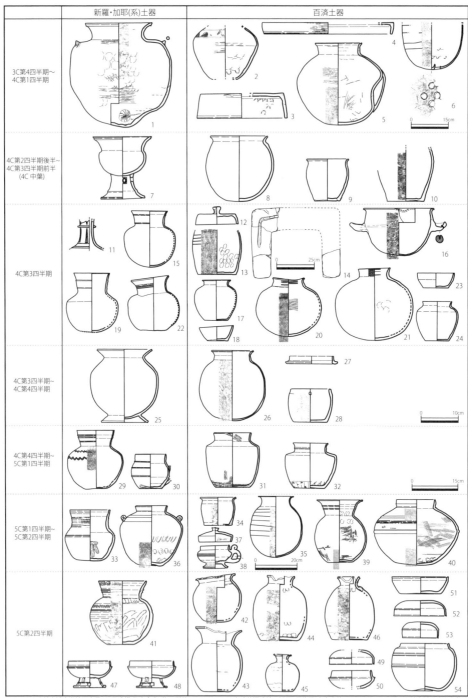

1~6. ソウル風納土城慶堂地区中層196号遺構(竪穴倉庫)(権五栄他 2011)、7~10. 天安斗井洞遺跡Ⅰ地区3号住居(李南奭他 2000)、11~14. ソウル風納土城現代聯合敷地カ-9号住居(国立文化財研究所 2001b)、15~18. 大田九城洞遺跡D-1号土壙墓(崔秉鉉他 1997)、19~21. 同遺跡D-2号土壙墓(同上)、22. 同遺跡D-8号土壙墓(同上)、23. ソウル風納土城現代聯合敷地ナ-5号住居(国立文化財研究所 2001b)、24. 咸平禮徳里萬家村古墳群13-3号墓(林永珍他 2004)、25~28. 清州鳳鳴洞遺跡Ⅳ地区C区域43号土壙墓(車勇杰他 2005)、29~31. 槐山倹承里遺跡4号石槨墓(孫明洙他 2009)、32. 浦項鶴川里遺跡24号木槨墓(慶尚北道文化財研究院 2002)、33~35. 天安龍院里古墳群130号土壙墓(李南奭 2000)、36~40. 公州水村里遺跡Ⅱ地点 3号石槨墓(忠清南道歴史文化研究院 2007a)、41~46. ソウル風納土城慶堂地区206号遺構(井戸)土器埋納層下位(権五栄他 2015)、47~54. 高敞鳳徳里古墳群1号墳5号横穴式石室(馬韓・百済文化研究院 2012a)

図 99 新羅・加耶(系)土器の年代から見た百済土器の時間的位置 1
(3~5・13・30~34・42~46：S=1/12、6・15~19・22~24・26・29・36：S=1/15、
1・7・20・21・35・39：S=1/18、14：S=1/25、その他：S=1/10)

第3章 百済土器の主要年代決定資料 221

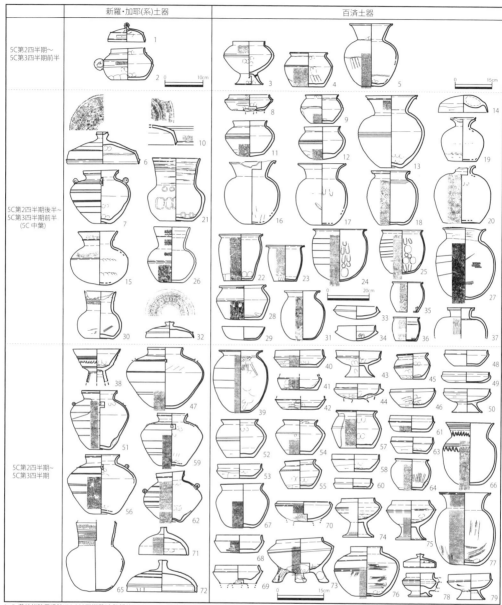

1〜5. 燕岐松院里遺跡KM-003石槨墓(李弘鍾他2010), 6〜9. 同遺跡KM-005石槨墓(同上), 10〜14. 同遺跡KM-092石槨墓(同上), 15〜20. ソウル風納土城慶堂地区206号遺構(井戸)土器埋納層中位(權五榮他2015), 21〜25. 鎮川石帳里遺跡A区-サ号竪穴(李栄勳他2004), 26〜29. 大田梧井洞遺跡2号土壙墓(崔秉鉉他1998), 30・31. 完州上雲里遺跡ラ地区1号墳丘墓22号木棺墓(金承玉他2010b), 32〜37. 鎮安臥亭遺跡4号住居(郭長根他2001), 38〜41. 燕岐羅城里遺跡A地点KR-003道路(李弘鍾他2015), 42〜46. 燕岐松院里遺跡KM-016横穴式石室(李弘鍾他2010), 47〜50. 同遺跡KM-018横穴式石室(同上), 51〜55. 同遺跡KM-096横穴式石室(同上), 56〜58. 同遺跡KM-022土壙墓(同上), 59・60. 同遺跡KM-038土壙墓(同上), 61. 燕岐松潭里遺跡KM-018土壙墓(同上), 62〜64. 同遺跡KM-019石槨墓(同上), 65・66. 清州新鳳洞古墳群A-27号土壙墓(車勇杰他2002a), 67・68. 燕岐長在里遺跡103地点7号石槨墓(金栄国他2013), 69. 同遺跡103地点29号土壙墓(同上), 70. 同遺跡103地点30号土壙墓(同上), 71〜79. 公州水村里遺跡II地点5号横穴式石室(忠清南道歴史文化研究院2007a)

図100 新羅・加耶（系）土器の年代から見た百済土器の時間的位置2
（4・7・16〜18・20・28・29・35〜37・65・66・73〜77：S=1/12、5・22・23・27・31・47・51・56・59・62：S=1/15、24・25・39：S=1/18、その他：S=1/10）

泗沘期になると、深鉢形土器は縄席文または平行タタキに横沈線を巡らしたものが再度出現し（図102-76・80）、多数を占めるようになる。

4世紀第4四半期〜5世紀第1四半期の槐山儉承里遺跡4号石槨墓からは有肩壺（平肩壺）（図99-31）が出土している。有肩壺はソウル石村洞古墳群、原州法泉里古墳群、安城道基洞遺跡、天安龍

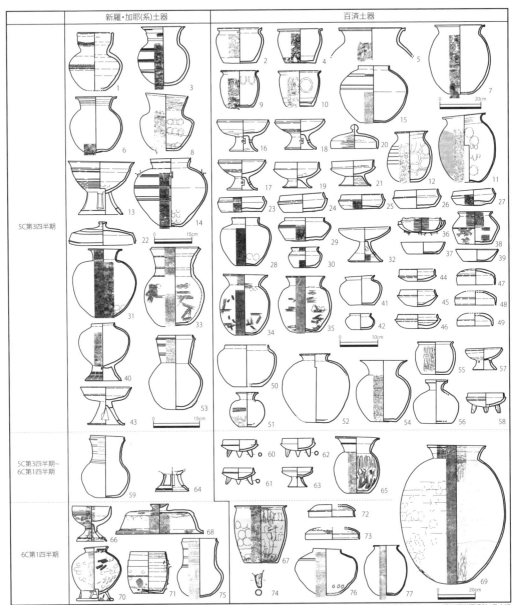

1・2. 龍仁麻北洞聚落遺跡19号住居(京畿文化財研究院 2009), 3~5. 清州新鳳洞古墳群72号土壙墓(車勇杰他 1995), 6・7. 同古墳群107号土壙墓(同上), 8~12. 清州明岩洞遺跡4号土壙墓(国立清州博物館 2000), 13~21. 燕岐松院里遺跡KM-046横穴式石室(李弘鍾他 2010), 22~30. 燕岐長在里遺跡103地点1号石槨墓(金栄国他 2013), 31・32. 同遺跡103地点15号土壙墓(同上), 33~38. 錦山水塘里遺跡2号横穴式石室(忠清南道歴史文化院 2007b), 39. 福岡吉武遺跡第3次調査EⅡ区SX14号土坑(福岡市教育委員会 1986), 40~42. 益山笠店里古墳群98-1号墳石槨墓(崔完奎他 2001), 43~52. 高敞鳳徳里古墳群1号墳1号横穴式石室(馬韓・百済文化研究院 2012a), 53~56. 鎮安黄山里古墳群カ地区1号墳石槨墓(郭長根他 2001), 57. 大田伏龍洞堂山マウル遺跡4地域5号住居(田鎰溶他 2012), 58. 佐賀野田遺跡大溝墳土下層(蒲田他 1985), 59~63. 鎮安黄山里古墳群カ地区11号墳石槨墓(郭長根他 2001), 64・65. 全州論山定止里遺跡Ⅲ地域21号貯蔵穴(嘉耕考古学研究所 2013), 68・69. 公州金鶴洞古墳群1号石槨甕棺墓(柳基正他 2002), 70~74. 全州中洞遺跡4地区1号横口式石槨墓(湖南文化財研究院 2013b), 75~77. 長水東村里古墳群9号墳石槨墓(郭長根他 2005)

図 101 新羅・加耶(系)土器の年代から見た百済土器の時間的位置3
(3・6・13・16~21・32~39・43・53・54・56~65・75・77:S=1/12、11・12・14・15・28・29・40・52・68・71:S=1/15、7・31・70:S=1/18、69:S=1/20、その他:S=1/10)

院里古墳群、清州新鳳洞古墳群、大田九城洞遺跡など主に漢城流域から錦江以北に集中する(朴淳発 2006:173-174)。有肩壺(朴智殷 2007・2008)の研究を参考にすると、百済の有肩壺は4世紀中葉以前に出現し、角がある肩部→丸い肩部、口頸部に近い肩部→口頸部から離れた場所に肩部が位置するように変遷をたどるようである。儉承里出土品は原州法泉里古墳群26号木棺墓出土品(尹炯

第3章 百済土器の主要年代決定資料 223

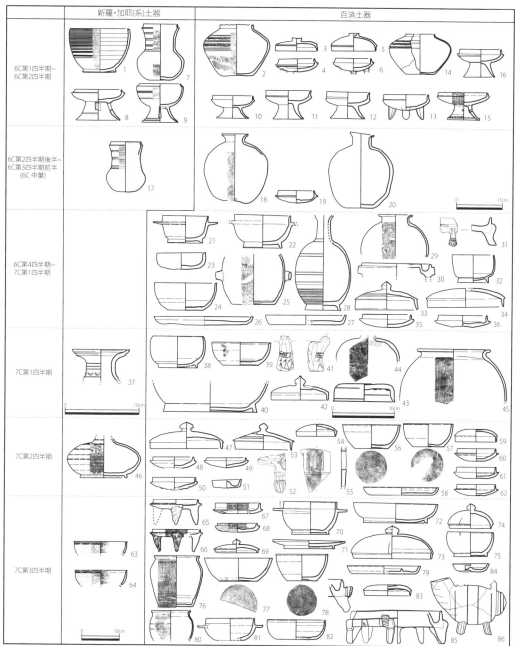

1~6. 公州山儀里遺跡40号横穴式石室(李南奭 1999), 7~13. 鎮安黄山里古墳群カ地区6号墳石槨墓(郭長根他 2001), 14. 公州公山城5号貯蔵穴(安承周他 1987), 15. 公州金鶴洞古墳群20号(横口式)石槨墓(柳基正他 2002), 16. 群山堂山里遺跡4号墳横穴式石室(群山大学校博物館 2002), 17~19. 錦山陰地里遺跡破壊墳(朴敬道 2002), 20. 舒川鳳仙里古墳横口式石室(扶餘文化財研究所 1994), 22~29・32. 扶餘官北里遺跡ハ地区1区域製導水管埋立盛土層(百済盛土1層)(国立扶餘文化財研究所 2009b), 30. 同遺跡区域1次石列西便焼却行為面付近の赤褐色砂質粘土層(百済盛土1層)(同上), 31. 同遺跡2区域低湿地探索トレンチ内灰黒色砂質粘土層(百済盛土1層)(同上), 33. 同遺跡2区域瓦排水管周辺の黄褐色砂質粘土層(百済盛土1層)(同上), 34. 同遺跡2区域塀周辺1番探索トレンチ内灰黒色砂質粘土層(百済盛土1層)(同上), 35. 同遺跡2区域塀周辺灰黒色砂質粘土層(百済盛土1層)(同上), 36. 同遺跡垈地(敷地)境界石列周辺(N8W21)暗褐色砂質粘土層(百済盛土1層)(同上), 37~45. 扶餘雙北里154-10番地泗沘工房区遺跡の西側区域井戸周辺第3次段階堆積層(同上), 46. 扶餘官北里遺跡ハ地区2区域1次垈地(敷地)境界石列前面部(N9W22)瓦埋立層(百済盛土2層)(国立扶餘文化財研究所 2009b), 47・48. 同遺跡2区域(石造)周辺瓦埋立層(百済盛土2層)(同上), 49. 扶餘官北里遺跡89年度調査区域(F区)建物B(尹武炳 1999), 74・75. 同遺跡89年度調査区域(F区)建物A(同上), 76. 扶餘雙北里154-10番地泗沘工房区遺跡西側区域第5次生活面長方形竪穴(金成南他 2014), 77・78. 扶餘官北里160番地遺跡Ⅱ-1・2層(金成南他 2013), 79. 同遺跡Ⅲ層(同上), 80~85. 扶餘官北里遺跡カ地区蓮池灰黒色粘質層群(国立扶餘文化財研究所 2009a), 86. 同遺跡ラ地区4号木槨倉庫上面(同上)

図102 新羅・加耶(系)土器の年代から見た百済土器の時間的位置4
(37:S=1/5、41・43・52:S=1/6、2・7・9・14・17・18・20・29・86:S=1/12、その他:S=1/10)

元 2002）と対比できる。この土器について5世紀第1四半期とする見解（朴智殷 2007・2008）も儉承里の時期と符合する。また、4世紀後葉の浦項鶴川里遺跡24号木槨墓でも有肩壺（図99-32）が出土しており、百済の有肩壺の時期比定に有効な資料になる。

外反口縁小壺（節腹壺）は燕岐松院里遺跡（図100-4・9・11・12・45・52・54・55・57）、大田梧井洞遺跡（図100-28）、錦山水塘里遺跡（図101-38）から出土している。5世紀第2四半期～第3四半期前半の松院里出土品と5世紀第3四半期の水塘里出土品を比べると、時間の経過と共に胴部の横沈線がわずかながら下位側に施される傾向が見られる。また胴部最大径と比べた底径の大小は時間差を反映する要素でないことがわかる。

短頸瓶は5世紀第2四半期のソウル風納土城慶堂地区206号遺構（井戸）土器埋納層下位出土品（図99-44～46）、5世紀中葉の同土城慶堂地区206号遺構（井戸）土器埋納層中位出土品（図100-19・20）と鎮安臥亭遺跡4号住居出土品（図100-37）、5世紀第3四半期の高敞鳳徳里古墳群1号墳1号横穴式石室出土品（図101-51）と鎮安黄山里古墳群カ地区1号墳石槨墓出土品（図101-56）、6世紀中葉の錦山陰地里遺跡破壊墳出土品（図102-18）、7世紀第1四半期の扶餘雙北里154-10番地泗沘工房区遺跡の西側区域井戸周辺第3次段階堆積層出土品（図102-44）が挙げられる。

先行研究（土田 2005b、朴淳発 2006：190）を参考にすると、漢城期の短頸瓶は胴部下位に最大径が位置する器形もしくは、胴部上位と下位の直径がほぼ同じ器形が主流であるが、泗沘期には胴部最大径に比べ底径が小さく、肩部が張る器形になる。このような変遷は風納土城206号遺構（井戸）土器埋納層下位出土品と中位出土品の例からも裏付けられる。

臥亭出土品はソウル夢村土城85-2号貯蔵穴出土品（夢村土城発掘調査団 1985）、黄山里出土品は舒川花山里古墳群21号横口式石槨墓出土品（柳基正ほか 2003）、陰地里出土品は舒川鳳仙里古墳横口式石室出土品（図102-20）と対比できる。黄山里出土品と対比できる花山里出土品は熊津期以降に該当するが、熊津期の短頸瓶はおおよそ漢城期と形態的に類似する点が多いことによるものと思われる（朴淳発 2006：190）。

一方、泗沘期になると頸部が長い長頸瓶が出現するが、その時期は扶餘官北里遺跡バ地区1区域土製導水管埋立盛土層（百済盛土1層）出土品（図102-28）から遅くとも6世紀第4四半期～7世紀第1四半期になろう。

高杯は5世紀第2四半期～第3四半期の燕岐松院里遺跡KM-016横穴式石室出土品（図100-43）、同遺跡KM-018横穴式石室出土品（図100-50）、公州水村里遺跡Ⅱ地点5号横穴式石室出土品（図100-79）、5世紀第3四半期の燕岐松院里遺跡KM-046横穴式石室出土品（図101-16～19・21）、燕岐長在里遺跡103地点15号土壙墓出土品（図101-32）、5世紀第3四半期～第4四半期の鎮安黄山里古墳群カ地区11号墳石槨墓出土品（図101-63）、6世紀第1四半期～第2四半期の鎮安黄山里古墳群カ地区6号墳石槨墓出土品（図102-10～12）が挙げられる。これらは先行研究（土田 2005a）同様、時間の経過に伴い杯部の器高が低くなり、脚部が長くなる傾向が見られる。

百済の高杯には脚部に円孔を穿ったものがある（図101-16～18・32・63）。これらは百済中央でも見られるが、燕岐、大田（図101-57）、公州（図102-15）、論山、益山など主に錦江中下流域で製作された在地の高杯で、5世紀～6世紀第1四半期まで見られる。

三足土器は5世紀中葉の燕岐松院里遺跡KM-005石槨墓出土品（図100-8）、5世紀第2四半期～第3四半期の燕岐松院里遺跡KM-016横穴式石室出土品（図100-44）、燕岐長在里遺跡103地点29

第 3 章　百済土器の主要年代決定資料　225

号土壙墓出土品（図 100-69）、同遺跡 103 地点 30 号土壙墓出土品（図 100-70）、公州水村里遺跡Ⅱ地点 5 号横穴式石室出土品（図 100-73）、5 世紀第 3 四半期～第 4 四半期の鎮安黄山里古墳群カ地区 11 号墳石槨墓出土品（図 101-60～62）、6 世紀第 1 四半期の全州中洞遺跡 4 地区 1 号横口式石槨墓出土品（図 101-74）、6 世紀第 1 四半期～第 2 四半期の鎮安黄山里古墳群カ地区 6 号墳石槨墓出土品（図 102-13）、7 世紀第 2 四半期の扶餘官北里遺跡百済盛土 2 層出土品（図 102-49・50）、7 世紀第 3 四半期の扶餘雙北里北浦遺跡百済時代Ⅱ文化層 1 号枝葉敷設施設出土品（図 102-65・66）が挙げられる。これらも高杯の変遷同様、時間の経過に伴い杯部の器高が低くなり、脚部が長くなる。また脚部が八字形に開くものから、一直線に設置する（土田 2004a・2004b）。

　5 世紀第 3 四半期～第 4 四半期の黄山里 11 号墳出土品（図 101-60～62）は、TK23 型式期の佐賀野田遺跡大溝埋土下層出土品（図 101-58）と対比できる。野田遺跡出土品は受け部の下に 1 条の横沈線を巡らすが、これは漢城期に見られる。これに比べ黄山里 11 号墳出土品は横沈線が見られないため、野田遺跡出土品より多少後出すると思われる。

　新羅・加耶（系）土器と共伴する蓋杯は 5 世紀第 2 四半期から見られる。図示した資料が多いため、ここでは詳細な時期説明は省く。杯身は高杯や三足土器の杯部同様、時間の経過に伴い杯部の器高が低くなる。また全体的に小型になる（図 99-50→図 102-68）。

　広口長頸壺は 5 世紀第 1 四半期～第 2 四半期の公州水村里遺跡Ⅱ地点 3 号石槨墓出土品（図 99-39）、5 世紀第 2 四半期のソウル風納土城慶堂地区 206 号遺構（井戸）土器埋納層下位出土品（図 99-43）、5 世紀第 2 四半期～第 3 四半期前半の燕岐松院里遺跡 KM-003 石槨墓出土品（図 100-5）、5 世紀中葉の同遺跡 KM-092 石槨墓出土品（図 100-13）とソウル風納土城慶堂地区 206 号遺構（井戸）土器埋納層中位出土品（図 100-16・17）、5 世紀第 2 四半期～第 3 四半期の清州新鳳洞古墳群 A-27 号土壙墓出土品（図 100-66）と公州水村里遺跡Ⅱ地点 5 号横穴式石室出土品（図 100-77）、5 世紀第 3 四半期の錦山水塘里遺跡 2 号横穴式石室出土品（図 101-34・35）と鎮安黄山里古墳群カ地区 1 号墳石槨墓出土品（図 101-54）、5 世紀第 4 四半期～6 世紀第 1 四半期の全州馬田遺跡Ⅳ区域 4 号墳 1 号土壙墓出土品（図 101-65）が挙げられる。5 世紀第 1 四半期～第 2 四半期の水村里 3 号石槨墓出土品（図 99-39）と 5 世紀第 4 四半期～6 世紀第 1 四半期の馬田 1 号土壙墓出土品（図 101-65）を対比すると、時間の経過に伴い胴部が小さくなる。

　直口短頸壺は 5 世紀第 1 四半期～第 2 四半期の公州水村里遺跡Ⅱ地点 3 号石槨墓出土品（図 99-40）、5 世紀第 2 四半期～第 3 四半期の公州水村里遺跡Ⅱ地点 5 号横穴式石室出土品（図 100-76）、5 世紀第 3 四半期の燕岐松院里遺跡 KM-046 横穴式石室出土品（図 101-15）、6 世紀第 1 四半期の長水東村里古墳群 9 号墳石槨墓出土品（図 101-76）、6 世紀第 1 四半期～第 2 四半期の公州山儀里遺跡 40 号横穴式石室出土品（図 102-2）が挙げられる。

　5 世紀代の直口短頸壺は胴部最大径が中位に位置し、胴部が丸いのに対し、6 世紀代の直口短頸壺は、胴部最大径が上位に位置し、胴部が張り出す傾向にある。また文様帯は胴部上位に限定されていたもの（図 101-15）が、胴部上位から中位にかけて拡大する（図 102-2）。先行研究（朴淳発 2003）に対応させると、東村里の文様帯は漢城期～熊津期、山儀里の文様帯は熊津期～泗沘期に盛行すると理解できる。全体的に東村里と山儀里の直口短頸壺は、公州公山城 5 号貯蔵穴出土品（図 102-14）と対比できる。

　卵形壺は 4 世紀第 3 四半期～第 4 四半期の清州鳳鳴洞遺跡Ⅳ地区 C 区域 43 号土壙墓出土品（図

99-26)、5世紀第1四半期～第2四半期の天安龍院里古墳群130号土壙墓出土品（図99-35)、5世紀中葉の大田梧井洞遺跡2号土壙墓出土品（図100-27）と完州上雲里遺跡ラ地区1号墳丘墓22号木棺墓出土品（図100-31)、5世紀第2四半期～第3四半期の燕岐羅城里遺跡A地点KR-003道路出土品（図100-39)、5世紀第3四半期の清州新鳳洞古墳群107号土壙墓出土品（図101-7）と清州明岩洞遺跡4号土壙墓出土品（図101-11・12)、6世紀第1四半期の長水東村里古墳群9号墳石槨墓出土品（図101-77）が挙げられる。

　卵形壺はソウル石村洞古墳群、清州新鳳洞古墳群、清原主城里遺跡など漢城期の主要遺跡で確認できる。この器種は3世紀中葉頃に出現するが、忠清北道には4世紀中葉頃から現れるという（金成南 2001)。ここで触れた鳳鳴洞出土品が4世紀第3四半期～第4四半期に比定できるため、金成南の研究をある程度裏付けている。

　卵形壺は4世紀第3四半期～5世紀第1四半期まで丸底であるが、5世紀中葉からは抹角平底または凹底になる。また時間の経過と共にタタキメ＋横沈線からタタキメ単独になる。

　泗沘期になると、高句麗土器や中国陶磁器の影響で器種構成に変化が見られる。高句麗土器の影響で製作されたものに、鍔付土器（図102-21・22・70・81)、帯状把手付壺（図102-25)、中国陶磁器の影響で製作されたものに、長頸瓶（図102-28)、硯（図102-30・31・41・52・85)、虎子（図102-86)、温手器または香炉と思われる土器（図102-55）が挙げられる。台付盌（図102-32・75）は中国陶磁器・金属器または高句麗土器の影響など多方面からと想定されている（山本 2005a、金容周 2016)。

　泗沘期には口径約20cmの皿（図102-26・27・58・79）が盛行する。軟質と硬質両方があり、時間の経過と共に、皿の内部に円形の突帯を設置するもの（図102-79）が出現する。これで内容物の振り分けを行っていたのだろうか。これと類似するものが6世紀前葉の高句麗土器（梁時恩ほか 2009）にも見られるため、百済出土品も7世紀第3四半期より遡る可能性もある。

　灯明皿は漢城期から使用されたと思われるが、専用の灯明皿が製作され始めるのは泗沘期からである。灯明皿は6世紀第4四半期～7世紀第1四半期にはすでに出現しており、灯芯置きがないもの（図102-23）はあるもの（図102-51・84）より先出することがわかる。このことは金鍾萬（2007：200-201）の編年でも指摘されている。
(71)

　現在確実な資料として風船技法の痕跡（図102-70・73・74)、は7世紀第3四半期である。口縁部の大部分が欠損する7世紀第1四半期の扶餘雙北里154-10番地泗沘工房区遺跡出土品（図102-38）は、風船技法で製作された可能性があり、百済における風船技法の出現は7世紀初まで遡らせうるだろう。

　泗沘期には身が深い盌（図102-24・39・56・57・77・78）が盛行するが、少なくとも7世紀第2四半期から底部静止糸切り技法（図102-56・57）が見られる。

　泗沘期の蓋のつまみの中でも宝珠形（図102-42・47・53・69・73・74）は遅くとも7世紀第1四半期、また温手器もしくは香炉と思われる土器（図102-55）は7世紀第2四半期には出現していた。

　図示した硯（図102-31・41・52・85)、は蹄脚硯に該当する（山本 2006：278)。獣脚硯は扶餘官北里遺跡百済盛土1層の事例（図102-31）から遅くとも6世紀第4四半期～7世紀第1四半期に出現したようである。また出現期の獣脚硯の脚先には蓮弁文が刻まれているが、時間の経過と共に蓮弁文が省略され、7世紀第2四半期には縦方向の線刻が施され（図102-52)、7世紀第3四半期には
(72)

無文（図102-85）になることがわかる。これは先行研究（山本　2006：290・294）とも符合する。7世紀第3四半期の扶餘官北里遺跡出土硯（図102-85）の側面には、何かを立てかけることができるよう円孔が設置されている。

　今のところ身が浅い台付皿（図102-71）と身が深い台付皿（図102-72）、虎子（図102-86）は7世紀第3四半期になる。

　以上本節では、百済から出土した新羅・加耶（系）土器と新羅・加耶から出土した百済・馬韓（系）土器の故地と時期を追った。次に検討した新羅・加耶（系）土器の時期に従って配列した百済土器の変遷を検討した。その結果、百済土器の変遷が先行研究ともある程度一致することがわかった。これは新羅・加耶の編年が百済考古学の年代決定資料として活用できることを意味する。またこれを通じて、短頸瓶、高杯、三足土器、蓋杯、深鉢形土器、直口短頸壺、泗沘期の土器などの変遷を把握できた。また百済の直口短頸壺の肩部に施された文様が、嶺南地域の台付直口壺でも観察できる。5世紀初に出現する文様を帯びた台付直口壺は百済の直口短頸壺の影響下で製作されたと思われる。

　嶺南地域と百済考古学の編年観には少なからず差があるが、日本の編年観も反映させた新羅・加耶土器の研究を交差年代的に検討すると、このような乖離が消滅する。

註
（1）百済出土新羅・加耶（系）土器と新羅・加耶出土百済（系）土器の目録は拙著（2014）を参照していただきたい。
（2）図示した鎮海と馬山は2010年まで慶尚南道鎮海市と馬山市であったが、昌原市に統合され、鎮海は昌原市鎮海区、馬山は昌原市馬山合浦区と馬山会原区となった。
（3）『三国史記』新羅本紀や地理志などの史料には金官国との表記が見られる。金官加耶は史料にはない用語であるが、現在一般的に金官国を指すものとして金官加耶が使用されている。
（4）安羅国については『魏志』韓伝に弁辰十二国の1つとして見える「安耶国」がその前身であり、『日本書紀』欽明紀にはそのまま「安羅」が国名としてたびたび登場する（田中俊　2009：58）。『三国遺事』五伽耶条には「阿羅伽耶」「阿羅」とある。これは明らかに同じ語の異表記である。阿羅と表記する研究者もいるが、一般的に安羅と表記される場合が多いことから、ここでは安羅加耶とする。
（5）『三国遺事』五伽耶条には小伽耶（今の固城）という表記が見られる。
（6）『三国遺事』五伽耶条には大伽耶（今の高霊）という表記が見られる。
（7）金官加耶、安羅加耶、小加耶、大加耶以外に、『三国遺事』五伽耶条には昌寧の非火加耶、星州の星山加耶、尚州の古寧加耶なども加耶諸国に入る。
（8）遺構の名称は一部を除いて報告書の記載に従った。木槨墓は囲石、積石などに区分できるが、筆者の基準でその分類は行わず、報告書の名称をそのまま使用した。
（9）陝川玉田古墳群の墓の分類は権龍大（2005：50）の研究を参考にした。以下、陝川玉田古墳群の表記はこれに従う。
（10）釜山福泉洞古墳群10号墳は11号墳（主槨）の副槨で、異穴主副槨式に該当する。11号墳は石槨、10号墳は木槨である。
（11）徐賢珠（2012c）は長興上芳村B遺跡15号周溝周辺出土品を5世紀前葉に比定しているが、ソウル風納土城出土長頸壺から5世紀中葉になると思われる。

(12) 金奎運（2011）も5世紀第3四半期に比定している。
(13) 図67-7の高杯片については慶堂地区上層から出土したものと明記（権五栄 2002）されているが、出土品のナンバリングには4区域窯とあった。これらは正式な報告書が未刊であるため、権五栄の論文から抜粋した図面や出土遺構名は、後日発刊されるであろう報告書の記載と多少異なる可能性がある。
(14) この高杯片について金奎運（2011）は5世紀前半と推測している。
(15) 3～4世紀の金海亀旨路墳墓群の報告者（申敬澈ほか 2000：225）も、頸部外面に突帯を施す事例が時間性を表す要素の1つとして見ている。
(16) 槐山倹承里遺跡では2号・4号・6号石槨墓だけでなく1号・5号石槨墓と地表からも嶺南地域系と新羅の遺物が出土している。1号石槨墓の壺3点は嶺南地域の影響を受けた在地土器で、嶺南地域の土器と直接の対比が困難であったため、考察からは除外した。しかし時期は他の嶺南地域の土器から4世紀後葉～5世紀前葉になると思われる。5号石槨墓の高杯は杯部しか残っていないが、新羅土器（崔秉鉉 2009）とする見解がある。筆者はこの破片で時期を特定できなかったため、考察は行わなかった。
(17) 馬具の年代でも5世紀前葉～中葉までの時期が設定されている（諫早 2012：140）。
(18) 慶州隍城洞遺跡537-1・10番地は墳墓群である。報告者（金一圭 2002）も出土把手付杯の頭部が明瞭な稜線を持つものより、なだらかな曲線を描くものが後出する要素と指摘している。
(19) 高霊池山洞古墳群125号石槨墓出土長頸壺（図69-11）と共伴した高杯（図69-12）は、5世紀後葉後半の陜川磻渓里タ-A号墳墓祀跡出土品（図69-13）と陜川玉田古墳群M4号墳石槨墓出土品（趙栄済ほか 1993）、6世紀前葉の陜川玉田古墳群M6号墳石槨墓出土品（趙栄済ほか 1993）と類似するため、おおよそこれらの時期に該当することがわかる。
(20) 鎮川九山里遺跡から出土した鉄製品（長剣・短剣・矛など）の形態と構成が、蔚山・浦項・釜山など嶺南東南部地域の原三国時代（2世紀末～3世紀頃）の遺物と関連があるという指摘（成正鏞 2007）があるが、正式な報告書が刊行されていないため、詳細は不明である。
(21) 曽坪栳城山城はかつて二城山城と呼ばれたが、2014年1月に史跡527号として指定され、曽坪栳城山城の名称になった（中原文化財研究院 2014：2）。朝鮮時代の文献に出る栳城山という呼称を考慮して、二城山城から栳城山城に名称が変更された。
(22) ここで把手付高杯とした器種は嶺南地域で一般的に台付把手付盌（碗）と呼ばれている。
(23) 金奎運（2011）も5世紀前半としている。
(24) 金奎運（2011）も5世紀前半としている。
(25) 清州新鳳洞古墳群A-38号土壙墓出土壺を山清坪村里167号石槨墓出土品と対比させているが（福泉博物館 2015：161）、新鳳洞出土品は非常に短い口縁部を除いて、胴部と製作技法が百済の直口短頸壺と似るため、百済土器の在地品と見なした。
(26) 金奎運（2011）は5世紀中半としている。
(27) 羅城里という地名は2012年世宗特別自治市の発足に際し、現在世宗特別自治市羅城洞である。
(28) 李漢祥氏（大田大学校）にご教示を得た。
(29) 報告者（李弘鍾ほか 2015：162）は、横架木の設置は百済地域にだけに確認される築造方法だとし、KM-004木棺墓を在地の墓構築方式を踏襲しながら、構造形態は外部の要素を多く取り入れたものとしている。
(30) 報告者（李弘鍾ほか 2010：515）は、5世紀第2四半期頃に比定しているが、金一圭（2014a）は嶺南地域の年代観を反映させ、5世紀第4四半期前半とする。
(31) 共伴した有蓋長頸壺は朴天秀の編年（2010：78-79）によると、5世紀中葉に該当する。また垂下式細環耳飾も共伴遺物の1つだが、李漢祥氏のご教示によると、このような耳飾は漢城期の百済でも出土し、最も古いものは燕岐長在里遺跡1号石槨墓出土品（金栄国ほか 2013）で、5世紀第3四半期になるという。
(32) 後述するが燕岐長在里遺跡、公州水村里遺跡でも壺の肩部に蕨手状の耳を取り付けた事例が確認されている。

(33) 燕岐松院里遺跡出土土器を分析した趙銀夏（2010）は5世紀後葉に比定している。
(34) 燕岐松潭里という地名は2012年世宗特別自治市の発足に際し、廃止された地名で、ハンソル（한舎）洞と燕岐面世宗里に編入・分離された。
(35) 燕岐長在里という地名は2012年世宗特別自治市の発足に際し現在、世宗特別自治市錦南面長在里となる。
(36) 李漢祥氏にご教示を得た。
(37) 金容周（2016：58・68）も山儀里出土品を6世紀第1四半期に比定している。
(38) 姜仁求（1973）によると、その他の土器、鉄小刀、棺釘が出土しているという（朴敬道 2002）。
(39) 錦山水塘里遺跡M-2号石槨墓からも5世紀前葉とされる大加耶（系）の長頸壺が出土している。これに関する詳細な考察は報告書（忠南大学校百済研究所 2002）を参考にされたい。
(40) 住民によって申告された遺物のうち、杯身も加耶土器と思われる。
(41) ただし池山洞21号墳出土品は口縁部の形態が多少異なる。
(42) 筆者は新羅・加耶の高杯と見るが、報告書（国立扶餘博物館 2015：237）には百済土器と明記されている。
(43) 史跡第425号扶餘花枝山遺跡は離宮跡と御井、望海亭（『三国史記』百済本紀義慈王15年（655年））など関連する遺構の存在が早くから提起されていた場所である（百済古都文化財団 2016）。2000年、国立扶餘文化財研究所の発掘調査で遺跡の重要性が評価され史跡に指定された。2016年の調査は約16年ぶりである。
(44) 扶餘市街地にある官北里（推定王宮跡）から青山城までは直線距離約2.5km離れている。
(45) 3号墳3号土壙墓と4号墳周溝からは、百済の高杯とは異なるものが出土している。
(46) 2016年8月の時点ではまだ正式に報告（馬韓・百済文化研究所 2016）はされていないが、高敞鳳徳里古墳群1号墳の周溝からは大加耶と思われる蓋が2点出土している。
(47) 鉢形器台（図83-7・8）は加耶出土品と対比できるが、脚部の形状などに差があり、加耶の影響を受けて在地で製作されたものと理解できる。
(48) 1号墳1号横穴式石室からは数点の遺物が出土しているが、発掘調査の1人（金重曄）によると、それらの遺物は床からではなく石室に堆積した層から出土したものと言及している。そのため共伴といえるのか疑問が残る。
(49) 2号石室はその大部分が流失し、後代の盗掘と耕作などにより床面まで撹乱された状態であったという（馬韓・百済文化研究院 2012a：64）。蓋杯などの遺物が少量出土している。
(50) 鳳龍里と紫龍里は直線距離にして約18km離れている。鳳徳里と中月里は隣接しており、1kmも離れていない。
(51) 徐賢珠（2012c）は朴升圭（2010）の編年を参考にして、5世紀中葉とする。
(52) 高敞紫龍里遺跡2号墳10号土壙墓出土品（図84-2）や同遺跡4号墳1号土壙墓出土品（図84-5）の把手上面接着部分には断面円形の粘土が取り付けられている。同じものが咸安道渓洞遺跡20号木槨墓の把手付杯で見られる（慶南発展研究院 2004：115）。時期は共伴の新羅の高杯から4世紀末と思われるが、加耶でもあまり見られないことと時期が問題になる。百済では5世紀中・後葉の牙山小東里遺跡窯跡の把手付杯で見られる。このように把手上面に断面円形の粘土を付ける高敞の把手付杯は、時期的にも百済の把手付杯の影響を帯びている可能性がある。
(53) 時期の根拠は明確でないが、徐賢珠（2012c）も鳳徳里出土把手付杯を5世紀中葉としている。
(54) 崔秉鉉（2011）の新羅土器編年の時期を泗沘期（538年～660年）にあてると、6世紀第2四半期の遅い時期（1b期）、6世紀後半の前期（1c期）、6世紀後半の中期（2a期）、6世紀後半の後期（2b期）、7世紀前半の前期（2c期）、7世紀前半の中期（2d期）、7世紀前半の後期（3a期）、7世紀後半の前期（3b期）に該当する。

(55)「五月 大水 漂没人家」
(56) 李有真（2013：34）は4世紀末に比定している。
(57) 山清下村里遺跡では8号・36号住居以外にも百済・馬韓（系）の鉢が出土している。ここでは共伴遺物で時期が特定できるものだけを扱った。
(58) 李有真（2013：32）も3世紀後葉に比定している。
(59) 3世紀前葉の金海亀旨路出土品は、百済成立以前の土器であるため、詳細な検討は行わない。
(60) 報告書（慶南考古学研究所 2009：406）には固城東外洞貝塚（金東鎬 1984b）でも四足土器が出土しているとの記載があるが、これに関する情報を得ることができなかった。
(61) 後述するが、百済の三足土器の上限は4世紀第3四半期になる。そうであるなら、会峴里の四足土器はどのように解釈すべきなのであろう。四足土器の出土位置と共伴遺物の時期比定に問題がないとすれば、百済の三足土器と四足土器は4世紀第3四半期より遡る可能性があることを明記しておく。
(62) 河東興龍里遺跡でも鳥足文のタタキを施した壺があるとの記載（福泉博物館 2015：122）があり報告書（崔鍾圭ほか 2012）を確認したが、該当するものはなかった。
(63) 28号住居では鉢（図92-7・8）が共伴しているが、時期を特定できなかった。
(64) 破片が多いためここでは百済土器に対する具体的な検討は除外する。
(65) 鎮安臥亭遺跡では加耶（系）の遺物に比べ百済（系）遺物が比較的多いため、報告者（郭長根ほか 2001）は百済の遺跡としている。しかし後述する鎮安黄山里古墳群との隣接性から、ここで扱うことにする。
(66) 馬具の編年（諫早 2012：192）によると、磻渓堤タ-A号墳石槨墓出土品は6世紀初～前葉になり朴天秀（2010：136）の時期比定とは差が認められる。
(67) 慶州から出土する台付長頸壺と類似するが、黄山里出土品は胴部下位にタタキメが確認されるため、新羅土器と差が認められる。ここでは大加耶出土品を中心に扱う。
(68) 土師器（系）の時期は布留式3～4式に対応するとある（우리文化財研究院 2012：245）。
(69) 図100は点線で一応の時期区分はしているが、5世紀第2四半期から第3四半期に該当する土器である。
(70) 徐賢珠（2003）は高句麗から百済にA2式のU字形カマド枠が入る契機として、4世紀中葉の高句麗との衝突を想定している。
(71) 熊津期の公州武寧王陵からは灯明皿として使用された中国陶磁器の小碗が数点出土している。
(72) 図102-85の硯については蹄脚硯ではなく、水滴脚硯とする見解（山本 2006：276）もあるが、ここでは蹄脚硯として扱った。

第4節　百済における外来（系）遺物の様相と併行関係

1．地域別に見た漢城期・熊津期出土外来（系）遺物

　表5は漢城期〜熊津期において百済または百済と影響のあった地域を現在の韓国の行政区域に分けて、中国、新羅・加耶、倭の遺物を数字化したものである。

　漢城期〜熊津期における外来（系）遺物で最も多いのは中国陶磁器、次に新羅・加耶で、倭の遺物が最も少ないことがわかる。これらを出土数が多い順から考察していく。

　興味深いことに外来（系）遺物は、地域ごとに搬入または影響を受けた国が異なっていた。たとえばソウルは漢城期の都であったため、政治・経済・文化の中心に人や物資が集結することは容易に想像できる。しかし、漢城期の都では同じ朝鮮半島に存在した新羅・加耶の遺物より、危険な航海の結果得られた中国陶磁器が約10倍上回っている。百済は平均約3年〜7年ごとの朝貢で、大量の陶磁器を手に入れていた（朴淳発 2005b）。

　前述したようにこれら陶磁器は都では奢侈性実用品であったが、地方では主に墓で出土するため身分象徴的威信財としての性格がより強かったと思われる。百済がこれら陶磁器を政治的威信財として地方に配布したが、地方の中で忠清南道が陶磁器の出土量が多い。このことは百済がこの地域を最重要視していた結果と見られる。漢城期の忠清南道では瑞山、洪城、天安、公州が該当する。この中でも公州水村里遺跡出土品が6点と多いことから、公州（水村里勢力）に対する百済の関心が最も高かったことを示している。公州は錦江中流に位置する。また都城から全羅道へ抜ける幹線道路上にあるだけでなく、扶餘などへ抜ける支線道路の始発点（『林園経済志』）になり、水上・陸上においても交通・物流の要衝であったことがうかがわれる。公州は百済の8つの有力な貴族家門（大姓八族）の中、苩（ペク）氏の基盤であったとされ、文周王による遷都時、都を熊津（公州）に定めるよう影響力を与えた勢力であったと推測されている（姜鍾元 2012：238-239）。このように公州は政治・経済において重要な拠点で、遷都の地に選ばれたこともそれを物語っている。

　新羅・加耶の土器は全羅北道、その次に燕岐が多い。これらの地域の新羅・加耶の土器は、新羅・加耶の影響で製作された在地の土器が多数を占めている。つまり新羅・加耶土器を忠実に模倣するのではなく、一部の要素を取り入れ、百済土器や在地土器と折衷させ、百済や新羅・加耶にも類例がない新たな土器を製作している。このようなことがいかにして可能だったのか。

表5　地域別に見た漢城期・熊津期出土外来（系）遺物の点数

	中国	新羅・加耶	倭	計
江原道	3			3
ソウル特別市（都城）	**227**	23	4	254
京畿道	8	2	2	12
忠清北道	2	23	55	80
忠清南道	27	24	8	59
大田広域市		4		4
世宗特別自治市（旧燕岐）		**30**	10	40
全羅北道	8	**73**	34	115
計	275	179	113	567

全羅北道では高敞地域で新羅・加耶系の土器が多数出土している。前述したように高敞は蘆嶺山脈の西に位置する。全羅北道と全羅南道間を東西に横切る蘆嶺山脈は、高敞の東側を通るため、山地を通る他の路より高敞は比較的移動がしやすい立地条件にあったと考えられる。また高敞以北からは航海の難所が続くため、海の状況で外部人の滞在は長期間に及んだ可能性もある。高敞は南から北上し中国に行く新羅・加耶人と倭人が一定期間滞在し、在地人（工人）との交流の中で外部の影響を受けた新しい在地土器が誕生したとも考えられる。

　燕岐地域は錦江中流に位置し、公州から約11km東に位置している。つまり公州より上流になる。前述したように燕岐羅城里遺跡は道路網を構築した後、溝で区画された建物、掘立柱建物、竪穴式住居などの生活空間、窯などの生産空間、祭祀空間、墓域などで構成され、漢城期の一般的な集落跡とは異なる都市という概念を備えた様相を見せる（李弘鍾ほか 2014・2015）。これに加え、新羅・加耶や倭と関連がある遺物が出土していることから、燕岐羅城里一帯は物流拠点であったと考えられている。美湖川の鎮川、清原、清州と錦江上流の錦山などから運ばれた物資が、美湖川と錦江の合流付近に営まれた燕岐羅城里にいったん集積されたと見られる。外部の影響を受けた新しい在地土器は、おそらく羅城里に集積する物資の流通に携わった外部者（嶺南地域）との交流を通じて生まれたと理解できる。また世宗金伊城の試掘調査では5～6世紀代の嶺南地域の煮炊器が出土しており（韓国考古環境研究所 2016）、前述した嶺南地域からの人または物資の流入を再確認できる。

　このように新羅・加耶系土器が多数出土する高敞と燕岐の共通点は、外部から人が集まり、一定期間の滞在が推察できる地域である。

　倭の遺物は忠清北道、その次に全羅北道が多い。ただし忠清北道の清州新鳳洞古墳群では同一の墓から倭（系）の鉄鏃が38点出土しており、この特異性を外すと全羅北道が多くなる。全羅北道では高敞、井邑、扶安、完州、益山、群山で出土しているが、その大部分は高敞が占める。その理由は前述したように立地と関連している。

　では次に、倭（系）の遺物が出土する忠清北道の清州地域をどのように考えればいいのだろう。清州は中国陶磁器や新羅・加耶の遺物が多くない。それに比べ倭（系）遺物が突出している。また百済最上位の威信財である冠や飾履なども今のところない。これは百済中央において最重要地域とは見なされず、また新羅・加耶との関係も燕岐地域ほど親密ではなかった可能性を示唆する。倭の勢力はどうして清州地域の勢力と密接な関係を結んだのか。清州の下流約40kmには百済が最重要地域と見なした公州が位置するにも関わらずである。おそらく倭の勢力は、百済や新羅・加耶とある程度一定の距離を置いた勢力と関係を持つことにより、影響力を行使しようとしたとも考えられる。

　錦江中流に注ぐ美湖川中流に位置する清州は、金・銀の産地で、製錬炉の存在から、近隣に鉄鉱、砂鉄が産出した可能性もある。また、清州新鳳洞古墳群での馬具、大刀、鉄鏃などの副葬鉄器の存在から被葬者集団を実戦的な騎兵軍団を頂点にした社会集団が編成されたと理解する見解（鈴木一 2012）も提起されている。このような鉄器も地下資源が豊富な背景で生産されたと理解できる。

　倭の勢力は清州新鳳洞勢力に武具などを提供し軍事支援を行った対価として、清州の地下資源を獲得したとも推測できる。

2．地域別に見た泗沘期出土外来（系）遺物

漢城期・熊津期には比較的広範囲にわたって出土していた外来（系）遺物が、泗沘期になると都城があった扶餘に集中する様相を呈す（表6）。前時期同様、外来（系）遺物の中では中国陶磁器が突出しているが、新羅など嶺南地域の土器の出土量が激減する。これは加耶諸国の滅亡と新羅との対外関係（度重なる戦争）が関係していると思われる。新羅土器の中では付加口縁台付長頸壺が泗沘期に出現する。前時期は壺類だけでなく高杯も出土しているが、現時点において扶餘で新羅の高杯は見られない。

倭の遺物は前時期には全羅北道高敞で最も多く出土していたが、泗沘期には激減し、ほぼ見られなくなる。また前述したように前時期は蓋杯が主流を占めたのに対し、泗沘期に至ると壺または甕の出土量が多くなる傾向が見られる。

外来（系）遺物の1か所集中は、6世紀中葉以降の中央集権体制と律令の確立に関連がある。地方有力者の懐柔・包摂を通じた百済領域の拡大では、地方有力者の権限がある程度認められていたため、外来（系）遺物が広範囲にわたって地方でも出現した。しかし泗沘期になると、中央が派遣した地方官を媒介に各地域の民と土地を直接支配に至る（金英心 2003）。これは16官等制、22部制、5方体制、文書行政（戸籍などの籍帳類）（尹善泰 2007：163-164）などの確立とも関連がある。

百済で律令を根幹とした独自的な法典を編纂した痕跡は今のところないが、6世紀前葉～中葉頃に中国律令の影響を受け始め、7世紀前後に律令型国家に移行したと見られる（山本 2006：502）。

外来（系）遺物が他地域で出土しない理由は上記だけでなく、航海ルートの変更も一因である可能性がある。高敞で新羅・加耶や倭の遺物が多く出土するのも、朝鮮半島西海岸を北上して、中国遼東半島から山東半島へ、または黄海南道の甕津半島から山東半島へ渡るルート上に位置していたためである（京畿道博物館 2006：145）。推測の域であるが、泗沘期になると新羅や倭は、全羅北道以北を利用しない航海ルートの選択があったのではと思う。

中国陶磁器は全羅北道では益山王宮里、忠清南道では洪城南長里で出土している。益山王宮里は泗沘都城の正宮に対応する離宮と考えられるため（朴淳発 2013b）、扶餘（都城）に含まれる。そのため地方での出土は唯一洪城になる。律令に基づく国家統治体制が組織化され、漢城期のように陶磁器を政治に利用した威信財の時期は終わりを告げる。

表6　地域別に見た泗沘期出土外来（系）遺物の点数

	中国	新羅	倭	計
扶餘（都城）	57	13	14	84
忠清南道	1		2	3
全羅北道	5		1	6
計	63	13	17	93

3．漢城期・熊津期百済の古墳と周辺国との併行関係

表7は、年代決定資料により時期が明確となった4世紀中葉から6世紀前葉までの百済の古墳を基準に、新羅、加耶諸国、倭の併行関係を朴天秀（2010：136）の研究成果を基に作成した。遺跡や地域単位で行われた特定の国だけに通用する編年に固執すると、動態を歪曲する危険が生じてくる。朝鮮半島の高句麗、百済、新羅、加耶諸国は東アジアの諸国との関係の中で成長した国家（政治体）ということを勘案すると、中国、日本など周辺国家の時期も参考に編年の骨格を作成することはごく自然なことである。

表7 百済・新羅・加耶諸国の古墳編年表

暦年代	百済	新羅	金官加耶	安羅加耶	小加耶	大加耶	倭
4世紀中葉	原州法泉里2号破壊石室	浦項鶴川里43号木槨墓 慶山林堂洞ⅠA-9号木槨墓	釜山福泉洞48・54・57号主副槨式木槨墓 金海亀旨路15号木槨墓		晋州武村里2丘24号木槨墓	高霊快賓洞12号木槨墓	布留2式（土師器）
	大田九城洞D-1号土壙墓	慶州月城路カ-6号積石木槨墓（推定） 慶州月城路カ-8号積石木槨墓	釜山福泉洞31・32号主副槨式木槨墓 金海大成洞1号主副槨式木槨墓	咸安棠砂里36号木槨墓	山清中村里21号石槨墓	高霊快賓洞1号木槨墓	布留3式
	槐山俸承里4・6号石槨墓 天安龍院里9号石槨墓	慶州月城路カ-13号主副槨式木槨墓 慶州皇南洞109号墳3・4號主副槨式積石木槨墓	釜山福泉洞21・22号主副槨式石槨墓 金海七山洞20号木槨墓	咸安末山里10号木槨墓	山清玉山里29号石槨墓	陜川玉田23号囲石木槨墓 陜川鳳渓里29号木槨墓	布留4式
400年	燕岐羅城里C地点 KM-004-006木棺墓 公州水村里1号土壙木棺（柏）墓	慶州羅泉ナ-13号土壙木棺（柏）墓	釜山福泉洞10・11・53号主副槨式木槨墓 金海七山洞33号石槨墓	咸安梧谷里3号木槨墓	晋州南水里18号木槨墓	陜川玉田35号囲石木槨墓 高霊池山洞35号石槨墓	TG232（須恵器）
	烏山水清洞25号木棺墓	慶州皇南洞110号主副槨式積石木槨墓	金山皇南洞36号石槨墓	咸安道項里36号石槨墓		高霊池山洞30号封土墳	TK73
	公州水村里4号横穴式石室	慶州皇南大塚南墳主副槨式積石木槨墓 慶山造永洞ElII-8号主副槨式積石木槨墓	金海福泉洞4・15号石槨墓 金海礼安里36号石槨墓	咸安道項里13号木槨墓	晋州武村里2丘85号木槨墓	高霊池山洞32号封土墳 陜川玉田M2号積石木槨墓	TK216
5世紀中葉	天安龍洞洞3号石槨墓 大田梧井洞2号土壙墓	慶州皇南大塚北墳積石木槨墓 慶山林堂洞5A号横穴式石室	金海礼安里15号石槨墓	咸安道項里8号石槨墓	晋州武村里3丘145号石槨墓	高霊池山洞1号封土墳 陜川玉田M3号積石木槨墓	TK208
	天安龍院里C地区横穴式石室 清州新鳳洞B地区1号土壙墓 高敞鳳徳里1号墳4号竪穴式石室	慶州皇南大塚北墳積石木槨墓 慶山林堂洞8A号横穴式石室	釜山鶴巣台2区1号石槨墓 金海禮安里71号石槨墓	咸安道項里71号石槨墓		高霊池山洞44号封土墳	TK23
500年	群山山月里十地区6号横穴式石室 群山山月里十地区8号横穴式石室	慶州金冠塚積石木槨墓 慶山林堂洞2号封土墳	釜山杜邱洞林石1・2号石槨墓 金海禮安洞23号石槨墓	咸安道項里51号石槨墓	固城蓮塘里23号石槨墓	高霊池山洞44号封土墳 陜川玉田M4号石槨墓	TK47
	公州金鶴洞20号横口式石室 公州武寧王陵	慶州天馬塚積石木槨墓 慶山林堂洞6A号岩壙木槨墓	金海禮安里57号石槨墓	咸安道項里岩刻画古墳石槨墓	河東愚伏里1号石槨墓	高霊池山洞45号封土墳 陜川玉田M6号石槨墓	MT15
	公州山嶺里40号横穴式石室	慶州普門里夫婦塚積石木槨墓・横穴式石室 慶山林堂洞18・9・11号岩壙木槨墓		咸安道項里47号横穴式石室	宜寧泉谷里39-1号石槨墓	陜川三嘉1号墳A号石槨墓	TK10

今後より一層各地域の研究者との交流と連結をはかり、表7の併行関係を追証する作業を行うべきと考える。

註

（1）大姓八族とは百済にあった8つの主要な姓氏を指す。『隋書』には百済の大姓八族として、沙氏、燕氏、劦氏、解氏、真氏、国氏、木氏、苩氏が挙げられている。

（2）22部は内官12部と外官10部で構成されていた。内官は宮中と王室の事務を、外官は一般庶政を管掌した（朴賢淑 2005：131）。

（3）5方体制とは「5方-37郡-200城」の地方統治体系をいう（朴賢淑 2005：183）。

（4）5世紀前葉、金官加耶では地域を代表する把手付炉形器台と外折口縁高杯などが消滅し、上下一列透窓高杯など昌寧地域の土器や新羅土器が副葬され始める（朴天秀 2010：131）。そのため金官加耶の独自性は少なくとも5世紀前葉には見られなくなることを表に反映させた。ただし、金海竹谷里遺跡など一部地域では6世紀まで金海式短脚高杯が見られる（東亜細亜文化財研究院 2009）。この考古資料は新羅により滅ぼされる532年（『三国史記』新羅本紀法興王19年）まで金官加耶の独自性が続いた証拠とも考えられるが、大きい範疇で考えると、金官加耶の土器文化は5世紀代には新羅土器様式圏に入っていたと見なせる（朴升圭氏（嶺南文化財研究院）のご教示による）。しかし『三国史記』の記録を重視すると、金官加耶は新羅などの影響を受けながらも、王室は532年まで存続していたと推察できる。

　筆者が記した大加耶の封土墳とは、封土内にいくつかの埋葬または副葬施設があるものを指す。池山洞30号墳、32号墳、44号墳、45号墳は数基の石槨墓で構成されている。

（5）朴天秀は咸安道項里古墳群8号墳を5世紀中葉、同古墳群15号墳を5世紀第3四半期前葉としているが、筆者が報告書を確認した結果、氏の論著に掲載されている土器と遺構名が異なることに気づいた。おそらく氏の手違いで、8号墳には15号墳の遺物が、15号墳には8号墳の遺物が掲載されていた。そのため15号墳は5世紀中葉、8号墳を5世紀第3四半期前葉と修正した。

第4章　百済土器の成立と展開

第1節　煮炊器

　一概に百済・馬韓の煮炊器といっても、器種によって出現時期、存続期間が異なる。深鉢形土器は、原三国時代の硬質無文小鉢の後身で3世紀初に出現し（朴淳発 2009：432）、泗沘期まで継続する。長卵形土器は硬質無文大鉢の後身で3世紀前半中頃に出現し（朴淳発 2009：431）、泗沘期に消滅する。これは高句麗の影響で鉄釜が長卵形土器に取って代わる新しい器種になるからである（鄭鍾兌 2006）。甑は硬質無文甑の後身で、3世紀前半後頃に登場した（朴淳発 2009：431）。泗沘期には従来の牛角形の把手から帯状の把手に変化するが（鄭鍾兌 2006）、これもまた高句麗と関連がある。このように上記の煮炊器の出現に多少の時間差はあれど、3世紀前半頃の深鉢形土器と長卵形土器の出現は、楽浪（系）土器と密接な関連があると思われる（朴淳発 2004、長友 2010）。

　煮炊器の出現は百済成立以前であるが、以後百済土器の主要器種として構成をなし、集落遺跡はもちろん墳墓遺跡からも確認できる。したがってこの器種の詳細な変遷様相を把握することは、百済の時間的位置を設定する上で不可欠である。

　考古学において型式学は、出土遺物の時・空間的位置関係などを明らかにする最も普遍的な研究方法である（崔盛洛 1984）。百済・馬韓から出土した煮炊器の変遷において行われてきた研究方法も、型式分類によるものである。しかし、現在蓄積した資料から、より詳細な編年を樹立することができる条件が整ったことを受け、ここでは型式学的分類方法を補完する手段として筆者（2013a・2014）が行った百済土器と共伴した中国・倭・新羅・加耶（系）遺物の時期比定を通じ構築した年代観を引用し、百済・馬韓出土煮炊器の変遷様相を明らかにしたい。

1．深鉢形土器

　図103・104は百済・馬韓出土深鉢形土器の変遷図である。漢城、中西部北部地域（現京畿道）、中西部中部地域（現忠清北道と忠清南道の一部）、中西部南部地域（現忠清南道の一部と全羅北道の一部）ごとタタキメ別に土器の大きさを3つ（大中小）に分け、百済が存続した全時期についてその変遷を詳しく見る。以下長卵形土器と甑についても同じ地域区分で見ていく。

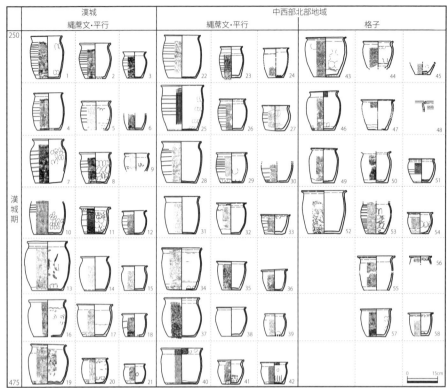

1・2. ソウル風納土城現代聯合敷地ナ-8号住居(国立文化財研究所 2001b), 3. 同土城カ-2号住居(同上), 4. 同土城遺物包含層中下層(同上), 5. 同土城慶堂地区N1E1中層(権五栄他 2009), 6. 同土城現代聯合敷地ナ-7号住居(国立文化財研究所 2001b), 7〜9. 同土城遺物包含層中層(同上), 10. 同土城カ-9号住居(同上), 11. 同土城197番地(旧未来マウル)ナ-21号住居(同上 2012a), 12. 同土城197番地(旧未来マウル)カ-3号住居(同上 2009), 13. 同土城テジン・トンサン(대전・동산)聯合住宅敷地ナ-トレンチ井戸跡(同上 2007), 14. ソウル石村洞古墳群3号墳東側A地域8号土壙墓(金元龍他 1986), 15. 同古墳群11号土壙墓(同上), 16. 河南漢沙里遺跡B-5号貯蔵穴(任孝宰他 1994), 17・19〜21. ソウル風納土城慶堂地区9号遺構(権五栄他 2004), 18. 同土城現代聯合敷地遺物包含層上下層(国立文化財研究所 2001b), 22. 華城馬霧里古墳群木棺墓(金載悦他 1998), 23. 楊州広石里遺跡3号住居(国防文化財研究院 2012), 24. 仁川雲南洞貝塚B5貝塚Ⅰ〜Ⅳ層N3W3(徐賢珠他 2011), 25. 華城馬霧里古墳群3号木棺墓(金載悦他 1998), 26. 南楊州長峴里遺跡71号住居(中央文化財研究院 2010), 27・46. 同土城80号住居(同上), 28. 華城馬霧里古墳群14号石槨墓(李鮮馥他 2004), 29. 龍仁麻北洞遺跡下層KC-001住居(李印学他 2013), 30. 華川原川里遺跡13号住居(濊貊文化財研究院 2013), 31. 華城馬霧里古墳群9号石槨墓(李鮮馥他 2004), 32・33. 龍仁麻北洞聚落遺跡59号住居(京畿文化財研究院 2009), 34. 同遺跡157号住居(同上), 35. 安城道基洞遺跡A地区10号土壙墓(中央文化財研究院 2008a), 36. 同遺跡A地区1号土壙墓(同上), 37. 華城白谷里古墳5号石槨墓(韓国精神文化研究院 1994), 38. 烏山外三美洞遺跡3号住居(韓白文化財研究院 2011), 39・58. 光明市下洞遺跡KM-001石槨墓(李秀珍 2008), 40・42. 烏山内三美洞遺跡小型円形竪穴(金姫官他 2010), 41. 高陽覚節山遺跡S2E3・S2E2(李憲載他 2005), 43〜45. 仁川雲南洞貝塚A貝塚Ⅳ層N3W3(徐賢珠他 2011), 47. 南楊州長峴里遺跡45号住居(中央文化財研究院 2010), 48. 仁川雲南洞貝塚B地区KC-001住居(徐賢珠他 2011), 49. 龍仁麻北洞聚落遺跡46号住居(京畿文化財研究院 2009), 50. 龍仁宝亭里ソシル(소실)遺跡7号住居(畿甸文化財研究院 2005), 51. 南楊州長峴里遺跡9号住居(中央文化財研究院 2010), 52. 龍仁水枝百済遺跡Ⅰ-3号住居(李南珪他 1998), 53. 広州墻枝洞遺跡20号住居(京畿文化財研究院 2010b), 54. 華城石隅里モクシル(목실)遺跡6号住居(畿甸文化財研究院 2007), 55. 龍仁麻北洞聚落遺跡67号住居(京畿文化財研究院 2009), 56. 同遺跡133号住居(同上), 57. 軍浦富谷洞遺跡Ⅰ地区1号土壙墓(中央文化財研究院 2008b)

図103　漢城・中西部北部地域出土深鉢形土器の変遷（S＝1/16）

(1) 漢 城

　漢城は縄蓆文または平行タタキ＋横沈線から横沈線を除外し単一のタタキメへと変遷する様相が確認できる(12)（図103）。3世紀後半は縄蓆文（平行）タタキ後、器体全体に約10条の横沈線を隙間なく施すが（図103-1〜3）、時間の経過と共に横沈線が減少していく様相が確認できる（図103-19〜21）。しかしソウル風納土城では5世紀代の遺構にも縄蓆文（平行）タタキ＋横沈線の深鉢形土器が出土しているため、このような土器整形の伝統は長く続いたものと思われる（図103-18）。またタタキメだけでなく器形にも変化が見られる。漢城出土品は、底径と口径が小さい細長い器形から底径と口径が大きく比較的安定感のある器形へ変遷する。このような変化は4世紀前葉以降の中・小型品から見られる。一方、大型品は4世紀後葉以後、徐々に底径と口径が大きくなる。

　深鉢形土器は、底部と胴部の境にケズリ調整を行うことが多数を占める。しかし3世紀後半の風納土城出土品などではケズリ調整ではなく格子タタキが確認できる(13)。このような製作技法は時間の経過と共に急激に減少し、ケズリ調整一辺倒になることから、底部と体部の境にタタキを施す事例

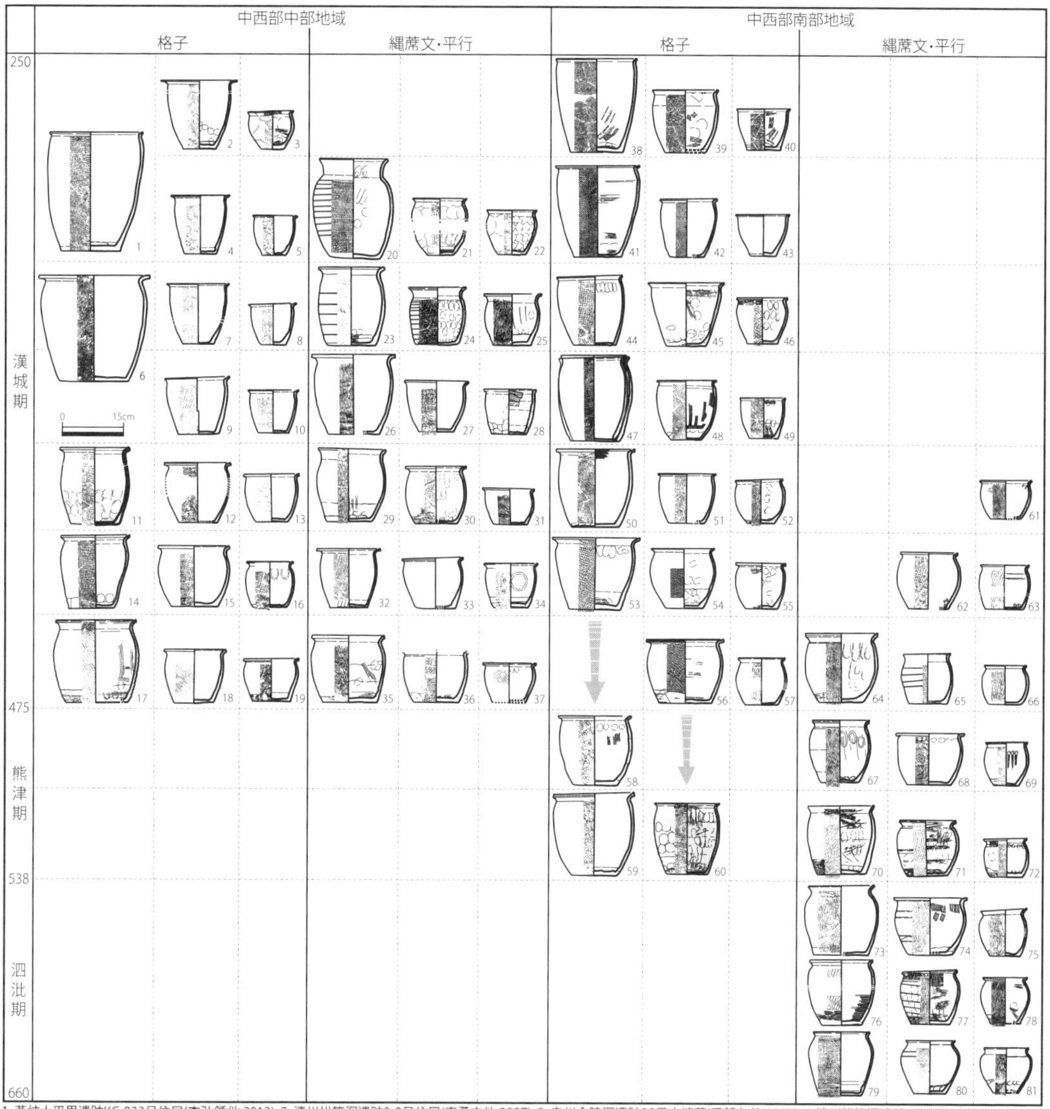

第 4 章 百済土器の成立と展開 239

1. 燕岐大平里遺跡KC-033号住居(李弘鍾他 2012), 2. 清州松節洞遺跡3-2号住居(車勇杰他 2007), 3. 忠州金陵洞遺跡28号土壙墓(禹鍾允他 2007), 4. 清州松節洞遺跡2号住居(車勇杰他 2007), 5. 清原松垈里遺跡10号土壙墓(韓国文化財保護財団 1999a), 6. 清州佳景4地區遺跡4号住居(禹鍾允他 2004), 7. 清州鳳鳴洞遺跡40-2号木棺墓(車勇杰他 2005), 8. 同遺跡22号木棺墓(同上), 9. 同遺跡23-2号木棺墓(同上), 10. 唐津元堂里遺跡35号木棺墓(鄭海濬 2009), 12. 清州新鳳洞古墳群110-2号石槨墓(車勇杰他 1995), 13. 清原主城里遺跡13号土壙墓(韓国文化財保護財団 2000), 14・32. 鎭川石帳里遺跡A-サ号竪穴(李栄勲他 2004), 15. 清州新鳳洞古墳群14号破壞墳(車勇杰他 1996), 16・34. 清州明岩洞遺跡4号住居(国立清州博物館 2000), 17. 牙山草沙洞遺跡 I 地点1号住居(忠清南道歷史文化院 2007d), 18. 清州新鳳洞古墳群B地區1号土壙墓(車勇杰他 1990), 19. 同古墳72号土壙墓(車勇杰他 1995), 20. 横城邑下里遺跡2号住居(延世大学校原州博物館 2013), 21. 忠州金陵洞遺跡52号住居(禹鍾允他 2007), 22. 同遺跡51号土壙墓(同上), 23. 唐津佳谷里遺跡5号住居(鄭海濬他 2011), 24・25. 原州法泉里古墳群2号墳破壞石室(宋義政他 2000), 26. 清州新鳳洞古墳群3号土壙墓(車勇杰他 1996), 27. 同古墳A地區17号土壙墓(車勇杰他 1990), 28. 天安龍院里古墳群9号石槨墓(李南奭 2000), 29. 唐津元堂里遺跡5号住居(鄭海濬他 2009), 30. 瑞山堰岩里ナッモリ(낫머리)遺跡カ-17号貯蔵穴(尹浄賢 2010), 31. 清州新鳳洞古墳群11号土壙墓(車勇杰他 1996), 33. 同古墳群94号土壙墓(車勇杰他 1995), 35. 瑞山富長里遺跡 I 地域6号墳丘1号甕棺墓(忠清南道歷史文化研究院 2008a), 36. 清原楓井里遺跡溝(中央文化財研究院 2005), 37. 燕岐松院里遺跡KM-055横穴式石室(李弘鍾他 2010), 38~40. 論山奈洞遺跡Ⅲ地區KC-016住居(朴性姫他 2011), 41. 論山院北里・定止里遺跡Ⅱ-3區B・C地点5号住居(忠清南道歷史文化研究院 2012a), 42. 大田龍渓洞遺跡原三国時代107号住居(中央文化財研究院 2011), 43. 同遺跡219号住居(同上), 44. 群山築洞遺跡2-3号住居(湖南文化財研究院 2006d), 45. 扶餘佳中里カジャ(가자)遺跡5号住居(金帛範 2006), 46. 同遺跡1号住居(同上), 47. 舒川芝山里遺跡Ⅱ-57号住居(李南奭他 2005), 48. 完州上雲里遺跡ラ地區17号木棺墓(金承玉他 2010b), 49. 鷄龍立岩里遺跡13号住居(忠清南道歷史文化研究院 2008c), 50・61. 錦山水塘里遺跡5号住居(忠南大学校百済研究所 2002), 51. 全州長洞遺跡Ⅱ-12号住居(朴永民他 2009b), 52. 公州済川里遺跡1号住居(忠清南道歷史文化院 2007c), 53・55. 大田伏龍堂山マウル遺跡4地域24号住居(田鎰溶他 2012), 54. 同遺跡3地域12号住居(同上), 56. 同遺跡3地域6号住居(同上), 57. 高敞石橋里遺跡2号住居(李暎澈他 2005), 58. 益山間村里遺跡 I 地區2号竪穴(湖南文化財研究院 2002), 59. 論山茅村里古墳群8号石槨墓(安承周他 1994), 60. 論山定止里遺跡Ⅲ地域21号貯蔵穴(嘉耕考古学研究所 2013), 62・63. 鎮安臥亭遺跡4号住居(郭長根他 2001), 64. 論山院北里・定止里遺跡Ⅱ-3區A地点2号住居(忠清南道歷史文化研究院 2012a), 65. 扶餘汾江・楮石里古墳群カ号埋納遺構(李南奭 1997), 66. 鎮安黄山里古墳群力地區1号横穴式石槨墓(郭長根他 2001), 67. 論山斗月里古墳群2号石槨墓(鄭海濬他 2010), 68. 完州上雲里遺跡ラ地區17号木棺墓(金承玉他 2010b), 69. 公州山儀里遺跡22号横穴式石室(李南奭 1999), 70・71. 公州丹芝里遺跡4地區4号横穴墓(朴大淳他 2006), 72. 同遺跡4地區5号横穴墓(同上), 73・75. 扶餘官北里遺跡ナ地區南西區域竪穴(国立扶餘文化財研究所 2009a), 74. 瑞山餘美里遺跡 I 地區19号石槨墓(李尚燁 2001), 76. 論山芝北里遺跡タ地區79号竪穴(中央文化財研究院 2001), 77. 青陽長承里古墳群A-17号横穴式石室(柳基正他 2004), 78. 扶餘中井里遺跡遺構露出面(忠清南道歷史文化研究院 2008b), 79. 扶餘雙北里154-10番地泗沘工房區遺跡西側区域第5次生活面長方形竪穴(金成南他 2014), 80・81. 扶餘旧衙里319扶餘中央聖潔教會遺跡5遺構1-3段階・7遺構(沈相六他 2012)

図 104 中西部中部地域・南部地域出土深鉢形土器の変遷 (S=1/16)

は、時間を反映する属性の1つであると思われる。ちなみに漢城のケズリ調整を施した製品には、縄蓆文（平行）タタキと縄蓆文（平行）タタキ＋横沈線の割合が81.6％に上るという研究結果がある（国立文化財研究所 2011：236）。

(2) 中西部北部地域

中西部北部地域の深鉢形土器は、早い時期から縄蓆文（平行）タタキと格子タタキが共存する（図103）。だがタタキメによって器形に差があることがわかる。3世紀後半に比定できる縄蓆文（平行）タタキ深鉢形土器の底径と口径はほぼ差がないのに比べ、格子タタキは口径に比べ底径が小さい。このような様相は出自系統がお互い異なる集団の存在を示唆するものと思われるが、4世紀前葉以後、格子タタキの器形に変化が生じる。南楊州長峴里遺跡80号住居出土品（図103-46）は格子タタキであるが、器形は同時期の漢城出土品と類似する。一方、中型・小型の格子タタキにその変化が及ぶ時期は4世紀中葉以降になるようだ。また中西部北部地域では5世紀以降、格子タタキが減少し、5世紀中葉～後葉にはその姿を消す。このような経緯は縄蓆文（平行）タタキの拡散様相が百済の領域拡大（文化圏拡大）過程と一致していることと関連があるが、縄蓆文（平行）タタキの拡散様相から4世紀前葉と5世紀以降の少なくとも2度の大きな画期があったと思われる。

格子タタキの中には格子タタキ＋横沈線も確認できる。このような組み合わせは縄蓆文（平行）タタキ＋横沈線の影響で出現したものと見られ、今のところ広州墻枝洞聚落遺跡20号住居出土品（図103-53）とソウル風納土城出土品にしか見られない。

中西部北部地域の縄蓆文（平行）タタキ深鉢形土器は、漢城出土品同様、縄蓆文（平行）タタキ＋横沈線から4世紀後葉～5世紀前葉にタタキメ単一へと変化する様相が確認できる。このように中西部北部地域出土品は漢城出土品と同じタタキ構成であるが、器形はお互い異なる。つまり中西部北部地域出土品は漢城出土品と比べ相対的に底径と口径が大きい。このような器形は4世紀後葉～5世紀前葉以降漢城で多く見られるため、今後中央と近隣地域との相互関係を考える上での資料となるだろう。

また3世紀後半の縄蓆文（平行）タタキ深鉢形土器は大型で古墳からの出土品である。同時期の住居出土品は硬質無文や格子タタキが多数であることから、百済からの影響を考えざるをえない。この時期格子タタキにも縄蓆文（平行）タタキの器形を受容したものが確認できるため（図103-46）、百済の領域拡大（文化圏拡大）過程で生じた産物といえる。

以上の内容を整理すると、中西部北部地域では3世紀後半、古墳に縄蓆文（平行）タタキ深鉢形土器が入り始め、4世紀前葉～中葉頃には格子タタキの器形に変化が生じる。4世紀後葉～5世紀には格子タタキが減少し、縄蓆文（平行）タタキが優勢になるという構図は、百済の領域拡大（文化圏拡大）過程の方法（強度）を考察する上で重要になると思われる。

(3) 中西部中部地域

中西部中部地域は4世紀前葉から縄蓆文（平行）タタキが見られる。3世紀後半～4世紀前葉の両タタキメの器形は口径に比べ底径が極端に小さいことが挙げられる。3世紀後半には縄蓆文（平行）タタキ大型深鉢形土器が欠如している。これは原三国時代以来の硬質無文鉢の存続が関連している。このように一部地域では漢城百済成立以後も硬質無文鉢が製作・使用され続けていたことは、最近

の研究および発掘成果からもわかる。

　4世紀前葉に比定できる縄蓆文（平行）タタキは、忠州金陵洞遺跡出土品（図104-21・22）が挙げられる。タタキメは中央の影響が見られるが、器形は格子タタキの特徴を反映している。忠州金陵洞遺跡は南漢江と達川、忠州川が合流する地点から東に約2km離れた稜線に位置する。このような交通の要衝地と関連する遺跡から早い時期の縄蓆文（平行）タタキ深鉢形土器が出土している点は興味深い。

　口径に比べ底径が極端に小さい格子タタキの器形は4世紀後葉～5世紀前葉まで存続するが、その後底径と口径はほぼ差がなくなる。縄蓆文（平行）タタキも5世紀前葉以降、底径と口径はおおかた同じになる。しかし4世紀中葉、中央の影響を受けた深鉢形土器が唐津佳谷里遺跡から出土する（図104-23）。この遺跡は目の前が黄海で東には牙山湾が位置する。後代のことだが、この地域は統一新羅時代唐の主要門戸であった。

　また原州法泉里古墳群は東晋製青磁羊形器、青銅鐎斗などの威信財や漢城様式土器の出土により4世紀中葉百済の領域をここまで含められるという見解（朴淳発 2001a：226）が発表されている（図104-24・25）。しかし4世紀中葉の中部地域で見られる中央の影響を受けた深鉢形土器の出土は交通の要衝地や拠点地に限られるため、この地の本格的な百済化は5世紀前半以降になってからと思われる。

(4) 中西部南部地域

　南部地域の早い時期に該当する深鉢形土器はすべて格子タタキで、その器形も特徴的である（図104）。同時期の中部地域出土大型品と比べると口縁部が短く外反し、頸部にまでタタキメを残す場合が多い。また口径に比べ底径が極端に狭く、細長い器形は北部・中部地域出土品と共通している。このような器形も時期が下るにつれ底径が大きくなり全体的に正方形に変化する過程が見て取れる。格子タタキは5世紀後葉以後一部大型でしか見られなくなり、泗沘期以降に姿を消す。これは百済の領域拡大（文化圏拡大）過程に伴い南部地域（馬韓）の伝統的な土器製作技法が消滅するに至った結果と思われる。

　南部地域では4世紀末～5世紀初に比定できる錦山水塘里遺跡5号住居から縄蓆文（平行）タタキ深鉢形土器が出土する（図104-61）。この遺跡は政治的中心地から離れた場所に位置しているが、交通路の立地上軍事的要衝地にあたる。また錦山は他地域との密接な交流関係をうかがい知ることができる地域でもある。この時期百済が錦山地域を内陸交通路として開拓・掌握しようとする背景には、おおよそ5世紀代に清州-報恩-尚州を通した内陸ルートが新羅によって遮断され、390年代以後対高句麗戦線で守勢に追い込まれたため、加耶および倭の勢力との連結点を確保する一方、小白山脈以東勢力の跋扈を未然に防ごうとする意図があったと理解できる（成正鏞 2002）。したがって南部地域で最も早い段階に出土する錦山水塘里遺跡の縄蓆文（平行）タタキ深鉢形土器は、重要交通路の開拓・掌握に随伴した結果と見られる。

　5世紀以降、南部地域では縄蓆文（平行）タタキ深鉢形土器が増加する。泗沘期には縄蓆文（平行）タタキしか製作されないようであるが、特記すべきことはタタキ後横沈線を施す傾向が見られることである。漢城の縄蓆文（平行）タタキ＋横沈線が泗沘期の扶餘で突然増える理由については熟考したい。また前述した7世紀第3四半期の扶餘雙北里154-10番地泗沘工房区遺跡西側区域第5次

生活面出土品（図104-79）から、口径に比べ底部が狭くなり体部が発達した深鉢形土器は、百済深鉢形土器の最後の形態になると思われる（図104-79〜81）。

2．長卵形土器

(1) 漢　城

漢城出土長卵形土器は縄蓆文（平行）タタキ（胴部：縄蓆文または平行タタキ、底部：格子タタキ）が中心をなす（図105）。しかし器形全体を縄蓆文（平行）タタキで統一した長卵形土器も河南渼沙里遺跡、ソウル風納土城などで確認されているが、その中でも渼沙里遺跡での出土頻度が高い（国立文化財研究所2011：249）。

漢城の長卵形土器は胴部最大径の位置が上位から中位、底部は尖底から丸底、器高は高いものから低いものへ時間の経過と共に変化することがわかる。具体的に時期が早い長卵形土器は胴部最大径の位置が頸部の直下に位置する。そして胴部最大径から底部にかけて次第に胴幅が狭く

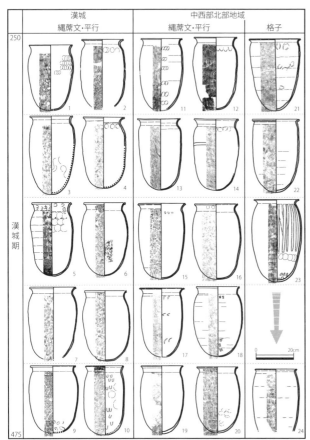

1. ソウル風納土城現代聯合敷地カ-土器窯跡（国立文化財研究所 2001b）, 2. 同土城197番地（旧未来マウル）カ-48号竪穴（同上 2009）, 3・4. 同土城カ-6号住居（同上）, 5. 同土城197番地（旧未来マウル）ナ-2号竪穴（同上 2012a）, 6. 同土城197番地（旧未来マウル）カ-54号-2号竪穴（同上 2009）, 7・8. 同土城カ-4号竈（同上）, 9. ソウル牛眠洞遺跡ナ地点住居（한얼文化遺産研究院 2012b）, 10. ソウル風納土城慶堂地区9号遺構（権五栄他 2004）, 11. 華城旺林里遺跡1号住居（崔秉鉉他 2004）, 12. 楊州広石里遺跡3号住居（国防文化財研究院 2012）, 13・14. 南楊州長峴里遺跡34号住居（中央文化財研究院 2010）, 15. 龍仁水枝百済遺跡Ⅱ-1号住居（李南珪他 1998）, 16. 広州墻枝洞聚落遺跡20号住居（畿甸文化財研究院 2010b）, 17. 龍仁新葛洞周溝土壙墓遺跡2号甕棺墓（同上 2010a）, 18. 華城石隅里モクシル（목실）遺跡9号住居（畿甸文化財研究院 2007）, 19. 烏山外三美洞遺跡3号住居（韓白文化財研究院 2011）, 20. 烏山内三美洞遺跡24号住居（畿甸文化財研究院 2011a）, 21. 金浦陽谷遺跡2地区44号溝状遺構（同上 2012b）, 22. 同遺跡2地区5号竪穴（同上）, 23. 抱川自作里遺跡2号住居（宋満栄他 2004）, 24. 龍仁麻北洞聚落遺跡19号住居（畿甸文化財研究院 2009）

図105　漢城・中西部北部地域出土長卵形土器の変遷（S＝1/20）

なり、底部は尖底気味をなす。その形状はラグビーボールに似る。また、長卵形土器の小型化と底部面積の増加は深鉢形土器でも見られ、百済・馬韓出土煮炊器の共通の変遷様相といえる。

(2) 中西部北部地域

中西部北部地域の長卵形土器は深鉢形土器同様、早い時期から縄蓆文（平行）タタキと格子タタキが共存する（図105）。だがタタキメによって器形に差があることがわかる。3世紀後半に比定できる格子タタキ長卵形土器は、同時期の縄蓆文（平行）タタキに比べて短い口縁と大きい口径・頸径が特徴である（図105-21）。短く外反する口縁は5世紀後半まで続くが、格子タタキ長卵形土器の器形は縄蓆文（平行）タタキ同様胴部最大径の位置が上位から中位に、底部は尖底から丸底に変遷する。先行研究（鄭鍾兌 2006：21）によると、ソウル・京畿道の格子タタキ長卵形土器は4世紀第2四半期に消滅し縄蓆文（平行）タタキに転換したという。しかし今回格子タタキ長卵形土器は5世

紀後半まで存続することが判明したが、その数量は縄蓆文（平行）タタキに比べ圧倒的に少ないことは事実である。

一方、中西部北部地域の縄蓆文（平行）タタキ長卵形土器の器形は、漢城出土品と同じ変遷をたどる。

(3) 中西部中部地域

今のところ3世紀後半に比定できる長卵形土器は確認できない（図106）。天安斗井洞遺跡Ⅱ地区1号甕棺（格子タタキ長卵形土器を使用）を3世紀後半に位置づける編年（鄭鍾兌 2006：34）も提示されているが、甕棺からは副葬品が出土しておらず、果たして3世紀後半に比定できるのか検討の余地を残している。

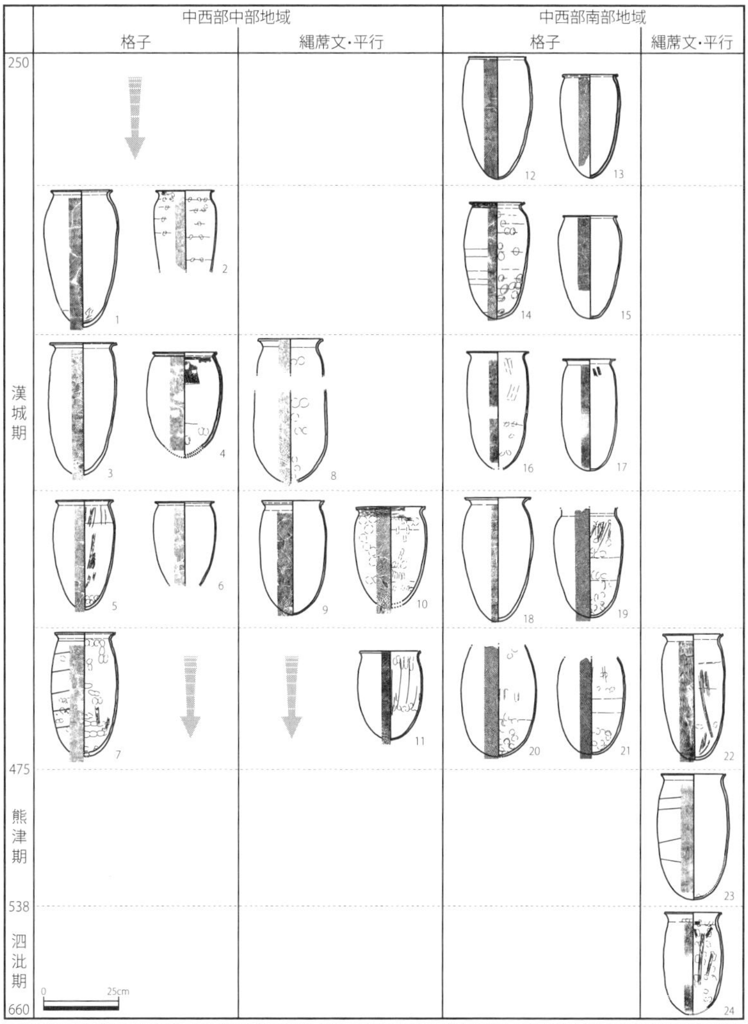

4世紀前半に比定できる中西部中部地域の格子タタキ長卵形土器は、北部地域の格子タタキ長卵形土器とは異なる器形を呈す。短く外反する口縁と胴部最大径が上位に位置する点は共通するが、胴部最大径より小さい口径と頸径、胴部最大径から底部にかけ急激に幅が狭くなり尖った底部を呈する点が異なる（図106-1）。これは後述する中西部南部地域の格子タタキ長卵形土器とも共通する特徴である。格子タタキ長卵形土器の器形は5世紀前半まで継続する傾向が見られるが（図106-5）、5世紀後半になると底部が丸くなり、胴部最大径が中位に位置する（図106-7）。また4世紀後半には器高が約30cm前後の比較的小型の格子タタキ長卵形土器が出現する（図106-4）。

中西部中部地域の縄蓆文（平行）タタキ長卵形土器は4世紀中葉頃以降から確認できる（図106-

図106 中西部中部地域・南部地域出土長卵形土器の変遷（S＝1/25）

1. 燕岐大平里遺跡原三国時代2号住居(鄭常勛他2012), 2. 同遺跡原三国時代23号住居(同上), 3. 唐津佳谷里遺跡5号住居(鄭海濬他2011), 4. 燕岐月山里遺跡谷部堆積層(朴有貞2006), 5・6. 唐津元堂里遺跡2号住居(鄭海濬2009), 7. 燕岐月山里遺跡5号竪穴(朴有貞2006), 8. 唐津佳谷里遺跡13号住居(鄭海濬他2011), 9. 洪城神衿城1号貯蔵穴(李康承他1994), 10. 瑞山堰岩里ナッモリ(낫머리)遺跡ナ-13号住居(尹浄賢2010), 11. 牙山草沙洞遺跡Ⅰ地点5号住居(忠清南道歴史文化院2007d), 12. 大田龍渓洞遺跡三国時代244号住居(中央文化財研究院2011), 13. 同遺跡219号住居(同上), 14. 扶餘佳中里カジャ(가자)遺跡三国時代1号住居(金帛範2006), 15. 大田龍渓洞遺跡三国時代107号住居(中央文化財研究院2011), 16. 鶏龍立岩里遺跡24号住居(忠清南道歴史文化研究院2008c), 17. 大田龍渓洞遺跡三国時代108号住居(中央文化財研究院2011), 18. 舒川亭山里Ⅱ遺跡6-1地点B号封土墳3号石槨墓(金成南他2012), 19. 大田伏龍洞堂山マウル遺跡4地域24号住居(田鎰溶他2012), 20. 同遺跡4地域1号住居(同上), 21. 同遺跡3地域12号住居(同上), 22. 公州水村里遺跡Ⅱ地点地表採集(忠清南道歴史文化研究院2007a), 23. 論山院北里遺跡タ地区56号竪穴(中央文化財研究院2001), 24. 舒川鳳仙里遺跡3地域3-Ⅰ区域8号住居(忠清南道歴史文化院2005)

8)。同じタタキメの深鉢形土器がこの地域で3世紀後半には見られることから、同じ軟質土器とはいえ受容には時期差があったと思われる。唐津佳谷里遺跡からはこの地域で早い段階の縄蓆文（平行）タタキ長卵形土器が出土している。この遺跡からはやはり中央の影響を受けた深鉢形土器が出土していることから、交通の要衝地であったこの地域への進出を垣間見ることができる。また5世紀以降、小型化した縄蓆文（平行）タタキ長卵形土器が出現するが、これも漢城の変遷様相と呼応する。

(4) 中西部南部地域

南部地域の早い時期に該当する長卵形土器は、すべて格子タタキである。その器形は基本的に中西部中部地域出土4世紀前半の格子タタキ長卵形土器と類似するが、胴部から直ちに外反する短い口縁部が特徴的である（図106-12・13）。また格子タタキ長卵形土器には、器高約40cm～38cmと約35cm以下の大きさが共存していたことがわかる。3世紀後半から5世紀後半まで持続した格子タタキは、熊津期以降見られなくなる。これは深鉢形土器同様、縄蓆文（平行）タタキの拡散に伴い南部地域の伝統的な土器製作技法が消滅することと関連があると思われるが、同じ煮炊器とはいえ格子タタキ深鉢形土器とは消滅時期に差異がある。格子タタキ長卵形土器の器形は中西部中部地域同様5世紀前半まで継続する傾向が見られるが、5世紀後半になると底部が丸くなり、胴部最大径が中位に位置する（図106-20・21）。

公州水村里遺跡の縄蓆文（平行）タタキ長卵形土器は地表採集だが、この遺跡が5世紀代に比定できるため、この地域への百済の領域拡大（文化圏拡大）時期は縄蓆文（平行）タタキ深鉢形土器とほぼ同じであったと考えられる[23]（図106-22）。

縄蓆文（平行）タタキ長卵形土器は時間の経過に伴い小型化の傾向が見られ、都城があった扶餘では泗沘期以降製作されなくなる。これは長卵形土器に代わる鉄釜の登場と関連がある（鄭鍾兌2006：65-68）。都城から離れた地域では縄蓆文（平行）タタキ長卵形土器を使用していたようだが（図106-24）、それも泗沘期の早い段階には鉄釜へ移行したと思われる。

3．甑

(1) 漢　城

漢城において縄蓆文（平行）タタキ甑以外に格子タタキの甑を分析対象とした理由は、個体数の絶対的な不足が挙げられる。煮炊器の数量は深鉢形土器＞長卵形土器＞甑の順に展開しているため、縄蓆文（平行）タタキ甑だけを用い漢城全体の変遷様相を論じた場合、説得力に欠ける恐れがあったからである。

漢城の甑は口縁部が外反し、時間性を反映する属性として底部・蒸気孔・把手・把手穿孔の形状などが挙げられる。

底部は丸底気味（図107-1）[24]から平底気味（抹角平底）や平底（図107-12・13）に変わる。丸底から平底への転換時期は資料が多くないため不明だが、後述する中西部北部地域出土品を参考にすると、おおよそ4世紀後半以後と思われる[25]。

蒸気孔の形状は円孔を多数穿孔するもの（図107-1～3）→中央に円孔を設け、その周辺に5～7の

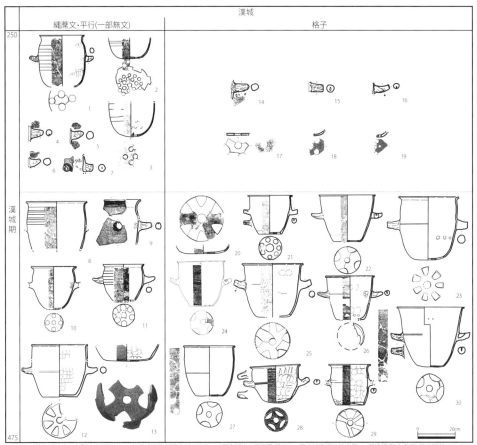

図 107　漢城出土甑の変遷（S＝1/20）

（楕）円形を巡らすもの（図 107-11・21）→中央に円孔を設け、その周辺に三角形・台形・半円形などを巡らすもの（図 107-12・13・22〜30）に変化する。3世紀後半から5世紀前半まで盛行したのは円孔を穿ったものだが、5世紀後半以後の甑は、三角形・台形などを刳り貫く方法で製作された[26]（韓志仙 2003）。

把手の形状は棒形（把手先端が尖るものと切断されたもの（截頭形））（図 107-1・4・5）と牛角形（把手先端が尖るものと切断されたもの（截頭形））（図 107-11・26・28）に分類できる。相対的に早い時期は棒形が多く、時間の経過と共に牛角形が主流をなす。

把手の形状より時間性を反映しているのが、把手穿孔の形状である。3世紀後半に比定できる把手には穿孔が施されてないが（図 107-1）、4世紀代には把手の上面または端に円孔を穿つ事例が出現する（図 107-4・7・14・15）。5世紀代になると把手の上面に切り込みを入れる新しい方法がとられる（図 107-9・21・22・26・28〜30）。また把手の上面を浅く切開するものから、より深く切開す

るものへと変遷する傾向が見られる。

　縄蓆文（平行）タタキの構成は、単一のタタキメ、縄蓆文（平行）タタキ＋横沈線、胴部は縄蓆文（平行）タタキで底部に格子タタキがある。

(2) 中西部北部地域

　中西部北部地域で最も早い時期の甑は、加平項沙里遺跡出土品（図 108-1・2）と華城古琴山遺跡2号住居出土品（図 108-21）である。胴部から短く外反した口縁を持った器形は同時期の漢城出土品とは異なり、原三国時代の硬質無文甑と類似する。

　底部は丸底から（抹角）平底になり（図 108-1→18）、丸底から平底に移行する時期はおおよそ4世紀後半以降と見られる。

　蒸気孔の形状は円孔を多数穿孔するもの（図 108-1・3）と共に中央に円孔を設け、その周辺に三角形を巡らすもの（図 108-2）が3世紀後半には確認できる。後者の場合、漢城では5世紀代に出現したと見たが、北部地域の出土品からこれより遡る可能性がある。しかし全体的な変化から見ると、時間の経過と共に円孔を多数穿孔するものが消え、中央に円孔を設けその周辺に円形・三角形などを巡らすものが増加する傾向にある。

　把手の形状は大きく棒形（把手先端が尖るものと切断されたもの（截頭形））（図 108-3・22）と牛角形（把手先端が尖るものと切断されたもの（截頭形））（図 108-14・15）に分類できる。早い時期のものは棒形が多いが、時間の経過に伴い牛角形が主流をなす。

　北部地域では把手に穿孔がないものとあるものが同時期（3世紀後半）に観察できる。漢城では後者を4世紀代に比定したが、北部地域の出土品からこれより遡る可能性がある。

　把手の上面に切り込みを入れるものは5世紀代から確認できる（図 108-14・26）。また漢城同様、把手の上面を浅く切開するものからより深く切開するものへと変遷する傾向が見られる。

(3) 中西部中部地域

　今のところ3世紀後半に比定可能なタタキメのある甑は確認できない。これはこの時期まで硬質無文甑が存続していたためと推察できる。中部地域は4世紀前半、縄蓆文（平行）タタキに先立ち格子タタキが出現する。格子タタキ甑は丸底と平底が共存するが、漢城および北部地域とは異なり丸底が遅くまで持続する。

　蒸気孔の形状も漢城と北部地域と同様、比較的早い段階から円孔を多数穿孔するものが主流をなす（図 109-1～8）。把手の形状は時間の経過に伴い牛角形（把手先端が尖るものと切断されたもの（截頭形））（図 109-13・15・16）が主流になる傾向にある。

　5世紀後半以後、把手の上面を切開する事例が出現するが（図 109-9）、中部地域と後述する南部地域では、5世紀後半以前まで把手に穿孔または切り込みを入れない製作技法が主流であることがわかる。

　縄蓆文（平行）タタキ甑は4世紀中・後半以後、漢城・中部地域の影響を受けて出現する（図 109-10～12）。具体的な時期は5世紀前葉の嶺南地域の壺が出土した曽坪柂城山城3号住居の切り合い関係で平行タタキの甑が出土した4号住居が先行することから、甑は暫定的に4世紀中・後半に位置づけられる。

第 4 章 百済土器の成立と展開

1. 加平項沙里遺跡ナ地点17号住居(金娥官他 2010), 2. 同遺跡ナ地点7号住居(同上), 3. 仁川雲南洞貝塚B地点KC-001(徐賢珠他 2011), 4. 南楊州長峴里遺跡75号住居(中央文化財研究院 2010), 5. 龍仁旧葛里遺跡北側甕棺墓(畿甸文化財研究院 2003a), 6. 坡州瓦洞里遺跡15地点8号住居(京畿文化財研究院 2011b), 7. 抱川自作里遺跡1号住居(畿湖文化財研究院 2015), 8. 洪川城山里遺跡2号住居(江原文化財研究所 2012), 9. 華川原川里遺跡26号住居(濊貊文化財研究院 2013), 10. 抱川自作里遺跡2号住居(宋満栄他 2004), 11・12. 華川原川里遺跡33号住居(濊貊文化財研究院 2013), 13. 華城石隅里モクシル(목실)遺跡7号住居(畿甸文化財研究院 2007), 14. 同遺跡16号住居(同上), 15. 龍仁旧葛里遺跡9号竪穴(畿甸文化財研究院 2003a), 16. 華川原川里遺跡106号住居(濊貊文化財研究院 2013), 17. 烏山内三美遺跡25号住居(京畿文化財研究院 2011a), 18. 利川雪城山城ナ-C画-3トレンチ10号土壙(朴慶植他 2004), 19. 同山城ナ-B画-5トレンチ5号土壙(同上), 20. 利川雪峰山城2次調査II画-2トレンチ北側傾斜面(朴慶植他 2001), 21. 華城古琴山遺跡2号住居(任孝宰他 2002), 22. 仁川雲南洞貝塚B地点遺物包含層(徐賢珠他 2011), 23. 抱川自作里遺跡1号溝状遺構(宋満栄他 2004), 24. 華川原川里遺跡40号住居(濊貊文化財研究院 2013), 25. 同遺跡65号住居(同上), 26. 龍仁書川洞遺跡1地域2区域三国~統一新羅19号竪穴(京畿文化財研究院 2011c), 27. 抱川自作里遺跡23号住居(畿湖文化財研究院 2015), 28. 烏山内三美遺跡76号竪穴(京畿文化財研究院 2011a), 29. 河南渼沙里遺跡第032号住居(尹世英他 1994)

図 108 中西部北部地域出土甑の変遷 (S=1/20)

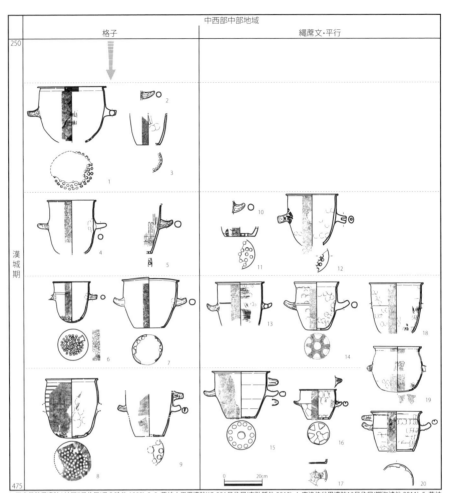

図109　中西部中部地域出土甑の変遷（S=1/20）

　底部は（抹角）平底で、円孔を多数穿孔するものから、中央に円孔を設けその周辺に円形・三角形などを穿つ形状へと変化する。把手は截頭形の側面に円孔を穿つもの（図109-13）から、牛角形の上面に切り込みを入れるもの（図109-15・16）へと変るが、これは漢城の変遷様相と類似する。
　以上の考察から縄蓆文（平行）タタキ甑は、漢江流域の土器製作の影響を受け中部地域で出現した新しい器形であることがわかる。また出現時期はこの地域に縄蓆文（平行）タタキ長卵形土器が現れる時期と符合する。

(4) 中西部南部地域

　南部地域出土甑は、タタキメに関係なく縦に長い胴部に直立した口縁部を取り付けた形態を呈す（図110-1～8・15・16）。このような器形は3世紀～6世紀の栄山江流域でも観察できるため（許真雅2006）、栄山江流域を含めた南部地域の特徴と理解できる。しかし5世紀後半になると、百済の影響

第4章 百済土器の成立と展開 249

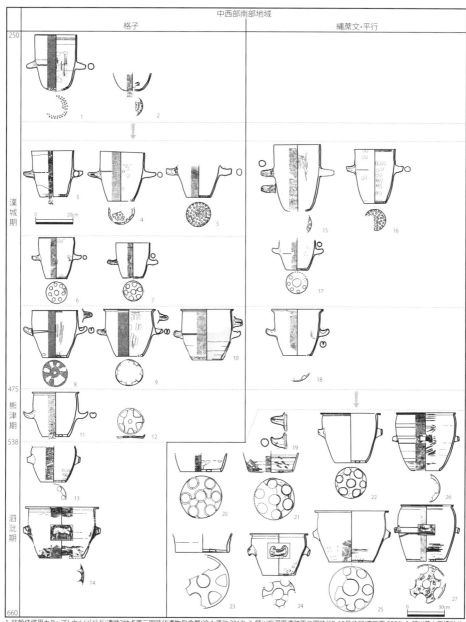

1. 扶餘佳塔里カタップトウル(가답들)遺跡2地点原三国時代遺物包含層(徐大源他 2012), 2. 舒川楸洞里遺跡原三国時代B-18号住居(李販燮 2006), 3. 舒川芝山里遺跡Ⅱ-3号住居(李南奭他 2005), 4・16. 錦山倉坪里遺跡Ⅱ地点原三国時代5号住居(忠清南道歴史文化研究院 2014b), 5. 同遺跡Ⅱ地点原三国時代11号住居(同上), 6. 燕岐大平里遺跡原三国時代16号住居(鄭常勳他 2012), 7. 公州徳芝里遺跡Ⅰ-1地域百済時代7号竪穴遺構(金佳英他 2012), 8. 大田伏龍洞堂山マウル遺跡4地域17号住居(田鎰溶他 2012), 9. 同遺跡3地域13号住居(同上), 10. 公州新官洞78番地外遺跡1地点2号土壙墓(한얼文化遺産研究院 2013a), 11・12. 鎮安臥亭遺跡3号住居(郭長根他 2001), 13. 扶餘東南里遺跡東側廃棄場地域N1E6黒褐粘土(成正鏞他 2013), 14. 扶餘陵山里遺跡Ⅰ地域(東羅城東側外部)建物造成面段階(李浩炯他 2006), 15. 扶餘論峙祭祀遺跡E10・E10N1(国立扶餘博物館 2007a), 17. 舒川鳳仙里遺跡2地域原三国時代3号住居(忠清南道歴史文化院 2005), 18. 扶餘北阜里遺跡2号住居(金栄国他 2011), 19. 扶餘旧衙里319扶餘中央聖潔教会遺跡11遺構(沈相六他 2012), 20. 同遺跡5遺構1-3段階(同上), 21. 扶餘雙北里173-8番地第2-②文化層(東方文化財研究院 2013), 22. 扶餘松菊里遺跡2号窯跡(金庚澤他 2011), 23. 扶餘官北里160番地百済遺跡Ⅲ層(金成南他 2013), 24. 扶餘井洞里遺跡4号建物(柳基正他 2005), 25. 禮山沐里・新里遺跡3-4E地点2号建物(金銀雅他 2014), 26. 扶餘雙北里280-5遺跡3号建物(鄭海濬他 2011), 27. 扶餘佳塔里錦城山トウシロックゴル(두시럭골)遺跡1・2号壁柱建物(大壁建物)(鄭熺培他 2013)

図110 中西部南部地域出土甑の変遷 (26・27：S＝1/30、その他：S＝1/20)

で縦長が縮小した胴部に外反した口縁部を取り付けた器形に変わる（図110-9・10・18）。このような状況から口縁部と胴部形態は、時空間を反映する重要な要素であると判断できる。

南部地域出土甑の底部は4世紀後半丸底から平底に移行する。蒸気孔の形状は3世紀後半以後円孔を多数穿孔するものが主流であるが、5世紀前半中央に円孔を設けその周辺に円形を穿つものから、5世紀後半以降中央に円孔を設けその周辺に台形・三角形などを巡らすものが出現する。

把手は5世紀前半まで棒形（把手先端が尖るものと切断されたもの（截頭形））が、5世紀後半〜熊津期には牛角形（把手先端が尖るものと切断されたもの（截頭形））が主流をなすが、泗沘期に至ると胴部と把手の間に手が入れられる帯状把手が出現する（図110-13〜14・22・24・25・26・27）。このような帯状把手の出現背景には高句麗土器の影響を想定することができる。

5世紀後半には把手の上面に切り込みを入れる事例が見られるが（図110-8〜10・18）、5世紀以前は基本的に把手に穿孔または切り込みを施さなかった。

泗沘期になると器形の変化が見られる。6世紀代に比定できる扶餘松菊里遺跡2号窯跡出土品(図110-22)は、漢城期・熊津期と同様口径に比べ底径が狭く比較的縦に長い器形である。一方、7世紀になると扶餘陵山里遺跡Ⅰ地域（東羅城東側外部）建物造成面段階出土品（図110-14）のように底径が比較的大きくなり器形も正方形（もしくは横長）に近い器形に変化すると推測できる。これは、底部しか残っていないが7世紀代の新羅土器と共伴した扶餘官北里160番地百済遺跡Ⅲ層出土品（図110-23）からもある程度推察可能である。

縄蓆文（平行）タタキは4世紀後半に出現するが、百済の典型的な甑が登場するまでは在地の器形に縄蓆文（平行）タタキを施した（図110-15・16）。また百済甑の出現は、縄蓆文（平行）タタキ深鉢形土器と長卵形土器の事例同様5世紀代であったことがわかる。つまりこの時期南部地域で百済の影響力が具体化されたことを示唆するものである。

以上、百済・馬韓出土煮炊器の変遷を筆者の百済土器編年と既往の編年研究を参考に詳しく見た。その結果、先行研究で主に行われてきた口縁部の形状に依存した変遷からはおおよそ知られなかった器形の変化を把握できた。

漢城の深鉢形土器の場合、底径と口径が小さい細長い器形から底径と口径が大きく比較的安定感のある器形へ変遷する。一方、その他地域の深鉢形土器の場合、口径に比べ底径が極端に小さい器形から、口径と底径の差がほぼなく底部が比較的広く安定した器形へ変わる。また地域に関わらず大型から小型主流へと変遷することがわかった。煮沸器（深鉢形土器と長卵形土器）が小型化した理由については、食べ物の調理法、材料、食事法などの食生活の変化や、原三国時代から漢城期に移行するにつれて次第に小型化する住居の面積（韓志仙 2013b）などを考慮する必要があろう。

長卵形土器は胴部最大径の位置が上位から中位に、底部は尖底から丸底に、器形は大型から小型へ時間の経過と共に変化する。

甑は底部が丸底から平底へ、蒸気孔が円孔を多数穿孔するものから、中央に円孔を設けその周辺に円形・三角形などを穿つものへ、把手が棒形→牛角形→帯状へ、把手の穿孔形状が無穿孔→穿孔→把手の上面に切り込みを入れるものへと変化する。

また煮炊器の器形には地域別に差があったこともわかった。その中でも錦江以南（一部対岸も含む）出土深鉢形土器は細長い器形に短く外反した口縁部、長卵形土器は胴部から直ちに外反する短

い口縁部、甑は縦に長い胴部に直立した口縁部を取り付けた器形が特徴である。このような地域固有の器形は、百済の領域拡大（文化圏拡大）過程に伴い次第に消滅していった。

　胴部外面のタタキメについては、主に百済領域拡大過程を説明する際引用されてきたが、上記の検討からタタキメの種類も器形と相関関係にあることがわかった。このタタキメの差と器形の関係は、百済の領域拡大過程（文化圏拡大）に伴い格子タタキの器形が縄蓆文（平行）タタキ化し、その後製作されなくなる。

註
（1）深鉢形土器は日本で平底鉢と呼ばれるものに該当する。「深鉢形土器の小型品は銘々器である。」という見解もあると伝え聞いているが、筆者はその見解が書かれた論文に接することができないでいる。小型品でも煮炊きの痕跡が残っているものもあるため（国立中原文化財研究所の韓志仙氏のご教示）、銘々器があったとしても、深鉢形土器は基本的には煮炊器として使用されたものと解釈できる。
（2）一方、栄山江流域の長卵形土器は6世紀後半から7世紀初まで出土する（全炯玟 2003）。これは甑についてもいえる。今のところ栄山江流域の甑は高句麗を影響を受けた帯状把手付甑は見られず、在地系甑が6世紀代まで持続する（許真雅 2006）。
（3）現在漢江流域および中西部地域のタタキメのある深鉢形土器は、200年～250年の間に出現したとする立場（朴淳発 2009・2012a・2013c）と4世紀中・後葉（李昶熀 2007）もしくは4世紀中葉（李盛周 2011）とする見解がある。筆者は相違する年代観を議論するだけの具体的な意見提示はできないが、少なくとも3世紀第4四半期～4世紀初には、漢江流域および中西部地域にタタキメの深鉢形土器が存在したことは明白と見ている。これについて2011年ソウル風納土城東城壁切開調査で得られた研究成果を概観することにする。

　　風納土城東城壁で調査した旧地表面（第1段階）からは、楽浪地域から出土する黒色磨研暗文壺と類似した頸部暗文黒色壺と中国郡県の土器製作技術を反映したものと思われる灰色軟質盌（日本では杯もしくは浅鉢と呼んでいる）と共に縄蓆文タタキ後横沈線を巡らした深鉢形土器が出土した（李晟準ほか 2013）。この第一段階は城壁築造のため当時の地表面を整理し基礎工事を実施したもので、城壁を初築した時期にあたる第二段階より先行するという。この初築城壁に対する炭素14年代測定を実施した結果、紀元後3世紀中・後葉～4世紀初のある時期に着工したことがわかり（国立文化財研究所 2014：221）、遅くとも4世紀中葉以前に完工したものと思われる。着工時点とは築城のための基盤造成層を含めたいわゆる風納土城第一段階に該するもので、250年～300年の間に築城の計画に依拠し工役が行われたものと理解できる（朴淳発 2013c）。したがって東城壁の第1段階から出土したタタキメの深鉢形土器は、遅くとも3世紀第4四半期～4世紀初には漢江流域および中西部地域に存在していたと見られる。
（4）深鉢形土器は김진흥（2008）、薛銀珠（2012a・2012b）、金容甲（2013）、長卵形土器は鄭鍾兌（2006）、김진흥（2008）、甑は呉厚培（2002・2003）、朴敬信（2003・2007）、鄭鍾兌（2006）、金大元（2013）、宋満栄（2016）、羅善敏（2016）の研究で主に型式学的分類を行っている。また寺井（2016b）による甑の製作技法の研究も今後重要になるだろう。
（5）筆者が分析した百済土器以外の遺物と煮炊器が共伴している場合、先行研究（金成南 2001、成正鏞 2000a、諫早 2012、国立文化財研究所 2011 など）も参照した。
（6）筆者が図面の時間軸を250年以後からとした理由は、ソウル風納土城慶堂地区中層196号遺構（竪穴倉庫）から百済土器である直口広肩壺と共伴した中国施釉陶器が3世紀後葉～4世紀前葉頃に比定できることと、木炭試料の炭素14年代測定を通じ百済土器の初現を3世紀第4四半期に設定できるからである。また、前述したようにタタキメのある深鉢形土器が風納土城東城壁初築以前段階にすでに確認できることが挙げられる。この初築城壁の絶対年代測定の結果、紀元後3世紀後葉～4世紀初のある時期に着工し、遅く

とも4世紀中葉以前に完工したと思われる。したがって東城壁の第1段階から出土したタタキメの深鉢形土器は、遅くとも3世紀第4四半期～4世紀初には漢江流域および中西部地域に存在していたと見られるため、暫定的に250年以後という年代を示した。

　深鉢形土器の時期区分の場合、3世紀は1期、4世紀は3期、5世紀は4期区分とした。漢城期は古墳と住居から多くの深鉢形土器が出土しているため、比較的詳細な変遷過程をたどれるが、熊津期～泗沘期に至ると出土量の減少と時期比定が可能な共伴遺物の不足から詳しい変遷図を作成できなかったことを明記する。

　前述したように変遷図作成には筆者の年代観を基礎としたが、筆者が分析した百済土器以外の遺物と煮炊器が共伴していた場合、前述した先行研究を活用した。また紙面の制約上、図の詳細な編年基準に関する説明は除外した。

（7）漢城という用語は時期によってその範囲に差があるため、ここではソウル夢村土城と風納土城を中心とした中央を含む現ソウル特別市（一部河南市も含む）を指す用語として使用する。

（8）中西部北部地域は、現ソウル特別市（一部河南市も含む）を除いた臨津江以南～安城川付近までとした。

（9）中西部中部地域は、安城川以南～錦江以北（一部対岸も含む）までとした。

（10）中西部南部地域は、錦江以南～蘆嶺山脈以北までとした。

（11）深鉢形土器に大きさが存在し、それが時間性をも反映する属性であることは、朴淳発の研究（2001b）で明らかとなっている。氏は縄蓆文（平行）タタキ深鉢形土器の器高と口径の散布図から、器高が約21cm～26cm、口径が約21cm～24cmをⅢ群（大型）、器高が約21cm～12cm、口径が約21cm～12cmをⅡ群（中型）、器高が約11cm～5cm、口径が約15cm～8cmをⅠ群（小型）と設定した。格子タタキ深鉢形土器は、器高が約19cm～16m、口径が約21cm～19cmをⅡ群（中型）、器高が約15cm～6cm、口径が約17cm～9cmをⅠ群（小型）とした。約15年前の研究では格子タタキ深鉢形土器には大型がなく、また縄蓆文（平行）タタキ深鉢形土器のⅠ群（小型）とⅡ群（中型）の区分線は、格子タタキ深鉢形土器のⅠ群（小型）分布圏の中を貫通している点などから、各タタキメはお互い大きさに対する基準が異なっていたことを言及した。筆者は住居出土深鉢形土器に異なるサイズのものが3つ共伴していることから、これらを参考に器高約16cm以上を大型、約15cm～10cmを中型、10cm以下を小型と設定した。またタタキメごとの大きさに差はないことがわかった。

（12）他地域は格子タタキと縄蓆文（平行）タタキに分けてその変遷を見た。漢城には格子タタキ深鉢形土器が存在するが、ここでは縄蓆文（平行）タタキだけを提示した。その理由は縄蓆文（平行）タタキの最も早いものが漢江流域に限定され、次第に中西部以南地域に拡散していることから、縄蓆文（平行）タタキの拡散様相が百済の領域拡大過程と一致していることにある（朴淳発 2001b・2006：130-133）。実際漢城では縄蓆文（平行）タタキに比べ格子タタキが圧倒的に少なく（国立文化財研究所 2011：230）、百済の都であった漢城には各地域からの物資が集まっていたため、格子タタキ深鉢形土器の流入も十分考えられる。漢城では縄蓆文（平行）タタキのみを扱った。

（13）このように格子タタキと縄蓆文（平行）タタキが同時に行われた事例はごくわずかである。国立文化財研究所（2011：229）の調査によれば、ソウル風納土城、夢村土城、河南渼沙里遺跡で土器底部と胴部の境に調整痕跡が観察できる57点のうち8点は格子系であった。

（14）深鉢形土器の底部と胴部の境には格子タタキを部分的に施す場合と、ケズリ調整を行う手法が確認できる。このような土器製作技法上の差異について朴淳発（2013c）は、底部と体部下段を結合させる方法が夾板式（底部円盤の外側に粘土紐を取り付ける）から添板式（底部円盤の上部に粘土紐を取り付ける）に変化した結果であるとした。そしてその転換時期をおおよそ4世紀初と見ている。一方高句麗土器の場合、上記のような製作技法の差は、土器の大きさと関連があるという研究も考慮する必要がある。

（15）縄蓆文（平行）タタキ深鉢形土器と格子タタキ深鉢形土器は分布圏が異なっているため、出自系統が異なる集団と考えられている。縄蓆文（平行）タタキ深鉢形土器は、漢城百済の基層文化を形成していた濊

（系）集団と関連がある可能性が高い（朴淳発 2006：119）。一方、格子タタキ深鉢形土器は中西部以南地域に広く分布するため、広い意味で馬韓集団に該当する（朴淳発 2006：119）。このような分布の違いは土器だけでなく、墓、住居にも現れている。

(16) 時空間的拡散様相が百済の領域拡大（文化圏拡大）過程と一致する縄蓆文（平行）タタキ煮炊器は、百済が国家として成長した時期に漢江下流域で出現したものと理解できる。つまり、百済で製作・使用された縄蓆文（平行）タタキ煮炊器が、地方に都人の生活スタイルとして定着していった様相を描くことができる。これら軟質土器は実用品であるため政治的器物ではないが、地方におけるこれらの普及は百済の領域化（文化圏化）が反映した結果と理解できる。

(17) 筆者が使う交通の要衝地もしくは拠点地という用語は、便宜的かつ恣意的かもしれない。この時期に該当する遺跡は交通の要衝地に立地した場合が多いだろうが、筆者がいおうとしていることは、百済中央の影響が順次的に拡大していったものなのか、もしくは交通の要衝地または拠点地から押さえていったのかという点にある。百済がその地域に進出するための条件があったはずである。その条件とは私たちが推察しやすい交通の要衝地または拠点地になろう。その他に生産地（鉄、金、農作物）の確保もあるだろうが、現在生産地と関連する遺跡が少ないためここでは明言を控える。

(18) 錦山が内陸交通路の重要経由地であったことは、5世紀前葉末の錦山水塘里遺跡M-2号石槨墓から百済土器と大加耶（系）の影響を受けて製作された長頸壺が共伴している点、4世紀第4四半期～5世紀第1四半期の錦山倉坪里遺跡（推定）石槨墓から小加耶（系）の三角透窓高杯、金官加耶（系）の無透窓高杯、新羅（系）の長頸壺が出土している点、三国時代末の羅済戦争時、新羅軍の主要進撃ルートに位置していた点からもある程度推測可能である（忠南大学校百済研究所 2002：16・98）。

(19) 4世紀後葉に比定可能な錦山倉坪里遺跡では在地の器形に縄蓆文（平行）タタキを施した甑が出土（図110-16）しており、錦山方面に対する百済の影響をうかがい知ることができる。

(20) 漢城の長卵形土器も深鉢形土器同様、縄蓆文（平行）タタキ（胴部：縄蓆文または平行タタキ、底部：格子タタキ）だけを示した。その理由は深鉢形土器と重複する。

(21) 長卵形土器の時期区分の場合、3世紀は1期、4世紀は2期、5世紀は3期区分とした。長卵形土器を深鉢形土器同様細分できない理由は、完形が少ないためである。前述したように変遷図作成には筆者の年代観を基礎としたが、筆者が分析した百済土器以外の遺物と煮炊器が共伴していた場合、先行研究（註5に提示）を活用した。

(22) 百済の影響がまだ及んでいない4世紀代の燕岐大平里遺跡（鄭常動ほか 2012）でも、多数の格子タタキ長卵形土器と共に器形全体に縄蓆文（平行）タタキを施した長卵形土器が出土している。縄蓆文（平行）タタキ長卵形土器（胴部：縄蓆文または平行タタキ、底部：縄蓆文または平行タタキ）は、百済の典型的な長卵形土器とは異なる土器製作伝統と関係があると思われる。

(23) 百済は地方を統治する目的として、公州水村里遺跡Ⅱ地点1号土壙木槨墓や同遺跡4号横穴式石室出土の中国陶磁器や金銅冠帽などの威信財を積極的に活用したと見られる（李漢祥 2009）。

(24) 漢城出土甑の時期区分の場合、3・4世紀は1期、5世紀は1期区分とした。中西部北部地域と中部地域、南部地域の場合、3世紀は1期、4世紀は2期、5世紀は3期区分とした。ただし南部地域の図110-11・12は、5世紀代と6世紀代の百済土器が共伴していたため、暫定的に6世紀前葉とした。前述したように変遷図作成には筆者の年代観を基礎としたが、筆者が分析した百済土器以外の遺物と煮炊器が共伴していた場合、先行研究（註5に提示）を活用した。

(25) 朴淳発（2006：43）は、平底の甑が出土した坡州舟月里遺跡96-7号住居出土品を3世紀中葉～後葉に比定している。

(26) ここでは時間的要素に注目して言及したが、甑の穿孔形態は時間差だけでなく、空間的要素も反映している。金大元（2013：50-53）によって4世紀前葉に設定されている大田場垈洞遺跡出土甑は百済・馬韓では見られない横長楕円形の穿孔形態が放射線状に配置されている。また牙山、天安では他地域に比べて小

さい円孔を多数穿孔している。このように詳細に見れば地域的特徴も見出せるが、筆者は全体的な流れを把握する目的として穿孔形態について述べた。

(27) 禮山沐里・新里遺跡は錦江以北に位置するため、中西部中部にあたるが、ここでは便宜上南部に含めた。

第2節　漢城様式百済土器

"漢城様式土器"(1)という名称は、金成南（2004）によって提唱された。氏は百済土器が分布する朝鮮半島中西部の各器種における型式の母集団中、漢城地域を中核とし反復的に共に発見される土器型式の多重配列組合を、"百済土器の漢城複合"とした。そしてこの"漢城複合"を構成する型式の土器の中で新しく出現し以後周辺地域に拡散、かつ漢城複合の地理範囲内で固有の型式の土器だけを包括して"漢城様式土器"と称した。

この漢城様式土器の中、黒色磨研の直口広肩壺や直口短頸壺が百済土器の初現期の資料であることは、土器研究者の共通の見解（朴淳発 2001a：112-115・2006：68、朴智殷 2007：74）である。

そのため、ここでは百済土器成立の重要な鍵となる直口広肩壺や直口短頸壺をはじめ、漢城様式土器を代表する高杯、三足土器、杯身、短頸瓶、広口長頸壺の型式学的変遷を把握した後、年代決定資料と共伴した土器を通して百済土器の編年を構築する。(2)

1．直口広肩壺

直口広肩壺は後述する直口短頸壺と形態的に類似するが、平底で底部にタタキを施さない点から区別される（朴淳発 2006：160）。百済におけるこの器種の出現については、肩部の文様帯が中国三国時代末～西晋頃の古越磁の文様帯と類似することに注目し、百済と西晋との活発な対外交渉の結果とされる（朴淳発 2006：164）(3)。そのため直口広肩壺は百済成立期の土器と認識されている（朴淳発 2006：59）。

図112(4)に示したものは黒色磨研が施されている。黒色磨研土器は磨研を施さない土器より上位品である漆器の質感を翻案したとされ、中央に登場後地方に拡散することから、地方出土品を威信財と見なしている（朴淳発 2006：59-60）。しかし黒色磨研土器は新しい政治的器物（陶磁器）の出現による価値の下落で、標準化と公用化を触発させ、大量生産による製作技術の簡素化、器種の多様化が起こったとされるが（李晟準 2014：92-93）、別の見解（南相源 2013：60-63）も示されている。

直口広肩壺は、完形品とそれとわかる破片を含めても40点に満たない。百済ではあまり生産されなかった器種とも理解できるが、百済成立期と関連があるため、百済土器研究では重要な器種である。出土量が少なく、他の器種に比べ存続期間も限定されるため、計測的属性（図111）と形質的属性から時間的変化を導き出すことができない。したがって共伴遺物の時期により直口広肩壺の変遷を考察する。(5)

時期の比定が可能な直口広肩壺は、ソウル風納土城慶堂地区中層196号遺構（竪穴倉庫）出土品（図112-

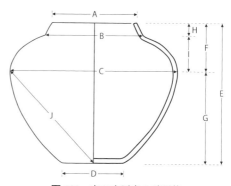

図111　直口広肩壺の計測値

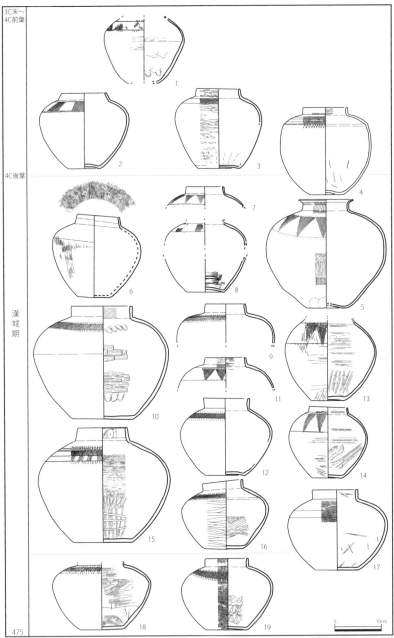

1)、華川原川里遺跡33号住居出土品（図112-8）、天安龍院里古墳群9号石槨墓出土品（図112-10）、同古墳群72号土壙墓出土品（図112-12）、瑞山富長里遺跡Ⅰ地域8号墳丘墓墳丘上面出土品（図112-18）が挙げられる。

直口広肩壺の出現と関連する重要な資料は、ソウル風納土城慶堂地区中層196号遺構（竪穴倉庫）出土品（図112-1）である。前述したように共伴した中国施釉陶器は3世紀後葉〜4世紀前葉という見解（韓芝守2010・2011b）が示されている。また同遺構で採集された2件の木炭試料による炭素14年代測定値によると、120年〜340年と220年〜420年となるが、これらの重複区間をとり信頼度を高めると220年〜340年の間のある時点に位置す

図112 直口広肩壺の編年（S＝1/8）

る確率が95％になるという（朴淳発 2012a）。これと関連して2011年のソウル風納土城東城壁発掘調査の城壁の初築段階で採取された木材・木炭試料の炭素14年代測定値でウィグルマッチングを行った結果、紀元後250〜320年（確率68％）であった（国立文化財研究所 2014）。これらを総合す

ると、都城の造営計画の樹立と執行の主体は国家として成立した百済であることは疑いがなく（朴淳発 2013c）、黒色磨研された直口広肩壺は3世紀第4四半期〜4世紀第1四半期には遅くとも百済に出現していたと見られる。

天安龍院里古墳群9号石槨墓出土品は、共伴した黒釉磁鶏首壺から4世紀末〜5世紀初になる。同古墳群72号土壙墓出土品は共伴馬具から5世紀前葉以後（諫早 2012：208）、黒色磨研の蓋から4世紀末（金斗権 2003：50）に位置づけられ、9号石槨墓出土品とほぼ同時期もしくは多少後出すると思われる。

華川原川里遺跡33号住居出土品は天安龍院里9号石槨墓出土馬具との対比で、4世紀末〜5世紀初とされるが（権度希 2013）、天安龍院里古墳群9号石槨墓出土品より先行することが型式学的にも明らかなため、4世紀後葉頃に比定できる。

直口広肩壺の下限は瑞山富長里遺跡Ⅰ地域8号墳丘墓墳丘上面出土品である。8号墳丘墓は周溝の切り合いから6号墳丘墓と9号墳丘墓より先行する。6号墳出土耳飾が5世紀第3四半期（李漢祥 2009：103）であるため、8号墳は5世紀前葉に仮定できようが、墳丘上面から出土していることから、5世紀第3四半期まで下がる可能性がある。

時期比定が可能な資料を基準に直口広肩壺の編年を試み、器形や文様の変化を把握する。文様の種類に時間差は確認できないが、5世紀代になると一部の文様（三角形を下に向けた形（三角集線文））の幅が広くなる（図112-5・13・14）。

器形は、胴部最大径に比べ底径が小さいもの（図112-1・2・4・6）から、比較的大きいもの（図112-10・15・17・18）への変化が認められる。また早い時期のものは、胴部最大径以下の器高（図111-G）が高く、中国陶磁器の罐のような器形を呈するが（図112-1〜4）、時期が下るにつれ、胴部最大径以下の器高が低くなる傾向が見られる（図112-15〜19）。

上記の変遷からソウル可楽洞古墳群2号墳封土出土品（図112-2・3）の時間的位置について検討する。この出土品については3世紀中葉頃（朴淳発 2012a）と375年を前後する時点（金一圭 2012b・2013）とする見解に分けられるが、両者共この資料が黒色磨研の直口広肩壺の最古形とする。可楽洞出土品は直口広肩壺の上限である風納土城出土品と同じ形態であるため、4世紀前葉である。そのため金一圭の4世紀後葉という積極的な根拠は今のところ見出せない。

以上の内容を整理すると、百済における直口広肩壺の存続期間は、3世紀第4四半期・4世紀第1四半期から5世紀第3四半期、つまり漢城期に限定し製作・使用された器種であった。

2．直口短頸壺

直口短頸壺は直口広肩壺と形態的に類似するが、基本的に丸底または抹角平底で、底部にはタタキが施される（朴淳発 2006：155）。この器種も直口広肩壺同様、中国器物の影響とされ、具体的に後漢末〜西晋時期の中国東北地方出土直口短頸壺と関連があるとされる（朴淳発 2006：63）。そのため直口短頸壺の出現は、百済の成立期における中国東北地方（後漢の公孫氏勢力または西晋の東夷校尉府）との交渉がうかがえる考古資料である（朴淳発 2001a：113・114、2006：156）。

直口短頸壺の編年研究は朴淳発（2003）が初出であり、金鍾萬（2007：163-166）、金朝允（2010）、金恩恵（2014）、朱恵美（2016）と続き、具体的で詳細な編年案は朴淳発と朱恵美の研究で行われて

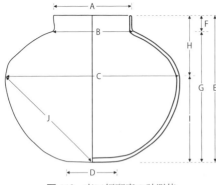

図 113 直口短頸壺の計測値

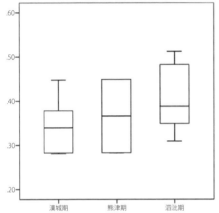

図 114 時期別に見た直口短頸壺の底部比の箱ひげ図

いる。

分析対象の直口短頸壺は完形品 127 点である。まず A から J まで総 10 の計測範囲を設定し、計測値を算出した（図 113）。その値を分析した結果、計測的属性を組み合わせた底部比（D/C）が時間性を反映していた。また形質的属性のうち、底部、胴部の文様、文様の範囲が時間と関連がある。

(1) 計測的属性

底部比（D/C）とは胴部最大径（C）と底径（D）の相関関係を見るため、用いた名称である。底部比の平均は漢城期 0.36、熊津期 0.37、泗沘期 0.40 であった。これは箱ひげ図（box plot）[7]からもわかるように、時期が下るにつれて、底部が相対的に大きくなる（図 114）。つまり胴部最大径に比べ底径が小さいものから、大きいものへ変化している。

ここで疑問なのが微々たる数値の変化が、果たして時間と関連がある有意な属性であるか否かである。これについては多重比較法（multiple comparison）[8]を行った結果、漢城期・熊津期と泗沘期の間には底部比の平均に差が認められることが、統計学的に認められた。直口短頸壺の底部比は、時間性を反映する計測的属性である。

(2) 形質的属性

① **底部** 底部は丸底（a）、抹角平底（b）、平底（c）に大別できるが、抹角平底は凹底（b①）とそうでないもの（b②）に分けられる（図 115）。

底部と時期のクロス集計表（表 8）[9]の結果、丸底（a）と抹角平底（b）は漢城期に集中する反面、平底（c）は泗沘期に出現することがわかる。しかし単純に割合を比較しただけであり、このような解釈が成立するのか否か統計学的に検討する必要がある。χ^2検定（カイ 2 乗検定）を行った結果、有意確率が 0.00[10] で有意水準 0.05 より小さいため、対立仮説（差がある）[11]が採択され、表の底部の変化と時間には有意な差が認められる。そのため、時間の経過に伴い、丸底（a）→抹角平底（b）→平底（c）に変化する解釈は成り立つ。

② **文様** 胴部の文様は 7 つに分類できる（図 116）。文様を施さない無文（a）、2 条の横沈線の間に格子文を施したもの（b）、2 条の横沈線だけのもの（c）、2 条の横沈線の間に 1～2 条の波状文を施したもの（d）、1～3 条の波状文を施したもの（e）、3～4 条の横沈線だけのもの（f）、櫛描波状文を施したもの（g）である。

文様と時期のクロス集計表（表 9）の結果、無文は百済全時期において見られるが、有文様である

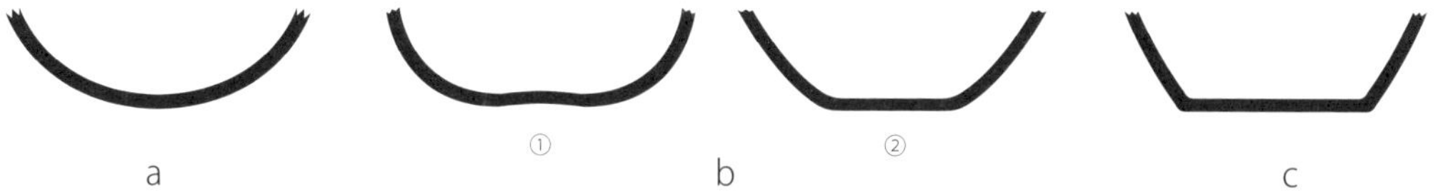

図115　直口短頸壺の底部

b～dは漢城期、e～gは泗沘期に盛行する。b～d→e～gへの変遷と認識でき[12]、先行研究（朴淳発 2003）ともある程度符合する。

③ **文様の範囲**　文様の範囲は5つに分類できる。胴部最大径を基準に文様が胴部上位に位置するもの（a）、上位から胴部最大径付近までに位置するもの（b）、胴部最大径付近に位置するもの（c）、胴部最大径から胴部下位に位置するもの（d）、胴部全体にわたるもの（e）である。

表8　直口短頸壺の底部と時期のクロス集計表

			底部			合計
			丸底	抹角平底	平底	
時期	漢城期	度数	15	53	0	68
		底部の%	100.0%	85.5%	0.0%	79.1%
	熊津期	度数	0	2	0	2
		底部の%	0.0%	3.2%	0.0%	2.3%
	泗沘期	度数	0	7	9	16
		底部の%	0.0%	11.3%	100.0%	18.6%
合計		度数	15	62	9	86
		底部の%	100.0%	100.0%	100.0%	100.0%

文様の範囲[13]と時期のクロス集計表（表10）の結果、漢城期には文様が胴部上位に限定される場合が圧倒的だが、泗沘期になると胴部最大径付近から胴部下位または胴部全体に施す傾向になる[14]。これは先行研究（金朝允 2010）ともある程度符合する。

(3) 型式設定と編年

前述したように直口短頸壺の文様と関連する属性は時間性を反映している。ここでは文様と文様の範囲の組み合わせから、直口短頸壺の型式を設定する[15]。しかし各属性の組み合わせの数が少ないため、型式設定には不適合である（表11）。そのため文様を1つの型式として、論旨を展開していく。百済の全期間にわたり存続した文様のない直口短頸壺を除外し、2条の横沈線の間に格子文を施したもの（1型式）、2条の横沈線だけのもの（2型式）、2条の横沈線の間に1～2条の波状文を施したもの（3型式）、1～3条の波状文を施したもの（4型式）、3～4条の横沈線だけのもの（5型式）、櫛描波状文を施したもの（6型式）に設定した[16]。

直口短頸壺の編年を実施するための基準となる資料は、中国陶磁器との共伴により4世紀第4四半期～5世紀第1四半期の公州水村里遺跡Ⅱ地点1号土壙木槨墓出土品（図117-21）、5世紀第1四半期～第2四半期のソウル風納土城慶堂地区9号遺構平面E竪穴出土品（図117-11）、5世紀第2四半期の公州水村里遺跡Ⅱ地点4号横穴式石室出土品（図117-15）とソウル石村洞古墳群3号墳東側A地域8号土壙墓出土品（図117-5）、加耶（系）土器との共伴により5世紀第2四半期～第3四半期の公州水村里遺跡Ⅱ地点5号横穴式石室出土品（図117-22）、5世紀第3四半期の燕岐松院里遺跡KM-046横穴式石室出土品（図117-13）、6世紀第1四半期の長水東村里古墳群9号墳石槨墓出土品（図117-17）、新羅（系）土器との共伴により6世紀第1四半期～第2四半期の公州山儀里遺跡40号横穴式石室出土品（図117-29）が挙げられる。これらの直口短頸壺の計測的属性や形質的属性の変遷とその他共伴遺物の時期を通して編年図を作成した。

最も早い段階の直口短頸壺は文様がない水原笠北洞遺跡周溝土壙墓出土品（図117-1）と華城馬

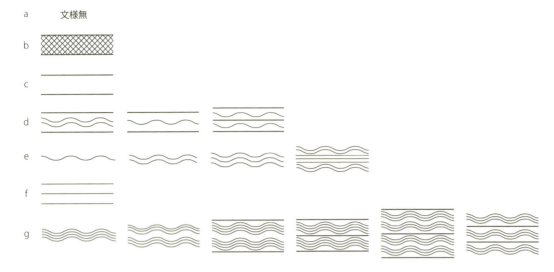

図116　直口短頸壺の胴部の文様

表9　直口短頸壺の文様と時期のクロス集計表

			文様							合計
			a	b	c	d	e	f	g	
時期	漢城期	度数	23	18	6	14	2	3	2	68
		文様の%	85.2%	100.0%	100.0%	100.0%	40.0%	37.5%	25.0%	79.1%
	熊津期	度数	0	0	0	0	1	0	1	2
		文様の%	0.0%	0.0%	0.0%	0.0%	20.0%	0.0%	12.5%	2.3%
	泗沘期	度数	4	0	0	0	2	5	5	16
		文様の%	14.8%	0.0%	0.0%	0.0%	40.0%	62.5%	62.5%	18.6%
合計		度数	27	18	6	14	5	8	8	86
		文様の%	100.0%	100.0%	100.0%	100.0%	100.0%	100.0%	100.0%	100.0%

表10　直口短頸壺の文様範囲と時期のクロス集計表

			文様の範囲					合計
			a	b	c	d	e	
時期	漢城期	度数	38	6	1	0	0	45
		文様の範囲の%	97.4%	60.0%	25.0%	0.0%	0.0%	76.3%
	熊津期	度数	1	1	0	0	0	2
		文様の範囲の%	2.6%	10.0%	0.0%	0.0%	0.0%	3.4%
	泗沘期	度数	0	3	3	4	2	12
		文様の範囲の%	0.0%	30.0%	75.0%	100.0%	100.0%	20.3%
合計		度数	39	10	4	4	2	59
		文様の範囲の%	100.0%	100.0%	100.0%	100.0%	100.0%	100.0%

霞里古墳群3号石槨墓出土品（図117-2）である。笠北洞出土遺物を考察した報告書（西海文化財研究院 2013）の記述と共伴馬具の時期（諫早 2012：207）を参考にすると、4世紀前葉になろう。馬霞里出土品は報告書（李鮮馥ほか 2004）の記述と共伴馬具の時期（諫早 2012：207）を参考にすると、4世紀中葉が妥当である。これにより少なくとも地方の墓では4世紀前葉から直口短頸壺の副葬が始まったと思われる。百済都城では4世紀前葉より遡る確かな資料はないが、直口短頸壺の上限は直口広肩壺同様、3世紀第4四半期～4世紀前葉と考える。

　直口短頸壺の出現時期を具体的に言及した研究（朴淳発 2012a）を参考にすると次の通りである。

表 11　直口短頸壺の文様と文様範囲のクロス集計表

文様の範囲			文様						合計
			b	c	d	e	f	g	
文様の範囲	a	度数	18	6	12	3	0	0	39
		文様の%	100.0%	100.0%	85.7%	60.0%	0.0%	0.0%	66.1%
	b	度数	0	0	2	0	5	3	10
		文様の%	0.0%	0.0%	14.3%	0.0%	62.5%	37.5%	16.9%
	c	度数	0	0	0	1	1	2	4
		文様の%	0.0%	0.0%	0.0%	20.0%	12.5%	25.0%	6.8%
	d	度数	0	0	0	1	1	2	4
		文様の%	0.0%	0.0%	0.0%	20.0%	12.5%	25.0%	6.8%
	e	度数	0	0	0	0	1	1	2
		文様の%	0.0%	0.0%	0.0%	0.0%	12.5%	12.5%	3.4%
合計		度数	18	6	14	5	8	8	59
		文様の%	100.0%	100.0%	100.0%	100.0%	100.0%	100.0%	100.0%

　浦項玉城里古墳群ナ地区 90 号木槨墓から、肩部に文様がない直口短頸壺が出土したが、共伴遺物からこの木槨墓は 3 世紀末～4 世紀前葉（安順天 1998）に比定できる。肩部に文様がない直口短頸壺自体は、早い段階に出現するものではないため、文様のある直口短頸壺は少なくともそれより早い時期に登場していたと見られる。これは直口短頸壺の出現を 3 世紀中・後葉と見る自身（朴淳発）の百済土器成立時期とも符合するとある。

　直口短頸壺と直口広肩壺の最も大きな特徴は肩部に施された文様にあろう。西晋代の長江流域の青磁罐は肩部に格子文を施すのが特徴である（朴淳発 2012a）。東晋以後このような肩部の文様は消滅することから、直口短頸壺などは時期的に西晋代と関連がある可能性が高い（韓志仙 2005）。

　これと関連して、4 世紀第 2 四半期に比定可能な青磁碗がソウル風納土城 197 番地ラ-4 号住居埋土上層から出土しているが、これより先に堆積した層（内部層）からは硬質無文土器の甑や蓋と共に、直口短頸壺の肩部片が見つかっている。埋土上層と内部層の時間差はわからないが、少なくとも 4 世紀第 2 四半期には都城でも直口短頸壺が存在していた可能性を示唆している。

　1 型式は年代決定資料と共伴する 5 世紀第 2 四半期のソウル石村洞古墳群 3 号墳東側 A 地域 8 号土壙墓出土品（図 117-5）があるが、これ以外に前述した 4 世紀中葉の華城馬霞里古墳群 3 号石槨墓出土品（図 117-2）が時期の根拠となろう。また天安龍院里古墳群 1 号石槨墓出土品（図 117-4）は共伴の龍鳳文環頭大刀の編年（金宇大 2011）を参考にすると、5 世紀第 1 四半期に比定できる。1 型式の上限は 4 世紀第 3 四半期、下限は 5 世紀第 1 四半期である。

　2 型式は瑞山富長里遺跡 I 地域 8 号墳丘墓 2 号土壙墓出土品（図 117-8）が 2 型式の基準である。8 号墳丘墓は周溝の切り合いから 6 号墳丘墓と 9 号墳丘墓より先行する。6 号墳出土耳飾が 5 世紀第 3 四半期（李漢祥 2009：103）になることから、8 号墳は暫定的に 5 世紀前葉になろう。その他出土品は計測的属性と形質的属性の変遷を考慮した。2 型式の上限は 4 世紀第 4 四半期、下限は 5 世紀第 3 四半期である。

　3 型式は年代決定資料と共伴する 5 世紀第 1 四半期～第 2 四半期のソウル風納土城慶堂地区 9 号遺構平面 E 竪穴出土品（図 117-11）と燕岐松院里遺跡 KM-046 横穴式石室出土品（図 117-13）がある。3 型式の上限は 5 世紀第 1 四半期、下限は 5 世紀第 3 四半期である。

　4 型式は年代決定資料と共伴する 5 世紀第 2 四半期の公州水村里遺跡 II 地点 4 号横穴式石室出土品（図 117-15）と 6 世紀第 1 四半期の長水東村里古墳群 9 号墳石槨墓出土品（図 117-17）がある。

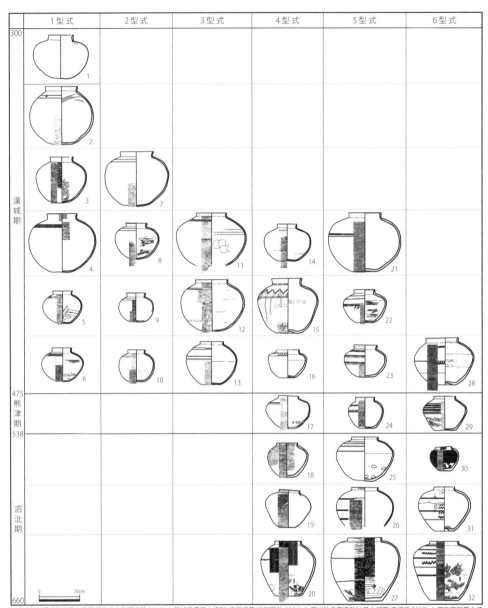

1. 水原笠北洞遺跡周溝土壙墓(西海文化財研究院 2013), 2. 華城馬霞里古墳群3号石槨墓(李鮮馥他 2004), 3. 原州法泉里遺跡21号木槨墓(尹炯元 2002), 4. 天安龍院里古墳群1号石槨墓(李南奭 2000), 5. ソウル石村洞古墳群3号墳東側A地域8号土壙墓(金元龍 1986、李鮮馥他 2015), 6. 瑞山富長里遺跡Ⅰ地域2号墳丘墓4号土壙墓(忠清南道歴史文化研究院 2008a), 7. 華城馬霞里古墳群Ⅷ号木棺墓(李鮮馥他 2004), 8. 瑞山富長里遺跡Ⅰ地域8号墳丘墓2号土壙墓(忠清南道歴史文化研究院 2008a), 9. 龍仁テドックゴル(대덕골)遺跡2号土壙墓(畿甸文化財研究院 2003b), 10. ソウル石村洞古墳群4号墳周辺推定住居(李鮮馥他 2013), 11. ソウル風納土城慶堂地区9号遺構平面E(権五栄他 2004), 12. 同土城9号遺構平面A(同上), 13. 燕岐松院里遺跡KM-046横穴式石室(李弘鍾他 2010), 14. 烏山内三美洞遺跡7号住居(京畿文化財研究院 2011a), 15. 公州水村里遺跡Ⅱ地点4号横穴式石室(忠清南道歴史文化研究院 2007a), 16. 扶餘汾江・楮石里古墳群カ号埋納遺構(李南奭 1997), 17. 長水東村里遺跡9号石槨墓(郭長根他 2005), 18. 舒川楸洞里遺跡Ⅰ地域A-27号墳横穴式石室(田鎰溶他 2006), 19. 扶餘宮北里遺跡タ地区1号木槨倉庫最下端部(国立扶餘文化財研究所 2009a), 20. 舒川堂丁里古墳群5号墳横穴式石室(朴大淳 2010), 21. 公州水村里遺跡Ⅱ地点1号土壙木槨墓(忠清南道歴史文化研究院 2007a), 22. 同遺跡Ⅱ地点5号横穴式石室(同上), 23. 華城隅里モクシル(먹실)遺跡24号竪穴(畿甸文化財研究院 2007), 24. 益山熊浦里古墳93-13号墳小型石槨墓(崔完奎 1995), 25. 扶餘塩倉里古墳群Ⅲ-62号墳横穴式石室(李南奭他 2003), 26. 益山王宮里遺跡焼土遺構(国立扶餘文化財研究所 2002b), 27. 扶餘雙北里トゥシロックゴル(두시락골)遺跡2地点2号住居(朴大淳他 2008), 28. 燕岐松院里遺跡KM-032土壙墓(李弘鍾他 2010), 29. 公州山儀里遺跡40号横穴式石室(李南奭 1999), 30. 瑞山餘美里遺跡Ⅰ地区8号横穴式石室(李尚燁 2001), 31. 保寧蓮芝里遺跡KM-003横穴式石室(李弘鍾他 2002), 32. 扶餘雙北里280-5番地遺跡1号建物(鄭海濬他 2011)

図117 直口短頸壺の編年 (S=1/18)

この型式の明確な上限は不明だが、5世紀前葉には出現していたと考えられる。

4型式以降、漢城期には胴部上位に限定された文様の範囲が、時期の経過に伴い胴部最大径付近にまで広がる。また泗沘期には器形にも変化が見られる。その時期は扶餘官北里遺跡夕地区1号木槨倉庫最下端部出土品（図117-19）から推察できる。報告書（国立扶餘文化財研究所 2009a：115）によると官北里1号木槨倉庫は第1次生活面段階に造営され、第2次生活面段階にもある程度存続した可能性があるという。第2次生活面段階は第1次盛土層（百済盛土1層）の上に形成されているが、この層から6世紀第4四半期の中国陶磁器が出土している。第2次生活面段階と次の第3次生活面段階の間には第2次盛土層（百済盛土2層）がある。この層は新羅土器と中国の貨幣から7世紀第2四半期の造成となる。そのため第2次生活面段階は7世紀第1四半期に比定でき、木槨倉庫最下端部出土品もこの時期になろう。そのため底径と胴部最大径以下の器高（図113-I）が高くなる器形（図117-20・27・32）への変化は7世紀第2四半期以後になることがわかる。

5型式は年代決定資料と共伴する4世紀第4四半期～5世紀第1四半期の公州水村里遺跡Ⅱ地点1号土壙木槨墓出土品（図117-21）と5世紀第2四半期～第3四半期の公州水村里遺跡Ⅱ地点5号横穴式石室出土品（図117-22）がある。上限は5世紀第1四半期、下限は扶餘雙北里トゥシロックゴル（두시럭골）遺跡2地点2号住居出土品（図117-27）から7世紀第2四半期～第3四半期になろう。

6型式は年代決定資料と共伴する6世紀第1四半期～第2四半期の公州山儀里遺跡40号横穴式石室出土品（図117-29）がある。上限は共伴の杯身から5世紀第3四半期になる燕岐松譚里遺跡KM-032土壙墓出土品（図117-28）、下限は扶餘雙北里280-5番地遺跡1号建物出土品（図117-32）で7世紀第2四半期～第3四半期になろう。

3．高　杯

百済高杯の最大の特徴は、素朴さにある。新羅・加耶の高杯脚部に施される透窓や装飾などを基本的に行わないからである。また百済高杯は新羅・加耶の高杯に比べ脚部が相対的に短いが、短い脚部は新羅・加耶に先駆けて食膳文化が導入された証拠とする（朴淳発 2006：143）。

ソウル夢村土城などの報告書で高杯の分析は行われているが、百済全体を扱った高杯の研究は筆者（2004a・2005a）が初出になり、金鍾萬（2007：198-200）に続くが、以後時期と遺跡に限定した研究（方瑠梨 2007、申鍾国 2011）にとどまる。

分析対象の高杯は完形品440点である。まずAからJまで総10の計測範囲を設定し、計測値を算出した（図118）。その値を分析した結果、計測的属性を組み合わせた脚部開き（D/C）、杯部比（J/E）、脚部比（G/E）、脚部位置（C/B）が時間性を反映していた。また形質的属性のうち、受け部と脚端部が時間と関連がある。2つの形質的属性の組み合わせにより型式を設定し、年代決定資料と共伴した高杯を中心に、編年を提示する。

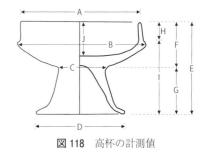

図118　高杯の計測値

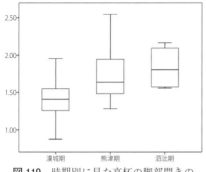

図 119 時期別に見た高杯の脚部開きの箱ひげ図

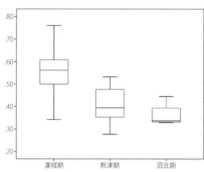

図 120 時期別に見た高杯の杯部比の箱ひげ図

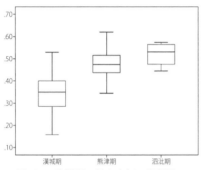

図 121 時期別に見た高杯の脚部比の箱ひげ図

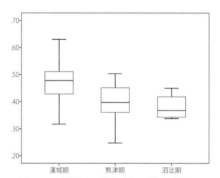

図 122 時期別に見た高杯の脚部位置の箱ひげ図

(1) 計測的属性

① **脚部開き** 脚部開き（D/C）とは、脚基部径（C）と脚底部径（D）の相関関係を見るため、用いた名称である。脚部開きの平均は漢城期1.42、熊津期1.77、泗沘期1.83であった。これは時期が下るにつれて、脚底部径（D）に比べ脚基部径（C）が小さくなることを意味する[21]（図119）。

② **杯部比** 杯部比（J/E）とは、器高（E）と杯部の高さ（J）の相関関係を見るため、用いた名称である。杯部比の平均は漢城期0.56、熊津期0.41、泗沘期0.36であった。これは時期が下るにつれて、杯部の高さ（J）が低くなることを意味する[22]（図120）。

③ **脚部比** 脚部比（G/E）とは、器高（E）と脚部の高さ（G）の相関関係を見るため、用いた名称である。脚部比の平均は漢城期0.35、熊津期0.48、泗沘期0.52であった。これは時期が下るにつれて、脚部（G）が高くなることを意味する[23]（図121）。

④ **脚部位置** 脚部位置（C/B）とは、杯部最大径（B）と脚基部径（C）の相関関係を見るため、用いた名称である。脚部位置の平均は漢城期0.47、熊津期0.40、泗沘期0.38であった。これは時期が下るにつれて、杯部最大径（B）に比べ脚基部径（C）が小さくなることを意味する[24]（図122）。これは先の脚部開きの結果とも関連がある。

(2) 形質的属性

① **受け部** 受け部は6つに分類できる（図123）。受け部を持たないもの（a）、受け部を持たない

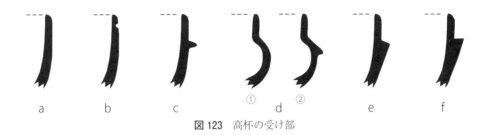

図123 高杯の受け部

表12 高杯の受け部と時期のクロス集計表

			受け部						合計
			a	b	c	d	e	f	
時期	漢城期	度数	31	3	101	22	145	11	313
		受け部の%	96.9%	100.0%	98.1%	100.0%	85.8%	57.9%	89.9%
	熊津期	度数	1	0	2	0	21	7	31
		受け部の%	3.1%	0.0%	1.9%	0.0%	12.4%	36.8%	8.9%
	泗沘期	度数	0	0	0	0	3	1	4
		受け部の%	0.0%	0.0%	0.0%	0.0%	1.8%	5.3%	1.1%
合計		度数	32	3	103	22	169	19	348
		受け部の%	100.0%	100.0%	100.0%	100.0%	100.0%	100.0%	100.0%

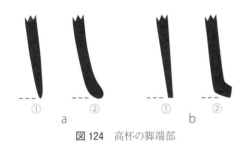

図124 高杯の脚端部

表13 高杯の脚端部と時期のクロス集計表

			脚端部		合計
			a	b	
時期	漢城期	度数	239	74	313
		脚端部の%	93.7%	79.6%	89.9%
	熊津期	度数	15	16	31
		脚端部の%	5.9%	17.2%	8.9%
	泗沘期	度数	1	3	4
		脚端部の%	0.4%	3.2%	1.1%
合計		度数	255	93	348
		脚端部の%	100.0%	100.0%	100.0%

が、口縁部付近に横沈線が入るもの（b）、突帯を取り付け受け部としたもの（c）、杯部最大径を突出させたもの（d）、受け部を傾斜させたもの（e）、杯部と受け部が直角になるもの（f）である。

受け部と時期のクロス集計表（表12）の結果、漢城期にはすべての受け部が出現しているが、熊津期・泗沘期には受け部eと受け部fが主流をなす。

受け部の形態は製作技法とも関連がある。時間の経過に伴い突帯を取り付けた受け部cから受け部eや受け部fに移行する。このような変化は高杯の大量生産および中国陶磁器との関連性を想定できる。これは後述する三足土器の受け部でも同様である。

② **脚端部** 脚端部が丸い（もしくは尖る）もの（a）と平坦なもの（b）に大別できる（図124）。脚端部と時期のクロス集計表（表13）の結果、漢城期にはすべての脚端部が出現しているが、時間の経過に伴い脚端部bが主流をなすことがわかる。

(3) 型式設定と編年

受け部a・b・d・fは数が少ないため、脚端部との組み合わせによる型式設定は難しい（表14）。

そのため受け部aは1型式、受け部bは2型式、受け部cと脚端部aは3型式、受け部cと脚端部bは4型式、受け部dは5型式、受け部eと脚端部aは6型式、受け部eと脚端部bは7型式、受け部fは8型式とした。

型式と時期のクロス集計表（表15）の結果、設定した型式が時間性を反映していることがわかる。[30] 漢城期にはすべての型式が出現しているが、時間の経過に伴い6型式〜8型式が主流をなす。

高杯の編年を実施するための基準となる資料は、中国陶磁器との共伴により5世紀第1四半期〜第2四半期のソウル風納土城慶堂地区9号遺構平面E竪穴出土品、日本出土高杯との比較により5世紀第3四半期〜第4四半期の公州艇止山遺跡17号貯蔵穴下層出土品（図125-30）、須恵器（系）との共伴により6世紀第1四半期の公州金鶴洞古墳群20号墳（横口式）石槨墓出土品（図125-31）、加耶（系）土器との共伴により5世紀第2四半期〜第3四半期の燕岐松院里遺跡KM-018横穴式石室出土品と公州水村里遺跡Ⅱ地点5号横穴式石室出土品（図125-23）、5世紀第3四半期の燕岐松院里遺跡KM-046横穴式石室出土品（図125-15）、5世紀第3四半期〜第4四半期の鎮安黄山里古墳群カ地区11号墳石槨墓出土品（図125-24）、6世紀第1四半期〜第2四半期の同古墳群カ地区6号墳石槨墓出土品（図125-25）が挙げられる。これら高杯の計測的属性や形質的属性の変遷とその他共伴遺物の時期を通して編年図を作成した。

前述したように高杯は時間の経過に伴い杯部の器高が低くなる一方、脚部が長くなる様相を確認した。5世紀第2四半期〜第3四半期の公州水村里遺跡出土品（図125-23）の脚部比は0.40、5世紀第3四半期〜第4四半期の公州艇止山遺跡出土品（図125-30）の脚部比は0.47であり、脚部の長さ（杯部の器高）と時間には相関関係がうかがわれる。

高杯の出現時期を示す具体的な年代決定資料はないが、5世紀第1四半期〜第2四半期のソウル風納土城慶堂地区9号遺構平面E竪穴出土品の脚部比を逆算すると、ソウル風納土城197番地（旧未来マウル）カ-54号-2号竪穴出土品（図125-7）を4世紀第3四半期まで遡らせることができる。しかし高杯の本格的な盛行は4世紀第4四半期以降と思われる。

1型式は無蓋高杯で、年代決定資料との共伴はないが、脚部比から4世紀第4四半期以後に出現

表14 高杯の受け部と脚端部のクロス集計表

			脚端部 a	脚端部 b	合計
受け部	a	度数	28	4	32
		脚端部の%	11.0%	4.3%	9.2%
	b	度数	1	2	3
		脚端部の%	0.4%	2.2%	0.9%
	c	度数	70	33	103
		脚端部の%	27.5%	35.5%	29.6%
	d	度数	16	6	22
		脚端部の%	6.3%	6.5%	6.3%
	e	度数	133	36	169
		脚端部の%	52.2%	38.7%	48.6%
	f	度数	7	12	19
		脚端部の%	2.7%	12.9%	5.5%
合計		度数	255	93	348
		脚端部の%	100.0%	100.0%	100.0%

表15 高杯の型式と時期のクロス集計表

			型式								合計
			1型式	2型式	3型式	4型式	5型式	6型式	7型式	8型式	
時期	漢城期	度数	31	3	70	31	22	118	27	11	313
		型式の%	96.9%	100.0%	100.0%	93.9%	100.0%	88.7%	75.0%	57.9%	89.9%
	熊津期	度数	1	0	0	2	0	14	7	7	31
		型式の%	3.1%	0.0%	0.0%	6.1%	0.0%	10.5%	19.4%	36.8%	8.9%
	泗沘期	度数	0	0	0	0	0	1	2	1	4
		型式の%	0.0%	0.0%	0.0%	0.0%	0.0%	0.8%	5.6%	5.3%	1.1%
合計		度数	32	3	70	33	22	133	36	19	348
		型式の%	100.0%	100.0%	100.0%	100.0%	100.0%	100.0%	100.0%	100.0%	100.0%

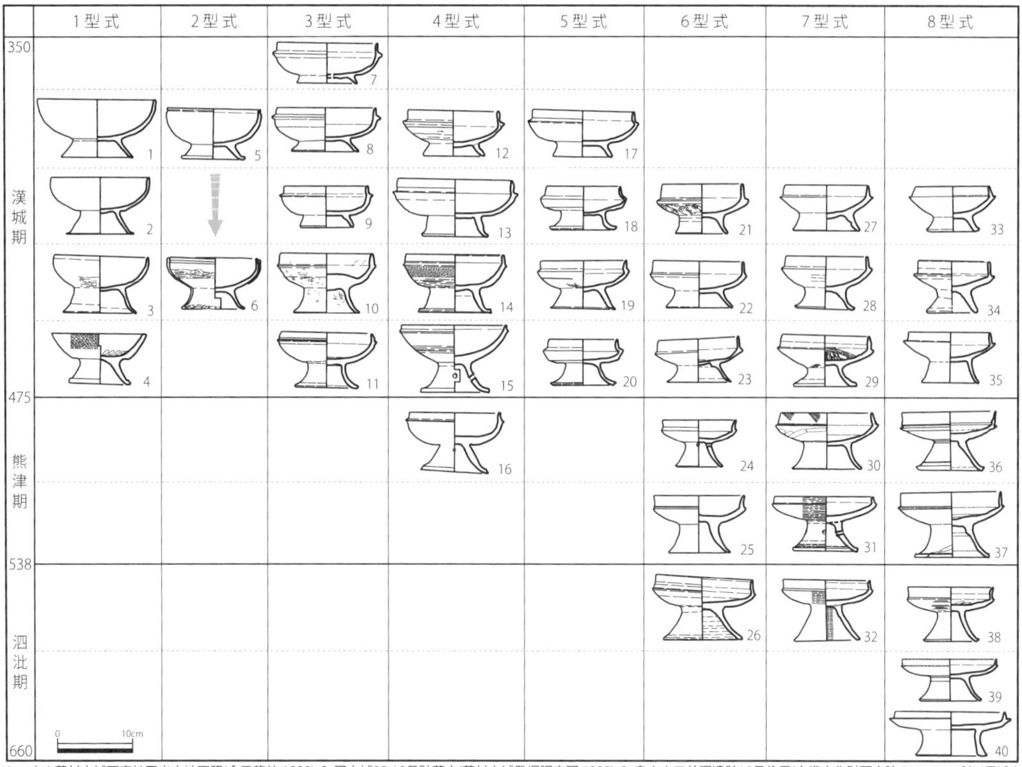

第 4 章　百済土器の成立と展開　267

	1型式	2型式	3型式	4型式	5型式	6型式	7型式	8型式

図125　高杯の編年（S＝1/10）

し、漢城期に盛行すると思われる。

　2型式は三足土器にも見られる杯部で、主に地方で見られる。この型式は漢城期に限定される。

　3型式は前述したように灰色軟質である風納土城カ-54号-2号竪穴出土品（図125-7）は高杯出土品の中でも最も早い段階になろう。そのため上限は4世紀第3四半期、下限は5世紀第3四半期である。

　4型式には年代決定資料と共伴する5世紀第3四半期の燕岐松院里遺跡KM-046横穴式石室出土品（図125-15）が含まれる。これを基準にすると、4型式の上限は4世紀第4四半期、下限は熊津期である。

　5型式は1・2・4型式同様、4世紀第4四半期に遡ると思われる。この型式は主に都城で確認できることから、その周辺で生産されたと考えられる。下限は5世紀第3四半期である。

　6型式には年代決定資料と共伴する5世紀第2四半期～第3四半期の公州水村里5号横穴式石室出土品（図125-23）、5世紀第3四半期～第4四半期の鎮安黄山里古墳群カ地区11号墳石槨墓出

品（図125-24）、6世紀第1四半期～第2四半期の同古墳群カ地区6号墳石槨墓出土品（図125-25）がある。これらを基準とすると、6型式の上限は5世紀第1四半期、下限は6世紀代である。

7型式には日本出土高杯との比較により5世紀第3四半期～第4四半期の公州艇止山遺跡17号貯蔵穴下層出土品（図125-30）、年代決定資料と共伴する6世紀第1四半期の公州金鶴洞古墳群20号墳（横口式）石槨墓出土品（図125-31）がある。これらを基準とすると、7型式の上限は5世紀第1四半期、下限は6世紀代である。

8型式も6・7型式同様、5世紀代に出現すると見られる。下限は扶餘官北里遺跡ナ地区百済盛土層出土品（図125-39）を通して推察できる。報告書（国立扶餘文化財研究所 2009a：439）にはナ地区百済盛土層とだけ記載があり、第1次盛土層出土品なのか第2次盛土層出土品なのかわからない。仮に第1次盛土層としても6世紀第4四半期前後以降になる。型式学的に高杯の最後の形態は扶餘佳塔里サニゴゲッゴル（산이고갯골）遺跡5号竪穴出土品（図125-40）のように、低い杯部の器高と直線的な脚部である。この脚部は三足土器も同様である。

高杯は漢城期に盛行し、泗沘期になるとほぼ見られなくなる。高杯の機能や意味が時間の経過と共に喪失・変化したのか、高杯にかわる新しい品の登場によるものか不明であるが、三足土器や杯身とは異なる変遷をたどることは興味深い。

(4) 起　源

高杯は初期鉄器時代や原三国時代にも見られず、新羅・加耶の高杯とも直接関連づけることができない（権五栄 2011）。権五栄によると中国江西省洪州窯に百済の有蓋高杯と類似した青磁の豆が存在するという。この青磁豆の出現は東晋以後の可能性があるため、筆者が設定した高杯の上限ともある程度符合する。中国の器物が百済高杯の祖形であるとすれば、百済高杯は316年を遡ることがないだろう。

地域によって差はあろうが、中国の豆は隋まで持続し、時間の経過と共に杯部の器高が低くなる一方、脚部が長くなる様相が見られる。百済高杯も同様の変遷を経ることから、百済高杯は中国陶磁器の影響を受け続けていた可能性を示唆している。

(5) 地　域

百済高杯は基本的に脚部に透窓や装飾を施すことはない。しかし脚部に円孔を開ける事例が約31点確認されている（図126）。分析対象の高杯440点中、わずか約7％にすぎないが、分布様相からこの高杯は地域を反映していることがわかる。

これらはソウル、清州、燕岐、大田、公州、論山、錦山、扶餘、舒川、群山、益山、全州、鎮安など広範囲に及ぶが、主に錦江流域または錦江流域の河川に集中している。そのためこれら高杯の発生地は錦江流域と見られる。その候補となる遺跡は杯部比と脚部比を考慮すると、論山表井里古墳群出土品（図126-10）と論山茅村里古墳群出土品（図126-12）などになろう。ただしこれらの出現時期を具体的に示す資料がないため結論は保留するが、先行研究（成正鏞 2000a：62・64）を参考にすると、5世紀前葉の論山地域の高杯が最も早い事例にあたる。下限は6世紀第1四半期の公州金鶴洞古墳群20号墳（横口式）石槨墓出土品（図126-8）から熊津期（6世紀前葉）までと考える。

ソウル出土品は5世紀第3四半期頃、錦江流域から搬入された品と判断できる。

第 4 章 百済土器の成立と展開　269

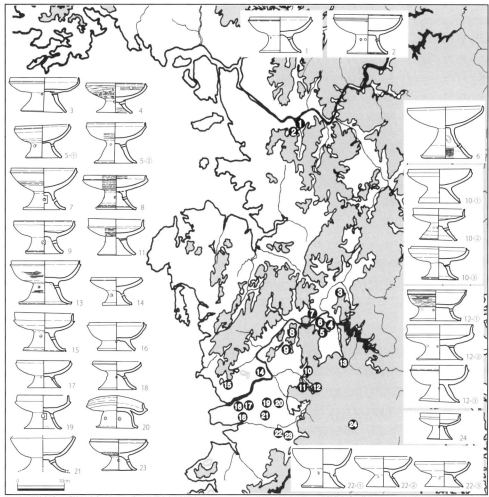

1. ソウル風納土城197番地(旧未来マウル)カ-グリッド(国立文化財研究所 2013b), 2. ソウル夢村土城東南地区88-4号貯蔵穴(金元龍他 1988), 3. 清州新鳳洞古墳群A-1号墳土壙墓(車勇杰他 2002a), 4. 大田月坪洞遺跡地表採集(国立公州博物館 1999c), 5-①. 大田伏龍洞堂山マウル遺跡4地域5号住居(田鎰溶他 2012), 5-②. 同遺跡4地域溝状遺構(同上), 6. 燕岐長在里遺跡103地点15号土壙墓(金栄国他 2013), 7. 燕岐松院里遺跡KM-046横穴式石室(李弘鍾他 2010), 8. 公州金鶴洞古墳群20号墳(横口式)石槨墓(柳基正他 2002), 9. 公州花井里遺跡8号竪穴(羅建柱 2003), 10-①. 論山表井古墳群15号墳石槨墓(安承周他 1988a), 10-②・10-③. 同古墳群地表採集(尹武炳 1979), 11. 論山斗井里遺跡12号石槨墓(鄭海濬他 2010), 12-①. 論山茅村里古墳群2号墳石槨墓(安承周他 1993), 12-②. 同古墳群15号墳石槨甕棺墓(同上), 12-③. 同古墳群16号墳石槨墓(同上), 13. 錦山水塘里遺跡2号石槨墓(忠清南道歴史文化院 2007b), 14. 扶餘帰德里古墳横穴式石室(沈相六他 2011), 15. 舒川鳳仙里遺跡1地域1号石槨墓(忠清南道歴史文化院 2005), 16. 群山屯徳里遺跡地表採集(群山大学校博物館 2003), 17. 群山余方里古墳群68号墳横穴式石室(崔完奎他 2001), 18. 群山月崩里遺跡ナ地区7号墳横穴式石室(郭長根他 2004), 19. 益山間村里遺跡Ⅱ地区1号周溝墓周溝内堆積土(湖南文化財研究院 2002), 20. 益山新龍里遺跡第1号窯跡(全栄来 1994), 21. 益山盃山遺跡21号竪穴(金鍾文他 2007), 22. 全州長洞遺跡墳丘墓8号墓(朴永民他 2009a), 23. 全州馬田遺跡Ⅳ区域2号墳1号石槨墓(湖南文化財研究院 2008b), 24. 鎮安黄山里古墳群カ地区11号墳石槨墓(郭長根 2001)

図 126　高杯の地域様相（S＝1/8）

4．三足土器

三足土器（三足器）は杯部の外面底に脚部を3つ取り付けた器種で、三国時代の中でも唯一百済でしか見られない（朴淳発 2006：150）。まさに百済を代表する土器である。

百済全体における三足土器の研究は1995年～2007年（尹煥ほか 1995、姜元杓 2001、朴淳発 2003、土田 2004a・2004b、金鍾萬 2007：195-198）までで、以後遺跡出土品に限定した考察が行われている。

分析対象の三足土器は完形品553点である。まずAからMまで総13の計測範囲を設定し、計測

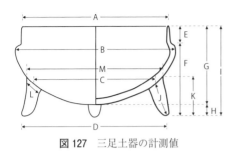

図 127 三足土器の計測値

値を算出した（図 127）。その値を分析した結果、計測的属性を組み合わせた脚部開き（D/C）、杯部比（G/I）、脚部比（K/I）、脚部位置（M/B）、脚部太さ（L×J/2）が時間性を反映していた。

三足土器は杯部の形態によって盤形（大型と小型）、壺形、杯形に分類できるが、出土量が多い杯形三足土器を中心に型式学的分類を行う。

三足土器の形質的属性のうち、受け部と脚端部が時間と関連がある。2つの形質的属性の組み合わせにより型式を設定し、年代決定資料と共伴した三足土器を中心に、編年を提示する。

(1) 計測的属性

① **脚部開き**　脚部開き（D/C）[31]とは、脚基部の中央径（C）と脚底部径（D）の相関関係を見るため、用いた名称である。脚部開きの平均は漢城期 1.20、熊津期 1.16、泗沘期 1.09 であった。これは時期が下るにつれて、脚底部径（D）に比べ脚基部の中央径（C）が小さくなることを意味する[32]（図 128）。

② **杯部比**　杯部比（G/I）とは、器高（I）と杯部の高さ（G）の相関関係を見るため、用いた名称である。杯部比の平均は漢城期 0.71、熊津期 0.64、泗沘期 0.44 であった。これは時期が下るにつれて、杯部（G）の高さが低くなることを意味する[33]（図 129）。

③ **脚部比**　脚部比（K/I）とは、器高（I）と脚部の高さ（K）の相関関係を見るため、用いた名称である。脚部比の平均は漢城期 0.38、熊津期 0.48、泗沘期 0.67 であった。これは時期が下るにつれて、脚部（K）が高くなることを意味する[34]（図 130）。

④ **脚部位置**　脚部位置（M/B）とは、杯部最大径（B）と脚基部の端径（M）の相関関係を見るため、用いた名称である。脚部位置の平均は漢城期 0.71、熊津期 0.78、泗沘期 0.89 であった。これは時期が下るにつれて、脚基部の端径（M）が大きくなることを意味する[35]（図 131）。つまり、脚部は底部中央に設置されていたものから、杯部最大径付近に脚部を設置するものに移行している。

⑤ **脚部太さ**　脚部太さ（L×J/2）とは、脚部の長さ（J）と脚基部の幅（L）の相関関係を見るため、用いた名称である。脚部太さの平均は漢城期 2.26、熊津期 2.72、泗沘期 4.10 であった。これは時期が下るにつれて、脚基部の幅（L）が大きくなることを意味する[36]（図 132）。

(2) 形質的属性

前述したように三足土器は杯部の形態によって盤形、壺形、杯形に分類できる。盤形は口径が約 20 cm 以上のもの（大型）と口径が約 20 cm 以下のもの（小型）があるため、ここでは大型盤形、小型盤形、壺形、杯形と称する。

杯部形態と時期のクロス集計表（表 16）[37]の結果、漢城期にはすべての杯部形態が出現しているが、大型盤形、小型盤形、壺形は漢城期に限定される[38]。

大型盤形、小型盤形、壺形は数が少ないため、ここでは杯形三足土器 411 点の形質的属性の分析を通じて型式設定を行う。

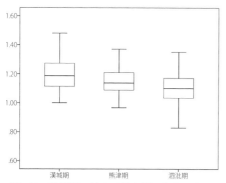

図128 時期別に見た三足土器の脚部開きの箱ひげ図

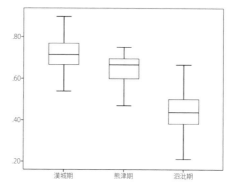

図129 時期別に見た三足土器の杯部比の箱ひげ図

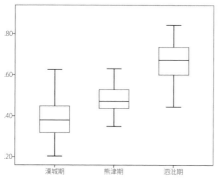

図130 時期別に見た三足土器の脚部比の箱ひげ図

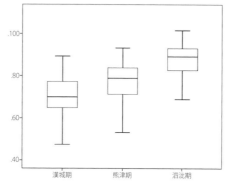

図131 時期別に見た三足土器の脚部位置の箱ひげ図

① **受け部** 受け部は5つに分類できる(図133)。受け部は持たないが、口縁部付近に横沈線を巡らしたり、口縁端部を外反させたもの(a)、突帯を取り付け受け部としたもの(b)、杯部最大径を突出させたもの(c)、受け部を傾斜させたもの(d)、杯部と受け部が直角になるもの(e)である。

受け部と時期のクロス集計表(表17)の結果、漢城期にはすべての受け部が出現しているが、熊津期・泗沘期には受け部dと受け部eが主流をなすことがわかる。[39]

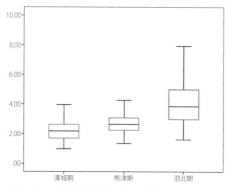

図132 時期別に見た三足土器の脚部太さの箱ひげ図

受け部の形態は製作技法とも関連がある。時間の経過に伴い突帯を取り付けた受け部bから受け部dや受け部eに移行する。このような変化は高杯同様、大量生産および中国陶磁器との関連性を想定できる。

② **脚端部** 脚端部は接地面に対し平坦なもの(a)、外反するもの(b)、丸い(もしくは尖る)もの(c)に大別できる(図134)。脚端部と時期のクロス集計表(表18)の結果、漢城期にはすべての脚端部が出現しているが、時間の経過に伴い脚端部cが主流をなすことがわかる。[40]

表16　三足土器の杯部形態と時期のクロス集計表

			杯部形態				合計
			大型盤形	小型盤形	壺形	杯形	
時期	漢城期	度数	23	23	4	129	179
		杯部形態の%	100.0%	100.0%	100.0%	31.4%	38.8%
	熊津期	度数	0	0	0	53	53
		杯部形態の%	0.0%	0.0%	0.0%	12.9%	11.5%
	泗沘期	度数	0	0	0	229	229
		杯部形態の%	0.0%	0.0%	0.0%	55.7%	49.7%
合計		度数	23	23	4	411	461
		杯部形態の%	100.0%	100.0%	100.0%	100.0%	100.0%

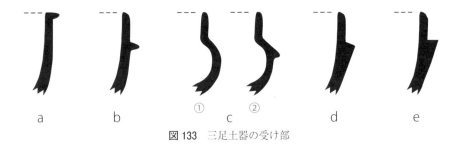

図133　三足土器の受け部

(3) 型式設定と編年

受け部a～cは数が少ないため、脚端部との組み合わせによる型式設定は難しい（表19）。そのため受け部aは1型式、受け部bは2型式、受け部cは3型式とした。受け部dと脚端部a・bも数が少ないため、これを合わせて4型式、受け部dと脚端部cは5型式、受け部eと脚端部a・bは6型式、受け部eと脚端部cは7型式とした。

型式と時期のクロス集計表（表20）の結果、設定した型式が時間性を反映していることがわかる。[41]漢城期にはすべての型式が出現しているが、1型式と2型式は漢城期に限定され、3型式が主流をなす。熊津期は4型式、泗沘期は5型式～7型式が中心をなす。

三足土器の編年を実施するための基準となる資料は、日本出土三足土器との比較により6世紀第1四半期の公州宋山里古墳群方壇遺構出土品（図135-50）、須恵器（系）との共伴により5世紀第3四半期の清州新鳳洞古墳群B地区1号土壙墓出土品、5世紀第4四半期の群山山月里遺跡ナ地区6号横穴式石室出土品と同遺跡8号横穴式石室出土品、加耶（系）土器との共伴により5世紀第2四半期～第3四半期の燕岐松院里遺跡KM-005石槨墓出土品、公州水村里遺跡Ⅱ地点5号横穴式石室出土品（図135-14）、5世紀第3四半期の錦山水塘里遺跡2号横穴式石室出土品、5世紀第3四半期～第4四半期の鎮安黄山里古墳群カ地区11号墳石槨墓出土品（図135-39・59）、6世紀第1四半期の長水東村里古墳群9号墳石槨墓出土品、6世紀第1四半期～第2四半期の公州山儀里遺跡40号横穴式石室出土品と鎮安黄山里古墳群カ地区6号墳石槨墓出土品、7世紀第3四半期の扶餘雙北里北浦遺跡百済時代Ⅱ文化層1号枝葉敷設施設出土品（図135-55）が挙げられる。

その他、扶餘王興寺跡木塔跡基壇土出土品（図135-42）と益山帝釋寺跡木塔跡北辺階段跡西南側付近出土品（図135-63）は、各々青銅製舎利函と史料から時期の比定が可能である。[42][43]

前述したように三足土器は時間の経過に伴い杯部の器高が低くなる反面、脚部が長くなり、また脚部は底部中央に設置されていたものから、杯部最大径付近に脚部を設置するものに移行する様相

表17 三足土器の受け部と時期のクロス集計表

			受け部					合計
			a	b	c	d	e	
時期	漢城期	度数	17	26	34	34	18	129
		受け部の%	100.0%	100.0%	91.9%	26.6%	8.9%	31.4%
	熊津期	度数	0	0	3	23	27	53
		受け部の%	0.0%	0.0%	8.1%	18.0%	13.3%	12.9%
	泗沘期	度数	0	0	0	71	158	229
		受け部の%	0.0%	0.0%	0.0%	55.5%	77.8%	55.7%
合計		度数	17	26	37	128	203	411
		受け部の%	100.0%	100.0%	100.0%	100.0%	100.0%	100.0%

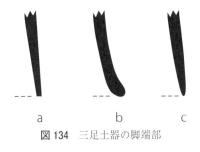

図134 三足土器の脚端部

表18 三足土器の脚端部と時期のクロス集計表

			脚端部			合計
			a	b	c	
時期	漢城期	度数	65	11	53	129
		脚端部の%	74.7%	26.8%	18.7%	31.4%
	熊津期	度数	3	21	29	53
		脚端部の%	3.4%	51.2%	10.2%	12.9%
	泗沘期	度数	19	9	201	229
		脚端部の%	21.8%	22.0%	71.0%	55.7%
合計		度数	87	41	283	411
		脚端部の%	100.0%	100.0%	100.0%	100.0%

表19 三足土器の受け部と脚端部のクロス集計表

			脚端部			合計
			a	b	c	
受け部	a	度数	6	3	8	17
		脚端部の%	6.9%	7.3%	2.8%	4.1%
	b	度数	10	4	12	26
		脚端部の%	11.5%	9.8%	4.2%	6.3%
	c	度数	15	3	19	37
		脚端部の%	17.2%	7.3%	6.7%	9.0%
	d	度数	30	15	83	128
		脚端部の%	34.5%	36.6%	29.3%	31.1%
	e	度数	26	16	161	203
		脚端部の%	29.9%	39.0%	56.9%	49.4%
合計		度数	87	41	283	411
		脚端部の%	100.0%	100.0%	100.0%	100.0%

を確認した。5世紀第3四半期～第4四半期の鎮安黄山里古墳群11号墳石槨墓出土品（図135-39）の脚部比は0.70、脚部位置は0.67、6世紀第1四半期の公州宋山里古墳群方壇遺構出土品（図135-50）の脚部比は0.62、脚部位置は0.74であった。この具体的な数字からも時間と脚部の長さ（杯部の器高）および脚部位置には相関関係がうかがわれる。これらの数値を基準に、三足土器の計測的属性や形質的属性の変遷とその他共伴遺物の時期を通して編年図を作成した。

　三足土器の出現時期を示す具体的な年代決定資料はない。3世紀中葉～後葉に比定できる金海会峴里貝塚の四足土器の存在から、3世紀まで遡る可能性もあるが、百済地域の三足土器の中ではこれを支持する積極的な根拠は見出せない。5世紀第3四半期～第4四半期の鎮安黄山里古墳群11号墳石槨墓出土品（図135-39・59）の脚部比と脚部位置を逆算すると、ソウル風納土城現代聯合敷地S4E0内土器散布遺構中層出土品（図135-19）を4世紀第3四半期まで遡らせることができる。しかし三足土器の本格的な盛行は高杯同様、4世紀第4四半期以降になろう。

　大型盤形は杯部中位に突帯状の装飾が見られるが（図135-1～3）、これは銅洗のような金属容器の特徴としている（朴淳発 2006：151）。大型盤形の出現時期と起源については研究者によって見解

表20　三足土器の型式と時期のクロス集計表

			型式							合計
			1型式	2型式	3型式	4型式	5型式	6型式	7型式	
時期	漢城期	度数	17	26	34	24	10	12	6	129
		型式の%	100.0%	100.0%	91.9%	53.3%	12.0%	28.6%	3.7%	31.4%
	熊津期	度数	0	0	3	13	10	10	17	53
		型式の%	0.0%	0.0%	8.1%	28.9%	12.0%	23.8%	10.6%	12.9%
	泗沘期	度数	0	0	0	8	63	20	138	229
		型式の%	0.0%	0.0%	0.0%	17.8%	75.9%	47.6%	85.7%	55.7%
合計		度数	17	26	37	45	83	42	161	411
		型式の%	100.0%	100.0%	100.0%	100.0%	100.0%	100.0%	100.0%	100.0%

が異なるが、筆者は4世紀第3四半期に出現したと見る。これについては後述する。

図135-4・5は銅洗の大きさと器形を継承しているが、2型式の受け部を持つ。これらは4世紀第4四半期に出現したと思われる。

小型盤形（図135-8～11）は直立口縁部で、軟質焼成が多い。計測的属性の変遷を考慮すると、4世紀第4四半期～5世紀第3四半期の漢城期に限定される。

壺形は4点ある（図135-12～14）。華城石隅里モクシル（먹실）遺跡16号住居出土品（図135-12）の胴部には円孔が開けられ、甑のような機能を果たしたと思われる。

杯形1型式は後述するが、地域的特徴を反映した器形と理解できる（図135-15～18）。この型式は洪城神衿城をはじめとした西海岸で高い出土比率が見出せ、4世紀第4四半期から5世紀第3四半期の漢城期に限定される。

杯形2型式の初出は前述したようにソウル風納土城現代聯合敷地S4E0内土器散布遺構中層出土品（図135-19）で、4世紀第3四半期と考えられる。この型式も漢城期に限定される。

杯形3型式は計測的属性の変遷を考慮すると、龍仁水枝百済遺跡Ⅰ地点出土品（図135-24）が早い時期に該当し、4世紀第4四半期と考えられる。この型式は熊津期まで見られるが、漢城期に盛行した器形である。

杯形4型式と杯形5型式は杯形2型式より多少後出すると思われる。それは2型式と類似するソウル風納土城現代聯合敷地カ-S6W2グリッド出土品（図135-28）とソウル夢村土城出土地不明出土品（図135-35）から推察できる。これら2点の受け部は2型式の受け部を発展・変形させたものと理解でき、暫定的に4世紀第3四半期～第4四半期頃になると思われる。杯形4型式の下限は6世紀代と推察できる。

杯形5型式は年代決定資料と共伴する5世紀第3四半期～第4四半期の鎮安黄山里古墳群11号墳石槨墓出土品（図135-39）と577年の扶餘王興寺跡木塔跡基壇土出土品（図135-42）がある。これらを基準とすると、5型式の上限は4世紀第4四半期、下限は7世紀第3四半期である。

杯形6型式は日本出土三足土器との比較により6世紀第1四半期の公州宋山里古墳群方壇遺構出土品（図135-50）と年代決定資料と共伴する7世紀第3四半期の扶餘雙北里北浦遺跡Ⅱ文化層1号枝葉敷設施設出土品（図135-55）が基準となる。これから6型式の上限は5世紀第1四半期、下限は7世紀第3四半期である。

杯形6型式と杯形7型式の初出形は、杯部に比べ口縁部が非常に短く、丸底である（図135-46・56）。計測的属性の変遷を考慮すると、論山表井里古墳群14号墳出土品（図135-46）が5世紀第1

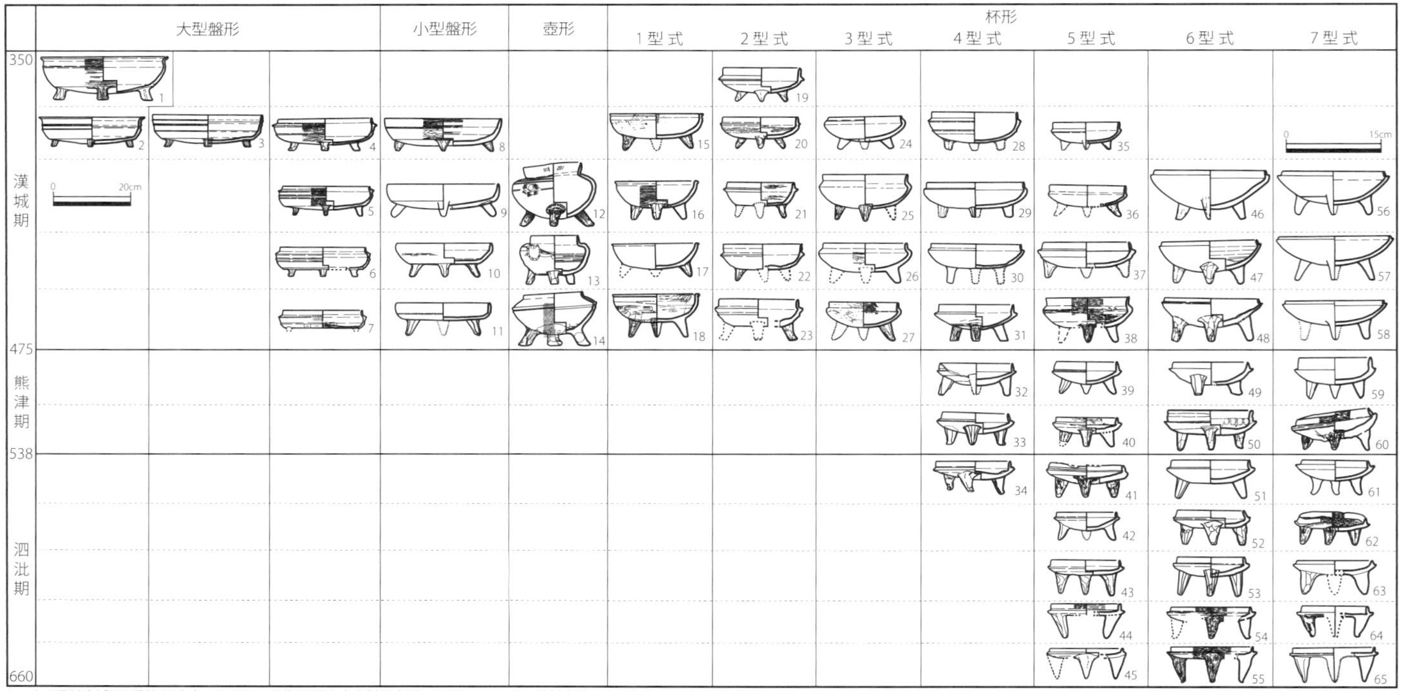

1. ソウル風納土城197番地(旧未来マウル)ラ-1号住居(国立文化財研究所 2013b), 2･3. ソウル夢村土城85-2号土坑(夢村土城発掘調査団 1985), 4. ソウル風納土城197番地(旧未来マウル)カ-1号住居(国立文化財研究所 2009), 5. 同土城カ-2号廃棄跡(同上), 6. 同土城197番地(旧未来マウル)24号竪穴(同上 2012b), 7. 燕岐羅城里遺跡KG-004境界区画区(李弘鍾他 2015), 8. 河南渼沙里遺跡B2号住居(林炳泰他 1994), 9. ソウル風納土城現代聯合敷地S0W2内土器散布遺構中層(国立文化財研究所2001b), 10. ソウル夢村土城東南地区88-1号貯蔵穴(金元龍他 1988), 11. 同土城西南地区20-9号貯蔵穴(金元龍他 1989), 12. 華城石隅里モクシル(먹실)遺跡16号住居(畿甸文化財研究院 2007), 13. ソウル風納土城197番地(旧未来マウル)カ-2号住居(国立文化財研究所 2009), 14. 公州水村里遺跡Ⅱ地点5号横穴式石室(忠清南道歴史文化研究院 2007a), 15. 洪城神衿城7号貯蔵穴(李康承他 1994), 16. ソウル風納土城慶堂地区1号遺構最上層(推定廃棄場)(権五栄他 2006), 17. 洪城神衿城9号貯蔵穴(李康承他 1994), 18. 牙山草沙洞遺跡Ⅱ地点2号石槨墓(忠清南道歴史文化院 2007d), 19. ソウル風納土城現代聯合敷地S4E0内土器散布遺構中層(国立文化財研究所 2001b), 20. ソウル夢村土城東南地区88-4号住居使用面(金元龍他 1988), 21. 同土城88-2号住居(同上), 22. ソウル風納土城小規模住宅新築敷地北便2地区139-1号(139-1番地)(国立文化財研究所 2007), 23. 同土城197番地(旧未来マウル)カ-35号竪穴(同上 2009), 24. 龍仁水枝百済遺跡Ⅰ地点(李南珪他 1998), 25. ソウル風納土城小規模住宅新築敷地北便1地区142-1号(142-1番地)(国立文化財研究所 2007), 26. 同土城197番地(旧未来マウル)カ-62号竪穴(同上 2009), 27. 洪城神衿城西壁表土採集(李康承他 1994), 28. ソウル風納土城現代聯合敷地カ-S6W2グリッド(国立文化財研究所 2001b), 29. ソウル夢村土城東北地区遺物散布地(廃棄場)(金元龍他 1987), 30. ソウル風納土城現代聯合敷地カ-S1W1グリッド(国立文化財研究所 2001b), 31. 同土城慶堂地区9号遺構平面A最上層(権五栄他 2004), 32. 論山茅村里古墳群13号墳(安承周他 1994), 33. 公州艇止山遺跡23号貯蔵穴(国立公州博物館 1999b), 34. 完州龍橋遺跡17号墳横口式石槨墓(高琴任他 2009), 35. ソウル夢村土城出土地不明(夢村土城発掘調査団 1985), 36. 洪城神衿城7号貯蔵穴(李康承他 1994), 37. ソウル風納土城現代聯合敷地カ-N4W1グリッド(国立文化財研究所 2001b), 38. 瑞山堰岩里ナッモリ(낫머리)遺跡カ-29号住居(尹浄賢 2010), 39･59. 鎮安黄山里古墳群カ地区11号墳石槨墓(郭長根他 2001), 40. 公州丹芝里遺跡4地区18号横穴墓(朴大淳他 2006), 41. 瑞山餘美里バンジュックゴル(방죽골)墳墓群3号石槨墓(李浩炯 2005), 42. 扶餘王興寺跡木塔跡基壇土内部(国立扶餘文化財研究所 2009c), 43. 扶餘定林寺跡S1E2東西方向探索トレンチ内赤褐色砂質粘土層(国立扶餘文化財研究所 2011b), 44. 扶餘陵山里寺跡10次調査3建物黄褐色粘質層(礎石面)(国立扶餘文化財研究所 2008a), 45. 扶餘軍守里遺跡地表採集(朴淳発他 2003), 46. 論山表井里古墳群14号墳(安承周他 1988a), 47. ソウル風納土城197番地(旧未来マウル)カ-1号住居(国立文化財研究所 2009), 48. 高陽覓節山遺跡1号住居(李憲載他 2005), 49. 公州山儀里遺跡5号横穴式石室(李南奭 1999), 50. 公州宋山里古墳群方壇積石遺構(李漢祥他 1998), 51. 扶餘東南里702番地遺跡百済時代遺物包含層(Ⅳ層)(忠清南道歴史文化院 2007e), 52. 益山西城遺跡竪穴遺構(金建洙他 2004), 53. 論山表井里古墳群A区2号墳横口式石槨墓(尹武炳 1979), 54. 扶餘井洞里遺跡百済時代Ⅲ層周辺地表採集(李販燮他 2008), 55. 扶餘雙北里北浦遺跡Ⅱ文化層1号枝葉敷設(李浩炯他 2009), 56. ソウル夢村土城東北地区87-2号住居Ⅲ層(金元龍他 1987), 57. 同土城85-10号貯蔵穴(夢村土城発掘調査団 1985), 58. 同土城東北地区87-1号住居床(Ⅳ層)小形貯蔵穴(金元龍他 1987), 60. 公州丹芝里遺跡4地区4号横穴墓(朴大淳他 2006), 61. 完州ペメ(배매)山遺跡タ-3地区濠水跡(尹徳香他 2002), 62. 舒川花山里古墳群18号墳横口式石槨墓(柳基正他 2003), 63. 益山帝釋寺跡木塔跡北便階段跡西南側付近(国立扶餘文化財研究所 2011a), 64. 扶餘雙北里252-1番地遺跡高麗時代基壇上部(忠清南道歴史文化研究院 2008e), 65. 扶餘花枝山遺跡マ地区赤褐色砂質粘土層(国立扶餘文化財研究所 2002a)

図 135　三足土器の編年（1～7・14：S＝1/20、その他：S＝1/12）

四半期に比定できる。これらは論山地域を含めた錦江中流の特徴的な三足土器であり、ソウル夢村土城出土品は、この地域からの搬入品と考えられる。

杯形7型式は杯形6型式同様、同時期もしくは多少後出する可能性がある。この型式は年代決定資料と共伴する5世紀第3四半期～第4四半期の鎮安黄山里古墳群11号墳石槨墓出土品（図135-59）と7世紀前葉の益山帝釋寺跡木塔跡北便階段跡西南側付近出土品（図135-63）が基準となる。これから7型式の上限は5世紀第1四半期、下限は7世紀第3四半期である。

三足土器の出現について、3世紀中・後葉（姜元杓 2001：50）、4世紀代（尹煥ほか 1995、朴淳発 2003）、5世紀後半（定森 1989・2015：122-124）などがあるが、上記の考察から4世紀第3四半期頃が妥当であろう。

(4) 起　源

中国では三国時代の呉（222年～280年）で三足土器（図136-1）が見られ、南朝（420年～589年）（図136-5）まで続く。百済三足土器の初形となる器形は呉と西晋代にある。

鳳凰三年（274年）の紀年銘が出土した江蘇省南京市東善橋東呉墓出土品（図136-1）と呉晩期に比定できる江蘇南京市江寧鎮上湖村東呉墓出土品（図136-2）の受け部が、各々杯形1型式と杯形2型式に対応する。東晋晩期～南朝初の江蘇省南京市富貴山六朝墓地6号墓出土品（図136-4）は、2型式のソウル夢村土城東南地区88-2号住居出土品（金元龍ほか 1988）と類似する。夢村土城出土品は5世紀第1四半期にあたり、中国出土品と時期的にも符合する。南朝代の湖北省巴東県西瀼口村10号墓出土品（図136-5）は杯形3型式に対応し、5世紀第2四半期頃に比定可能なソウル風納土城カ-62号竪穴出土品（図135-26）と似る。西晋代の浙江省奉化市中心糧庫13号墓出土品（図136-3）は小型盤形と対比できる。

前述したように百済の大型盤形三足土器の起源は、中国の銅洗になる可能性が高い。また杯形三足土器の祖形は、西晋代の陶磁器と銅器に多いという指摘がある（権五栄 2011）。

問題は百済の大型盤形三足土器の出現時期を西晋代の銅洗とするのか（朴淳発 2001a：110・2006：151）、それとも5世紀代に下げるべきなのか（定森 1989・2015：124、金一圭 2007a・2007b）、見解が分かれていることにある。氏らは大型盤形三足土器の祖形を吉林省集安市禹山68号墓出土品（図136-13）に求めることに同意している。報告者（張雪岩 1979）は西晋代（4世紀初）とし、朴淳発はその意見に従ったと思われるが、他の研究者（定森、金一圭、毛利光 2005：付図2）は5世紀前葉または5世紀中葉とする。ここでは中国と高句麗出土銅洗の変遷から、大型盤形三足土器の時期を検討したい。

銅洗には底部に脚部（突起状（乳丁）のものも含む）があるもの（図136-10～13）とないもの（図136-6～9）に分かれるが、おおむねその変遷は類似する。銅洗の時間的な属性は杯部形態、底部形態、脚部を除いた器高が挙げられる。杯部形態は口縁部から杯部に垂直（90度）に連結するものから、約60度～45度の角度に変化する。底部には高台のような段が見られるが、杯部と底部の境より内側にあるものから、段が杯部と底部の境にくるものになる。脚部がある場合、脚部を除いた器高が次第に低くなる傾向が見られる。このような変遷様相を参考にすると、百済の大型盤形三足土器は東晋初以降になろう。

問題は集安禹山68号墓出土品（図136-13）の時期をどうするかである。それは大型盤形三足土器

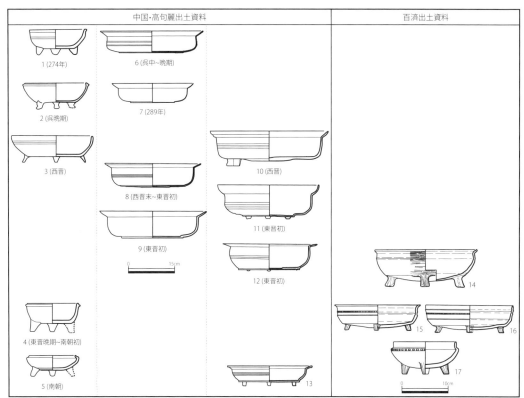

図136 中国・高句麗出土品と大型盤形三足土器の時間的位置
（1・3〜5・17：S＝1/8、2・6〜10・12〜16：S＝1/12、11：縮尺不同）

が禹山68号墓出土品より多少先行する可能性があるからである。禹山68号墓は深刻な破壊で石室の構造が不明であるが、青銅器が4点出土した。報告書には吉林省集安市七星山96号墓と併行するとし、小田富（1979b）もこれに同意している。七星山96号墓からは多くの遺物が出土しており、その中で長頸壺に注目する。高句麗の長頸壺は胴部が球形から細長形に変化するため（崔鍾澤 1999：91）、出土品は5世紀代にあたる。

ソウル夢村土城85-2号土坑（推定祭祀遺構）出土大型盤形三足土器（図136-15・16）は、杯形三足土器（図136-17）と共伴している。層位が不明であるが、この遺物が同時期に遺棄されたものとすれば、杯形三足土器（図136-16）は、計測的属性の変遷を考慮すると、4世紀第4四半期になる。

となると、大型盤形の最古形と思われるソウル風納土城197番地（旧未来マウル）ラ-1号住居出土品（図136-14）は、4世紀第4四半期より遡ることになる。東晋初の江蘇省南京市富貴山六朝墓地2号墓出土品（図136-12）と対比できるが、杯形三足土器の上限から、暫定的に4世紀第3四半期にする。ちなみに風納土城の発掘を主導する国立文化財研究所（2013b：552-555）の考察でも、ラ-1号住居は漢城Ⅱ期（4世紀中葉〜後葉）とあり、筆者の時期設定とも符合する。

一方、禹山68号墓出土品は百済の大型盤形より器形的に多少後出すると判断でき、5世紀第1四半期〜第2四半期になろう。

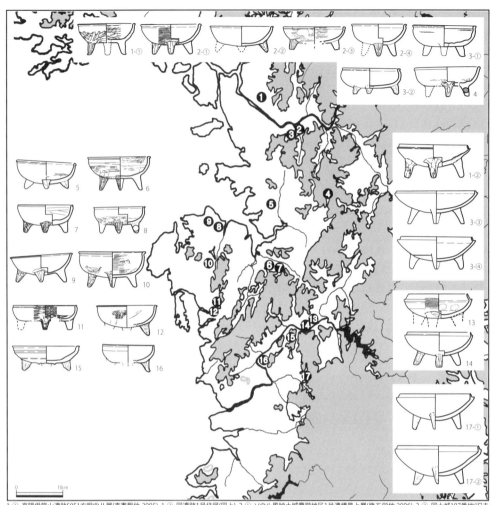

1-①. 高陽覚節山遺跡S0E1方眼内Ⅱ層(李憲載他 2005), 1-②. 同遺跡1号住居(同上), 2-①. ソウル風納土城慶堂地区1号遺構最上層(権五栄他 2006), 2-②. 同土城197番地(旧未来マウル)カ-34号竪穴(国立文化財研究所 2009), 2-③. 同土城197番地(旧未来マウル)ナ-グリッド(同上 2013b), 2-④. 同土城197番地(旧未来マウル)タ-グリッド(同上), 3-①. ソウル夢村土城西南地区89-11-6百済層(金元龍他 1989), 3-②. 同土城西南地区89-20-9貯蔵穴(同上), 3-③. 同土城85-10号貯蔵穴(夢村土城発掘調査団 1985), 3-④. 同土城2号住居Ⅲ層(金元龍他 1987), 4. 利川雪城山城地表採集(朴慶植他 2004), 5. 華城疏勤山城16号竪穴(李憲載他 2012), 6. 牙山草沙洞遺跡Ⅱ地点2号石槨墓(忠清南道歴史文化院 2007d), 7. 牙山葛梅里遺跡Ⅲ地域遺物包含層A地区(李弘鍾他 2007), 8. 唐津佳谷2里遺跡2号住居(崔秉柱他 2013), 9. 唐津元堂里遺跡4号住居(鄭海濬他 2009), 10. 瑞山富長里遺跡Ⅰ地域4号墳丘墓2号土壙墓(忠清南道歴史文化院 2008a), 11. 洪城南長里遺跡3号周溝(朴有貞 2010), 12. 洪城神衿城9号貯蔵穴(李康承他 1994), 13. 燕岐羅城里遺跡周溝付3号建物(李弘鍾他 2015),14. 燕岐松院里遺跡KM-043土壙墓(李弘鍾他 2010), 15. 公州公山城池塘2, 2次調査(李南奭他 1999),16. 扶餘陵山里寺跡8次調査(国立扶餘博物館 2007c), 17. 論山表井里古墳群14号墳(安承周他 1988a)

図137 杯形三足土器の地域様相 (S=1/8)

(5) 地 域

　三足土器のうち、地域的特徴を反映する形態は、杯形1型式(図137-1-①・2・3-①3-②・4～16)と杯形6型式・7型式の早い段階の器形(受け部e)(図137-1-②・3-③・3-④・13・14・17)である。

　ソウルにおける1型式の比率は、わずか約4%にすぎないのに対し、西海岸地域は約40%と高い。[47]これから1型式は西海岸地域の三足土器と理解できる。

　杯形6型式と杯形7型式の初出形は、杯部に比べ口縁部が非常に短く、丸底である。これらはソウル、燕岐、論山で出土しており、計測的属性の変遷を考慮すると、論山表井里古墳群14号墳出土品(図137-17)が5世紀第1四半期に比定できる。これらは論山を含めた錦江中流域の特徴的な三足土器と理解できる。

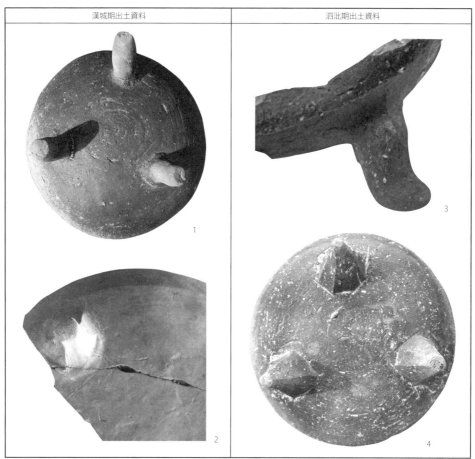

1. 燕岐松院里遺跡KM-043土壙墓(李弘鍾他 2010、筆者撮影), 2. ソウル夢村土城西北地区百済層出土地不明(漢城百済博物館 2014、筆者撮影), 3. 扶餘雙北里トウシロックゴル(두시럭골)遺跡1地点15号建物(朴大淳他 2008、筆者撮影), 4. 舒川玉北里遺跡1号横穴式石室(田鎰溶 2007、筆者撮影)

図 138 三足土器の脚部

(6) 脚部の調整

　三足土器の脚部はケズリを施すもの（図138-2・4）と施さないもの（図138-1・3）に大別できるが、時間とは無関係である。ただしケズリを行う場合、時間の経過と共に脚部先端からケズリをするため、脚部断面が三角錐を呈する（図138-4）。これは、前述した脚端部の形態とも関連がある。

5．杯　身

　杯身はソウル夢村土城出土品を基準にすると、全体の約0.7％にすぎないが、時間の経過と共に高杯の数を凌駕する主要器種になる。これも前述した食膳文化の普及と密接な関係があるという(朴淳発 2006：148)。杯身は新羅・加耶でも見られるが、百済ではこれら地域より早い4世紀後葉頃に出現したと理解されている。

　百済全体における杯身の研究は朴淳発（1999・2006：148-149）と金鍾萬（2002・2007：191-195）があるが、概略的な言及にとどまっている。杯身は高杯や三足土器の杯部同様、時間の経過と共に器高が低くなることは研究者の間で共通の認識である。

百済考古学における杯身の分析はこれが初めてになろう。ここでの考察は百済考古学だけでなく、日本の須恵器研究にも貢献できると考える。須恵器の蓋杯の源流が百済であることは周知であり、今後故地比定と共に、百済・馬韓と倭の歴史的動向を探る資料ともなりえるだろう。

　分析対象の杯身は完形品1,352点である(49)。まずAからIまで総9の計測範囲を設定し、計測値を算出した（図139）。その値を分析した結果、計測的属性を組み合わせた杯部比（I/E）、口縁部比（F/E）、口径比（C/A）が時間性を反映していた。

　杯身の形質的属性のうち、受け部と底部が時間と関連がある。2つの形質的属性の組み合わせにより型式を設定し、年代決定資料と共伴した杯身を中心に、編年を提示する。

(1) 計測的属性

　① 杯部比　杯部比（I/E）とは、器高（E）と杯部の高さ（I）の相関関係を見るため、用いた名称である。杯部比の平均は漢城期0.61、熊津期0.56、泗沘期0.55であった。これは時期が下るにつれて、杯部の高さ（I）が低くなることを意味する（図140）(50)。

　② 口縁部比　口縁部比（F/E）とは器高（E）と口縁部の高さ（F）の相関関係を見るため、用いた名称である。杯部比の平均は漢城期0.29、熊津期0.37、泗沘期0.37であった。これは時期が下るにつれて、器高（E）に比べ口縁部の高さ（F）が高くなることを意味する（図141）(51)。

　③ 口径比　口径比（A/C）とは最大径（C）と口径（A）の相関関係を見るため、用いた名称である。口径比の平均は漢城期0.92、熊津期0.85、泗沘期0.88であった。これは時期が下るにつれて、最大径（C）に比べ口径（A）が小さくなることを意味する（図142）(52)

(2) 形質的属性

　① 受け部　受け部は5つに分類できる（図143）。突帯状を受け部としたもの（a）、杯部最大径を突出させたもの（b）、受け部を傾斜させ、その下に沈線が入るもの（c）、受け部を傾斜させたもの（d）に区分できる。受け部eは杯部と受け部が直角になるもの（e①）、受け部が上外方にのびるもの（e②）、受け部が上外方にのび、受け部下が強く湾曲するもの（e③）に細分できる。

　受け部と時期のクロス集計表（表21）の結果、漢城期にはすべての受け部が出現しているが、熊津期・泗沘期には受け部dと受け部eが主流をなす(53)(54)。

　② 底部　底部は平底（a）、丸底（b）に大別できるが、各々凹底（a②・b②）を含む（図144）。底部と時期のクロス集計表（表22）の結果、漢城期にはすべての底部が出土するが、平底（a）が圧倒的多数を占める。泗沘期も平底（a）が多いが、丸底（b）の比率が大きくなっている(55)(56)。

(3) 型式設定と編年

　受け部a・b・cと底部a・bの組み合わせを行った結果、底部bの数が少ないため、型式設定は難しい（表23）。そのため、受け部aは1型式、受け部bは2型式、受け部cは3型式、受け部dと底部aは4型式、受け部dと底部bは5型式、受け部eと底部aは6型式、受け部eと底部bは7型式とした。

　型式と時期のクロス集計表（表24）の結果、設定した型式が時間性を反映していることがわかる(57)。漢城期には全型式が出現しているが、時間の経過に伴い6・7型式が主流をなす。

第 4 章　百済土器の成立と展開　*281*

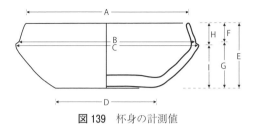

図 139　杯身の計測値

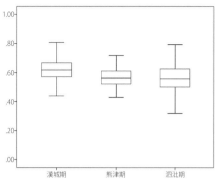

図 140　時期別に見た杯身の杯部比の
　　　箱ひげ図

杯身の編年を実施するための基準となる資料は、中国陶磁器との共伴により 5 世紀第 3 四半期の清原葛山里遺跡 4 号横穴式石室出土品（한겨레文化財研究院 2016）と高敞鳳徳里古墳群 1 号墳 4 号竪穴式石室出土品（図 145-52）、日本出土杯身との比較により 5 世紀第 4 四半期〜6 世紀第 1 四半期の公州艇止山遺跡地表採集品（図 145-54）と公州丹芝里遺跡 4 地区 21 号横穴墓出土品（朴大淳ほか 2006）、倭（系）鉄鏃との共伴により 5 世紀第 2 四半期後半〜第 3 四半期前半（5 世紀中葉）の天安道林里遺跡 3 号石槨墓出土品（図 145-41）、5 世紀第 3 四半期の清州新鳳洞古墳群 B 地区 2 号土壙墓出土品（図 145-14）、須恵器（系）との共伴により 5 世紀第 3 四半期の清州新鳳洞古墳群 B 地区 1 号土壙墓出土品（車勇杰ほか 1990）、5 世紀第 3 四半期〜第 4 四半期の高敞紫龍里遺跡 2 号墳 7-1 号土壙墓出土品（図 145-43）、5 世紀第 4 四半期の群山山月里遺跡ナ地区 6 号横穴式石室出土品（郭長根ほか 2004）と同遺跡 8 号横穴式石室出土品（図 145-53）、加耶（系）土器との共伴により 5 世紀第 1 四半期のソウル夢村土城東北地区 87-3 号住居出土品（図 145-18）、5 世紀第 2 四半期後半〜第 3 四半期前半（5 世紀中葉）の鎮安臥亭遺跡 4 号住居出土品居（郭長根ほか 2001）、5 世紀第 2 四半期〜第 3 四半期の燕岐松院里遺跡 KM-018 横穴式石室出土品（図 145-9）、同古墳群 KM-096 横穴式石室出土品（李弘鍾ほか 2010）、燕岐松

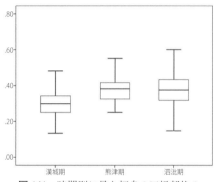

図 141　時期別に見た杯身の口縁部比の
　　　箱ひげ図

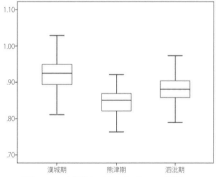

図 142　時期別に見た杯身の口径比の
　　　箱ひげ図

潭里遺跡 KM-019 石槨墓出土品（同上）、5 世紀第 3 四半期の燕岐長在里遺跡 103 地点 1 号石槨墓出土品（図 145-42）、6 世紀第 2 四半期後半〜第 3 四半期前半（6 世紀中葉）の錦山陰地里遺跡破壊墳出土品（図 145-56）、6 世紀第 4 四半期〜7 世紀第 1 四半期の扶餘官北里遺跡バ地区 2 区域百済盛土 1 層出土品（図 145-47・57）、7 世紀第 2 四半期の同遺跡百済盛土 2 層出土品（図 145-58）、扶餘官北里 160 番地遺跡Ⅳ-1・2 層出土品（図 145-26・48）、

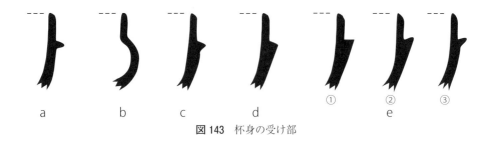

図143　杯身の受け部

表21　杯身の受け部と時期のクロス集計表

			受け部					合計
			a	b	c	d	e	
時期	漢城期	度数	9	62	70	213	21	375
		受け部の%	100.0%	100.0%	92.1%	55.3%	5.1%	39.7%
	熊津期	度数	0	0	6	29	43	78
		受け部の%	0.0%	0.0%	7.9%	7.5%	10.4%	8.3%
	泗沘期	度数	0	0	0	143	349	492
		受け部の%	0.0%	0.0%	0.0%	37.1%	84.5%	52.1%
合計		度数	9	62	76	385	413	945
		受け部の%	100.0%	100.0%	100.0%	100.0%	100.0%	100.0%

7世紀第3四半期の扶餘雙北里北浦遺跡百済時代Ⅱ文化層1号枝葉敷設施設出土品（図145-27・59）が挙げられる。これらの杯身の計測的属性や形質的属性の変遷とその他共伴遺物の時期を通して編年図を作成した。

　杯身の出現時期を示す具体的な年代決定資料はない。加耶（系）土器との共伴により5世紀第1四半期には出現することは明確であるが、上限が不明である。杯身は高杯と三足土器同様、時間の経過と共に杯部の器高が低くなる傾向が見られるため、5世紀第1四半期のソウル夢村土城東北地区87-3号住居出土品（図145-18）を基準にすると、杯身の上限は4世紀第3四半期になる可能性が高い。

　上限と図示した杯身（図145-1・10・16）は一部の報告書や研究者が突帯盌と称するものに該当する。現段階でこの突帯盌と杯身の関係はわからないが、この器種が栄山江流域の杯蓋に影響を与えていること（朴淳発 2000a、呉東墫 2016）、突帯盌に似た杯身（図145-11・17・50）があること、大阪持ノ木古墳出土杯身が4世紀末に遡る可能性があることから、ここでは突帯盌を百済の杯身と関連づけて、上限を4世紀第3四半期に設定した。突帯盌の上限を4世紀末～5世紀前葉（韓志仙 2013b）とする見解もあるが、図145-16が4世紀代のソウル風納土城中層から出土しているため、高杯と三足土器の編年も参考にすると、4世紀第3四半期が妥当と思われる。

(58)

　ただし、杯身の盛行は高杯と三足土器同様、4世紀第4四半期以降になろう。

　1型式は年代決定資料との共伴はないため、他の型式を参考に変遷を見た。4世紀第4四半期の扶餘論峙祭祀遺跡W9出土品（図145-2）は大阪持ノ木古墳出土品と対比できる。1型式の上限は4世紀第3四半期、下限は5世紀第3四半期である。

　2型式は年代決定資料と共伴する5世紀第2四半期～第3四半期の燕岐松院里遺跡KM-018横穴式石室出土品（図145-9）がある。これらを基準とすると、2型式の上限は4世紀第4四半期、下限は5世紀第3四半期である。この型式はソウル風納土城197番地（旧未来マウル）ナ-39号竪穴出土

図144　杯身の底部

表22　杯身の底部と時期のクロス集計表

			底部		合計
			a	b	
時期	漢城期	度数	359	16	375
		底部の%	50.4%	6.9%	39.7%
	熊津期	度数	28	50	78
		底部の%	3.9%	21.6%	8.3%
	泗沘期	度数	326	166	492
		底部の%	45.7%	71.6%	52.1%
合計		度数	713	232	945
		底部の%	100.0%	100.0%	100.0%

表23　杯身の受け部と底部のクロス集計表

			底部		合計
			a	b	
受け部	a	度数	8	1	9
		底部の%	1.1%	0.4%	1.0%
	b	度数	58	4	62
		底部の%	8.1%	1.7%	6.6%
	c	度数	70	6	76
		底部の%	9.8%	2.6%	8.0%
	d	度数	315	70	385
		底部の%	44.2%	30.2%	40.7%
	e	度数	262	151	413
		底部の%	36.7%	65.1%	43.7%
合計		度数	713	232	945
		底部の%	100.0%	100.0%	100.0%

表24　杯身の型式と時期のクロス集計表

			型式							合計
			1	2	3	4	5	6	7	
時期	漢城期	度数	9	62	70	209	4	18	3	375
		型式の%	100.0%	100.0%	92.1%	66.3%	5.7%	6.9%	2.0%	39.7%
	熊津期	度数	0	0	6	11	18	13	30	78
		型式の%	0.0%	0.0%	7.9%	3.5%	25.7%	5.0%	19.9%	8.3%
	泗沘期	度数	0	0	0	95	48	231	118	492
		型式の%	0.0%	0.0%	0.0%	30.2%	68.6%	88.2%	78.1%	52.1%
合計		度数	9	62	76	315	70	262	151	945
		型式の%	100.0%	100.0%	100.0%	100.0%	100.0%	100.0%	100.0%	100.0%

　品（図145-6）から、盒（広口短頸壺）という器種の小型品へ、そして杯身の型式に分岐したと考えられる。

　3型式は年代決定資料と共伴する5世紀第3四半期の清州新鳳洞古墳群B地区2号土壙墓出土品（図145-14）がある。これらを基準とすると、3型式の上限は4世紀第3四半期、下限は5世紀第4四半期である。変遷から4世紀第4四半期に比定できる瑞山堰岩里ナッモリ（낫머리）遺跡ナ-28号住居出土品（図145-11）は、底部の形態に差があるがMT203-Ⅰ号窯跡出土品（大阪府教育委員会ほか 1979）と対比できる。

　4型式は年代決定資料と共伴する5世紀第1四半期のソウル夢村土城東北地区87-3号住居出土品（図145-18）、7世紀第2四半期の扶餘官北里160番地遺跡Ⅳ-1・2層出土品（図145-26）、7世紀第3四半期の扶餘雙北里北浦遺跡百済時代Ⅱ文化層1号枝葉敷設施設出土品（図145-27）がある。また前述したソウル風納土城中層品から4型式の上限は4世紀第3四半期、下限は7世紀第3四半期である。

　5型式は年代決定資料との共伴はないため、他の型式を参考にした。5型式の上限は4世紀第4四

図 145 杯身（一部突帯蓋）の編年（17：S＝1/8、その他：S＝1/6）

半期、下限は7世紀第3四半期になるが、この型式の盛行は5世紀代以降と考える。

6型式は年代決定資料と共伴する5世紀第2四半期後半～第3四半期前半（5世紀中葉）の天安道林里遺跡3号石槨墓出土品（図145-41）、5世紀第3四半期の燕岐長在里遺跡103地点1号石槨墓出土品（図145-42）、5世紀第3四半期～第4四半期の高敞紫龍里遺跡2号墳7-1号土壙墓出土品（図145-43）、6世紀第4四半期～7世紀第1四半期の扶餘官北里遺跡バ地区2区域百済盛土1層出土品（図145-47）、7世紀第2四半期の扶餘官北里160番地遺跡Ⅳ-1・2層出土品（図145-48）がある。型式の上限は4世紀第4四半期、下限は7世紀第3四半期である。

7型式は年代決定資料と共伴する5世紀第3四半期の高敞鳳徳里古墳群1号墳4号竪穴式石室出土品（図145-52）、5世紀第4四半期の群山山月里遺跡ナ地区8号横穴式石室出土品（図145-53）、6世紀第2四半期後半～第3四半期前半（6世紀中葉）の錦山陰地里遺跡破壊墳出土品（図145-56）、6世紀第4四半期～7世紀第1四半期の扶餘官北里遺跡バ地区2区域百済盛土1層出土品（図145-57）、7世紀第2四半期の同遺跡百済盛土2層出土品（図145-58）、7世紀第3四半期の扶餘雙北里北浦遺跡百済時代Ⅱ文化層1号枝葉敷設施設出土品（図145-59）がある。7型式の上限はソウル夢村土城東南地区88-1貯蔵穴出土品から4世紀第4四半期と推察できるが、これに続く器形は5世紀第3四半期まで確認できない。

牙山葛梅里遺跡Ⅱ地域遺物包含層2出土品（図145-51）は、百済地域では異質的な器形から一時期口述で須恵器系ともされたが、今は否定されている。この牙山葛梅里遺跡は熊津期の遺物が確認できないため、杯身は5世紀第3四半期にあたる。

杯身が4世紀前後（金鍾萬 2007：192）または4世紀前半（朴淳発 2006：149）に出現したとする従来の編年は、年代決定資料の年代と変遷から成立しないことがわかる。杯身は漢城で製作され始め、初期は黒色磨研を施したものが見られる。その後地方でも出現するが、5世紀中・後葉になると地方で多く出土する。泗沘期の扶餘では三足土器の約3倍400点を越す杯身が出土している。時期が下るにつれ杯身は百済土器の重要な位置を占めるようになる。

6．短頸瓶

百済の瓶類は約7種類あるが、その中で出土量が最も多い短頸瓶を分析の対象にする。短頸瓶は瓶形土器とも称されるが、頸部が長い瓶（長頸瓶）と区別するため、短頸瓶という名称を使用する。

短頸瓶は鶏首壺や盤口壺などの中国陶磁器の影響を受けて百済で製作されたと考えられるが（土田 2005b）、鶏首壺や盤口壺などは茶や酒と関連があるため、短頸瓶の出現は百済における酒などの普遍化と関連があるとされる（朴淳発 2006：190）。

百済全体における短頸瓶の研究は筆者（2005b）の研究が初出であり、その後、池珉周（2006）、金鍾萬（2007：181-186）、卞熙燮（2013）へと続く。

分析対象の短頸瓶は完形品194点である。まずAからLまで総12の計測範囲を設定し、計測値を算出した（図146）。その値を分析した結果、計測的属性を組み合わせた底部比（D/C）、胴部最大径の位置（G/J）、胴部上位比（I/E）が時間性を反映していた。

短頸瓶の形質的属性は、胴部と口縁部が時間と関連がある。2つの形質的属性の組み合わせにより型式を設定し、年代決定資料と共伴した短頸瓶を中心に、編年を提示する。

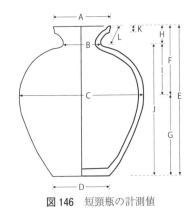

図146　短頸瓶の計測値

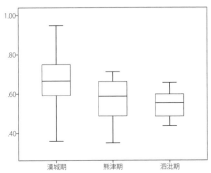

図147　時期別に見た短頸瓶の底部比の箱ひげ図

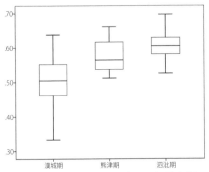

図148　時期別に見た短頸瓶の胴部最大径の位置の箱ひげ図

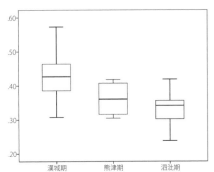

図149　時期別に見た短頸瓶の胴部上位比の位置の箱ひげ図

(1) 計測的属性

① **底部比**　底部比（D/C）とは胴部最大径（C）と底径（D）の相関関係を見るため、用いた名称である。底部比の平均は漢城期0.65、熊津期0.56、泗沘期0.54であった。これは時期が下るにつれて、胴部最大径（D）に比べ底径（D）が小さくなることを意味する[61]（図147）。

② **胴部最大径の位置**　胴部最大径の位置（G/J）とは胴部の器高（J）と胴部最大径から底部までの器高（G）の相関関係を見るため、用いた名称である。胴部最大径の位置の平均は漢城期0.50、熊津期0.58、泗沘期0.61であった。これは時期が下るにつれて、胴部最大径から底部までの器高（G）が高くなることを意味する[62]（図148）。

③ **胴部上位比**　胴部上位比（I/E）とは器高（E）と頸部から胴部最大径までの器高（I）の相関関係を見るため、用いた名称である。胴部上位比の平均は漢城期0.43、熊津期0.36、泗沘期0.33であった。これは時期が下るにつれて、頸部から胴部最大径までの器高（I）が低くなることを意味する[63]（図149）。また、胴部上位比と胴部最大径の位置は相関関係にある。

(2) 形質的属性

① **胴部**　胴部は、胴部最大径が下位に位置し、徳利のような形態（a）[64]、胴部最大径が中位に位置し、壺のような形態（b）、胴部最大径が中位～上位に位置し、a・b・dに属さない形態（c）[65]、胴部

最大径が上位に位置し、肩部が張る形態（d）に分類できる（図150）。

胴部と時期のクロス集計表（表25）の結果、胴部aと胴部bは漢城期に限定されるが、胴部cは熊津期、胴部dは泗沘期に集中する。

② **口縁部** 口縁部は3つに大別できる（図151）。口縁部aは直立し、口縁端部に沈線状の段を持つもの（a②）と持たないもの（a①）に区分できる。口縁部bは外反し、b①・b③とb②・b④は沈線状の段の有無、b①・②とb③・④は口縁部内面には浅い凹帯が巡るものに分けられる。口縁部cは外反し、口縁端部に凹線が巡り、口縁部内面は段を形成する。

口縁部と時期のクロス集計表（表26）の結果、漢城期は口縁部aと口縁部b、熊津期は口縁部b、泗沘期は口縁部cが主流をなす。

(3) **型式設定と編年**

胴部aと胴部bは数が少ないため、口縁部との組み合わせによる型式設定は難しい（表27）。そのため胴部aは1型式、胴部bは2型式に設定した。胴部cと口縁部aは3型式、胴部cと口縁部bは4型式、胴部cと口縁部cは5型式、胴部dと口縁部bは6型式、胴部dと口縁部cは7

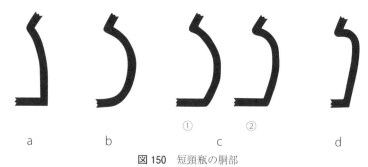

図150　短頸瓶の胴部

表25　短頸瓶の胴部と時期のクロス集計表

			胴部				合計
			a	b	c	d	
時期	漢城期	度数	14	8	60	3	85
		胴部の%	100.0%	100.0%	63.8%	13.0%	61.2%
	熊津期	度数	0	0	14	0	14
		胴部の%	0.0%	0.0%	14.9%	0.0%	10.1%
	泗沘期	度数	0	0	20	20	40
		胴部の%	0.0%	0.0%	21.3%	87.0%	28.8%
合計		度数	14	8	94	23	139
		胴部の%	100.0%	100.0%	100.0%	100.0%	100.0%

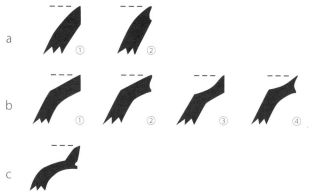

図151　短頸瓶の口縁部

表26　短頸瓶の口縁部と時期のクロス集計表

			口縁部			合計
			a	b	c	
時期	漢城期	度数	42	40	3	85
		口縁部の%	91.3%	63.5%	10.0%	61.2%
	熊津期	度数	3	9	2	14
		口縁部の%	6.5%	14.3%	6.7%	10.1%
	泗沘期	度数	1	14	25	40
		口縁部の%	2.2%	22.2%	83.3%	28.8%
合計		度数	46	63	30	139
		口縁部の%	100.0%	100.0%	100.0%	100.0%

表27　短頸瓶の口縁部と胴部のクロス集計表

			口縁部			合計
			a	b	c	
胴部	a	度数	7	7	0	14
		口縁部の%	15.2%	11.1%	0.0%	10.1%
	b	度数	4	4	0	8
		口縁部の%	8.7%	6.3%	0.0%	5.8%
	c	度数	35	44	15	94
		口縁部の%	76.1%	69.8%	50.0%	67.6%
	d	度数	0	8	15	23
		口縁部の%	0.0%	12.7%	50.0%	16.5%
合計		度数	46	63	30	139
		口縁部の%	100.0%	100.0%	100.0%	100.0%

表28　短頸瓶の型式と時期のクロス集計表

			型式							合計
			1	2	3	4	5	6	7	
時期	漢城期	度数	14	8	31	27	2	2	1	85
		型式の%	100.0%	100.0%	88.6%	61.4%	13.3%	25.0%	6.7%	61.2%
	熊津期	度数	0	0	3	9	2	0	0	14
		型式の%	0.0%	0.0%	8.6%	20.5%	13.3%	0.0%	0.0%	10.0%
	泗沘期	度数	0	0	1	8	11	6	14	40
		型式の%	0.0%	0.0%	2.9%	18.2%	73.3%	75.0%	93.3%	28.8%
合計		度数	14	8	35	44	15	8	15	139
		型式の%	100.0%	100.0%	100.0%	100.0%	100.0%	100.0%	100.0%	100.0%

型式とした。

　型式と時間のクロス集計表（表28）の結果、設定した型式が時間性を反映していることがわかる。[70] 漢城期にはすべての型式が出現しているが、1型式〜4型式は漢城期、4・5型式は熊津期、5型式〜7型式は泗沘期に主流をなす。

　短頸瓶の編年を実施するための基準となる資料は、日本出土短頸瓶との比較により6世紀第4四半期の保寧蓮芝里遺跡KM-046号横穴式石室出土品（図152-18）と7世紀第2四半期後半〜第3四半期前半（7世紀中葉）の扶餘東南里172-2番地一円遺跡建物出土品（図152-20）、須恵器（系）との共伴により5世紀第3四半期の清州新鳳洞古墳群B地区2号土壙墓出土品（図152-9）が挙げられる。また加耶（系）土器との共伴により5世紀第3四半期の鎮安黄山里古墳群カ地区1号墳石槨墓出土品（図152-22）と6世紀第2四半期後半〜第3四半期前半（6世紀中葉）の錦山陰地里遺跡破壊墳出土品（図152-6）がある。その他、加耶（系）土器が共伴するソウル風納土城慶堂地区206号遺構（井戸）土器埋納層のうち、5世紀第2四半期の下位出土品（図152-2・4・8・13）と5世紀第2四半期後半〜第3四半期前半（5世紀中葉）の中位出土品があり、上位出土品（図152-3・5・14・21）は中位より上層に位置するため5世紀第3四半期になろう。

　これらを基準に短頸瓶の計測的属性や形質的属性の変遷とその他共伴遺物の時期を通して編年図を作成した（図152）。

　短頸瓶の出現時期を示す具体的な資料は、5世紀第2四半期の加耶（系）土器が共伴したソウル風納土城慶堂地区206号遺構（井戸）下位出土品である。これが百済短頸瓶の上限として確実な年代になろう。ただし短頸瓶の型式学的変遷や先行研究（金成南 2001）を参考にすると、5世紀第1四

第4章 百済土器の成立と展開　289

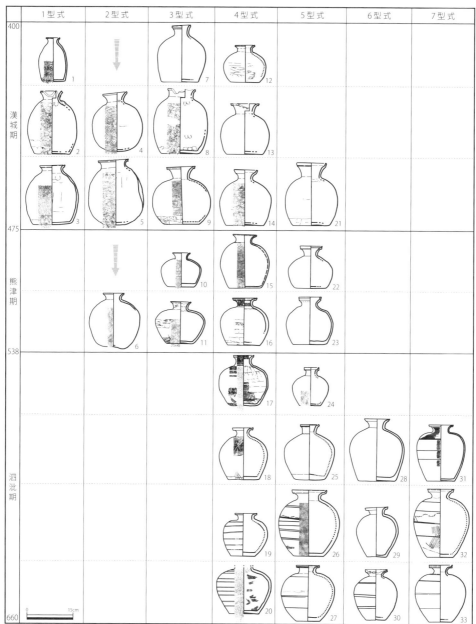

1. 清州新鳳洞古墳群52号土壙墓(車勇杰他1990), 2・4・8・13. ソウル風納土城慶堂地区206号遺構(井戸)土器埋納層下位(権五栄2015), 3・5・14・21. 同上同慶堂地区206号遺構(井戸)土器埋納層上位(同上), 6. 錦山陰地里遺跡破壊墳(朴敬道2002), 7. 清原主城里遺跡7号土壙墓(韓国文化財保護財団2000), 9. 清州新鳳洞古墳群B地区2号土壙墓(車勇杰他1990), 10. 論山茅村里古墳群4号墳石槨墓(安承周他1994), 11. 公州丹芝里遺跡4地区4号横穴墓(朴大淳他2006), 12. 烏山内三美洞遺跡27号住居(京畿文化財研究院2011a), 15. 論山茅村里古墳群5号墳石槨墓(安承周他1994), 16. 公州丹芝里遺跡4地区2号墳口式石槨墓(朴大淳他2006), 17. 舒川花山里古墳群9号墳横口式石槨墓(柳基正他2003), 18. 保寧蓮芝里遺跡KM-046号横穴式石室(李弘鍾他 2002), 19. 同遺跡KM-029号(同上), 20. 扶餘東南里172-2番地一円遺跡建物9(忠清南道歴史文化研究院2007b), 22. 鎮安黄山里古墳群カ地区1号墳石槨墓(郭長根他2001), 23. 益山熊浦里古墳群2号墳穴式石室(金三龍他1988), 24. 群山堂北里遺跡5号墳(群山大学校博物館2002), 25. 扶餘塩倉里古墳群V-49号墳穴式石室(李南奭他2003), 26. 保寧蓮芝里遺跡KM-049号横穴式石室(李弘鍾他2002), 27. 同遺跡KM-024号墳穴式石室(同上), 28. 保寧長峴里古墳群8号墳穴式石室(池健吉1978), 29. 論山六谷里古墳群7号墳横穴式石室(安承周他1988b), 30. 保寧保寧里古墳群12号墳(成周鐸他1984), 31. 扶餘芝仙里古墳群8号墳穴式石室(扶餘文化財研究所1991), 32. 保寧蓮芝里遺跡KM-016号横穴式石室(李弘鍾他2002), 33. 保寧保寧里古墳群4号墳(成周鐸他1984)

図152　短頸瓶の編年 (S=1/12)

半期まで遡る可能性がある。これについては後述する。

1型式は年代決定資料と共伴する5世紀第2四半期のソウル風納土城206号遺構（井戸）土器埋納層下位出土品（図152-2）、これを基準とした5世紀第3四半期の同土城慶堂地区206号遺構（井戸）土器埋納層上位出土品（図152-3）である。清州新鳳洞古墳群52号土壙墓出土品（図152-1）は、共伴遺物がないため時期は不明だが、図152-2に比べ図152-3の胴部最大径が大きくなっていることから、新鳳洞出土品は図152-2より先出すると判断できる[71]。1型式の上限は5世紀第1四半期、下限は5世紀第3四半期である。

2型式は年代決定資料と共伴する5世紀第2四半期のソウル風納土城206号遺構（井戸）土器埋納層下位出土品（図152-4）、これを基準とした5世紀第3四半期の同土城慶堂地区206号遺構（井戸）土器埋納層上位出土品（図152-5）、6世紀第2四半期後半～第3四半期前半（6世紀中葉）の錦山陰地里遺跡破壊墳出土品（図152-6）がある。2型式の上限は5世紀第2四半期、下限は6世紀第3四半期前半（6世紀中葉）である。時間の経過に伴い丸底から平底ぎみ（凹底）になると思われる。

3型式は年代決定資料と共伴する5世紀第2四半期のソウル風納土城206号遺構（井戸）土器埋納層下位出土品（図152-8）と5世紀第3四半期の新鳳洞B地区2号土壙墓出土品（図152-9）がある。金成南（2001）の編年を参考に、上限は清原主城里遺跡7号土壙墓出土品（図152-7）の5世紀第1四半期、下限は中心が熊津期の公州丹芝里遺跡4地区4号横穴墓出土品（図152-11）の6世紀第1四半期～第2四半期に設定した。これは時期が下るにつれて胴部最大径に比べ底径が小さくなる点を考慮した。3型式は泗沘期でも確認できるが、漢城期に盛行した型式と理解できる。

4型式は年代決定資料と共伴する5世紀第2四半期のソウル風納土城206号遺構（井戸）土器埋納層下位出土品（図152-13）、これを基準とした5世紀第3四半期の同土城慶堂地区206号遺構（井戸）土器埋納層上位出土品（図152-14）、6世紀第4四半期の保寧蓮芝里遺跡KM-046号横穴式石室出土品（図152-18）、7世紀第2四半期後半～第3四半期前半（7世紀中葉）の扶餘東南里172-2番地一円遺跡建物出土品（図152-20）がある。器形から烏山内三美洞遺跡27号住居出土品（図152-12）を上限とし、この型式が短頸瓶の中で最も長く存続したと理解できる。

5型式は年代決定資料と共伴する5世紀第3四半期の風納土城206号遺構（井戸）土器埋納層上位出土品（図152-21）と5世紀第3四半期の鎮安黄山里古墳群カ地区1号墳石槨墓出土品（図152-22）がある。上限は5世紀第3四半期、下限は7世紀第3四半期になり、変遷には口縁部の形態と底部径を参考にした。

6・7型式は漢城期にごく一部見られるが、熊津期にはなくなる。これらは変遷から7世紀代に盛行したと思われる。また日本出土短頸瓶からも、7世紀代に胴部に横沈線を施す事例が多くなる。

短頸瓶の出現時期を4世紀後半（池珉周 2006、卞熙燮 2013）とする見解があるが、筆者の分析において4世紀代に遡る根拠は得られなかった。

(4) 起 源

百済短頸瓶の起源について、平底で横に広がった楕円形の胴部を持つ短頸瓶は鶏首壺の影響によって出現した要素の1つとして見られている（金鍾萬 2004：117）。このように短頸瓶の一部は中国陶磁器の器形を模倣している。

筆者が分類した胴部のうち、胴部cは東晋の鶏首壺または盤口壺の胴部と類似する。百済では4

世紀後葉からこれら陶磁器が出土していることからも、関連性を推察できる。そしてこれら陶磁器との関係で短頸瓶の胴部 c が出現したなら、胴部 c は少なくとも 4 世紀後葉を遡らないだろう。

胴部 d も中国陶磁器の影響であることは疑いない。中国における鶏首壺を例にすると、東晋までは胴部が球形を呈し胴部最大径が中位に位置するが、南朝以降胴部が細長くなり、胴部最大径が上位に位置する。このような変遷は短頸瓶も同様であるが、百済での胴部 d の盛行は泗沘期であるため、5 世紀第 2 四半期以降の中国における変遷と必ずしも連動してはいない。

ともかく百済における新器種の出現は、新しい飲食文化の導入と関連があるだろう。

(5) 底部外面

短頸瓶の底部外面には轆轤痕（図 153-1〜3）、カキメ調整（図 153-4・5）、糸きり痕（図 153-6）、ヘラ記号などが見られる。

轆轤痕は短頸瓶だけでなく、深鉢形土器、盌、杯身などで観察できる。轆轤痕は漢城期にすでに

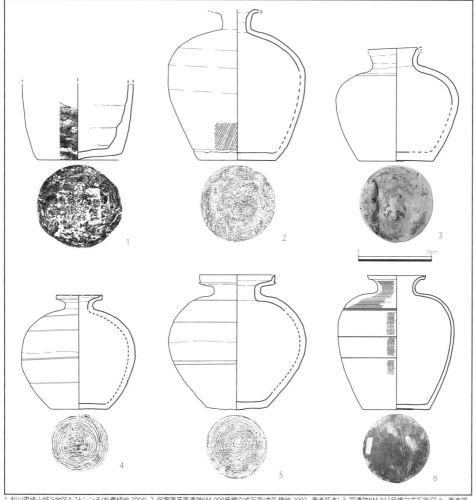

1. 利川雪峰山城ラ地区A-2トレンチ(朴慶植他 2004), 2. 保寧蓮芝里遺跡KM-009号横穴式石室(李弘鍾他 2002、筆者拓本), 3. 同遺跡KM-013号横穴式石室(同上、筆者撮影), 4. 同遺跡KM-023号横穴式石室(同上、筆者拓本), 5. 同遺跡KM-049号横穴式石室(同上), 6. 扶餘芝仙里古墳群8号横穴式石室(扶餘文化財研究所 1991、筆者撮影)

図 153 短頸瓶の底部外面（S＝1/5）

確認できるため、楽浪の影響を受けて原三国時代には轆轤成形が行われていたと思われる。

短頸瓶には方形痕（図153-1・2）と、下駄痕（図153-3）が確認できた。方形痕は轆轤盤の中心に柄（ほぞ）穴を開けて埋め込まれた心棒の痕跡で、下駄痕は心棒を円筒形状に包む軸受と轆轤盤とを結合させるため、ほぞとほぞ穴による方法を取り、盤上面に出るほぞ穴の痕跡である（酒井 2002・2013：234）。方形痕に関する詳細な研究は、酒井と筆者（2005b）によって行われているため、ここでは扱わない。

図153-3 は 1 つ歯が欠けているが、伊賀の下駄起こしや信楽の足駄焼に見られるような二条の痕跡であったと考えられる。ただ類例があまりなく、方形痕の楔痕の一部とも考えられ、結論は保留にする。ただ、日本における下駄痕の最古例が 8 世紀第 1 四半期の岐阜老洞窯跡出土品とあるため（酒井 2002）、今後泗沘期における平底の痕跡に注意する必要がある。

図153-4・5 は回転力を利用したカキメ調整を施している。保寧蓮芝里遺跡出土品で多く見られたため、在地工人の特徴を表すものと考える。

百済土器における底部糸きり痕は、泗沘期からである。酒井（2013：233-234）は扶餘芝仙里古墳群 8 号横穴式石室出土品（図153-6）から百済における底部の糸きり痕の上限を熊津期としているが、筆者は芝仙里 8 号出土品を泗沘期と見る。明確な熊津期とされる底部糸きり痕はないが、今後発見される余地は残している。底部糸きり痕は盌で多く見られ、静止糸きりが主体を占める。

7．広口長頸壺

広口長頸壺は百済だけでなく、新羅・加耶にもあるが、どのような背景で登場したのか不明な器種である。百済では 4 世紀後半頃の出現と理解されるが（朴淳発 2006：166）、明確な資料の提示はない。またソウル石村洞古墳群では副葬品としても使用され、百済に編入された天安龍院里古墳群や新鳳洞古墳群でも出土するため、中央で出現した後、領域拡大と共に地方に拡散した器種との見解もある（朴淳発 2006：167）。

ソウル夢村土城などの報告書で広口長頸壺の分析は行われているが、百済全体を扱った広口長頸壺の研究は金鍾萬の論著（2007：159-161）で行われている。朴淳発は見解程度にとどめているが、早い時期の広口長頸壺は頸部の幅（広がり）が小さく、頸部の外面に突帯がないものが多いが、時間の経過に伴い頸部の外反度が大きくなり、突帯の数も多くなると指摘している。

分析対象の広口長頸壺は完形品 342 点である。まず A から J まで総 10 の計測範囲を設定し、計測値を算出した（図154）。その値を分析した結果、計測的属性を組み合わせた口頸部比（F/E）が時間性を反映していた。また形質的属性のうち、口頸部の文様と口縁部が時間と関連がある。2 つの形質的属性の組み合わせにより型式を設定し、年代決定資料と共伴した広口長頸壺を中心に、編年を提示する。

(1) 計測的属性

口頸部比（F/E）とは、器高（E）と口頸部（F）の相関関係を見るため、用いた名称である。口頸部比の平均は漢城期 0.22、熊津期 0.26 であった。これは時期が下るにつれて、口頸部（E）が大きくなる、つまり口頸部が長くことを意味する（図155）。

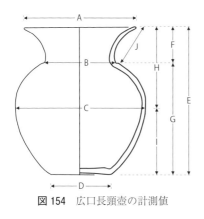

図154　広口長頸壺の計測値

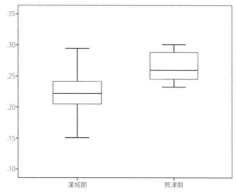

図155　時期別に見た広口長頸壺の口頸部比の箱ひげ図

(2) 形質的属性

① **文様**　口頸部の文様は波状文（a）、突帯（b）、波状文と突帯（c）、文様を施さないもの（d）の4つに分類できる。文様と時期のクロス集計表（表29）の結果、漢城期は無文が圧倒的に多く、次に突帯（b）であった。熊津期は数が少ないため、文様と時間がどのような関係にあるのか検討ができない。

次に文様の有無と口頸部比（F/E）がどのような関係にあるのか分析する。図156の結果、文様のない口頸部の口頸部径は漢城期0.21、文様のある口頸部の口頸部径は0.23であった。微々たる差だが、平均の有意性を検討するためt検定を行った結果、文様の有無と口頸部比（F/E）の平均に差が認められることが、統計学的に認められた。つまり、文様のない口頸部は文様のある口頸部に比べ、口頸部の高さ（長さ）が相対的に短いといえる。

② **口縁部**　多様な形態の口縁部があるが、口縁部は3つに大別できる（図157の左）。口縁部aは直立し、口縁端部が丸いもの（a①）と平坦なもの（a②）に区分できる。口縁部bは口縁部が直立するが、口縁端部に沈線状の段があるもの（b①）、外反するもの（b②）、外反し、口縁端部に沈線状の段があるもの（b③）、口縁部cは外反し、口縁端部に沈線状の段があり、口縁部内面は浅い凹帯が巡るものである。

口縁部と時期のクロス集計表の結果（表30）、漢城期はすべての口縁部が出土しているが、熊津期は数が少ないため、口縁部と時間がどのような関係にあるのか計り難い。

次に口縁部と口頸部比（F/E）がどのような関係にあるのか分析する。図157の右の結果、口縁部aの口頸部径は0.21、口縁部bの口頸部径は0.22、口縁部cの口頸部径は0.24であった。つまり口縁部cは口縁部aに比べ、口頸部の高さ（長さ）が相対的に長いといえる。

(3) 型式設定と編年

文様の有無と口縁部の組み合わせによる型式設定を行う（表31）。口縁部aと文様がないものは1型式、口縁部bと文様がないものは2型式、口縁部cと文様がないものは3型式、口縁部aと文様があるものは4型式、口縁部bと文様があるものは5型式、口縁部cと文様があるものは6型式とした。

型式と時期のクロス集計表（表32）の結果、漢城期にはすべての型式が出現し、時間の経過に伴

表29 広口長頸壺の文様と時期のクロス集計表

			文様				合計
			a	b	c	d	
時期	漢城期	度数	5	75	14	177	271
		文様の%	100.0%	94.9%	93.3%	99.4%	97.8%
	熊津期	度数	0	4	1	1	6
		文様の%	0.0%	5.1%	6.7%	0.6%	2.2%
合計		度数	5	79	15	178	277
		文様の%	100.0%	100.0%	100.0%	100.0%	100.0%

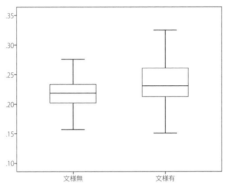

図156 文様有無に見た広口長頸壺の口頸部比の箱ひげ図

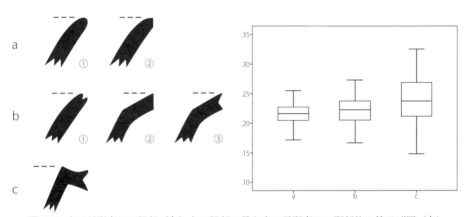

図157 広口長頸壺の口縁部(左)と口縁部に見た広口長頸壺の口頸部比の箱ひげ図(右)

表30 広口長頸壺の口縁部と時期のクロス集計表

			口縁部			合計
			a	b	c	
時期	漢城期	度数	77	132	62	271
		口縁部の%	97.5%	98.5%	96.9%	97.8%
	熊津期	度数	2	2	2	6
		口縁部の%	2.5%	1.5%	3.1%	2.2%
合計		度数	79	134	64	277
		口縁部の%	100.0%	100.0%	100.0%	100.0%

い5・6型式が多くなる傾向にも受け取ることができるが、熊津期の数の不足で各型式の変遷が追えない。

広口長頸壺の編年を実施するための基準となる資料は、中国陶磁器との共伴により4世紀第4四半期～5世紀第1四半期の公州水村里遺跡Ⅱ地点1号土壙木槨墓出土品（図158-2・6・13）、5世紀第2四半期の公州水村里遺跡Ⅱ地点4号横穴式石室出土品（図158-14）、5世紀第3四半期（～第4四半期）の益山笠店里古墳群1号横穴式石室出土品（図158-26）、日本出土広口長頸壺との比較により4世紀第4四半期のソウル風納土城197番地（旧未来マウル）ターグリッド出土品（国立文化財研究所 2013b）、大田龍山洞遺跡3号土壙墓出土品（図158-5）、5世紀第2四半期後半～第3四半期前半（5世紀中葉）の清州新鳳洞古墳群A地区4号土壙墓出土品（図158-3）、倭（系）鉄鏃との共伴により、5世紀第2四半期の清州新鳳洞古墳群77号土壙墓出土品（図158-9）、加耶（系）土器との共伴により5世紀第1四半期～第2四半期の公州水村里遺跡Ⅱ地点3号石槨墓出土品（図158-19）、5世紀第2四半期～第3四半期前半の燕岐松院里遺跡KM-003石槨墓出土品（李弘鍾ほか 2010）、5世紀第2四半期～第3四半期の公州水村里遺跡Ⅱ地点5号横穴式石室出土品（忠清南道歴史文化研究院 2007a）、5世紀第3四半期の鎮安黄山里古墳群カ地区1号墳石槨墓出土品（図158-4）、5世紀第4四半期～6世紀第1四半期の全州馬田遺跡Ⅳ区域4号墳1号土壙墓出土品（図158-22）、6世紀第1四半期～第2四半期の鎮安黄山里古墳群カ地区6号墳石槨墓出土品（図158-17）が挙げられる。

その他、加耶（系）土器が共伴するソウル風納土城慶堂地区206号遺構（井戸）土器埋納層のうち、5世紀第2四半期後半～第3四半期前半（5世紀中葉）の中位出土品（図158-7・10・20）があり、上位や上位積石層出土品（図158-8・21）は中位より上層に位置するため5世紀第3四半期になろう。これら広口長頸壺の計測的属性や形質的属性の変遷とその他共伴遺物の時期を通して編年図を作成した。

1型式は年代決定資料と共伴する4世紀第4四半期～5世紀第1四半期の公州水村里遺跡Ⅱ地点1号土壙木槨墓出土品（図158-2）と5世紀第3四半期の鎮安黄山里古墳群カ地区1号墳石槨墓出土品（図158-4）、年代決定資料との比較により5世紀第2四半期後半～第3四半期前半（5世紀中葉）となる清州新鳳洞古墳群A地区4号土壙墓出土品（図158-3）が基準となる。前述したように口頸部

表31　広口長頸壺の口縁部と文様有無のクロス集計表

			文様		合計
			無	有	
口縁部	a	度数	53	26	79
		文様有無の%	29.9%	26.0%	28.5%
	b	度数	89	45	134
		文様有無の%	50.3%	45.0%	48.4%
	c	度数	35	29	64
		文様有無の%	19.8%	29.0%	23.1%
合計		度数	177	100	277
		文様有無の%	100.0%	100.0%	100.0%

表32　広口長頸壺の型式と時期のクロス集計表

			型式						合計
			1型式	2型式	3型式	4型式	5型式	6型式	
時期	漢城期	度数	52	89	35	25	43	27	271
		型式の%	98.1%	100.0%	100.0%	96.2%	95.6%	93.1%	97.8%
	熊津期	度数	1	0	0	1	2	2	6
		型式の%	1.9%	0.0%	0.0%	3.8%	4.4%	6.9%	2.2%
合計		度数	53	89	35	26	45	29	277
		型式の%	100.0%	100.0%	100.0%	100.0%	100.0%	100.0%	100.0%

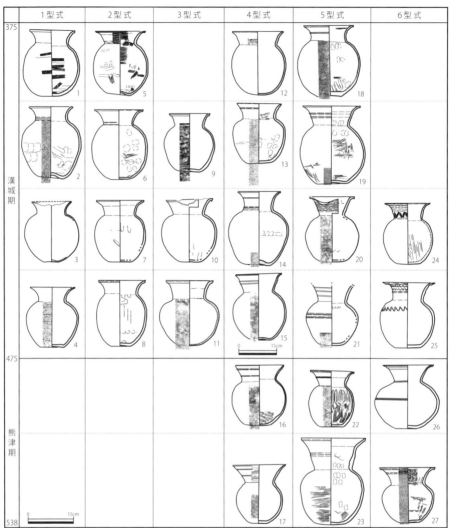

図158 広口長頸壺の編年（15・19：S＝1/15、その他：S＝1/12）

の長さと時間は相関関係にあるため、水村里出土品より相対的に口頸部が短いソウル風納土城テジン・トンサン（대진・동산）聯立住宅敷地（410番地外）-トレンチ井跡出土品（図158-1）は4世紀第4四半期に位置づけられるだろう。1型式の上限は4世紀第4四半期、下限は5世紀第3四半期（一部は熊津期）である。

2型式は年代決定資料と共伴する4世紀第4四半期～5世紀第1四半期の公州水村里遺跡Ⅱ地点1号土壙木槨墓出土品（図158-6）、5世紀第2四半期後半～第3四半期前半（5世紀中葉）の風納土城206号遺構（井戸）土器埋納層中位出土品（図158-7）、これを基準とした5世紀第3四半期の同

土城慶堂地区206号遺構（井戸）土器埋納層上位出土品（図158-8）がある。上限は大阪利倉西出土品との対比で4世紀第4四半期になる大田龍山洞遺跡3号土壙墓出土品（図158-5）が挙げられる。2型式の上限は4世紀第4四半期、下限は5世紀第3四半期である。

3型式は年代決定資料と共伴する5世紀第2四半期の清州新鳳洞古墳群77号土壙墓出土品（図158-9）と5世紀第2四半期後半～第3四半期前半（5世紀中葉）の中位出土品（図158-10）がある。ソウル風納土城197番地（旧未来マウル）カ-7号竈跡出土品（図158-11）の時期は不明だが、口頸部の長さから5世紀第3四半期とした。3型式の上限は5世紀第2四半期、下限は5世紀第3四半期である。

4型式は年代決定資料と共伴する4世紀第4四半期～5世紀第1四半期の公州水村里遺跡Ⅱ地点1号土壙木槨墓出土品（図158-13）、5世紀第2四半期の公州水村里遺跡Ⅱ地点4号横穴式石室出土品（図158-14）、6世紀第1四半期～第2四半期の鎮安黄山里古墳群カ地区6号墳石槨墓出土品（図158-17）がある。口頸部の長さを考慮した結果、上限は4世紀第4四半期の清州新鳳洞古墳群A地区41号土壙墓出土品（図158-12）、下限は6世紀第1四半期～第2四半期である。

5型式は年代決定資料と共伴する5世紀第1四半期～第2四半期の公州水村里遺跡Ⅱ地点3号石槨墓出土品（図158-19）、5世紀第2四半期後半～第3四半期前半（5世紀中葉）の風納土城206号遺構（井戸）土器埋納層中位出土品（図158-20）、これを基準とした5世紀第3四半期の同土城慶堂地区206号遺構（井戸）土器埋納層上位出土品（図158-21）、5世紀第4四半期～6世紀第1四半期の全州馬田遺跡Ⅳ区域4号墳1号土壙墓出土品（図158-22）がある。口頸部の長さを考慮した結果、上限は4世紀第4四半期の清州新鳳洞古墳群29号土壙墓出土品（図158-18）、下限は6世紀第2四半期の論山院南里・定止里遺跡Ⅱ-3地域A地点百済時代1号石槨墓出土品（図158-23）である。

6型式は年代決定資料と共伴する5世紀第3四半期（～第4四半期）の益山笠店里古墳群1号横穴式石室出土品（図158-26）がある。笠店里出土品は共伴した中国陶磁器が5世紀第3四半期に比定できるが、広口長頸壺の変遷から5世紀第4四半期になると思われる。口頸部の長さを考慮した結果、上限は5世紀第2四半期後半～第3四半期前半（5世紀中葉）の烏山内三美洞遺跡31号住居出土品（図158-24）、下限は6世紀第1四半期～第2四半期の公州金鶴洞古墳群12号墳横穴式石室出土品（図158-27）である。

編年図から朴淳発（2006：167）の指摘通り頸部の幅（広がり）が小さく、時間の経過に伴い頸部の外反度が大きくなることが認められる。また胴部が小さくなり、扁平になる傾向も見られる（図158-26・27）。

以上、漢城様式百済土器を代表する直口広肩壺、直口短頸壺、高杯、三足土器、杯身、短頸瓶、広口長頸壺の編年構築のため、時間と関連がある計測的属性と形質的属性を分析し、各形質的属性の組み合わせによる型式設定を行った。その後、年代決定資料と共伴した型式を中心に、編年を提示した。

ソウル風納土城慶堂地区中層196号遺構（竪穴倉庫）出土直口広肩壺は、共伴中国陶磁器と木炭試料による炭素14年代測定値から百済土器の中で最も早い3世紀第4四半期～4世紀第1四半期に出現したことが判明した。

直口広肩壺は他の器種に比べ存続期間が短く、分析可能な数も多くないため、型式設定はできな

かった。しかし年代決定資料や共伴遺物から上限は3世紀第4四半期～4世紀第1四半期、下限は5世紀第3四半期であった。器形は胴部最大径に比べ底径が小さいものから、比較的大きいものへの変化が認められた。また早い時期のものは、胴部最大径以下の器高が高く、中国陶磁器の罐のような器形を呈するが、時期が下るにつれ、胴部最大径以下の器高が低くなる傾向が見られた。

直口短頸壺は計測的属性を組み合わせた底部比、形質的属性の底部、胴部の文様、文様の範囲が時間と関連があった。形質的属性の組み合わせにより6つの型式を設定した。直口短頸壺の上限は共伴遺物の年代から4世紀前葉の水原笠北洞遺跡周溝土壙墓出土品、下限は7世紀第2四半期～第3四半期である。

高杯は計測的属性を組み合わせた脚部開き、杯部比、脚部比、脚部位置、形質的属性の受け部と脚端部が時間と関連があった。形質的属性の組み合わせにより8つの型式を設定した。年代決定資料と共伴した高杯を中心に変遷を検討した結果、4世紀第3四半期に出現し、7世紀代まで存続した。

三足土器は杯部の形態と大きさによって大型盤形、小型盤形、壺形、杯形に分類できるが、出土量が多い杯形三足土器を中心に型式学的分類を行った。三足土器は計測的属性を組み合わせた脚部開き、杯部比、脚部比、脚部位置、脚部太さ、形質的属性の受け部と脚端部が時間と関連があった。杯形三足土器は形質的属性の組み合わせにより7つの型式を設定した。年代決定資料と共伴した杯形三足土器を中心に変遷を検討した結果、4世紀第3四半期に出現し、7世紀第3四半期まで存続した。

杯身は計測的属性を組み合わせた杯部比、口縁部比、口径比、形質的属性の受け部と底部が時間と関連があった。形質的属性の組み合わせにより7つの型式を設定した。年代決定資料と共伴した杯身を中心に変遷を検討した結果、4世紀第3四半期に出現し、7世紀第3四半期まで存続した。

短頸瓶は計測的属性を組み合わせた底部比、胴部最大径の位置、胴部上位比、形質的属性の胴部と口縁部が時間と関連があった。形質的属性の組み合わせにより7つの型式を設定した。年代決定資料と共伴した短頸瓶を中心に変遷を検討した結果、5世紀第1四半期に出現し、7世紀第3四半期まで存続した。

広口長頸壺は計測的属性を組み合わせた口頸部比、形質的属性の口頸部の文様と口縁部が時間と関連があった。形質的属性の組み合わせにより6つの型式を設定した。年代決定資料と共伴した広口長頸壺を中心に変遷を検討した結果、4世紀第4四半期に出現し、6世紀代（熊津期）まで存続した。

広口長頸壺と杯身を除いた直口広肩壺、直口短頸壺、高杯、三足土器、短頸瓶の出現は中国の器物と関連があるが、各器種ごと受容時期が異なっていた。したがってすべての百済土器の器種が百済の成立と共に出現したものではない。

註
(1) 漢城様式百済土器の中には、百済滅亡まで製作・使用された器種も含まれている。そのため漢城期に出現し、泗沘期まで存続する器種を果たして漢城様式土器に含めてもいいのか疑問が残る。ここで重要なことは泗沘期になると漢城様式の土器とはまったく異なる器種が新しく出現することである。これらを明確に区分するため、本書では泗沘期でも製作されるが、その出現時点が漢城期になる器種は漢城様式土器の範疇に含めた。

（2）漢城様式土器の中で、本書では直口広肩壺と直口短頸壺以外に高杯、三足土器、杯身、短頸瓶、広口長頸壺を扱ったが、その理由は2つある。1つは完形品が約200点を超えるため、型式学的分類が可能であること、もう1つは比較的器形の変化が明確であるためである。

（3）直口広肩壺と直口短頸壺に施される文様は帯状であるため、正しくは文様帯となるが、以下から帯を省略し文様とだけ表記する。

（4）図112のうち、ソウル石村洞古墳群第1積石出土品（図112-5）は口縁部が外反しているが、文様と全体的な器形が直口広肩壺と同一系譜にある点、そして洪城石宅里遺跡出土品（図112-13・14）と対比できる点から、直口広肩壺の範疇に含めた。

（5）形質的属性には表1に示した形態的、視覚的、技術的属性を含んだ意として使用する。つまり形態、焼成色など数値化し難い属性を指す。

（6）金一圭（2014b・2015：164）は風納土城の築造以前に造成されたことが明確な三重環濠出土遺物から、築造上限を4世紀中葉を遡らないとする。氏は環濠出土鉄鏃を烏山水清洞遺跡の墳墓出土品と同一系譜の型式と把握した後、共伴馬具を嶺南地域の資料と比較から時期を比定している。一方、氏が時期設定の目安として提示した鏃身部の断面が三角形の二段茎式と呼ばれる鉄鏃を3世紀後半〜4世紀前半とする見解（咸在昱 2010）もある。

（7）箱ひげ図の中央の黒線は、中央値を示す。中央値とはすべての資料の値を大きさ順に並べたとき、真ん中になる値をいう。ここでの統計処理にはSPSSを使用した。

（8）3つ以上の多群の平均値の比較には分散分析を使用する。分散分析は全群に対する検定を行うため、個別の比較に関する情報は得られない。したがってどの群に有意差があるか調べる場合、多重比較が使用される。多重比較には種類が多く、専門家の間でも意見が分かれるという（弘前大学の対馬栄輝氏のご教示による）。その中でもScheffeは他よりも厳格な有意差を求めたいときに使用されるため、より慎重な有意性を判断できる長所があるが、有意差の検出力が低いという短所も併せ持つ。統計学では一般的にTukeyを使用するが（対馬 2003）、本書ではより厳格な有意性を求めるためScheffeを中心に処理するが、Scheffeでの差が認められないとき、Tukeyを併用して有意性を再確認する。

（9）前述したように総分析対象は127点だが、時期を判断できない41点を除いた86点で表を作成した。

（10）有意水準の設定には一般的に0.05と0.01が使用される。0.01の方がより厳しい判断になる。

（11）対立仮説とは反対に帰無仮説がある。

（12）クロス集計表が果たして有意であるかχ^2検定を行った結果、有意確率が0.00で有意水準0.05より小さいため、対立仮説（差がある）が採択され、表の時間と文様には有意な差が認められる。

（13）文様が確認できる59点を対象にした。

（14）クロス集計表が果たして有意であるかχ^2検定を行った結果、有意確率が0.00で有意水準0.05より小さいため、対立仮説（差がある）が採択され、表の時間と文様の範囲には有意な差が認められる。

（15）後述する器種（高杯、三足土器、短頸瓶）は、脚部形態、口縁形態などの時間性と形態的特徴を反映する属性の組み合わせで型式を設定した。直口短頸壺の場合、底部形態に時間性を見出せたため、底部形態と文様または底部形態と文様範囲の組み合わせによって型式を設定することが最も適切な手法である。しかし各属性の組み合わせの数が少ないため、型式と認定することができない。直口短頸壺の完形品の増加を待った後、再分析を行う。

（16）直口短頸壺の大きさは小型（器高約11 cm）から大型（器高約30 cm）まである。大きさ（容量）の分析も直口短頸壺を理解するうえで重要な属性であるが、大きさは時期を決定するものではない。筆者は別途に大きさと時間の関係を分析したが、統計学的に有意性は認められなかった。百済は全期間において多様な大きさの直口短頸壺を製作・使用したと理解できる。

（17）共伴馬具の時期については、權度希氏（漢江文化財研究院）にもご教示いただいた。

（18）共伴馬具は5世紀後半代（諫早 2012：210）、共伴有肩壺は4世紀代（朴智殷 2007）と差がある。共伴

深鉢形土器は5世紀前半の特徴が見られるため、ここでは5世紀第1四半期とする。
(19) 長方形または三角形の透かしを行う事例はわずかだが、清州烏山里遺跡Ⅰ地区2号窯跡（忠清北道文化財研究院 2015）や、青陽鶴岩里遺跡Ⅱ-C地域土器窯跡廃棄場（忠清南道歴史文化院 2006）で出土している。
(20) 朴淳発（2006：143）は盤床という漢字を使用している。
(21) 箱ひげ図が果たして有意であるか多重比較法を行った結果、漢城期と熊津期・泗沘期の間には脚部の開きの平均に差があることが、統計学的に認められた。高杯の脚部開きは、時間性を反映する計測的属性である。
(22) 箱ひげ図が果たして有意であるか多重比較法を行った結果、漢城期と熊津期・泗沘期の間には杯部比の平均に差があることが、統計学的に認められた。高杯の杯部比は、時間性を反映する計測的属性である。
(23) 箱ひげ図が果たして有意であるか多重比較法を行った結果、漢城期と熊津期・泗沘期の間には脚部比の平均に差があることが、統計学的に認められた。高杯の脚部比は、時間性を反映する計測的属性である。
(24) 箱ひげ図が果たして有意であるか多重比較法を行った結果、漢城期と熊津期・泗沘期の間には脚部位置の平均に差があることが、統計学的に認められた。高杯の脚部位置は、時間性を反映する計測的属性である。
(25) 受け部dは受け部d①と受け部d②に細分できるが、数が少ないため、ここでは受け部dとした。
(26) 前述したように総分析対象は440点だが、時期を判断できない92点を除いた348点で表を作成した。
(27) クロス集計表が果たして有意であるかχ^2検定を行った結果、有意確率が0.00で有意水準0.05より小さいため、対立仮説（差がある）が採択され、表の時間と受け部には有意な差が認められる。
(28) 脚の端部を外反させるものがあるが、検討した結果時間差は確認できなかった。
(29) クロス集計表が果たして有意であるかχ^2検定を行った結果、有意確率が0.00で有意水準0.05より小さいため、対立仮説（差がある）が採択され、表の時間と脚端部には有意な差が認められる。
(30) クロス集計表が果たして有意であるかχ^2検定を行った結果、有意確率が0.00で有意水準0.05より小さいため、対立仮説（差がある）が採択され、表の型式と時期には有意な差が認められる。
(31) 脚底部径（D）は3つの脚部のどの部分を計測するかによって値も異なってくる。精密な分析のためには実物を再計測するほかないが、時間的・条件的な制約のため、ここでは多少の数値的・統計学的な誤差を含むことを明記する。
(32) 箱ひげ図が果たして有意であるか多重比較法を行った結果、各々漢城期、熊津期、泗沘期の間には脚部の開きの平均に差があることが、統計学的に認められた。三足土器の脚部開きは、時間性を反映する計測的属性である。
(33) 箱ひげ図が果たして有意であるか多重比較法を行った結果、各々漢城期、熊津期、泗沘期の間には杯部比の平均に差があることが、統計学的に認められた。三足土器の杯部比は、時間性を反映する計測的属性である。
(34) 箱ひげ図が果たして有意であるか多重比較法を行った結果、各々漢城期、熊津期、泗沘期の間には脚部比の平均に差があることが、統計学的に認められた。三足土器の脚部比は、時間性を反映する計測的属性である。
(35) 箱ひげ図が果たして有意であるか多重比較法を行った結果、各々漢城期、熊津期、泗沘期の間には脚部位置の平均に差があることが、統計学的に認められた。三足土器の脚部位置は、時間性を反映する計測的属性である。
(36) 箱ひげ図が果たして有意であるか多重比較法を行った結果、各々漢城期、熊津期、泗沘期の間には脚部太さの平均に差があることが、統計学的に認められた。三足土器の脚部太さは、時間性を反映する計測的属性である。
(37) 前述したように総分析対象は553点だが、時期を判断できない92点を除いた461点で表を作成した。

(38) クロス集計表が果たして有意であるかχ^2検定を行った結果、有意確率が0.00で有意水準0.05より小さいため、対立仮説（差がある）が採択され、表の時間と杯部形態には有意な差が認められる。

(39) クロス集計表が果たして有意であるかχ^2検定を行った結果、有意確率が0.00で有意水準0.05より小さいため、対立仮説（差がある）が採択され、表の時間と受け部には有意な差が認められる。

(40) クロス集計表が果たして有意であるかχ^2検定を行った結果、有意確率が0.00で有意水準0.05より小さいため、対立仮説（差がある）が採択され、表の時間と脚端部には有意な差が認められる。

(41) クロス集計表が果たして有意であるかχ^2検定を行った結果、有意確率が0.00で有意水準0.05より小さいため、対立仮説（差がある）が採択され、表の型式と時期には有意な差が認められる。

(42) 木塔の心礎石に設置された穴から出土した舎利函の銘文を通して、扶餘王興寺が577年に造営されたことがわかった。発掘結果、この敷地一帯は577年以前に遡る遺構が確認されていないため、木塔基壇土出土三足土器は、577年前後と推定できる。

(43) 益山帝釋寺の造営に関しては、中国六朝時代の史料『観世音応験記』が唯一である。これによると、百済武広王（武王）が枳慕蜜地（益山の昔の地名）に遷都し、帝釋精舎を建てたが、貞観13年（639年、武王40年）雷雨により仏堂と7重木塔および廊房すべて焼失したが、舎利荘厳具を拾い、再度寺を建てたとする。特に武王が益山地域に遷都し、帝釋寺を創建した内容は注目できる（国立扶餘文化財研究所 2011a）。この史料によると出土三足土器も7世紀前葉代の遺物と推察できる。

(44) 先行研究（成正鏞 2000a：62）でも5世紀第1四半期としている。

(45) 朴普鉉（2011）は禹山68号墓出土黄釉陶器と銅洗を、黄釉陶器が出土した集安市三室塚の既往の年代観から、上限を5世紀中葉～後葉とした。また百済大型盤形三足土器と慶州皇南大塚出土青銅製三足盤の時期もこの範疇に収まるとある。

(46) 禹山68号墓と併行関係にあるとされる七星山96号墓の年代については、研究者によって見解の差がある。4世紀中葉～5世紀初（諫早 2012：56）、4世紀後半～5世紀初（王巍 1997）、5世紀前葉～中葉（小田富士雄 1979b）が挙げられる。

(47) 洪城神衿城出土品（李康承ほか 1994）は破片も含めると、その比率はさらに上がる。

(48) 栄山江流域の杯身については徐賢珠（2006）や呉東墪（2016）の研究がある。呉東墪の研究には百済の杯身も一部含まれるが、栄山江流域の杯身を考察するための参考として扱っている。

(49) 栄山江流域の杯身も含めると約1,600点になる。

(50) 箱ひげ図が果たして有意であるか多重比較法を行った結果、漢城期と熊津期・泗沘期の間には杯部比の平均に差があることが、統計学的に認められた。杯身の杯部比は、時間性を反映する計測的属性である。

(51) 箱ひげ図が果たして有意であるか多重比較法を行った結果、漢城期と熊津期・泗沘期の間には口縁部比の平均に差があることが、統計学的に認められた。杯身の口縁部比は、時間性を反映する計測的属性である。

(52) 箱ひげ図が果たして有意であるか多重比較法を行った結果、各々漢城期、熊津期、泗沘期の間には口径比の平均に差があることが、統計学的に認められた。杯身の口径比は、時間性を反映する計測的属性である。

(53) 前述したように総分析対象は440点だが、時期を判断できない92点を除いた348点で表を作成した。

(54) クロス集計表が果たして有意であるかχ^2検定を行った結果、有意確率が0.00で有意水準0.05より小さいため、対立仮説（差がある）が採択され、表の時間と受け部には有意な差が認められる。

(55) 前述したように総分析対象は1,352点だが、時期を判断できない407点を除いた945点で表を作成した。

(56) クロス集計表が果たして有意であるかχ^2検定を行った結果、有意確率が0.00で有意水準0.05より小さいため、対立仮説（差がある）が採択され、表の時間と底部には有意な差が認められる。

(57) クロス集計表が果たして有意であるかχ^2検定を行った結果、有意確率が0.00で有意水準0.05より小さいため、対立仮説（差がある）が採択され、表の型式と時間には有意な差が認められる。

(58) ソウル風納土城は下層、中層、上層に区分され、下層は原三国時代、中層は3世紀末〜4世紀代、上層は5世紀代と一般的に解釈されている。これを韓志仙（2013a）の編年に対応させると、中層は漢城百済Ⅰ期と漢城百済Ⅱ期、上層は漢城百済Ⅲ期と漢城百済Ⅳ期に相当する。

(59) 上限として図示したソウル夢村土城東南地区88-4住居出土品（図145-28）は、底部が欠損しているが、丸底と考える。また三足土器や高杯にも該当しない。

(60) 上限として図示したソウル夢村土城東北地区87-1号住居Ⅲ層出土品（図145-39）は、底部が欠損しているが、平底と考える。また三足土器や高杯にも該当しない。

(61) 箱ひげ図が果たして有意であるか多重比較法を行った結果、漢城期と熊津期・泗沘期の間には底部比の平均に差があることが、統計学的に認められた。短頸瓶の底部比は、時間性を反映する計測的属性である。

(62) 箱ひげ図が果たして有意であるか多重比較法を行った結果、漢城期と熊津期・泗沘期の間には胴部最大径の位置の平均に差があることが、統計学的に認められた。短頸瓶の胴部最大径の位置は、時間性を反映する計測的属性である。

(63) 箱ひげ図が果たして有意であるか多重比較法を行った結果、漢城期と熊津期・泗沘期の間には胴部上位比の平均に差があることが、統計学的に認められた。短頸瓶の胴部上位比は、時間性を反映する計測的属性である。

(64) 胴部の形態の設定にも基準とした胴部最大径との関連性には、多重比較法を行った。その結果、胴部a、胴部b・胴部c、胴部dには胴部最大径の平均に差があることが、統計学的に認められた。

(65) cは2つの形態に細分できるが、c①の数が少ないため、ここでは一緒に分析する。ちなみに、c①は方瑠梨（2001）の分類に従うと盤口形、c②は球形である。

(66) 前述したように総分析対象は194点だが、時期を判断できない55点を除いた139点で表を作成した。

(67) クロス集計表が果たして有意であるかχ^2検定を行った結果、有意確率が0.00で有意水準0.05より小さいため、対立仮説（差がある）が採択され、表の時間と胴部には有意な差が認められる。

(68) 口縁部bは4つに細分したが、各々数が少ないため、口縁部bとして扱った。

(69) クロス集計表が果たして有意であるかχ^2検定を行った結果、有意確率が0.00で有意水準0.05より小さいため、対立仮説（差がある）が採択され、表の時間と口縁部には有意な差が認められる。

(70) クロス集計表が果たして有意であるかχ^2検定を行った結果、有意確率が0.00で有意水準0.05より小さいため、対立仮説（差がある）が採択され、表の型式と時期には有意な差が認められる。

(71) 金成南（2001）も清州新鳳洞古墳群52号土壙墓出土品を5世紀前後としている。

(72) 甑把手の先端を糸で切断する事例は漢城期から見られる（酒井 2013：233）。

(73) 箱ひげ図が果たして有意であるかt検定を行った結果、漢城期と熊津期には口頸部比の平均に差があることが、統計学的に認められた。広口長頸壺の口頸部比は、時間性を反映する計測的属性である。

(74) 前述したように総分析対象は342点だが、時期を判断できない65点を除いた277点で表を作成した。

(75) t検定は2つの標本間の平均の差を検討する際に使用する。

(76) t検定のLeveneの検定結果、有意確率が0.02で有意水準0.05より小さいため、対立仮説（差がある）が採択され、図の文様の有無と口頸部径には有意な差が認められる。

(77) 箱ひげ図が果たして有意であるか多重比較法を行った結果、口縁部a・口縁部bと口縁部cの間には口頸部径の平均に差があることが、統計学的に認められた。広口長頸壺の口縁部と口頸部径は、相関関係にある計測的属性である。

第3節　泗沘様式百済土器

　泗沘期の百済土器には高句麗的な要素が多く認められることは、すでに先学によって指摘されている。このような高句麗の要素は泗沘期全期間にわたり継続し、漢城様式とは異なる様相を呈することから"泗沘様式"百済土器と命名される（朴淳発 2005a）。高句麗の要素は土器だけでなく、瓦、板石組オンドル、煙家、金工品に至る様々な部分で見られる。

　475年漢江流域を高句麗に奪われた後、新羅・唐連合軍に対抗するため高句麗と和親を結んだ643年まで百済と高句麗はお互い熾烈に戦った敵対する関係にあったにも関わらず、衣食住全般にわたり高句麗的要素が見られるのはなぜなのか。その理由についてはすでに多様な見解が示されており、筆者も共感する部分もあるが、ここでは土器の分析からアプローチする。

　泗沘様式百済土器のうち、高句麗土器に起源がある器種は、四耳甕、両耳甕、帯状把手付洗（ジャベキ）、甑、鐎付土器などがある（朴永民 2002）。これらは泗沘都城およびその周辺、そして益山王宮里遺跡などで出土していることから、泗沘都城内および近隣で製作・使用されていた（朴淳発 2005a）。

　そこで泗沘様式土器のうち、高句麗土器との比較が可能な鐎付土器、帯状把手付洗、帯状把手付壺を選定し、検討を行う。泗沘期は漢城期に比べ百済土器と共伴する年代決定資料が圧倒的に少ないため、前出する高句麗土器と後出する羅末麗初（統一新羅～高麗時代初期：9世紀～10世紀）～高麗時代（918年～1392年）の土器と対比させることにより、各器種の相対的変遷を把握する。また高句麗土器と泗沘様式土器の観察を通して、泗沘様式土器の成立主体と背景について考察する。

1．主要器種の成立と変遷

(1) 鐎付土器

　鐎付土器は台付盌の口縁端部から約1cm～2cm下に鐎（握り手）を取り付けた特異な形態の土器で、王室と密接な関係がある遺跡から主に出土する。これは支配階層の独特な飲食文化を反映するものと理解されている（朴淳発 2006：206-207）。

　百済における最も早い段階の鐎付土器はソウル風納土城197番地ナ-60号竪穴（図159-6・7）、ラ-109号竪穴（図159-8・9）、マ-8号竪穴（図159-10）、ラ-105号竪穴（図159-11・12）で見られるが、ここで論ずる泗沘期の鐎付土器の起源は漢城期ではない。漢城期と泗沘期の鐎付土器には約半世紀の空白期がある上に、漢城期には泗沘期出土品のような台が付いてない。もちろん漢城期・熊津期の資料の蓄積を待つ必要があろうが、現状において漢城期の鐎付土器は中国で類似する器形が確認されているため、中国からの影響と思われる。おそらく泗沘期の鐎付土器は高句麗の影響を受けて登場したものであろう。

　高句麗の鐎付土器は台が付くもの（図159-1・3・5）と付かないもの（図159-2・4）が共存する。泗沘期の鐎付土器は台が付くものが大半であるが、一部台が付かないものもある（図159-16）。

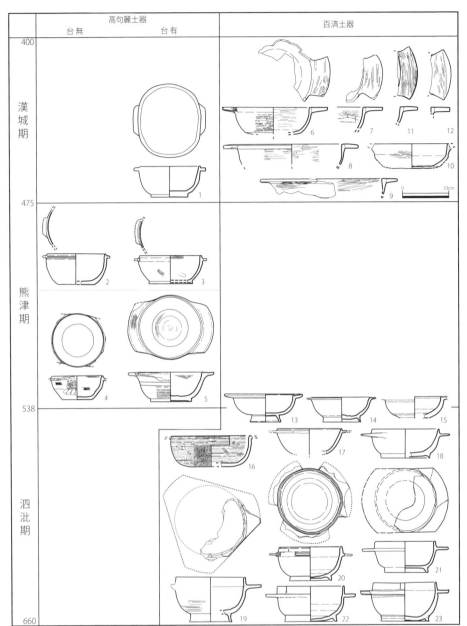

図159 高句麗と百済の鍔付土器の変遷（S=1/8）

 高句麗の鍔付土器の最も大きい特徴は、口縁端部もしくは直下に鍔を取り付けている点である。泗沘期の鍔付土器もおそらく初期は高句麗土器同様、口縁端部もしくは直下に鍔を取り付けていたと思われるが、次第に短い口縁部を形成し、口縁部が長いものへ変化すると考える。

 今のところ、高句麗の鍔付土器のうち最も早い時期のものは、5世紀代の中国吉林省集安市三室

塚出土品（図159-1）であろう。前述したソウル風納土城出土品（図159-6・7）も5世紀代と報告されているが[6]、型式学的変化を考慮すると三室塚出土品より先行する可能性がある。

泗沘期の鐔付土器の完形品は30点以上あり、鐔を取り付けた口縁部の高さが非常に短いものは、扶餘陵山里寺跡南北水路内部有機物層（図159-13）、扶餘宮南池1次調査（図159-14）、扶餘東南里136-4番地遺跡ピットCの1次工程層（図159-15）などから出

1. ソウル峨嵯山第4保塁2号オンドル付近(任孝宰他 2000、筆者撮影), 2. ソウル峨嵯山シル(시루)峰保塁S4E2(任孝宰他 2002、筆者撮影), 3. 扶餘王宮里遺跡西城壁トレンチ地点地表下70cm焼土層(国立扶餘文化財研究所 2002b、筆者撮影), 4. 扶餘宮南池3次調査(国立扶餘博物館 2007b、筆者撮影)

図160 高句麗と百済の鐔付土器（2：台付盌）の製作技法（縮尺不同）

土している。このような鐔付土器は前述したように高句麗土器と類似しているため、泗沘期の鐔付土器の中でも最も早い段階に相当すると思われる。

一方、具体的な時期比定については扶餘陵山里寺跡南北水路内出土品が挙げられる[7]。南北水路は陵山里寺が建てられる前に形成されたもので、1次建物群の築造時期と関連があるとされる。先行研究（金吉植 2008）によれば、高句麗的な建物形態と見える1次建物群は6世紀前葉に比定できる高句麗系遺物などの出土から、泗沘遷都前後に建てられたと考えられている。

高句麗と百済の鐔付土器は側面に2つの鐔を取り付ける場合が大部分であるが、益山王宮里遺跡出土品のように台形を3つに切り取ったもの（図159-20）や、扶餘東南里702番地遺跡Ⅳ層出土品のように平面形態が円形の鐔を3方向で切断したもの（図159-19）など、高句麗の鐔付土器受容後、百済工人が様々な形の鐔を創作・製作した。

次は製作技法について検討をする。高句麗鐔付土器の鐔は、鐔を台付盌に取り付ける場合（図159-1）と、別の製作技法を思わせる場合（図159-4、図160-1）が確認できる。断面が見られないため詳細は不明であるが、図159-4は盌状に作った後、壁を水平に折り曲げている。この場合、鐔を2つにするため削る必要があるが、鐔を台付盌に付ける場合でも痕跡が見られる。一方、台は輪状の台を取り付ける場合（図159-3）と、厚底にする場合（図159-1）があるが、底部外面を浅く削って窪ませている例もある（図159-5、図160-2）。

百済の場合、身と蓋を同時に一体の球形として成形する風船技法で製作された場合（図159-20・22・23、図160-3）と、身と蓋を別々に製作した場合とがある[8]。百済における風船技法の出現時期は、7世紀に入ってからと推察でき、それ以前の鐔付土器は身と蓋を別々に製作していたと思われる。

すべての鍔付土器に該当するかわからないが、いくつかの鍔付土器の断面を観察すると、鍔と身は繋がっていることがわかる。つまり、身に鍔を貼り付けるのではなく、盌の成形途中、そのまま外反させて鍔とし、その内側に口縁部を取り付ける（図159-19、図160-4）。一方、ソウル風納土城出土品は盌の側面に鍔を貼り付けていることから、泗沘期の鍔付土器とは製作技法において差が見られる。鍔付土器の台はごく一部を除き輪状である。

(2) 帯状把手付洗（ジャベギ（자배기））

洗は形態上把手があるものとないものに区分できる。把手がないものはソウル風納土城（国立文化財研究所 2012a・2012b）などから確認されているため、漢城期に存在した器種である。一方、帯状把手付の洗は漢城期には見られないため、後述する帯状把手付壺同様、高句麗土器の影響で出現したと思われる。

高句麗の帯状把手付洗の上限は把握されていないが、4世紀末～5世紀初に比定できる中国遼寧省本渓市桓仁満族自治県の五女山城第4期2号大型建物出土品（梁時恩 2013：22）（図161-1）から、遅くとも高句麗中期には出現した器種と理解されている。

高句麗土器も後述する百済の帯状把手付洗同様、器高が相対的に低いもの（図161-2・3）と高いもの（図161-4・5）に区分可能である。第4期の五女山城出土品と6世紀中葉～後葉に比定できる漣川瓠蘆古塁瓦集中堆積跡2号出土品（図161-6）から、高句麗の帯状把手付洗は時期が下るにつれて底径が大きくなる傾向にある。

百済の帯状把手付洗の変遷は根拠となる暦年代資料と共伴してないため、高句麗土器と羅末麗初～高麗土器の時間性を参考にした。高句麗の帯状把手（図161-1～6）は胴部と水平に設置するが、羅末麗初～高麗土器の帯状把手（図161-15・16）は下向きに取り付ける傾向が見られる。また2つの把手を水平かつ同じ高さに設置するための基準線（横沈線）を設けるが、基準線の直下に把手を付けていたものが時間が下るにつれ基準線の上に把手を取り付けたり（図161-10・13）、基準線がなくなる方向に変化する（図161-15・16）。このような基準線の変化は後述する帯状把手付壺にも見られる。その他、高句麗土器の胴部最大径は口縁部に近い位置にあるが、羅末麗初～高麗土器には胴部の張りがなくなる。以上のように把手の方向、基準線と関連した把手の位置、胴部の張りなどを参考に相対編年（図161）を作成した。

扶餘宮南池木造貯水槽東辺に接した水路2内部から出土した洗片を検討する（図162）。この破片は灰青色硬質で、表面は平行タタキ後回転ナデを行っている。その後胴部に横方向の暗文、その上に連続した波状文（輪状文）の暗文を施している。暗文は高句麗土器の特徴的な要素で、高句麗中期後半（5世紀後半）から出現し、後期（6・7世紀）を経て一部渤海土器まで使用される（崔鍾澤 1999）。底部外面には中軸から約5cm離れた場所に2.0×3.2cmの長方形の凹痕が見られるが、これは轆轤盤と下盤（蹴板）を連結する支柱の痕跡と思われる。

口縁端部は内側に若干ではあるが巻き込んだ状態になっている。このような口縁部の製作技法は、漢江流域の高句麗土器で最も多く出土するD形に該当し、朝鮮半島北部地域で遅い時期に主に見られる（梁時恩 2003）。

洗片は灰青色硬質である点と平行タタキが観察できる点は、百済的要素である。一方、胴部の暗文と口縁部の製作技法は、高句麗土器の特徴が見られるため、高句麗土器の製作に熟練した工人が

第 4 章　百済土器の成立と展開　307

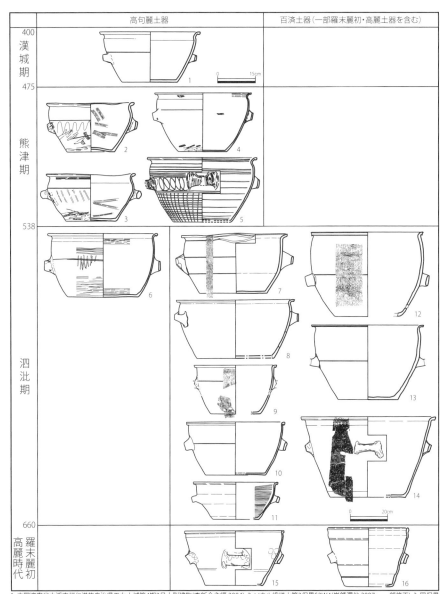

図161　高句麗と百済帯状把手付洗の変遷（8・13・14：S＝1/20、その他：S＝1/15）

1. 中国遼寧省本渓市桓仁満族自治県五女山城第4期2号大型建物(李新全主編 2004), 2. ソウル峨嵯山第3保塁S2W4(崔鍾澤他 2007c、一部修正), 3. 同保塁S6W1グリッド(同上), 4. ソウル峨嵯山第4保塁N3W2グリッド(任孝宰他 2000), 5. ソウル紅蓮峰第2保塁オンドル建物(崔鍾澤他 2007b), 6. 漣川瓠蘆古塁瓦集中堆積坑2号(沈光注他 2014), 7. 扶餘亭岩里窯跡A地区灰原(金誠亀他 1988), 8. 扶餘扶蘇山城マ地区貯蔵穴内一括遺物(国立扶餘文化財研究所 1997b), 9. 扶餘雙北里遺跡A地点百済時代水路周辺(李康承他 2013), 10. 益山弥勒寺跡北僧房跡北側基壇下1(国立扶餘文化財研究所 1996), 11. 扶餘王宮里遺跡建物12調査過程地表下50〜60cm(国立扶餘文化財研究所 2008), 12. 扶餘陵山里遺跡35号甕棺墓(国立扶餘文化財研究所 1998), 13. 扶餘王宮里遺跡建物8・9(国立扶餘文化財研究所 1997a), 14. 扶餘官北里遺跡出土地不明(尹武炳 1985), 15. 扶餘北皐里遺跡高麗時代3号竪穴遺構(金栄国他 2011), 16. 扶餘官北里遺跡バ地区1区域L字形石列周辺褐色砂質粘土(羅末麗初堆積層)(国立扶餘文化財研究所 2009b)

作ったものと考えられる。このように高句麗的な要素が観察できるこの洗片は、泗沘期の中でも比較的早い段階に相当すると考えられる。

　土器製作には諸工程で motor habit が駆使されている。熟達に時間がかかり長期的に維持されるものが motor habit であるため、洗口縁部の製作技法は高句麗土器を模倣しようとしても容易に習得できない部分と思われる。これは高句麗土器を長期間にわたって製作した工人の癖であると同時に、文化集団で広く共有されていたことを示すものである。その工人が長期間属していた文化集団

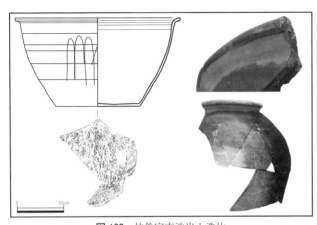

図162　扶餘宮南池出土洗片
（国立扶餘文化財研究所 1999、筆者実測・拓本・撮影、S=1/8）

とはまさに高句麗であった。

(3) 帯状把手付壺

上記の（帯状把手付）洗同様、帯状把手付壺も実用品として使用されるが、甕棺として転用された場合もある。

百済の帯状把手付壺と直接関連する高句麗の帯状把手付壺は、4世紀末～5世紀初に比定できる遼寧省本渓市桓仁満族自治県五女山城第4期F32出土品（図163-1）以降である。実見できたソウル峨嵯山第4堡塁出土品は口頸部直下外面に横走魚骨文と呼ばれる文様が施文されている（図163-2）。胴部に取り付けられている把手上部には横沈線が見られるが、これは帯状把手付洗同様の機能を果たすものと考えられる（梁時恩 2005）。峨嵯山出土品は把手を取り付けた後、把手外面には縦方向の集線文が、把手と同じ高さの胴部外面には連続した輪状文が施文されている。胴部下位には回転ケズリ痕が観察できる。

高句麗の帯状把手付壺は、時間の経過に伴い胴部が扁平になり肩部が張る形態に変遷するという（李炯祏 2015）。一方、後述する百済の帯状把手付壺はこのような変遷を経ないが、これは高句麗土器の影響がごく限られた時期であった結果と解釈できる。つまり百済の帯状把手付壺は、五女山城出土品をはじめ5世紀中葉に比定できる漣川隠垈里城出土品（梁時恩 2013：113）や5世紀後葉に比定できる清原南城谷山出土品（崔鍾澤 2004・2006・2008）など、胴部が比較的縦に長い高句麗の帯状把手付壺の影響によって出現したと考えられる。

百済の帯状把手付壺に対する研究は金鍾萬（2007：158-159）が唯一であり、氏は中形外反壺の中で解釈されている。また帯状把手付壺は実用品よりは棺用（甕棺・骨蔵器）として使用され、扶餘汾江・楮石里古墳群5号甕棺を早い段階に位置づけている。

現在器形の復元可能な百済の帯状把手付壺は30点以上になる。その中の13点は甕棺として使用された。この器種の変遷も、根拠となる暦年代資料と共伴してないため、高句麗土器と羅末初～高麗土器の時間性を参考にした。百済の帯状把手付壺も帯状把手付洗同様、把手を水平に取り付けるための基準線が見られる。高句麗土器の場合、その基準線が把手の真上にあるが（図163-1～3）、羅末麗初～高麗土器になるとその基準線が把手から離れた所に位置する（図163-15）。これは横沈線を基準とした把手の位置調整が次第に意味を持たなくなった結果と見られる。

また前述した帯状把手付洗同様、高句麗の帯状把手（図163-1～3）は相対的に胴部と水平に設置しているが、羅末麗初～高麗時代の帯状把手（図163-15・16）は下向きに取り付ける。これに対し百済の帯状把手付壺は、胴部の横沈線が把手の直下にあるものから次第に基準線の上に把手を設置する傾向へ、帯状把手の方向が水平または多少下向するものから、より下向する傾向への変遷が見られる（図163-4～14）。

図163-4は扶餘軍守里遺跡から出土したものである。出土品は口縁部が欠損しているが、復元可

能である。表面は炭素吸着により黒色、断面は灰色を帯び、水簸で調製した泥質胎土を使用している。口頸部を除いた胴部前面に格子状の暗文を描いた後、横沈線を引き把手を取り付ける。暗文は高句麗土器の特徴であるため、タタキメが観察できるものより早い段階、つまり高句麗土器の影響を受けその直後に製作されたものと推察できる。

舒川鳳仙里遺跡3-Ⅰ区域8号石槨墓から帯状把手付壺が1点出土した（図164）。胎土は泥質で、表面は黒色、断面は灰色を帯びた軟質土器である。口縁端部は丸みを帯びており、高句麗の口縁形態D形に似る。ただしD形のように口縁端部を内側に巻いているのか否か実見では不明瞭であった。胴部は半乾燥させた後、横方向の(回転)ケズリを行い、表面は滑らかである。高句麗土器でもこのような調整を行っている。百済土器の場合、タタキメを残したり、タタキ後、回転ナデ・カキ

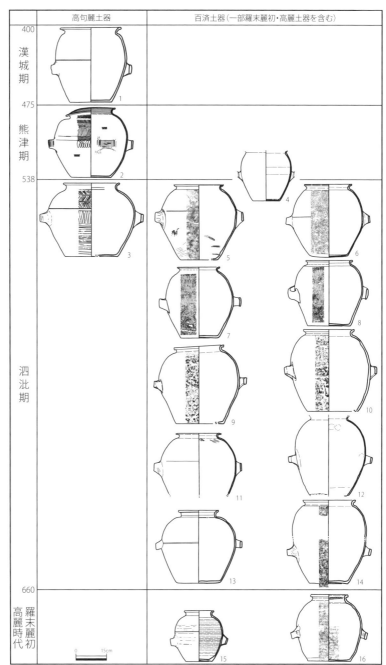

図163 高句麗と百済帯状把手付壺の変遷 (S=1/16)

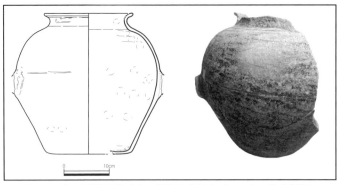

図164　舒川鳳仙里遺跡出土帯状把手付壺（S＝1/8、筆者撮影）

メを施す場合もあるが、高句麗土器同様、横方向の（回転）ケズリを行う場合もある。

また表面が黒色を帯びる点も高句麗土器と共通している。もちろん窯での焼成状況や泗沘期には黒色瓦器と呼ばれる土器（金鍾萬 1995）があることも念頭に置く必要がある。ちなみに高句麗土器の表面色は灰色、黄色、黒色の3つに大別できるが、黒色は高句麗土器の20.4％を占めるという（崔鍾澤 1999：14）。この黒色はスリップと呼ばれる泥漿をかけたもの（梁時恩 2003：40）と焼成時に炭素を吸着させたものがある。

石槨墓の副葬品は帯状把手付壺1点であるため、時期比定は困難である。ただし5世紀の石槨墓は等高線と直交して築造されるが（李晟準 2003）、舒川鳳仙里の石槨墓は等高線に沿っているため、5世紀以後おそらく熊津期～泗沘期になろう。

舒川地域は鳳仙里出土品だけでなく、芋山里遺跡でも高句麗系の土器が確認されている（梁時恩 2011）。これらは地理的に海上交易が活発であった場所に該当するため、高句麗からもたらされた土器である可能性もあるが（梁時恩 2011）、百済土器にも見られる要素があるため、高句麗系土器としたい。

(4) 帯状把手付蓋

帯状把手付蓋は、高句麗（図165-1～7）[17]だけでなく、漢城期百済でも出土する（図165-8～11）。ただし漢城期の完形品は4-5点しかなく、熊津期の遺跡ではほぼ見られなくなる。泗沘期の遺跡からは帯状把手付蓋とわかるものは数点しかなく、百済全時期を通して宝球形のつまみが付く蓋やつまみが付かない蓋ほど盛行しなかったと解釈できる。

帯状把手付蓋は漢城期にもあるため、泗沘期の帯状把手付蓋は高句麗の影響とは必ずしもいえない。だが漢城期と泗沘期を連結する熊津期に該当する蓋が見られないことから、ここでは可能性として泗沘期の資料を示す。

華川原川里遺跡は百済の遺跡だが、33号住居から高句麗系の蓋が出土している（図165-1）[18]。共伴遺物を参考にすると、4世紀後葉であろう[19]。百済の遺跡に高句麗系の遺物が見られる理由は、百済の対高句麗（濊貊文化財研究院 2013）という立地が関係していると思われる。また高句麗や扶餘と関連があるガラス製塞杆状製品[20]も出土（李漢祥 2013）していることから、韓国出土品の中で、最も早い時期に該当する高句麗遺物と思われる。

帯状把手付蓋片（図165-12）が出土した扶餘東南里172-2番地遺跡出土遺物包含層3ピット（石築北側部）上層は、盛土層以後の段階である。第1次盛土層なのか第2次盛土層なのかは不明であるが、盛土層の造成は早く見積もっても6世紀第4四半期に入って行われたと解釈されており（国立扶餘文化財研究所 2009b：230、南浩鉉 2010）、3ピット上層出土品はこれ以後になる。しかし、

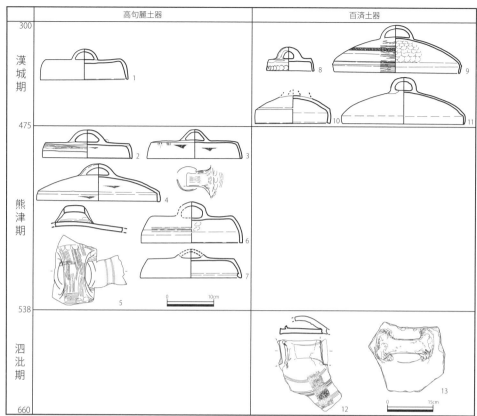

1・10.華川原川里遺跡33号住居(濊貊文化財研究院 2013), 2.ソウル龍馬山第2保塁3号建物(梁時恩他 2009), 3.ソウル峨嵯山シル(시号)峰保塁S8W3(任孝宰他 2002), 4.ソウル龍馬山第2保塁2号建物(梁時恩他 2009), 5.ソウル紅蓮峰第2保塁(N6W1)3号建物(李延範他 2015), 6.ソウル紅蓮峰第2保塁N6E1グリッド周辺(崔鍾澤他 2007b), 7.ソウル紅蓮峰第1保塁N4W1-Ⅲ(崔鍾澤他 2007a), 8.ソウル風納土城197番地(旧未来マウル)タ-30号竪穴(国立文化財研究所 2012b), 9.ソウル風納土城197番地(旧未来マウル)ラ-15住居(同上 2013b),11.ソウル夢村土城85-1土坑(夢村土城発掘調査団 1985), 12.扶餘東南里172-2番地一円遺跡遺物包含層3ピット上層(忠清南道歴史文化研究院 2007b),13.扶餘雙北里トゥシロックゴル(두시럭골)遺跡1地点13号建物(朴大淳他 2008)

図165 高句麗および百済帯状把手付蓋の変遷 (5・12・13：S=1/8、その他：S=1/12)

これはあくまでもこのような工事が特定の時期に広範囲にわたって行われたという前提に立っている。地域によって造成時期に時間差があったことも十分考えられる。

一方、報告者(忠清南道歴史文化研究院 2007b)はこの遺跡の上限年代を軍守里遺跡との地理的位置関係から6世紀前半頃とし、中心年代を硯の出現時期と台付盌から7世紀代としている。

帯状把手は蓋に長方形の孔を開けてはめ込む。帯状把手の外面には2条～4条の櫛描(または沈線)による3本の横線帯が一定の間隔で巡り、その間の1つに波状文が見られる。焼成は灰青色硬質である。

扶餘雙北里トゥシロックゴル(두시럭골)遺跡1地点13号建物出土品は、共伴遺物から7世紀前半に比定されている(図165-13)(朴大淳ほか 2008)。雲母、砂粒などを含んだ泥質胎土を使用している。表面は炭素の付着で黒色を帯びているが、光沢はない。断面は灰色である。

扶餘雙北里遺跡と扶餘東南里遺跡出土品共に帯状把手付近に円形の沈線が見られるが、把手を付ける基準線のような役割を果たしたと思われる。この円形の沈線は高句麗土器だけでなく、漢城期の蓋にも観察できる。

泗沘期における帯状把手付蓋は類例が少ないためか小片の場合、帯状把手付洗片または壺片に誤認されることがある。実際扶餘雙北里遺跡出土品や扶餘東南里702番地遺跡出土品(忠清南道歴史

文化院 2007e）は帯状把手付洗片としているが蓋である。小片の場合は注意を要する。

今後の泗沘期における帯状把手付蓋の出土状況によって、泗沘様式土器に含めるかどうか決着がつく。

(5) 暗　文

　暗文は扶餘宮南池出土品で検討した通りである。ここではその他の事例を紹介する。暗文を施した土器は松菊里遺跡（權五栄 1991）、宮南池（国立扶餘文化財研究所 1999・2001、国立扶餘博物館 2007b）、陵山里寺跡（国立扶餘博物館 2007c）、陵山里遺跡（李浩炯ほか 2006）、軍守里遺跡（朴淳発ほか 2003）、東南里 172-2 番地遺跡（忠清南道歴史文化研究院 2007b）、雙北里 252-1 番地遺跡（忠清南道歴史文化研究院 2008e）、雙北里 183-1 番地遺跡（忠清南道歴史文化研究院 2008f）、雙北里 154-10 番地遺跡（金成南ほか 2014）、佳塔里カタップトゥル（가탑들）遺跡（徐大源ほか 2012）、佳塔里 393-35 番地遺跡（金成南ほか 2014）、ティッケ（뒷개）遺跡（沈相六ほか 2013a）など、主に扶餘を中心に出土している。

　金鍾萬（2007：226）は百済の暗文は定型化したものではないため、高句麗からの搬入品ではなく、百済へ移住した高句麗人により製作されたもの、もしくは百済工人に依頼して作らせた現地製作品と推定している。筆者が実見できた暗文を施した土器を基に、泗沘期の暗文の製作者について検討を加える。

　扶餘陵山里遺跡出土暗文 24 片は 1 次建物造成面から出土し、タタキ後暗文を施すものが見られる（図 166-1）。後述するが高句麗土器がタタキを施さなかったという前提に立つと、暗文という高句麗の要素を反映させた百済土器といえる。また比較的高温で焼成されたためか、暗文が銀色に光っている。漣川瓠蘆古墳からの出土品も同様の要素が見られ、興味深い。1 次建物造成面の上に形成された 2 次建物造成面から 6 世紀末～7 世紀初に比定できる中国隋の五銖銭が出土しているため、1 次建物造成面はこれ以前の 6 世紀中葉～後葉になる（朴淳発 2005a）。

　扶餘雙北里 252-1 番地遺跡出土暗文片はⅣ-2 層上部から出土し、表・内面は黒灰色、断面は灰色を帯び、硬質に近い軟質である（図 166-2）。胎土には砂粒が見られるが、精製されている。胴部には横方向の暗文を描いた後、その上に連続した波状文（輪状文）を施している。報告者（忠清南道歴史文化研究院 2008e）によると、暗文が施された破片が出土したⅣ層は人為的な盛土層であるという。第 1 次盛土層なのか第 2 次盛土層なのかは不明であるが、盛土層の造成は 6 世紀第 4 四半期に入って行われたと考えられているため（国立扶餘文化財研究所 2009b：230、南浩鉉 2010）、暗文片が第 1 次盛土層出土品とすれば、6 世紀第 4 四半期頃になろう。盛土層については前述したようにあくまでもこのような工事が特定の時期に広範囲にわたって行われたという前提に立っている。

　扶餘雙北里 183-1 番地遺跡の試掘調査中のピット内③-1 層上面から出土した暗文片は、内・外面は黒色、断面は灰色を帯びる（図 166-3）。平行タタキ後、格子状の暗文が施されている。口縁端部中央には横沈線が入り、口縁内面は回転ナデによる凹帯が見られる。口縁部の形態とタタキ痕から、百済工人が製作した土器である。

　扶餘東南里 172-2 番地遺跡タ区域貯水施設 1 の⑦層（赤褐色砂質層）から出土した暗文片は、1 つは胴部片で、内・外面と断面は灰青色を帯び、精選された胎土である（図 166-5）。外面には格子状の暗文が観察でき、文様は光沢を放つ。もう 1 つは甑の底部片で、内・外面は黒灰青色、断面は灰色

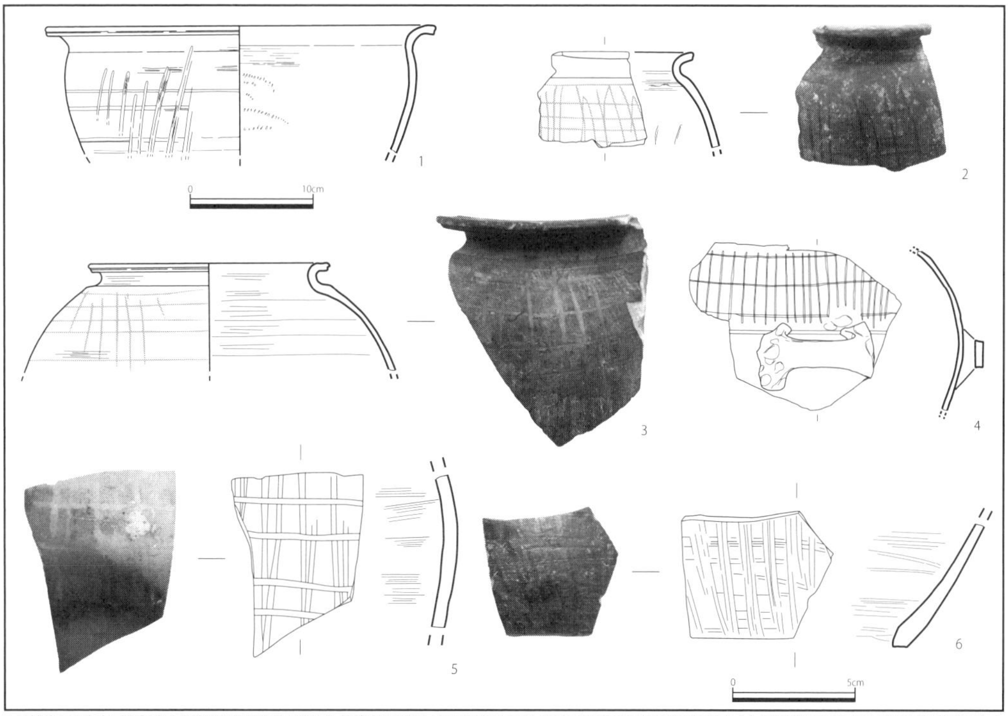

1. 扶餘陵山里遺跡Ⅰ地域1次建物造成面(李浩炯他 2006), 2. 扶餘雙北里252-1番地遺跡Ⅳ-2層上部(忠清南道歴史文化研究院 2008e), 3. 扶餘雙北里183-1番地遺跡試掘調査中ピット内③-1層上面(同上 2008f), 4. 扶餘ティッケ(뒷개)遺跡拡張面3の3-7溝状遺構(沈相六他 2013a), 5・6. 扶餘東南里172-2番地遺跡タ区域貯水施設1の⑦層(赤褐色砂質層)(忠清南道歴史文化研究院 2007b)

図166 扶餘地域出土暗文を施した土器（5・6：S＝1/3、その他：S＝1/6）

の硬質焼成されたものである（図166-6）。外面には格子状の暗文、内面は回転ナデが見られる。

これらの暗文片は、タタキを施したり、比較的高い温度で焼成されているため、ソウルの高句麗土器とは異なる。これらは高句麗から搬入された土器ではなく、高句麗土器の暗文を受容した百済土器ということができる。

すべてを把握し切れていないが、おそらく扶餘に最も多く集中する暗文土器は、後述する高句麗土器工人または、高句麗の治下にいた百済工人が扶餘に集中的に移住した結果と解釈できる。

2．泗沘様式土器の成立背景

泗沘様式土器に高句麗土器の要素が多く観察できる現象については高句麗土器文化が持つ便宜性を受容した結果（権五栄 1991）、6世紀中葉頃百済の漢江流域進出による高句麗土器との接触（金容民 1998）、漢江流域での高句麗文化との持続的な接触というよりは、泗沘遷都を前後した頃における急激で一時的な流入（朴永民 2002）、新羅・唐連合勢力に対抗するための百済と高句麗の連携（山本 2005b）、熊津期以降、高句麗治下にいた住民が泗沘（現扶餘）地域に移住・定着した社会的現象（朴淳発 2008）など多様な解釈が示されている。

前述した通り泗沘期に出現する高句麗土器と関連がある器種は、単純に器形だけを模倣したものではなく、高句麗土器の製作技法も継承していると理解できる（土田 2009）。これは文化の接触や政治的な連携による結果というよりは、高句麗土器の製作技術を持った工人との関係の中で初めて

成立したものであろう。

　扶餘陵山里における東羅城断面調査時、城壁に先行する遺構層から外面が無文で焼成色が高句麗土器と類似する洗が出土している点（朴淳発ほか 2000）から勘案すると、遅くとも泗沘に遷都した 538 年以前には高句麗土器製作技術を持った工人が扶餘に定着していた可能性が高い。

　泗沘都城の造成は遷都以前から行われていたという見解が主流で、羅城や扶蘇山城などをはじめ、王宮、官衙などの核心施設もすでに完成されていたと見られている。遷都計画の企画時点は熊津期の武寧王代（在位：501 年～523 年）に具体化された可能性が高いが、実際の工事は聖王代（在位：523 年～554 年）に行われたようである。この新都造成の公役には高句麗治下にあった収復地域住民が多数動員されていたと考えられている（朴淳発 2008）。

　高句麗治下にいた住民（土器製作者）の考古資料として清原南城谷遺跡出土高句麗土器のうち、外面にタタキメがあるものが挙げられる。これは百済土器の製作に熟練した工人が高句麗土器製作に参加したことを示すものと理解されている（朴淳発 2005a）。もちろんこれには高句麗土器に終始タタキが施されなかったことが前提となっている。

　一方、梁時恩（2011）は臨津江流域から錦江流域に至る地域で出土するタタキメのある高句麗土器は、高句麗の工人によって製作されたものとし、上記の見解に批判的な立場を採っていたが、2014 年の論文では、高句麗の南進過程において旧百済工人から一部影響を受けた可能性があると修整している。

　筆者は泗沘様式土器中、高句麗系の器種は人の移住・定着と関連があることに共感はするが、それが果たして高句麗の治下にいた住民の泗沘移住と関連があるのか否か再検討する必要があると考える。

(1) タタキメがある高句麗土器に対する検討

　高句麗土器に終始タタキメがなかったわけではない。中国東北地方出土前期高句麗土器には少数だがタタキメが観察できるという。427 年集安から都を移した平壌の高句麗土器にタタキメがあるのかはわからないが、中心年代が 6 世紀とされるソウル龍馬山第 2 保壘（梁時恩ほか 2009）、ソウルシル（시루）峰保壘（李鮮馥ほか 2013）、ソウル峨嵯山紅蓮峰第 1・2 保壘（李延範ほか 2015）など韓国側の主要高句麗保壘でタタキメのある土器は、ソウル峨嵯山第 4 保壘出土品 1 点（任孝宰ほか 2000）しかない。ただしこの峨嵯山第 4 保壘出土品は、胎土、器形、口縁部の形態などから、高句麗土器ではない可能性が高い。少なくとも 6 世紀代の韓国で出土する高句麗土器にはタタキメがほぼ見られない。

　漣川隠垈里城、漣川瓠蘆古壘、ソウル夢村土城、鎮川松斗里遺跡、清原南城谷遺跡などから出土するタタキメのある高句麗土器はどのように理解すればよいのであろうか。

　タタキ技法は当て具とタタキ板を用いることにより、粘土紐の結合を強化させ、器壁の厚さを一定にさせる効果がある。また粘土内の気泡を取り除き、焼成の際、空気の膨張により器壁が破裂するのを防ぐ役割（金斗喆 2001b、李恩政ほか 2008）があるが、前述したように韓国出土高句麗土器には、タタキメが見られない。その理由は高句麗土器に使用される泥質胎土と関連があると思われる。

　漢江流域出土の高句麗土器は 84％以上泥質胎土で構成されている。砂粒が少なく粘性が強い胎

第 4 章 百済土器の成立と展開 315

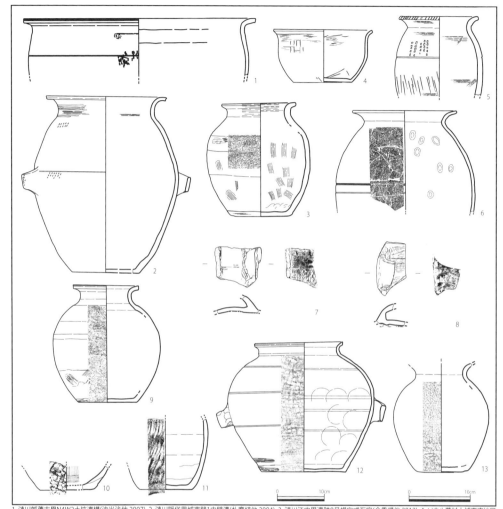

1. 漣川瓠蘆古塁N4W2土坑遺構(沈光注他2007), 2. 漣川隠垈里城東壁1内壁溝(朴慶植他2004), 3. 漣川江内里遺跡8号横穴式石室(金秉模他2012), 4. ソウル夢村土城東南地区88-2号住居(金元龍他1988), 5. 同土城出土不明(同上), 6. 鎮川松斗里遺跡東側遺物散布地(韓国文化財保護財団2005b), 7・8. 清原南城谷遺跡9号竪穴・6号土器窯跡(車勇杰他2004), 9. 忠州豆井里遺跡B地域2号横穴式石室(金炳熙他2010), 10・11. 原州建登里遺跡2号住居(濊貊文化財研究院2008), 12. 同遺跡同地域オンドル遺構(同上), 13. 華城清渓里遺跡カ地区1号横穴式石室(韓白文化財研究院2013)

図167 タタキが施された高句麗土器(1・2・4・6・10：S＝1/8、その他：S＝1/6)

土を使用するとタタキ技法を行わなくても力の加減で成形は可能である。韓国出土高句麗土器は粘土紐を積み上げ、轆轤を利用して粘土紐を接合する痕跡だけが観察できる場合が多い。中世陶器の系譜を引く愛知常滑焼や福井越前焼などでも粘土紐だけで60 cm以上の大甕を製作しているため、タタキ技法を必要としない土器製作が高句麗で行われていたとしても不思議ではない。

　前期の高句麗土器は青銅器時代の伝統を受け継いだ砂粒が混ざった粗質胎土であったため、タタキが行われたが、中期以降泥質胎土の比重が高くなると高句麗土器にはタタキメが見られなくなる。これは使用する胎土の性質を反映させた結果と見られるが、高句麗土器にタタキ技法が行われなかった別の理由として、楽浪土器との関係も考慮すべきであろう。

　楽浪土器に代表される戦国または漢の土器文化が漢江流域はもちろん、嶺南地域の原三国時代の土器に影響を与えたことは多くの研究者が同意している(朴淳発 2004)。また百済土器の有肩壺(平肩壺)の出現は、313年楽浪滅亡後の移住民によるものとの見解(朴智殷 2008)もある。楽浪土器

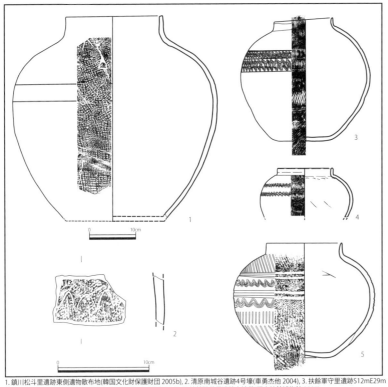

1.鎮川松斗里遺跡東側遺物散布地(韓国文化財保護財団 2005b), 2.清原南城谷遺跡4号壕(車勇杰他 2004), 3.扶餘軍守里遺跡S12mE29m地点H-2号埋納遺構(朴淳発他 2003), 4.同遺跡N1W4地点(同上), 5.扶餘松菊里遺跡土壙墓(国立扶餘博物館 2000),

図168 高句麗土器と推定される直口短頸壺と泗沘期の直口短頸壺
(2：S=1/4、その他：S=1/8)

にはタタキが施された土器と無文土器があるが、副葬土器から見るとタタキは減少する様相が確認できる。単葬木槨墓と併穴合葬木槨墓の時期では、小・中形罐に縄蓆文タタキが見られるが、紀元前後以降の罐は無文化し、同一内槨型木槨墓・塼室墓の罐にはタタキメが観察できない（谷 1986）。このような楽浪土器のタタキ技法の変遷は、高句麗土器にも少なからず影響を与えたのではないだろうか。

いずれにしても中国東北地方では前期以降の高句麗土器、6世紀の韓国出土高句麗土器の大半にタタキメが観察できないことは確かである。とすれば韓国出土品のごく一部にタタキが施されたものをどのように理解すべきであろうか。結論からいえば、タタキメのある高句麗土器は、高句麗とは別の政治体に属していた工人が土器成形を無意識に、または慣れた方法で行った結果と思われる。具体的に旧百済の地に属していた百済土器工人の一部が高句麗土器製作に携わった証拠と考える。

　タタキが施された高句麗土器には回転ナデによってタタキメがわずかながら残るものが多い。漣川隠垈里城出土品の場合、高句麗土器は65点であるが、器種がわかる27点中3点で縄蓆文タタキ後、タタキメがナデで消されている（図167-2）（朴敬信ほか 2004、崔鍾澤 2007）。漣川瓠蘆古塁出土洗片外面にもナデにより縄蓆文がわずかながら残る（図167-1）。ソウル夢村土城では平行タタキと格子タタキ（図167-4・5）、鎮川松斗里遺跡（図167-6）と清原南城谷遺跡（図167-7・8）では格子タタキと縄蓆文タタキが確認されているが、上記の事例同様タタキ後ナデ調整を行っている。このようにタタキ後回転ナデで整形することは百済土器でも確認できる。

　一方、鎮川松斗里遺跡出土直口短頸壺は格子タタキ後、ナデを行わず２条の横沈線を引きその直下に２条の波状文を描いている（図168-1）。このようにタタキメを残したまま、波状文を描く事例は、扶餘軍守里遺跡（図168-3・4）や扶餘松菊里遺跡土壙墓（図168-5）など主に泗沘期の直口短頸壺で確認できる。百済の直口短頸壺は口頸部の下に文様帯を描くものから、次第に胴部最大径付近に占めるものに移行していくが、鎮川松斗里遺跡出土品の文様帯も時期的に百済直口短頸壺の変遷

と同じ脈絡上に位置している。

　松斗里出土品は胎土および焼成において高句麗の要素が確認できるが、タタキ技法の使用、タタキメの上から施された文様帯、文様帯の位置などから百済直口短頸壺と関連があると思われる。また何よりもこの形態と類似するものは高句麗土器の中ではいまだ確認できない。

　以上、タタキメのある高句麗土器は百済土器製作に熟練した工人の参加をうかがわせるものである。また松斗里出土品のように高句麗土器には百済土器を再現したものも存在する。

　このような筆者の解釈は中期以降の高句麗土器にはタタキ技法が一般的に採用されなかったことを前提としている。韓国で出土するタタキメのある高句麗土器が果たして百済工人によるものなのか、高句麗工人によるものなのかとする問題は、高句麗の都平壌における成果を待つほかない。

(2) 成立背景

　前述したように韓国で出土するタタキメのある高句麗土器は、百済工人が製作した高句麗土器と考えた。漣川江内里遺跡8号横穴式石室出土品と忠州豆井里遺跡B地域2号横穴式石室出土品は5世紀中葉と韓国における高句麗遺跡の中でも比較的早い時期に、漣川隠垈里城、漣川瓠蘆古墳、ソウル夢村土城、鎮川松斗里遺跡、清原南城谷遺跡出土品などは5世紀後葉頃に編年されていることも指摘した通りである（崔鍾澤 2006・2007・2016）。

　特に鎮川松斗里遺跡は3世紀～5世紀代の百済・馬韓の遺跡で、そのすぐ南側には大母山城が位置する。この山城は484年高句麗の南下により百済・新羅が母山城下で戦い、勝利したという『三国史記』から、今日の大母山城に比定（閔徳植 1980）されるなど、文献や考古遺物共に高句麗の領土拡大を示す遺跡である。

　東城王16年（494年）、高句麗と新羅が今の清原米院一帯に比定される薩水の野原での戦時（梁起錫 2001）、百済が新羅を救援するため3,000の兵力を派遣し、高句麗の包囲を解いた記事がある。ここを基点として高句麗土器が出土する鎮川松斗里遺跡、清原南城谷遺跡、大田月坪洞山城（李浩炯ほか 2003）、燕岐大平里遺跡（李弘鍾ほか 2012）、燕岐羅城里遺跡（李弘鍾ほか 2015、中央文化財研究院 2015）は直線距離にして約40km圏内にある。これら高句麗土器は5世紀後葉に比定されている（崔鍾澤 2016）。

　漢城を陥落させた高句麗は短期間のうちに錦江流域に達し、百済の遷都地公州の目前約20kmにまで迫っていた。しかしなぜか高句麗はそれ以上追撃せず、6世紀にソウルに多数の保塁を築き、防御線を構築する。高句麗は錦江流域付近まで進撃したが、これら遺跡は熊津へ南下するための道とその要所を押さえた場所にあることが多いため、高句麗の支配が面的なものではなく線的に行われた可能性がある。

　475年漢城陥落時、高句麗は男女8,000名を捕らえ平壌に戻ったとある。おそらく奴隷として使役されたのであろう。このような捕虜の話は、『三国史記』に多数あり、特別なことではなかったようである。高句麗が線的にしろ錦江流域付近まで領土を拡大した時、各地域で高句麗に捕らえられた百済人が使役されたり、進んで高句麗に協力する在地人もいたであろう。それはおそらく高句麗が漢江以北に撤退する約20年～30年間、京畿道、忠清道で行われたと思われる。

　ところで泗沘期は土器以外にも高句麗の要素が確認できる。扶餘陵山里寺跡1次建築群は、高句麗東台子遺跡と定陵寺跡同様の建物配置形態と建築構造と見られるため、聖王が百済に居住してい

た高句麗住民を意図的に加担させて造らせた仇台廟と特定した（金吉植 2008）。金吉植は聖王が遷都直前までに完成させた１次建築群（仇台廟）は、百済にいた凡扶餘系住民（高句麗住民）を統合させる目的で築造されたものと解釈している。

その他、高句麗的な要素とされる軒丸瓦（亀田 2000、金鍾萬 2003、朴淳発 2005a）、板石組オンドル（柳基正 2003）、煙家（煙突の傘）（金圭東 2002）、横孔鉄斧（有孔鉄斧）・金工品（金吉植 2008）などの存在から、高句麗の各種技術者が少なくとも陵山里寺跡１次建築群が建設された６世紀前葉には泗沘（扶餘）地域に居住していたと思われる。また泗沘遷都を断行し、国号を"南扶餘"に改称することにより、扶餘の出自観を強調したことは、１次建築群の仇台廟と共に聖王が高句麗住民を懐柔し、新しい国家の帰属感を与えるための政策とする見解（朴淳発 2008）もある。

ではいつ、どのような状況下でこのような移住民が泗沘地域に定着したのだろう。『三国史記』百済本紀武寧王10年（510年）に堤防を強固にし、内外の游食者を集め帰農させたとある。これを泗沘都城の公役に必要な人力を拡充するため、高句麗の治下であった収復地域の住民を徒民したことと関連づける見解（朴淳発 2005a）がある。具体的には熊津期の５世紀第４四半期の遅い時点から鶏龍山と錦江を間に対峙していた高句麗を退けると、百済は収復地域の住民を未開発地域であった泗沘地域に移住させ、低湿地の開発と合わせて新都造成準備を行ったとする（朴淳発 2005a）。

このことは『続日本紀』霊亀２年（716年）、駿河・甲斐など７か国の高句麗遺民1,799名を集め、武蔵国に高麗郡を建郡したという記事と関連づけることができる。朝廷が渡来人を１か所に集めて郡を設置したことは、彼らの先進的な知識や技術で東国の未開拓の地を開き、東国経営に乗り出したものと考えられるためである。これは泗沘新都造成に徒民を投入した状況を理解する上で役立つ。

筆者も朴淳発同様、泗沘様式土器のうち、高句麗系の器種は人の移住・定着と密接な関連があることには共感する。しかしそれが朴淳発（2005a）がいう、高句麗の治下に１世代以上いた旧百済人に国家帰属感を早期に付与し、彼らの支持を得て旧都邑貴族勢力の遷都に対する反発を克服するという王権強化のための処置ではなかったと考える。

475年高句麗の南進から百済が収復地域を回復する５世紀第４四半期末まで、京畿道・忠清道における高句麗の支配は20年～30年にすぎず、百済人が高句麗の先進文化に接し、支配を受けたとしてもどれだけ高句麗に対し帰属感を持っていたのか不明である。

聖王が国号を南扶餘に改称し、扶餘陵山里寺跡１次建築群（仇台廟）を建設したことは、１世代以上いた旧百済人に対し国家の帰属感を付与させる目的ではなく、当時多数の高句麗人が泗沘地域に居住し、泗沘地域の開発に多く寄与していたため実施された政策であったと見るほうがより説得力がある。

『三国史記』百済本紀によると熊津期は飢饉などにより多くの住民が土地から逃奔していた状態であった。住民の流出は租税および労働力の疲弊と連結し、百済経済に深刻な打撃であったと推測される。そのため国号の改称と仇台廟の建設は、このような人力の確保（朴淳発 2008）と共に彼らの再流出を防止するための懐柔策であったと思われる。

泗沘期になると、漢城期・熊津期の百済土器とは異なる新たな器種が出現する。これらは漢城様式土器とは異なる構成をなすため、泗沘様式百済土器と命名されている。新たな土器の出現には外部からの影響が想定されるが、泗沘様式土器には高句麗土器の影響を受けた器種が出現することが

判明している。

　ここでは泗沘様式土器中、高句麗土器との比較が可能な鍔付土器、帯状把手付洗、帯状把手付壺を選定し、前出する高句麗土器と後出する羅末麗初～高麗時代の土器と対比させることにより、各器種の相対的変遷を想定した。

　高句麗の鍔付土器は口縁端部もしくは直下に鍔を取り付けている。このことから、百済の鍔付土器もおそらく口縁端部もしくは直下に鍔を取り付けていたものから次第に短い口縁部を形成し、口縁部が長いものへ変化すると想定した。

　帯状把手付洗は時間の経過に伴い、把手の方向が胴部と水平になるものから、下向きに取り付けるものへ、胴部最大径が口縁部に近い位置から、胴部の張りが失ったものへと変化する。また基準線の直下に把手を付けていたものが時間が下るにつれ基準線を省略する方向へと変化すると捉えた。

　帯状把手付壺も帯状把手付洗同様、把手の方向、基準線と関連した把手の位置などは、時間性を反映している要素と考えられる。

　泗沘様式土器の中には泗沘（扶餘）を中心に暗文を施文した土器が見られる。これらはタタキ後施されたり、比較的高い温度で焼成されている。このことから、高句麗から搬入された土器ではなく、高句麗土器の暗文を受容した百済土器ということができる。限定した地域に集中する暗文を施した土器は、おそらく高句麗の治下にいた百済工人が泗沘地域に集中的に移住した結果によるものと解釈できる。

　韓国で出土するタタキが施された高句麗土器については、高句麗土器の製作伝統の一部として理解すべきなのか、もしくは百済土器の製作に精通した工人が高句麗土器製作に参加した結果とすべきなのか検討を行った。

　泥質胎土で土器を製作する高句麗土器は基本的にはタタキを行わなくても成形は可能である。高句麗土器には粘土紐の痕跡や、指で粘土紐を押さえて接合させた痕跡が見られることがその裏づけになろう。

　胎土および焼成において高句麗の要素が見られる直口短頸壺は波状文の位置、タタキメの上に施された波状文が、百済直口短頸壺の変遷上にある。また直口短頸壺という器形自体、高句麗ではあまり見られない。

　中国東北地方出土高句麗土器は中期以降タタキメが見られないことを勘案すると、韓国出土高句麗土器の一部に施されたタタキは、高句麗土器の伝統によるものではないことがわかる。5世紀中葉以降、韓国で見られるタタキが施された一部の高句麗土器製作には、高句麗土器工人とは異なる、百済土器製作に熟練した工人によるものという結論に至った。

　高句麗土器の影響を受けた泗沘様式土器の成立には、大きく2つの要因があった。1つ目は高句麗土器工人の泗沘地域への移住である。2つ目は高句麗土器製作に携わった百済工人の存在である。

　彼らの移住・流入は、戦争や天災などの諸事情により泗沘期のうち、断続的に受け入れられた可能性もあるが、6世紀前葉の土器様式成立は彼らの移住が大規模であったことを示唆している。工人は5世紀後葉以降、高句麗の支配におかれた京畿道・忠清道で高句麗土器製作に携わっていたと思われる。この地域が5世紀末百済に収復され、武寧王代の510年に堤防を強固にし、内外の游食者を集め帰農させた史料を収復地域住民の泗沘地域移住と関連づけた。おそらく移住民は泗沘地域

の開発に従事したものと推測できる。

　538年聖王が熊津（公州）から泗沘に遷都し、国号を南扶餘と改称することにより扶餘起源の出自観を強調する。また仇台廟建設は、泗沘地域に多数居住していた高句麗人を懐柔し、百済に対する帰属感を高める目的と、彼らの再流出を防止するための懐柔策であったと解釈できる。

註
（1）泗沘様式百済土器という名称は朴淳発（2005a）により提唱され、現在多くの研究者に受け入れられている。この名称が提示される前は、"百済後期土器"と呼ばれていたが（金鍾萬 1999、山本 2005b）、朴淳発は百済土器の変化を前期と後期の2段階に区分できるものなのか、もしくは前・中・後の3段階と理解すればいいのか明確ではないと指摘し、泗沘様式百済土器を提唱した。近年"泗沘期中央様式土器"と提言する論文も発表（金容周 2016：2）されている。「泗沘様式土器が中央の意図で製作され、泗沘期地方様式と区分できる。」としているが、泗沘期地方様式土器とは一体どのようなものなのか不明である。中央と対比される新たな土器様式が地方に出現していたとすれば、百済とは別の政治体の萌芽（成立）とも捉えられる現象である。筆者の管見によればこの時期そのような地方様式土器はないため、この名称は受け入れられない。
（2）本書では泗沘様式百済土器のうち、中国の影響を受けた器種は除外した。
（3）同じ器種でも高句麗土器では耳杯（崔鍾澤 1999）、百済土器ではハングルでチョンダンリン（전달린：鐺が付いたという意）土器と表記される。
（4）漢城期出土鐺付土器の場合、底部が欠損しているため、台の有無について明確にはわからないが、製作当初から台がなかった可能性が高い。
（5）高句麗土器の下限を泗沘期の始まりである538年としたが、図示したソウル一帯の高句麗保塁出土品は、史料を重視して5世紀後葉〜6世紀中葉までとする見解が大部分を占める。また近年、漣川瓠蘆古塁の炭素14年代測定値の結果を考古資料に対応させた結果、ソウル一帯の高句麗保塁は6世紀後葉まで下るとする研究が発表されている（李炯祜 2015）。ソウル一帯の高句麗保塁の下限は今後の研究成果により6世紀中葉もしくは6世紀後葉となるだろう。図は泗沘期の百済土器に焦点を当てているため、高句麗土器の下限を538年としたが、ソウル一帯の高句麗保塁出土品は6世紀中葉〜後葉まで下る可能性があることを付記しておく。
（6）漢城期の鐺付土器の出現時期は、竪穴の共伴遺物から5世紀代のある時点になると思われる。
（7）扶餘陵山里寺跡南北水路から出土した鐺付土器についてはすでに金鍾萬（2007：176）により、早い時期に出現したと見られている。
（8）風船技法とは身と蓋を同時に一体の球形として成形し、頂部を縮めていき最後に孔を絞る。身と蓋をヘラで分割し、身には高台を、蓋にはかえりや宝珠つまみを付ける。身に蓋を被せ水平に切断した状態に合わせて縦の線を引く。この縦の線が図159-22・23、図160-3で見られる。風船技法についての詳細な記述は酒井の論著（2013：220-222）を参照していただきたい。
（9）同じ器種でも高句麗土器ではハングルでトンイ（동이：胴部が膨らみ口径が大きく胴部両側に把手が付いたもので、一般的に水を入れて運搬することに使われる器）（崔鍾澤 1999）、百済土器ではジャベキ（자배기：口縁端部を丸く処理し外反させ、トンイより器高が低く扁平に作られた器形で、主に野菜や食器を洗うものとして使われる器）や洗という用語で表記されている。第1章で述べたように洗（ジャベキ）は、器高の高さで低いものは洗、高いものはジャベキと表現されるため、厳密にいえば、泗沘期出土品はジャベキの器形に該当する。だが日本語表記では適当でないため、洗と表現する。
（10）五女山城第4期出土遺物は、ソウル峨嵯山保塁群出土品と類似する点が多いため、5世紀後葉以後に見ることもできるが、ここでは報告者（李新全主編 2004）と梁時恩（2005・2013）の見解に従った。

(11) 百済の帯状把手付洗は高句麗土器同様相対的に浅いもの（図161-7〜11）と深いもの（図161-12〜14）とに区分可能である。
(12) 報告書では連続環文と表現されている。
(13) 長方形の凹痕と対称的な位置にまたもう1つの長方形の凹痕があったという仮定に立っている。
(14) motor habit とは長期間にわたる反復訓練により筋肉運動と連結した癖であり、文化や集団に共有したものから個人的なものまで含まれる。これは異文化に対する人の移動や異文化間の模倣を理解する上で有用である（中園 2003）。
(15) 同じ器種でも高句麗土器では耳付壺（崔鍾澤 1999）、百済土器では（帯状）把手付壺と呼ばれる。
(16) 表面の黒色は燻焼により土器表面に炭素粒子を吸着させたもので、断面の灰色は土器が酸化焼成後、還元焼成になった現象によるものである。この2つは因果関係にあり、還元焼成は炭素粒子の定着を目的とした燻焼工程の付随的現象と理解される（川越ほか 1981）。
(17) 図165-2〜4は報告書のスケール表記と、計測値に差があったため、計測値を基にスケールを再調整した。また図165-5のソウル紅蓮峰第2保塁（N6W1）3号建物出土品は、帯状把手付壺片としているが、蓋片であるため図面を修整して示した。
(18) 胎土、焼成色、製作技法などにおいて高句麗土器の特徴を反映しているが、崔鍾澤氏（高麗大学校）によると把手が多少異なるという。そのご教示に従って高句麗系とした。
(19) 華川原川里遺跡33号住居は出土土器から4世紀中葉〜5世紀初（姜世鎬 2013）と5世紀前半（韓志仙 2013a)、出土馬具から4世紀末〜5世紀初（権度希 2013）の年代が与えられている。出土遺物の中で黒色磨研直口広肩壺は、3世紀第4四半期〜4世紀前葉のソウル可楽洞古墳群2号墳出土品と文様構成と器形が類似していることと、4世紀末〜5世紀初の天安龍院里古墳群9号石槨墓出土品より先行することが型式学的にも明らかなため、4世紀後葉に比定できる。
(20) ガラス製塞杆状製品について、報告書（濊貊文化財研究院 2013）は髪飾としているが、李漢祥（2013）は、中国吉林省老河深遺跡出土品と奈良新澤千塚126号墓出土品から、耳飾または垂飾の一部と考えている。
(21) 朴淳発は以前の論文（2005a）で、熊津期以降高句麗治下にいた旧百済人が泗沘地域に移住・定着した社会的現象としたが、2008年の論文では旧百済人を住民という表記に変えている。
(22) 泗沘遷都について梁起錫（2007）は東城王代以後扶餘は軍事的な拠点地域であったが、武寧王代になり瓦、土器などを生産する熊津都城の背後産業基地として重要な役割を担うようになったという。熊津期からの扶餘の重要性を背景に遷都は、聖王即位初から綿密な準備計画下に基づき実施されたとする。一方、金寿泰（2008）は梁起錫の見解をそのまま受け入れることはできないとする。遡及させたとしても遷都計画は対外的に強国と宣言した武寧王末期である21年（521年）以降のことで、武寧王代の王権強化を基に聖王によって計画・推進されたとの見解を示している。
(23) 中国における高句麗の一般的な時期区分は早期、中期、晩期であるが、韓国では前期（300年以前）、中期（300年〜500年）、後期（500年〜668年）としている（崔鍾澤 1999）。ここでは韓国の表記に従う。
(24) 中国遼寧省本溪市桓仁満族自治県に位置する五女山城は、高句麗建国の地（卒本または忽本）に築造された高句麗最初の山城である。高句麗前期に該当する第3期と高句麗中期に該当する第4期から数多くの高句麗土器が出土している。この報告書を作成した李新全氏（遼寧省文物考古研究所）から中国東北地方出土高句麗土器に関するご教示を得た。
(25) 漣川隠垈里城、ソウル夢村土城、清原南城谷遺跡出土高句麗土器は5世紀後葉頃に位置づけられている（崔鍾澤 2006）。また鎮川松斗里遺跡出土品も清原南城谷遺跡出土品と類似する特徴が見られるため（崔鍾澤 2007）、5世紀後葉に比定可能であろう。

タタキメのある高句麗土器中、漣川江内里遺跡8号横穴式石室出土品、忠州豆井里遺跡B地域2号横穴式石室出土品は、5世紀中葉に比定され、高句麗の中原進出および領域化の根拠としている（崔鍾澤 2016）。

(26) 報告書は刊行されていないが、平澤馬頭里遺跡でもタタキメのある高句麗土器が出土しているという（梁時恩 2014）。梁時恩は論文で龍仁麻北洞遺跡などでもタタキメが見られるとしているが、報告書では確認できない。
(27) ソウル九宜洞保塁では95％、ソウル峨嵯山第4保塁では92％と高い頻度を見せている（梁時恩 2003）。
(28) 酒井清治氏から、大甕の粘土紐接合時には木片でナデを行い、乾燥を挟みながら製作を行うというご教示を得た。
(29) 楽浪土器中には泥質胎土にも関わらず、タタキ技法が用いられた土器も確認されている（谷 1986）。すべての泥質胎土の土器にタタキ技法が使われなかったわけではない。
(30) 五女山城出土前期の高句麗土器には少数ではあるがタタキメが見られる。しかし前期以後の土器にはタタキメが観察できないこと（李新全氏のご教示による）は、韓国出土高句麗土器とも対応する。つまり高句麗土器は時期が下るにつれ無文化しており、楽浪土器のタタキ技法の変遷様相とも符合する。
(31) 報告書（韓国文化財保護財団 2005b）には直口短頸甕としている。復元口径21.3 cm、高さ43.3 cmで、百済の一般的な直口短頸壺より相対的に大型であるため、甕という表記がされている。ここでは表記の混合を避けるため、直口短頸壺という器種名を使用する。
(32) 報告書には「2条の横沈線の間に2条の波状文を描く。」とし、図面もそのようになっているが、筆者の実見により「2条の横沈線の直下に2条の波状文を描く。」ことを確認した。そのため図面は報告書の図面を修正したものであることを付記しておく。
(33) 清原南城谷遺跡でもタタキ後、波状文を巡らす土器片が出土している（図168-2）。この片は鎮川松斗里遺跡出土品と同様な器種と思われる。
(34) 漢城期～熊津期の直口短頸壺は、タタキ成形後土器の上半部分を回転ナデで消し波状文を描く場合が多いが、泗沘期からはタタキメの上に波状文を描く場合が確認できる。
(35) 鎮川松斗里遺跡出土直口短頸壺は精選された泥質胎土で、焼成色は黄褐色を帯びる。口縁部外面は類似磨研（梁時恩 2007）が施されているが、これは高句麗土器でも確認できる要素である。
(36) 参考までに中国遼寧省朝陽市后燕崔遹墓出土短頸壺（陳大為ほか 1982）、吉林省集安市山城下墓区JMS332号封土石室出土四耳長頸甕（李殿福 1983）、桓仁満族自治県五女山城第4期出土長胴壺（李新全主編 2004）の肩部にも波状文が観察できる。
(37) 高句麗の領土に入った地域で百済工人が製作した土器を果たして"高句麗土器"としていいのだろうか？名称の定義については筆者も苦慮したが、百済土器工人が製作した器種は一部を除き高句麗土器の器形であるため、高句麗土器という名称をそのまま使用した。
　　タタキメのある高句麗土器は百済工人が製作したものではなく、高句麗の地方様式の1つであったのではないか、またソウルの高句麗保塁出土土器製作にはなぜタタキ技法を持った百済工人が参加しなかったのか、まだ解決すべき問題は多い。
(38) これらの遺跡からはタタキメのある土器の存在、黄色を呈する土器が相対的に少ないこと、泥質胎土に砂粒が少量入る場合が多いことなどの共通点が見られる（崔鍾澤 2007）。各遺跡における胎土構成の差が起きるのは、時間の経過と関係するという（梁時恩 2003：20）。
(39) 『三国史記』新羅本紀炤知麻立干6年（484年）「六年 春正月 以烏含為伊伐湌 三月 土星犯月 雨雹 秋七月 高句麗侵北辺 我軍与百済 合撃於母山城下 大破之」
(40) 文献に見られる母山城が果たして鎮川の大母山城に比定できるのかは定かでないが、高句麗は鎮川地域を領有し今勿奴郡を設置したという記録もある（『三国史記』雑志地理2黒壌郡、韓国文化財保護財団 2005b）。
(41) 『三国史記』高句麗本紀長寿王63年（475年）「九月 王帥兵三万 侵百済 陥王所都漢城 殺其王扶餘慶 虜男女八千而帰」
(42) 百済の始祖には『三国史記』百済本紀の温祚・沸流と、中国の史書にしか登場しない仇台などがいる。

このように百済の多様な始祖説は、高句麗と新羅の単一始祖意識と異なる様相を見せている。仇台は泗沘期の出来事を伝える『周書』に初出する（鄭載潤 2008）。

(43) 金吉植（2008）は、泗沘期の横孔鉄斧を高句麗系遺物と認識しているが、ソウル風納土城、ソウル牛眠洞遺跡、清原芙江里遺跡など漢城期の遺跡でも出土する（石帝燮 2014：20-23）。現時点において横孔鉄斧を高句麗系遺物とするには無理がある。

(44) 横孔鉄斧とは、柄と刃を平行につけて用いる斧で、着柄のための孔が開けられる。日本では有孔鉄斧に該当する。

(45) 游食者とは農地を離れ仕事をせず生活する人をいう（梁起錫ほか 2008：180-181）。ただしこの游食者の解釈には研究者により異なり、貧民層説、売春婦説、楽人説、中国人説などがある。これらの説については上記の文献を参考にしてほしい。

(46) 『三国史記』百済本紀武寧王 10 年（510 年）「下令完固隄防 駆内外游食者帰農」

(47) 収復地域とは敵により占領されたが、味方の軍により敵を追い払い奪還した地域をいう（李泰圭 2012）。この場合 475 年から 5 世紀末（〜6 世紀初頭）まで高句麗に占領されていた地域を百済が奪還した京畿道・忠清道が該当する。

(48) 徙民とは国家などの政治権力を持った支配集団が、彼らの見解に従って被支配集団の住居を強制的に移すようにしたことである（世宗大王記念事業会ほか 2001）。

(49) 鶏龍山は忠清南道の公州市・鶏龍市・論山市、大田広域市儒城区にわたって位置する標高 846 m の山である。

(50) 『続日本紀』巻第 7 霊亀 2 年（716 年）「辛卯以駿河 甲斐 相模 上総 下総 常陸 下野七国 高麗人千七百九十九人 遷于武蔵国 始置高麗郡焉」

(51) 朴淳発は 2008 年の論文で旧百済人から住民という表記に変え、高句麗治下にいた住民を懐柔し新しい国家帰属感を付与するための目的と修整している。ここではかつての見解を提示し、検討することにより、より泗沘様式土器の成立背景への理解を深めることができると考えた。

(52) 『三国史記』百済本紀東城王 13 年（491 年）「秋七月 民饑 亡入新羅者六百餘家」、同 21 年（499 年）「夏大旱 民饑相食 盗賊多起 臣寮請発倉賑救 王不聴 漢山人亡入高句麗者二千」、武寧王 21 年（521 年）「秋八月 蝗害穀 民饑 亡入新羅者 九百戸」

第5章　考古資料から見た漢城期百済の領域拡大過程

　人が生物である以上、資源は必要不可欠である。フリードリッヒ・ラッツェルが主張した土地と結合した有機体としての国家は、生命力を維持するため生存圏を確保するが、それに必要なエネルギーの持続的な供給がなければ、衰退し消滅するという（李永炯 2006：33）。国家存続に必要な資源、または自国の生活向上をもたらす資源の確保は、有史以来隣接国家との紛争または戦争を招く原因ともなった。

　また国家は領土（面積）が広大なほど、その範囲内の植生や農産物、地下・鉱物資源も多種多様になる（任徳淳 1973：170）。このような側面から、領土も1つの資源といえる。

　この概念を百済に適用すると、3世紀後葉の漢江下流域に国家成立後、既存領土の活用が限界に達して人口の集中が起きると、その生存圏を国外に求めて征服または支配で領土を拡張したことになる。また百済をはじめ馬韓54か国は、支配する土地の特徴を基盤とした集団の可能性が高い。後述する百済領域拡大過程で、地方に初めて百済の遺物が入る現象は、その背景の1つに、対象地域に対する百済の意図つまり利点を得ようとした結果と見なせる。もちろん領土拡大には、この他に権力への意思実現や国家威信の高揚など様々な要因もあろうが（任徳淳 1973：42-43）、本論では生存に必要な資源の確保の側面にも視点を注ぐことにする。

　しかし、当時百済地域で産出する資源などを記載した文献はひとつもない。この問題を克服するためには、百済滅亡から約800年〜1200年後代の記録を活用し推察するほかない。このとき文献と百済の遺跡または遺物を連動させる必要がある。漢城期百済では少ないながら製鉄遺跡が発見されている。当時その地域で採取された鉱物の存在が歴史記録と符号する場合、後代の記録ではあるが仮説を立て論証する価値は十分あると思う。

1．研究史の分析から導出される研究目的と方法

(1) 研究史の検討と問題点

　漢城期百済の領域拡大過程の研究は、文献史料が中心で、2000年以降考古資料の増加を受け領域拡大過程の大まかな輪郭を描けるようになった。まず、文献史料から見る。

　漢城百済の領域と関連する文献史料として、『三国史記』百済本紀温祚王13年条の「遂画定疆場 北至浿河 南限熊川 西窮大海 東極走壌」がある。しかし、記事の紀年は紀元前6年頃で、この時期の百済領域がそれほど広大でないことは、考古資料から推察していうまでもない（朴淳発 2001a：215）。

　文献史学界では百済が馬韓地域に進出した時期と範囲、その地方支配方式の理解に大きな見解差

がある（文安植 2002：25）にも関わらず、百済が馬韓の目（月）支国を服属させ、錦江以南地域を領域に編入した時期を考古学界の一般的な認識よりも早い、3世紀中葉から4世紀中葉の間とする傾向が強い（金成南 2006）。また、漢城期の領域拡大過程を文献の解釈から、3時期に区分する研究（文安植 2002：278）もある。これによると、第1期は3世紀中葉頃で百済が中国郡県との衝突を契機に、漢江下流域を掌握し連盟王国を成立させた時期、第2期は4世紀初頭で、靺鞨集団がいた漢江中流・上流地域に進出した時期、第3期は4世紀前半、目支国などの馬韓の中心地域を掌握した比流王（在位：304年～344年）から、馬韓残余勢力と加耶地域を席巻し全盛期を築いた4世紀後半の近肖古王（在位：346年～375年）までとする。複雑な国内・国際情勢状況下での漢城期百済の領域拡大を、3時期区分で捉えられるのだろうか。また、地方を併合する各段階の具体的な時期比定は、関連史料の不足で明確な解明には至らない（姜鍾元 2012：5）。

　文献史料の限界の克服には、考古資料の時空間的分布様相の活用が、現時点では最も合理的であろう。現在、土器（成正鏞 2000a：33-68・2001、朴淳発 2001b、金成南 2006、土田 2013b・2016a）、墓制（朴淳発 2007、崔鳳均 2010、李賢淑 2011）、その他遺構（呉旭鎮 2012、尹浄賢 2013）、各種金工品（朴淳発 1997、成正鏞 2001・2006b、李南奭 2008、진소영 2008、李漢祥 2009：165-172、李勳 2010、白寅華 2016、安太重 2016）、そして中国陶磁器（権五栄 1988、朴淳発 1997・2007）などの考古資料の時空間的分布から、百済の領域拡大過程の考察を試みている。しかし多くの研究は単一考古資料での考察で、その時期比定さえ結局は共伴土器（一部中国陶磁器も含む）の編年に依存するため、考古資料から見た百済の領域拡大過程の時期にさほど大差はない。その中でも特に遺構と遺物の分析に、文献史料の検討も付加した朴淳発と成正鏞の研究は他の研究と一線を画する。

　百済の領域拡大過程を深鉢形土器の変遷（朴淳発 2001b）と、漢城百済期の古墳群出土土器（金成南 2006）から言及した論文をここで詳しく見る。

　朴淳発は漢江流域から出現したと判断される縄蓆文（平行）タタキ深鉢形土器が次第に中西部以南地域に拡散する時空間的拡散様相と、百済の領域拡大過程が一致するとした。これを基に筆者（2013b・第4章第1節）は、縄蓆文（平行）タタキ煮炊器の出現を、漢城からの距離に加え交通上の要衝地や重要拠点など立地と関連すると指摘した。

　一方、金成南は漢城期の古墳群出土土器の細部編年と交差編年を樹立し、この編年の枠に立脚して、百済領域化の考古学指標を設定し、支配方式の仮説を提示した。百済の周辺地域政治組織に対する包括的支配または統制戦略は、まず"交渉体系の再編成戦略（A戦略）"を通じ、遠距離の地域政治組織を友好的関係に括っておく一方、内部的には"服属戦略（B戦略）"を実行したというモデルの呈示は、百済の領域拡大過程による支配方式を理解する上で画期的な研究成果だが、現考古資料と符合させるには時期尚早の感がある。

　考古資料から見た漢城期百済の領域拡大過程は、おおよそ朴淳発（2007）によって次のように理解されている。3世紀中・後葉頃、都城から半径約30km程度の直接支配領域を確保し、天安清堂洞古墳群を代表とする馬韓中心勢力が消滅する。この段階を百済の連盟王国成立時期と見なせる。4世紀前葉頃になると、西海岸地域を中心に支配拠点の確保に注力する。これは洪城神衿城の中国銭文陶器や（伝）開城出土青磁虎子などがその根拠となろう。4世紀中・後葉頃になると、原州法泉里遺跡に代表される濊地域での地方支配拠点の登場と共に、天安龍院里古墳群・公州水村里遺跡など馬韓地域に地方支配拠点を置いた。これらの地方拠点は、小国段階の中心地でなかった場所に該当

することが注目されるが、新しい支配層の出現は百済の政治的支援で初めて可能になったと理解できる。この過程で百済主導の対中国公交易の機構が、百済と地方間の方物進貢と回賜形態で活用された。このような方式は、5世紀前葉代の瑞山富長里墳丘墓群に代表される西海岸地域と、錦山水塘里遺跡など加耶と百済の接境地帯にまで拡大する。5世紀後葉頃には、錦山以南の地方支配拠点に益山笠店里古墳群が浮上すると言及する。この研究は、原三国時代以降漢城百済で造営された各地古墳群の持続性および変遷、副葬品の1つである中国陶磁器の空間分析から、百済の領域拡大過程と経済的受取関係を明らかにしたものである。

上記の研究成果を概観すると、漢城期百済の領域拡大過程は遺構・遺物を通して活発に研究されているように思われるかもしれない。しかしこの過程で最も重要な領域変遷の推移を計る時間の設定には、10年以上前の研究成果を引用するため、その結論も大差がないことが問題である。また、時間性と威信財の配布に重点を置いた先行研究では、百済と地方勢力との関係性の実体を捉えられていない。これには百済の領域拡大過程が複雑で格差があったにも関わらず、一律的で平面的かつ順次的な説明であった点に起因する。このように漢城期百済の領域拡大過程を点と点、中央と地方を線で結ぶような単純な図式認識ではなく、複雑で常に変動し続ける状況下の各地域の条件に対応したとする認識を前提にしなければならない。

(2) 研究の目的

本研究の第一の目的は、今まで蓄積された考古資料を中心に再構築したより精緻な編年を基に、新たな百済の領域拡大過程を提示することにある。

近年百済土器の編年は、暦年代資料の積極的な活用を通して、より説得力を持つようになった。その代表的な研究成果としては、ソウル風納土城内の層位分析と漢城期遺跡間の交差編年などの方法を援用し、漢城地域の器種に対する変遷過程を把握し編年を樹立した研究（国立文化財研究所2011：108-396）をはじめ、漢江流域に散在する大規模集落遺跡のうち、炊事施設と住居の平面形が同じ変遷過程をたどる遺跡を選抜し、遺構と土器群の分析から漢城期を4つに細分した研究（韓志仙 2013b）がある。また本書で百済土器の主要器種の相対編年に、年代の基準となる多様な年代決定資料を反映させて、より客観的な編年を試みた。

それだけでなく新たに報告された華川原川里遺跡（濊貊文化財研究院 2013）、忠州塔坪里遺跡（国立中原文化財研究所 2012、中央文化財研究院 2013）、高敞鳳徳里古墳群1号墳（馬韓・百済文化研究所 2012a・2016）などは、各々漢城期百済の北東界、東、南界に該当する遺跡として注目される。またソウル風納土城（国立文化財研究所 2013b・2014）、ソウル石村洞古墳群（李鮮馥ほか 2013・2014・2015）、烏山水清洞古墳群（京畿文化財研究院 2012a）、高敞鳳徳里古墳群1号墳からは暦年代の指標となる中国陶磁器が新出している。このような新しい資料の蓄積と共に再構築された編年を基に、漢城期百済の領域拡大過程を刷新する作業が不可欠である。

第二の目的は、百済が直接・間接的な関係を結んだ地域に対する検討である。百済の地域編制は、必ずしも徐々に面的に拡大するものではないことから、意図的に選択していたと考えられる。百済がどのような意図で、編制する地域の差別化をしたのかわからないが、筆者は編制地域の利点を、国家の生存と直結する資源確保の側面で論じたい。そのためには後代の史料ではあるが、『高麗史』・『世宗実録』地理志などを中心に活用し、文献に記載された資源と百済の遺跡または遺物を結合させ

る必要がある。漢城期百済では少ないながら製鉄遺跡が発見されたため、これらを集成し、当時その地域で採取された鉱物の存在が文献記録と符号するのか検証する。当時の百済地域の資源などに言及した文献はないため、後の資料と百済の生産遺跡が時代を超えて連結できるなら、他の地域でも仮説を立て議論できると思われる。

また百済の領域拡大での時期比定と支配方式を考察する道具に活用される漢城期出土装身具や中国陶磁器は、中央が地方に分与したと理解され、そのような賜与を通して該当地域と百済との政治的関係が形成されたとする見解（権五栄 1988）が多数を占める。このような威信財の下賜は、地方の有力勢力の政治的な好感を引き出すための無償賜与の可能性もあろうが、朝貢貿易で要した方物への代価を想定する必要がある（朴淳発 2007）。

(3) 研究の方法―資料に対する理解―

百済での領域範囲、支配方式を研究する上で対象となった考古資料には、土器、威信財などの遺物と、古墳、山城、集落などの遺構がある（徐賢珠 2014c）。ここでは遺跡の性格に関わらず、普遍的で出土数も多い考古遺物である土器をはじめ、威信財もしくは奢侈品などの遺物を通して百済の領域拡大過程を考察する。

ここで活用する遺物は金銅冠、金銅飾履、金製耳飾、青銅(9)（鉄）鐎斗(10)、中国陶磁器、百済土器である（図169）。冠は生前着用者の政治的・社会的地域身分を表す重要な誇示物で（盧重国 2011）、飾履は死者の権威と威勢を表す葬送儀礼用に作られた（国立公州博物館 2001：58）。そのためこれらは百済の領域拡大過程を裏づける器物中、政治的性格を帯びるが、土器に比べ百済の領域化とは関連が薄いと考えられる。

冠などの次に政治的性格を帯びたものに、中国からの輸入品である鐎斗と陶磁器がある(11)。鐎斗は古代中国では一般的に軍隊の飯器として、夜にはこれを叩いて警戒の信号としても使ったとする（朴淳発 2005c、檀国大学校東洋学研究所 2008a：450）。約10年前の論考ではあるが、中国と朝鮮半島出土鐎斗を整理した朴淳発によると総計79点中、中国では72点確認されたという。このことからも中国では実用品であった陶磁器よりも鐎斗は特別な意味を持ったと推測できる。このような中国での様相は、百済での鐎斗と陶磁器の出土量からもいえる。

陶磁器は百済で生産することができなかったため、地方で出土する陶磁器は政治的器物と認識できるが、中国陶磁器には伝世を認められるほどの威信財の機能がなかったことは前述した通りである。これは都城（夢村土城と風納土城）で出土した中国陶磁器が、全時期の出土数約330点中、約230点を占めることからも推測できる。約230点という数は今まで確認された百済土器の一部の器種よりも多いため、都人は中国陶磁器を奢侈性実用品に使ったと思われる。その証拠にソウル風納土城197番地（旧未来マウル）タ-38号竪穴出土大甕から発見された蓮弁文の青磁碗は、大甕の中に貯蔵していた液体または固形物（水、酒、調味料）をすくう容器に使用された。中国王朝への朝貢(12)の返礼に貰った陶磁器を(13)、都城では一部の階層による奢侈性実用品に、地方へは政治的器物に利用した可能性が高い。そのため地方での陶磁器の扱いは、所有者の階層性を反映した身分象徴的威信財の性格が強かったと思われる(14)（成正鏞 2003・2010）。

また、初期に地方で出土する百済土器の中でも、漆器の材質感を飜案したされる黒色磨研の器種が、政治的器物に該当する。しかし黒色磨研土器も新しい政治的器物（陶磁器）の登場による価値

の下落で、標準化と公用化を触発させ、大量生産による製作技術の簡素化、器種の多様化が起こった（李晟準 2014：92-93）。このことは政治的器物からの脱落を意味する。

以上の器物が百済考古学で威信財といわれるものに該当する。威信財は中央が地方に対する統制または服属を強化する目的（権五栄 1988）、百済に服従しない勢力に対する好誼の品（林永珍 2006）、高句麗南進による地方有力者の離脱防止（姜鍾元 2012：351）などが挙げられる。

特に冠と飾履は6世紀以後地方の墓に副葬されなくなることに注目すべきである。これ

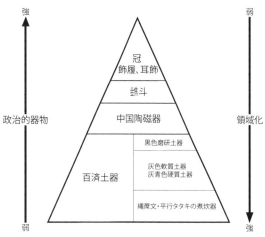

図169　百済の領域拡大過程における器物の理解

は泗沘期に至り中央集権化が一層進み、中央から任命された地方官による地方支配と関連があると考える。このような地方官、つまり官僚または貴族に対し中央は官等制と衣冠制を導入し、律令国家体制を構築するに至る。

漢城期は在地有力者を介した支配であった。在地有力者に対する中央の態度が一律ではなかったことは、下賜した威信財の種類や文様などによっても明らかである。威信財が特定の地域で出土することは、百済の強い意思が反映されている。つまり、威信財の下賜によりその代価を特定の有力者は実行していたはずである。ここでは、主に地下資源の確保・提供という側面に重きを置いたが、威信財の下賜には様々な要因があったことはいうまでもない。

灰色軟質土器や灰青色硬質土器の器種の中でも高杯と三足土器は、祭祀関連土器と一般的に認識される。そのため地方でのこれらの土器の出土は、百済の領域拡大を示す1つの目安になると考えられる。

百済の煮炊器は日本の土師器と異なり、窯で焼成された。軟質土器と硬質土器が1つの窯で焼成されたのである。これには鎮川三龍里・山水里土器窯跡群（崔秉鉉ほか 2006）、牙山小東里遺跡（柳基正ほか 2012）、清州烏山里遺跡（図170）（忠清北道文化財研究院 2015）、益山光岩里遺跡（韓国考古環境研究所 2015）、光州杏岩洞土器窯跡（鄭一ほか 2011）、羅州五良洞窯跡（国立羅州文化財研究所 2014）などが挙げられる。

窯運営には燃料の確保が必要不可欠であるため、窯周辺一帯は造営集団の領域と関連があったと推測される。そのため地方での百済の煮炊器の受容または出現は、対象地域と百済との関係の中で行われたとする想定が可能である。

前述したように時空間的拡散様相が百済の領域拡大過程と一致するとされる縄蓆文（平行）タタキ煮炊器は、百済が国家に成長した時期に漢江下流域で出現したと理解できる。つまり、百済で製作・使用された縄蓆文（平行）タタキ煮炊器が、地方での都人の生活スタイルとして定着していった様相を描ける。これら軟質土器は実用品のため政治的器物とは見なせないが、これらの地方での普及は、百済文化の受容を意味し、拡散により百済文化圏の形成、さらには領域圏に繋がろう。

以上から冠、飾履、鐎斗、中国陶磁器や一部百済土器は、地方での政治的器物への活用を示すが、

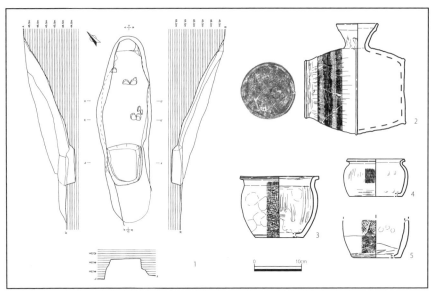

図170 清州烏山里遺跡Ⅰ地区4号窯跡出土硬質土器（2）と軟質土器（3〜5）（2〜5：S＝1/8）

これ自体では百済の領域化または百済文化圏と確定するに至らない。一方、高杯、三足土器、縄蓆文（平行）タタキ煮炊器などの百済土器は、祭祀・生活様式を反映するため、地方での都城スタイルの受け入れは百済の風習の受容に繋がり、その普及・拡大は百済文化圏の形成、さらには百済の領域化を証明するものになろう。ここで説明した器物を活用すれば、地方での百済の領域拡大過程を、多面的にせまることができる。

　一方、器物だけを優先させ、遺構の検討が欠落していると思われるかもしれない。特に墓制の検討は不可欠だが、漢城期地方での墓は積石塚、方形周溝墓、墳丘墓、土壙墓、石槨墓、甕棺墓、横穴式石室など多様で、特に地方の有力者の墓に採用された横穴式石室の系譜が百済中央に存在するのか、または地方有力者の独自性によるものなのか、今のところ不明である。[16]このような状況下で、横穴式石室を百済中央の関連と設定した場合、百済支配の証拠と見なすことができようが、地方有力者の独自の墓の場合、百済の支配とは関係のないものになる。そのため墓制による直接的な分析は行わないが、これ以降では器物が出土する遺跡・遺構の性格（山城・墓など）も加味して記す。

2. 煮炊器のタタキメから見た百済文化の受容

　朴淳発（2001b）と筆者（2013b・第4章第1節）は煮炊器に施される百済の縄蓆文（平行）タタキが時期の経過と共に拡散し、既存の格子タタキが減少することを、百済の領域拡大過程に伴う現象と位置づけた。これについては他の百済土器研究者も同意している。しかしその他研究者または日本の研究者は、土器での領域論に否定的である。土器は交流などの搬入品または工人や住民の移動など、政治的な意味を持たない場合が多いからであろう。これには筆者も同意する。百済土器でも一部器種を除き、土器には政治性は認められない。ただし政治的な動きに付随して土器が動くこともありうるだろう。

　ただ、百済土器が時間の経過に伴い拡散することは考古資料からも確実にいえることである。こ

れと呼応して馬韓土器（在地土器）が減少・消滅する。器種だけでなく、前述したタタキメにも変化が見られる。百済と馬韓も煮炊器は、深鉢形土器、長卵形土器、甑と同じである。器形に多少の差はあるが、機能的に同一の器種が、時間の経過に伴い、馬韓の煮炊器は消滅し、百済煮炊器一色になる。これは百済の政治的意図を超越した、百済文化の受容・浸透といえる。

　地域の土器スタイルを捨てて、百済の煮炊器を選んだ理由は不明だが、百済土器への同調が時間を追うごとに拡大し、百済文化圏を形成する。この百済文化圏がつまり構成員の活動域であり、さらには領域圏に繋がろう。

　もちろん地方での縄蓆文（平行）タタキ煮炊器の出土をすぐさま百済の領域圏とすることは短絡的すぎるが、時期を追うごとにどのような変化が見られるか探る必要がある（図171）。

　4世紀～5世紀の華川原川里遺跡は報告書の分期により、大きく4世紀代と5世紀代に区分できる[17]。4世紀の華川原川里遺跡では原三国時代以来の硬質無文の鉢が60％、縄蓆文（平行）タタキと格子タタキの深鉢形土器が各々35％と5％、5世紀代は硬質無文の鉢が69％[18]、縄蓆文（平行）タタキと格子タタキの深鉢形土器が各々18％と3％であった[19]。

　中心年代が3世紀～4世紀代の華城馬霞里古墳群出土深鉢形土器は、縄蓆文（平行）タタキが98％、格子タタキが2％[20]、4世紀～5世紀代の華城石隅里モクシル遺跡出土煮炊器は、縄蓆文（平行）タタキが87％、格子タタキが13％であった[21]。

　3世紀～4世紀代の忠州金陵洞遺跡では硬質無文の鉢が66％、縄蓆文（平行）タタキと格子タタキの深鉢形土器が各々18％と16％であった[22]一方、5世紀代の忠州塔坪里遺跡では縄蓆文（平行）タタキが57％、格子タタキ43％となる[23]。

　4世紀代の牙山松村里遺跡出土煮炊器は、60％が格子タタキ、27％と13％が各々縄蓆文（平行）タタキと硬質無文であるが[24]、5世紀代の牙山草沙里遺跡出土煮炊器は、縄蓆文（平行）タタキが67％、硬質無文が22％、格子タタキ11％となる[25]。

　3世紀～4世紀代の天安清堂里遺跡では原三国時代以来の硬質無文の鉢を製作・使用している[26]が、4世紀後葉～5世紀代の天安龍院里遺跡では、タタキメがわかる深鉢形土器76点中、61％が縄蓆文（平行）タタキ、残りの39％が格子タタキとなる。

　3世紀～4世紀代の清州松節洞遺跡出土煮炊器は、83％が格子タタキ、残りの17％が硬質無文であるが[27]、4世紀後葉～5世紀代の清州新鳳洞古墳群出土では、タタキメがわかる深鉢形土器104点中、66％が縄蓆文（平行）タタキ、残りの34％が格子タタキとなる。

　3世紀～4世紀代の大田龍渓洞遺跡出土深鉢形土器は、89％が格子タタキ、7％と4％が各々硬質無文と縄蓆文（平行）タタキであった[28]が、5世紀中葉～後葉の大田伏龍洞堂山マウル遺跡では格子タタキが96％と高い比率を見せる[29]。

　中心年代が4世紀後葉～5世紀の瑞山機池里遺跡出土煮炊器は、その大部分が格子タタキであるが、5世紀代の瑞山富長里遺跡出土煮炊器では縄蓆文（平行）タタキが57％、格子タタキが43％となる[30]。

　21層～7層が3世紀～4世紀代に該当する群山余方里藍田貝塚出土煮炊器は、格子タタキが90％、7％と3％が各々硬質無文と縄蓆文（平行）タタキであるが[31]、5世紀代と見られる6層～2層出土煮炊器は、格子タタキが82％、16％と2％が各々縄蓆文（平行）タタキと硬質無文となる[32]。

　3世紀～4世紀代の全州松川洞遺跡出土煮炊器は、94％が格子タタキ、6％が縄蓆文（平行）タタキ

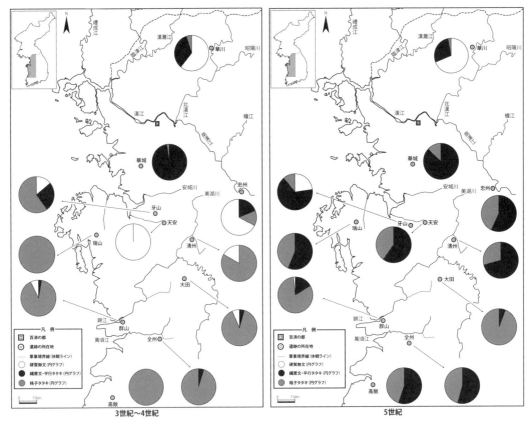

図 171　煮炊器におけるタタキメの推移

であるが、5世紀代の全州長洞遺跡出土煮炊器では縄蓆文（平行）タタキ54％、格子タタキが46％となる。[33][34]

3世紀〜4世紀代の高敞南山里遺跡ではタタキメがわかる深鉢形土器の大部分が格子タタキであるが、中心年代が5世紀代の高敞石橋里遺跡では、縄蓆文（平行）タタキが56％、格子タタキが44％となる。[35]

報告書の分期設定に疑問が残る華川原川里遺跡や華城を除くと、縄蓆文（平行）タタキは時期を経るに従い拡大していく様相が見られる（図171）。華城は3世紀末〜4世紀、すでに縄蓆文（平行）タタキが高い比率を見せる。この地域はすでに百済と同一の文化圏を形成していた可能性が高い。[36]

既存のタタキメから縄蓆文（平行）タタキへ移行し、拡大する様相は、三足土器や高杯の広がりとも一致する。

前述したようにこのような百済土器の拡散は、政治的な意図によるのではない。受け入れる側によっては、既存の土器を固守する選択も当然あったはずである。つまり、地方における百済土器の受容には、完全に自由な選択状態であった。受容側の意図と背景は今となっては知る由もないが、地方における百済土器文化圏または百済生活文化圏の形成は、百済の文化領域ひいては百済領域と認識でき、660年に新羅・唐連合軍により百済が滅亡するまで続く。

以上、威信財および土器などの器物は百済との関係性を把握する上で必要な考古資料である。これを基に百済の領域拡大過程と地下資源との関係性を検討したい。

3．仮説の提示

　成正鏞（2001）は、4世紀後半以後、金製品の出土量が増加する時期が、百済が清州地域を領域化する時点とおおよそ一致することに注目し、日本統治時代に調査された『朝鮮鉱床調査報告』の砂金産地を綿密に調査した。その結果、砂金産地が百済地域の中でも清州に集中して分布することを明らかにした。もちろん個々の砂金産地が三国時代にそのまま利用されたのかは不明だが、概括的な傾向性を理解する上で問題はないと思われる。

　この研究成果から筆者は、資源を利用して生産された百済の遺物やそれに付随する遺構が、後代の史料とおおよそ一致する可能性を見出せた。ここでは原三国時代～漢城期の製鉄遺跡と後代の記述を考察する。

　原三国時代～漢城期の製鉄遺跡は、北から漣川、華城、忠州、鎮川、牙山、清原の9か所にある（表33）[37]。この中でも忠州の製鉄は、三国時代～朝鮮時代に至るまで長期間使用されたことが、考古資料と文献から判明している（魚昌善 2011）[38]。また、華城旗安洞製鉄遺跡では、楽浪土器および瓦の製作技法と類似した土器類が出土した。3世紀前半代楽浪（系）住民の移住により、先進的な生産体系を受容した漢江下流勢力が百済の国家成立を主導したとの見方も提起されている（朴淳発 2004）。一方、鎮川石帳里では新羅や大加耶の土器が、清原地域では小加耶の土器が出土しているため、両地域との鉄を媒介とした交渉の可能性も否定できない[39]。

　忠州を除いた他地域は韓国併合後、大日本帝国の調査で鉄や金の埋蔵（痕跡）が明らかになった場所である[40]。つまり製鉄遺跡は原三国時代～漢城期以降、廃坑となったようである。また韓国地質資源研究院が一般公開した鉄の地球化学図では、華城、忠州、鎮川、牙山、清原には高い鉄含有量を持つ鉄鉱石がある[41]。もちろんこのような調査・分析で明らかになった鉄鉱石が、原三国時代～漢城期にそのまま利用されたとはいえないが、その可能性もなくはない。

　以上から筆者は、文献史料に記載された資源が三国時代当時認識され活用されたとの仮説を立て、資源の観点から百済領域拡大過程の浸透度と背景を考察する。

表33　原三国時代～漢城期の製鉄遺跡と文献史料

地域・遺跡	遺構	遺物	時期	『朝鮮鉱産地』(1911)	『朝鮮鉱床調査報告』(1918・1921・1923)
漣川三串里(2012)	精錬炉・鍛冶炉	鉄滓・送風管・鉄塊	原三国時代	金	鉄・金
華城旗安洞(2014)	製錬炉・鉱滓の廃棄場	鉄滓・送風管・流出滓	3～4世紀	記載なし	鉄
忠州漆琴洞(2008)	製錬炉・排滓溝	鉄鉱石・鉄滓・送風管	4世紀	鉄・金	鉄
忠州大花里(2012)	製錬炉	鉄滓・送風管	4～5世紀	鉄・金	鉄
鎮川石帳里(2004)	製錬炉・精錬炉 溶解炉・鍛冶炉	鉄鉱石・鉄塊 送風管・鉄滓	4～5世紀	金	鉄・金
鎮川九山里(2001・2010)	製錬炉	鉄鉱石・鉄滓・送風管	5～6世紀	金	鉄・金
牙山葛梅里(2007)	製錬炉・鍛冶炉	鉱滓・送風管	4～5世紀	記載なし	鉄
清原蓮堤里(2008c)	製錬炉	鉄滓・送風管	4世紀	金・銀	鉄・金
清原山南里(2009)	鉱滓の廃棄場	流出滓・送風管 炉壁片・鉱滓	4～5世紀	金・銀	鉄・金

4．百済の領域拡大過程の変遷とその背景

　百済考古学では城郭の出現、大規模古墳群の出現と特定地域の集中様相、そして特定土器様式の形成およびその空間的分布様相などの3つの現象を、国家段階の政治体の成立に出現する考古学的証拠と見ている（朴淳発 2001a：39-46）。これら3つの現象が3世紀中・後葉～4世紀初に現れることは、近年の研究成果（朴淳発 2012a、土田 2013a・2014、金成南 2014、国立文化財研究所 2014）から明らかになった。

(1) 3世紀後葉～4世紀前葉

　この時期の中国陶磁器は都城でしか見られないが、黒色磨研土器、灰色軟質土器や灰青色硬質の百済土器が出土した事例は坡州（図172-1）、楊州（図172-4）、加平（図172-6）、南楊州（図172-9）、横城（図172-12）、水原（図172-14）、曽坪（図172-22）、縄蓆文（平行）タタキ煮炊器だけが出土した事例は坡州（図172-2）、楊州（図172-3）、仁川（図172-13）、華城（図172-15・16）、烏山（図172-17・18）、鎮川（図172-19・20）、忠州（図172-21）で確認できる。都城から南へ直線距離約30 kmに位置する水原まで、また都城から東へ直線距離約80 kmに位置する横城までの間で百済関連遺物は確認されないため、百済の領域は面的ではなく拠点地から掌握する方法が採られたと思われる。おおよそ漢江以南は海と河川を利用して地方都市に影響力を行使し始めたと思われるが、このような地域にはどんな利点があったのか。

　この時期、唯一百済の高級土器である黒色磨研土器が曽坪から出土することから、この地域は他の地域に比べ重要度（注目度）が高かったと推測される。

　曽坪栍城山城（かつての清安一帯）は、清安と鎮川間の道路と美湖川沿いに隣接する（『大東輿地図』）。ここからは後（4世紀後葉）に新羅・加耶（系）遺物も出土するため、おそらく聞慶（慶尚北道）―槐山―曽坪―鎮川という陸のルートで進出したと思われる。そしてその目的はつまるところ鎮川から産出する鉄であったと見られる。百済は鎮川の鉄を他国から守るため、いち早く曽坪に栍城山城[42]などの防御線を構築したが、これらの築造には百済中央だけでなく地域政治体も関与したと考えられる（梁起錫 2011、成正鏞 2012）。『朝鮮鉱産地』の曽坪からも金銀10か所、鉄1か所、砂金12か所、白玉の記述が見られる。[43]

　坡州、楊州、南楊州、加平、横城、水原からは灰色軟質土器などの百済土器が出土する。坡州は漢江と臨津江が合流する地点で、漢城と平壌の幹線道路上と現漣川方面へ向かう支線道路の分岐点にあることから、水運と陸運が発達した交通の要所であった。『朝鮮鉱産地』坡州郡には金鉱の記載がある。

　楊州は交通の要衝地として三国の角逐場となった場所で、この地には防御的性格を帯びた山城が多く築造された（国防文化財研究院 2012）。また楊州玉井洞遺跡からは住居や地表から鉄塊・土製鋳型・送風管が出土し、砂金の存在（朝鮮総督府農商工部 1911：97）も記されているため、この地は百済が北へ進出（平壌方面）するための交通の要所であり、また地下資源を活用するために確保すべき場所であった。

　南楊州は漢城の北東対岸に位置し、北漢江と南漢江が合流する地域にあたる。北漢江中流に位置

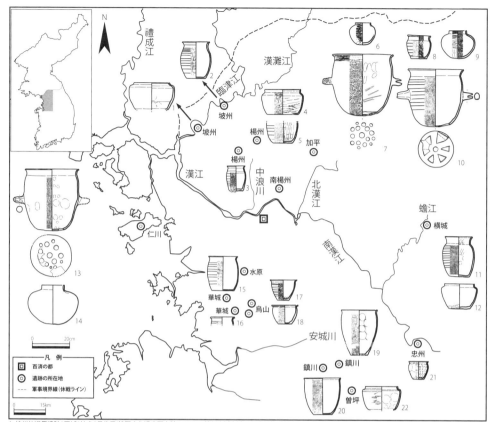

図172 3世紀第4四半期～4世紀前葉における百済の領域拡大過程（S=1/20）

する加平は、『林園経済志』では春川方面と華川方面の分岐点にあたり、水運および陸運の要所として発達した地域である。

　加平は原三国時代に比定される加平馬場里遺跡から送風管が、同時期の大成里遺跡からは鉄器製作過程で裁断された鉄片などが、原三国時代～三国時代の項沙里遺跡からも送風管と見られる遺物が収拾されている。この地での鉄鉱石の採掘は不明だが、『朝鮮鉱産地』加平郡には金銀銅と黄玉の記述がある。

　横城は蟾江の上流に位置し、この時期百済の影響力が及んだ東界になろう。『世宗実録』地理志横城県には正鉄が、『朝鮮鉱産地』では20か所で砂金が確認されたとある。水原は漢城と公州を結ぶ幹線道路上に位置する（『林園経済志』）。

　次に縄蓆文（平行）タタキ煮炊器が単独で出土した地域を詳察する。

　仁川は『三国史記』百済本紀では、百済の始祖温祚王の兄沸流が弟と別れ定着した地域（弥鄒忽）に比定される。沸流は海辺に住もうといい、反対する臣下の諫言を聞き入れなかったという。しかし実際住むとこの地は湿りすぎて、水が塩辛く安心して居られる場所ではないと沸流は後悔し、死後、沸流の臣下と民は弟温祚の慰礼城に入った。仁川の住み心地はどうあれ、史料から見ると仁川

は早くから百済に属していた。漢江下流域のこの地は、百済が中国と直接外交するための戦略的要衝地であった（韓国文化財保護財団 2007：12）。そして『世宗実録』地理志仁川郡には塩所が6か所記載されている。

　華城、鎮川、忠州は前述したように製鉄遺跡が確認され、百済がこれら地下資源と生産地を早くから認識し掌握もしくは地域勢力と関係を構築したことがうかがい知れる。ここで特記すべきは鎮川の事例である。4世紀前葉に比定できる鎮川三龍里88-1号住居から北に約30m離れた場所に窯跡2基とそれに伴う廃棄場が見つかった。窯跡から出土した土器は破片が多いため時期を特定できないが、報告者（崔秉鉉ほか 2006）は土器片の種類と型式から住居と窯跡を同じ時期に比定する。百済都城から直線距離で約80kmの地域で縄蓆文（平行）タタキ深鉢形土器が生産されたことは注目に値する。これはおそらく鎮川での百済の製鉄事業および砂金採掘と関連があると思われる。

　華城からは馬霞里古墳群木槨墓と吉城里土城初築城壁から縄蓆文（平行）タタキ煮炊器が出土する。

　『三国志』東夷伝韓伝によると馬韓に城郭がなかったとある。一方、前述のようにソウル風納土城の初築城壁は3世紀中・後葉から4世紀前葉のある時期の着工と判明している（国立文化財研究所 2014）。このことから、4世紀前葉と考えられる吉城里土城も百済との関係で造営されたと思われる。そしてこの土城は旗安洞製鉄遺跡から直線距離約10km南に位置する。調査は土城の一部のため詳細は不明だが、南からの侵入を防御する要として築造されたと理解できる。

　烏山は『林園経済志』や『大東輿地図』では都城と公州を結ぶ幹線道路上に位置し、かつての中底の地域に該当する。烏山出土品はこの地域在来の格子タタキ深鉢形土器や硬質無文土器の鉢と同一器形のため、百済の影響は華城以北ほど強くなかった。特に烏山水清洞古墳群は5世紀代まで馬韓の周溝土壙墓が維持されていたため、この付近には馬韓54か国中の一勢力が比較的長期間存在したことを裏づける。そしてこれは百済都城に近い場所からの順次的拡大を示すものではない。

　縄蓆文（平行）タタキ深鉢形土器は烏山を境界に器形が異なる。都城を含めた華城以北の縄蓆文（平行）タタキ深鉢形土器は、底径と口径がほぼ同じだが（図172-2・3・8・11・15）、烏山以南の縄蓆文（平行）タタキ深鉢形土器は、口径に比べて底径が極端に小さく、短く外反する口縁部を伴う（図172-17～21）。烏山以南の縄蓆文（平行）タタキ深鉢形土器の器形は、この地域在来の格子タタキ深鉢形土器と同一器形なため、百済の影響力は華城以北ほど進行しなかったようだ。そしてこの時期は都城でも地方の遺跡でも百済土器と平行して、既存の硬質無文土器を製作・使用していた。

(2) 4世紀中葉

　4世紀中葉になると、百済は新たに中国陶磁器を利用して、影響力を行使する（図173-15）。中国陶磁器・黒色磨研土器・縄蓆文（平行）タタキ煮炊器が出土した原州は、この時期間違いなく百済が最重要視した地域である。

　原州は蟾江と南漢江が合流する地点に、そして漢城と江陵の幹線道路上にあることから、水運と陸運が発達した交通の要所であった。そのため原州には統一新羅時代（文武王18年（678年））に設置された五小京の中の1つである北原小京があり、高麗時代には興元倉（『高麗史』巻79志33）、朝鮮時代には興原倉（『経国大典』巻2戸典漕伝）が置かれた。この倉はまさに遺跡の所在地である法泉里にあるため、法泉里の勢力はこの一帯の物流を掌握していた集団だったと推測できる。つまり

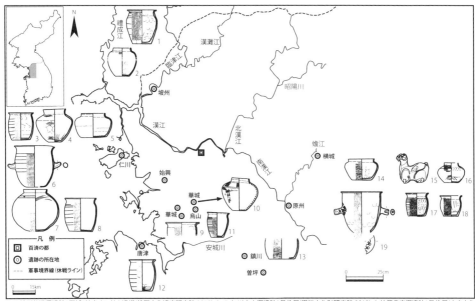

1・2. 坡州仙遊里遺跡1区域1地点オンドル遺構(韓国文化遺産研究院 2013), 3~5. 仁川中山洞遺跡1号住居(漢江文化財研究院 2012), 6. 始興烏南洞遺跡1号住居(中央文化財研究院 2012), 7. 華城馬霞里古墳群3号石槨墓(李鮮馥他 2004), 8. 同古墳群14号石槨墓(同上), 9. 華城吉城里土城6号住居(中部考古学研究所 2013), 10. 華城東灘2新都市文化遺跡38地点1号土壙墓(畿湖文化財研究院 2013a), 11. 烏山水清洞墳墓群5-5地点7号周溝付木棺墓(京畿文化財研究院 2012a), 12. 唐津佳谷里遺跡5号住居(鄭海濬他 2011), 13. 鎮川三龍里土器窯跡群89-1号住居(崔秉鉉他 2006), 14. 横城邑下里遺跡8号住居(延世大学校原州博物館 2013), 15~18. 原州法泉里古墳群2号墳破壊石室(宋義政他 2000), 19. 曽坪柚城山城4号住居(中原文化財研究院 2014)

図173 4世紀中葉における百済の領域拡大過程 (6・7・19：S=1/25, その他：S=1/20)

南漢江中上流の忠州と蟾江上流の横城から産出する鉄鉱もしくは砂金、そしてこれらの製品などの中継地で発展したようである。また原州からも砂金が産出し(『朝鮮鉱産地』)、正鉄(『世宗実録』地理志原州牧)が朝廷に献上された特産物の1つであった。

華城からは黒色磨研直口広肩壺(図173-10)が出土する。前時期同様、百済が引き続きこの地を重要視したことがわかる。

始興は都城から安山へ続く支線道路上に位置し(『林園経済志』)、4か所で金銀銅鉛などが確認できるとある(『朝鮮鉱産地』)。

唐津佳谷里遺跡は目の前が西海で、東には牙山湾がある。後代のこの地域には、統一新羅時代の唐の主要門戸があり、『世宗実録』地理志唐津県には塩所35か所と牧があったとする。ここでは唐津を、4世紀後葉以降百済が瑞山、洪城へ進出するための布石だったとしたい。

この時期、各地で出土する縄蓆文(平行)タタキ深鉢形土器は、都城出土品とほぼ変わらない。一方、在来の格子タタキ深鉢形土器は、未だに口径に比べて底径が極端に小さい器形を維持することから、地方の縄蓆文(平行)タタキ深鉢形土器は、都城からの搬入品または中央からの工人の移住による現地製作と思われるが、この時期に比定できる生産地が消費地周辺では未確認で(崔卿煥 2010)、現地生産は断定できない。ただ前時期では在来の格子タタキ深鉢形土器や硬質無文土器鉢の器形への縄蓆文(平行)タタキが、烏山以南の縄蓆文(平行)タタキ深鉢形土器の特徴であったが、4世紀中葉には各地の深鉢形土器は都城出土品と同じ器形になるため、百済の影響力の度合いが徐々に強さを増したといえる。

前時期同様百済土器が出土した地域では、未だ地域在来の格子タタキ深鉢形土器や硬質無文土器を引き続き製作・使用するため、百済の影響力は既存の地方勢力との関係の中で及んだと思われる。

以上、4世紀中葉百済は北界の坡州、東界の横城・忠州、南界の曽坪まで影響力を行使したと思われる。

(3) 4世紀後葉～5世紀前葉前半

　4世紀後葉～5世紀前葉前半には百済の影響力は北は華川、南の全州まで一気に拡大する。そしてこの時期から華城、原州、天安、燕岐（現世宗特別自治市）、公州では冠、飾履、鐎斗などの政治的威信財が確認される。この中で新たに百済と関係を結んだ華川、天安、燕岐、公州を見る。

　華川原川里遺跡からは縄蓆文（平行）タタキ煮炊器（図174-1）と黒色磨研土器（図174-2）が出土している。北漢江中流におおよそ4世紀中葉に突如出現した華川原川里遺跡は、総318点にも上る金属製品の中96点と最も多い武器類から、百済の対高句麗との前線かつ百済の北東界での戦略的な必要性で形成された集落と判断されている（濊貊文化財研究院 2013：174）。そして、主に墓から出土する黒色磨研土器、各種装身具（耳飾、ガラス玉、髪飾など）、馬具の出土からこの集落跡は一般の集落に比べ位相が高かった（濊貊文化財研究院 2013：192）。しかしこの対高句麗の前線と出土遺物の組み合わせはいささか不釣合いな感じがする。

　『林園経済志』によると華川から北へ続く幹線道路または支線道路の表記がないため、高句麗方面への移動は主に水運を利用したと思われる。また対高句麗の前線との根拠に挙げる武器類以外に、農具類66点、工具類76点が出土している。戦闘の第一線よりも、これから離れた後方の方が適切なようである。

　むしろ華川は江原道楊口、金化郡、昌道郡方面と中央を結ぶ水運を利用した拠点で、華川や周辺地域から産出する金・銀・鉄などの地下資源集積拠点に百済が価値を見出したのではないか。4世紀中葉まで既存勢力が造営した集落に4世紀後葉前後頃百済の影響が出現し始める。

　天安からは冠、耳飾、中国陶磁器、黒色磨研土器、縄蓆文（平行）タタキ煮炊器が出土する（図174-32～36）。天安は都城から全羅道へ抜ける幹線道路上にあるだけでなく、鎮川、清州などへ抜ける支線道路の始発点である（『林園経済志』）。また忠清道をおおよそ東西に走る車嶺山脈を抜けて南方に行くには天安を通過するほかないため、天安は看過できない交通の要所である。龍院里古墳群の位置は、この幹線道路と支線道路の分岐点にあって興味深い。また『朝鮮鉱産地』天安郡には、14か所で砂金の記載がある。

　燕岐羅城里C地点KM-004木棺墓からは、飾履（図174-39）と共に4世紀末～5世紀初の嶺南地域の長頸壺、木製鞘、龍文透彫帯金具、盛矢具などが出土する。KM-004木棺墓は墓壙の上下に掘削した横架木用の穴に横架木を設置し、約10cmの粘土を敷く。そしてその上部に木棺を設置した後、墓壙壁と木棺の間を粘土と割石を詰め木棺を固定した。次に被葬者と副葬品を木棺に安置し木蓋をした後、その上部に割石を約40cmの厚さまで詰め、さらにその上部を粘土で覆う。今は流失したが、墓壙内部に土を充塡後、封土を盛った可能性がある。羅城里の木棺墓は、墓壙を掘削し床を整地した後に木棺を設置する一般的な百済の木棺墓とは異なり、嶺南地域などで確認される囲石木槨墓や積石木槨墓と類似する点が多い（李弘鍾ほか 2015：161）。

　羅城里木棺墓からは嶺南地域の土器、新羅もしくは倭からと考えられる龍文透彫帯金具、日本が原産地の杉で作られた倭製木製鞘、羅城里近隣にはないイチイの木棺材、百済の飾履などから、被葬者は在地者ではなく、外部者と思われる。これは羅城里遺跡から西に約500m離れた山地に形成

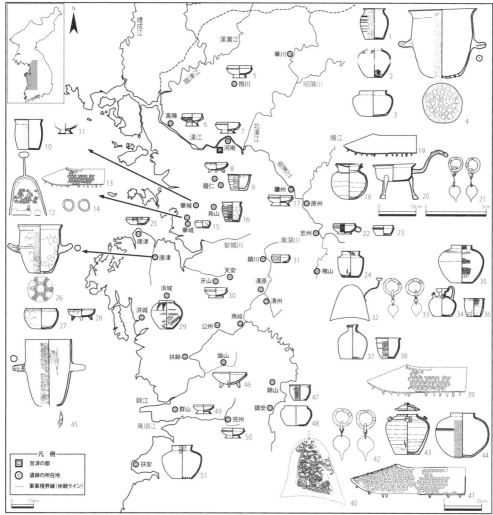

図174 4世紀後葉～5世紀前葉前半における百済の領域拡大過程
(21・33・42：S=1/3、20・40・41：S=1/10、12～14・39：縮尺不同、その他：S=1/20)

された松院里・松潭里古墳群出土品が羅城里出土土器と類似し、立地からも羅城里集落集団の墓域と判断できる反面、羅城里木棺墓は錦江に近い微高地（沖積層）に造営された点からも推察できる。また羅城里からは飾履が出土したとはいえ、片方しかない点(63)、この木棺墓に続く威信財が周辺遺跡で確認されない点などから、被葬者は羅城里に集積する物資の流通に携わった外部者（嶺南地域）(64)像が浮かび上がる。(65)

また、この遺跡対岸の大平里遺跡からは4世紀代の周溝を伴った墳丘墓が50基以上確認された(66)ことから（韓国考古環境研究所 2013）、羅城里遺跡形成には原三国時代以来の既存勢力が主軸を担っ

たと思われる。このことは羅城里遺跡とその周辺では百済土器以外に、加耶（系）土器が数点出土した点からもうかがえる。羅城里集団は百済を始め外部との多様な交易を通して急成長を遂げたと思われる。

公州からは冠、飾履、耳飾、中国陶磁器、百済土器が出土する（図174-40～44）。公州は天安同様都城から全羅道へ抜ける幹線道路上にあるだけでなく、扶餘などへ抜ける支線道路の始発点になる（『林園経済志』）。遺跡はまさに天安方面から公州に入る直前の日新に該当する（『大東輿地図』）。この場所は『高麗史』巻第82志36では駅站が置かれ、朝鮮時代にも幹線道路が通過する場所である。その他公州は砂金が31か所、金鉱が27か所記載されている（『朝鮮鉱産地』公州牧）。実際明治42年公州牛井面からは金を産出し産額が記録された。また遺跡がある水村里でも金鉱が確認できるとある。このことから、水村里古墳群造営集団は公州に埋蔵する豊富な金と交通の要所を掌握していたため、百済は政治的威信財を媒介に強い関係を形成しようとした。

華城から冠、飾履、耳飾（図174-12～14）、原州から飾履、鐎斗、耳飾が出土する（図174-19～21）。この地域は前時期から引き続き百済の関心が高かった場所であった。

4世紀後葉～5世紀初頃になると百済の影響力は前時期に比べ拡大し、面的な広がりを見せる。しかしこれで百済が図174の範囲をすべて手中に収めたとはいえない。都城から約50km圏内に位置する華城の一部や烏山地域では未だ馬韓伝統の墓を造営することから、百済は既存地方勢力との関係を維持しつつ勢力の拡大を図ったことがわかる。また一方で、新たに山城が築かれた洪城などは、百済が関与した拠点地として出現する。

この時期に百済器物が新たに出現する地域のうち、高陽は坡州の漢江下流に、そして漢城と平壌の幹線道路上と現漣川方面へ向かう支線道路の分岐点にあるため、水運と陸運が発達した交通の要所であった。『朝鮮鉱産地』高陽郡では4か所で鉄鉱が、1か所で砂金があるとする。

南漢江中流の驪州では鉄鉱が、南漢江の支流達川沿いの槐山では銅鉱、2か所から金鉱、6か所から砂金と記されている（『世宗実録』地理志驪興都護府・槐山郡、『朝鮮鉱産地』）。

洪城神衿城からは百済土器（図174-28）だけでなく、中国陶磁器片が出土する。ここは百済が西海岸の海上交通路活動の拠点の1つと、また鉄鉱と金鉱の存在から、陸海で得られる富を受容できたと思われる。

美湖川中流の清原と清州地域には、4世紀末から5世紀代の大規模古墳群が造営される。清原・清州では25か所で金・銀鉱が、39か所で砂金が確認でき、実際明治43年には金を産出した産額を記す（『朝鮮鉱産地』）。朝鮮半島の砂金産地の中でも清原・清州は圧倒的に多いことがわかる。また前述のように清原では三国時代の製錬炉が確認され、近隣に鉄鉱、砂鉄が産出した可能性もある。その他『高麗史』巻第82志36によると、朝鮮全土10か所にあった馬牧の1つが清州に設置されたことが挙げられる。この馬牧を三国時代まで遡らせる根拠は何もないが、清州新鳳洞古墳群での馬具、大刀、鉄鏃などの副葬鉄器の存在から被葬者集団を実戦的な騎兵軍団を頂点にした社会集団が編成されたと理解する見解（鈴木 2012）も提起されている。このことから漢城期の清原・清州に、高麗時代馬牧の起源があった可能性は十分あろう。

錦江上流、そして慶尚北道星州へ向かう支線道路が通っていた錦山では鉄鉱が、萬頃江中流にあって、漢城からの幹線道路が通る完州では、6か所から金鉱が確認された。

(4) 5世紀前葉後半～5世紀後葉

百済は北界華川、東界忠州、南界高敞の範囲まで影響力を及ぼした。前時期とは異なり百済は新たに富川、城南、利川、瑞山、舒川、益山、井邑、高敞などと関係を結び、より空間を埋めた。そして新たに政治的威信財を活用した地域に瑞山、益山、高敞がある。

冠、飾履、耳飾、鐎斗、中国陶磁器が出土した瑞山富長里遺跡は、馬韓の墳丘墓群が持続することから、5世紀第3四半期頃に百済は比較的強固であった既存勢力との関係を構築するに至った(図175-31～35)。最も有力な既存勢力の富長里墳丘墓群造営勢力は、鉄・塩の生産を基盤に成長した勢力の可能性が提起されている(李暎馥 2009)。

『世宗実録』地理志瑞山郡の正鉄と鉄場の表記により、瑞山郡の特産物に鉄を挙げ、それを製錬する場所が設けられたことがわかる。また『朝鮮鉱産地』にも瑞山と泰安半島で鉄が産出するとある。漢城期瑞山では製鉄関連遺構は未発見だが、富長里遺跡では多くの鉄製品と共に鉄鋌も確認された。鉄鋌は4世紀代の瑞山明智里古墳群と機池里遺跡など泰安半島一帯に出土例がある(李暎馥 2009)。

また『世宗実録』地理志瑞山郡には、塩所1か所、塩井2か所、塩盆3か所とある。塩所は塩を生産する地点、盆は正確には土盆といい、海水を加熱して塩を生産する施設、塩井は塩田である(忠清南道誌編纂委員会 2008：177)。朝鮮時代初期の記録では瑞山の塩生産高は、近隣の唐津や保寧に比べて多くないため、富長里墳丘墓群造営勢力は塩よりも鉄の生産を背景に成長を遂げた集団と見られる。

5世紀第4四半期に比定できる益山笠店里古墳群1号横穴式石室からは冠、飾履、耳飾、中国陶磁器が出土する(図175-58～61)。古墳群は全羅北道咸悦と忠清南道韓山を結ぶ熊津という渡船場があった場所に位置する。またこの一帯は15世紀徳成倉という漕倉が置かれた場所にあたり、主に全羅道北部20の地域の租税米を保管し、中央に送った場所であった(崔完基 1994)。このような物流の拠点が漢城期にもあった可能性は否定できない。おそらく古墳造営集団は、全羅道北部や錦江中上流の物資を一担ここに集積し、物資を海船に積み直して海路で運んだ勢力であった。

高敞鳳徳里古墳群1号墳5号横穴式石室からは飾履片、百済土器、1号墳4号竪穴式石室からは飾履、耳飾、中国陶磁器、百済土器が出土した(図175-72～78)(李文炯 2014)。高敞では『世宗実録』地理志や『朝鮮鉱産地』に特記すべき資源が見当たらなかったが、『朝鮮鉱区一覧』では金銀が産出し、多数の文献を駆使して作成された東潮(1987)の鉄鉱石の分布図によると、磁鉄鉱・赤鉄鉱が分布するとある。高敞一帯は北の熊淵湾、南の法聖浦から井邑へ向かう支線道路が2本通る。このことから船からの積荷を内陸地域に運ぶための交通の要所、そして全羅道の物資を西海岸から輸出する役割を担った地域と推測できる。またおおよそ全羅北道と全羅南道間を東西に横切る蘆嶺山脈は、高敞の東側を通るため、山地を通る他の路より高敞は比較的移動がしやすい立地条件にあったと考えられる。そのため百済は、陸路での全羅南道進出のためには、山脈がないこの地をまず確保する必要があったと思われる。一方、遺跡は高敞邑から西へ約5.5km、高敞から北の熊淵湾、南の法聖浦へ行く分岐点周辺にある。

富川は銅鉱1か所と塩所7か所が、舒川は金鉱1か所、塩所2か所、塩盆22か所とある(『世宗実録』地理志富平都護府、『朝鮮鉱産地』)。

利川は漢城から忠州方面へ向かう幹線道路上にあり、百済の山城が確認されている。『朝鮮鉱産地』では2か所で砂金があると記す。

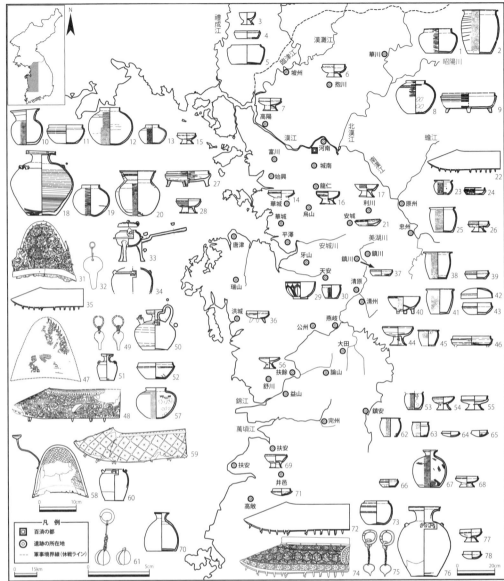

1・2. 華川原川里遺跡37号住居(濊貊文化財研究院 2013), 3~5. 坡州六渓土城96-7号住居(李仁淑他 1999), 6. 抱川半月山城表土採集(朴慶植他 2004), 7. 高陽覚節山遺跡1号住居(李憲載他 2005), 8・9. 河南美沙里遺跡B2号住居(林炳泰他 1994), 10・11. 富川範朴洞遺跡1地域2号木棺墓(한울文化財研究院 2011), 12・13. 始興陵谷洞遺跡1地点1・2号横穴式石室(京畿文化財研究院 2010c), 14. 華城旺林里ノリジェゴル(노리재골)1号竪穴(権五栄他 2011), 15. 華城疏勤山城10号竪穴(李憲載他 2012), 16. 龍仁清徳里百済竪穴遺跡1号竪穴(畿甸文化財研究院 2006), 17. 利川雪城山城ナ-C-3トレンチ1号土壙(朴慶植他 2004), 18・19. 烏山水清洞墳墓群4地点25号木棺墓(京畿文化財研究院 2012a), 20. 平澤玄華里遺跡IV-1地区土壙墓(忠北大学校先史文化研究所 1996), 21. 安城長院里山4-2番地遺跡横穴式石室(韓国文化遺産研究院 2014b), 22. 原州法泉里古墳群4号横口式石室(宋義政他 2000), 23・24. 同古墳群11号竪穴上層(尹炯元 2002), 25・26. 忠州塔坪里遺跡2地区7号竪穴(中央文化財研究院 2013), 27. 津津城山里遺跡3-1地点26号住居(尹浄賢 2013), 28. 牙山小東里遺跡3号窯焼成室(柳基正他 2012), 29・30. 天安龍院里遺跡C地区横穴式石室(任孝宰他 2001), 31~33. 瑞山副長里遺跡1地域5号墳丘墓1号土壙墓(忠清南道歴史文化研究院 2008a), 34. 同遺跡6号墳丘墓墳丘上面(同上), 35. 同遺跡6号墳丘墓6号土壙墓(同上), 36. 洪城神衿里7号貯蔵穴(李度承他 1994), 37. 鎮川松斗里遺跡2号住居(韓国文化財保護財団 2005b), 38. 鎮川石帳里遺跡A-サ号竪穴(李栄勲他 2004), 39. 清原楓井里遺跡百済時代溝(中央文化財研究院 2005), 40~43. 燕岐松院里遺跡KM-046横穴式石室(李弘鍾他 2010), 45. 同遺跡KM-055横穴式石室(李弘鍾他 2010), 46. 燕岐羅城里遺跡A地点KG-004境界区画溝(李弘鍾他 2015), 47~52. 公州水村里遺跡II地点4号横穴式石室(忠清南道歴史文化研究院 2007a), 53. 大田伏龍洞堂マウル遺跡4地域11号住居(田鎰溶他 2012), 54. 同遺跡4地域5号住居・溝状遺構(同上), 55. 論山茅村里古墳群15号墳石槨甕棺墓(安承周他 1993), 56. 扶餘帰徳里古墳群2地域11号石槨墓(沈相六他 2011), 57. 舒川鳳仙里遺跡2地域11号石槨墓(忠清南道歴史文化研究院 2005), 58~61. 益山笠店里古墳群1号横穴式石室(文化財研究所 1989), 62~65. 群安臥亭遺跡4号住居(郭長根他 2001), 66. 完州上雲里遺跡ラ地区2号墳7号木棺墓(金承玉他 2010b), 67. 同遺跡ラ地区2号墳9号木棺墓(同上), 68. 同遺跡ラ地区3号墳4号木棺墓(同上), 69. 扶安白山城2トレンチ(安鉉重他 2011), 70. 扶安竹幕洞祭祀遺跡3区G4・G5(国立全州博物館 1994), 71. 井邑五亭遺跡12号住居(柳哲他 2012), 72・73. 高敞鳳徳里古墳群1号墳5号横穴式石室(馬韓・百済文化研究所 2012a), 74~78. 同古墳群1号墳4号竪穴式石室(同上, 李文炯 2014)

図175 5世紀前葉後半~5世紀後葉における百済の領域拡大過程
(32・49・61：S=1/3、31・33・47・48・58・59：S=1/10、22・72・74・75：縮尺不同、その他：S=1/20)

井邑は務安、高敞、光州へ行く支線道路上にある。特記すべき資源は見当たらないので、百済は全羅南道へ向かう陸路を円滑にするため、井邑や扶安（内陸部）の勢力とも関係を結んだと思われる[75]。

原州法泉里（図175-22）と公州水村里（図175-47～52）は前時期に引き続き、百済からの政治的威信財が見られる。その反面、天安龍院里は前時期とは異なり、冠は出土してない。これは天安での百済の影響力が一層進み、最高の政治的威信財を天安龍院里造営集団に賜与する必要性がなくなった結果と思われる。

その一方で、烏山水清洞からは中国陶磁器（図175-18）が新たに出現する。この古墳群は3世紀代から周溝木棺墓が造営され、4世紀前半頃になると硬質無文土器と共に一部縄蓆文（平行）タタキ深鉢形土器も副葬されるが、5世紀中頃まで馬韓の周溝木棺墓が踏襲され、他の地域では5世紀代に出土する高杯、三足土器、蓋杯がまったくない点が特記される。これは烏山水清洞一帯に漢城期末まで馬韓54か国中の1つが存在したことを意味し、百済はその勢力を取り込むため5世紀第2四半期ごろに中国陶磁器という政治的威信財を使用したと解釈できる。しかし、その後も周溝木棺墓を造営することから、既存勢力はまだ保たれていた。

5．漢城期百済の領域と支配方式

漢城期の地方における百済の支配方式は、大きく直接支配と間接支配に分けて論議されている。しかしその定義は文献史と考古学では異なる。文献史での直接支配は王が地方官を派遣する支配をいい、間接支配は王が中央の有力者を通じての支配をいう（盧重国 2014)[76]。

一方、百済考古学では一般的に直接支配を百済主体の、間接支配を地域首長の自立権をある程度認めた百済の支配形態とする。この直接支配には王が直接支配する場合（直轄地）、王が中央の貴族（八姓氏）を通じて支配する場合、王が百済に同化した地方有力者を通じて支配する場合などがあったと思われる。ここで使用する直接支配は、考古学側に立って中央の権限が強く現れた支配の意味である。

間接支配は従来の定義のように中央が地方有力者の自立権をある程度認めた上で、彼らを媒介として影響力を行使する方法とする。百済の領域拡大過程を直接支配、間接支配に単純化することは論文展開では便利だが、実際はより複雑な支配形態であったことはいうに及ばない。そのため、間接支配を"緩い間接支配"と"強い間接支配"などと区別する見解（金成南 2006、徐賢珠 2014c）もある。

筆者も遺跡・遺構・出土遺物から直接支配、強い間接支配、緩い間接支配と区分することにする[77]。その基準は次の通りになる。

直接支配は山城の築造、百済土器の継続性で判断する。土器は搬入や一時的な影響による単発的な使用も十分考えられるため、百済土器の継続使用は百済の影響力が持続的に続いた状況を反映するものと考える。

間接支配は威信財、百済土器の影響を受けた在地の土器、在地の墓制の維持などが入る。強い間接支配と緩い間接支配の区分は、遺跡や出土遺物の性格、前後の時期関係などで変わるため、一律した条件を適用することは困難である。たとえば、3世紀後葉～4世紀前葉の鎮川では窯で百済土器

の影響を受けた在地土器の生産が始まる。4世紀中葉以降、百済土器を生産していることから、3世紀後葉～4世紀前葉は直接支配の前の段階である強い間接支配にあたる。

3世紀後葉～4世紀前葉、曽坪では山城が築造され、百済の高級土器である黒色磨研土器が出土しているため、直接支配ともされるが、検討可能な硬質・軟質土器が多くないため、今回は強い間接支配とする。

威信財や百済土器は出土するが、在地の墓制（周溝土壙墓、墳丘墓）を維持している場合も強い間接支配に置いた。瑞山富長里墳丘墓群がこれに該当する。

緩い間接支配は、強い間接支配より在地色が強く反映される。高敞鳳徳里古墳群1号墳の場合、百済の遺物は威信財と蓋杯で、高杯・三足土器などの器種が共伴しないことと、在地土器の副葬と在地の墓制から緩い間接支配にできる。

水原笠北洞遺跡は、在地墓に百済土器が副葬されるが、これに続く百済の影響がその後見られないため、一時的な緩い間接支配とする。

前述したように、考古資料が一律ではないため、明確な基準を設けて一様に取り扱うことができない。だが、地方における百済土器の継続性は百済の影響が永続的であったことを物語る。次は百済の領域化とその支配方式がどのような変遷を経るのか見る。

(1) 3世紀後葉～4世紀前葉

縄蓆文（平行）タタキ煮炊器の出土実態から百済は漢江と北漢江以北から臨津江以南までの範囲を面的直接支配に置いたと思われる[78]（図176-1-1）。一方、漢江以南の地域は面的支配には至らなかった。都城出土品と同形が出土する仁川（永宗島）、華城（馬霞里古墳群・吉城里土城）[80]、横城は拠点的直接支配の可能性が高い。口径に比べ底径が極端に小さく、短い口縁部が外反する深鉢形土器が出土する烏山、鎮川、忠州、曽坪は拠点的間接支配と推測できる。水原は漢江以南の地域の中で都城から距離的に最も近いが、百済土器の直口短頸壺以外に縄蓆文（平行）タタキ煮炊器が共伴しないことや、馬韓の墓制である周溝土壙墓が造営されるため、拠点的間接支配とした。

また拠点的間接支配地域のうち、鎮川では地方工人による縄蓆文（平行）タタキ煮炊器の生産が、曽坪では山城が築造され、百済の高級土器である黒色磨研土器が唯一都城から最も遠いこの場所で出土するため、鎮川と曽坪は他の拠点的間接支配地域より百済の影響力（関心度）が高かったと思われる。そのため鎮川と曽坪を"強い間接支配"、その他の間接支配地を比較的"緩い間接支配"と設定する。

(2) 4世紀中葉

前時期に引き続き漢江以北は面的直接支配であったと推測できる（図176-1-2）。ただしその面的直接支配の東界は4世紀後葉以降の集落跡が確認される抱川自作里遺跡以西までと思われる。

漢江以南の様相を見ると、中国陶磁器および百済土器が出土する原州法泉里古墳群は、蟾江（横城方面）と南漢江（忠州方面）が合流する地点に位置するため、法泉里の勢力は南漢江中上流の忠州と蟾江上流の横城から産出する地下資源、そしてこれらの製品などの物流を掌握した集団と推測できる。

また法泉里勢力は百済の直接支配ではなく、比較的強い間接支配に置かれてたと考えられる。硬

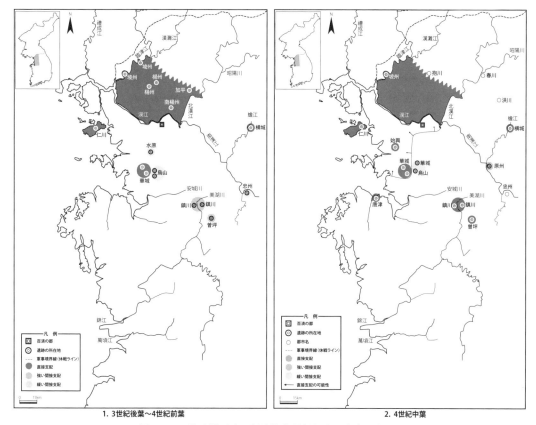

図 176-1　漢城期百済の領域拡大過程と支配方式の変遷 1

質無文土器を副葬した土壙墓と威信財が出土する 2 号石室が、同じ墓域に造営されたことは、既存共同体の秩序が継続していたと理解でき、2 号石室の被葬者は地域有力者となる。また、威信財は直接支配に編成された地域有力者への下賜よりは、地域有力者を懐柔するための道具または代価に使用されたと見るほうが自然であろう。

今のところ都城と原州・横城と結ぶ遺跡は南漢江下流にはない。春川と洪川には百済の文物がないことを考慮すると、漢城期百済の領域は春川・洪川よりも西側であった。

拠点的直接支配にあった華城(馬霞里古墳群・吉城里土城)の後方(始興)に新たに拠点的直接支配地域が、また華城の斜め前方対岸(唐津)にも同様の拠点が生じる。このことから、推測の域を出ないが、現京畿道地域の西半は百済の直接支配に入った可能性もある。また、鎮川・曽坪はこの時期に至って百済の拠点的直接支配に入ったと考えられる。

(3) 4 世紀後葉～5 世紀前葉前半

漢江以北の抱川自作里遺跡からは、縄蓆文(平行)タタキ煮炊器、高杯、東晋製陶磁器片、北漢江上流の華川からは直口広肩壺などが出土するため、百済の領域拡大は前時期より北東へ進行した可能性が高い(図 176-2-3)。

4 世紀後葉から百済は中国陶磁器に代わる新たな威信財に冠・飾履・耳飾を使用し、地方有力者に賜与する装身具賜与体系が成立する。支配層が自らの威勢を可視的に示すために製作された装着用

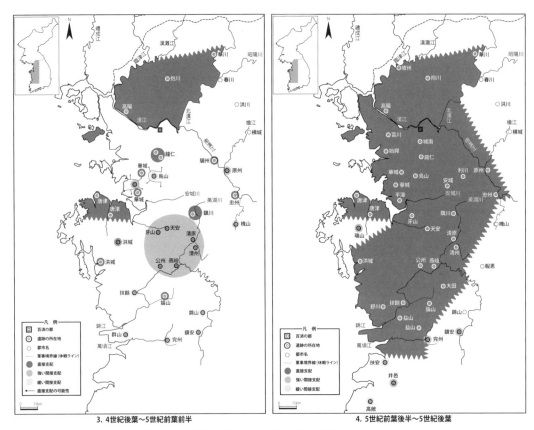

図 176-2 漢城期百済の領域拡大過程と支配方式の変遷2

装身具を始め、葬礼儀式の共有を象徴する金銅飾履を百済が地方へ賜与する目的は、王室が彼らとの上下関係を結び、地方支配の一端を担うためと理解されている（李漢祥 2009：165-166）。つまり装身具を媒介にし、百済が地方支配への足がかりまたは強化したと見なせる。このことから、漢江以北で威信財の装身具が出土しないことは、少なくとも4世紀後葉以前、すでに百済の直接支配が及んだ地域と理解できる。

以上を踏まえて漢江以南地域を概観する。この時期にも都城から近い京畿道全体はまだ直接支配に至らなかった。前時期に引き続き烏山水清洞古墳群では縄蓆文（平行）タタキ煮炊器は出土するが、周溝木棺墓を造営し、各地で出土する高杯・三足土器が確認されないため、緩い間接支配であった。また、華城料里遺跡木槨墓は墳丘墓から約20m離れた場所に造営され、地域伝統の格子タタキ煮炊器と共に冠・飾履・耳飾が出土することから、この地では強い間接支配であったと思われる。威信財の出現と既存墓制の解体は、百済の影響力行使の証明であり、この地の確保は百済にとって必要不可欠であった。

南漢江流域では出土遺物から驪州と忠州が拠点的直接支配、原州は前時期同様に拠点的な強い間接支配、槐山は百済土器と新羅・加耶（系）土器の共伴から、拠点的な緩い間接支配であったものと思われる。4世紀後葉から地方有力者の墓で横穴式石室の造営が始まるが、原州法泉里も例外ではない。横穴式石室の導入は従来の首長単葬から首長家族墓への変換を意味し、ひいては世襲制をうかがわせる。これは朴淳発（2001a：164）がいう土着の首長を共同体から分離させることにも相

通じる。また従来の墓に比べ築造費用が掛かる石室を造営した点も、相対的に被葬者の土着社会に対する支配力が強化された側面を垣間見ることができる。このように首長やその家族を巡る変化は、百済の介入によるもので、共同体から有力者を分離させ、土着社会の結束力を瓦解させる戦略の1つであったと考えられる（朴淳発 2001a：164）。以上を考慮すると、原州法泉里一帯は在地の連帯意識が強く、なかなか百済の意のままにならない状況であったため、百済が威信財を使って懐柔した戦略、もしくは中央から要求されたものへの対価であったと思われる。

西海に面した唐津では面的直接支配に移行し、中国陶磁器や百済土器が出土する洪城神衿城では拠点的直接支配を、同石宅里遺跡では拠点的間接支配を敷いた。[83]

この時期、錦江中流の燕岐と公州、美湖川中流の清原と清州、曲橋川中上流の牙山と天安一帯が強い間接支配であったことが、考古資料から読み取れる。このうち、天安、燕岐、公州から冠・飾履・耳飾などの威信財が出土する。天安龍院里古墳群から約6km離れた場所に龍院里に先行する周溝土壙墓群（清堂洞古墳群）が造営されるが、龍院里古墳群には周溝土壙墓はない。このことから、百済は既存の清堂洞勢力を解体し、新たに親百済勢力（龍院里勢力）の擁立もしくは親百済路線を採った既存勢力を間接支配下に置いたと思われる。これは公州水村里遺跡にもいえる。[84]

一方、清州新鳳洞古墳群から北へ約1kmの松節洞古墳群で新鳳洞に先行する周溝土壙墓6基、清原主城里古墳群から南へ約1.5kmの上坪里古墳群で主城里に先行する周溝土壙墓7基が確認されていることから、百済古墳群と百済土器の副葬は、百済が共同体から有力者を分離させ、土着社会の結束力の瓦解を図った結果と見ることができる。

論山は4世紀末から高杯や三足土器などの百済土器が墓に副葬されるため、拠点的直接支配の可能性がある。これは高杯や三足土器などの祭祀関連器種が、5世紀中・後葉以降公州・清州・清原・燕岐などの墓に副葬され始める点からもある程度推察できる。しかし、論山出土土器は中央とは異なる地域特有の形態のため、百済に同化（共鳴）した在地有力者を通じた直接支配と考えられる。

百済の強い間接支配および直接支配は、論山まで及んだが、その南方は緩い間接支配であったと思われる。

(4) 5世紀前葉後半〜5世紀後葉

百済はより一層漢江以南の地方編制に力を注ぐ（図176-2-4）。前時期に飾履・鐎斗・耳飾が出土した原州では、この時期に至り政治的威信財が見られなくなり、百済の直接支配に置かれたと推測できる。一方、地域の伝統を固持した烏山水清洞古墳群では、中国陶磁器（5世紀第2四半期）と灰青色硬質土器（直口短頸壺中心）が周溝を伴わない木棺墓から出土する点から、百済が陶磁器などを媒介にこの地域により強い間接支配への移行を図ったと理解できる。しかし中国陶磁器と共伴した土器の中に、硬質無文土器があり、5世紀中葉まで周溝土壙墓が造営されるため、烏山水清洞勢力の百済編入は、京畿道地域で最も遅い5世紀中葉以降と思われる。

忠清道では天安、瑞山、公州で威信財が出土する。そのうち唯一瑞山は在地の墓制である墳丘墓の造営を固執しつづけた地域であるため、百済の直接支配に属さなかったものと思われる。百済は5世紀前葉に台頭した富長里勢力に冠・耳飾・鐎斗・中国陶磁器を5世紀第3四半期頃に賜与し、この地域に対するより強い間接支配を行ったと見られる。

公州水村里遺跡では5世紀第1四半期〜第2四半期の3号石槨墓から飾履が、5世紀第2四半期

の4号横穴式石室から冠・飾履・耳飾・中国陶磁器などの威信財が出土するため、5世紀第2四半期までは前時期同様百済の強い間接支配を推察できる。しかし5世紀第2四半期〜第3四半期の5号横穴式石室になると、政治的威信財の副葬はなくなり、前時期にはなかった高杯・三足土器などの器種が共伴する。このことから、公州水村里での百済の直接支配は5世紀第3四半期頃と思われる。また同じく燕岐、清州、清原でも5世紀中・後葉以降、高杯・三足土器などの器種が副葬され、牙山や清州ではこれら百済土器の生産が始まる。

　天安は前時期とは異なり、中国陶磁器が威信財に確認できる。冠から中国陶磁器への政治的威信財の変化は、支配形態の移行と関連がある。前時期同様百済はこの地域を重要視していたことに変わりない。

　全羅道の状況を見ると、飾履が出土する高敞鳳徳里古墳群1号墳5号横穴式石室は、在地の墳丘墓内に築造された埋葬施設で、高敞在地の土器（透窓高杯）の副葬からも緩い間接支配である。続く1号墳4号竪穴式石室は先行する5号横穴式石室と同じ墳丘上に造営されたため、在地有力者の墓の可能性が高い。そして、出土土器は蓋杯だけで、高杯・三足土器などの器種が共伴しないことから、この地域は5世紀第3四半期まで緩い間接支配であったと思われる。

　益山笠店里古墳群では1号横穴式石室より先行する3・4号石室から三足土器、広口長頸壺などが出土するため、益山は5世紀中・後葉頃から百済の直接支配に置かれた可能性がある。このことから、威信財はすでに百済の直接支配が及んだ地域に下賜された場合もあることがわかる。

　全羅道鎮安、完州、井邑は強い間接支配[86]、扶安と高敞は緩い間接支配[87]であったと思われる。

6．装身具から見た百済と地方との関係

　百済は4世紀末以降、中国陶磁器に代わって冠、飾履などの装身具を地方有力者に賜与・下賜するようになる。そしてこの装身具[88]（冠、飾履）は文様による等級の位階があり、集団の規模や勢力によって差を付けたと見なせる（李漢祥 2009：159-161）。そのため装身具が確認できる華城料里、原州法泉里、天安龍院里[89]、瑞山富長里、燕岐羅城里、公州水村里、益山笠店里、高敞鳳徳里勢力は他の地域勢力より有力で、百済と政治的に強い紐帯関係を結んだと思われる（李漢祥 2009：159）。ここでは装身具に関する李漢祥の研究成果を基に、4世紀後葉から5世紀代の百済と地方有力者の関係を考察したい。

　装身具は原州法泉里、公州水村里、高敞鳳徳里で世代を超えた連続性が確認できる。また公州水村里、華城料里、益山笠店里では冠と飾履がセットで出土する一方、天安龍院里と瑞山富長里では冠だけが、その他の多くが飾履だけの副葬になる[90]。

　腐食して装身具の一部しか残らなかった場合もあるため、図177は主要文様だけを考慮して位階を区分した。その結果、4世紀後葉〜5世紀第1四半期の原州法泉里は、4世紀中葉の中国陶磁器に引き続いて飾履が出土することから、百済が最も重要視していた地域である。しかし5世紀第2四半期になると飾履の格が落ち、法泉里の代わりに公州水村里勢力に百済の関心が移る。5世紀第3四半期には、原州法泉里と水村里勢力は百済の直接支配に取り込まれるため、威信財はこの時期を境に出土しない。この時期、新たに瑞山富長里に百済の関心が移る。瑞山富長里は漢城が陥落する475年まで百済の直接支配に至らなかった地域であり、百済から賜与された冠を頭に着用せず、胸

に置いた点に、富長里勢力のわずかな抵抗を垣間見ることができそうである。

このように5世紀を前後して装身具が威信財に使用され始める理由には、中国陶磁器や鐎斗に比べ位階をより等級化できたためと思われる（李漢祥 2009：158-159）。これにより百済は地下資源や交通の要衝地を掌握する既存勢力や、未だ百済に属そうとしない既存勢力を懐柔する目的など、百済の最重要案件で賜与・下賜する装身具が決められていたと推測できる。直接支配に入った段階に下賜されたと見られる益山笠店里出土品(91)が、間接支配段階の装身具の位階よりも低い位置にあることは、すでに百済の直接支配が行き渡り始めた地域が、百済の最重要案件から除外されたことを意味すると思われる。

本章では百済漢城期の領域拡大過程を、考古資料で時期を把握した後、地下資源の確保という側面から考察した。また、考古資料の特性を通じ、百済の領域化の強弱を設定し、百済の地方支配方式を論じた。その結果、百済の領域拡大はおおよそ5つの画期があった。

第一の画期は、3世紀後葉～4世紀前葉である。百済は漢江以北を面的直接支配に置く一方、漢江以南は拠点的支配であった。この拠点的支配は都城との距離と関係がなく、地下資源の確保が重要視された。そして地方では威信財に黒色磨研土器が使用される。

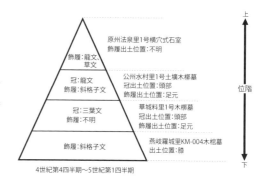

図177 漢城期百済における装身具の位階変遷

第二の画期は、威信財に中国陶磁器が使われる4世紀中葉が該当する。漢江以北は前時期同様面的直接支配であった。一方漢江以南でも前時期、同様拠点的支配であったが、その影響力は強さを増す。この時期唯一原州法泉里で中国陶磁器が出土するが、法泉里の勢力は南漢江中上流の忠州と蟾江上流の横城から産出する地下資源、そしてこれらの製品などの物流を掌握していた在地集団の可能性が高い。

第三の画期は、威信財に冠、飾履などが使われる4世紀後葉～5世紀前葉前半である。この時期には漢江以南の一部地域で面的支配の可能性を見出せるが、まだその大部分は拠点的支配であった。またこの拠点的支配は全羅北道にまで達し、百済の領域をより拡大する布石とした時期である。装身具の威信財は、原州、華城、天安、燕岐、公州で出土するが、このうち原州が前時期に引き続き百済が最も重要視した地域であった。

第四の画期は前時期に引き続き冠、飾履などの威信財が使われ、全羅北道高敞まで百済の影響力が及んだ5世紀前葉後半にあたる。前時期に比べ漢江以南の百済領域化は進んだが、烏山、燕岐、公州、大田地域の考古資料から見ると面的直接支配には至らなかったと思われる。

　第五の画期は5世紀中葉～後葉である。この時期に至り百済の領域化は一部地域（瑞山地域）を除き、北は華川、東は忠州、南は全州までの範囲を面的直接支配に置いたと考えられる。また威信財は前時期の原州や公州とは異なる地域で見られるようになる。このような威信財配布の変化は、地下資源や交通の要衝地を掌握した既存勢力や未だ百済に属さない既存勢力を懐柔する目的など、百済の最重要案件で装身具の種類と地域が決められた結果と推測できる。

　以上、百済の領域拡大過程は、従来考えられたような都城からの順次的な拡大ではなかった。また5世紀後葉に至っても百済は忠清道全体を面的直接支配に組み込めなかったことに留意する必要がある。そして威信財の出土は、百済による直接支配の証拠ではなく、百済と対等もしくはそれに準ずる既存勢力に対する対価・懐柔であったと思われる。

　最後に遺物・遺構で百済の領域化が完了した時期は、中央集権体制が確立した6世紀中葉以降になろう。

註
（1）ドイツ出身のフリードリッヒ・ラッツェル（Friedrich Ratzel：1844年～1904年）は、近代政治地理学の父とも呼ばれる。彼の地政学的思考は、当時ドイツが直面した状況に基づき作られた（李永炯 2006：29・37）。
（2）北は浿河（現黄海北道と黄海南道を流れる礼成江説と黄海北道猪灘説）に至り、南は熊川（現京畿道安城の安城川説と忠清南道公州の錦江説）を境にし、西は大海（現西海）に到達し、東は走壌（現江原道春川）に達する（梁起錫ほか 2008）。
（3）『後漢書』と『魏略』には目支国と記載される一方、『三国志』は月支国とする。文献史では主に目支国の表記を使用する。目支国は馬韓連盟体の盟主国と理解されており、その支配者は辰王である（姜鍾元 2012：15）。
（4）金成南（2006）によると、これは『三国史記』温祚王条の記事と馬韓服属記事を、古爾王（在位：234年～286年）または近肖古王（在位：346年～375年）時に起きた内容が遡ったことによるとする。また実際このような文献の解釈を裏づける物的証拠が未発見な点に言及している。
（5）本文に記した文献は、漢城期の比較的広い領域または全地域を論じたものを掲載した。一部地域もしくは遺跡に限定し百済の領域拡大過程を論議したものには、李瑉馥（2009）、李政昊（2011）、鄭載潤（2014）、林起煥（2014）、沈載淵（2014）、姜鍾元（2014）、徐賢珠（2014c）、趙詳紀（2015）、이계만（2015）などが挙げられる。
（6）金成南のモデルは、新羅史学での新羅の国家形成に関する2つのモデルを検討し補完したものである。付加説明をすると、A戦略は対外交渉権を媒介にした広域的な主導権（hegemony）掌握戦略で、その実行結果、周辺地域政治組織に対する政治的包摂と友好的経済交流の増加が予想できるとする。一方B戦略は、中心から外郭地域への服属戦略で、その実行結果、領域編入地域に対する急速な社会的再組織化が予想されるとする。
（7）濊とは濊（系）集団もしくは濊族をいい、漢城百済の基層文化を形成した集団のことを指す。濊は臨津江、北漢江、南漢江中上流を活動圏としていた（朴淳発 1996）。
（8）詳細は後述するが、成正鏞（2001）は日本統治時代に調査された『朝鮮鉱床調査報告』の砂金産地と百

済時代の考古資料を連繋させ、資源と地方の領域化の関係に注目した。また、李漢祥（2009：165）も 5 世紀を前後して成立した漢城期の装身具下賜体系は、4 世紀に形成された鉄素材貢納網が基盤になったとする。

(9) 耳飾は墓だけでなく住居や円形竪穴（例：華川原川里遺跡）からも出土することから、冠や飾履より威信財の性格が弱かった可能性が高い。ここでは耳飾単独での言及は避け、冠とセットの意味を付加する。

(10) 以下冠、飾履、耳飾、鐎斗を言及する際、材質は表記しない。

(11) 鐎斗中、唯一鉄製の瑞山富長里古墳群出土品は、百済製と思われる。

(12) 中国正史に収録された漢城期に該当する百済の朝貢は 28 回に上る（李晟準 2014：94-96）。正史に掲載されない非正式まで含めるとその数はもっと多かったと思われる。

(13) 『魏書』巻 100 列伝第 88 百済と『北史』巻 94 列伝第 82 百済には、延興 2 年（472 年）北魏の献文帝（在位：465 年〜471 年）が百済の朝貢に対する返礼として雑物を供与したとある。また百済には到達できなかったが、延興 5 年（475 年）北魏が使臣安などを派遣し、璽と書を百済蓋鹵王（在位：455 年〜475 年）に賜与しようとした事例もある（李晟準 2014：93-94）。

(14) 李晟準（2014：97-98）は、漢城期百済社会の中国陶磁器は中央と地方のすべてで稀少性の高かった奢侈性実用品であったと同時に、所有者の階層性を反映した身分徴的威信財であったとする。氏は風納土城や夢村土城での持続的な学術調査で集落遺跡中心の多様な考古資料が蓄積された反面、地方の遺跡は大部分が救済発掘調査であったことを指摘し、中央での中国陶磁器には奢侈品の性格が強く、地方では古墳で多く出土しているため身分象徴的威信財の性格が強かったという単純比較には多少無理があると言及する。氏の意見に共感する部分もあるが、発掘環境はどうであれ地方では古墳を中心に出土する現状で、地方での奢侈性実用品を証明する風納土城のような積極的な事例が見出せないため、地方では身分象徴的威信財の性格がより強かったと思われる。

(15) 日本のように平地に小さな穴を掘って煮炊器（軟質土器）を焼成する事例は、見つかっていない。井邑藍山遺跡 4 号竪穴内からは炭と焼土、長卵形土器（長胴甕）が残され（湖南文化財研究院 2013a）、野外焼成の可能性がある。

(16) 現時点で漢城期の横穴式石室は、地方でしか見られない。つまり中央の墓制には採用されていなかった。しかしソウル石村洞古墳群 4 号積石墓の場合、横穴式石室があった可能性があり、隣接する河南徳豊洞やソウル牛眠洞からも横穴式石室が確認されているため、中央での石室存在の可能性を排除できない（朴淳発 2007）。また、漢城期の横穴式石室は統一した形状を備えていないため、地方有力者がある程度の自律性を持って選択的に築造したと見られている（金起範 2002）。金起範は現状で中央では横穴式石室が未確認であるため、地方での横穴式石室の出現は中国の郡県解体で生じた移民（郡県民）の移動で、彼らが持っていた横穴式石室築造の知識を地方の首長が得た結果とする。

(17) 華川原川里遺跡の時期区分については再考の余地が多分にあるが、ここでは報告書の分岐に従った。

(18) 4 世紀代の華川原川里遺跡出土深鉢形土器中、硬質無文は 67 点、縄蓆文（平行）タタキは 37 点、格子タタキは 5 点であった。

(19) 5 世紀代の華川原川里遺跡出土深鉢形土器中、硬質無文は 22 点、縄蓆文（平行）タタキは 9 点、格子タタキは 1 点であった。

(20) 華城馬霞里古墳群出土深鉢形土器中、縄蓆文（平行）タタキは 127 点、格子タタキは 3 点であった。

(21) 華城石隅里モクシル（먹실）遺跡出土煮炊器中、縄蓆文（平行）タタキは 55 点、格子タタキは 8 点であった。

(22) 忠州金陵洞遺跡出土深鉢形土器中、硬質無文は 62 点、縄蓆文（平行）タタキは 17 点、格子タタキは 14 点であった。

(23) 忠州塔坪里遺跡出土深鉢形土器中、縄蓆文（平行）タタキは 16 点、格子タタキは 12 点であった。

(24) 牙山松村里遺跡出土煮炊器中、格子タタキは 9 点、縄蓆文（平行）タタキは 4 点、硬質無文は 2 点であっ

(25) 牙山草沙里遺跡出土煮炊器中、縄蓆文（平行）タタキは6点、硬質無文は2点、格子タタキは1点であった。
(26) 天安清堂里遺跡出土鉢は、19点すべて硬質無文であった。
(27) 清州松節洞遺跡出土煮炊器中、格子タタキは10点、硬質無文は2点であった。
(28) 大田龍渓洞遺跡出土深鉢形土器中、格子タタキは40点、硬質無文は3点、縄蓆文（平行）タタキは2点であった。
(29) 大田伏龍洞堂山マウル遺跡出土深鉢形土器中、格子タタキは60点、縄蓆文（平行）タタキは4点であった。
(30) 瑞山富長里遺跡出土煮炊器中、縄蓆文（平行）タタキは29点、格子タタキは22点であった。
(31) 群山余方里藍田貝塚（21層～7層）出土煮炊器中、格子タタキは348点、硬質無文は27点、縄蓆文（平行）タタキは10点であった。
(32) 群山余方里藍田貝塚（6層～2層）出土煮炊器中、格子タタキは102点、縄蓆文（平行）タタキは20点、硬質無文は2点であった。
(33) 全州松川洞遺跡出土煮炊器中、格子タタキは32点、縄蓆文（平行）タタキは2点であった。
(34) 全州長洞遺跡出土煮炊器中、縄蓆文（平行）タタキは12点、格子タタキは10点であった。
(35) 高敞石橋里遺跡出土深鉢形土器中、縄蓆文（平行）タタキは5点、格子タタキは4点であった。
(36) 華城は3世紀末～4世紀にはすでに縄蓆文（平行）タタキが高い比率を見せる。この地域はすでに百済と同一の文化圏を形成していた可能性が高い。
(37) 図の製鉄遺跡は製錬と精錬、また分析結果その可能性があるものだけを示した。これには金権一（2012）の論文を参考にした。製鉄遺跡の年代は、遺物がほぼ出土しないため、各報告書などを基に作成した。
(38) 忠州の製鉄に関連する文献は、『高麗史』巻56志10地理1（1255年）や『世宗実録』巻149地理志（1454年）に見られる。
(39) 表示した清原蓮堤里遺跡は、報告書名"蓮提里"となっているが、"蓮堤里"の誤表記である。
(40) 特に朝鮮総督府によって発刊された『朝鮮鉱床調査報告』（1913年～1929年）は、綿密な踏査と地質分析などにより朝鮮半島を網羅した詳細な報告書となっている。
(41) 韓国地質資源研究院のウェブサイトで鉄や銅、マンガンなどの地球化学図が閲覧できる。
(42) 槐山、曽坪、鎮川からは4世紀～5世紀代の新羅・加耶土器が出土した。
(43) 成正鏞（2012）は山城の築造時期を出土土器から4世紀前葉～中葉頃とする。
(44) 住居が窯に付属する工房跡なのかは報告者も言及を避けている。
(45) 出土深鉢形土器は在地の器形を継承するため、百済系の土器生産には地方の工人が参加したと推察できる。
(46) 『朝鮮鉱産地』鎮川郡には、鎮川で砂金が約11か所あるとの記述が見られる。
(47) 吉城里土城は一部城壁が住居と堅穴に切られる。これら前後関係が明らかとなった遺構からは4世紀中・後葉以降の百済土器が見られないため、城壁を4世紀前葉、城壁を削平して造営された住居は4世紀中葉とした。
(48) 烏山水清洞古墳群5-5地点12号土壙墓出土品（図172-17）を、李昶燁（2012）と薛銀珠（2012b）は5世紀前葉に設定しており、筆者の年代観と相当な差が見られる。深鉢形土器の型式学的変遷と共伴した壺片（金成南（2001）の編年を利用）から筆者は4世紀前葉とした。
(49) 『林園経済志』による（李晟準 2014：23）。
(50) 韓国地質資源研究院の資料では、原州は鉄含有量が75％～95％、遺跡が位置する佳谷里は95％～99％と突出して高いとある。
(51) ただし、烏山水清洞古墳群出土品は他の縄蓆文（平行）タタキの器形に比べてまだ在地の地域色が残る。

(52) 忠州では4世紀中葉に該当する遺跡を確認できないが、4世紀後葉以後も百済と関連する遺物が出土するため、4世紀中葉も忠州は百済との関連性が見られると想定した。
(53) 報告書（中原文化財研究院 2014）は4号住居出土品を4世紀中・後葉としている。筆者は4号住居より後出する3号住居出土品中に5世紀前葉の嶺南地域から出土する直口壺があることを第3章で言及した。そのため4号住居を暫定的に4世紀中・後葉とした。
(54) 扶安竹幕洞遺跡でも百済土器が出土するが、倭、加耶などの諸国も航海の安全を祈願した祭祀遺跡であるため、扶安一帯における百済の影響力行使は5世紀前葉後半以降と思われる。
(55) 図174-1〜4に示した華川原川里遺跡33号住居は出土土器から4世紀中葉〜5世紀初（姜世鎬 2013）と5世紀前葉（韓志仙 2013a）、出土馬具から4世紀末〜5世紀初（權度希 2013）の年代が与えられている。出土遺物の中で黒色磨研直口広肩壺は、3世紀第4四半期〜4世紀前葉のソウル可楽洞古墳群2号墳出土品と文様構成と器形が類似していることと、4世紀末〜5世紀初の天安龍院里古墳群9号石槨墓出土品より先行することが型式学的にも明らかなため、4世紀後葉に比定できる。
　また姜世鎬の土器編年によると、百済と関連がある黒色磨研土器や縄蓆文（平行）タタキ煮炊器の初現は4世紀初〜中葉とするが、筆者は上記の黒色磨研直口広肩壺の年代から、この地域への百済の影響力は4世紀後葉と解釈した。
(56) 華川は鉄（『世宗実録』地理志狼川県）が特産物として、金・砂金（『朝鮮鉱産地』）の記述も見られる。また、水運を利用できる周辺地域（楊口・金化）からも文献から金・銀・鉄が産出するとある。
(57) 韓国地質資源研究院の資料では、桂城川の河口にある原川里遺跡の上流約8 kmの位置に鉄含有量が95%〜99%と高い地域がある。
(58) 冠は冠帽の一部だけが出土している。
(59) 図174-39は、報告書の図面を筆者が改変したものである。
(60) このとき粘土は横架木をすべて覆っていなかったと思われる。そして、木棺は床板を2枚敷き、長壁面の付近に側板を立て短板と結構させたものである（李弘鍾ほか 2015）。
(61) 龍文透彫帯金具は百済地域で初めて発見され、類似する例は新羅や日本で確認されている（李弘鍾ほか 2015）。
(62) 報告者（李弘鍾ほか 2015）は飾履は片方の底板と側板が一部しかないため、未完成品を副葬したと見ている。飾履が片方しかなかったにせよ、底板1枚と側板1枚の残存で未完成品を副葬したとは短絡的すぎる感がある。ここでは報告書の記載とは異なり、完成品の飾履が片方被葬者の膝付近に置かれていたと考えたい。
(63) 飾履が片方しかない点から、賜輿品の分輿が行われた可能性を報告者（李弘鍾ほか 2015）は指摘した。
(64) 美湖川の鎮川、清原、清州と錦江上流の錦山などから運ばれた物資は、美湖川と錦江の合流付近に造成された燕岐羅城里遺跡に一旦集積されたと見られる。今でいう物流拠点であった。羅城里遺跡は道路網を構築した後、溝で区画された建物跡、掘立柱建物跡、竪穴式住居などの生活空間、窯跡などの生産空間、祭祀空間、墓域などで構成され、漢城期の一般的な集落跡とは異なる都市という概念を備えた様相を見せる（李弘鍾 2014、李弘鍾ほか 2015）。
(65) 被葬者は羅城里に駐屯しながらそれら物資を嶺南もしくは日本に中継する役割を担ったと思われる。それは羅城里や松院里での加耶（系）土器や、清州での須恵器の出土からもある程度推察できる。
(66) 2014年の追加の発掘調査でも数基の墳丘墓が調査された。そして周溝を伴わない単独土壙墓や甕棺墓などを含めるとその数は約170基に上る。周溝土壙墓および土壙墓の年代は正式な報告書が未完のため、詳細は不明だが、中心年代は4世紀代と思われる。
(67) ここでは全州として扱う。
(68) 韓国地質資源研究院の資料では、天安、槐山、清原、清州、錦山、神衿城から南へ約2 kmの地点の鉄含有量は75%〜95%と高い。一方、上雲里遺跡から約4 km西に鉄含有量が95%〜99%と高い地域がある。

現在全羅北道では金の採掘は行われていない。

(69) 『太宗実録』によると朝鮮時代太宗7年(1407年)、鉄場を設置し百姓を募集し鉄を精錬させ国用に使ったとある。

(70) 益山笠店里古墳群1号横穴式石室出土装身具の時期を李漢祥(2009：103)は、漢城期(5世紀第3四半期)と見る。しかし共伴土器に熊津期(5世紀第4四半期)のものがあるため、李漢祥の年代観を支持した場合、漢城期百済から下賜された威信財を熊津期に埋納したことになる。ここでは漢城期に遡る可能性がある威信財が出土した益山笠店里古墳群1号墓を一部漢城期の範囲と見なして論旨を展開する。

(71) 租税を集積・保管し、これらを中央に輸送するために河辺に設置した倉庫およびこれらを担当した機関で、税穀の収納・保管・運送を担った。

(72) 熊淵湾は全羅北道の扶安郡と高敞郡の間に位置し、現在漁業と天日製塩が行われている。

(73) 法聖浦とは全羅南道霊光郡法聖面の海岸に位置する浦口をいう。ここには朝鮮時代全羅道15地域の税穀を中央に納めるための法聖浦倉が設置された(崔完基 1994：526)。

(74) 高敞一帯は前方後円墳、須恵器などの倭(系)考古資料が出土するため、倭人社会交渉の重要な拠点の1つであったと思われる。だからこそ百済も重要視した拠点の1つであった。

(75) 韓国地質資源研究院の資料によると瑞山や益山、扶安、井邑、高敞などは広範囲にわたって鉄含有量が75%～95%と高いことがわかる。また土田定(1944：95)は朝鮮半島の鉱床中特に重要なものに、瑞山地域を挙げる。

(76) これがわかる事例に3世紀の扶餘が挙げられる。この時期扶餘は四方2千里に戸が8万であった。この領域は国王の直轄地と中央の有力勢力が主管する四出道地域に分けられていたため、国王の直轄地は直接支配、中央の有力勢力が主管する四出道地域は間接支配になる。この文献史の定義は考古学的な証明が非常に難しい。

(77) 強い間接支配の対義語は、弱い関節支配になろうが、在地人の自由度をより尊重し、中央が支配への道のりを模索する段階として緩いという語を使用する。

(78) 漢江以北にはこの時期に該当する墓(葺石式積石墓)がよくわかっていないため、果たしてこの一帯を直接支配していたのか疑問も残る。しかし、遺跡の分布状況と4世紀前葉に築城されたと思われる坡州六渓土城が高句麗による楽浪滅亡時期(313年)と関連があると推察できるため、坡州六渓土城は対高句麗防衛で築造されたと理解できる。このような状況からおそらく臨津川以南は百済の支配領域に入っていたと考えうる。

(79) 都城でも5世紀初頭まで原三国時代以来の硬質無文土器を使用していたことから(地方製品の搬入品という考えもできる)、地方での百済土器と硬質無文土器の共伴は、百済の間接支配の証拠にはならない。ただし、5世紀前葉以降都城では硬質無文土器が出土しないことから、この時期以降も地方で硬質無文土器が出土する場合は、在地の影響力が強かったと思われる。

(80) この時期、華城馬霞里古墳群を百済の直接支配の範囲であったとする見解(朴淳発 2007)と、4世紀中期百済に服属したが、その支配方式を間接支配の範疇に置く見解(金成南 2006)とに分かれる。金成南はよくはわからないとしつつも間接支配と言及しているが、その内容は「服属地の支配基盤を認め、定期的な貢納と服属儀礼を守らせたり、自治を許容する代わりに有力勢力に対する一定の再編を経た。」水準であったとする。一方、筆者は華城馬霞里古墳群を百済の直接的影響圏であったと見ている。華城を含む現京畿道一帯は馬韓の周溝土壙墓を造営していた。それが突如3世紀後葉、華城馬霞里で木棺(槨)墓群が出現し、以後その墓域内で木棺(槨)墓群-石槨墓群-横穴式石室という変遷が見られることは、外部の影響なしでは到底考えられない。このように最も保守的な墓制の変化は、その社会構造にもある種の変化があったと理解すべきである。そして華城馬霞里古墳群からは縄蓆文(平行)タタキ煮炊器を始めとした百済土器が出土することから、百済の直接支配にあったと考えられる。

(81) 抱川と華川の間は山脈が形成され、百済がこの一帯を勢力に置いた証拠はまだ発見されていない。百済

はこの山脈を避けて川伝いに華川に進出したと思われるが、図の性格上抱川と華川を繋げる形で作成した。
(82) 華城料里古墳群は、吉城里土城から南に下った稜線の頂上部に造営されている。
(83) 洪城石宅里遺跡の黒色磨研土器は、3世紀中・後半～4世紀前半の環濠集落廃棄後に造営された4基の土壙墓から出土した。この土壙墓群から約25m離れた場所に土壙墓群と同時期の周溝土壙墓が位置することから、この地域はまだ百済の直接支配には入っていなかったと思われる。
(84) 公州水村里遺跡から北へ約7kmの長院里古墳群で水村里に先行する周溝土壙墓20基が確認された。
(85) 威信財には2つの側面があり、公州水村里のように間接支配を目的とした贈与威信財と、益山笠店里のようにすでに直接支配下の有力者に下賜する威信財があったと考えられる。
(86) 鎮安臥亭遺跡4号住居からは百済土器と共に加耶（系）土器が出土した。完州上雲里遺跡では在地の墳丘墓から百済土器が、井邑五亭遺跡住居からは硬質土器や縄蓆文（平行）タタキ深鉢形土器が出土したが、多数が在地の煮炊器であるため、強い間接支配段階と考えた。
(87) 扶安白山城では環濠と見られる溝状遺構が確認されたが、時期が明確ではない。また白山頂上部の住居からは在地の煮炊器が多数出土するため、緩い間接支配段階とした。
(88) 百済の耳飾は新羅のものに比べて単純なため、位階の設定には適さない。
(89) 天安龍院里古墳群9号石槨墓出土からは冠帽の装飾金具だけが出土しており、文様による位階の区別はできないため、図からは除外した。
(90) どちらか一方だけが副葬された状況は、果たして当時のままと考えてよいのだろうか。腐食して一部しか残存しない装身具もあるため、セット関係には注意を要する。
(91) 益山笠店里出土品を変形金銅冠と見なし、地方有力者が既存の冠を模倣して製作（百済中央の黙認の下）したとする見解（姜元杓 2011）がある。

終　章　本書の総括と百済土器編年の意義

　百済土器は時期によって形態、装飾などに差が見られるため、これらを編年での重要な指標として活用してきた。土器の諸特徴（属性）で分類した型式で時間的位置を把握する相対編年が一般的に行われているが、設定した各型式の時間性を暦年代で検討し付与する必要がある。現在百済考古学は百済が国家として登場した時点を3世紀中・後葉としている。この時期設定は、炭素14年代測定値と中国陶磁器（器物）またはこれを模倣した新しい器種を指標としている。相対編年は考古学の調査や研究の基礎となるものだが、前後関係が判明したにすぎず、上記のように暦年代に近づける努力をすべきである。

　本研究の目的は、型式学的な分類に偏った百済土器研究、根拠のない編年を問題視し、多様な年代決定資料を活用してより明確で客観的な編年の樹立を行ったものである。その過程を最後にいま一度整理しておきたい。

　まず第1章では、百済土器編年の基礎段階として、百済土器の定義、検討対象の時空間的範囲、年代法、土器分類体系、百済土器の器種を整理・検討した。

　つづく第2章では百済土器編年の研究現況を把握した後、問題点を提起した。この問題で扱ったのが、中国陶磁器の伝世である。果たして中国陶磁器が百済土器ひいては百済考古学の年代決定資料として活用できるのかどうか検討を行った。百済出土中国陶磁器は、中国の紀年銘資料との交差年代から時期比定が可能であるため、百済考古学では最も信頼できる年代決定資料として利用されてきた経緯を持つ。しかし2000年代中頃から中国陶磁器の伝世論が提起され、現在、伝世を主張する立場と否定する立場が対立している。筆者は百済の周辺国である古代中国と日本の伝世事例を照査した後、百済での中国陶磁器の出土状況や伝世の根拠を再確認し、中国陶磁器に対する百済人の態度や認識を考察した。中国と日本の伝世事例を概観した結果、以下のことを確認した。

- 伝世の主体者は個人から集団まで幅広く認められる。
- 伝世品は当時の社会において貴重品（稀少品）、祭器などが主にその対象になった。
- 貴重品などを含めた伝世品を所蔵するための場所が別に設けられる。
- 伝世の事例は、製作後1世代（約50年）以上にわたり使用・保管され、その後副葬または埋納を経た伝世品と、過去の一時点から現在までの伝世品が確認できる。
- 一般的に個人への帰属性が高いとされる器物は、集団もしくは階層に帰属した場合に伝世される。

　中国と日本で伝世した器物は、当時の貴重品（稀少品）、祭器などがその対象であったが、陶磁器が実用品であった中国では伝世品となりえなかった器物である。しかし朝鮮半島の三国では陶磁器を生産できなかったため、中国から輸入した貴重な器物という認識が、陶磁器伝世論の基層にはあっ

た。しかし百済出土中国陶磁器は古墳埋葬主体部の完形品以外にも、貯蔵穴、城壁土層、墳丘墓の周溝、集落遺跡などで破片の状態で確認されている。これは陶磁器が倉庫などで保管された貴重品ではなく、中国同様実用品としての使用状況を反映するものである。特にソウルの都城で突出する量と使用状況から都人は中国陶磁器を奢侈性実用品として扱っていた。

また伝世論者が時間差（伝世）の根拠とした中国陶磁器と馬具の時期差は、伝世論者が使用する新羅・加耶の馬具編年ではあるが、百済の馬具研究で導き出された編年では伝世を考えなければならないほどの差はなかった。

伝世論者が引用する新羅・加耶の馬具編年との交差年代で議論したものではなく、百済の馬具研究で導き出された編年で伝世の有無を確認したのだが、伝世といえるほどの時期差はなかった。

百済出土中国陶磁器は考古資料において伝世が認められる時間差はもちろん、中国陶磁器の出土状況、数量、朝貢数などから伝世を積極的に支持する根拠は何ひとつなかった。しかし地方における中国陶磁器は、出土状況から身分象徴的威信財の性格が強かったと思われ、今後伝世した事例が確認されることも十分起こりうる。いずれにしても現状において百済考古学の年代決定資料として中国陶磁器を活用することに何ら問題はないという結論を導き出すに至った。

第3章は百済土器と共伴する年代決定資料を検討した。これは百済土器の各型式の前後関係と時期を設定するための事前作業といえる。まず年代決定資料を選定・整理し、これらの時期を比定・検討した。選定した年代決定資料は、中国陶磁器、日本出土百済（系）土器、百済出土倭（系）遺物、百済出土新羅・加耶（系）土器、新羅・加耶出土百済（系）土器である。百済考古学の交差年代資料として最も価値（活用度）が高い文物は、中国本土の紀年銘墓出土品などを通じて交差年代が可能な中国陶磁器である。

その次は日本の編年を利用した日本出土百済（系）土器と百済出土倭（系）遺物である。新羅・加耶（系）土器については研究者により年代観に著しい違いがあるため、他の年代決定資料に比べ活用度が落ちることは否めないが、百済土器の編年体系が未だ確立していない現時点において、編年の根拠となるその他年代決定資料の間隙を埋め、百済・新羅・加耶土器の併行関係を設定する基礎的な作業になる。これら年代決定資料を活用することにより、東アジアを包括した百済考古学の時間軸の土台が整うことになった。そしてこのような交差年代から得られた時期に従って配列される百済土器の時間的順序を通じて百済土器の型式学的変遷はもとより、先行の百済土器研究成果の是非を追証できた。

第3章第1節は百済土器と共伴した中国陶磁器中、羊形器を除いた器種の年代を検討した。そして、紀年銘出土品との1対1での比較検討による時期比定が行われてきた先行研究とは異なり、中国本土出土品の全体的な変遷を考慮して、百済から出土した陶磁器の時期を設定した。その結果、中国陶磁器の時間配列と金工品の型式変化の順序がおおよそ一致することを確認できた。これは百済から出土する中国陶磁器が百済考古学における時期決定時、重要な根拠として活用できることを意味している。また、中国陶磁器と共伴した直口広肩壺、直口短頸壺、広口長頸壺、盒（広口短頸壺）、深鉢形土器、高杯、短頸瓶、蓋杯などを陶磁器の時期ごとに配列し、そこから導き出される変遷様相を考察した。

第3章第2節では日本出土百済（系）土器と百済出土倭（系）遺物を対象にした。日本出土百済（系）土器は各器種を集成し、共伴遺物から時期を追跡し変遷様相を考察した。そして百済土器との

対比を行い故地を比定した。約18器種に対する検討を行った結果、高杯、三足土器、四足土器の杯部の器高が時間の経過と共に低くなることを確認した。また共伴した須恵器の年代を基に配列した短頸瓶の変遷は筆者の研究とも一致していた。日本で出土する百済（系）土器の上限は、百済出土品と併行もしくは多少後出することは明確なため、百済の各器種の上限を知る上でも参考になる。

百済出土倭（系）遺物は土製品（土師器・須恵器・埴輪）と鉄製品（甲冑・鉄鏃・鉄鉾）が対象となった。これらを集成し、日本出土品との交差年代により時期を比定した。そして倭（系）遺物と共伴した百済土器の時期的位置と変遷を考察した。倭（系）遺物と共伴した高杯、杯身、短頸瓶、外反口縁小壺（節腹壺）などを時期ごとに配列し、そこから導き出される変遷様相を考察した。また時期ごとに日本から搬入された器種に差があることも判明した。

第3章第3節は百済出土新羅・加耶（系）土器と新羅・加耶出土百済（系）土器を集成し、新羅・加耶土器との交差年代により時期を比定した。そして新羅・加耶（系）土器と共伴した百済土器の時期的位置と変遷を考察した。その結果、短頸瓶、高杯、三足土器、蓋杯、深鉢形土器、直口短頸壺、泗沘期の土器などの変遷を把握できた。これらの変遷は先行研究とある程度一致することがわかった。これは新羅・加耶の編年が百済考古学の年代決定資料として活用できることを意味する。新羅・加耶考古学と百済考古学の編年観には少なからず差があるが、日本の編年観も反映させた新羅・加耶土器の研究を交差年代的に検討すると、このような乖離が解消する。

そしてこれら外来遺物の様相との併行関係を第3章第4節で確認した。漢城期・熊津期では、中国陶磁器はソウル（都城）、倭（系）遺物は忠清北道と全羅北道、新羅・加耶（系）土器は全羅北道となり、地域によりこれら外来遺物の出土様相は異なることがわかった。しかし、泗沘期になるとこれらは扶餘（都城）に集中する。これは律令に基づく国家統治体制が組織化したことと関連づけた。

第4章では百済の国家成立以前に出現し、以後百済の主要な器種として集落遺跡はもちろん墳墓遺跡でも確認される煮炊器、百済国家形成期に出現した漢城様式百済土器と、泗沘期に高句麗土器の影響により新しく登場した泗沘様式百済土器の成立および展開について考察した。

第4章第1節は煮炊器である深鉢形土器、長卵形土器、甑を地域ごとタタキメ別（縄蓆文（平行）タタキと格子タタキ）に分け、上記の年代決定資料を年代観に反映させてその変遷を見た。その結果、先行研究で主に行われてきた口縁部の形状に依存した変遷からは知られなかった器形の変化を把握できた。漢城の深鉢形土器の場合、底径と口径が小さい細長い器形から底径と口径が大きく比較的安定感のある器形へ変遷することがわかった。

一方、その他地域の深鉢形土器の場合、口径に比べ底径が極端に小さい器形から、口径と底径の差がほとんどなく底部が比較的広く安定した器形へ変わる。また地域に関わらず大型から小型主流へと変遷することがわかった。長卵形土器は胴部最大径の位置が上位から中位に、底部は尖底から丸底に、器形は大型から小型へ時間の経過と共に変化することを把握した。甑は底部が丸底から平底へ、蒸気孔が円孔を多数穿孔するものから、中央に円孔を設けその周辺に円形・三角形などを穿つものへ、把手が棒形→牛角形→帯状へ、把手の穿孔形状が無穿孔→穿孔→把手の上面に切り込みを入れるものへの変化を確認した。

また煮炊器の器形には地域別に差があった。その中でも錦江以南（一部対岸も含む）出土深鉢形土器は細長い器形に短く外反した口縁部、長卵形土器は胴部から直ちに外反する短い口縁部、甑は

縦に長い胴部に直立した口縁部を取り付けた器形が特徴である。このような地域固有の器形は、百済の領域拡大過程に伴い次第に消滅していった。また百済の領域拡大により格子タタキの器形が縄席文（平行）タタキ化し、その後製作されなくなることを再確認した。

　第4章第2節は漢城様式土器中、直口広肩壺、直口短頸壺、高杯、三足土器、杯身、短頸瓶、広口長頸壺の編年構築のため、時間と関連がある計測的属性と形質的属性を分析し、各形質的属性の組み合わせによる型式設定を行った。そして第3章で検討した年代決定資料と共伴した型式を中心に、編年を提示した。その結果、最も時期が早い百済土器は3世紀第4四半期〜4世紀第1四半期の直口広肩壺であり、漢城期に限定される。続く直口短頸壺の上限は4世紀前葉であるが、中国陶磁器との対比で直口広肩壺の上限まで遡る可能性がある。高杯、三足土器、杯身は4世紀第3四半期に出現したが、盛行は4世紀第4四半期になる。短頸瓶は漢城様式土器中、最も遅い5世紀第1四半期に出現した。直口短頸壺、三足土器、杯身、短頸瓶は百済滅亡の7世紀第3四半期まで存続したが、高杯は泗沘期以降見られなくなるため、7世紀のある時点を下限とした。広口長頸壺は4世紀第4四半期に出現し、6世紀代（熊津期）まで存続した。

　第4章第3節は泗沘様式土器中、高句麗土器との比較が可能な鍔付土器、帯状把手付洗、帯状把手付壺を選定し、前出する高句麗土器と後出する羅末麗初〜高麗時代の土器と対比させることにより、各器種の相対的変遷を把握した。また泗沘様式土器で観察できる高句麗的要素とその成立の背景について論じた。高句麗土器の影響を受けて6世紀前葉の泗沘様式土器の成立には、高句麗土器工人の泗沘（扶餘）地域への移住と、高句麗土器製作に携わった百済工人の存在があった。高句麗からの移住者は泗沘地域の開発に従事し、彼らの離脱防止と懐柔、そして百済に対する帰属感を高める目的で、扶餘起源の出自観を強調した国号（南扶餘）の改称と、仇台廟建設を行った。

　第5章は東アジア的視点で組み立てた上記の編年を基に、百済漢城期の領域がどのように拡大していくかを考察した。その結果、百済の領域拡大は少なくとも5つの画期があったことを論じた。百済の領域拡大は時期が下るにつれ面的直接支配の範囲は広がっていったが、都城から順次的に拡大したものではなく、地下資源や交通上の要衝地を確保する拠点的支配が行われたことを明らかにした。そして、その拠点的支配地域の中でも百済が最重要視した既存勢力に対する対価や、百済の直接支配に入ろうとしない既存勢力を懐柔する目的などに、威信財が配布されたことを考察した。

　以上、主要百済土器の変遷を整理すると図178・179(1)になる。直口広肩壺、直口短頸壺、有肩壺、外反口縁小壺、高杯、三足土器、短頸瓶、台付盌、硯の出現は中国や楽浪の器物と関連があるが、各器種ごと受容時期が異なっていた。また、すべての百済土器の器種が百済の成立と共に出現したものではない。漢城様式土器は、5世紀第1四半期に出現する短頸瓶が備わることで完成する。一方、泗沘遷都前後頃に、高句麗土器の影響を受けて泗沘様式土器が登場するが、漢城様式土器の一部（直口短頸壺、外反口縁小壺、高杯、三足土器、杯身、短頸瓶）は泗沘期まで存続する。泗沘様式土器も器種によって時期差があることと、積極的な外来器物の模倣は、躍動する百済社会を反映しているのかもしれない。

　これまでの百済土器編年は明確な時期提示がない型式分類による相対編年が大部分であった。本書ではこれを克服するため、百済土器編年の基準となる年代決定資料の検討に重点を置き、年代決定資料と共伴した型式を通じて百済主要器種の編年を行った。この土器編年と年代決定資料は百済考古学はもちろん、東アジアの考古学にとって有効と考える。今後も百済で出土する年代決定資料

終　章　本書の総括と百済土器編年の意義　361

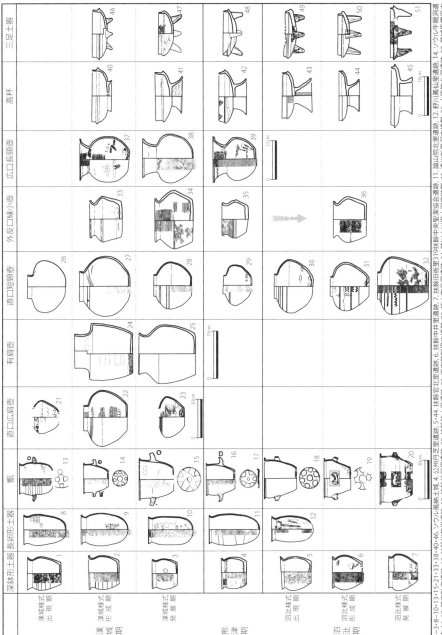

図 178　主要百済土器の変遷 1

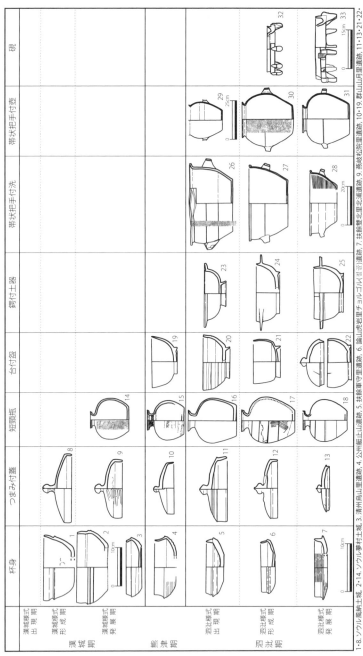

図179 主要百済土器の変遷2

(1・3〜7：S＝1/8、2・8〜25：S＝1/10、32・33：S＝1/15、26〜28：S＝1/20、その他：S＝1/25)

に注目し、継続的な検討を行うことによって、百済考古学の時間軸は確固としたものになるだろう。

　最後に倭王権は、対外的に密接であった百済との関係なしではその全貌を語れない。倭王権と百済との関係は『日本書紀』神功皇后 47 年、百済王が久氐・弥州流・莫古を倭王に派遣する記事から見られる。神功皇后 49 年には百済の使者久氐らが倭の援軍を得て新羅などを撃つ軍事協力関係、王仁が携えてきた論語・千文字、縫衣工女、仏教伝来、瓦博士等の派遣は技術・文化協力関係といえる。この二国の関係は百済滅亡 3 年後の白村江の戦いでも如実に現れる。倭と百済復興軍は唐・新羅連合軍に敗れはしたが、倭が百済の再興を願う想いは友好という言葉では表現しつくせない深さがある。二国の関係は史料だけでなく、考古資料にも反映されている。倭王の埋葬主体部が竪穴式石室から横穴式石室に推移する契機となる畿内横穴式石室の初現は大阪高井田山古墳であり、形状的に百済との関係性が指摘されている（一瀬 2005：61-67）。また主要な古墳副葬品である金工品も倭と百済の技術的関連性が想定されている（土屋 2013・2015）。百済からの瓦生産、造寺・仏像、伎楽舞、牛乳（当時は薬として）などの伝来品・技術は多岐に及ぶ。これら倭王権や倭社会に対する真の理解のためには、百済史・百済考古学への関心と研究は必要不可欠であり、時間設定の基準となる百済土器は、まさに三国時代（百済）と古墳時代の根幹となる研究である。

註
（1）図で使用した土器の大部分は前出の図と同様なため、ここでは出典と遺構名などの詳細な表記は省略した。

引 用 文 献

史料

『周礼』、『春秋左伝』、『史記』、『漢書』、『後漢書』、『西京雑記』、『三国志』、『晋書』、『北史』、『隋書』、『史記集解』、『三国史記』、『広開土王碑（好太王碑）』、『高麗史』、『太宗実録』、『世宗実録』地理志、『経国大典』、『大東輿地図』、『大東地志』、『林園経済志』、『日本書紀』、『続日本紀』

韓国・朝鮮語（論著）―カナダ順

〔ㄱ〕

姜世鎬　2013　「華川 原川里遺蹟 出土 土器에 대하여」『華川 原川里遺蹟』濊貊文化財研究院

姜元杓　2001　『百済 三足土器의 拡散과 消滅過程 研究』高麗大学高校大学院碩士学位論文

姜元杓　2011　「百済 金銅冠의 製作과 賜與에 대한 一考察」『百済의 冠』国立公州博物館

姜仁求　1973　「錦山의 古墳과 土器類」『百済研究』第4輯、忠南大学校百済研究所

姜鍾元　2012　『百済 国家権力의 拡散과 地方』書景文化社

姜鍾元　2014　「百済의 西南方面 進出―文献史的側面」『近肖古王 때 百済의 領土는 어디까지였나』漢城百済博物館

京畿道博物館　2006　『漢城百済』

高久健二　1995　『楽浪古墳文化研究』学研文化社

高田貫太　2014　「5, 6世紀 韓半島 西南部「倭系 古墳」의 造営 背景」『栄山江流域 古墳 土木技術의 旅程과 時間을 찾아서』（2014年 下半期 国際学術大会）、大韓文化財研究院

郭明淑　2014　「全南地域 住居址 出土 深鉢土器」『湖南考古学報』第47輯、湖南考古学会

郭長根　1999　『湖南 東部地域 石槨墓 研究』書景文化社

国立慶州博物館　2001　『新羅黄金』

国立公州博物館　2001　『百済 斯麻王』

国立公州博物館　1999a　『日本所在 百済文化財 調査報告書Ⅰ―近畿地方―』

国立公州博物館　2000　『日本所在 百済文化財 調査報告書Ⅱ―九州地方―』

国立公州博物館　2002　『日本所在 百済文化財 調査報告書Ⅲ―近畿地方―』

国立公州博物館　2004　『日本所在 百済文化財 調査報告書Ⅳ―長野・東京・千葉地方―』

国立公州博物館　2011　『中国 六朝의 陶磁』

国立金海博物館　2015　『甲冑, 戦士의 象徴』

国立文化財研究所　2001a　『韓国考古学事典』

国立文化財研究所　2011　『漢城地域 百済土器 分類標準化 方案研究』

国立文化財研究所　2013a　『百済 漢城地域 遺物資料集』

国立扶餘博物館　1995　『朴萬植教授 寄贈 百済土器』

国立全州博物館　2009　『馬韓 숨쉬는 記録』

国立中央博物館　2001　『楽浪』

権度希　2012　「烏山 水清洞 墳墓群의 馬具에 대하여」『烏山 水清洞 百済 墳墓群』京畿文化財研究院

権度希　2013　「華川 原川里遺跡 出土 馬具에 대하여」『百済의 辺境―華川 原川里遺蹟』翰林大学校翰林考古学研究所

権相烈・尹鍾均・成在賢　2005　「望夷山城 出土遺物의 性格」『考古学誌』第14輯、韓国考古美術研究所
権五栄　1988　「4世紀 百済의 地方統制方式—例：東晋青磁의 流入経緯를 中心으로」『韓国史論』18、서울大学校国史学科
権五栄　2002　「風納土城 出土 外来遺物에 대한 檢討」『百済研究』第36輯、忠南大学校百済研究所
権五栄　2007　「住居構造와 炊事文化를 通해 본 百済系 移住民의 日本 畿内地域 定着과 그 意味」『韓国上古史学報』第56号、韓国上古史学報
権五栄　2011　「漢城百済의 時間的 上限과 下限」『百済研究』第53輯、忠南大学校百済研究所
権龍大　2005　『玉田古墳群 木槨墓의 分化様相과 位階化에 대한 一考察』慶尚大学校大学院碩士学位論文
権埈鉉　2011　「国内 所蔵 六朝 鷄首壺의 時期 設定」『考古学論叢』（慶北大学校 考古人類学科 考古学論叢Ⅱ）、考古学論叢刊行委員会
吉基泰　2006　『百済 泗沘時代의 佛教信仰 研究』忠南大学校大学院博士学位論文
吉井秀夫　1999　「日本 近畿地方의 百済系 考古資料에 관한 諸問題」『日本所在 百済文化財 調査報告書Ⅰ—近畿地方』国立公州博物館
吉井秀夫　2002　「日本出土 百済（馬韓）土器의 諸問題」『日本所在 百済文化財 調査報告書Ⅲ—近畿地方』国立公州博物館
金権一　2012　「韓半島 古代 製鉄文化의 檢討」『韓半島의 製鉄遺蹟』韓国文化財調査研究機関
金圭東　2002　「百済 土製 煙筒 試論」『科技考古研究』第8号、亜洲大学校博物館
金奎運　2009　『考古資料로 본 5～6世紀 小加耶의 変遷』慶北大学校大学院碩士学位論文
金奎運　2011　「5世紀 漢城期 百済와 加耶 関係」『中央考古研究』第9号、中央文化財研究院
金起範　2002　『漢城時期 百済 横穴式 石室墳의 受容』忠南大学校大学院碩士学位論文
金吉植　2008　「百済 始祖 仇台廟와 陵山里寺址—仇台廟에서 廟寺—」『韓国考古学報』第69輯、韓国考古学会
金洛中　2013　「5～6世紀 南海岸 地域 倭系古墳의 特性과 意味」『湖南考古学報』第45輯、湖南考古学会
金大元　2013　『湖西地域의 3～7世紀 시루 研究』韓南大学校大学院碩士学位論文
金斗権　2003　『漢城期 百済土器의 뚜껑 研究』崇実大学校大学院碩士学位論文
金斗喆　2001a　『韓国 古代 馬具의 研究』東義大学校大学院博士学位論文
金斗喆　2001b　「打捺技法의 研究—金海 禮安里遺蹟 出土品을 中心으로—」『嶺南考古学』第28輯、嶺南考古学会
金斗喆　2011　「加耶・新羅 古墳의 年代観」『考古広場』第9号、釜山考古学研究会
金斗喆　2014　「新羅・加耶의 境界로서 慶州와 釜山」『嶺南考古学』第70輯、嶺南考古学会
金根泰　2007　『귀때土器의 型式分類와 編年에 대한 研究—紀元後 3～5世紀代의 遺物을 中心으로—』韓南大学校大学院碩士学位論文
金亮勳　2007　『4～5世紀 南部加耶諸国과 百済의 交渉 推移』釜山大学校大学院碩士学位論文
金武重　1994　『中部地方 百済土器의 形成過程 研究—渼沙里遺蹟을 中心으로—』崇実大学校大学院碩士学位論文
金武重　2012　「「新鳳洞古墳群にみられる日本文化系要素」에 대한 討論文」『清州 新鳳洞古墳群 発掘30周年 紀念 国際学術会議』忠北大学校博物館
金炳熙　2009　『高句麗 王姓의 成立과 展開』서울市立大学校大学院碩士学位論文
金宝淑　2008　『咸安 道項里古墳群 出土 5～6世紀 土器 研究』東亜大学校大学院碩士学位論文
金三龍・金善基　1988　「益山 熊浦里 百済古墳群 発掘調査 報告書」『馬韓・百済文化』第十一輯、円光大学校馬韓・百済文化研究所
金瑞京　2014　『金海・釜山地域 副葬軟質土器 研究』釜山大学校大学院碩士学位論文
金成南　2001　「中部地方 3～4世紀 古墳群 細部編年」『百済研究』第33輯、忠南大学校百済研究所
金成南　2003　「百済 漢城様式土器 編年을 위한 予備 考察」『漢城 百済考古学의 諸問題（Ⅰ）—年代問題를

中心으로─』서울京畿考古学会
金成南　2004　「百済 漢城様式土器의 形成과 変遷에 대하여」『考古学』3巻第1号、서울京畿考古学会
金成南　2006　「百済 漢城時代 南方領域의 拡大過程과 支配形態 試論」『百済研究』第44輯、忠南大学校百済研究所
金成南　2014　「百済 漢城期 編年의 現状과 省察」『争点, 中部地域 原三国時代~漢城百済物質文化 編年』崇実大学校韓国基督教博物館
金成南・禹姫延　2003　「烏耳島 原三国土器의 性格」『百済研究』第40輯、忠南大学校百済研究所
金寿泰　2003　「百済 威徳王代 扶餘 陵山里 寺院의 創建」『百済金銅大香炉』国立扶餘博物館
金寿泰　2008　「百済의 泗沘遷都와 仏教」『定林寺─歴史文化的 価値와 研究現況─』国立文化財研究所
金信恵　2009　『馬韓・百済 鉄刀 考察』全南大学校大学院碩士学位論文
金栄国　2010　『中西部地域 百済 竪穴式 石槨墓 研究』公州大学校大学院碩士学位論文
金永杓・任垠善・金淵俊　2004　『韓半島 山脈体系 再定立 研究：산줄기 分析을 中心으로』国土研究院
金栄珉　2014　「韓国 出土 帯金式 板甲의 諸問題」『武器・武具와 農工具・漁具─韓日 三国・古墳時代 資料─』'日韓交渉의 考古学─古墳時代' 研究会
金英心　2003　「熊津・泗沘時期 百済의 領域」『古代 東亜細亜와 百済』書景文化社
金英媛　1998　「百済時代 中国磁器의 輸入과 倣製」『百済文化』第二十七輯、公州大学校百済文化研究所
金英媛　2004　「韓半島 出土 中国 陶磁」『우리 문화속의 中国 陶磁器』国立大邱博物館
김영진　1995　『朝鮮陶磁史研究』（三国~高麗）、社会科学出版社
金永熙　2013　「湖南地方 鳥形土器의 性格」『湖南考古学報』第44輯、湖南考古学会
金容甲　2013　『原三国時代 炊事施設과 深鉢形土器의 地域性』慶熙大学校大学院碩士学位論文
金容民　1998　「百済 泗沘期土器에 대한 一考察─扶蘇山城 出土 土器를 中心으로─」『文化財』第三十一号、文化財管理局
金宇大　2011　「製作技法을 中心으로 본 百済・加耶 装飾大刀」『嶺南考古学』第59輯、嶺南考古学会
金元龍　1973　『韓国考古学概説』一志社
金元龍　1986　『韓国考古学概説』(第3版) 一志社
金殷卿　2008　『京畿地方 3~5世紀代 土壙墓 一考察』崇実大学校大学院碩士学位論文
金恩延・河承哲　2011　「第2章 遺物集成 日本」『韓国 出土 外来遺物』2、韓国文化財調査研究機関協会
金恩恵　2004　『百済 直口短頸壺 研究─中西部地域 墳墓 出土 遺物를 中心으로─』慶熙大学校大学院碩士学位論文
金一圭　2007a　「漢城期 百済土器 編年再考」『先史와 古代』第27号、韓国古代学会
金一圭　2007b　「韓半島 中西部地域에 있어 三韓・三国時代 土器編年」『日韓 三国・古墳時代의 年代観（Ⅱ）』国立釜山大学校博物館・国立歴史民俗博物館
金一圭　2012a　「百済 考古資料의 年代 試論」『釜考研』102（第102回 釜山考古学研究会 発表要旨文）、釜山考古学研究会
金一圭　2012b　「可楽洞 二号墳의 編年」『可楽洞 二号墳』高麗大学校博物館・서울文化遺産研究院
金一圭　2013　「可楽洞 2号墳 出土 遺物을 통한 造営時期 再検討」『百済学報』第10号、百済学会
金一圭　2014a　「熊津期 百済様式 年代試論」『百済文化』第50輯、公州大学校百済文化研究所
金一圭　2014b　「百済 国家形成 段階의 年代検討」『争点, 中部地域 原三国時代~漢城百済物質文化 編年』崇実大学校韓国基督教博物館
金一圭　2015　『百済 考古学 編年 研究』学研文化社
金正浩　2011　『2~6世紀 慶南地域 長胴甕 研究』東亜大学校大学院碩士学位論文
金宰賢　2001　「羅州 伏岩里 3号墳 出土 人骨에 대한 分析」『羅州 伏岩里 3号墳』国立文化財研究所
金宰賢　2002　「原州 法泉里 遺蹟 出土 人骨 에 대한 分析」『法泉里Ⅱ』国立中央博物館

金宰賢　2004　「青陽 長承里 古墳群 A-22号墳 出土 人骨에 대한 分析」『青陽 長承里 古墳群』忠清文化財研究院

金宰賢　2006　「扶餘 松鶴里 '나' 遺蹟 出土 百済時代 人骨에 대한 分析」『鴻山-九龍間 道路拡張 및 舗装工事 区間内 文化遺蹟 発掘調査 報告書』高麗大学校考古環境研究所

김재현　2011　『舒川 鳳仙里遺蹟 古墳 出土 土器의 変遷様相』公州大学校大学院碩士学位論文

金朝允　2010　『百済 直口短頸壺의 変遷』全南大学校大学院碩士学位論文

金鍾萬　1995　「忠南西海岸地方 百済土器研究—保寧・舒川地方을 中心으로—」『百済研究』第25輯、忠南大学校百済研究所

金鍾萬　1999　「百済 後期 土器盌의 様相과 変遷」『国立博物館 東垣学術論文集』2、韓国考古美術研究所

金鍾萬　2002　「百済 蓋杯의 様相과 変遷」『考古学誌』第13輯、韓国考古美術研究所

金鍾萬　2003　「泗沘時代 扶餘地方出土 外来系 遺物의 性格」『湖西地方史研究』景仁文化社

金鍾萬　2004　『泗沘時代 百済土器 研究』忠南大学校大学院博士学位論文

金鍾萬　2007　『百済土器의 新研究』書景文化社

金鍾萬　2008b　「鳥足文土器의 起源과 展開様相」『韓国古代史研究』52、韓国古代史学会

金鍾萬　2012a　「百済 台付杯 小考」『百済와 周辺世界』진인진

金鍾萬　2012b　『百済土器』글을읽다

金鍾萬　2013　「公州地域 古墳出土 百済土器」『百済文化』第四十八輯、公州大学校百済文化研究所

金容周　2016　『百済 台附碗 研究』忠北大学校大学院碩士学位論文

김진홍　2008　『漢城 百済 後期土器 研究—京畿地域 出土 深鉢形土器와 長卵形土器를 中心으로—』水原大学校大学院碩士学位論文

〔ㄴ〕

羅善敏　2016　『中西部地域 原三国～漢城期 百済 시루(甑) 研究』忠南大学校大学院碩士学位論文

나하나　2007　『扶餘의 変遷과 東扶餘 問題』全南大学校大学院碩士学位論文

羅恵林　2011　『百済 器台의 変遷과 機能』韓神大学校大学院碩士学位論文

南相源　2013　『百済 黒色磨研土器 研究』忠北大学校大学院碩士学位論文

南浩鉉　2010　「扶餘 官北里 百済遺蹟의 性格과 時間的 位置—2008年 調査区域을 中心으로—」『百済研究』第51輯、忠南大学校百済研究所

盧美善　2008　「酒煎子形土器 小考」『研究論文集』第8号、湖南文化財研究院

盧重国　2011　「百済 冠 装飾의 象徴性」『百済의 冠』国立公州博物館

盧重国　2014　「百済의 領土拡大에 대한 몇 가지 検討」『近肖古王 때 百済의 領土는 어디까지였나』漢城百済博物館

〔ㄷ〕

檀国大学校東洋学研究所　2008a　『漢韓大辞典』(14)

檀国大学校東洋学研究所　2008b　『漢韓大辞典』(15)

藤田憲司　2012　「光陽 龍江里 石停遺蹟 出土의 土師器에 대하여」『光陽 龍江里 石停遺蹟』大韓文化財研究院

도라지　2017　『三国時代 벼루(硯) 研究』高麗大学校大学院碩士学位論文

〔ㄹ〕

鈴木一有　2012　「清州 新鳳洞 古墳群의 鉄器에 보이는 被葬者集団」『清州 新鳳洞古墳群 発掘 30周年 紀念 国際学術会議』忠北大学校博物館

鈴木一有　2014　「韓半島 出土 倭系 武装으로 본 韓日交流」『武器・武具와 農工具・漁具—韓日 三国・古墳時代 資料—』'日韓交渉の考古学—古墳時代' 研究会

柳江夏　2006　「古代 中国의 青銅鏡[銅鏡]에 대한 小考:新石器 무덤에서 魏晋南北朝까지」『中国語文学論集』第41号、中国語文学研究会

柳奇成　1984　『百済土器 変遷過程의 研究』檀国大学校大学院碩士学位論文
柳基正　2003　「泗沘期 구들施設 建物址에 대한 一考」『国立公州博物館紀要』第3輯、国立公州博物館
柳本照男　2012　「漢城百済期 編年 再考」『百済研究』第55輯、忠南大学校百済研究所
리영　2006　「百済질그릇에 反映된 高句麗文化의 影響」『朝鮮考古研究』第2号、社会科学院考古学研究所
리영　2013　「日本 古墳時代 질그릇에 反映된 百済文化의 影響」『朝鮮考古研究』第3号、社会科学院考古学研究所
리철영　2004　「高句麗磁器에 대한 考察」『朝鮮考古研究』第2号、社会科学院考古学研究所

〔ロ〕

木下亘　2003　「韓半島 出土 須恵器（系）土器에 대하여」『百済研究』第37輯、忠南大学校百済研究所
木下亘　2011　「百済와 日本의 文物交流」『백제사람들, 서울 역사를 열다』（2011年度 国際学術会議発表要旨）、漢城百済博物館
武末純一　2000　「九州의 百済系 土器—4・5世紀를 中心으로—」『日本所在 百済文化財 調査報告書Ⅱ—九州地方—』国立公州博物館
武末純一　2012　「新鳳洞古墳群에서 보이는 日本文化系 要素」『清州 新鳳洞古墳群 発掘 30周年 紀念 国際学術会議』忠北大学校博物館
武末純一　2013　「湖南考古学会와 日本考古学」『湖南考古学会 20年, 그 回顧와 展望』（第21回 湖南考古学会 学術大会）、湖南考古学会
文安植　2002　『百済의 領域拡大와 地方統治』新書院
文智娜　2009　『栄山江流域 甕形土器의 考察』木浦大学校大学院碩士学位論文
閔徳植　1980　「鎮川 大母山城의 分析的 研究」『韓国史研究』29、韓国史研究会

〔ㅂ〕

朴敬道　2002　「錦山地域 出土 加耶土器」『考古学誌』第13輯、韓国考古美術研究所
朴敬信　2003　『韓半島 中部以南地方 土器 시루의 成立과 展開』崇実大学校大学院碩士学位論文
朴敬信　2004　「韓半島 中部以南地方 土器 시루의 発展過程」『崇実史学』第17輯、崇実史学会
朴敬信　2007　「2. 遺物」『華城 石隅里 먹실遺蹟』畿甸文化財研究院
朴敬信　2015　「北漢江流域 原三国時代 聚落 編年」『崇実史学』第34輯、崇実史学会
朴普鉉　2007　「同伴遺物로 본 三足土器의 年代」『科技考古研究』第13号、亜洲大学校博物館
朴普鉉　2011　「三足盤의 年代와 性格」『科技考古研究』第17号、亜洲大学校博物館
朴世二　2015　「広開土王의 遼西 攻略과 後燕의 関係」『地域과 歴史』36、釜慶歴史研究所
朴淳発　1989　『漢江流域 百済土器의 変遷과 夢村土城의 性格에 대한 一考察—夢村土城 出土品을 中心으로—』서울大学校大学院碩士学位論文
朴淳発　1992　「百済土器의 形成過程—漢江流域을 中心으로—」『百済研究』第23輯、忠南大学校百済研究所
朴淳発　1996　「漢城百済 基層文化의 性格」『百済研究』第26輯、忠南大学校百済研究所
朴淳発　1997　「漢城百済의 中央과 地方」『百済의 中央과 地方』忠南大学校百済研究所
朴淳発　1998　『百済 国家의 形成 研究』서울大学校大学院博士学位論文
朴淳発　1999　「「艇止山 遺蹟 出土 土器의 検討」를 읽고」『艇止山』国立公州博物館
朴淳発　2000a　「4〜6世紀 栄山江流域의 動向」『百済史上의 戦争』書景文化社
朴淳発　2000b　「百済의 南遷과 栄山江流域 政治体의 再編」『韓国의 前方後円墳』忠南大学校出版部
朴淳発　2000c　「加耶와 漢城百済」『加耶와 百済』（第6回 加耶史 学術会議）、金海市
朴淳発　2001a　『漢城百済의 誕生』書景文化社
朴淳発　2001b　「深鉢形土器考」『湖西考古学』第4・5合輯、湖西考古学会
朴淳発　2001c　「帯頸壺 一考」『湖南考古学報』第13輯、湖南考古学会
朴淳発　2001d　「栄山江流域 前方後円墳과 埴輪」『韓・日 古代人의 흙과 삶』国立全州博物館

朴淳発　2002　「熊津 遷都 背景과 泗沘都城 造成 過程」『百済都城의 変遷과 研究上의 問題点』(第 3 回 文化財研究学術会議)、国立扶餘文化財研究所
朴淳発　2003　「熊津・泗沘期 百済土器 編年에 대하여―三足器와 直口短頸壺를 中心으로―」『百済研究』第 37 輯、忠南大学校百済研究所
朴淳発　2004　「百済 形成期에 보이는 楽浪土器의 影響―深鉢形土器 및 長卵形土器 形成 過程을 中心으로―」『百済研究』第 40 輯、忠南大学校百済研究所
朴淳発　2005a　「高句麗와 百済」『高句麗와 동아시아―文物交流를 中心으로―』高麗大学校博物館
朴淳発　2005b　「公州 水村里 古墳群 出土 中国 瓷器와 交叉年代 問題」『4～5 世紀 錦江流域의 百済文化와 公州 水村里 遺蹟』(忠清南道歴史文化院 第 5 回 定期 심포지엄)、忠清南道歴史文化院
朴淳発　2005c　「鐎斗考」『東亜考古論壇』創刊号、忠清文化財研究院
朴淳発　2006　『百済土器 探求』周流城
朴淳発　2007　「墓制의 変遷으로 본 漢城期 百済의 地方 編制 過程」『韓国古代史研究』48、韓国古代史学会
朴淳発　2008　「泗沘都城의 空間構造―泗沘都城과 定林寺―」『定林寺―歴史文化的 価値와 研究現況―』国立文化財研究所
朴淳発　2009　「硬質無文土器의 変遷과 江陵 草堂洞遺蹟의 時間的 位置」『江陵 草堂洞遺蹟』韓国文化財調査研究機関協会
朴淳発　2012a　「百済, 언제 세웠나」『百済, 누가 언제 세웠나』('百済史의 争点' 集中討論学術会議)、漢城百済博物館
朴淳発　2012b　「鶏首壺와 鐎斗를 通해 본 南原 月山里 古墳群」『雲峰高原에 묻힌 加耶 武士』国立全州博物館
朴淳発　2013a　「百済 都城의 始末」『中央考古研究』第 18 号、中央文化財研究院
朴淳発　2013b　「泗沘都城과 益山 王宮里」『馬韓・百済文化』第 40 輯、円光大学校馬韓・百済文化研究所
朴淳発　2013c　「漢城期 百済와 華川」『百済의 辺境―華川 原川里遺蹟』翰林大学校翰林考古学研究所
朴淳発・李亨源　2011　「原三国～百済 熊津期 盌의 変遷様相 및 編年―漢江 및 錦江流域을 中心으로―」『百済研究』第 53 輯、忠南大学校百済研究所
朴升圭　2010　『加耶土器 様式 研究』東義大学校大学院博士学位論文
朴信明　2012　『原三国～漢城百済期 六角形 住居址 築造方法의 変化』韓神大学校大学院碩士学位論文
朴永民　2002　「百済 泗沘期遺蹟 出土 高句麗系 土器」『2002 年報』国立扶餘文化財研究所
박영재　2016　『馬韓・百済圏 両耳付壺 導入過程』全南大学校大学院碩士学位論文
朴鍾書　2014　「高句麗 故国原王～広開土大王代 南進路 検討」『史学志』第 49 輯、檀国史学会
朴重国　2011　『呂字形 住居址를 通해 본 中島文化의 地域性』韓神大学校大学院碩士学位論文
朴重均　2014　「曽坪 二聖山城 出土 土器 및 住居址의 性格과 編年」『韓国城郭学報』25、韓国城郭学会
朴智殷　2007　『百済 平底壺 研究』忠南大学校大学院碩士学位論文
朴智殷　2008　「百済 平底壺類의 分布와 変遷」『湖西考古学』18、湖西考古学会
朴天秀　2006　「栄山江流域 前方後円墳을 通해 본 5～6 世紀 韓半島와 日本列島」『百済研究』第 43 輯、忠南大学校百済研究所
朴天秀　2010　『加耶土器―加耶의 歴史와 文化―』진인진
朴天秀　2011　『日本 속의 古代 韓国 文化』진인진
朴賢淑　2005　『百済의 中央과 地方』周流城
方瑠梨　2001　『利川 雪峰山城 出土 百済土器 研究』檀国大学校大学院碩士学位論文
方瑠梨　2007　「利川 雪城山城 出土 百済 高杯 研究」『文化史学』27、韓国文化史学会
白寧　2011　「青瓷 鶏頭壺에 대한 初歩的 研究」『中国 六朝의 陶磁』国立公州博物館
白寅華　2016　『金銅遺物과 漢城百済期 地方社会』韓南大学校大学院碩士学位論文

百済文化開発研究院　1984　『百済土器図録』
卞熙燮　2013　『錦江流域 4～7世紀 短頸瓶 研究』全北大学校大学院碩士学位論文
福泉博物館　2015　『加耶와 馬韓・百済』
〔ㅅ〕
社会科学院考古学研究所　1977　『朝鮮考古学概要』百科事典出版社
社会科学院考古学研究所　2009　『高句麗遺物』朝鮮考古学全書 34（中世編 11）、진인진
山本孝文　2003a　「百済 泗沘期의 陶硯」『百済研究』第 38 輯、忠南大学校百済研究所
山本孝文　2003b　「百済滅亡에 대한 考古学的 接近」『百済文化』第三十二輯、公州大学校百済文化研究所
山本孝文　2005a　「百済 台附碗의 受容과 変遷의 画期」『国立公州博物館紀要』第 4 輯、国立公州博物館
山本孝文　2005b　「百済 泗沘期 土器様式의 成立과 展開」『百済 泗沘時期 文化의 再照明』（第 14 回 文化財研究国際学術大会）、国立扶餘文化財研究所
山本孝文　2006　『三国時代 律令의 考古学的 研究』書景文化社
서울大学校博物館　2007　『서울大学校博物館 所蔵品 図録』
三崎良章（金栄煥訳）　2007　『五胡十六国』景仁文化社
徐賢珠　2001　「二重口縁土器 小考」『百済研究』第 33 輯、忠南大学校百済研究所
徐賢珠　2003　「三国時代 아궁이틀에 대한 考察」『韓国考古学報』第 50 輯、韓国考古学会
徐賢珠　2006　『栄山江流域 三国時代 土器 研究』서울大学校大学院博士学位論文
徐賢珠　2010　「盌形土器로 본 栄山江流域과 百済」『湖南考古学報』第 34 輯、湖南考古学会
徐賢珠　2011　「百済의 有孔広口小壺와 장군」『有孔小壺』진인진
徐賢珠　2012a　「栄山江流域의 土器 文化와 百済化 過程」『百済와 栄山江』学研文化社
徐賢珠　2012b　「百済 漢城期 打捺文 短頸壺의 地域性과 交流」『湖西考古学』27、湖西考古学会
徐賢珠　2012c　「栄山江流域圏의 加耶系 土器와 交流 問題」『湖南考古学報』第 42 輯、湖南考古学会
徐賢珠　2014a　「百済 泗沘期 硬質壺에 대한 考察—扶餘地域을 中心으로—」『考古学』13-3 号、中部考古学会
徐賢珠　2014b　「嶺南地域에 나타난 京畿・湖西地域 馬韓・百済系 土器와 그 意味」『湖西考古学』30、湖西考古学会
徐賢珠　2014c　「百済의 西南方面 進出—考古学的 側面—」『近肖古王 때 百済의 領土는 어디까지였나』漢城百済博物館
徐賢珠　2015　「古代 日本 出土 全南地域 関連 土器 研究」『古代 全南地域 土器製作技術의 日本 波及 研究』（2015 年 国際学術会議）、王仁博士顕彰協会
石帝馨　2014　『三国時代 横孔鉄斧의 分類와 変遷』忠北大学校大学院碩士学位論文
薛銀珠　2012a　『中部地方 原三国～百済 深鉢形土器의 展開：烏山 水清洞 遺蹟을 中心으로』崇実大学校大学院碩士学位論文
薛銀珠　2012b　「烏山 水清洞 墳墓群 出土 深鉢形土器에 대하여」『烏山 水清洞 百済 墳墓群』京畿文化財研究院
成正鏞　1994　『漢城百済期 中西部地域 百済土器의 様相과 그 性格：洪城 神衿城 出土品을 中心으로』서울大学校大学院碩士学位論文
成正鏞　2000a　『中西部 馬韓地域의 百済領域化過程 研究』서울大学校大学院博士学位論文
成正鏞　2000b　「中西部地域 3～5 世紀 鉄製武器의 変遷」『韓国考古学報』第 42 輯、韓国考古学会
成正鏞　2001　「4～5 世紀 百済의 地方支配」『韓国古代史研究』24、韓国古代史学会
成正鏞　2002　「錦山地域 三国時代 土器編年」『湖南考古学』第 16 輯、湖南考古学会
成正鏞　2003　「百済와 中国의 貿易陶磁」『百済研究』第 38 輯、忠南大学校百済研究所
成正鏞　2006a　「百済地域의 年代決定資料와 年代観」『日韓 古墳時代의 年代観』国立歴史民俗博物館・国立釜山大学校博物館

成正鏞　2006b　「4～5世紀 百済의 物質文化와 地方支配」『漢城에서 熊津으로』国立公州博物館・忠清南道歴史文化院
成正鏞　2007　「漢江・錦江流域의 嶺南地域系統 文物과 그 意味」『百済研究』第46輯、忠南大学校百済研究所
成正鏞　2008　「近畿地域 出土 韓半島系 初期 馬具」『韓国古代史研究』49、韓国古代史学会
成正鏞　2010　「百済 関連 年代決定資料와 年代観」『湖西考古学』22、湖西考古学会
成正鏞　2012　「曽坪 二聖山城 出土 土器様相과 그 性格」『湖西考古学』27、湖西考古学会
世宗大王記念事業会・韓国古典用語辞典編纂委員会　2001　『韓国古典用語辞典』3
小田富士雄　1982　「越州窯青磁를 伴出한 忠南의 百済土器―4世紀의 百済土器 其二」『百済研究』特別号、忠南大学校百済研究所
孫豪晟　2009　『古墳遺物을 通해 본 新羅의 対外交流』嶺南大学校大学院碩士学位論文
宋満栄　2016　「中部地域 原三国～百済 漢城期 打捺文 시루의 地域性과 編年」『湖南考古学報』第52輯、湖南考古学会
申敬澈　1986　「新羅土器의 発生에 対하여」『韓日古代文化의 諸問題』韓日文化交流基金
申敬澈　1995　「金海大成洞・東萊福泉洞古墳群 点描―金官加耶 理解의 一端―」『釜大史学』第十九輯、釜山大学校史学会
辛閏政　2012　『漢城百済期 盒・洗類의 研究』成均館大学校大学院碩士学位論文
申鍾国　2002　『百済土器의 形成과 変遷過程에 대한 研究―漢城期 百済 住居遺蹟 出土 土器를 中心으로』成均館大学校大学院碩士学位論文
申鍾国　2011　「百済 漢城地域 出土 有蓋高杯의 分類와 変遷様相」『百済学報』第5号、百済学会
申智瑛・李廷宰訳　1998　『国語』(著者不明)、弘益出版社
沈光注　2008　「高句麗의 関防体系와 京畿地域의 高句麗城郭」『京畿道 高句麗遺蹟 総合整備基本計画』京畿文化財研究院
沈載淵　2014　「百済의 東北方面 進出―考古学的 側面」『近肖古王 때 百済의 領土는 어디까지였나』漢城百済博物館

〔ㅇ〕

安金槐（呉江原訳）　1998　『中国考古』(夏商周篇)、白山資料館
安順天　1998　「総合考察」『浦項 玉城里 古墳群 Ⅱ―나地区―』嶺南埋蔵文化財研究院
安承周　1979　「百済土器의 研究」『百済文化』第十二輯、公州大学校百済文化研究所
安承周　1992　「土器」『高句麗 百済 渤海 考古学』書景文化社
安太重　2016　『百済 地域에서 出土된 金銅遺物의 歴史的 意味―金銅冠과 金銅신발을 中心으로―』高麗大学校大学院碩士学位論文
梁起錫　2001　「新羅의 清州地域 進出」『新羅 西原小京 研究』書景文化社
梁起錫　2007　「百済의 泗沘遷都와 그 背景」『百済와 錦江』書景文化社
梁起錫・盧重国・尹善泰　2008　『百済史資料訳註集』韓国篇Ⅰ、忠清南道歴史文化研究院
梁起錫　2009　「百済 文化의 優秀性과 国際性」『百済文化』第四十輯、公州大学校百済文化研究所
梁起錫　2011　「三国의 曽坪地域 進出과 二城山城」『曽坪 二城山城 整備 活用法案 準備를 위한 基礎学術세미나』資料集、中原文化財研究院
梁起錫　2013　『百済의 国際関係』書景文化社
梁基洪　2014　『日本 出土 百済(系)土器 分布와 様相―大阪府를 中心으로―』公州大学校大学院碩士学位論文
梁時恩　2003　『漢江流域 高句麗土器의 製作技法에 대하여』서울大学校大学院碩士学位論文
梁時恩　2005　「桓仁 五女山城 出土 高句麗 土器의 様相과 性格」『北方史論叢』3号、高句麗研究財団
梁時恩　2007　「中国 内 高句麗遺蹟에서 出土된 高句麗土器 研究」『中国史研究』第50輯、中国史学会
梁時恩　2011　「南韓에서 確認되는 高句麗의 時・空間的 正体性」『考古学』10-2号、中部考古学会

梁時恩　2013　『高句麗 城 研究』서울大学校大学院博士学位論文
梁時恩　2014　「南韓地域 出土 高句麗 土器의 現況과 特徵」『湖南考古学報』第46輯、湖南考古学会
魚昌善　2011　「忠州 製鉄遺蹟의 現況과 性格」『先史와 古代』第35号、韓国古代学会
呉東墠　2016　「栄山江流域 蓋杯의 登場과 変遷過程」『韓国考古学報』第98輯、韓国考古学会
呉旭鎮　2012　『3〜4世紀 百済의 鉄 交易路와 生産地 確保를 通해 본 領域化 過程』忠北大学校大学院碩士学位論文
呉厚培　2002　『우리나라 시루의 考古学的 研究』檀国大学校大学院碩士学位論文
呉厚培　2003　「시루 形式分類와 変遷過程에 관한 試論」『湖南考古学』第17輯、湖南考古学会
玉昌旻　2010　『百済 横穴式石室墳 研究—全北地方을 中心으로—』円光大学校大学院碩士学位論文
王浚相　2010　「韓国 西南部地域 二重口縁壺의 変遷과 性格」『百済文化』第四十二輯、公州大学校百済文化研究所
王志高　2012　「風納土城의 세 가지 問題에 대한 試論」『東北아시아 속의 風納土城』(第12回 漢城百済文化祭 国際学術会議)、百済学会
外山政子　2011　「炊事와 그 痕跡에 대한 雑感」『炊事実験의 考古学』書景文化社
禹在柄　2005　「5世紀頃 日本列島 住居様式에 보이는 韓半島系 炊事・煖房시스템의 普及과 그 背景」『百済研究』第41輯、忠南大学校百済研究所
魏存成（辛勇旻訳）　1996　『高句麗考古』湖巌美術館
劉永宰　2016　『三国時代 虎子 研究』高麗大学校大学院碩士学位論文
尹大植　2004　『清州地域 百済 把杯의 型式과 用途』忠北大学校大学院碩士学位論文
尹武炳　1979　「連山地域 百済土器의 研究」『百済研究』第10輯、忠南大学校百済研究所
尹武炳　1992　「連山地方 百済土器의 研究」『百済考古学研究』忠南大学校百済研究所
尹盛平（金良守訳）　2003　『神権의 一千年』時空社
尹善泰　2007　『木簡이 들려주는 百済 이야기』周流城
尹容鎮　1990　「韓国初期鉄器文化에 관한 研究—大邱地方에서의 初期鉄器文化—」『韓国史学』11、韓国精神文化研究院歴史研究室
尹浄賢　2013　『湖西地域 百済 領域化에 따른 聚落의 位相変化』忠南大学校大学院碩士学位論文
尹煥・姜熙天　1995　「百済 三足土器의 一研究」『古代研究』第4輯、古代研究会
李健茂　1992　「茶戸里遺蹟 出土 붓(筆)에 대하여」『考古学誌』第4輯、韓国考古美術研究所
이건용　2014　『馬韓・百済圏 筒形器台 考察』全南大学校大学院碩士学位論文
이계만　2015　『3〜5世紀 百済 地方 編制 過程 研究—京畿 西南部地域을 中心으로—』檀国大学校大学院碩士学位論文
李庚美　2010　「三国 中期 主要古墳의 編年 設定—装飾文様의 分析을 中心으로—」『韓国古墳의 編年研究』書景文化社
李瑢馥　2009　「百済의 泰安半島 進出과 瑞山 富長里 勢力」『韓国古代史探求』第3巻、韓国古史探求学会
李南奭　2001　「百済 黒色磨研土器의 考察」『先史와 古代』第16号、韓国古代学会
李南奭　2008　「百済의 冠帽・冠飾과 地方統治体制」『韓国史学報』第33号、高麗史学会
李東冠・保元良美・小嶋篤・武末純一　2008　「弥生・古墳時代의 韓・日 鉄製農具 研究—따비와 살포를 中心으로—」『韓・日 交流의 考古学』嶺南考古学会・九州考古学会
李文炯　2001　『錦江流域 横穴式石室墳 出土 土器 研究』公州大学校大学院碩士学位論文
李文炯　2014　「高敞 鳳徳里 1号墳의 対外交流와 年代観」『古墳을 통해 본 湖南地域의 対外交流와 年代観』（第1回 古代 古墳 国際学術大会）、国立羅州文化財研究所
李文炯　2015　「製作技法과 文様을 통해 본 百済 金銅신발의 編年」『中央考古研究』第18号、中央文化財研究院

李丙燾　1976　『韓国古代史研究』博英社
李尚燁　2009　「中西部地域 出土 円筒形土器의 性格 検討」『先史와 古代』第31号、韓国古代学会
李盛周　2011　「漢城百済 形成期 土器遺物群의 変遷과 生産体系의 変動―実用土器 生産의 専門化에 대한 検討―」『韓国上古史学報』第71号、韓国上古史学会
李盛周　2015　「風納土城 土器遺物群의 年代와 百済土器 漢城様式의 成立」『湖南考古学報』第49輯、湖南考古学会
李晟準　2003　『百済 竪穴式 石槨墓의 型式学的 研究』忠南大学校大学院碩士学位論文
李晟準　2014　『漢城期 百済 地域社会의 相互作用 研究』忠南大学校大学院博士学位論文
李晟準・金明進・羅恵林　2013　「風納土城 築造年代의 考古学的 研究―2011年 東城壁 調査結果를 中心으로―」『韓国考古学報』第88輯、韓国考古学会
李暎澈　2016　「栄山江流域과 日本의 4〜5世紀 日常土器・土師器・須恵器―土師器와 軟質 日常土器 情報交換 段階―」『日韓4〜5世紀の土器・鉄器生産と集落』日韓交渉の考古学研究会
李永炯　2006　『地政学（Geopolitics）』엠―애드
李瑜真　2007　『韓半島 南部 出土 有孔広口壺 研究』釜山大学校大学院碩士学位論文
李有真　2013　『嶺南地方 3〜5世紀 土師器 出土 遺蹟에 관한 研究』東亜大学校大学院碩士学位論文
李潤雙　2015　『百済 泗沘期 台附盌 및 뚜껑의 一研究』忠南大学校大学院碩士学位論文
李恩政・方敏娥・田尚学　2008　「打捺 実験을 通해 본 文樣研究와 打捺技法 検討―湖南地域 出土 3〜6世紀 打捺文土器를 中心으로―」『野外考古学』第5号、韓国文化財調査研究機関協会
李義之　2012　「百済 滅亡 前後의 土器에 관한 検討―泗沘様式土器와 新羅後期様式土器의 接点―」『第63回 百済研究公開講座』忠南大学校百済研究所
李仁鎬　2012　『百済 아궁이틀에 대한 研究』嶺南大学校大学院碩士学位論文
李政昊　2011　『清州・清原地域 政治体의 成立과 百済로의 編入様相』大田大学校大学院碩士学位論文
李在珍　2012　『百済 泗沘期 黒色土器 자배기에 대한 研究』高麗大学校大学院碩士学位論文
李俊貞・金鐘一・崔哲熙・康英熙・李世玟・曺遺腹・河大龍・金相仁・金承玉・李承泰　2006　「DNA 分析을 通한 百済 埋葬 様式의 一研究」『韓国考古学報』第61輯、韓国考古学会
李知泳　2012　『光州 杏岩洞 土器가마의 編年과 変遷』全北大学校大学院碩士学位論文
李知熙　2015　『韓半島 出土 須恵器의 時空間的 分布 研究』慶北大学校大学院碩士学位論文
李昶燁　2007　「中西部地域 百済漢城期 木棺墓 変化―烏山 水清洞遺蹟을 中心으로―」『先史와 古代』27、韓国古代学会
李昶燁　2012　「烏山 水清洞 墳墓群의 特徴과 年代」『烏山 水清洞 百済 墳墓群』京畿文化財研究院
李昌熙　2015　「炭素14年代를 利用한 中島式土器의 年代」『中部地域 漢城期 百済 周辺 政治体의 動向』（第12回 梅山記念講座）、崇実大学校韓国基督教博物館
李春植　2007　『中国 古代의 歴史와 文化』新書院
李泰圭　2012　『軍事用語辞典』日月書閣
李泰昊　2011　『三国時代 古墳 出土 伝世遺物 研究』成均館大学校大学院碩士学位論文
李学勤（沈載勲訳）　2005　『中国 青銅器의 神秘』学古斎
李漢祥　2003　「5〜6世紀 百済・新羅・加耶墳墓의 交叉編年 研究」『国史館論叢』101、国史編纂委員会
李漢祥　2004　『黄金의 나라 新羅』金寧社
李漢祥　2005　「高句麗 金属製 装身具文化의 흐름과 特色」『高句麗의 思想과 文化』（研究叢書4）、高句麗研究財団
李漢祥　2006　『KOREAN ART BOOK』工芸Ⅰ―古墳美術、芸耕
李漢祥　2009　『装身具 賜與体制로 본 百済의 地方支配』書景文化社
李漢祥　2011　「第2章 遺物集成 西域 및 기타지역」『韓国 出土 外来遺物』2、韓国文化財調査研究機関協会

李漢祥　2013　「華川 原川里遺蹟 装身具의 検討」『百済의 辺境―華川 原川里遺蹟』翰林大学校翰林考古学研究所
李漢祥・安敏子　1998　「宋山里墳墓群出土 百済土器」『考古学誌』第 9 輯、韓国考古美術研究所
李賢淑　2011　『4〜5 世紀 百済의 地域相 研究』高麗大学校大学院博士学位論文
李炯祜　2015　『南韓地域 出土 高句麗土器 研究』高麗大学校大学院碩士学位論文
李弘鍾・許義行　2014　「漢城百済期 拠点都市의 構造와 機能―羅城里遺蹟을 中心으로―」『百済研究』第 60 輯、忠南大学校百済研究所
李弘鍾　2015　「漢城 百済期 都城圏의 地形景観」『考古学』14-1 号、中部考古学会
李勳　2010　『金銅冠을 通해 본 4-5 世紀 百済의 地方統治』公州大学校大学院博士学位論文
李暉達　2010　「中国 六朝青瓷의 年代와 性格―百済 出土 器種을 中心으로―」『研究論文集』第 9 号、湖南文化財研究院
李暉達　2014　「百済圏域 出土 中国 六朝青瓷의 年代와 性格」『古墳을 通해 본 湖南地域의 対外交流와 年代観』（第 1 回 古代 古墳 国際学術大会）、国立羅州文化財研究所
李熙濬　1986　「相対年代決定法의 総合考察」『嶺南考古学』第 2 号、嶺南考古学会
李熙濬　2007　『新羅考古学研究』社会評論
林起煥　2014　「百済의 東北方面 進出―文献史的側面」『近肖古王 때 百済의 領土는 어디까지였나』漢城百済博物館
任徳淳　1973　『政治地理学 原論』一志社
林東錫訳　2009　『西京雑記』(劉歆撰・葛洪輯)、西東文化社
林永珍　1996　「百済初期 漢城時代 土器研究」『湖南考古学報』第 4 輯、湖南考古学会
林永珍　2006　「馬韓・百済 考古学의 最近 研究 成果와 課題―百済의 領域 変遷 問題를 中心으로―」『韓国先史考古学報』12、韓国先史考古学会
林永珍　2012　「中国 六朝磁器의 百済 導入背景」『韓国考古学報』第 83 輯、韓国考古学会

〔ス〕

張美愛　2013　「百済 末 政治 勢力과 百済의 滅亡」『百済研究』第 58 輯、忠南大学校百済研究所
全東賢　2010　『漢城百済期 炊事容器의 形成과 変遷』崇実大学校大学院碩士学位論文
全玉年・李尚律・李賢珠　1989　「東萊福泉洞古墳群 第 2 次 調査概報」『嶺南考古学』第 6 号、嶺南考古学会
全炯玟　2003　『湖南地域 長卵形土器의 変遷背景』全南大学校大学院碩士学位論文
鄭洛賢　2015　『馬韓・百済 鉄鏃의 変遷과 技能向上』韓神大学校大学院碩士学位論文
井上主税　2006　『嶺南地方 倭系遺物로 본 韓日交渉』慶北大学校大学院博士学位論文
鄭載潤　2008　「仇台 始祖説의 成立背景과 그 意味」『韓国古代史研究』51、韓国古代史研究会
鄭載潤　2014　「百済의 瑞山 地域 進出과 運営」『歴史와 談論』第 72 輯、湖西史学会
鄭鍾兌　2006　『百済 炊事容器의 類型과 展開様相―中西部地方 出土資料를 中心으로―』忠南大学校大学院碩士学位論文
鄭朱熹　2008　『咸安様式 古式陶質土器의 分布定型에 관한 研究』慶北大学校大学院碩士学位論文
정현　2012　『韓半島 中・西南部地域 原三国〜三国時代 把杯 研究』全北大学校大学院碩士学位論文
鄭孝銀　2015　『慶南西部地域 三国時代 生活用 土器 変遷過程 研究』慶南大学校大学院碩士学位論文
趙詳紀　2006　「清州地域 原三国〜百済時代 生活遺蹟 土器 相対編年 研究」『先史와 古代』第 26 号、韓国古代学会
趙詳紀　2015　『清州地域 百済土器 展開過程과 古代 政治体』진인진
趙景徹　2014　「古代 三国의 仏教와 政治」『百済文化』第 51 輯、公州大学校百済文化研究所
趙成淑　2005　「肩部押捺文 土器의 変遷過程과 그 意味」『湖西考古学』13、湖西考古学会
趙栄済　1990　「三角透窓高杯에 대한 一考察」『嶺南考古学』第 7 号、嶺南考古学会

趙龍鎬　2011　「忠淸 内陸地域 百済土器 一考—有肩壺를 中心으로—」『科技考古研究』第 17 号、亜洲大学校博物館

趙胤宰　2009　「高敞 出土 銅印考」『韓国考古学報』第 71 輯、韓国考古学会

趙銀夏　2010　『松院里古墳 出土 百済土器 研究』高麗大学校大学院碩士学位論文

酒井清治　2004　「5・6 世紀 土器에서 본 羅州勢力」『百済研究』第 39 輯、忠南大学校百済研究所

朱恵美　2016　『百済 直口短頸壺 研究』忠南大学校大学院碩士学位論文

中久保辰夫　2014　「倭系 遺物 年代論」『栄山江流域 古墳 土木技術의 旅程과 時間을 찾아서』(2014 年 下半期 国際学術大会)、大韓文化財研究院

重藤輝行　2010　「九州에 形成된 馬韓・百済人의 集落—福岡県 福岡市 西新町 遺蹟을 中心으로—」『馬韓・百済 사람들의 日本列島 移住와 交流』(中央文化財研究院 創立 10 周年 記念 国際学術大会)、中央文化財研究院

진소영　2008　『金銅飾履과 百済의 地方統治』啓明大学校大学院碩士学位論文

〔ㅊ〕

崔卿煥　2010　『百済 土器窯址에 대한 研究』忠南大学校大学院碩士学位論文

崔秉鉉　1992　『新羅古墳研究』一志社

崔秉鉉　2009　「中原의 新羅古墳」『中原의 古墳』国立中原文化財研究所

崔秉鉉　2011　「新羅後期様式土器의 編年」『嶺南考古学』第 59 号、嶺南考古学会

崔秉鉉　2013　「新羅 前期様式土器의 成立」『考古学』12-1 号、中部考古学会

崔秉鉉　2014　「5 世紀 新羅 前期様式土器의 編年과 新羅土器 展開의 政治的 含意」『考古学』13-3 号、中部考古学会

崔鳳均　2010　『墳丘墓의 展開様相과 政治社会的 意味—湖西地域을 中心으로—』忠南大学校大学院碩士学位論文

崔盛洛　1984　「韓国考古学에 있어서 形式学的 方法의 検討」『韓国考古学報』第 16 輯、韓国考古学会

崔盛洛　1989　「韓国考古学에 있어서 年代問題」『韓国考古学報』第 23 輯、韓国考古学会

崔盛洛　2005　『考古学 入門』学研文化社

崔栄柱　2007　「鳥足文土器의 変遷様相」『韓国上古史学報』第 55 号、韓国上古史学会

崔完基　1994　「3. 水上交通과 漕運」『韓国史』24 (朝鮮初期의 経済構造)、国史編纂委員会

崔鍾圭　1995　『三韓考古学研究』書景文化社

崔鍾澤　1990　「黄州出土百済土器例」『韓国上古史学報』第四号、韓国上古史学会

崔鍾澤　1999　『高句麗土器研究』서울大学校大学院博士学位論文

崔鍾澤　2004　「南韓地域 出土 高句麗 土器 研究의 몇 가지 問題」『白山学報』第 69 号、白山学会

崔鍾澤　2006　「南韓地域 高句麗 土器의 編年 研究」『先史와 古代』第 24 号、韓国古代学会

崔鍾澤　2007　「南韓地域 高句麗 土器의 性格」『京畿道의 高句麗 文化遺産』京畿道博物館

崔鍾澤　2008　「考古資料를 통해 본 熊津都邑期 漢江流域 領有説 再考」『百済研究』第 47 輯、忠南大学校百済研究所

崔鍾澤　2011　「南韓地域 高句麗古墳의 構造特徴과 歴史的 意味」『韓国考古学報』第 81 輯、韓国考古学会

崔鍾澤　2016　「湖西地域 高句麗遺蹟의 調査現況과 歴史的 性格」『百済研究』第 63 輯、忠南大学校百済研究所

崔興鮮　2014a　『原三国~三国時代 藍田貝塚 土器 研究』全北大学校大学院碩士学位論文

崔興鮮　2014b　「全北 西海岸地域 原三国~三国時代 土器 変化—群山 藍田貝塚・住居址 出土品을 中心으로—」『全北史学』第 45 号、全北史学会

忠南大学校博物館　1983　『忠南大学校博物館図録』

忠清南道誌編纂委員会　2008　『忠清南道誌』第 6 巻 朝鮮前期

池健吉　1978　「保寧・長蜆里 百済古墳 出土遺物」『百済文化』第十一輯、公州師範大学附設百済文化研究所

池珉周　2006　「百済時代 短頸瓶의 変遷様相에 대하여」『錦江考古』第 3 輯、忠清文化財研究院
〔ㅌ〕
土田純子　2004a　『百済 土器의 編年 研究―三足器・高杯・뚜껑을 中心으로―』忠南大学校大学院碩士学位論文
土田純子　2004b　「百済 有蓋三足器의 編年 研究」『韓国考古学報』第 52 輯、韓国考古学会
土田純子　2005b　「百済 短頸瓶의 研究」『百済研究』第 42 輯、忠南大学校百済研究所
土田純子　2006　「百済 平底外反口縁短頸壺 및 小型平底短頸壺의 変遷考」『韓国上古史学報』第 51 号、韓国上古史学会
土田純子　2009　「泗沘様式土器에서 보이는 高句麗土器의 影響에 대한 検討」『韓国考古学報』第 72 輯、韓国考古学会
土田純子　2011　「日本 出土 百済（系）土器：出現과 変遷」『百済研究』第 54 輯、忠南大学校百済研究所
土田純子　2012a　「百済遺蹟 出土 中国 瓷器에 대한 伝世論 検討―中・日의 事例와 関連하여―」『韓国考古学報』第 82 輯、韓国考古学会
土田純子　2012b　「百済遺蹟 出土 倭系遺物에 대한 検討―百済土器와 共伴된 資料를 中心으로―」『百済와 周辺世界』진인진
土田純子　2013a　『百済土器 編年 研究』忠南大学校大学院博士学位論文
土田純子　2013b　「馬韓・百済地域 出土 炊事容器 変遷」『百済研究』第 58 輯、忠南大学校百済研究所
土田純子　2014　『百済土器 東아시아 交叉編年 研究』書景文化社
土田純子　2015　「馬韓・百済地域出土煮炊器の変遷」『韓式系土器研究XIV』韓式系土器研究会
土田純子　2016a　「考古資料를 통해 본 漢城期 百済의 領域拡大過程 研究」『韓国基督教博物館誌』第 12 号、崇実大学校基督教博物館
土田純子　2016b　「百済土器 編年을 통해 본 新羅・加耶土器의 併行関係 検討」『中西部地域 考古学 研究』진인진
〔ㅎ〕
河承哲　2015　『小加耶의 考古学的 研究』慶尚大学校大学院博士学位論文
韓国考古学会　2010　『韓国考古学講義』（改訂新版）、社会評論
韓濬伶　2002　『百済 漢城期의 土器 研究―城郭 出土 遺物을 中心으로―』檀国大学校大学院碩士学位論文
韓濬伶　2003　「百済 漢城期의 城郭 出土 土器 研究」『先史와 古代』第 18 号、韓国古代学会
韓濬伶　2014　「漢城百済期 都城 周辺 地域 文化의 一様相」『文化史学』41、韓国文化史学会
韓志仙　2003　『土器를 통해 본 百済 古代国家 形成過程 研究』中央大学校大学院碩士学位論文
韓志仙　2004　「把手」『風納土城Ⅳ』韓神大学校博物館
韓志仙　2005　「百済土器 成立期 様相에 대한 再検討」『百済研究』第 41 輯、忠南大学校百済研究所
韓志仙　2009　「百済의 炊事施設과 炊事方法―漢城期를 中心으로―」『百済学報』第 2 号、百済学会
韓志仙　2011　「漢城百済期 盌의 製作技法과 그 変遷―서울京畿圏 出土遺物을 中心으로―」『文化財』第 44 巻・第 4 号、国立文化財研究所
韓志仙　2012　「新鳳洞 百済古墳群 出土 土器遺物」『清州 新鳳洞古墳群 発掘 30 周年 紀念 国際学術会議』忠北大学校博物館
韓志仙　2013a　「華川 原川里遺蹟의 土器를 통해 본 遺蹟変遷上 検討」『百済의 辺境』翰林大学校翰林考古学研究所
韓志仙　2013b　「漢城百済期聚落과 土器遺物群의 変遷様相―서울과 京畿圏 編年樹立을 위하여―」『中央考古研究』第 12 号、中央文化財研究院
韓志仙・韓芝守　2011　「第 2 章 遺物集成 中国」『韓国 出土 外来遺物』1、韓国文化財調査研究機関協会
韓志仙・李明姫　2012a　「漢城百済期 器台 研究―風納土城 出土 円筒形器台와 上狭下広形器台를 中心으

로—」『考古学誌』第18輯、国立中央博物館
韓志仙・金王国　2012b　「漢城百済期 전달린 土器 研究—耳附盤・耳附盌을 中心으로—」『漢江考古』第8号、漢江文化財研究院
韓芝守　2010　「百済 風納土城 出土 施釉陶器 研究—慶堂地区 196号 遺構 出土品과 中国 資料와의 比較를 中心으로—」『百済研究』第51輯、忠南大学校百済研究所
韓芝守　2011a　「百済遺蹟 出土 中国製 施釉陶器 研究」『中国 六朝의 陶磁』国立公州博物館
韓芝守　2011b　「196号 遺構 出土 中国 陶器類」『風納土城XII』韓神大学校博物館
咸在昱　2010　『韓半島 中・西南部地域의 古代 鉄鏃 研究』忠北大学校大学院碩士学位論文
海洋水産部　2002　『韓国의 海洋文化：西南海域』上
許真雅　2006　『韓国 西南部地域 시루의 変遷』全南大学校大学院碩士学位論文
許真雅　2008　「湖南地域 3～5世紀 炊事容器의 時空間的 樣相」『炊事의 考古学』書景文化社
洪潽植　2007　「新羅・加耶圏域 内의 馬韓・百済系 文物」『4～6世紀 加耶・新羅 古墳 出土의 外来系 文物』（第16回 嶺南考古学会 学術発表会）、嶺南考古学会
洪潽植　2014a　「新羅・加耶 古墳 交叉編年」『嶺南考古学』第70号、嶺南考古学会
洪潽植　2014b　「新羅・加耶系 遺物年代論」『栄山江流域 古墳 土木技術의 旅程과 時間을 찾아서』（2014年 下半期 国際学術大会）、大韓文化財研究院
洪鎮根　1992　「高霊 盤雲里 瓦質土器 遺蹟」『嶺南考古学』第10号、嶺南考古学会
黄春任　2009　『原三国時代 両耳附壺에 관한 研究』忠南大学校大学院碩士学位論文

韓国・朝鮮語（発掘調査報告書）―カナダ順

〔ㄱ〕

嘉耕考古学研究所　2013　『論山 定止里 遺蹟』
姜秉権　2009　『舒川 鳳仙里遺蹟』
江原文化財研究所　2012　『洪川 城山里遺蹟』
京畿文化財研究院　2009　『龍仁 麻北洞 聚落遺蹟』
京畿文化財研究院　2010a　『龍仁 新葛洞 周溝土壙墓』
京畿文化財研究院　2010b　『広州 墻枝洞 聚落遺蹟』
京畿文化財研究院　2010c　『始興 陵谷洞遺蹟』
京畿文化財研究院　2011a　『烏山 内三美洞 遺蹟』
京畿文化財研究院　2011b　『坡州 瓦洞里III 遺蹟』
京畿文化財研究院　2011c　『龍仁 書川洞遺蹟』
京畿文化財研究院　2012a　『烏山 水清洞 百済 墳墓群』
京畿文化財研究院　2012b　『金浦 陽谷遺蹟』
慶南考古学研究所　2000　『道項里 末山里 遺蹟』
慶南考古学研究所　2002　『泗川 鳳渓里 三国時代 集落』
慶南考古学研究所　2004　『晋州 武村III―三国時代（1）―』
慶南考古学研究所　2005a　『晋州 武村IV―三国時代（2）―』
慶南考古学研究所　2005b　『金海 鳳凰土城』
慶南考古学研究所　2009　『金海会峴里貝塚I』
慶南文化財研究院　2007　『咸安 梧谷里遺蹟I・II』
慶南発展研究院歴史文化센터　2004　『昌原 道渓洞遺蹟』
慶南発展研究院歴史文化센터　2006a　『金海 鳳凰洞 380-24番地 遺蹟』
慶南発展研究院歴史文化센터　2006b　『山清 坪村里遺蹟』

慶南発展研究院歴史文化센터　2007a　『咸陽　花山里遺蹟』
慶南発展研究院歴史文化센터　2007b　『山清　坪村里遺蹟Ⅱ』
慶南発展研究院歴史文化센터　2011　『山清　下村里遺蹟―Ⅱ地区―』
慶南大学校博物館　2013　『山清　黙谷里遺蹟』
慶北大学校博物館　2000　『慶州　隍城洞　遺蹟Ⅲ』
慶尚文化財研究院　2011　『咸安　道項里古墳群』
慶尚北道文化財研究院　2000a　『高霊　池山洞古墳群―本文Ⅰ：竪穴式石槨墓―』
慶尚北道文化財研究院　2000b　『高霊　池山洞古墳群―本文Ⅱ：横穴(口)式石室墓―』
慶尚北道文化財研究院　2002　『浦項　鶴川里遺蹟発掘調査報告書Ⅰ』
慶尚北道文化財研究院　2006　『清道　鳳岐里　遺蹟』
慶尚北道文化財研究院　2007　『達城　本里里古墳群　発掘調査　報告書』
慶尚北道文化財研究院　2008　『浦項　虎洞遺蹟Ⅲ』
慶尚北道文化財研究院　2009　『浦項　大甫里　遺蹟（Ⅱ）』
慶尚北道文化財研究院　2015　『慶州　隍城洞　590番地　遺蹟Ⅰ』
慶州文化財研究所　1995　『乾川休憩所新築敷地　発掘調査報告書』
啓明大学校行素博物館　2006　『星州星山洞古墳群』
高琴任・張智賢・朴春圭・윤용환・鄭仁淑　2009　『高速国道　第27号線　全州-南原間　建設工事敷地　内　文化遺蹟　発掘調査　報告書』全北文化財研究院
郭長根・趙仁振　2001　「臥亭遺蹟　1次　調査内容」『鎮安　臥亭遺蹟』全北大学校博物館・群山大学校博物館
郭長根・趙仁振　2004　『群山　山月里遺蹟』群山大学校博物館
郭長根・趙仁振　2005　『長水　三奉里・東村里　古墳群』群山大学校博物館
郭長根・韓修英・趙仁振・李恩廷　2001　「鎮安　黃山里　古墳群」『鎮安　龍潭댐　水没地区内　文化遺蹟　発掘調査　報告書　Ⅳ』群山大学校博物館
国立加耶文化財研究所　2011　『昌寧　松峴洞古墳群Ⅰ』
国立慶州文化財研究所　1996　『慶州　芳内里古墳群』
国立慶州博物館　1990　『慶州　月城路古墳群―下水道工事에　따른　収拾発掘調査報告―』
国立慶州博物館　1995　『冷水里　古墳』
国立慶州博物館　2000　『慶州　隍城洞遺蹟Ⅰ』
国立慶州博物館　2003　『慶州　朝陽洞遺蹟』
国立慶州博物館　2015　『慶州　鶏林路　新羅墓1』
国立公州博物館　1999b　『艇止山』
国立公州博物館　1999c　『大田　月坪洞遺蹟』
国立光州博物館　1993　『霊岩　新燕里　9号墳』
国立光州博物館　2011　『海南　龍頭里古墳』
国立羅州文化財研究所　2010　『羅州　伏岩里遺蹟Ⅰ』
国立羅州文化財研究所　2011　『羅州　五良洞　窯址Ⅰ』
国立羅州文化財研究所　2013　『羅州　伏岩里遺蹟Ⅱ』
国立羅州文化財研究所　2014　『羅州　五良洞　窯址Ⅱ』
国立文化財研究所　2001b　『風納土城Ⅰ』
国立文化財研究所　2001c　『羅州　伏岩里　3号墳』
国立文化財研究所　2007　『風納土城Ⅷ』
国立文化財研究所　2009　『風納土城Ⅺ』
国立文化財研究所　2012a　『風納土城ⅩⅢ』

国立文化財研究所　2012b　『風納土城XIV』
国立文化財研究所　2013b　『風納土城XV』
国立文化財研究所　2014　『風納土城XVI』
国立扶餘文化財研究所　1993　『扶餘 旧衙里百済遺蹟 発掘調査報告書』
国立扶餘文化財研究所　1995　『扶蘇山城 発掘調査 中間報告』
国立扶餘文化財研究所　1996　『弥勒寺 遺蹟発掘調査報告書Ⅱ』
国立扶餘文化財研究所　1997a　『王宮里 発掘調査 中間報告Ⅱ』
国立扶餘文化財研究所　1997b　『扶蘇山城 発掘調査 中間報告Ⅱ』
国立扶餘文化財研究所　1998　『陵山里』
国立扶餘文化財研究所　1999　『宮南池 発掘調査報告書』
国立扶餘文化財研究所　2001　『宮南池Ⅱ―現 宮南池 西北便一帯―』
国立扶餘文化財研究所　2002a　『花枝山 遺蹟発掘調査報告書』
国立扶餘文化財研究所　2002b　『益山 王宮里 発掘中間報告Ⅳ』
国立扶餘文化財研究所　2006　『王宮里 発掘中間報告Ⅴ』
国立扶餘文化財研究所　2008a　『陵寺』
国立扶餘文化財研究所　2008b　『益山 王宮里 発掘中間報告Ⅵ』
国立扶餘文化財研究所　2009a　『扶餘 官北里百済遺蹟 発掘報告Ⅲ』
国立扶餘文化財研究所　2009b　『扶餘 官北里百済遺蹟 発掘報告Ⅳ―2008年 調査区域―』
国立扶餘文化財研究所　2009c　『王興寺址Ⅲ』
国立扶餘文化財研究所　2011a　『帝釋寺址 発掘調査報告書Ⅰ』
国立扶餘文化財研究所　2011b　『扶餘 定林寺址』
国立扶餘博物館　2000　『松菊里Ⅵ』
国立扶餘博物館　2007a　『扶餘 論峙 祭祀遺蹟』
国立扶餘博物館　2007b　『宮南池』
国立扶餘博物館　2007c　『陵寺』
国立扶餘博物館　2015　『扶餘 定林寺址』
国立全州博物館　1994　『扶安 竹幕洞 祭祀遺蹟』
国立中原文化財研究所　2009　『忠州 塔坪里 遺蹟（中原京 推定地）試掘調査報告書』
国立中原文化財研究所　2012　『忠州 塔坪里遺蹟（中原京 推定地）第3次試掘発掘調査報告書』
国立中原文化財研究所　2013　『忠州 塔坪里遺蹟（中原京 推定地）発掘調査報告書』
国立昌原文化財研究所　1997　『咸安 道項里古墳群Ⅰ』
国立昌原文化財研究所　1999　『咸安 道項里古墳群Ⅱ』
国立昌原文化財研究所　2000　『咸安 道項里古墳群Ⅲ』
国立昌原文化財研究所　2001　『咸安 道項里古墳群Ⅳ』
国立昌原文化財研究所　2004　『咸安 道項里古墳群Ⅴ』
国立昌原文化財研究所　2005　『固城 内山里古墳群Ⅱ』
国立清州博物館　2000　『清州 明岩洞遺蹟（Ⅰ）』
国防文化財研究院　2012　『楊州 広石里遺蹟』
群山大学校博物館　2002　『群山 堂北里・新観洞』
群山大学校博物館　2003　『群山 屯徳里・舒川 新浦里遺蹟』
群山大学校博物館　2004　『群山 大明里・玉昆里・通使里』
権五栄　1991　『松菊里Ⅳ』国立中央博物館
権五栄・権度希・韓志仙　2004　『風納土城Ⅳ』韓神大学校博物館

權五栄・韓志仙　2005　『風納土城Ⅵ』韓神大学校博物館
權五栄・權度希・朴智殷　2006　『風納土城Ⅶ』韓神大学校博物館
權五栄・朴智殷　2009　『風納土城Ⅹ』韓神大学校博物館
權五栄・韓芝守・韓志仙・李美善・李恩妊・李善玉　2011　『風納土城Ⅻ―慶堂地区 196号 遺構에 대한 報告―』韓神大学校博物館
權五栄・崔煐玟・李恩妊・沈煥錫・金賢暻・鄭洛賢・姜晶植　2011　『華城 旺林里 노리재골Ⅱ 百済遺蹟』韓神大学校博物館
權五栄・韓志仙・朴智殷・李恩妊・金賢暻・申和永　2015　『風納土城ⅩⅦ』韓神大学校博物館
畿甸文化財研究院　2003a　『龍仁 旧葛里 遺蹟』
畿甸文化財研究院　2003b　『대덕골 遺蹟』
畿甸文化財研究院　2005　『龍仁 宝亭里 소실遺蹟』
畿甸文化財研究院　2006　『龍仁 清徳里 百済 竪穴遺構』
畿甸文化財研究院　2007　『華城 石隅里 먹실遺蹟』
畿湖文化財研究院　2013a　『東灘2新都市 文化遺蹟』（第6巻/38地点）
畿湖文化財研究院　2013b　『烏山 塔洞・斗谷洞 遺蹟』
畿湖文化財研究院　2015　『抱川 自作里遺蹟 Ⅲ』
金佳英・李周娟・최보람　2012　『公州 徳芝里 遺蹟』百済文化財研究院
金建洙・盧美善・梁海雄　2003a　『高敞 鳳徳遺蹟Ⅰ―方形推定 墳・溝―』湖南文化財研究院
金建洙・盧美善・梁海雄　2003b　『高敞 鳳徳遺蹟Ⅱ―住居址・溝―』湖南文化財研究院
金建洙・韓修英・陳萬江・趙希鎮　2004　『益山 源水里遺蹟―酉城・金谷・月谷―』湖南文化財研究院
金建洙・金永熙　2004　『潭陽 城山里遺蹟』湖南文化財研究院
金庚澤・鄭治泳・李健一・閔銀淑・朱恵美・鄭恩知　2011　『松菊里Ⅶ』韓国伝統文化大学校考古学研究所
金奎正・梁英珠・金祥奎・丁在永　2012　『南原 月山里古墳群―M4・M5・M6号墳―』全北文化財研究院
金起雙・李庚子・尹琇姫　2007　『坡州 六渓土城 調査研究報告書』百済文化開発研究院
金吉植・南宮丞・李浩炯　1991　『天安花城里百済墓』国立公州博物館
金東鎬　1984a　「東莱 福泉洞古墳群 発掘調査報告」『上老大島』東亜大学校博物館
金東鎬　1984b　「固城東外洞貝塚」『上老大島』東亜大学校博物館
金斗喆・安星姫・趙知慧・裵貞妍・林志暎・李鉉宇・柳洵米・陳承爰・趙在勇・崔恩肥・朱旻志　2013　『福泉洞古墳群―19・20, 25・26, 31・32号墳―』釜山大学校博物館
金斗喆・安星姫・朴俊炫　2014　『福泉洞古墳群Ⅵ―2・27, 8・9, 14・24号墳―』釜山大学校博物館
金帛範　2006　『扶餘 佳中里 가좌・山直里 遺蹟 및 恩山里 上月里 遺蹟』忠清文化財研究院
金秉模・沈光注・許美姫　1986　『京畿道百済文化遺蹟』（地表調査報告）、漢陽大学校博物館
金秉模・金娥官・安聖民・朴成南・具俊謨・黃潤喜・서유재・李美花　2012　『漣川 江内里 遺蹟』高麗文化財研究院
金炳熙・柳龍秀・金貞仁・呉雲錫　2010　『忠州 豆井里 遺蹟』中原文化財研究院
金祥奎・金英泰　2011　『扶安 白山城Ⅲ』全北文化財研究院
金誠亀・申光燮・金鍾萬・姜熙天　1988　『扶餘 亭岩里 가마터（Ⅰ）』国立扶餘博物館
金成南・黃在焄・李花英・沈相六　2010　『扶餘 佳塔里 百済遺蹟』扶餘郡文化財保存센터
金成南・李花英　2012　『舒川 芋山里・水城里遺蹟』扶餘郡文化財保存센터
金成南・李花英・全修智　2013　「扶餘 旧衙里 88-3番地 遺蹟」『扶餘 旧衙里・東南里 一帯 百済遺蹟』扶餘郡文化財保存센터
金成南・李花英　2013　『扶餘 官北里 160番地 百済遺蹟』扶餘郡文化財保存센터
金成南・李花英・崔洧禎　2014　『扶餘 佳塔里 393-35番地 百済遺蹟』百済古都文化財団

金成南・金英・崔湞禎　2014　『扶餘 雙北里 154-10 番地 泗沘 工房区遺蹟』百済古都文化財団
金承玉・李承泰・李澤求・이보람　2010a　『上雲里Ⅰ—가・나・다地区 墳丘墓—』全北大学校博物館
金承玉・李承泰・李澤求・이보람　2010b　『上雲里Ⅱ—라地区 墳丘墓 및 나・라地区 木棺墓群—』全北大学校博物館
金承玉・李承泰・李澤求・이보람　2010c　『上雲里Ⅲ—生活遺構 및 墳墓・総合考察—』全北大学校博物館
金承玉・千羨幸・卞熙雯・朴書賢・정다운　2015　『南原 西谷里 및 斗洛里 32 号墳』全北大学校博物館
金娥官・具俊謨・黄潤喜　2010　『烏山 内三美洞遺蹟』高麗文化財研究院
金娥官・蘇相永・李相傑・李王浩・朴天澤・孫雪彬　2010　『加平 項沙里遺蹟』高麗文化財研究院
金栄国・李耿烈　2011　『扶餘 北皐里 遺蹟』百済文化財研究院
金栄国・鄭容準・최새롬・鄭善愛・李美妍　2013　『燕岐 長在里 遺蹟』百済文化財研究院
金元龍・林永珍　1986　『石村洞 3 号墳東쪽古墳群整理調査報告』서울大学校博物館
金元龍・任孝宰・林永珍　1987　『夢村土城 東北地区発掘報告』서울大学校博物館
金元龍・任孝宰・朴淳発　1988　『夢村土城 東南地区発掘調査報告』서울大学校博物館
金元龍・任孝宰・朴淳発・崔鍾澤　1989　『夢村土城 西南地区発掘調査報告』서울大学校博物館
金銀雅・卞智賢　2014　『禮山 沐里・新里遺蹟』2 巻、忠清文化財研究院
金一圭　2002　「考察」『慶州 隍城洞 遺蹟—537-1・537-4・535-8, 544-1・6 番地 発掘調査 報告書』韓国文化財保護財団
金日成総合大学出版社　1973　「Ⅱ. 安鶴宮址」『大城山城의 高句麗遺蹟』
金正完・任鶴鐘・権相烈・孫明助・鄭聖喜　1987　『陝川磻溪堤古墳群』国立晋州博物館
金廷鶴・鄭澄元　1979　『釜山華明洞古墳群』釜山大学校博物館
金載悦・金邱軍・辛勇旻・李根旭　1998　『華城 馬霞里 古墳群』湖巌美術館
金宰佑・李映周・金成南・朴昭垠　2001　『金海 덕亭遺蹟』慶星大学校博物館
金在賢　2002　『釜山 大清遺蹟』釜山大学校博物館
金鍾文・金奎正・梁英珠　2007　『高敞 南山里遺蹟』全北文化財研究院
金鍾文・安孝成　2007　『益山 盃山遺蹟』全北文化財研究院
金鍾徹　1978　「高霊 池山洞 第 45 号 古墳発掘調査報告」『大伽倻古墳発掘報告書』高霊郡
金鍾徹　1981　『高霊池山洞古墳群 32～35 号墳・周辺石槨墓』啓明大学校博物館
金宅圭・李殷昌　1975　『皇南洞古墳発掘調査概報』嶺南大学校博物館
金亨坤・文栢成　2000　『昌原 遷善洞古墳群』昌原大学校博物館
金亨坤・金眩希・高恩英　2004　『蔚山 茶雲洞 遺蹟Ⅰ』昌原大学校博物館
金花貞　2009　『清州 石所洞遺蹟』中原文化財研究院

〔ㄴ〕
羅建柱　2003　『公州 花井里 遺蹟』忠清埋蔵文化財研究院

〔ㄷ〕
東方文化財研究院　2013　『扶餘 泗沘 119 安全센터 新築敷地内 扶餘 雙北里 173-8 番地』
東新大学校文化博物館　2011a　『羅州 永同里古墳群』
東新大学校文化博物館　2011b　『羅州 月台里古墳』
東亜大学校博物館　1970　『東萊福泉洞第一号古墳発掘調査報告』
東亜細亜文化財研究院　2009　『金海 竹谷里 遺蹟Ⅰ』
東洋大学校博物館　2005　『高霊 盤雲里 木槨墓』
大韓文化財研究院　2013a　『順天 蓼谷里 蒜山遺蹟』
大韓文化財研究院　2013b　『光州 良瓜洞 杏林遺蹟Ⅰ』
大韓文化財研究院　2015a　『霊岩 泰澗里 자라봉古墳 学術発掘調査—第 2 次 学術諮問会議 資料集—』

大韓文化財研究院　2015b　『高敞 七岩里古墳 学術発掘調査 資料集』

〔ㄹ〕

柳基正・梁美玉　2002　『公州 金鶴洞 古墳群』忠清埋蔵文化財研究院

柳基正・朴大淳・柳昌善　2003　『舒川 花山里 古墳群』忠清埋蔵文化財研究院

柳基正・田鎰溶　2004　『青陽 長承里 古墳群』忠清文化財研究院

柳基正・柳昌善・朴大淳・梁美玉・田鎰溶　2005　『扶餘 井洞里遺蹟』忠清文化財研究院

柳基正・徐大源・李尚馥・金虎範・朴根成・전유리・朴鍾鎮　2012　『牙山 松村里 遺蹟・小東里 가마터』錦江文化遺産研究院

柳哲・姜元鍾・趙子英・李修昊・姜赫　2012　『井邑 外墻・五亭遺蹟』全州文化遺産研究院

柳哲・田尚学・李恩政・趙子英・白沃鍾・盧智賢・任仁赫　2013　『高敞 紫龍里・石南里遺蹟』全州文化遺産研究院

柳哲・李恩政・田尚学・盧景珍・白沃鍾・任仁赫・盧智賢・楊善美　2014　『全州 安心・암멀遺蹟』全州文化遺産研究院

〔ㅁ〕

馬韓・百済文化研究所　2012a　『高敞 鳳徳里 1号墳』

馬韓・百済文化研究所　2012b　『益山 石旺洞 遺蹟』

馬韓・百済文化研究所　2016　『高敞 鳳徳里 1号墳 綜合報告書』

馬韓文化財研究院　2014　『羅州 月良里遺蹟』

夢村土城発掘調査団　1985　『夢村土城発掘調査報告』

文化財管理局文化財研究所　1985　『皇南大塚 北墳発掘調査報告書』

文化財管理局文化財研究所　1993　『慶州 皇南大塚 南墳発掘調査報告書』

文化財研究所　1989　『益山 笠店里古墳』

文安植・李釩起・宋章宣・崔権鎬・林東中　2015　『咸平 金山里 方台形古墳』全南文化財研究所

〔ㅂ〕

朴慶植・徐栄一・方瑠梨　2001　『利川 雪峰山城 2次 発掘調査 報告書』檀国大学校埋蔵文化財研究所

朴慶植・徐栄一・金虎俊・方瑠梨　2004　『抱川 半月山城』檀国大学校埋蔵文化財研究所

朴慶植・徐栄一・金虎俊・方瑠梨・田福涼・李在雪　2004　『利川 雪城山城 2・3次 発掘調査報告書』檀国大学校埋蔵文化財研究所

朴慶植・徐栄一・方瑠梨・金虎俊・李在雪　2004　『漣川 隠垈里城 地表 試・発掘調査 報告書』檀国大学校埋蔵文化財研究所

朴東百・金亨坤・崔憲燮・兪炳一・朴文洙　1995　『咸安 梧谷里遺蹟』昌原大学校博物館

朴東百・秋淵植　1987　『昌原 道渓洞古墳群Ⅰ』昌原大学校博物館

朴大淳　2010　『舒川 堂丁里 古墳群』忠清文化財研究院

朴大淳・鄭華栄　2008　『扶餘 雙北里 두시럭골 遺蹟』忠清文化財研究院

朴大淳・池珉周　2006　『公州 丹芝里遺蹟』忠清文化財研究院

朴美羅・金京美　2009　『麗水 馬山・華東遺蹟』馬韓文化研究院

朴性姫・趙晟允　2011　『論山 奈洞 遺蹟』韓国考古環境研究所

朴淳発・成正鏞　2000　『百済泗沘羅城Ⅱ』忠南大学校百済研究所

朴淳発・李相吉　1994　『固城 蓮塘里古墳群』慶南大学校博物館

朴淳発・李亨源・山本孝文・董宝璟・姜秉権・李晟準・李販燮　2003　『泗沘都城』忠南大学校百済研究所

朴升圭　1994　『宜寧의 先史 伽倻遺蹟』宜寧文化院・慶尚大学校博物館

朴升圭・金昌億・李在興・장은정　2004　『高霊 池山洞古墳群Ⅰ』嶺南文化財研究院

朴升圭・河真鎬・朴相銀　2006a　『高霊 池山洞古墳群Ⅱ』嶺南文化財研究院

朴升圭・河真鎬・朴相銀　2006b　『高霊 池山洞古墳群Ⅲ』嶺南文化財研究院
朴升圭・河真鎬・朴相銀　2006c　『高霊 池山洞古墳群Ⅳ』嶺南文化財研究院
朴升圭・河真鎬・朴相銀　2006d　『高霊 池山洞古墳群Ⅴ』嶺南文化財研究院
朴升圭・張容碩・禹炳喆・尹南淑　2008a　『慶山 林堂洞 마을遺蹟Ⅱ』嶺南文化財研究院
朴升圭・張容碩・禹炳喆・尹南淑　2008b　『慶山 林堂洞 低湿地遺蹟Ⅱ』嶺南文化財研究院
朴永民・高琴任・田枝浩・鄭仁淑　2009a　『全州 長洞遺蹟Ⅱ』全北文化財研究院
朴永民・高琴任・安孝成　2009b　『全州 長洞遺蹟Ⅲ—Ⅱ・Ⅲ区域—』全北文化財研究院
朴有貞　2006　『燕岐 月山里 遺蹟』忠清文化財研究院
朴有貞　2010　『洪城 南長里遺蹟』忠清文化財研究院
朴有貞　2014　『禮山 沐里・新里遺蹟』1巻、忠清文化財研究院
朴貞花・張鉉玉　2008　『尚州 시비실遺蹟』慶尚北道文化財研究院
朴天秀・金在賢・李在煥・松永悦枝・諫早直人・崔允銑・李炫姃・鄭朱喜・金奎運　2009　『高霊 池山洞44号墳—大伽耶王陵—』慶北大学校博物館
裵基同・金成一・金基龍・李哲珉　2012　『漣川 三串里 遺蹟』漢陽大学校文化財研究所
百済古都文化財団　2016　『扶餘 花枝山遺蹟［史蹟 第425号］2次 発掘調査』
福泉博物館　2009　『金海 花亭遺蹟Ⅱ』
釜山広域市立博物館　1997　『東萊 福泉洞古墳群—第5次 発掘調査 99～109号墓—』
釜山広域市立博物館　1998a　『機張 清江里古墳群』
釜山広域市立博物館　1998b　『釜山의 三国時代 遺蹟과 遺物Ⅰ—東萊貝塚—』
釜山広域市立博物館　2001　『東萊 福泉洞古墳群—52・54号』
釜山大学校博物館　1983　『蔚州華山里古墳群』
釜山大学校博物館　1985　『金海 禮安里古墳群Ⅰ』
釜山大学校博物館　1990　『東萊 福泉洞古墳群Ⅱ』
釜山大学校博物館　1993　『金海 禮安里古墳群Ⅱ』
釜山大学校博物館　1997　『蔚山 下垈遺蹟—古墳Ⅰ』
釜山大学校博物館　1998a　『金海 鳳凰臺遺蹟』
釜山大学校博物館　1998b　『機張郡 文化遺蹟 地表調査 報告書』
釜山博物館　2013　『九朗洞古墳群』
釜山直轄市立博物館　1992　『東萊福泉洞53号墳』
扶餘文化財研究所　1991　『扶餘芝仙里古墳群』
扶餘文化財研究所　1994　『扶餘 百済古墳 地表調査Ⅰ』

〔ㅅ〕

徐大源・李仁鎬・崔旭・朴根成　2012　『扶餘 佳塔里 가탑들 遺蹟』錦江文化遺産研究所
徐五善・李浩炯　1995　『下鳳里Ⅰ』国立公州博物館
서울文化遺産研究院　2013　『城南～驪州 第6工区 広州 新垈里 文化遺蹟 2・2-1 地点 精密発掘調査 略式報告書』
徐賢珠・朴性姫・趙晟允・田美爛・金渶　2011　『仁川 雲南洞貝塚』韓国考古環境研究所
徐賢珠・李健一・金桓熙・李知垠　2015　『扶餘 佳塔里 산이고갯골遺蹟』韓国伝統文化大学校考古学研究所
西海文化財研究院　2013　『水原 笠北洞 遺蹟』
成正鏞・李亨源　2002　『龍山洞』忠南大学校博物館
成正鏞・辛正玉・韓辰淑・朴美羅　2013　『扶餘 東南里遺蹟』忠南大学校博物館
成正鏞・李素栄・全姫卿・金垠周・李善玉・南相源・崔雨林・成洙一　2010　『燕岐 應岩里 가마골 遺蹟（B地区）』忠北大学校博物館

成周鐸・車勇杰　1984　『保寧 保寧里百済古墳発掘調査報告書』忠南大学校百済研究所
成春澤・李晟準・土田純子・崔卿煥　2007　『華城 半月洞遺蹟』忠南大学校百済研究所
孫明洙・金泰洪　2009　『槐山 俊承里遺蹟』韓国先史文化研究院
宋桂鉉・河仁秀　1990　『東萊 福泉洞萊城遺蹟』釜山直轄市立博物館
宋満栄・李憲載・李笑熙・権純珍　2004　『抱川 自作里遺蹟Ⅰ―緊急発掘調査 報告書―』京畿道博物館
宋錫重　2009　「清州 山南洞 33-7 番地 遺蹟」『清州 山南洞 42-6 番地 遺蹟』中原文化財研究院
宋錫重・尹享洛　2012　『忠州 大花里遺蹟』中原文化財研究院
宋義政・尹炯元　2000　『法泉里Ⅰ』国立中央博物館
宋義政・崔相宗・尹孝男　2004　『光州 新昌洞 墳墓 遺蹟』国立光州博物館
宋義政・洪鎮根・尹龍熙・金想民・李鎔範　2014　『華城 旗安洞 製鉄遺蹟』国立中央博物館
申敬澈・李相憲・李海蓮・金宰佑　1989　『金海 七山洞古墳群Ⅰ』慶星大学校博物館
申敬澈・金宰佑・沈載龍・李映周　2000　『金海 亀旨路 墳墓群』慶星大校校博物館
申敬澈・金宰佑　2000　『金海 大成洞古墳群Ⅱ』慶星大学校博物館
申光燮・金鍾萬　1992　『扶餘 亭岩里 가마터（Ⅱ）発掘調査報告書』国立扶餘博物館
新羅大学校博物館　2004　『山清 中村里古墳群』
新羅文化遺産研究院　2010　『慶州 東山洞遺蹟Ⅱ-1』
沈光注・정나리・李烔祜　2007　『漣川 瓠蘆古塁』韓国土地公社土地博物館
沈光注・李烔祜・金泰根・李秀瀞　2014　『漣川 瓠蘆古塁Ⅳ』韓国土地住宅公社土地住宅博物館
沈奉謹　1982　『陝川 三嘉古墳群』東亜大学校博物館
沈奉謹　1986　『陝川 鳳渓里古墳群』東亜大学校博物館
沈奉謹　1987　『陝川 倉里古墳群』東亜大学校博物館
沈奉謹　1997　『蔚山 川上里遺蹟』東亜大学校博物館
沈奉謹　1998　『梁山 平山里遺蹟』東亜大学校博物館
沈奉謹・朴廣春・李東注・辛勇旻・高久健二　1992　『昌寧 校洞古墳群』東亜大学校博物館
沈奉謹・李東注　1996　『鎮海 龍院遺蹟』東亜大学校博物館
沈相六・李美賢・李明晧　2011　『扶餘 하이마트 遺蹟 発掘調査 報告書』扶餘郡文化財保存센터
沈相六・李美賢・蘇賢淑　2011　『扶餘 世道 帰徳里古墳 発掘調査 報告書』扶餘郡文化財保存센터
沈相六・李美賢　2012　『扶餘 雙北里 146-7 遺蹟』扶餘郡文化財保存센터
沈相六・李美賢・李明晧　2012　『扶餘 旧衙里 319 扶餘中央聖潔教会遺蹟』扶餘郡文化財保存센터
沈相六・李美賢　2013a　『扶餘 뒷개 遺蹟』扶餘郡文化財保存센터
沈相六・李美賢　2013b　『扶餘 羅城―北羅城Ⅰ―』扶餘郡文化財保存센터
沈相六・成懸華・金兌謚　2013c　『扶餘 羅城―北羅城Ⅱ』扶餘郡文化財保存센터
沈相六・成懸華　2013　『聖興山城Ⅱ』扶餘郡文化財保存센터
沈相六・李明晧・李美賢　2014　『扶餘 東南里 202-1 遺蹟』扶餘郡文化財保存센터
沈正輔・洪性彬・尹根一・崔孟植　1996　「扶蘇山城―竪穴建物址, 西門址, 南門址発掘調査報告書―」『扶蘇山城』国立文化財研究所

〔ㅇ〕

安承周・李南奭　1987　『公山城 百済推定王宮址発掘調査報告書』公州師範大学校博物館
安承周・李南奭　1988a　『論山 表井里 百済古墳 発掘調査報告書―1985 年度 発掘調査―』百済文化開発研究院・公州大学校博物館
安承周・李南奭　1988b　『論山 六谷里 百済古墳 発掘調査報告書―1986 年度 発掘調査』百済文化開発研究院
安承周・李南奭　1993　『論山 茅村里 百済古墳群 発掘調査報告書―1992 年度 発掘調査―』百済文化開発研究院・公州大学校博物館

安承周・李南奭　1994　『論山 茅村里 百済古墳群 発掘調査報告書（Ⅱ）―1993年度 発掘調査―』百済文化開発研究院・公州大学校博物館
安鉉重・金英泰　2011　『扶安 白山城Ⅱ―住居址―』全北文化財研究院
梁時恩・趙佳英・李静銀・李鮮馥　2009　『龍馬山 第2堡塁―発掘調査報告書―』서울大学校博物館
楊花英　2009　『咸陽 牛鳴里遺蹟』東西文物研究院
延世大学校原州博物館　2013　『横城 邑下里遺蹟1』
嶺南大学校博物館　2004　『高霊 池山洞 古墳群』
嶺南埋蔵文化財研究院　1996　『高霊 快賓洞古墳群』
嶺南埋蔵文化財研究院　1997　『宜寧 泉谷里古墳群Ⅰ』
嶺南埋蔵文化財研究院　1998a　『浦項 玉城里古墳群Ⅱ―나地区―』
嶺南埋蔵文化財研究院　1998b　『高霊 池山洞30号墳』
嶺南文化財研究院　1999　『慶州 舍羅里遺蹟Ⅰ』
嶺南文化財研究院　2005　『慶州 舍羅里525番地遺蹟』
嶺南文化財研究院　2007　『慶州 舍羅里遺蹟Ⅲ』
領海文化遺産研究院　2013　『潭陽 聲月里 月田古墳 発掘調査 指導委員会 資料』
濊貊文化財研究院　2008　『原州 建登里遺蹟』
濊貊文化財研究院　2013　『華川 原川里遺蹟』
呉圭珍・李康烈・李恵瓊　1999　『天安 龍院里遺蹟 A地区』忠清埋蔵文化財研究院
禹順姫・金技秀　2001　『東萊 福泉洞 鶴巣台古墳』釜山大学校博物館
우리文化財研究院　2008　『昌寧 桂城里遺蹟』
우리文化財研究院　2012　『巨済 鵝洲洞1485番地遺蹟』
우리文化財研究院　2013　『河東 横川里遺蹟』
禹鍾允・成正鏞・孫明洙・張洪善・咸在昱　2007　『忠州 金陵洞 遺蹟』忠北大学校博物館
禹鍾允・李富性・朴洪根・孫明洙・李素栄　2004　『清州 佳景4地区 遺蹟（Ⅱ）』忠北大学校博物館
蔚山大学校博物館　2009　『機張 佳洞遺蹟Ⅱ』
円光大学校馬韓・百済文化研究所　1984　『高敞中月里文化遺蹟調査報告書』
尹徳香・姜元鍾・張智賢・李澤求　2002　『배매산』全北大学校博物館
尹武炳　1985　『扶餘官北里百済遺蹟発掘報告（Ⅰ）』忠南大学校博物館
尹武炳　1999　『扶餘官北里百済遺蹟発掘報告（Ⅱ）』忠南大学校博物館
尹炳鏞・宋桂鉉　1988　『釜山 老圃洞遺蹟Ⅱ』釜山直轄市立博物館
尹世英　1975　「味鄒王陵地区 第9区域（A号破壊古墳）発掘調査報告」『慶州地区 古墳発掘調査報告書』第一輯、文化財管理局
尹世英・李弘鍾　1994　『渼沙里』第5巻（高麗大学校発掘調査団篇）、渼沙里先史遺蹟発掘調査団
尹世英・朴埈範・金一圭・李昶燁・鄭好燮・류지현　2012　『可楽洞2号墳』高麗大学校博物館・서울文化遺産研究院
尹容鎮　1975　「味鄒王陵地区 第1, 2, 3区域 古墳群 및 黄吾洞381番地 古墳調査報告」『慶州地区 古墳発掘調査報告書』第一輯、文化財管理局
尹容鎮　1978　『大伽倻古墳発掘調査報告書』高霊郡
尹容鎮　1987　『陝川苧浦里D地区遺蹟』慶北大学校考古人類学科
尹浄賢　2010　『瑞山 堰岩里 낫머리 遺蹟』忠清文化財研究院
尹浄賢　2011　『天安 柳里・獨井里・道林里 遺蹟』忠清文化財研究院
尹浄賢　2013　『唐津 城山里遺蹟（3-1地点）』2巻、忠清文化財研究院
尹智熙・姜哲圭・李英熙　2013　『唐津 佳谷里 遺蹟Ⅱ』百済文化財研究院

尹邰映・金圭東・崔興鮮　2013　『群山　余方里　藍田貝塚』国立全州博物館

尹炯元　2002　『法泉里Ⅱ』国立中央博物館

殷和秀・崔相宗　2001　「海南　北日面一帯　地表調査報告」『海南　方山里　長鼓峰古墳　試掘調査報告書』国立光州博物館

殷和秀・崔相宗・尹孝男　2004　「新安　内楊里古墳　出土遺物」『海南　龍日里　龍雲古墳』国立光州博物館

李康承・朴淳発・成正鏞　1994　『神衿城』忠南大学校博物館

李康承・禹在柄・李亨源・梁慧珍・姜胎正・韓辰淑　2006　『弓洞』忠南大学校博物館

李康承・山本孝文・李炫政・申貞玉・韓辰淑・朴美羅　2013　『扶餘　雙北里遺蹟Ⅱ』忠南大学校博物館

李南奭　1996　『烏石里遺蹟』公州大学校博物館

李南奭　1997　『汾江・楮石里　古墳群』公州大学校博物館

李南奭　1999　『公州　山儀里遺蹟』公州大学校博物館

李南奭　2000　『龍院里　古墳群』公州大学校博物館

李南奭・徐程錫　2000　『斗井洞遺蹟』公州大学校博物館

李南奭・徐程錫・李賢淑・金美先　2003　『塩倉里古墳群』公州大学校博物館

李南奭・李賢淑・尹英燮　2005　『舒川　芝山里遺蹟』公州大学校博物館

李南奭・李賢淑　2007　『牙山　葛梅里（Ⅰ地域）遺蹟』公州大学校博物館

李南奭・李賢淑・尹英燮　2008　『燕岐　鷹岩里　遺蹟』公州大学校博物館

李南奭・李賢淑　2009　『海美　機池里　遺蹟』公州大学校博物館

李南奭・李賢淑・金瑜婷　2014　『青陽　白谷里遺蹟』公州大学校博物館

李南奭・李勳　1999　『公山城池塘』公州大学校博物館

李南珪・権五栄・趙大衍・李東完　1998　『龍仁　水枝　百済　住居址』韓神大学校博物館

李南珪・権五栄・李基星・李明燁・申誠恵・韓志仙　2003　『風納土城Ⅲ』韓神大学校博物館

李東熙・李順葉・朴泰洪・李昇慧　2007　『光陽　七星里　遺蹟』順天大学校博物館

李尚燁　2001　『瑞山　餘美里遺蹟』忠清埋蔵文化財研究院

李鮮馥・金成南　2000　『華城　堂下里Ⅰ遺蹟』서울大学校博物館

李鮮馥・金成南　2004　『馬霞里　古墳群』서울大学校博物館

李鮮馥・梁時恩・남은실・趙佳英・金俊規　2013　『시루봉保塁Ⅱ』서울大学校博物館

李鮮馥・梁時恩・趙佳英・金俊規　2013　『石村洞古墳群Ⅰ』서울大学校博物館

李鮮馥・趙佳英・金俊規・梁時恩　2014　『石村洞古墳群Ⅱ』서울大学校博物館

李鮮馥・趙佳英　2015　『石村洞古墳群Ⅲ』서울大学校博物館

李盛周・金亨坤　1990　『馬山　県洞遺蹟』昌原大学博物館

李秀珍　2008　『光明　所下洞遺蹟』韓国考古環境研究所

李承源・蘇東永・朴晋佑・金容乾・慶松顯・鄭孝姃　2013　『鎮川　九山里・石帳里　遺蹟』韓国先史文化研究院

李栄文・金承根・姜振表・閔恵永・崔明姫・金昔鉉　2009　『和順　花林里　広大村遺蹟』東北亜支石墓研究所

李暎澈・趙希鎮　2005　『高敵　石橋里遺蹟』湖南文化財研究院

李暎澈・金美蓮・張明燁　2005　『海南　新今遺蹟』湖南文化財研究院

李暎澈・朴泰洪・朴誠培　2012　『光陽　龍江里　石停遺蹟』大韓文化財研究院

李暎澈・朴泰洪・朴聖誕　2013　『羅州　新道里　新坪遺蹟　Ⅰ地区』大韓文化財研究院

李暎澈・林智娜・高卿珍　2015　『霊岩　泰澗里　자라봉古墳』大韓文化財研究院

李栄勳・申鍾煥・尹鍾均　2001　『鎮川　九山里　鉄生産遺蹟　発掘調査報告書』国立清州博物館

李栄勳・李撲山・申鍾煥・尹鍾均　2004　『鎮川　石帳里　鉄生産遺蹟』国立清州博物館

李隆助・車勇杰　1983　『清州新鳳洞百済古墳群発掘調査報告書―1982年度調査―』忠北大学校博物館

李殷昌・梁道栄・金龍星・張正男　1991　『昌寧　桂城里　古墳群―桂南1・4号墳―』嶺南大学校博物館

李仁淑・金圭相　1999　『坡州　舟月里　遺蹟』京畿道博物館
李印学・李秀珍　2009　『龍仁　麻北洞遺蹟』韓国考古環境研究所
李延範・河在晭・조보람　2015　『紅蓮峰1・2堡壘』韓国考古環境研究所
李正鎬・李秀真・洪敏英　2009　『羅州　化丁里　馬山3号墳』東新大学校文化博物館
李正鎬・李秀真・洪敏英・奇津禾・尹孝男　2013　『羅州　新道里遺蹟』東新大学校文化博物館
李在賢　2002　『金海　大清遺蹟』釜山大学校博物館
李眅燮　2006　『舒川　楸洞里　遺蹟』忠清文化財研究院
李眅燮・李仁鎬・金姚希　2008　『扶餘　井洞里　오얏골・꿩바위골　遺蹟』忠清文化財研究院
李憲載・権純珍　2005　『高陽　覓節山遺蹟』京畿道博物館
李憲載・李丙勳・金賢敬・潘銀美　2012　『疏勤山城』京畿道博物館
李浩炯　2005　『瑞山　餘美里　방죽골　墳墓群』忠清文化財研究院
李浩炯・姜秉権　2003　『大田　月坪洞山城』忠清文化財研究院
李浩炯・丘冀鍾　2006　『扶餘　陵山里　東羅城　内・外部　百済遺蹟』忠清文化財研究院
李浩炯・李眅燮　2009　『扶餘　雙北里　현내들・北浦遺蹟』忠清文化財研究院
李浩炯・池珉周・崔相哲　2011　『牙山　龍頭里　진터　遺蹟（Ⅱ）』忠清文化財研究院
李弘鍾・崔鍾澤・金顯哛　2002　『芙江里　遺蹟』高麗大学校埋蔵文化財研究所
李弘鍾・崔鍾澤・姜元杓・朴性姫　2002　『蓮芝里　遺蹟』高麗大学校埋蔵文化財研究所
李弘鍾・金武重・徐賢珠・趙晶夏・朴性姫・趙鎮亨・李雨錫・庄田慎矢・朴相潤・安亨基　2007　『牙山　葛梅里（Ⅲ地域）遺蹟』高麗大学校考古環境研究所
李弘鍾・許義行・조보람・呉垣澈　2010　『燕岐　松潭里・松院里遺蹟』韓国考古環境研究所
李弘鍾・玄大煥・梁智勳　2012　『燕岐　大平里遺蹟』韓国考古環境研究所
李弘鍾・許義行・조보람・李仁学　2015　『燕岐　羅城里遺蹟』韓国考古環境研究所
李弘鍾・安亨基・孫晙鎬　2015　『燕岐　石三里遺蹟』韓国考古環境研究所
林炳泰・崔恩珠・金武重・宋満栄　1994　『渼沙里』第3巻（崇実大学校博物館篇）、渼沙里先史遺蹟発掘調査団
林永珍・趙鎮先　1994　『光州　月桂洞長鼓峰・雙岩洞古墳』全南大学校博物館
林永珍・徐賢珠　1999　『光州　雙村洞　住居址』全南大学校博物館
林永珍・趙鎮先・徐賢珠　1999　『羅州　伏岩里古墳群』全南大学校博物館
林永珍・趙鎮先・徐賢珠・宋恭善　2002　『羅州　德山里古墳群』全南大学校博物館
林永珍・趙鎮先・徐賢珠　2002　『光州　雲南洞　遺蹟』全南大学校博物館
林永珍・李昇龍・全炯玟　2003　『咸平　昭明　住居址』全南大学校博物館
林永珍・趙鎮先・徐賢珠・宋恭善　2004　『咸平　禮德里　萬家村古墳群』全南大学校博物館
林永珍・趙鎮先・李延珉・姜銀珠　2010　『光州　龍頭洞　遺蹟』全南大学校博物館
林孝澤・郭東哲・趙顯福　1989　『大也里住居址』東義大学校博物館
林孝澤・郭東哲　2000　『金海良洞里古墳文化』東義大学校博物館
任孝宰・崔鍾澤・梁成赫・尹相徳・張恩晶　2000　『峨嵯山　第4堡壘』서울大学校博物館
任孝宰・崔鍾澤・林尚澤・呉世筵　1994　『渼沙里』第4巻（서울大学校博物館篇）、渼沙里先史遺蹟発掘調査団
任孝宰・崔鍾澤・尹相徳・張恩晶　2001　『龍院里遺蹟 C地区　発掘調査報告書』서울大学校博物館
任孝宰・崔鍾澤・林尚澤・尹相徳・梁時恩・張恩晶　2002　『峨嵯山　시루봉　堡壘』서울大学校博物館
任孝宰・金成南・李真旼　2002　『華城　古琴山遺蹟』서울大学校博物館
〔ㅈ〕
全北大学校博物館　2003　『扶安　壯東里・富谷里遺蹟』
全峰辰・金斗喆・李東憲・姜延武・金姓旭・高相赫・李慧静　2008　『慶州　皇吾洞100遺蹟Ⅰ』東国大学校慶州캠퍼스博物館

全栄来　1994　「益山, 新龍里百済土器窯址発掘調査報告書」『全北遺蹟調査報告』（下）、書景文化社
田鎰溶・李仁鎬・朴鍾鎮　2012　『大田 伏龍洞 堂山마을 遺蹟』錦江文化遺産研究院
田鎰溶・李仁鎬・尹浄賢　2006　『舒川 楸洞里遺蹟―Ⅰ地域―』忠清文化財研究院
田鎰溶　2007　『舒川 玉北里遺蹟』忠清文化財研究院
田鎰溶・朴鍾鎮・呉正泳　2013　『扶餘 軍守里 耕作遺蹟』錦江文化遺産研究院
全州文化遺産研究院　2015　『高敞 金平里・旺村里・古星里遺蹟』
鄭焮培・金憲・申勝澈・曺容瑄・馬円英・金恩玉・朱恵美・鄭恩知　2010　『扶餘 陵山里寺址 第9次 発掘 調査 報告書』韓国伝統文化大学校考古学研究所
鄭焮培・鄭治泳・朱恵美・李東熙　2011　『扶餘 陵山里寺址 第11次 発掘 調査 報告書』韓国伝統文化大学校考古学研究所
鄭焮培・李健一・金桓熙　2013　『扶餘 佳塔里 錦城山 두시럭골遺蹟』韓国伝統文化大学校考古学研究所
鄭常勳・姜周錫・朴埈吾・李英熙　2012　『燕岐 大平里遺蹟』百済文化財研究院
鄭永和・梁道栄・金龍星　1987　『陜川 苧浦里 古墳群（A 地区）』嶺南大学校博物館
鄭一・田銘勳　2010　『康津 楊柳洞遺蹟』全南文化財研究院
鄭一・李知泳　2011　『光州 杏岩洞 土器가마』全南文化財研究院
鄭一　2013　『麗水 峰守・屯田遺蹟』全南文化財研究院
鄭澄元・申敬澈　1983　『東莱福泉洞古墳群Ⅰ』釜山大学校博物館
鄭海濬・金美先・尹智熙　2009　『唐津 元堂里 文化遺蹟 発掘調査 報告書』百済文化財研究院
鄭海濬・金佳英・李周娟　2010　『論山 斗月里遺蹟』百済文化財研究院
鄭海濬・尹智熙　2011a　『扶餘 雙北里 280-5 遺蹟』百済文化財研究院
鄭海濬・崔秉柱・鄭善愛　2011b　『唐津 佳谷里 遺蹟』百済文化財研究院
曹根佑・朴美羅・崔希真・許宰源　2010　『順天 徳岩里 遺蹟Ⅱ』馬韓文化研究院
曹根佑・朴美羅・崔貞愛・宋章宣・崔希真・崔錫勳　2011　『順天 星山里・松山遺蹟』馬韓文化研究院
曹根佑・朴美羅・金京美・許宰源・李釩起・李昇慧・金花英・辺恵蘭　2013　『順天 星山里 星山遺蹟Ⅱ』馬韓文化研究院
曹根佑・朴美羅・金京美・朴永動・許宰源・崔希真・崔錫勳・白雄起・沈誠燮　2014　『羅州 新道里 道民洞Ⅰ・新平Ⅱ遺蹟』1巻・2巻、馬韓文化研究院
趙録柱　2008　『忠州 漆琴洞 製鉄遺蹟』中原文化財研究院
趙栄済　1988　『陜川 玉田古墳群Ⅰ』慶尚大学校博物館
趙栄済・朴升圭　1987　『陜川 中磻渓墳墓群』慶尚大学校博物館
趙栄済・朴升圭・朴鍾益・姜昱希　1990　『河東 古梨里 遺蹟』慶尚大学校博物館
趙栄済・朴升圭　1990　『陜川 玉田古墳群Ⅱ M3号墳』慶尚大学校博物館
趙栄済・朴升圭・金貞禮・柳昌煥・李瓊子　1992　『陜川 玉田古墳群Ⅲ M1・M2号墳』慶尚大学校博物館
趙栄済・朴升圭・柳昌煥・李瓊子・金相哲　1993　『陜川 玉田古墳群Ⅳ M4・M6・M7号墳』慶尚大学校博物館
趙栄済・朴升圭・柳昌煥・李瓊子・金相哲　1994　『咸安 篁沙里墳墓群』慶尚大学校博物館
趙栄済・朴升圭・柳昌煥・李瓊子　1994　『宜寧 禮屯里墳墓群』慶尚大学校博物館
趙栄済・柳昌煥・李瓊子　1995　『陜川 玉田古墳群Ⅴ M10・M11・M18号墳』慶尚大学校博物館
趙栄済・柳昌煥・李瓊子　1997　『陜川 玉田古墳群Ⅵ 23・28号墳』慶尚大学校博物館
趙栄済・柳昌煥・李瓊子　1998　『陜川 玉田古墳群Ⅶ 12・20・24号墳』慶尚大学校博物館
趙栄済・柳昌煥・河承哲　1999　『陜川 玉田古墳群Ⅷ 5・7・35号墳』慶尚大学校博物館
趙栄済・柳昌煥・宋永鎮　2002　『山清 玉山里遺蹟―木槨墓―』慶尚大学校博物館
趙栄済・宋永鎮・鄭智善・李泍周　2013　『山清 玉山里遺蹟』慶尚大学校博物館
中部考古学研究所　2013　『華城 吉城里土城』

中央文化財研究院　2001　『論山　院北里遺蹟』
中央文化財研究院　2005　『清原　大栗里・馬山里・楓井里遺蹟』
中央文化財研究院　2008a　『安城　道基洞遺蹟』
中央文化財研究院　2008b　『軍浦　富谷洞遺蹟』
中央文化財研究院　2008c　『清原　蓮提里遺蹟』
中央文化財研究院　2009　『驪州　淵陽里遺蹟』
中央文化財研究院　2010　『南楊州　長峴里遺蹟』
中央文化財研究院　2011　『大田　龍渓洞遺蹟』
中央文化財研究院　2012　『始興　牧甘洞・鳥南洞　遺蹟』
中央文化財研究院　2013　『忠州　塔坪里遺蹟』
中央文化財研究院　2014　『燕岐　龍湖里　龍山・合江里遺蹟』
中央文化財研究院　2015　『燕岐　羅城里遺蹟』
中原文化財研究院　2014　『曽坪　杻城山城』

〔ㅊ〕

車勇杰・禹鍾允・趙詳紀・呉允淑　1990　『清州　新鳳洞　百済古墳群　発掘調査報告書―1990年度調査』忠北大学校博物館
車勇杰・趙詳紀・呉允淑　1995　『清州　新鳳洞　古墳群』忠北大学校博物館
車勇杰・趙詳紀　1996　『清州　新鳳洞　古墳群（―1995年度　調査―）』忠北大学校博物館
車勇杰・盧秉湜・朴重均・韓善京　2002a　『清州　新鳳洞　百済古墳群―2000年度発掘分　調査報告書―』忠北大学校博物館
車勇杰・盧秉湜・朴重均・韓善京　2002b　『清州　佳景4地区　遺蹟（Ⅰ）』忠北大学校博物館
車勇杰・朴重均・韓善京・박은연　2004　『清州　南城谷　高句麗遺蹟』忠北大学校博物館
車勇杰・朴重均・盧秉湜・韓善京　2005　『清州　鳳鳴洞遺蹟（Ⅱ）』忠北大学校博物館
車勇杰・尹大植・姜珉植・김지은　2005　『清州　新鳳洞　百済古墳群―2003年度　調査―』忠北大学校博物館
車勇杰・朴重均・韓善京・金貞仁　2007　『松節洞　遺蹟』中原文化財研究院
千昇玄・金羅美　2012　『論山　虎岩里　절골遺蹟』嘉耕考古研究所
崔夢龍・李根旭・金庚澤　1990　「大谷里　도롱　住居址」『住岩댐　水没地域文化遺蹟発掘調査報告書（Ⅶ）』全南大学校博物館
崔秉柱・최보람　2013　『唐津　佳谷2里　遺蹟』百済文化財研究院
崔秉鉉・金根完・柳基正・金根泰　2006　『鎮川　三龍里・山水里　土器　窯址群』韓南大学校中央博物館
崔秉鉉・金性洙・劉銀植　2004　『華城　旺林里　遺蹟』崇実大学校博物館
崔秉鉉・柳基正　1997　『大田　九城洞遺蹟』韓南大学校博物館
崔秉鉉・柳基正　1998　『大田　梧井洞遺蹟』韓南大学校博物館
崔鳳均・林鍾泰・千昇玄・仟允貞　2010　『扶餘　雙北里　602-10番地遺蹟』百済文化財研究院
崔盛洛・李暎澈・韓玉珉　1999　『務安　인평　古墳群―鶴山・九山里　古墳群―』木浦大学校博物館
崔盛洛・朴喆元・崔美淑　2000　『長興　枝川里遺蹟』木浦大学校博物館
崔盛洛・李暎澈・尹孝男　2000　『務安　良将里遺蹟Ⅱ』木浦大学校博物館
崔盛洛・朴喆元・崔美淑　2001　『咸平　月也　蒡村遺蹟』木浦大学校博物館
崔盛洛・李暎澈・韓玉珉・金永姫　2001　『霊光　群洞遺蹟―라地区　住居址・墳墓―』木浦大学校博物館
崔盛洛・高龍圭・李暎澈・崔美淑・金美蓮・韓美珍　2003　『咸平　中良遺蹟―住居址―』木浦大学校博物館
崔盛洛・丁英姫・崔美淑・金永勳・李美蘭　2005　『長興　上芳村A遺蹟Ⅰ』木浦大学校博物館
崔盛洛・金珍英・白明鮮　2008　『海南　黄山里　分吐遺蹟Ⅰ』木浦大学校博物館
崔完奎　1995　『益山　熊浦里　百済古墳群―1992，1993年度　発掘調査―』円光大学校博物館・百済文化開発研

究院
崔完奎・金鍾文・李信孝　2001　『群山 余方里古墳群 発掘調査 報告書』円光大学校馬韓・百済文化研究所
崔完奎・李永徳　2001　『益山 笠店里 百済古墳群』円光大学校馬韓・百済文化研究所
崔完奎・趙仙栄・朴祥善　2005　『益山 信洞里 遺蹟』円光大学校馬韓・百済文化研究所
崔義道・金汶哲　2004　『晋州月坪遺蹟』慶南文化財研究院
崔鍾圭・趙明来・朴炫昱・金美京　2012　『河東 興龍里遺蹟』東亜細亜文化財研究院
崔鍾澤・李秀珍・呉恩姃・呉珍錫・李廷範・趙晟允　2007a　『紅蓮峰 第1堡塁』高麗大学校考古環境研究所
崔鍾澤・李秀珍・呉恩姃・趙晟允　2007b　『紅蓮峰 第2堡塁』高麗大学校考古環境研究所
崔鍾澤・呉珍錫・趙晟允・李廷範　2007c　『峨嵯山 第3堡塁』高麗大学校考古環境研究所
崔鐘赫・金柱昊・朴永現・朴多貞・兪恩埴　2011　『山清 下村里遺蹟Ⅱ』慶南文化財研究院
忠南大学校博物館　1998　『聖住寺』
忠南大学校百済研究所　2002　『錦山 水塘里遺蹟』
忠北大学校先史文化研究所　1996　『平澤 玄華里 遺蹟』
忠清南道歴史文化院　2005　『舒川 鳳仙里 遺蹟』
忠清南道歴史文化院　2006　『青陽 鶴岩里・分香里 遺蹟』
忠清南道歴史文化院　2007a　『牙山 葛梅里（Ⅱ地域）遺蹟』
忠清南道歴史文化院　2007b　『錦山 水塘里遺蹟』
忠清南道歴史文化院　2007c　『公州 済川里遺蹟』
忠清南道歴史文化院　2007d　『牙山 草沙洞遺蹟』
忠清南道歴史文化院　2007e　『扶餘 東南里 702番地遺蹟 雙北里 243-8番地遺蹟（試掘）』
忠清南道歴史文化研究院　2007a　『公州 水村里遺蹟』
忠清南道歴史文化研究院　2007b　『東南里 172-2番地 一円 遺蹟』
忠清南道歴史文化研究院　2008a　『瑞山 富長里遺蹟』
忠清南道歴史文化研究院　2008b　『扶餘 中井里建物址 扶餘 東南里遺蹟』
忠清南道歴史文化研究院　2008c　『鶏龍 立岩里遺蹟』
忠清南道歴史文化研究院　2008d　『扶餘 中井里（85・86-3番地）百済 土器가마 및 統一新羅 竪穴住居址 遺蹟』
忠清南道歴史文化研究院　2008e　『扶餘 雙北里 252-1番地遺蹟・扶餘 雙北里 499-4番地遺蹟』
忠清南道歴史文化研究院　2008f　『扶餘地域 試掘調査 綜合報告書Ⅱ』
忠清南道歴史文化研究院　2011　『牙山 鳴岩里 밖지므레遺蹟』
忠清南道歴史文化研究院　2012a　『論山 院南里・定止里遺蹟』
忠清南道歴史文化研究院　2012b　『燕岐 大平里遺蹟』
忠清南道歴史文化研究院　2014a　『公州 水村里古墳群Ⅱ』
忠清南道歴史文化研究院　2014b　『錦山 倉坪里遺蹟』
忠清北道文化財研究院　2010　『鎮川 九山里 製鉄遺蹟』
忠清北道文化財研究院　2014　『燕岐 石三里 대박골・鳳起里・盤谷里遺蹟』
忠清北道文化財研究院　2015　『清州 烏山里遺蹟』

〔ㅎ〕

漢江文化財研究院　2012　『仁川 中山洞 遺蹟』
한겨레文化財研究院　2016　『清原 葛山里 遺蹟』
韓国考古環境研究所　2013　『行政中心複合都市 3-1生活圏（3-1-D地点）文化財 発掘調査 学術諮問会議（4次）資料』
韓国考古環境研究所　2015　『国家食品클러스터 産業団地 開発事業 文化財 発掘（試掘）調査 3次 学術諮問会議 資料集』

韓国考古環境研究所　2016　『世宗特別自治市 金伊城 復元整備事業 文化財 試発掘調査 学術諮会議 資料集』
韓国文化財保護財団　1999a　「清原 松垈里遺蹟」『清原 梧倉遺蹟（Ⅰ）』
韓国文化財保護財団　1999b　『慶州 競馬場 予定敷地 C-1 地区 発掘調査 報告書』
韓国文化財保護財団　2000　『清原 主城里遺蹟』
韓国文化財保護財団　2002　『慶州 隍城洞 遺蹟』
韓国文化財保護財団　2005a　『慶州 隍城洞 遺蹟Ⅱ』
韓国文化財保護財団　2005b　『松斗里遺蹟 発掘調査 報告書』
韓国文化財保護財団　2007　『仁川 不老洞遺蹟』
韓国文化財保護財団　2014　『金海 本山里・餘来里 遺蹟Ⅰ』
韓国文化遺産研究院　2012　『楊州 玉井里 遺蹟』
韓国文化遺産研究院　2013　『坡州 仙遊里 遺蹟』
韓国文化遺産研究院　2014a　『華城 郷南 2 地区 東西幹線道路（H 地点）文化遺蹟 発掘調査』(学術諮問会議資料)
韓国文化遺産研究院　2014b　『安城 長院里 山 4-2 番地 遺蹟』
韓国文化財団　2015　「扶餘 雙北里 314-5 番地遺蹟」『2012 年度 小規模 発掘調査 報告書Ⅴ—扶餘—』
韓国精神文化研究院　1994　『華城 白谷里古墳』
韓道植・許正和・金美淑・朴程郁・金泰亨　2009　『慶州 芳内里 古墳群』嶺南文化財研究院
韓白文化財研究院　2011　『烏山 外三美洞遺蹟』
韓白文化財研究院　2013　『華城 清渓里 遺蹟』
漢城百済博物館　2014　『史蹟第 297 号 夢村土城 現場説明会 資料』
韓修英・申元才　2005　『井邑 新月里遺蹟』湖南文化財研究院
韓神大学校博物館　2009　『龍仁 古林洞 遺蹟 発掘調査 2 次 指導委員会議 資料』
한얼文化遺産研究院　2012a　『扶餘 旧衛里 434 番地 百済遺蹟』
한얼文化遺産研究院　2012b　『서울 牛眠洞遺蹟』
한얼文化遺産研究院　2013a　『公州 新観洞 78 番地外遺蹟』
한얼文化遺産研究院　2013b　『扶餘 東南里 136-4 番地 百済遺蹟』
한얼文化遺産研究院　2013c　『扶餘 큰독골・오실골遺蹟』
한얼文化遺産研究院　2015　『洪城 石宅里遺蹟』
韓永熙・咸舜燮　1993　「天安 清堂洞 第 4 次 発掘調査報告」『清堂洞』国立中央博物館
한울文化財研究院　2011　『富川 範朴洞遺蹟』
海東文化財研究院　2011　『陜川 安渓里 古墳群』
許義行・金姓旭　2010　『燕岐 應岩里 가마골 遺蹟（A 地区）』韓国考古環境研究所
湖南文化財研究院　2002　『益山 間村里遺蹟』
湖南文化財研究院　2004　『光州 香嶝遺蹟』
湖南文化財研究院　2006a　『羅州 防築・上仍遺蹟』
湖南文化財研究院　2006b　『長興 上芳村 B 遺蹟』
湖南文化財研究院　2006c　『長興 新豊遺蹟Ⅱ』
湖南文化財研究院　2006d　『群山 築洞遺蹟』
湖南文化財研究院　2007a　『光州 東林洞遺蹟Ⅱ』
湖南文化財研究院　2007b　『光州 東林洞遺蹟Ⅲ—溝—』
湖南文化財研究院　2007c　『光州 東林洞遺蹟Ⅳ—竪穴・地上建物址・土壙・木造物・井—』
湖南文化財研究院　2007d　『潭陽 梧山遺蹟』
湖南文化財研究院　2007e　『潭陽 西玉古墳群』
湖南文化財研究院　2008a　『光州 山亭洞遺蹟』

湖南文化財研究院　2008b　『全州　馬田遺蹟（Ⅳ）』
湖南文化財研究院　2008c　『光州　河南洞遺蹟Ⅰ』
湖南文化財研究院　2009a　『光州　晩湖遺蹟』
湖南文化財研究院　2009b　『光州　龍岡・龍谷・金谷遺蹟』
湖南文化財研究院　2010a　『潭陽　台木里遺蹟Ⅱ（Ⅰ・Ⅱ・Ⅳ区域，中玉遺蹟）』
湖南文化財研究院　2010b　『潭陽　台木里遺蹟Ⅱ（Ⅲ区域）』
湖南文化財研究院　2012a　『光州　仙岩洞遺蹟Ⅲ』
湖南文化財研究院　2012b　『光州　平洞遺蹟Ⅱ』
湖南文化財研究院　2012c　『光州　平洞遺蹟Ⅲ』
湖南文化財研究院　2013a　『井邑　藍山遺蹟』
湖南文化財研究院　2013b　『全州　中洞遺蹟』
湖南文化財研究院　2013c　『益山　西豆里2・宝三里　遺蹟』
湖南文化財研究院　2014　『光陽　木城里遺蹟』
湖南文化財研究院　2015a　『光州　龍山洞遺蹟』
湖南文化財研究院　2015b　『淳昌　亀尾里遺蹟』
湖南文化財研究院　2015c　『長城　長山里2遺蹟』

日本語―五十音順

〔あ行〕
愛知県陶磁資料館　1995　『古代造形の美　装飾須恵器展』
愛知県埋蔵文化財センター　2001　『志賀公園遺跡』
東潮　1987　「鉄鋌の基礎的研究」『考古学論攷』12，奈良県立橿原考古学研究所
東潮　2002　「倭と栄山江流域」『前方後円墳と古代日朝関係』同成社
安曇川町教育委員会　1979　『南市東遺跡発掘調査概報』
阿部嗣治　1980　「東大阪市出土の漢式系土器について」『東大阪市遺跡保護調査会年報』1979年度
諫早直人　2012　『東北アジアにおける騎馬文化の考古学的研究』雄山閣
石井則孝　1980　「日本古代文房具史の一面―陶硯について―」『古代探叢』（滝口宏先生古稀記念考古学論集）、早稲田大学出版部
市川宏・杉本達夫訳　1972　『司馬遷　史記Ⅰ』徳間書店
一瀬和夫　2005　『大王墓と前方後円墳』吉川弘文館
今村善興・小林正春　1983　「新井原12号古墳」『長野県史　考古資料編』全1巻（3），長野県史刊行会
岩永省三　2003　「伝世」『日本考古学辞典』三省堂
宇治市教育委員会　1991　『宇治二子山古墳　発掘調査報告』
宇都木章　2008　『出土文物からみた中国古代』汲古書院
梅本康広　2010　「長岡宮跡の内裏から出土した小札―皇位の象徴としての甲冑―」『新発見の考古資料展』向日市埋蔵文化財センター
大井晴男　1979　「アッセンブリッジ」『世界考古学事典』上、平凡社
大熊美穂　2014　「2. 陶質系土器の系譜」『天狗山古墳』天狗山古墳発掘調査団
大阪市教育委員会　2005　「大坂城跡発掘調査（OS03-13）報告書」『大阪市内埋蔵文化財包蔵地発掘調査報告書（2002・03・04）』
大阪市文化財協会　1999　『長原遺跡発掘調査報告Ⅶ』
大阪市文化財協会　2001a　『長原・瓜破発掘調査報告ⅩⅥ』
大阪市文化財協会　2001b　『長原・瓜破発掘調査報告ⅩⅦ』

大阪市文化財協会　2002a　『長原遺跡発掘調査報告Ⅷ』
大阪市文化財協会　2002b　『大坂城跡Ⅴ』
大阪市文化財協会　2004　『難波宮址の研究』第十二
大阪市文化財協会　2005　『長原遺跡発掘調査報告Ⅻ』
大阪市文化財協会　2006　『長原遺跡発掘調査報告ⅩⅤ』
大阪市文化財協会　2008　『長原遺跡發掘調査報告ⅩⅦ』
大阪府教育委員会・大阪文化財センター　1976　『陶邑Ⅰ』
大阪府教育委員会・大阪文化財センター　1978　『陶邑Ⅲ』
大阪府教育委員会・大阪文化財センター　1979　『陶邑Ⅳ』
大阪府教育委員会・大阪文化財センター　1980　『陶邑Ⅴ』
大阪府教育委員会・大阪文化財センター　1986　『城山（その1）』
大阪府教育委員会・大阪文化財センター　1987a　『久宝寺北（その1〜3）』
大阪府教育委員会・大阪文化財センター　1987b　『久宝寺南（その1）』
大阪府教育委員会・大阪府埋蔵文化財協会　1989　『陶邑・大庭寺遺跡』
大阪府教育委員会・大阪府埋蔵文化財協会　1990a　『陶邑・大庭寺遺跡Ⅱ』
大阪府教育委員会・大阪府埋蔵文化財協会　1990b　『陶邑・伏尾遺跡　A地区』
大阪府教育委員会・大阪府埋蔵文化財協会　1993　『陶邑・大庭寺遺跡Ⅲ』
大阪府教育委員会・大阪府埋蔵文化財協会　1994　「野々井遺跡・ON231号窯跡」
大阪府教育委員会・大阪府埋蔵文化財協会　1995　『陶邑・大庭寺遺跡Ⅳ』
大阪府教育委員会・大阪府文化財調査研究センター　1996　『陶邑・大庭寺遺跡Ⅴ』
大阪府教育委員会・大阪府文化財調査研究センター　1999　『河内平野遺跡群の動態Ⅶ』
大阪府教育委員会・大阪府文化財調査研究センター　2000　『河内平野遺跡群の動態Ⅷ』
大阪府教育委員会　1976　『大園遺跡発掘調査概要・Ⅲ』
大阪府教育委員会　1981　『大園遺跡発掘調査概要・Ⅵ』
大阪府教育委員会　1992　『一須賀古墳群資料目録Ⅰ』土器編（実測図）
大阪府教育委員会　1995　『堂山古墳群』
大阪府教育委員会　1999　『岸之本南遺跡発掘調査概要』
大阪府教育委員会　2002　『鬼虎川遺跡　第22次調査概要報告』
大阪府教育委員会　2010　『蔀屋北遺跡Ⅰ』
大阪府教育委員会　2012　『大阪蔀屋北遺跡Ⅱ』
大阪府文化財センター　2009a　『讃良郡条里遺跡Ⅸ』
大阪府文化財センター　2009b　『三宅西遺跡』
大阪府文化財センター　2011a　『讃良郡条里遺跡Ⅹ』
大阪府文化財センター　2011b　『私部南遺跡Ⅱ』
大阪府文化財調査研究センター　2000　『小阪合遺跡』
大阪文化財研究所　2011　『長原遺跡発掘調査報告ⅩⅨ』
大阪文化財協会　2015　『難波宮址の研究』第二十
大坪州一郎　2010　「宇治市街遺跡（宇治妙楽55）」『第22回　東アジア古代史・考古学研究会交流会地域発表及び初期須恵器窯の諸相』大阪朝鮮考古学研究会
大野城市教育委員会　1980　『牛頸中遺跡群』
大野城市教育委員会　1987　『野添窯跡群』
岡内三眞　1983　「東アジア史上における百済前期古墳の位置」『展望　アジアの考古学』（樋口隆康教授退官記念論集）、新潮社

岡田敏彦　1984　「四ツ手山古墳」『四国縦貫自動車関係埋蔵文化財調査報告書』愛媛県埋蔵文化財調査センター

小田弘樹　2014　「考察　土器の位置づけ」『奈良山発掘調査報告Ⅱ―姫歌西須恵器窯の調査』国立文化財機構奈良文化財研究所

小田富士雄　1979a　「百済土器」『世界陶磁全集』17 輯、小学館

小田富士雄　1979b　「集安高句麗積石墓遺物と百済・古新羅の遺物」『古文化談叢』第 6 集、九州古文化研究会

〔か行〕

柏原市教育委員会　1988　『大県遺跡』

金関恕　2008　「東大寺古墳の調査―金象嵌銘花形飾環頭大刀の出土―」『重要文化財　東大寺古墳出土　金象嵌銘花形飾環頭大刀』（東京国立博物館所蔵　重要考古資料学術調査報告書）、東京国立博物館

亀田修一　2000　「百済・新羅の高句麗系軒丸瓦」『古代瓦研究』Ⅰ、奈良国立文化財研究所

亀田修一　2003　「渡来人の考古学」『七隈史学』第四号、七隈史学会

亀田修一　2004　「豊前西部の渡来人―田川地域を中心に―」『福岡大学考古学論集』小田富士雄先生退職記念事業会

川越俊一・井上和人　1981　「瓦器製作技術の復原」『考古学雑誌』第 67 巻第 2 号、日本考古学会

川西市遺跡調査会　1989　『川西市栄根遺跡』

川又正智　2011　「序にかえて―漢字名称「鍑」について―」『鍑の研究―ユーラシア草原の祭器・什器―』（草原考古研究会編）、雄山閣

香春町教育委員会　2002　『五徳畑ヶ田遺跡Ⅱ・Ⅲ・Ⅳ区（概報）』

蒲原宏行・多々良友博・藤井伸幸　1985　「佐賀平野の初期須恵器・陶質土器」『古文化談叢』第 15 集、九州古文化研究会

吉舎町教育委員会　1983　『三玉大塚』

岸和田市教育委員会　1999　『田治米宮内遺跡』

北九州市埋蔵文化財調査会　1977　『天観寺窯跡群』

九州前方後円墳研究会　2005　『九州における渡来人の受容と展開』

九州大学文学部考古学研究室　1993　『番塚古墳―福岡県京都郡刈田町所在前方後円墳の発掘調査―』

京都市埋蔵文化財調査研究センター・京都市埋蔵文化財研究所　1980　『平安京跡発掘調査報告』

京都府埋蔵文化財調査研究センター　2001　『京都府遺跡調査報告書　内里八丁遺跡Ⅱ』第 30 冊

京都市埋蔵文化財研究所　2002　「Ⅳ　中臣遺跡」『京都市埋蔵文化財調査概要』

京都市埋蔵文化財調査研究センター　2004　『京都府遺跡調査報告書』第 35 冊（下植野南遺跡Ⅱ）

金鍾萬　2008a　「日本出土百済系土器の研究」『朝鮮古代研究』第 9 号、朝鮮古代研究刊行会

草津市教育委員会　1999　「谷遺跡発掘調査報告書Ⅰ」

神戸市教育委員会　1989　『昭和 61 年度　神戸市埋蔵文化財年報』

小嶋篤　2010　「大宰府の兵器―大宰府史跡蔵司地区出土の被熱遺物―」『九州歴史資料館研究論集』36、九州歴史資料館

小野山節　1992　「古墳時代の馬具」『日本馬具大鑑』1 古代上（日本馬具大鑑編集委員会編）、日本中央競馬会・吉川弘文館

小林行雄　1959　「でんせい―ひん　伝世品」『図解　考古学辞典』（水野清一・小林行雄編）、創元社

小林行雄　1981　「鏡・大刀・玉のなぞ」『古墳の謎を探る』（考古学談話会第 200 回記念）、帝塚山大学考古学研究室

近藤広　1987　「装飾付須恵器の伝播について」『花園史学』第 8 号、花園大学史学会

近藤広　2008　「近江における韓式系土器の様相―軟質土器の分析を中心に―」『古代学研究』180 号、古代学研究会

〔さ行〕

斎藤明彦　1991　「四条大田中遺跡」『韓式系土器研究Ⅲ』韓式系土器研究会

斎藤忠　1998　「土器」『日本考古学用語辞典』学生社

才本佳孝　2012　「近江八幡市内出土の韓式系土器について」『淡海文化財論叢』第四輯、淡海文化財論叢刊行会

早乙女雅博　2014　「高句麗東山洞壁畫古墳出土の青磁獅子形燭台」『中華文明の考古学』同成社

酒井清治　1993　「韓国出土の須恵器類似品」『古文化談叢』第 30 集（中）、九州古文化研究会

酒井清治　2002　「関東の朝鮮半島系土器」『古代関東の須恵器と瓦』同成社

酒井清治　2006　「須恵器の編年と年代観」『日韓　古墳時代の年代観』国立歴史民俗博物館・国立釜山大学校博物館

酒井清治　2008　「韓国出土の須恵器」『生産の考古学Ⅱ』（倉田芳郎先生追悼論文集編集委員会編）、同成社

酒井清治　2009　「管ノ澤窯跡群の操業順序と年代について」『群馬・金山丘陵窯跡群Ⅱ』駒澤大学考古学研究室

酒井清治　2013　『土器から見た古墳時代の日韓交流』同成社

堺市教育委員会　1991　「四ツ池遺跡発掘調査概要報告書—YOB 第 100 地区・第 101 地区—」『堺市文化財調査概要報告』第 18 冊

堺市教育委員会　2003　「南瓦町遺跡発掘調査概要報告」『堺市文化財調査概要報告』

阪口英毅　2014　『七観古墳の研究—1947 年・1952 年出土遺物の再検討—』京都大学大学院文学研究科

佐賀県教育委員会　1983　「浦田遺跡」『西原遺跡』

佐賀県教育委員会　1985　『筑後川下流用水事業に係る文化財調査報告書Ⅰ』

佐賀県教育委員会　1991　『都谷遺跡』

坂田邦洋・永留史彦　1974　『恵比須山遺跡発掘調査報告』峰村教育委員会

坂本経堯　1979　「荒尾野原古墳」『肥後上代文化の研究』肥後上代文化研究所肥後考古学会

佐川正敏　2010　「王興寺と飛鳥寺の伽藍配置・木塔心礎施設・舎利奉安形式の系譜」『古代東アジアの仏教と王権』勉誠出版

櫻井久之　1998　「鳥足文タタキメのある土器の一群」『大阪市文化財協会研究紀要』創刊号、大阪市文化財協会

定森秀夫　1989　「韓国ソウル地域出土三国時代土器について」『生産と流通の考古学』（横山浩一先生退官記念論文集Ⅰ）

定森秀夫　1999　「陶質土器からみた東日本と朝鮮」『青丘学術論集』15、韓国文化研究振興財団

定森秀夫　2015　「ソウル地域出土三国時代土器の検討」『朝鮮三国時代陶質土器の研究』六一書房

滋賀県教育委員会・滋賀県文化財保護協会　1988　『ほ場整備関係遺跡発掘調査報告書』XV-3

重藤輝行　2016　「4〜5 世紀の九州地域の土器と渡来人集落」『日韓 4〜5 世紀の土器・鉄器生産と集落』日韓交渉の考古学研究会

重見泰　2014　「後飛鳥岡本宮と飛鳥淨御原宮—宮殿構造の変遷と「大極殿出現過程の再検討」—」『ヒストリア』244 号、大阪歴史学会

四條畷市教育委員会・寝屋川市教育委員会・大阪府文化財センター　2015　『讃良郡条里遺跡』

柴垣勇夫　2001　「装飾付須恵器の器種と分布」『考古学ジャーナル』No.476、ニュー・サイエンス社

島田清・上田哲也・大久保強・河原隆彦　1965　『印南野』加古川市教育委員会

清水梨代　2008　「三宅西遺跡出土百済系土器について」『大阪文化財研究』第 33 号、大阪府文化財センター

白井克也　1992　「ソウル・夢村土城出土土器編年試案—いわゆる百済前期都城論に関連して—」『東京大学文学部考古学研究室研究紀要』第 11 号、東京大学文学部考古学研究室

白井克也　2000　「日本出土の朝鮮産土器・陶器—新石器時代から統一新羅時代まで—」『日本出土の舶載陶磁』東京国立博物館

白井克也　2001　「百済土器・馬韓土器と倭」『枚方歴史フォーラム（百済寺跡　史跡指定 60 周年記念）検証　古代の河内と百済』枚方歴史フォーラム実行委員会

白井克也　2003　「新羅土器の型式・分布変化と年代観」『朝鮮古代研究』第 4 号、朝鮮古代研究刊行会
白井克也　2004　「筑紫出土の獣脚硯」『九州考古学』第 79 号、九州考古学会
白井克也　2006　「史料対比年代の方法と問題」『第 18 回アジア古代史・考古学研究交流会 豫稿集』東アジア考古学会
白石太一郎　2012　「前期難波宮整地層の土器の暦年代をめぐって」『大阪府近つ飛鳥博物館 館報』16、大阪府近つ飛鳥博物館
新宮町教育委員会　1994　『夜臼・三代遺跡群』第 4 分冊
末永雅雄　1981　『増補 日本上代の甲冑』木耳社
末永雅雄編　1991　『盾塚 鞍塚 珠金塚古墳』由良大和古代文化研究協会
鈴木一有　2003　「中期古墳における副葬鏃の特質」『帝京大学山梨文化財研究報告』第 11 集、帝京大学山梨文化財研究所
鈴木一有　2007　「鉄鏃と甲冑からみた日韓古墳の並行関係」『日韓 三国・古墳時代の年代観（Ⅱ）』国立釜山大学校博物館・国立歴史民俗博物館
鈴木敏則　2012　「静岡県下夕村遺跡出土の韓式系土器─県内の韓式系遺物と渡来人─」『韓式系土器研究Ⅻ』韓式系土器研究会
杉本宏　1987　「飛鳥時代初期の陶硯─宇治隼上り瓦窯跡出土陶硯を中心として─」『考古学雑誌』第 73 巻第 2 号、日本考古学会
杉山晋作・田中新史　1989　『古墳時代研究Ⅲ─千葉県君津市所在 八重原 1 号墳・2 号墳の調査─』古墳時代研究会
関野雄　1983　「中国における文物の伝世」『法政史学』35、法政大学史学会
専修大学文学部考古学研究室　2003　『剣崎長瀞西 5・27・35 号墳』
草原考古研究会編　2011　「出版にあたって」『鍑の研究─ユーラシア草原の祭器・什器─』雄山閣

〔た行〕

高田貫太　2013　「祇園山古墳出土の垂飾付耳飾」『祇園大塚山古墳と 5 世紀という時代』六一書房
高橋工　1993　「黒姫山古墳」『甲冑出土古墳にみる武器・武具の変遷』（第Ⅲ分冊─近畿編）、埋蔵文化財研究会
滝沢誠　2008　『古墳時代中期における短甲の同工品に関する基礎的研究』（文部科学省科学研究費補助金研究成果報告書）
田口一郎　1995　「平底短頸瓶覚書─東国の渡来文化研究Ⅰ─」『群馬考古学手帳』5、群馬土器観会
武末純一　2003　「弥生時代の年代」『考古学と暦年代』ミネルヴァ書房
竹谷俊夫・日野宏　1993　「布留遺跡杣之内地区出土の初期須恵器と韓式系土器─土壙（L.N.120）出土の遺物をめぐって─」『韓式系土器研究Ⅳ』韓式系土器研究会
龍野市教育委員会　1995　『尾崎遺跡Ⅱ』
大刀洗町教育委員会　2000　『西森田遺跡 2─Ⅳ・Ⅴ・Ⅵ地点福岡県三町郡大刀洗町大字本郷所在遺跡の調査─』
辰巳陽一　2009　『香芝市埋蔵文化財発掘調査概報 28─平成 19 年度─』香芝市教育委員会
辰巳陽一・小島靖彦　2011　「2 下田東 2 号墳」『下田遺跡─本文編─』香芝市教育委員会
田中清美　1987a　「13-a. 長原遺跡」『韓式系土器研究Ⅰ』韓式系土器研究会
田中清美　1987b　「17. 日下遺跡」『韓式系土器研究Ⅰ』韓式系土器研究会
田中清美　1994　「鳥足文タタキメと百済系土器」『韓式系土器研究Ⅴ』韓式系土器研究会
田中清美　1999　「SE703 出土韓式系土器と土師器の編年的位置付け」『長原遺跡発掘調査報告Ⅶ』大阪市文化財協会
田中清美　2010　「長原遺跡出土の韓式系土器」『韓式系土器研究Ⅺ』韓式系土器研究会
田中琢　1978　「考古学研究の基礎的方法」『日本考古学を学ぶ』(1)、有斐閣

田中俊明　2009　『古代の日本と加耶』山川出版社
田中秀和　1993　「三重県における百済系土器の検討―いわゆる徳利形平底壺について―」『Mie History』vol. 5、三重歴史文化研究会
田中史生　2009　『越境の古代史』筑摩書房
田中由理　2004　「f字形鏡板付轡の規格性とその背景」『考古学研究』第51巻第2号、考古学研究会
田中良之　1995　『古墳時代親族構造の研究―人骨が語る古代社会―』柏書房
田辺昭三　1981　『須恵器大成』角川書店
谷旬・安藤道由・白井久美子・大久保奈奈　1993　「鳥山2号墳」『甲冑出土古墳にみる武器・武具の変遷』（第Ⅳ分冊 中部以東編）、埋蔵文化財研究会
谷豊信　1986　「楽浪土城址の出土土器（下）―楽浪土城研究その4」『東京大学文学部考古学研究室研究紀要』第5号、東京大学考古学研究室
田原本町教育委員会　2002　『田原本町埋蔵文化財調査年報』11（2001年度）
田原本町教育委員会　2009　『唐古・鍵遺跡Ⅰ』
千田剛道　1995　「獣脚硯にみる百済・新羅と日本」『文化財論叢Ⅱ』奈良国立文化財研究所
千田剛道・西口壽生　1997　「西方官衙南地区の調査―第82次」『奈良国立文化財研究所年報』1997-Ⅱ、奈良国立文化財研究所
千葉県都市公社　1973　「大森第2遺跡」『京葉』
朝鮮総督府　1918　『朝鮮鉱床調査報告』第六巻（京畿道）ノ二
朝鮮総督府農商工部　1911　『朝鮮鉱産地』
朝鮮総督府地質調査所　1923　『朝鮮鉱床調査報告』第八巻（忠清北道）
朝鮮総督府地質調査所　1921　『朝鮮鉱床調査報告』第九巻（忠清南道）
朝鮮総督府殖産局鉱山課　1940　『朝鮮鉱区一覧』
辻川哲朗　2013　「近江地域における百済系土器の一様相―草津市谷遺跡出土𤭯形土器について―」『紀要』26、公益財団法人滋賀県文化財保護協会
対馬栄輝　2003　「多重比較法」『統計的検証資料①』（配布資料）
土田定次郎　1944　『朝鮮鉱床論』霞ヶ関書房
土田純子　2005a　「百済有蓋高杯の編年研究」『考古学雑誌』第89巻第1号、日本考古学会
土屋隆史　2013　「金銅製飾履の製作技法とその展開」『古代文化』第64巻第4号、古代学協会
土屋隆史　2015　「古墳時代における広帯二山式冠の出現とその意義」『日本考古学』第40号、日本考古学協会
筒井崇史　2012　「上狛北遺跡第2次」『京都府遺跡調査報告書』第150冊、京都府埋蔵文化財調査研究センター
津屋崎町教育委員会　1996　『在自遺跡群Ⅲ』
鄭高咏　2003　「羊に関するイメージー考察―中国の言葉と文化―」『言語と文化』第9号、愛知大学
寺井誠　2002　「韓国全羅南道に系譜が求められる土器について」『大坂城Ⅴ』大阪市文化財協会
寺井誠　2004　「古代難波の対外交渉」『難波宮址の研究』第十二、大阪市文化財協会
寺井誠　2006　「近畿地方出土三韓・三国系土器の再検討」『大阪歴史博物館 研究紀要』第5号、大阪歴史博物館
寺井誠　2008　「古代難波における2つの瓶を巡って」『大阪歴史博物館 研究紀要』第7号、大阪歴史博物館
寺井誠　2010a　「難波に運ばれた加耶・新羅・百済土器―6〜7世紀を中心に―」『東アジアにおける難波宮と古代難波の国際的性格に関する総合研究』（平成18〜21年度日本学術振興会科学研究費補助金基盤研究（B）研究成果報告書）、大阪市文化財協会
寺井誠　2010b　「近畿・瀬戸内における朝鮮半島系土器の様相」『日本出土の朝鮮半島系土器の再検討―弥生時代を中心に―』（第59回埋蔵文化財研究集会）、埋蔵文化財研究会
寺井誠　2014　「甑の観察点―長原遺跡で出土した古墳時代中期の資料の検討を基に―」『大阪歴史博物館 研究

紀要』第 12 号、大阪歴史博物館
寺井誠　2016a　「4～5世紀の近畿地域を中心とした土器と渡来人集落」『日韓 4～5 世紀の土器・鉄器生産と集落』日韓交渉の考古学研究会
寺井誠　2016b　『日本列島における出現期の甑の故地に関する基礎的研究』（平成 25～27 年度日本学術振興会科学研究費補助金基盤研究（C）研究成果報告書）、大阪歴史博物館
寺澤薫　2005a　「古墳時代開始期の暦年代と伝世鏡論（上）」『古代学研究』169、古代学研究会
寺澤薫　2005b　「古墳時代開始期の暦年代と伝世鏡論（下）」『古代学研究』170、古代学研究会
東亜考古学会　1953　『對馬　玄海における絶島，対馬の考古学的調査』
東急不動産株式会社　1980　『今光遺跡　地余遺跡』
東京国立博物館　1994　『東京国立博物館蔵須恵器集成Ⅰ（近畿篇）』
徳島県教育委員会　1946　『眉山周辺の古墳—恵解山古墳群　節句山古墳群—』
豊中市教育委員会　1987　『摂津豊中大塚古墳』
豊中市　2005　『新修豊中市史』第 4 巻　考古

〔な行〕
中久保辰夫　2008　「摂津地域における古墳時代中期の煮炊器」『待兼山遺跡』Ⅳ、大阪大学埋蔵文化財調査室
中久保辰夫　2009　「古墳時代中期における韓式系軟質土器の受容過程」『考古学研究』第 56 巻第 2 号、考古学研究会
中久保辰夫　2010　『古墳時代における渡来文化の受容と政治権力』大阪大学大学院文学研究科博士学位論文
中久保辰夫　2012　「渡来文化受容の二波—古墳時代中期の北河内を中心として—」『韓式系土器研究ⅩⅡ』韓式系土器研究会
長崎県教育委員会　1974　『對馬—浅茅湾とその周辺の考古学』
長崎県教育庁原の辻遺跡調査事務所　2004　『原の辻遺跡』
中島直幸　1995　「大陸文化の窓口—末盧国—」『風土記の考古学 5　肥前国風土記の巻』（小田富士雄編）、同成社
中園聡　2003　「第 1 節　型式学を超えて」『認知考古学とは何か』（松本直子・中園聡・時津裕子編）、青木書店
長友朋子　2010　「朝鮮半島における土器の技術革新と生産体制：民族事例の比較研究」『待兼山論叢』（史学篇）、第 44 号、大阪大学大学院文学研究科
中野咲　2007　「畿内地域・韓式系土器集成」『渡来遺物からみた古代日韓交流の考古学的研究』（和田晴吾編）、立命館大学
中野雅美　1993　「天狗山古墳」『甲冑出土古墳にみる武器・武具の変遷』（第Ⅱ分冊—九州，中国，四国編）、埋蔵文化財研究会
長浜市教育委員会　1999　『墓立遺跡　柿田遺跡　正蓮寺遺跡発掘調査報告書』第 1 冊
中原幹彦　2005　「平底瓶と提瓶」『肥後考古』第 13 号、肥後考古学会
中村弘　2003　「（38）船木中番古墳群」『渡来系文物からみた古墳時代の播磨』第 5 回播磨考古学研究集会実行委員会
名古屋市教育委員会　1996　『伊勢山中学校遺跡第 5 次』
奈良県教育委員会　1962　『五條猫塚古墳』
奈良県立橿原考古学研究所　1976　『葛城・石光山古墳群』
奈良県立橿原考古学研究所　1978　『桜井市外鎌山北麓古墳群』
奈良県立橿原考古学研究所　1981　『新澤千塚古墳群』
奈良県立橿原考古学研究所　1999　『南郷遺跡群Ⅱ』
奈良県立橿原考古学研究所　2002a　『奈良伴堂東遺跡』
奈良県立橿原考古学研究所　2002b　『三ッ塚古墳群』
奈良県立橿原考古学研究所　2003a　『南郷遺跡群Ⅲ』

奈良県立橿原考古学研究所　2003b　『中町西遺跡』
奈良県立橿原考古学研究所　2003c　『栗原カタソバ遺跡群』
奈良県立橿原考古学研究所　2006　『八条遺跡』
奈良県立橿原考古学研究所　2009a　『松山遺跡』
奈良県立橿原考古学研究所　2009b　『保津・宮古遺跡第10・11次調査報告』
奈良県立橿原考古学研究所　2010　『四条遺跡Ⅱ』
奈良県立橿原考古学研究所　2015　『薩摩遺跡Ⅱ』
奈良県立橿原考古学研究所付属博物館　2010　『大唐皇帝陵』
奈良国立文化財研究所　1991　『飛鳥・藤原宮発掘調査概報』21
奈良文化財研究所　2010　『河南省鞏義市黄冶窯跡の発掘調査概報』
楢崎彰一　1966　「形象および装飾付須恵器について」『日本原始美術』6、講談社
西川寿勝　2003　「古墳時代のはじまりを探る」『考古学と暦年代』ミネルヴァ書房
西田敏秀・大竹弘之　1987　「2. 茄子作遺跡」『韓式系土器研究Ⅰ』韓式系土器研究会
西谷真治　1992　「小野王塚古墳」『兵庫県史』（考古資料編）、兵庫県史編集専門委員会
西弘海　1978　「土器の時期区分と型式変化」『飛鳥・藤原宮発掘調査報告Ⅱ』奈良国立文化財研究所
日本史集成編纂会編　1979　『中国・朝鮮の史籍における日本史料集成』正史之部1、国書刊行会
野島稔　1987　「5-b. 奈良井遺跡」『韓式系土器研究Ⅰ』韓式系土器研究会
能登川町教育委員会　1993　「西ノ辻遺跡」『能登川町埋蔵文化財調査報告』第30集

〔は行〕
橋本市遺跡調査会　2014　『東屋遺跡・東屋館跡発掘調査報告書』
橋本達也　2006　「甲冑編年研究の日韓比較―帯金式甲冑を中心として―」『日韓 古墳時代の年代観』国立歴史民俗博物館・国立釜山大学校博物館
濱田延充　1997　「寝屋川市域のおける出現期の造り付け竈」『大阪府市下埋蔵文化財研究会（第35回）資料』大阪府文化財調査研究センター
林田和人　2005　「上の原遺跡」『九州における渡来人の受容と展開』九州前方後円墳研究会
林部均　1999　「伝承飛鳥板蓋宮跡出土土器の再検討」『橿原考古学研究所論集』第十三、奈良県立橿原考古学研究所
坂靖　2009　『古墳時代の遺跡学―ヤマト王権の支配構造と埴輪文化―』雄山閣
坂靖　2010　「葛城の渡来人」『研究紀要』第15集、由良大和古代文化研究協会
坂靖　2016　『古墳時代の渡来系集団の出自と役割に関する考古学的研究』（平成24年度～平成27年度科学研究費助成事業基礎研究（C））
東大阪市文化財協会　1987　『西の口遺跡第1次発掘調査概要』
東大阪市文化財協会　1998　「芝ヶ丘遺跡第5次発掘調査概要」『東大阪市文化財協会概報集―1997年度―』
東大阪市文化財協会　2002　『神並・西ノ辻・鬼虎川・水走遺跡調査報告書』
日田市教育委員会　2009　『求来里の遺跡Ⅱ　金田遺跡の調査』
広島市役所編　1981　『船越町史』
兵庫県教育委員会　2005　『市之郷遺跡』
兵庫県教育委員会　2013　『市之郷遺跡Ⅴ』
福井優　2005　「（追加資料）姫路市勝原区朝日谷千本山」『渡来系文物からみた古墳時代の播磨』第5回播磨考古学研究集会実行委員会
福岡県教育委員会　1977　『九州縦貫自動車道関係埋蔵文化財調査報告Ⅹ』
福岡県教育委員会　1978　『九州縦貫自動車道関係埋蔵文化財調査報告―ⅩⅩⅣ―福岡県筑野市所在剣塚遺跡群の調査』上巻

福岡県教育委員会　1983　「三雲遺蹟Ⅳ」
福岡県教育委員会　1985　『西新町遺跡』
福岡県教育委員会　2002　『西新町遺跡Ⅳ』
福岡県教育委員会　2000　『西新町遺跡Ⅱ』
福岡県教育委員会　2005　『西新町遺跡Ⅵ』
福岡県教育委員会　2009　『西新町遺跡Ⅸ』
福岡市教育委員会　1973　『片江古墳群』
福岡市教育委員会　1977　『広石古墳群』
福岡市教育委員会　1985　『博多Ⅲ』
福岡市教育委員会　1986　『吉武遺跡群Ⅰ』
福岡市教育委員会　1987　『堤ヶ浦古墳群』
福岡市教育委員会　1988　『羽根戸遺跡』
福岡市教育委員会　1989a　『老司古墳』
福岡市教育委員会　1989b　『唐原遺跡Ⅱ』
福岡市教育委員会　1991　『梅林古墳』
福岡市教育委員会　1996　『三苫遺跡群2』
福岡市教育委員会　1998　『金武古墳群』（金武古墳群吉武G群の調査）
福岡市教育委員会　2001　『吉武遺跡群ⅩⅢ』
福岡市教育委員会　2003　『吉武遺跡群ⅩⅤ』
福岡市教育委員会　2005　『吉武遺跡群ⅩⅦ』
福岡市教育委員会　2010　『草場古墳群2』
福岡市教育委員会　2011　『元岡古墳群G6号墳現地説明会資料』
福岡澄男　1983　「近畿地方における三国時代朝鮮系土器の流入とその影響」『第1回近畿地方埋蔵文化財担当者研究会資料』
福知山教育委員会　1994　『カヤガ谷古墳群』
福永伸哉　2007　「三角縁神獣鏡論」『日本の考古学』下巻、学生社
藤澤一夫　1955　「百済の土器陶器」『世界陶磁全集』第13巻、河出書房
藤澤一夫　1961　「百済の土器陶器」『世界陶磁全集』第13巻、河出書房
藤沢真依　1987　「大園遺跡」『弥生・古墳時代の大陸系土器の諸問題』第Ⅱ分冊、埋蔵文化財研究会・大阪府埋蔵文化財協会
藤田通子　2010　「第1章 蔀屋北遺跡古墳時代の出土遺物と遺構の検討」『蔀屋北遺跡Ⅰ』大阪府教育委員会
平安学園考古学クラブ　1966　『陶邑古窯址群Ⅰ』

〔ま行〕

前原市教育委員会　1987　『井原遺跡群』
前原市教育委員会　1992　『井原塚廻遺跡』
前原市教育委員会　1994　『井ノ浦古墳・辻ノ田古墳群』
前原市教育委員会　2002　『三雲・井原遺跡Ⅱ』
間壁葭子　1988　「装飾須恵器の小群像」『倉敷考古学研究集報』第20号、倉敷考古学館
正岡睦夫　1993　「愛媛県玉川町出土の杯付壺と鈴付椀」『古文化談叢』第31号、九州古文化研究会
松木武彦・和田剛・寺村裕史編　2014　『天狗山古墳』天狗山古墳発掘調査団
松山市教育委員会・松山市生涯学習振興財団埋蔵文化財センター　2007　『東野森ノ木遺跡1・2・3・4次調査地 樽味立添遺跡3次調査 樽味高木7・8・9・11次調査 枝松遺跡6次調査地』
三重県文化財センター　2013　『埋蔵文化財発掘調査概報Ⅲ』

三重県埋蔵文化財センター　1992　『城之越遺跡』
三重県埋蔵文化財センター　2002　『六大A遺跡発掘調査報告』
三上次男　1976　「漢城地域発見四世紀越州窯青磁初期百済文化」『朝鮮学報』第81輯、朝鮮学会
見須俊介　1993　「壱分遺跡群コモリ・宮ノ前地区」『奈良県遺跡調査概報』1994年度、奈良県立橿原考古学研究所
水野敏典　2006　「鉄鏃にみる日韓古墳時代の年代観」『日韓　古墳時代の年代観』国立歴史民俗博物館・国立釜山大学校博物館
水野敏典　2009　『古墳時代鉄鏃の変遷にみる儀杖的武装の基礎的研究』奈良県立橿原考古学研究所
光谷拓美・次山淳　1999　「平城宮下層古墳時代の遺物と年輪年代」『奈良文化財研究所年報』奈良文化財研究所
宮川禎一　1993　「新羅印花文陶器変遷の画期」『古文化談叢』第30集（中）、九州古文化研究会
宮崎県埋蔵文化財センター　2012　『平峰遺跡（3次調査）』
三吉秀充　2002　「伊予出土の陶質土器と市場南組窯系須恵器をめぐって」『陶質土器の受容と初期須恵器の生産―古墳時代愛媛の一側面―』愛媛大学法文学部考古学研究室
向日市埋蔵文化財センター　2003　『久々相遺跡・中海道遺跡』
宗像市教育委員会　1994　『富地原川原田Ⅰ』
宗像市教育委員会　1995　『富地原森』
宗像市教育委員会　2000　『久原瀧ヶ下』
本村豪章　1991　「古墳時代の基礎研究稿―資料篇（Ⅱ）―」『東京国立博物館研究紀要』第26号、東京国立博物館
森下章司　1998　「鏡の伝世」『史林』第81巻第4号、史学研究会
森下大輔　2003　「(31) 上三草・北山7号墳」『渡来系文物からみた古墳時代の播磨』第5回播磨考古学研究集会実行委員会
毛利光俊彦　2005　『古代東アジアの金属製容器Ⅱ』（朝鮮・日本編）、奈良文化財研究所
守山市教育委員会　1998　「阿比留遺跡第3次発掘調査概要報告」『守山市文化財調査報告書』第69冊
門田誠一　1993　「百済の地方支配と中国陶磁器―東アジアにおける冊封・除爵と領域支配の考古学的検討のために―」『貿易陶磁研究』13、日本貿易陶磁研究会
門田誠一　1999　「百済出土の六朝青磁と江南地域葬礼小考―墓内における青磁羊形器の意味―」『考古学に学ぶ―遺構と遺物―』（同志社大学考古学シリーズⅦ）、同志社大学考古学シリーズ刊行会
門田誠一　2006a　「百済出土の両晋南朝青磁と江南地域葬礼の相関的研究」『古代東アジア地域相の考古学的研究』学生社
門田誠一　2006b　「百済と魏晋南北朝時代の中国との交渉」『古代東アジア地域相の考古学的研究』学生社
〔や行〕
八尾市文化財調査研究会　2001　『久宝寺遺跡第24次発掘調査報告書』
八尾市文化財調査研究会　2003　『久宝寺遺跡第29次発掘調査報告書』
八尾市文化財調査研究会　2008　『八尾南遺跡第18次発掘調査報告書』
八尾南遺跡調査会　1981　『八尾南遺跡』
柳本照男　1984　「豊中市周辺」『日本陶磁の源流―須恵器出現の謎を探る』柏書房
山田邦和　1998　『須恵器生産の研究』学生社
大和高田市教育委員会　2010　『土庫遺跡群』
行橋市教育委員会　1999　『鬼熊遺跡』
吉田恵二　1985　「日本古代陶硯の特質と系譜」『考古学資料館紀要』第1輯、国学院大学考古学資料館
米田文考　1982　「所謂漢韓式系土器の一例」『阡陵　関西大学博物館学課程創立二十周年記念特集』関西大学考古学等資料室

〔ら行〕
栗東市教育委員会・栗東市文化体育振興事業団　2001　『1985 年度栗東町埋蔵文化財発掘調査資料集』
〔わ行〕
和歌山県教育委員会　1984　『鳴神地区遺跡発掘調査報告書』
和歌山県教育委員会　1985　『野田・藤並地区発掘調査報告書』
和歌山県文化財センター　1990　「田屋遺跡」
和歌山県文化財センター　2006　「楠見遺跡」

中国語―拼音順
〔c〕
蔡鋼鉄　2000　「図版」『浙江紀年瓷』（浙江省博物館編）、文物出版社
曹錦炎主編　2008　『中国出土瓷器全集』9（浙江）、科学出版社
陳大為・李宇峰　1982　「遼寧朝陽后燕遹墓的発現」『考古』1982 年第 3 期、中国社会科学院考古研究所
陳福坤・尤報堯　1966　「江蘇句容陳家村西晋南朝墓」『考古』1966 年第 3 期、中国社会科学院考古研究所
陳杰・石栄伝　2008　「両晋帯背筒獅形器的用途及定名問題」『四川文物』2008 年第 3 期、四川省文物局
陳綏祥　2000　『中国美術史』魏晋南北朝巻、斉魯書社・明天出版社
陳兆善・張九文・顧蘇寧　1989　「南京北郊三座六朝墓葬発掘簡報」『東南文化』1989 年第 2 期、南京博物院
陳直　1972　「出土文物叢考」『文物』1972 年第 6 期、文物出版社
陳元甫　2006　「浙江諸暨牌頭六朝墓」『東南文化』2006 年第 3 期、南京博物院
成正鏞・李昌柱・周裕興　2005　「中国六朝与韓国百済的交流―以陶瓷器為中心」『東南文化』2005 年第 1 期、南京博物院
傅冬根　1981　「清江県山前南朝墓」『江西歴史文物』1981 年第 1 期、江西省文物考古研究所・江西省博物館
傅亦民　2003　「浙江奉化市晋紀墓的清理」『考古』2003 年第 2 期、中国社会科学院考古研究所
〔f〕
範鳳妹・呉志紅　1984　「江西出土的隋代青瓷」『江西歴史文物』1984 年第 1 期、江西省文物考古研究所・江西省博物館
馮普仁・銭宗奎　1985　「無錫赤墩里東晋墓」『考古』1985 年第 11 期、中国社会科学院考古研究所
馮先銘主編　1998　『中国古陶瓷図典』（《中国古陶瓷図典》編輯委員会編）、文物出版社
符杏華　1992　「浙江紹興碧波潭発現紀年墓」『南方文物』1992 年第 4 期、江西省文物考古研究所・江西省博物館
〔g〕
高至喜　1959　「長沙両晋南朝隋墓発掘報告」『考古学報』1959 年第 3 期、考古雑志社
高紹萍　2014　「福建六朝陶瓷灯具考析」『福建文博』2014 年第 2 期、福建省考古博物館学会・福建博物院
甘博文　1972　「甘粛武威雷台東漢墓清理発掘簡報」『文物』1972 年第 2 期、文物出版社
甘粛省博物館　1974　「武威雷台漢墓」『考古学報』1974 年第 2 期、考古雑志社
耿鉄華・林至徳　1984　「集安高句麗陶器的初歩研究」『文物』1984 年第 1 期、文物出版社
古遠泉　1990　「広東新興県南朝墓」『文物』1990 年第 8 期、文物出版社
郭木森・劉蘭華・趙志文　2007　「河南鞏義市黄冶窯址発掘簡報」『華夏考古』河南省文物考古研究所・河南省文物考古学会
郭菲　2005　『中国古代碗的造型発展研究』江西大学碩士学位論文
〔h〕
何漢生・翟中華　2010　「江蘇句容春城南朝宋元嘉十六年墓」『東南文化』2010 年第 3 期、南京博物院
賀雲翺　2005　「南京新出土六朝銭紋陶瓷器標本研究」『東亜考古論壇』創刊号、忠清文化財研究院
郝本性・郝万章　1980　「河南扶溝古城村出土的楚金銀幣」『文物』1980 年第 10 期、文物出版社

衡陽市文物工作隊　1996　「湖南耒陽城並六朝唐宋墓」『考古学報』1996 年第 2 期、考古雑志社
胡維根　1989　「杭州地区漢, 六朝墓発掘簡報」『東南文化』1989 年第 2 期、南京博物院
華国栄・張九文　1998　「南京南郊六朝謝琉墓」『文物』1998 年第 5 期、文物出版社
華国栄・張九文　2002　「南京北郊東晋温僑墓」『文物』1998 年第 7 期、文物出版社
黄義軍・徐勁松・何建萍　2005　「湖北鄂州郭家細湾六朝墓」『文物』2005 年第 10 期、文物出版社
黄展岳　1979　「関于武威雷台漢墓的墓主問題」『考古』1979 年 6 期、中国社会科学院考古研究所

〔j〕

賈維勇・王志高・王光明・張九文　2008　「南京市雨花台区姚家山東晋墓」『考古』2008 年第 6 期、中国社会科学院考古研究所
姜林海・張九文　2000　「南京象山 8 号, 9 号, 10 号墓発掘簡報」『文物』2000 年第 7 期、文物出版社
解立新　2008　「青釉划花十系罐」『中国出土瓷器全集』7（江蘇・上海）、科学出版社
蒋東平　2002　「上虞牛頭山古墓葬発掘」『滬杭甬高速公路考古報告』文物出版社
蒋贊初主編　2007　『鄂城六朝墓』（中国社会科学院考古学研究所編輯）、科学出版社

〔k〕

孔祥星・劉一曼　1992　『中国銅鏡図典』文物出版社

〔l〕

李殿福　1983　「集安洞溝三座壁画墓」『考古』1983 年第 4 期、中国社会科学院考古研究所
李鋒主編　2008　『忠県仙人洞与土地岩墓地』（重慶市文物局・重慶市移民局編）、科学出版社
李力　2005　「山東臨沂洗硯池晋墓」『文物』2005 年第 7 期、文物出版社
李栄華　2006　「江西南昌剣県小藍郷西晋墓発掘簡報」『南方文物』2006 年第 1 期、江西省文物考古研究所・江西省博物館
李桃元・向勇・夏豊・楊学安　2005　「巴東東瀼口六朝墓地発掘簡報」『湖北庫区考古報告集』第二巻、科学出版社
李蔚然　1976　「南京太平門外劉宋明曇憘墓」『考古』1976 年第 1 期、中国社会科学院考古研究所
李新全主編　2004　『五女山城—1996〜1999, 2003 年桓仁五女山城調査発掘報告』（遼寧省文物考古研究所編著）、文物出版社
李学綱・袁明　2010　「西安南郊隋蘇統師墓発掘簡報」『考古與文物』2010 年第 3 期、陝西省考古研究所
李永寧・許超・王瑋　2010　「奉化中心糧庫古代墓葬和窯址的発掘」『東方博物』第三十五輯、浙江大学出版社
李珍　2003　「巴東西瀼口古墓葬 2000 年発掘簡報」『湖北庫区考古報告集』第一巻、科学出版社
栗中斌・代詩宝・李敬華・江晨　2004　「馬鞍山林里東晋紀年墓発掘簡報」『東南文化』2004 年第 5 期、南京博物院
劉成基・馮孟欽　2006　「秭帰何家大溝遺址的発掘」『湖北庫区考古報告集』第三巻、科学出版社
劉復　1930　「新嘉量之校量及推算」『考古学論叢』2、東亜考古学会・東方考古学協会
劉建国　1989　「東晋青瓷的分期與特色」『文物』1989 年第 1 期、文物出版社
劉礼純　1986　「江西九江黄土嶺両座東晋墓」『考古』1986 年第 8 期、中国社会科学院考古研究所
劉暁祥　1997　「江西九江県東晋墓」『南方文物』1997 年第 1 期、江西省文物考古研究所・江西省博物館
劉涛・銭国祥　2009　「北朝的釉陶, 青瓷和白瓷—兼論白瓷起源」『中国古陶瓷研究』第十五輯、中国古陶瓷学会
劉岩・張慧敏・霍宝強・孫文俊　2010　「山西朔州水泉梁北斉壁画墓発掘簡報」『文物』2010 年第 12 期、文物出版社
林士民　1999　『青瓷與越窯』上海古籍出版社
魯怒放　2000　「余姚市湖山郷漢—南朝墓葬群発掘報告」『東南文化』2000 年第 7 期、南京博物院

〔n〕

南京市博物館　2004　『六朝風彩』文物出版社
南京市博物院　2008　「南京大光路孫呉薛秋墓発掘簡報」『文物』2008 年第 3 期、文物出版社

南京市文物保管委員会　1965a　「南京板橋鎮石閘湖晋墓清理簡報」『文物』1965 年第 6 期、文物出版社
南京市文物保管委員会　1965b　「南京人台山東晋鎮興之夫婦墓発掘報告」『文物』1965 年第 6 期、文物出版社

〔q〕
祁海寧　1999　「南京市東善橋"鳳凰三年"東呉墓」『文物』1999 年第 4 期、文物出版社
祁海寧・陳大海　2008　「南京市栖霞区東楊坊南朝墓」『考古』2008 年第 6 期、中国社会科学院考古研究所
祁海寧・華国栄・張金喜　1998　「江蘇南京市富貴山六朝墓地発掘簡報」『考古』1998 年第 8 期、中国社会科学院考古研究所
覃杰　2005　「広州市西湖路光明広場唐代城墻遺址」『羊城考古発現與研究』1（広州市文物考古研究所編）、文物出版社
全洪　1996　「広州市下塘獅帯崗晋墓発掘簡報」『考古』1996 年第 1 期、中国社会科学院考古研究所

〔r〕
阮国林・李毅　2000　「南京司家山東晋，南朝謝氏家族墓」『文物』2000 年第 7 期、文物出版社

〔s〕
施成哲　2010　「浙江温州市甌海区発現東晋紀年墓」『考古』2010 年第 6 期、中国社会科学院考古研究所
山東省文物考古研究所　1984　「臨淄北朝崔氏墓」『考古学報』1984 年第 2 期、科学雑誌社
陝西省博物館・陝西省文管会革委会写作小組　1972　「西安南郊何家村発現唐代窖蔵」『文物』1972 年第 1 期、文物出版社
陝西周原考古隊　1978　「陝西扶鳳庄白一号西周青銅器窖蔵発掘簡報」『文物』1978 年第 3 期、文物出版社

〔w〕
魏楊菁　2008　「六朝青瓷硯浅談」『学耕文穫集—南京市博物館論文選—』江蘇人民出版社
韋正　2005　「重慶忠県大墳壩六朝墓葬発掘報告」『東南文化』2005 年第 4 期、南京博物院
韋正　2011a　「試談韓国出土銭紋陶器的時代」『東南文化』2011 年第 1 期、南京博物院
韋正　2011b　『六朝墓葬的考古学研究』北京大学出版社
王峰　2011　「安徽當塗青山六朝墓発掘簡」『文物』2011 年第 4 期、文物出版社
王奇志　1997　「南京西善橋南朝墓」『東南文化』1997 年第 1 期、南京博物院
王善才　1965　「武漢地区四座南朝紀年墓」『考古』1965 年第 4 期、中国社会科学院考古研究所
王上海・厳振洪・李育遠・李国利　2008　「南昌青云譜梅湖東晋紀年墓発掘簡報」『文物』2008 年第 12 期、文物出版社
王魏　1997　「従出土馬具看三至六世紀東亜諸国的交流」『考古』1997 年第 12 期、中国社会科学院考古研究所
王霞　2007　「南京市江寧上湖孫呉，西晋墓」『文物』2007 年第 1 期、文物出版社
王志剛　2010　「湖北襄樊市韓崗南朝"遼西韓"家族墓的発掘」『考古』2010 年第 12 期、中国社会科学院考古研究所
王志高・張金喜・覃維勇　2000　「南京呂家山東晋李氏家族墓」『文物』2000 年第 7 期、文物出版社
王志高・張金喜・覃維勇　2001　「江蘇南京仙鶴観東晋墓」『文物』2001 年第 3 期、文物出版社
王志高・邵磊・許長生・張金喜　2002　「南京隠龍山南朝墓」『文物』2002 年 7 期、文物出版社
王志高・賈維勇　2007　「南京仙鶴山孫呉，西晋墓」『文物』2007 年第 1 期、文物出版社
王竹林　1993　「河南偃師両座北魏墓発掘簡報」『考古』1993 年第 5 期、中国社会科学院考古研究所
呉玉賢　1986　「福建政和松源，新口南朝墓」『文物』1986 年第 5 期、文物出版社

〔x〕
夏鼐　1954　「清理発掘和考古研究—全国基建中出土文物展覧会参観記—」『文物参考資料』1954 年 9 期、中央人民政府文化部文物管理局
夏鼐　1974　「総述中国出土的波斯薩珊朝銀幣」『考古学報』1974 年 1 期、考古雑誌社
謝純龍・賀宇宏　1992　「浙江慈渓窯頭山東晋紀年墓清理」『東南文化』1992 年第 3・4 期、南京博物院

許志強・馬濤・邰健勝　2011　「南京市雨花台区警犬研究所六朝墓発掘簡報」『東南文化』2011 年第 2 期、南京博物院

〔y〕

袁俊卿　1972　「南京象山 5 号、6 号、7 号墓清理簡報」『文物』1972 年第 11 期、文物出版社

〔z〕

浙江省博物館編　2000　『浙江紀年瓷』文物出版社

趙徳林・李国利　2001　「南昌火車站東晋墓葬群発掘簡報」『文物』2001 年第 2 期、文物出版社

趙新来　1965　「武漢地区四座南朝紀年墓」『考古』1965 年第 4 期、中国社会科学院考古研究所

趙永軍・許永杰・田禾・王長明・劉暁東　2006　「秭帰老墳園墓群発掘報告」『湖北庫区考古報告集』第三巻、科学出版社

周到　1964　「河南璞陽北斉李云墓出土的瓷器和墓志」『考古』1964 年第 9 期、中国社会科学院考古研究所

張敏主編　2008　『中国出土瓷器全集』7（江蘇・上海）、科学出版社

張松林・劉彦鋒・張建華・趙海星　1998　「河南省鞏義市芝田両座唐墓発掘簡報」『文物』1998 年第 11 期、文物出版社

張雪岩　1979　「集安県両座高句麗積石墓的清理」『考古』1979 年第 1 期、中国社会科学院考古研究所

中国科学院考古研究所　1959　『洛陽焼溝漢墓』科学出版社

中国陶瓷全集編輯委員会　2000a　『中国陶瓷全集　三国　両晋　南北朝』上海人民美術出版社

中国陶瓷全集編輯委員会　2000b　『中国陶瓷全集　隋　唐』上海人民美術出版社

朱伯謙　1958　「黄岩秀嶺水庫古墓発掘報告」『考古学報』1958 年第 1 期、考古雑誌社

朱伯謙　2000　「三国両晋南北朝燦爛的陶瓷器」『中国陶瓷全集』4、上海人民美術出版社

英語

Brian M. Fagan 1978. Archaeology：A Brief Introduction, Little, Brown & Company.

（李熙濬訳　2002　『考古学 世界로의 招待』社会評論）

Colin Renfrew, Paul G. Bahn 1991. Archaeology：Theories, Methods and Practice, Thames and Hudson.

（松本建速・前田修訳）　2007　『考古学 理論・方法・実践』東洋書林

Dwight W. Read 1974. Some Comments on Typologies in Archaeology and an Outline of a Methodology, American Antiquity, Vol. 39, No. 2.

初 出 一 覧

　本書は筆者の博士論文(『百済土器 編年 研究』2013年2月)と拙著(『百済土器 東아시아 交叉 編年 研究』書景文化社、2014年12月)が根幹となっている。

序(新稿)

第1章　百済土器編年研究の目的と方法(新稿)
1．百済土器編年研究へのアプローチ：方法と観点
(1) 定義(新稿)
(2) 検討対象の時空間的範囲(新稿)
(3) 年代法(新稿)
(4) 土器分類体系(新稿)
(5) 百済土器の器種
　「百済・馬韓土器の器種に関する考察」『海と山と里の考古学―山崎純男博士古稀記念論集』、熊本大学文学部小畑研究室(2016年9月)
2．本書の骨子(新稿)

第2章　百済土器編年研究の現況と問題点
1．研究現況と動向(新稿)
2．問題の所在(新稿)
3．東アジアの事例から見た伝世の意義
4．百済出土中国陶磁器における伝世論の検討
　「百済遺蹟 出土 中国 瓷器에 대한 伝世論 検討―中・日의 事例와 関連하여―」『韓国考古学報』第82輯、韓国考古学会(2012年3月)

第3章　百済土器の主要年代決定資料
第1節　中国陶磁器と共伴した百済土器
　「百済遺蹟 出土 中国 瓷器의 時間的 位置에 대한 検討―百済土器와 共伴된 瓷器를 中心으로―」『湖西考古学報』27、湖西考古学会(2012年10月)
第2節　倭(系)遺物と共伴した百済土器
1．日本出土百済(系)土器
　「日本 出土 百済(系)土器：出現과 変遷」『百済研究』第54輯、忠南大学校百済研究所(2011年8月)

2．百済出土倭（系）遺物

「百済遺蹟 出土 倭系遺物에 대한 検討—百済土器와 共伴된 資料를 中心으로—」『百済와 周辺世界』、진인진（2012年10月）

3．倭（系）遺物と共伴した百済土器の時間的位置と変遷（新稿）

第3節　新羅・加耶（系）遺物と共伴する百済土器（新稿）

第4節　百済における外来（系）遺物の様相と併行関係

1．地域別に見た漢城期・熊津期出土外来（系）遺物（新稿）
2．地域別に見た泗沘期出土外来（系）遺物（新稿）
3．漢城期・熊津期百済の古墳と周辺国との併行関係

「百済土器 編年을 通해 본 新羅・加耶土器의 併行関係 検討」『中西部地域 考古学 研究』、진인진（2016年10月）

第4章　百済土器の成立と展開

第1節　煮炊器

「馬韓・百済地域 出土 炊事容器 変遷考」『百済研究』第58輯、忠南大学校百済研究所（2013年8月）

第2節　漢城様式百済土器

1．直口広肩壺（新稿）
2．直口短頸壺（新稿）
3．高杯

「百済 有蓋高杯の編年研究」『考古学雑誌』第89巻第1号、日本考古学会（2005年1月）

4．三足土器

「百済 有蓋三足器의 編年 研究」『韓国考古学報』第52輯、韓国考古学会（2004年4月）

5．杯身（新稿）
6．短頸瓶

「百済 短頸瓶의 研究」『百済研究』第42輯、忠南大学校百済研究所（2005年8月）

7．広口長頸壺（新稿）

第3節　泗沘様式百済土器

「泗沘様式土器에서 보이는 高句麗土器의 影響에 대한 検討」『韓国考古学報』第72輯、韓国考古学会（2009年9月）

第5章　考古資料から見た漢城期百済の領域拡大過程

「考古資料를 通해 본 漢城期 百済의 領域拡大過程 研究」『韓国基督教博物館誌』第12号、崇実大学校基督教博物館（2016年5月）

終　章　本書の総括と百済土器編年の意義（新稿）

あ と が き

　韓国で朝鮮半島の考古学を学び始めてから2016年で15年になる。

　韓国との初縁は、1995年に遡る。高校の修学旅行の日程中、ソウル麻浦区のソウル女子高等学校との交流会があった。そのとき、パートナーとなった友達に帰国後クリスマスカードを送った後も、彼女との交流は続いている。次の縁は大学の韓国人留学生であった。彼女たちは日本人学生より熱心に勉強をし、生計も自ら立てていた。その姿に後押しされ、この頃から韓国語の勉強を始めた。

　1999年3回生時、大学の制度を活用して忠南大学校の語学堂と考古学科へ留学した。留学する前、少しでも韓国の学生に追いつこうと、『韓国考古学概説』（故金元龍ソウル大学校教授著）と当時関心があった百済の山城の論文を耽読した。韓日辞書を片手に1ページを理解するのに3〜4時間悪戦苦闘したことが思い出される。忠南大学校考古学科では、朝鮮半島の考古学だけでなく、中国、日本、アメリカ、ヨーロッパの考古学も学ぶことができ、充実した1年であった。

　この留学が縁となり、2001年忠南大学校大学院考古学科に進学した。入学した年1学期の朴淳発先生の授業"百済考古学"では、百済土器の器種を分析し、編年を提示することを行った。先生は「土器型式分類の方法は他遺物、遺構の分析にも役立つ」、「土器は時期（旧石器時代を除く）と遺跡に関係なく出土する遺物」と話された。遺跡および遺構の時期を決定する最も普遍的な土器の重要性を改めて認識するに至った。また発掘現場で土器の時期と製作集団を比定される先生のように、考古学に必要とされる研究者にと望み、専攻を百済土器とした。

　修士課程中は、学校での授業と並行して扶餘で青銅器時代と百済時代の水田の発掘調査に参加し、共同生活を行った。昼は発掘、夜はコンテナで宿題とレポート作成に追われた。発掘には地元住民も参加しており、日本統治時代を過ごしたご高齢の方もいた。「父親が日本軍に連れて行かれるのを恐れ、私を14歳でお嫁に出した。」といい、どう接していいか困惑したが、私を日本のお嬢さん（イルボン アガッシ）と呼び、かわいがってくれた。嬉しかったが、親切にされるほど、罪悪感も増していった。「昔のことだから」とはいっていたが、私も彼・彼女たちのように許すことができるのだろうかと葛藤した。当時村には扶餘に橋を建設する日本人技術者家族が住んでいて、幼かった姉妹にもう一度会いたいとおっしゃっていたのが、救いだった。

　百済について勉強と研究に取り組んだが、最終の目的は日本人として日本の考古学にも役立つ論文を書くことだった。そのためにもあえて数年は日本と関連する研究は行わなかった。これは朝鮮半島の歴史・考古学を熟知してこそ、日本の歴史観・考古学を自身の視点で解釈できると考えたからである。この考えが正しかったのかはわからないが、第3章の日本出土百済（系）土器作成には有益であった。

　2004年2月修士論文『百済土器の編年研究—三足器・高杯・蓋を中心に—』を提出した。その1ヶ月前から2013年2月末まで忠南大学校百済研究所客員研究員を拝命し、主に学術大会、百済研究公開講座、学術誌『百済研究』発刊、地表調査などの業務を担当した。公開講座では国内の研究者だけでなく、国立文化財研究所に在外研究者としていらしていた奈良県立橿原考古学研究所の方々に

も韓国での研究成果を発表していただき、またその玉稿を『百済研究』に掲載賜った。微力ではあったが、百済研究所が日本と韓国の架け橋的存在になればと努めた。また、百済研究所に在外研究として滞在された酒井清治先生には実見の大切さ、研究姿勢を学び、現在もご教授を賜っている。9年に及ぶ百済研究所で得られた様々な経験は、何事にも代えられないものになった。韓国社会の構成員として活動する場をいただいた張寅成（忠南大学校史学科）前所長に感謝申し上げる。

博士課程在学2年間は、SBS（ソウル放送）瑞岩学術奨学財団「国内博士課程研究支援事業」の人文・社会科学を専攻する博士課程生の6人中に選ばれ、奨学金をいただいた。瑞岩学術奨学財団は家庭環境などで夢を放棄することなく幸せな未来のために、多くの学生（高校生と大学生）に奨学金と学費を給付している。この研究成果の一部が、2009年に韓国考古学報に発表した「泗沘様式土器における高句麗土器の影響に対する検討」である。この奨学金のおかげで、韓国と中国東北地方の高句麗土器と泗沘期の土器を多く実見でき、知見と研究の幅を広げる契機となった。給付者に選んでくれた審査者・関係者の方に感謝申し上げる。

博士課程を修了した1年後の2008年から非常勤講師を兼職した。成長途中である私が教鞭を執ることに抵抗はあったが、学生と共に学ぶ姿勢で臨んだ。講義を通じて、韓国語の上達はもちろん、大勢の前で話す度胸を培うことができた。講義の機会をいただいた高麗大学校、忠南大学校、忠北大学校、韓国伝統文化大学校の諸先生方に感謝申し上げる。

博士課程入学から卒業まで8年かかったが、百済研究所での業務と講義は博士論文作成にも必要な過程であったと後に実感した。

この本の根幹となった博士論文では、指導教授である朴淳発先生をはじめ、李康承先生、朴洋震先生、禹在柄先生、俞鏞郁先生からご指導とご配慮をいただいた。金洛中先生（全北大学校）、徐賢珠先生（韓国伝統文化大学校）からは論文審査時、重要な教示を受けた。厚く感謝申し上げる。また、留学当初から勉学と生活に順応できるよう、後押ししていただいた李亨源、鄭鍾兌、李晟準、羅建柱、丘冀鍾、柳昌善、李宰旭の諸先輩方、私を姉（オンニ、ヌナ）と慕ってくれ、いつも力になってくれる崔卿煥、崔哲憨、朴恩仙、趙容一の諸後輩に、深く感謝する。

日本の指導教授である猪熊兼勝先生、博士課程同期である韓志仙氏をはじめ、張寅成・金仁淑夫妻、李義之・李東夙夫妻、金武重氏、朴宰用氏、徐源赫氏、松永悦枝氏、中村修也先生には公私を問わず大変お世話になった。韓国での研究と生活にご配慮と便宜を図っていただいたすべての方に深謝する。

私は11年いた母校を離れ、高麗大学校人文大学考古美術史学科に在職している。大学では学生の学期末の評価を基に全講義中、上位20％に優秀講義賞の授与があり、2013年1学期、2014年2学期、2015年2学期に一般教養「日本文化の起源」で受賞した。外国人である私に研究と教職の場を与えていただき、韓国で本を出す支援も惜しみなくしていただいた、李弘鍾先生に感謝申し上げると同時に、この受賞によって少しでも恩返しができたのではないかと、おこがましいと思いながらも考えている。

2014年12月に上梓した『百済土器東アジア交叉編年研究』（書景文化社）は、2015年大韓民国学術院優秀学術図書に選定された。2014年に発刊された文系学術図書中、選出された86冊中に選ばれるという大変光栄なことであった。これも多くの人のご助力があったからこそである。特に韓国語の文章を検討し、校正にご協力いただいた崔鍾澤先生（高麗大学校）、金希中・廉多忍後輩、司空

正吉氏（高麗大学校）に感謝申し上げる。

　この本は博士論文と韓国出版本が根幹となっているが、日本の研究者に向けて大幅な追加を行っている。序、第1章、第3章第4節、第4章の杯身、第5章は新たに作成し、第3章第2節の日本出土百済（系）土器は煮炊器と最新資料を分析対象に入れた。その他項目も新しい資料を追加した。韓国の本より百済土器に関する内容を充実させ、網羅したため、改訂版としていいかもしれない。

　新たに追加した日本出土百済（系）土器の再集成には、藤田憲司氏、金武重氏、松永悦枝氏、辻川哲朗氏、仲辻慧大氏、中野咲氏、原田真裕子氏など多くの方と研究機関にご協力・ご便宜を図っていただいた。この場を借りて感謝申し上げる。

　百済の蓋杯の集成には李愛真氏（社会体育学部4回生）が手伝ってくれた。彼女は2016年冬休み（12月末～2月末）、大学が学部生に奨学金を支給する目的で、各先生の研究の補助をする学部研究員プログラムに申請した学生であった。考古美術史学科の学生ではなかったが、誠実で几帳面な彼女のおかげで、1,600点にも上る百済から栄山江流域に至る蓋杯をほぼ集成できた。大学と李愛真氏に感謝する。

　そしてこの蓋杯の研究の一部は2016年大韓民国教育部と韓国研究財団の支援を受けて遂行した（이 논문은 2016년 대한민국 교육부와 한국연구재단의 지원을 받아 수행된 연구임）（課題番号NRF-2016S1A5A8017115）。

　また、この本は2016年度高麗大学校人文大学学内支援研究費を受けた（본 책은 2016년도 고려대학교 인문대학 교내지원연구비에 의해 연구되었음）。

　このように多くの方と諸機関の温かいご支援により研究を行うことができ、言葉では言い表せないほどの恩をいただいた。ここでは書ききれないが、お世話になったすべての方に深謝申し上げる。

　文中の表記法など、折に触れて藤田憲司氏から助言をいただいた。出版は一瀬和夫先生、禹在柄先生のご協力の下、同成社にしていただいた。佐藤涼子社長をはじめ、実務を担当していただいた工藤龍平氏には的確な指摘や校正で大変お世話になった。出版事情が困難な中、本の刊行をしていただいたことに感謝申し上げる。

　最後に、精神的支柱となる94歳の両祖母、両親、妹家族、弟家族、親族、友人、飼い猫に感謝し、この本を捧げる。

　　2017年1月

　　　　　　　　　　　　　　　　　　　　　　　　　　　　　　　　　土田純子

　　　　東アジアと百済土器
　　　　（ひがし）　　　（くだらどき）

■著者略歴■

土田　純子（つちだ・じゅんこ）

1979 年　岐阜県生まれ
2001 年　京都橘女子大学(現京都橘大学)文化財学科考古学専攻
　　　　卒業
2004 年　韓国　国立忠南大学校大学院考古学科修士課程修了
2013 年　韓国　国立忠南大学校大学院考古学科博士課程修了
　　　　博士（文学）

2004〜2013 年　韓国　国立忠南大学校百済研究所 客員研究員
2008〜2012 年　韓国　高麗大学校人文大学考古美術史学科、国
　　　　立忠南大学校人文大学考古学科、国立忠北大学
　　　　校人文大学考古美術史学科、韓国伝統文化大学
　　　　校文化遺産大学文化遺跡学科等 非常勤講師
現　在　韓国　高麗大学校人文大学考古美術史学科 専任助教授
〔主要論著〕
「日本出土百済(系)土器：出現と変遷─打捺文様土器を中心として─」『古代学研究』第 193 号、古代学研究会、2012 年
「馬韓・百済地域 出土 炊事容器 変遷考」『百済研究』58 輯、忠南大学校百済研究所、2013 年
『百済土器 東아시아 交叉編年 研究』（書景文化社）2014 年
「考古資料からみた漢城期百済の領域拡大過程研究」『古文化談叢』第 76 集、九州古文化研究会、2016 年

2017 年 2 月 20 日発行

著　者　土田　純子
発行者　山脇由紀子
印　刷　三報社印刷㈱
製　本　協栄製本㈱
発行所　東京都千代田区飯田橋 4-4-8　㈱同成社
　　　　（〒102-0072）東京中央ビル
　　　　TEL 03-3239-1467　振替 00140-0-20618

ⒸTsuchida Junko 2017. Printed in Japan
ISBN978-4-88621-750-9 C3022